U0129239

儒家經典選讀

——四書白話與當代意義

鄭 基 良 著

文 史 哲 學 集 成
文史哲出版社印行

國家圖書館出版品預行編目資料

儒家經典選讀：四書白話與當代意義 /
鄭基良著. -- 初版. -- 臺北市：文史哲
出版社, 民 113.01
　　頁；　　公分. --（文史哲學集成；753）
ISBN 978-986-314-666-7（平裝）

1.CST：四書　2. CST：研究考訂

121.217　　　　　　　　　　　113001310

文史哲學集成　753

儒家經典選讀
——四書白話與當代意義

著　　者：鄭　　　　基　　　　良
出 版 者：文　史　哲　出　版　社
http://www.lapen.com.tw
e-mail：lapen@ms74.hinet.net
登記證字號：行政院新聞局版臺業字五三三七號
發 行 人：彭　　　　正　　　　雄
發 行 所：文　史　哲　出　版　社
印 刷 者：文　史　哲　出　版　社
臺北市羅斯福路一段七十二巷四號
郵政劃撥帳號：一六一八○一七五
電話886-2-23511028・傳真886-2-23965656

定價新臺幣七二○元

二○二四年（民一一三）一月初版

序

　　《四書》是儒家最重要的經典，南宋大儒朱熹將《禮記》中的《大學》、《中庸》單獨成書，與《論語》、《孟子》合為《四書》，朱熹著《四書章句集注》具有原創性的詮釋意義。之後，西元 1313 年，元仁宗發布詔令，定《四書章句集注》為科舉考試的定本，形成《四書》的獨特地位，影響後世非常深遠。

　　本書分甲乙丙三篇及結論，甲篇《論語》白話與當代意義。《論語》是孔子與弟子的言行紀錄，非一人一時之作，而是由孔子弟子及再傳弟子編輯而成，分為二十章：

　　第一章學而，君子「務本」之道，孝弟是行仁之本，是道德之門，其他的修德工夫有：好學，一日三省，改過，溫良恭儉讓等。

　　第二章為政，孔子自述其生平：年少志學，三十而立，四十不惑，五十知天命，六十耳順，七十從心所欲不逾矩。

　　第三章八佾，孔子論禮樂，仁為禮樂之本，禮的本質是儉樸；孔子重視《詩經》的教化。

　　第四章里仁，仁是人之所以為人的本質，仁道就是為人之道，仁者安仁、知者利仁，忠恕，一以貫之，內自省。

　　第五章公冶長，孔子評論古今人物及弟子；老者安之、朋友信之、少者懷之。

　　第六章雍也，顏回三月不違仁，知者樂水、動、樂；仁者樂山、靜、壽。

　　第七章述而，孔子述而不作，擇善而從，默識，求仁得仁，志於道、據於德、依於仁、游於藝，君子不黨，為之不厭，誨人不倦。

第八章泰伯，曾子以弘揚仁道為己任，孔子教人三大科目：詩、禮、樂。

第九章子罕，孔子絕「四毋」、自謙「無知」，三達德：知者不惑，仁者不憂，勇者不懼。

第十章鄉黨，孔子穿衣服，一切依於禮，非禮不穿、不戴，孔子非常重視飲食養生與食物衛生，少量飲酒。

第十一章先進，孔子談論生死與對弟子的評論；未知生，焉知死。孔子的「吾與點也」，有仁者的悅樂。

第十二章顏淵，孔子實踐仁道的方法是克己復禮，行「四勿之教」，己所不欲、勿施於人，崇德、脩慝、辨惑。

第十三章子路，孔子主張從政先正其身，四方之民歸順；為政：欲速則不達；見小利，則大事不成；士者行己有恥。

第十四章憲問，「成人」之德：見利思義、見危授命；仁者必有勇，仁者不憂，知者不惑，勇者不懼。

第十五章衛靈公，君子與小人的對比，恕道終身行之：己所不欲，勿施於人；志士仁人，殺身成仁；君子憂道不憂貧。

第十六章季氏，君子修養有三戒，有三畏，有九思。

第十七章陽貨，為仁之道：恭、寬、信、敏、惠，不好學有六蔽，三年之喪、天下之通喪。

第十八章微子，孔子稱讚殷商有三位仁者，評論逸民們的言行，數位隱者譏笑孔子。

第十九章子張，子貢讚美孔子的道德學問，有如日月經天，叔孫武叔詆毀孔子，無損孔子的光輝。

第二十章堯曰，堯舜禹湯周武王的「罪己」政治，子張問孔子從政之道是：尊五美、屏四惡。

乙篇《孟子》白話與當代意義，《孟子》是孟子及弟子的言行紀錄，非一人一時之作，而是由孟子弟子及再傳弟子編輯而成，其中萬章及公孫丑兩人，應為主要的編作者，分為十四章：

　　第一章梁惠王上，孟子義利之辨，仁義而已；推恩足以保四海，老吾老以及人之老，幼吾幼以及人之幼。

　　第二章梁惠王下，孟子主張賢君與民同樂，湯武革命，討伐桀紂獨夫。

　　第三章公孫丑上，孟子王霸之辨，以德行仁者王，以力假仁者霸；人有四端之善，皆有不忍人之心。

　　第四章公孫丑下，孟子以行王道為己任，當今之世，捨我其誰；得道者多助，天下順之；君子不以天下儉其親。

　　第五章滕文公上，孟子道性善，言必稱堯舜；強調社會分工，反對許行的農家之說，反對墨家愛無差等。

　　第六章滕文公下，孟子批評楊朱為我，是無君，墨翟兼愛，是無父，大丈夫富貴不能淫，貧賤不能移，威武不能屈。

　　第七章離婁上，孟子主張三代之得天下以仁，其失天下以不仁；仁義之本在孝弟，人不應自暴自棄，不行仁義。

　　第八章離婁下，孟子強調人禽之辨，人異於禽獸者幾希，君子由仁義行，非行仁義；君子異於人者，以仁存心，以禮存心。

　　第九章萬章上，孟子讚揚孔子以禮為依歸，以義為準則，知命之所歸，臻於禮義命相通不二的圓融境界。

　　第十章萬章下，孟子稱讚孔子是聖之時者也，孔子之謂集大成；義，路也，禮，門也，惟君子能由是路、出入是門也。

　　第十一章告子上，孟子人性之辨，孟子以人性之善，反對告子生之謂性。仁義忠信，樂善不倦，天爵也；公卿大夫，人爵也，這是孟子爵位之辨。

　　第十二章告子下，孟子認為堯舜之道，孝弟而已矣；君臣父子兄弟，去利，懷仁義以相接，可以王天下；生於憂患，死於安樂。

　　第十三章盡心上，孟子提出知命、立命、俟命、正命之說；主張人人皆有良知良能；君子親親而仁民，仁民而愛物。

　　第十四章盡心下，孟子區分道德人格境界為：善、信、美、大、

聖、神；強調：民為貴，社稷次之，君為輕；養心莫善於寡欲。

丙篇《大學》暨《中庸》白話與當代意義，分為兩章。

第一章《大學》白話與當代意義，《大學》原是《禮記》中的一篇，朱子以為《大學》的內容分經一章及傳十章，「經」是孔子的話，「傳」是曾子的話，由曾子門人所記。《大學》主要闡明三綱領與八條目的一貫之道，臻於「止於至善」的圓融境界。其中，誠意慎獨的內聖工夫特別重要，至於絜矩之道，更是治國平天下的外王工夫。

第二章《中庸》白話與當代意義，《中庸》有兩個核心思想：中庸與誠。《中庸》以「誠」契合性與天道，「誠」可以參贊天地的化育，臻於「至誠」的最高境界。

結論：《四書》的現代啟示，分為四節，第一節《論語》的現代啟示：一、快樂學習，二、注重養生，三、五十知天命，四、力行仁道。第二節《孟子》的現代啟示：一、養心莫善於寡欲，二、三辨。第三節《大學》的現代啟示：一、三綱領，二、八條目，三、誠意慎獨。第四節《中庸》的現代啟示：一、時中，二、位中，三、中和，四、內聖外王，五、天人合一。

此外，附錄兩篇，第一篇全方位成功：幽暗意識與道德人格的涵養，第二篇全方位成功：人文關懷的和諧人生。

本書所言，或有疏漏錯誤，惟祈賢達君子，不吝賜教。

鄭基良 謹誌於台北儒軒
2023.9.28孔子誕辰紀念日暨教師節

儒家經典選讀：

《四書》白話與當代意義

目　次

甲篇《論語》白話與當代意義

第一章　學　而

一、子曰：「學而時習之，不亦說乎！有朋自遠方來，不亦樂乎！人不知而不慍，不亦君子乎！」

　　白話：孔子一生好學，快樂學習，他主張不斷學習、時常練習、複習的重要，孔子強調我們可以從學習中得到快樂。如果有志同道合的朋友遠道而來相會，內心一定很快樂！別人不瞭解我，我也不會不高興，我的為人可否算是有修養的人？孔子最值得我們效法的地方，就是不斷學習、快樂學習、終身學習的樂學精神。他多聞多見，不恥下問，「子入大廟，每事問。」（〈八佾〉）孔子當魯國大夫的時候，第一次到周公廟陪祭，一些不懂的禮儀，他都詳細的問人，小心謹慎，不以問人為恥。

　　孔子也自認他很好學，孔子說：「十室之邑，必有忠信如丘者焉，不如丘之好學也。」（〈公冶長〉）孔子謙虛的說：「在一個社區，一定有像我忠心誠信的人，但沒有人比我好學。」

　　孔子又說：「學如不及，猶恐失之。」（〈泰伯〉）孔子渴望求學，好像來不及似的，學到了又怕忘掉。

　　所以，他時常「溫故而知新」（〈為政〉）溫習舊知，融會貫通而

悟新知，成為萬世師表。

　　他的好學是「默而識之，學而不厭。」(〈述而〉)孔子把他所見所聞都記在心裡，又努力學習，永不厭倦。

　　孔子又說：「我非生而知之者，好古，敏以求之者也。」(〈述而〉)孔子謙虛的表示：「我不是天生就知道很多知識的人，我是喜歡古代的典章文物，又很勤奮的學習得來的學識。」，成就大成至聖先師。

　　當代意義：這是「學而時習之」、「不亦樂乎」成語典故的由來。孔子是終身學習的典範，由於孔子的好學不倦，影響後世深遠，許多流傳至今的成語，都與古人勤學苦讀有關。例如：

　　1.韋編三絕：意指孔子勤讀《易經》，一次又一次的反覆研讀，致使串聯竹簡的皮繩多次脫落斷裂，「韋」是熟牛皮，典出《史記‧卷四七‧孔子世家》。

　　2.懸梁刺股：這則成語以東漢孫敬「頭懸樑」和蘇秦「錐刺股」的故事，比喻廢寢忘食地刻苦學習，出自《太平御覽》卷三六三引《漢書》和《戰國策‧秦策一》。

　　3.囊螢映雪：囊螢意指晉代車胤少時家貧，夏天以練囊裝螢火蟲照明讀書、映雪意指晉代孫康冬天常利用雪的反光讀書。

　　4.鑿壁偷光：意指漢代匡衡鑿穿牆壁，藉由鄰家燭光讀書的故事，見《西京雜記》卷二。

　　5.手不釋卷：意指漢光武帝劉秀本是太學生，比較好學，行軍打仗時也手不釋卷，他勤於政事，又和大臣們講論經典，半夜才睡覺。太子勸他注意身體，他說：「我自樂此，不為疲也。」

　　6.晝耕夜誦：意指北魏名臣崔光，幼年家貧，嗜書好學，白天耕種，夜晚讀書。

　　7.焚膏繼晷：意指唐代著名文人韓愈，精通六藝，每天仍是手不釋卷，連夜晚都點燈接著白天來讀書。他在《進學解》中，國子先生（韓愈自稱）訓誨他的學生要勤奮學習，才能有成就。

　　8.圓木警枕：意指司馬光從小到老，一直堅持不斷地學習，當

官之後反而更加刻苦。他住的地方，除了圖書和臥具，再沒有其他貴重的家具。臥具很簡單：一架木板床，一條粗布被子，一個圓木枕頭，用圓木做枕頭，睡著時容易驚醒，驚醒後再苦讀。

9.下帷讀書：意指漢朝董仲舒放下室內懸掛的帷幕，閉門謝客、專心讀書，三年不觀於舍園的學習典範，語出《史記・儒林列傳・董仲舒》。

又如：西晉的王育，年少孤貧，給人牧羊，空閒時候，折蒲草學寫字，勤學苦讀，博通經史。

當今科技，日新月異，我們應該不斷的進德修業，修養品德，學習專業知識與技能，貢獻社會，安身立命。

二、有子曰：「其為人也孝弟，而好犯上者鮮矣。不好犯上，而好作亂者，未之有也。

君子務本，本立而道生，孝弟也者，其為仁之本與？」

白話：仁是孔子的核心思想，孔子的得意門生有子（有若，字子有，魯國人）認為：為人子女行仁的根本，就是孝順父母，尊敬兄長，稱為「孝弟」。在家有了孝弟，出了社會，就不會冒犯長上，更不會作亂了。

當代意義：實踐孔子的仁道，從家庭倫理開始，父慈子孝，兄友弟恭，夫婦和樂，推而廣之，家家和睦，我們的社會就會和諧了，所以說：行仁以孝弟為本。

其實，孝是最根本的德行，傳統以孝治天下，《孝經》說：「夫孝，天之經也，地之義也，民之行也。」古代著名的二十四孝子有：舜（勞而不怨、孝感動天）、曾參（齧指痛心）、仲由（子路負米養親）、閔子騫（單衣順母）、劉恆（漢文帝親嘗湯藥）等等。

三、子曰：「巧言令色，鮮矣仁。」

白話： 巧言就是花言巧語，相反詞是直言，令色就是假裝和顏悅色，相反詞是正色。孔子認為有些人花言巧語，說話虛假不正直、不誠實，假裝和善的臉色，取悅對方，騙取對方的信任，這種人很少有仁愛之心。

當代意義： 當今的社會，巧言令色的詐騙集團還真不少，我們只能秉持誠正之心，不被私利與私欲所蒙蔽，避免人財兩失，害人害己。

四、曾子曰：「吾日三省吾身：為人謀，而不忠乎？與朋友交，而不信乎？傳，不習乎？」

白話： 曾子名參，孔子的重要門生，他提出「一日三省」的修養工夫，就是時常自我反省：替人辦事，有沒有盡心盡力？與朋友交往，有沒有誠信不欺？老師傳授的功課，有沒有時常複習、溫故知新？

當代意義： 這是「三省吾身」成語典故的由來。曾子是儒家的「宗聖」，相傳他著《大學》、《孝經》，他提倡孝道，也是有名的孝子，《二十四孝》中就有曾子「齧指痛心」的故事，曾子上山砍材，客人突然來訪，曾母慌張，不知如何是好，就用牙齒咬自己的手指，因為曾子至孝，母子連心，曾子忽然感到心痛，匆忙回家，原來曾母要他回家招待客人。

有關曾子的典故，還有「曾參殺人」、「曾子殺彘」、「曾子易簀」。

據《戰國策》記載：有一個人也叫曾參，他殺了人，有人告訴曾子的母親，第一次曾母不相信曾參殺人，第二次又有人去告訴曾

母，曾母信心有些動搖，第三次又有人告訴曾母曾參殺人，曾母開始惶恐不安。這個故事比喻「人言可畏」、「眾口鑠金」。

又據《韓非子》記載：曾子的夫人要去市場，他兒子哭著也要去，兒子的媽說：「你別去，我回來殺豬給你吃。」等到夫人回家，曾子準備殺豬，夫人說：「我只是哄孩子而已，你不要當真。」曾子鄭重地對夫人說：「父母是孩子學習的榜樣，現在妳騙了孩子，就是教他欺騙，對人不誠實。」為了誠實教育，曾子殺豬，成了著名的典故。

另據《禮記·檀弓上》記載：曾子臥病在床，曾子的兩個兒子曾元、曾申坐在床邊，有一個孩子坐在房間角落，拿著燭火，這個孩子說：「好漂亮的蓆子，這是大夫等級使用的蓆子嗎？」曾子聽到了，驚醒過來，嘆口氣，說：「這是魯國大夫季孫送的蓆子，我沒當大夫，卻使用大夫等級的蓆子，不合禮制，曾元你快把蓆子換掉。」曾元說：「您已病重，暫時不要移動，天亮再換蓆子吧！」

曾子說：「你愛我的心不如這個孩子，一個有德的君子，要成全他人的美德，小人愛一個人姑息苟且，我現在無所求，只希望死的合乎禮制。」於是，他們抬起曾子，換掉蓆子，再放回普通的蓆子，還來不及放得安穩，曾子就往生了。

曾子臨終易簀，是非常感人的守禮情操，他認為魯國大夫季孫送的華麗蓆子，不適合他的身分，他不是大夫，不合禮制，這是他的過錯，病重臨終仍要改過，這是曾子一日三省、反省改過的結果。

《論語·泰伯》另有記載曾子病重臨終的典故：曾子病重，召集門人弟子到床前，曾子說：「你們看看我的身體，看看我的手和腳，都沒有毀傷，《詩經》說：『戰戰兢兢，如臨深淵，如履薄冰』小心謹慎保護我的身體，從今以後，我知道我可以保全我的身體，因為身體髮膚，受之父母，不敢毀傷，我應該可以克盡孝道了。」這也是非常感人的至孝情操。

曾子這種遵守禮節、事親至孝、一日三省、真誠改過的典範，

值得我們學習效法。

五、子曰：「道千乘之國，敬事而信，節用而愛人，使民以時。」

　　白話：孔子說：「治理一個大國，處理政務，要小心謹慎，誠信不欺，節省國家財政，愛護人民，徵調民力，要在農閒、不礙農耕的時候。」

　　當代意義：孔子期勉為政者勤政愛民、不可朝令夕改、撙節開支、不擾民，仍然適用當今的民主政治。

六、子曰：「弟子入則孝，出則弟，謹而信，汎愛眾，而親仁。行有餘力，則以學文。」

　　白話：孔子說：「年輕人在家應該孝順父母，出外應該尊敬長上，一言一行，謹慎誠信，與人友善，不與人為敵，時常親近有仁德的人。除了修養這些德行，還要用功讀書，不斷學習。」

　　當代意義：這是「行有餘力」成語典故的由來。我們深切感受孔子對年輕學子的殷殷期勉，孔子不僅是博學多聞的「經師」，更是偉大的「人師」。

七、子夏曰：「賢賢易色，事父母能竭其力，事君能致其身，與朋友交，言而有信，雖曰未學，吾必謂之學矣。」

　　白話：子夏說：「一個人能夠以尊敬賢人之心，取代愛好美色之心；孝順父母，能夠盡心盡力；事奉長官，盡忠盡職；與朋友交往；

誠信不欺。這樣的人，雖自謙沒讀過書，我認為他已經飽讀詩書，有德行的人。」

當代意義：這是「言而有信」成語典故的由來。子夏是孔門十哲之一，也是七十二賢之一，據《禮記・檀弓上》記載：子夏因為兒子不幸過世而哭瞎了眼睛，曾子去安慰他，說：「我聽說朋友失明，就應該去安慰他。」曾子說完就哭了起來。子夏也跟著哭，說：「上天啊！我沒有過錯啊！」曾子不高興的說：「你怎麼會沒有過錯呢？以前，我和你一起事奉老師，後來你回去西河，創辦學堂，開創「西河學派」，使西河地區的人，誤以為你的學問和老師一樣好，這是你的第一個過錯。」曾子又說：「你父母過世，守孝期間你沒有好的孝行表現，讓人稱頌，這是你的第二個過錯。現在你的兒子不幸過世，你哭瞎了眼睛，毀傷身體，這是你的第三個過錯，怎麼說你沒有過錯呢？」子夏聽了曾子的話，立刻認錯悔過，說：「我錯了，我有過錯，我離開同學朋友，獨自居住太久了。」

子夏勇於認錯悔過的感人故事，具有實踐道德的意義，成就個人人格特質（traits of characters），這種哲人典範值得我們效法。

八、子曰：「君子不重則不威，學則不固，主忠信，無友不如己者，過則勿憚改。」

白話：孔子說：「有品德的君子，如果言行不莊重，就沒有使人敬畏的威儀，所求得的學問、德行也不會堅定不移的固守。以忠信為本，更要親近忠信的朋友，不要結交德行不好的人，有了過錯，要勇於改過。」

當代意義：孔子勉人勇於改過，近似春秋晉國大夫士會（字季）勉勵晉靈公說：「人誰無過，過而能改，善莫大焉。」（《左傳・宣公二年》）。

因為晉靈公無道，時常收斂百姓的賦稅，用於彩繪皇宮的牆壁；在宮中的樓台上用彈丸射人，看群眾慌亂躲避作為玩樂；御廚烹煮熊掌沒熟，慘遭殺害等惡行。士會及趙盾屢次忠諫，雖然靈公說：「我知道錯了，就快要改過了。」卻仍然不肯改過，終被趙穿（趙盾堂弟）弒殺。

值得注意的是，「主忠信，無友不如己者，過則勿憚改。」重見於〈子罕〉。此外，孔子所謂「無友不如己者」，往往被後人誤解「不要和不如自己的人交朋友」，孔子應該不會有瞧不起人的心態，而是意指無益的「損友」，《論語・季氏》孔子說：「益者三友，損者三友。友直、友諒、友多聞，益矣；友便辟，友善柔，友便佞，損矣。」，不要跟三種損友交往，不要跟喜歡逢迎的人交往，不要跟喜歡獻媚的人交往，不要跟喜歡花言巧語的人交往；要跟正直的人交往，要跟誠實講信用的人交往，要跟博學多聞的人交往。

孔子「無友不如己者」，是他交友的原則：不要跟三損友交往，要跟三益友交往，必然有益進德而少過錯。

九、曾子曰：「慎終追遠，民德歸厚矣。」

白話： 曾子說：「為人子女要敬慎辦好父母的喪禮，依禮盡哀；祭祀也要誠敬緬懷祖先的德澤，可以敦厚社會純樸風俗，是孝道的教化。」誠如孔子所說：「生，事之以禮；死，葬之以禮；祭之以禮。」（《論語・為政》）。

魯國大夫孟懿子問孔子，何謂孝道？孔子回答說：「無違：不要違逆父母，更不要違背禮節。」之後，孔子弟子樊遲為孔子駕車，孔子跟樊遲解釋「無違」的意思，孔子說：「父母健在，要依禮孝順父母；父母逝世，要依禮辦好喪禮，依禮祭祀，追思祖先德澤。」

值得注意的是，孟懿子（孟孫）問孝，孔子答「無違」，有其時

代背景，當時，魯國三家（即孟孫、叔孫、季孫）政治勢力很大，經常不守君臣禮節，對國君無禮。孔子藉機啟示孟孫，無論父子或君臣關係，都要遵守禮節，不可違禮或無禮。

當代意義：這是「慎終追遠」成語典故的由來。「慎終追遠」是儒家孝道的道德教化，孝是德行的根本。當今，我們盡孝盡哀辦理父母的喪禮，每年清明掃墓、年節祭祖，已成民俗傳統。

十、子禽問於子貢曰：「夫子至於是邦也，必聞其政，求知與？抑與之歟？」子貢曰：「夫子溫、良、恭、儉、讓以得之，其諸異乎人之求之與！」

白話：孔子弟子子禽問子貢：「我們老師每到一個國家，多少參與這個國家的政務，老師得來的職位，是他自己求來的？還是該國主政者自願給他的？」子貢說：「老師的性格溫和、善良、恭敬、節儉、謙讓，老師以五種美德受人尊敬，得到職位，跟別人求官有所不同。」

不過，孔子對於國君或主政者是有選擇的，據《左傳·哀公十一年》：「孔文子將攻大叔也，訪於仲尼……退，命駕而行，曰：『鳥則擇木，木豈能擇鳥！』」。這是「良禽擇木」典故的由來，比喻賢才選擇明主而事，誠如《三國演義》第一四回說：「良禽擇木而棲，賢臣擇主而事。」。

當代意義：這是「溫良恭儉讓」成語典故的由來。「溫良恭儉讓」至今仍是謙謙君子的人格典範，有德的君子，謙恭有禮、嚴以律己，有為有守，當然容易得到成功的機會。

十一、子曰：「父在觀其志，父沒觀其行，三年無改於父之道，可謂孝矣。」

白話：孔子說：「當父母健在的時候，要觀察為人子女是不是只重私利，不顧父母，所謂『觀其志』；當父母不在世的時候，要觀察為人子女行為的善惡表現，所謂『觀其行』。如果能夠在守孝三年內，沒有改變父母生前的家業，沒有變賣父母的家產，就可稱為孝子之道了。」「三年無改於父之道，可謂孝矣。」重見於〈里仁〉。

當代意義：孔子談論孝子之道，所謂「三年無改於父之道，可謂孝矣。」，已屬不易，子女爭產，變賣父母的家產，時有所聞。

十二、有子曰：「禮之用，和為貴。先王之道，斯為美，小大由之。有所不行，知和而和，不以禮節之，亦不可行也。」

白話：有子（孔子弟子，魯國人，孔門七十二賢之一）說：「吾人遵行禮節，以平和中道為最可貴，代代相傳的道統，最美好的就是『禮』，無論大小事情都依禮而行。但也不能一意的守禮，不知權宜變通、有節度，就行不通了。」

當代意義：在一般正常狀態下，我們要遵守禮節；在緊急非常情況下，要把握權宜，變通而有節度。關於這種權宜，孟子說的精彩，《孟子‧離婁上》：淳于髡（戰國時代齊國著名辯士）說：「男女授受不親，不可以直接用雙手接送物品，是合乎禮節嗎？」孟子說：「是合乎禮節。」淳于髡說：「如果嫂嫂落水了，應不應該直接用手去救嫂嫂？」孟子說：「如果嫂嫂落水不去用手救她，根本是沒有人性的野獸。男女授受不親，是正常的禮節；嫂嫂溺水，用手去救她，是一時的權宜變通。」

淳于髡說：「如今，天下大亂，人人都在水深火熱中，您為何仍然抱守道義禮節，不肯權變救天下呢？」孟子說：「當今，天下大亂，

應該要用仁義正道救治天下，這是王道，不能用權宜霸道救天下，用霸道救天下，天下更亂，是行不通的權宜。」

十三、有子曰：「信近於義，言可復也；恭近於禮，遠恥辱也。因不失其親，亦可宗也。」

白話：有子談論處世為人之道，說：「與人交往，言而有信；與人約定，履行諾言，又合乎道義。對人恭敬，不卑不亢，能合乎禮節，就不會遭人羞辱。」

當代意義：值得注意的是，「因不失其親，亦可宗也」似與前四句無關，筆者闕疑，不譯白話為宜。

十四、子曰：「君子食無求飽，居無求安，敏於事而慎於言，就有道而正焉，可謂好學也矣。」

白話：有子談論好學之道，有子說：「有德的君子，不追求飽餐美食，不追求住家的豪華，勤勉做事，謹言慎行，多請教有道德學識的君子，改正自己的過失，就算是好學不倦了。」

「食無求飽」的相反詞是「飽食終日」，《論語・陽貨》子曰：「飽食終日，無所用心，難矣哉！」孔子感嘆說：「有些人整天飽餐美食，無所事事，不用心於好學，這種人很難成為有德的君子。」

當代意義：值得注意的是，孔子強調食無求飽，飲食不要吃太飽，太飽傷神，俗話說：吃飯留一口，飯後百步走，活到九十九。《黃帝內經・素問・痺論：「飲食自倍，腸胃乃傷。」。為什麼不要吃太飽？因為，從現代醫學的動物實驗，只吃七分飽的動物平均壽命，比吃十分飽的動物多三成壽命。實驗證明節食能夠延年益壽，其醫學理論是：減少熱量的攝取。可以降低新陳代謝的速率，當新陳代

謝下降時，自由基的產量就減少，也就減少氧化壓力，比較不會生病，不過，要注重營養均衡。

　　換言之，限制熱量攝取，能夠降低糖尿病、高血壓、心臟血管疾病和癌症等重大疾病的危險因子。所以說，「食無求飽」可以預防疾病（註一），維護身體健康，有延年益壽的功效。

十五、子貢曰：「貧而無諂，富而無驕，何如？」子曰：「可也。未若貧而樂，富而好禮者也。」子貢曰：「詩云：『如切如磋，如琢如磨。』其斯之謂與？」子曰：「賜也，始可與言詩已矣！告諸往而知來者。」

　　白話：子貢說：「有些人雖然貧窮，但不卑微逢迎；有些人雖然富貴，但不驕傲，這兩種人的修養如何？」孔子說：「可以說不錯了！但不如安貧樂道，也不如富貴而好禮，體現知書達禮的有德君子。」

　　子貢說：「《詩經・衛風》說：人要不斷精進，就像寶石不斷的切割、研磨、拋光，作成美玉，再雕琢成精品。」

　　孔子說：「子貢呀！我可以跟你談論《詩經》了，你對《詩經》的深切理解，可以觸類旁通了。」

　　當代意義：這是「富而好禮」成語典故的由來。子貢是孔子的得意門生，孔門十哲之一，春秋末年衛國人，善於辯才，有才幹，曾任魯國和衛國的相國；他也善於經商，是孔門弟子中的首富。

　　齊國大夫田常準備要攻打魯國，孔子是魯國人，希望為祖國盡力，勸退田常，於是派子貢出使齊國，說服田常，放棄攻打魯國，先攻打吳國。子貢又到吳國說服吳王，放棄攻打越國，先攻打齊國；子貢又說服晉國休兵。終於吳國打敗齊國，吳國又攻打晉國，被晉國打敗。越王勾踐趁機消滅吳國而稱霸。子貢成功的外交，保存了

魯國，也改變了各國的勢力。

司馬遷對子貢的評價很高，《史記‧仲尼弟子列傳》說：「子貢一出，存魯，亂齊，破吳，強晉而霸越。子貢一使，使勢相破，十年之中，五國各有變。」

另據《論語‧衛靈公》、《孔子家語‧在厄》、《荀子‧宥坐》及《史記‧孔子世家》記載：衛靈公問孔子有關部隊作戰的方法，孔子回答說：「各種禮器禮儀，我有學過，有關作戰的戰術，我沒有學過。」隔天，孔子就離開衛國，走到陳國至蔡國的途中，被陳蔡兩國大夫派人圍困，阻止孔子為楚國所用。圍困七天，糧食吃光了，跟從的弟子們都餓倒了，就是「在陳絕糧，從者病。」

話說孔子遷居蔡國第三年，吳國派兵攻打陳國，楚國也派兵救助陳國，駐兵在城父。聽說孔子在陳國往蔡國的途中，楚昭王派人聘請孔子到楚國，陳、蔡兩國的大夫們擔心孔子若為楚昭王所用，楚國會更強大，將來會危害到陳、蔡兩國。於是，唆使一些人圍攻孔子，孔子絕糧了。孔子雖然挨餓，每天仍然不斷學習，弦歌不停，沒有怨言，心中也沒有憂慮。

子路心裡不高興，對孔子說：「有德的君子也會如此窮困嗎？」孔子說：「君子當然會有窮困的時候，君子守本分，安於窮困；小人窮困時，抱怨、憂思，不守本分，放肆而亂。」

最終，孔子派子貢見楚昭王，楚昭王出兵救孔子，孔子及其弟子們方得脫困。

孔子親身經歷窮困的遭遇，深切體會君子安於窮困，安分守己，嚴以律己，不怨天尤人，不憂思，不放肆，不僭越禮法。

十六、子曰：「不患人之不知己，患不知人也。」

白話：孔子說：「不要擔心別人不知道你的才能與人品，應該擔

憂你不知道別人的能力與品德。」

　　當代意義：孔子的意思是，應該要知己與責己，知道自己要充實學識與道德修養；不要常指責別人不瞭解你。

第二章　爲　政

一、子曰：「為政以德，譬如北辰，居其所，而眾星共之。」

　　白話：孔子說：「有德的為政者，要以道德治理國家，以禮治國，以德服眾，就像北極星居於星空中樞，眾星圍拱環繞。」

　　當代意義：以天文學而言，北極星是指最靠近北天極的恆星，是北半球能看到的明亮的恆星。北極星是天際導航的重要指標，對長途航海和野外活動，辨別方向很重要。以民間信仰而言，北極星又稱紫薇、帝星，是最重要的神祇之一。孔子強調以禮治國，以德服人，得到百姓的擁護與愛戴。

二、子曰：「詩三百，一言以蔽之，曰思無邪。」

　　白話：孔子說：「《詩經》305 篇的作者們，整體而言，都是思想純正，沒有邪念，真情流露的創作。」

　　當代意義：這是「一言以蔽之」成語典故的由來。孔子重視《詩經》的教化，《禮記・經解》孔子說：「入其國，其教可知也。其為人也，溫柔敦厚，詩教也。」孔子認為一個地方的百姓，如果溫柔敦厚，那是《詩經》的教化的結果。

三、子曰：「道之以政，齊之以刑，民免而無恥；道之

以德，齊之以禮，有恥且格。」

白話：孔子說：「為政者如果用法律命令治理國家，用嚴刑重罰管理人民，百姓只想免於刑罰，以僥倖逃避刑責為榮，沒了羞恥心。為政者如果以道德教化百姓，以禮儀倫理約束民眾，人民不僅有羞恥心，以犯法為恥，更有高尚的品德。」

當代意義：孔子強調禮治重於法治，先禮治後法治，再禮法並治。

四、子曰：「吾十有五而志於學，三十而立，四十而不惑，五十而知天命，六十而耳順，七十而從心所欲，不逾矩。」

白話：孔子自述他的生平，他說：「我十五歲就立志向學，不斷學習；三十歲學有所成，堅定自立；四十歲通情達理，沒有迷惑；到了五十歲，深切體認天命並非超越人心之外；到了六十歲，我聽了別人的話，就知道別人的微言意旨；到了七十歲，能夠隨心所欲，言行不會逾越禮法規矩。」

當代意義：這是「三十而立」、「從心所欲」成語典故的由來。值得注意的是，「五十知天命」是孔子一生求學問道與生命歷程的重要關鍵，他的內心親切感受上天的召喚，自信「知我者天乎！」（《論語‧憲問》），負有上天的無上使命，對人有無限的責任感和道德感，並且感受到自己與天地合其德。

五、孟武伯問孝，子曰：「父母唯其疾之憂。」

白話：孟武伯（魯國大夫孟懿子之子）請教孔子，何謂孝？孔子說：「當父母的都是為了子女的生病或健康而操心擔憂。」

當代意義：《孝經‧開宗明義章》孔子說：「身體髮膚，受之父母，不敢毀傷，孝之始也；立身、行道，揚名於後世，以顯父母，孝之終也。」我們的身體、四肢、頭髮、皮膚，都是父母給我們最寶貴的無上禮物，我們的生命，是父母心頭的一塊肉，應該小心愛護，不敢損毀傷害，這是行孝的開始；自己成家立業，事業有所成就，行善積德，使名聲流傳於當代與後世，使父母得到榮耀，這是行孝最終的目標。

孔子「父母唯其疾之憂」，一語道盡天下父母心，即使子女都已長大，父母還是擔心子女的健康與安危，為人子女應該保護好自己的身心健康，免得父母操心或傷心。

六、子游問孝，子曰：「今之孝者，是謂能養。至於犬馬，皆能有養，不敬，何以別乎？」

白話：子游（春秋末年吳國人）跟孔子請教孝道。孔子說：「現在一般人認為只要在生活上能奉養父母，就是盡孝了。如此說來，我們飼養狗和馬等動物，也一樣供給牠們食物。如果不以孝敬（恭敬、尊敬、敬重）之心侍奉父母，跟飼養家畜有何差別呢？」可知，孝順父母，要有恭敬之心，沒有孝敬之心，謂之不孝。

子游和子夏同列孔門十哲的文學科，精通文學和禮樂，能行禮樂的教化。據《論語‧陽貨》記載：孔子到魯國武城，子游擔任魯國武城宰，用禮樂教化百姓，城內到處聽到弦歌的聲音，孔子表示讚賞，但是，開玩笑的說：「殺雞何必使用牛刀呢？（比喻治理小城鎮，何必推行禮樂的大道）」子游回答說：「從前我常聽老師說『有德的執政者學了禮樂之道，就能愛護百姓；百姓學了禮樂之道，就

比較有教養，容易聽從政令。』」孔子說：「各位同學，子游講的對，『割雞焉用牛刀』只是一句玩笑話！」

當代意義：孔子對孝道的說法，在當今社會還具有正向的意義，有不少人認為只要讓父母衣食無憂就算孝了，忽略父母的親情需要，沒有多一點時間陪伴父母，沒有尊敬順從父母，有時還惹父母生氣，實在有違孔子的孝道。

七、子夏問孝，子曰：「色難。有事，弟子服其勞，有酒食，先生饌，曾是以為孝乎？」

白話：子夏問孔子，何謂孝？孔子說：「為人子女孝順父母，難在是否以和藹可親的笑容，及溫和親切的態度，孝敬父母。如果只是做到：子女承擔家事，先讓父母吃飽吃好，難道這樣就算孝順了嗎？」

當代意義：孔子強調子女要以和顏悅色孝敬父母。

八、子曰：「吾與回言終日，不違如愚。退而省其私，亦足以發，回也，不愚。」

白話：孔子說：「我整天跟顏回談論學問，他只是靜靜地聽，沒有不同意見。課後我私下發現他跟別人論述，卻能夠充分闡揚我說的義理，顏回聰明喔！」

當代意義：《論語・雍也》魯哀公問孔子，弟子誰最好學？孔子說：「顏回最好學，他不遷怒（不會亂發怒氣）（註一），不貳過（不會犯第二次相同的過錯），不幸短命死了，目前沒有好學的弟子。」有一次，魯國執政大夫季康子問孔子，弟子誰最好學，孔子說：「顏回最好學，不幸短命死了，現在沒有好學的弟子。」（《論語・先進》）

因為顏回既聰明又好學，所以能夠博學多聞，「聞一以知十」。

　　《論語‧公冶長》孔子問子貢：「你和顏回誰聰明？」子貢回答說：「我比不上顏回，顏回博學，善於推理，觸類旁通，聞一知十，聽到一個道理，可以推論很多相關的觀點；我聽到一個道理，只能推論兩個相關的看法。」孔子謙虛的說：「我和你都不如顏回喔！」

　　顏回雖然家境貧窮，但能安貧樂道，孔子稱讚他賢德，孔子說：「賢哉回也！一簞食，一瓢飲，在陋巷，人不堪其憂，回也不改其樂，賢哉回也！」（《論語‧雍也》）孔子稱讚顏回說：「顏回真賢德，吃一小碗飯，喝一瓢水，住在簡陋的屋子，別人不堪其苦，顏回不改勤學的樂趣，多麼賢德啊！」

　　孔子又稱讚顏回說：「語之而不惰者，其回也與。」（〈子罕〉）孔子讚美顏回說：「我把道德學問傳授給弟子們，都會實踐力行而不懈怠的弟子，只有顏回一個人做得到。」孔子感嘆顏回早夭，說：「惜乎！吾見其進也，未見其止也！」（〈子罕〉）

　　顏回真可惜！他生前不斷的精進道德學問，沒有見到他鬆懈停止過，令人婉惜。

　　曾子稱讚顏回謙讓，虛己待人，曾子說：「以能問於不能，以多問於寡，有若無，實若虛，犯而不校。昔者吾友，嘗從事於斯矣。」（〈泰伯〉）曾子誇獎顏回說：「顏回才華出眾，他卻不恥下問，請教才能比他低的人；他見多識廣，卻常去請教見聞比他少的人；他學識淵博，卻表現得好像空無所有、沒有學識；他被別人欺負，也不計較反擊。以前我的朋友顏回，不斷的修養這方面的德行。」

　　可惜，顏回短命，享年約三十二歲。顏回死後，孔子去弔喪，哭得很傷心，哭喊的說：「上天要亡我，沒人能繼承我的道統，上天要亡我啊！」弟子們說：「老師過於悲痛傷心了！」孔子說：「我過於悲傷了嗎？我不為顏回悲痛，我為誰傷心呢？」（《論語‧先進》）

　　顏回不幸而死，同學們要厚葬他，孔子以為不可，因為顏回家貧，貧而厚葬，違背禮制（註二）。同學們還是厚葬他。孔子說：「顏

回待我如父親，我待顏回如親子，我們情同父子，不是我要厚葬他，是同學們要厚葬他。」（《論語・先進》）

顏回是孔子最得意的弟子，孔門十哲德行科之一，春秋魯國人，他好學不倦，深得孔子稱讚。

九、子曰：「視其所以，觀其所由，察其所安，人焉廋哉！人焉廋哉！」

白話：孔子說：「我們要了解一個人的邪正，先看他做事的動機是否良善？看他做事的方法是否正當？再看他是否言行一致、真誠不欺、心安理得，以此觀察一個人的善惡，沒有甚麼可以隱瞞的！」

當代意義：這是「人焉廋哉」成語典故的由來。孔子這種高明的知人之術，值得我們學習。

十、子曰：「溫故而知新，可以為師矣。」

白話：孔子說：「我們要不斷的學習，更要時常複習學過的課業，如果能夠從中體悟（闡發）出新的道理，就可以為人師表了。」

當代意義：這是「溫故知新」成語典故的由來。孔子勉人多讀書，時常溫故而知新，融會貫通，有所體悟，可以為人師表。

十一、子曰：「君子不器。」

白話：孔子說：「賢能的君子，才德兼備，能擔當大任，因此，不以學得一技之長為滿足。」

當代意義：這是「君子不器」成語典故的由來。孔子的教育，是培養才德兼備的君子，能夠擔當治國大任，不是學習一才一藝而

已，因此，賢能的君子當然不以學得一技之長為滿足。

十二、子貢問君子，子曰：「先行，其言而後從之。」

白話：子貢問孔子，何謂君子？孔子說：「有修養的君子，言行一致，最好是先把事情做好，再把事情說出來。」

當代意義：子貢能言善道，口才一流，孔子勉勵他言顧行，行顧言，言行一致，謹言篤行。

十三、子曰：「君子周而不比，小人比而不周。」

白話：孔子說：「君子和小人的品德不同，君子普遍寬厚，待人友善，沒有偏私；小人（沒有良好修養的人）結黨營私，唯利是圖，不能普遍待人友好。」

當代意義：這是「周而不比」、「比而不周」成語典故的由來。所謂「周而不比」近似「群而不黨」。《論語・衛靈公》子曰：「君子矜而不爭，群而不黨。」孔子說：「君子莊敬自持，不與人爭吵；與人和平相處，不會結黨偏私。」

值得注意的是，《論語》有十六則君子與小人的對比，君子代表道德人格的典範，小人代表道德人格的缺失，以此彰顯君子的美德與小人的過失，並勉人改過自新，修養品德。簡述如下：

《論語・里仁》子曰：「君子懷德，小人懷土；君子懷刑，小人懷惠。」孔子說：「君子志在道德的修養，小人想要增加財富；君子志在禮法的遵行，小人想要得到私利。」

《論語・里仁》子曰：「君子喻於義，小人喻於利。」孔子說：「君子義以為上，通曉義理，見利思義，唯義是從；小人不明道義，唯利是從，見利忘義。」

《論語‧述而》子曰：「君子坦蕩蕩，小人長戚戚。」孔子說：「有德的君子沒有害人之心，光明磊落；小人有欺人之心，憂戚不安。」

《論語‧顏淵》子曰：「君子成人之美，不成人之惡；小人反是。」孔子說：「君子不說人之過，助人為善，不助人為惡；小人剛好相反，謾罵批評助人為惡。」

《論語‧子路》子曰：「君子和而不同，小人同而不和。」孔子說：君子無乖戾之心，與人和平相處，中正而不苟且偏私；小人偏私，曲從人意而不能中正和平。

《論語‧子路》子曰：「君子泰而不驕；小人驕而不泰。」孔子說：君子溫和理性而不驕傲，舉止安詳；小人驕傲而不溫和理性。

《論語‧憲問》子曰：「君子上達，小人下達。」孔子說：君子遵循義理，品德日益精進；小人追求私慾，人品日趨墮落沉淪。

《論語‧衛靈公》子曰：「君子求諸己，小人求諸人。」孔子說：君子責己之過，不責人之過；小人責人之過，自以為無過，不責己之過。

《論語‧衛靈公》子曰：「君子不可小知，而可大受也；小人不可大受，而可小知也。」孔子說：君子才德兼備，足以接受重責大任，未必能在小事上受人賞識；小人反之。

《論語‧陽貨》：子路曰：「君子尚勇乎？」子曰：「君子義以為上，君子有勇而無義為亂；小人有勇而無義為盜。」子路問孔子：「君子崇尚勇敢嗎？」孔子說：「君子最崇尚義，以道義為最重要。執政者如果只有勇而沒有義，將會危害國家；百姓如果只有勇敢而沒有道義，將會成為盜賊。」

《論語‧陽貨》子曰：「君子學道則愛人，小人學道則易使。」孔子說：君子學習禮樂仁義之道，就能愛護體恤百姓；百姓學習禮樂仁義之教，就容易聽從政令教化。

《論語‧子路》子曰：「君子易事而難說也，說之不以道，不說

也，及其使人也，器之；小人難事而易說也，說之雖不以道，說也，及其使人也，求備焉。」孔子說：君子容易與人相處，但難以私利討好他，他不會結黨營私，能夠用人唯才，不會偏私施惠；小人反之。

《論語・季氏》子曰：「君子有三畏：畏天命，畏大人，畏聖人之言；小人不知天命而不畏也，狎大人，侮聖人之言。」孔子說：君子有三項敬畏：敬畏上天所賦予人的善性，尊敬為人民謀福利的執政者，敬畏聖人的教化；小人反之，小人不知上天所賦予人的善性而不敬畏，輕慢為民謀福利的執政者，輕忽聖人的教化。

《論語・衛靈公》子曰：「君子固窮，小人窮斯濫矣。」孔子及其弟子們在陳國斷糧，子路心裡不愉快，見孔子說：「君子也有如此的困苦嗎？」孔子說：「君子當然也有困苦的時候，但是，安於窮困不為亂；小人困苦時，不守本分，違禮犯紀。」

十四、子曰：「學而不思則罔，思而不學則殆。」

白話：孔子說：「只是一味的學習，單純的死讀書而不思考，越學越迷惑，心無所得；只是一味的思考，空想而不學習，越想心越迷亂，不切實務而懷疑不安。」

當代意義：這是「學而不思則罔，思而不學則殆。」成語典故的由來。孔子強調學思並重，兩者相輔相成，一方面學習，一方面思考。更重要的是，要在學思過程中，培養獨立思考的能力，與創新的真知灼見，具有原創性的實踐價值，而非只是空談。

十五、子曰：「攻乎異端，斯害也已。」

白話：孔子說：「如果學習非聖人的思想，就有害人心教化了。」

當代意義：孔子所謂「異端」，意指背離聖人的禮樂之道，有害人心的教化。

十六、子曰：「由，誨女知之乎！知之為知之，不知為不知，是知也。」

白話：孔子對子路說：「我教你如何求得真知？真正了解道理，有所體悟，就說知道；沒有真正了解道理，沒有體悟，就說不知道，有深切的體悟才是真知。」

當代意義：孔子所謂「知」，是心領神會的真知，有深切的體悟及明確的見解；不可一知半解，一知半解最危險，不求甚解，導致判斷失誤而不自知。

十七、子張學干祿，子曰：「多聞闕疑，慎言其餘，則寡尤；多見闕殆，慎行其餘，則寡悔。言寡尤，行寡悔，祿在其中矣！」

白話：子張（孔子弟子，春秋陳國人）問孔子謀求官（職）位的方法。孔子說：「多聽別人說的話，把你認為可疑的不要說出來，沒有可疑的內容也要謹慎地講出口，就可以減少過失，避免別人的歸咎責難；多看別人的做法，把你認為不妥的不要做，沒有不妥的也要謹慎地做好，就可以減少後悔。說話少過錯，做事少後悔，官位就容易得到了。」

當代意義：這是「多聞闕疑」、「言寡尤，行寡悔」成語典故的由來。孔子強調為官之道在謹言慎行，因為說錯一句話或做錯一件事，即可丟官，甚至判刑，所謂行政（業務）過失，要接受法律懲罰。因此，孔子期勉魯定公為君之難，不可說話苟且。如果國君說

的話正確而無人違抗，一言可以興邦；如果國君說的話不正確而無人忠諫，幾乎是一言可以喪邦。

十八、哀公問曰：「何為則民服？」孔子對曰：「舉直錯諸枉，則民服；舉枉錯諸直，則民不服。」

白話：魯哀公問孔子：「在上位的執政者，如何施政可以使百姓順從？」孔子說：「好的施政：任用正直的官員，安置在歪邪不正者的上位，百姓就順服了；不好的施政：任用歪邪不正的官員，安置在正直的人上位，百姓就不順從了。」

當代意義：這是「舉直錯枉」成語典故的由來。上梁不正下梁歪，在上位的人歪邪不正，是德不配位，必有災禍，百姓當然不服從。

十九、季康子問：「使民敬忠以勸，如之何？」子曰：「臨之以莊，則敬；孝慈，則忠；舉善而教不能，則勸。」

白話：魯國大夫季康子問孔子：「在上位的人，如何能夠使百姓尊敬執政者，又能盡忠愛國、互相勸善戒惡？」孔子說：「執政者要以莊重的態度對待百姓，百姓自然會敬重執政者；執政者要孝順父母、愛護百姓，百姓自然會盡忠愛國；執政者要任用賢能，教化人民，百姓自然會彼此互相勸善戒惡。」

當代意義：在上位的執政者，要以身作則，為民表率，誠如孔子說：「其身正，不令而行；其身不正，雖令不從。」(〈子路〉)

二十、或謂孔子曰：「子奚不為政？」子曰：「書云：『孝

乎！惟孝友于兄弟。』施於有政，是亦為政，奚
其為為政？」

白話：有人問孔子說：「孔先生為何不從政？」孔子說：「《尚書》說：『能夠孝順父母的人，必然能夠友愛兄弟姊妹。』能夠把孝順、友愛推廣到家戶，使家家戶戶都能父慈子孝、兄友弟恭，這種齊家之道，也是從政的一部分，何必要有官職呢！」

當代意義：儒家以齊家為從政的開始，齊家治國平天下，要家齊而後國治，國治而後天下平。

二十一、子曰：「人而無信，不知其可也。大車無輗，小車無軏，其何以行之哉？」

白話：孔子說：「一個人如果沒有誠信，不講信用，得不到別人的信任，如何為人處世、安身立命，猶如大車（牛車，載貨用）沒有輗（連結牛與車的關鍵插銷），小車（馬車，載人用）沒有軏（連結馬與車的關鍵插銷），車子就走不動了。」

當代意義：人無信不立，尤其是在上位的執政者，施政沒有誠信，得不到百姓的信任。《論語‧顏淵》子貢問孔子如何治理政務？孔子說：「充足倉庫的糧食，充足國家的兵力與裝備，可以使百姓信任執政者。」子貢問：「如果不得已，要先去掉哪一項？」孔子說：「先去掉兵力與裝備。」子貢再問：「如果不得已，再去掉哪一項？」孔子說：「不得已再去掉糧食，自古以來，人難免一死，如果百姓不信任執政者，執政者的施政就無法執行了，政府的威信也就沒有了，執政者也就垮台了。」

　　有趣的是，「立木取信」的歷史典故，可以作為「民無信不立」的註腳。據《史記‧商君列傳》記載：秦孝公任用商鞅變法，商鞅

制定新法已完成，只是尚未公布，他怕百姓不信任新法，為了取信於民，他在都城南門立了一根三丈的木杆，明令有人將木杆移到北門，賞十金。百姓議論紛紛，不相信此令為真，也沒人移動木杆。商鞅再下令，有人將木杆從南門移到北門，重賞五十金。終於，有一個人半信半疑將木杆從南門移到北門，商鞅即刻重賞此人五十金。從此，商鞅得到百姓的信任，也立了施政的威信，於是，商鞅下令頒布變法，商鞅變法十年，秦國太平富強，路不拾遺，山無盜賊。

二十二、子張問：「十世可知也？」子曰：「殷因於夏禮，所損益可知也；周因於殷禮，所損益可知也；其或繼周者，雖百世可知也。」

白話：子張問孔子：「十個朝代以後的事，現在可以知道嗎？」孔子說：「商朝繼承夏朝的禮法制度，有所增刪，現在還可以知道；周朝繼承商朝的禮法制度，有所增刪，現在還可以知道；雖然經過很多朝代以後的事，現在還是知道歷史傳承的變革與發展。」

當代意義：歷史文化的傳承，因革損益，堯、舜、禹、湯、文王、武王、周公、孔子，一脈相傳而不絕，遂成道統。

二十三、子曰：「非其鬼而祭之，諂也。見義不為，無勇也。」

白話：孔子說：「不是我們應該祭祀的鬼神或祖先而去祭祀，是諂媚的要求，求福求財等私利。看見應該做的事而沒做，例如救助車禍傷患，就是沒有正義的勇氣，不能見義勇為。」

須知，儒家強調什麼身份的人祭祀什麼對象，是不可違禮的。

依據《禮記・曲禮下》：只有天子能夠祭祀天地之神、四方之神、五祀（戶、灶、門、井、中霤）之神（註三）；諸侯在其境內祭祀山川之神、五祀之神；大夫祭祀五祀之神，士人百姓則祭祀祖先。

　　如果祭拜不該祭祀的鬼神，稱為「淫祀」，《禮記・曲禮下》說：「非其所祭而祭之，名曰淫祀，淫祀無福。」因此，《禮記・祭法》說：「凡有功於人民，因公務而死亡，有安邦定國的功勞，為人民防災除禍，保護百姓避免受苦，凡是這些因公殉職的人，都要祭祀。另外，日月星辰是百姓賴以見識天文，區分季節，有利農耕，也要祭祀；還有山林川谷丘陵，是百姓賴以生活的地方，也都值得感恩祭祀。除此之外，不宜祭祀。」

　　當代意義：「非其鬼而祭之」就是淫祀。「淫祀無福」意指多餘而不必要的祭祀，根本沒有意義，只是一種求福求財的媚求。值得吾人深思的是，台灣有太多的淫祀，亟需改善此一風氣。

第三章　八　佾

一、孔子謂季氏：「八佾舞於庭，是可忍也，孰不可忍也？」

白話：孔子批評魯國大夫季孫氏（掌握魯國實際的執政權）說：「僭用周天子六十四人的舞樂，在宗廟之庭作八佾之舞（註四），這種僭越禮節的事，如果能夠容忍，還有甚麼事不可以容忍呢？」

當代意義：這是「是可忍孰不可忍」成語典故的由來。孔子非常重視為人要遵守禮節，不僭越禮制。父親有父親的禮節，子女有子女的禮節，老師有老師的禮節，學生有學生的禮節，大家都遵守禮法，社會就會和諧。

二、三家者以雍徹，子曰：「『相維辟公，天子穆穆。』奚取於三家之堂？」

白話：魯國卿大夫季孫氏、叔孫氏、孟孫氏三個家族（註五），舉行家祭結束後，撤掉祭品時，僭越歌唱《詩經・周頌・臣工之什・雍》（註六），是嚴重違禮。孔子批評說：「〈雍〉說：『參與助祭的都是諸侯，周天子的儀容莊敬肅穆』三家只是大夫，在大夫的家廟僭禮歌唱〈雍〉，是何居心？有何用意？」

當代意義：孔子指責魯國三家（孟孫、叔孫、季孫）僭禮，不守大夫之禮，違背禮法。

三、子曰：「人而不仁，如禮何？人而不仁，如樂何？」

白話： 孔子說：「人如果沒有仁心仁德（仁愛之心），即使遵從禮制、嚴守禮節，也不算是真正的遵禮；如果沒有仁心仁德，即使依禮作樂，也不算是真正的禮樂。」

當代意義： 孔子以仁為禮樂的根本，仁是禮樂的靈魂，沒有仁心仁德、仁愛之心，禮樂成為沒有精神內涵的儀式。

四、林放問禮之本。子曰：「大哉問！禮，與其奢也，寧儉；喪，與其易也，寧戚。」

白話： 林放（春秋魯國人，孔子七十二弟子之一）問孔子禮的本質。孔子說：「好問題，以一般禮制而言，與其奢侈豪華，不如節儉樸素；喪禮，與其靈堂鋪張，告別式排場盛大，不如參與祭奠的人內心哀戚。」

當代意義： 喪禮是生者真情的對逝者表達悲傷，如果沒有真心真情的悲傷，告別式的儀式都是虛偽的徒具形式。我們看民意代表參加喪家的告別式，總覺得他們只是做做樣子，虛應故事而已。

五、子曰：「夷狄之有君，不如諸夏之亡也。」

白話： 孔子說：「中原以外的各國，還講求君臣的正常關係，不像中原各諸侯國，僭禮亂政，君不君，臣不臣，違反君臣的禮法。」

當代意義： 人人都要遵守應盡的禮法，如果大家都不遵守禮法，終將成為野蠻國度而滅亡。

六、季氏旅於泰山。子謂冉有曰：「女弗能救與？」對曰：「不能。」子曰：「嗚呼！曾謂泰山不如林放乎？」

白話：魯國卿大夫季孫氏要去泰山祭拜泰山神，孔子責問冉有（孔門十哲政事之一，名求，時任季孫氏家宰），說：「你不能阻擋他去祭拜泰山神嗎？只有天子能祭拜泰山神(註七)，季孫氏是大夫，卿大夫要祭拜泰山神，是嚴重僭禮。」冉有答說：「我沒辦法阻擋他。」孔子感嘆：「難道泰山神不知道季孫氏的僭禮之祭嗎？難道泰山神不如林放知禮嗎？」

當代意義：依古禮，只有天子能祭泰山，季孫氏只是大夫，不能祭泰山，冉有時任季孫氏家宰，不能勸阻季孫氏，孔子同時指責季孫氏與冉有。

七、子曰：「君子無所爭，必也射乎！揖讓而升，下而飲，其爭也君子。」

白話：孔子說：「有道德修養的君子，與人無爭，如果有競爭的話，是在射箭比賽的時候，雙方拱手作揖行禮，再升堂比賽射箭，射完箭，走下堂，勝者跟敗者作揖行禮，再升堂請敗者喝酒。這種射箭比賽，是依禮而射，以禮相讓，也是君子之爭。」

當代意義：孔子不僅重視射箭，也善於射箭，根據《禮記・射義》記載：孔子在矍相的序宮堂下射箭，參觀的人多得像圍牆般的環繞。可見，他經常從事射箭鍛鍊，而且射得很準，並且傳授弟子射箭技術。〈射義〉孔子說：「射箭的人按照音樂的節拍射箭，只有賢德的人能夠射中，沒有賢德的人怎麼能夠射中呢？」有德者希望射中，免吃罰酒，因為酒是用來養老和養病，免喝罰酒，表示不受

奉養，與人無爭。

八、子夏問曰：「『巧笑倩兮，美目盼兮 (註八)，素以為 絢兮。』何謂也？」子曰：「繪事后素。」曰：「禮 後乎？」子曰：「起予者商也，始可與言詩已矣。」

白話：子夏問孔子：「《詩經》說：『美人笑容甜美可愛，眼睛明亮黑白分明。她的皮膚白嫩，化妝起來光彩絢麗。』這三句話有何深意？」孔子說：「化妝如同繪畫，先上底色，再加上各種顏色，呈現華美的色彩。」子夏說：「我懂了，就像人要先有仁心仁德，先培養仁愛的本心，再修養禮樂的美德嗎？」孔子說：「子夏呀！你講的很有道理，我可以跟你談論《詩經》了。」

當代意義：值得注意的是，《詩經》是我國最早的一部詩歌總集，孔子將三千多首詩歌整理編輯成 311 首，也稱為「詩三百」。

孔子很重視《詩經》的傳承，他認為子夏對《詩經》的理解高於其他弟子，因此，指定子夏為《詩經》的傳承人。

孔子更重視《詩經》的教化，勸弟子、伯魚（孔子之子）學習《詩經》，《論語·陽貨》孔子說：「你們為何不多學《詩經》呢？《詩經》可以激發人的情感意志，可以觀察歷史的得失成敗，可以培養合群團結的凝聚力，可以抒發個人的喜怒哀樂。學好《詩經》，可以盡孝，孝順父母；可以盡忠，服事君王；還可以認識許多鳥、獸、草、木的名稱。」

另據《論語·季氏》記載：陳亢（孔子弟子，字子禽）問伯魚（孔子之子）說：「令尊有沒有教你特別的課業？」

伯魚說：「家父沒有教我特別的功課。有一天，家父一個人站在廳堂，我低頭快速通過，家父問我：『你學過《詩經》嗎？』我說：『沒學過。』家父說：『不學《詩經》，不懂得跟別人言談對

話。』於是，我就開始學習《詩經》。」

　　又有一次，家父一個人站在廳堂，我低頭快速通過，家父問我：『你學過禮嗎？』我說：『我沒學過。』家父說：『不學禮，不能跟別人互動交流，自己也不能在社會上立足。』於是，我就開始學禮。」

　　陳亢退下高興地說：「我問一事知道三件事，我知道學習《詩經》的重要、知道學禮的重要，我還知道老師對自己的孩子沒有特別的教導。」

九、子曰：「夏禮，吾能言之，杞不足徵也。殷禮，吾能言之，宋不足徵也，文獻不足也。足，則吾能徵之矣。」

　　白話：孔子說：「夏朝的禮法制度，我可以說明史料的內容，不過，夏朝的後裔杞國，所保留的文獻史料不足，無法證明夏朝歷史的真偽；商朝的禮法制度，我也可以說明史料的內容，不過商朝的後裔宋國，所保留的文獻史料不足，無法證明商朝歷史的真偽。如果文獻典籍充足，可以證明我所說的夏、商歷史的真假。」

　　當代意義：孔子重視歷史文獻的傳承，如果文獻史料不足，無法證明歷史的真偽，後人需要考古出土佐證。

十、子曰：「禘自既灌而往者，吾不欲觀之矣。」

　　白話：孔子說：「魯國在太廟舉行禘祭大典（註九），當進行以酒灑地的祭禮後，我就不想再繼續觀看了。」

　　當代意義：禘祭本為天子在太廟的大祭，魯國只是諸侯，也舉行禘祭，這是僭禮；孔子又見與祭的人誠敬不足，無莊嚴儀禮可觀，雖然，孔子心中有所指責，只說：我不想再看了。

十一、或問「禘」之說。子曰：「不知也。知其說者之
　　　於天下也，其如示諸斯乎？」指其掌。

　　白話：有人問孔子有關禘祭的意義，孔子說：「我不知道。如
果有人知道禘祭的禮制和意義，他治理天下就易如反掌般的容易
了。」

　　當代意義：孔子對禘祭似乎不感興趣，其實，孔子重人事之禮
法，而輕鬼神之祭祀，對禘祭不想深論，誠如《論語‧先進》季路
問事鬼神？子曰：「未能事人，焉能事鬼？」可知，孔子重視蒼生，
而輕鬼神。

十二、祭如在，祭神如神在。子曰：「吾不與祭，如不
　　　祭。」

　　白話：我們祭祀祖先的時候，祖先如在其上、如在其左右（註
十），感覺祖先在上座，享用我們的祭祀與祭品；祭神的時候，感
覺神明在上座，享用我們的祭祀與祭品。孔子說：「我如果不能自己
參加祭祀，雖然有人代替我祭祀，我還是感覺沒有祭祀。」

　　當代意義：孔子強調祭祀祖先，必須誠敬，事死如事生。誠如
《中庸》第十六章孔子說：「鬼神之為德，其盛矣乎……洋洋乎如在
其上，如在其左右。」

十三、王孫賈問曰：「『與其媚於奧，寧媚於竈。』何謂
　　　也？」子曰：「不然，獲罪於天，無所禱也。」

　　白話：王孫賈是衛靈公權臣，掌管軍旅的大司馬，問孔子說：

「俗話說『與其祈求討好尊貴的奧神（註一一），不如祈求討好有實權的灶神。』有何意義？」孔子回答說：「這樣說不對，一個人違背天理，得罪於天，無論祈求討好任何神明，都是沒有用的。」

　　當代意義：王孫賈是有實權的大司馬，他暗示孔子應該阿附討好他，因為衛靈公是沒有實權的國君。可是，孔子暗指自己守正遵禮，不會討好僭禮的權臣王孫賈。

十四、子曰：「周監於二代，郁郁乎文哉，吾從周。」

　　白話：孔子說：「周朝的禮法制度，是增刪修正夏、商兩朝代而來，典章制度完備周全、文采豐盛，我遵從周朝的禮法典章。」

　　當代意義：夏、商兩代的禮樂制度，傳至周朝文王、武王、周公而完備，孔子繼往開來文王、武王、周公的禮樂典章制度，遂成為歷史文化的道統。

十五、子入大廟，每事問。或曰：「孰謂鄹人之子知禮乎？入大廟，每事問。」子聞之曰：「是禮也。」

　　白話：孔子擔任魯國大夫的時候，到大廟（周公廟）參與助祭，他對每一件不清楚的事，都請教別人，有人笑他說：「誰說曲阜的孔先生知道禮制？他到大廟，常常問人。」孔子聽到了，說：「不懂的事問人，就是禮。」

　　當代意義：孔子是一位實事求是，誠實不欺的人，孔子強調「知之為知之，不知為不知，是知也。」(《論語‧為政》)知道就說知道，不知道就說不知道，不要不懂裝懂，騙人騙己，甚至害人害己。孔子好學每事問，成就偉大的萬世師表。

十六、子曰：「射不主皮，為力不同科，古之道也。」

白話：孔子說：「射禮注重禮節儀容，只要射中標的，不要求射穿箭靶，因為每人的力氣不同，這是古代射禮的傳統。」

當代意義：射禮講究禮讓、謙和、莊重、禮節。換言之，寓禮於射，寓教於射，寓德於射。

十七、子貢欲去告朔之餼羊。子曰：「賜也！爾愛其羊，我愛其禮。」

白話：古代，天子每年派使臣到各諸侯國頒布曆書，諸侯國準備餼羊（殺好而未烹煮的羊）招待使臣。子貢擔任魯國相國的時候，天子已無頒布曆書，因此，子貢想廢除餼羊之禮。孔子說：「子貢啊！你想節省一隻餼羊，我卻不想廢除餼羊之禮。」

當代意義：孔子想恢復周天子頒布曆書之禮。

十八、子曰：「事君盡禮，人以為諂也。」

白話：孔子說：「臣子以禮事君，一切以君臣之禮節事君，反而被說是討好君上。」

當代意義：孔子強調君臣應有之禮節，不僭禮，不傲慢。《論語·子罕》子曰：「拜下，禮也，今拜乎上，泰也。雖違眾，吾從下。」孔子說：「臣子晉見君王，先拜於堂下，再登堂拜見，這是古禮。當今臣子免於堂下的禮拜，直接拜見於堂上，儀態不恭敬。因此，我仍然主張要先在堂下拜見，君臣盡禮，不僭禮。」

十九、定公問：「君使臣，臣事君，如之何？」孔子對

曰：「君使臣以禮，臣事君以忠。」

白話： 魯定公問孔子：「君臣關係如何對待？」孔子回答說：「國君不以威權壓迫臣子，而以禮節對待臣子；臣子不以私利事君，而以忠誠事奉國君。」

當代意義： 五倫關係，君臣有義，君臣之間講道義，君仁臣忠，國君以禮對待臣子，臣以忠誠事奉國君。

二十、子曰：「關雎，樂而不淫，哀而不傷。」

白話： 孔子說：「《詩經》第一首詩歌『關關雎鳩』（註一二），表現男女純真的情感，雖然想要追求快樂的愛情，琴瑟傳情兩相愛，也不過分淫樂；描寫求之不得，時常想念，輾轉難眠，雖然有些悲哀，但也不至於太傷情。」

當代意義： 這是「樂而不淫」、「哀而不傷」成語典故的由來。「樂而不淫」是心無邪念，思想純正，合乎禮樂教化，一言以蔽之：思無邪。

二十一、哀公問社於宰我。宰我對曰：「夏后氏以松，殷人以柏，周人以栗。曰：『使民戰栗。』」子聞之，曰：「成事不說，遂事不諫，既往不咎」。

白話： 魯哀公問宰我（孔門十哲之一，善說話）土地神木製牌位是用甚麼木材？宰我說：「夏朝用松木，商朝用柏木，周朝用栗木（註一三）。」宰我又說：「周朝用栗木，要使百姓戰慄恐懼。」孔子聽到了，責罵宰我的一派謬論，孔子說：「宰我荒唐的言論，已經無法收回了，宰我的錯誤，也不必再追究了。」

當代意義：這是成語典故「既往不咎」的出處，孔子雖然寬恕宰我，不再追究責難，但希望宰我說話要小心，對不明白的事不要妄加臆測。

二十二、子曰：「管仲之器小哉！」或曰：「管仲儉乎？」曰：「管氏有三歸，官事不攝，焉得儉？」「然則管仲知禮乎？」曰：「邦君樹塞門，管氏亦樹塞門。邦君為兩君之好，有反坫，管氏亦有反坫。管氏而知禮，孰不知禮？」

白話：孔子說：「管仲（齊國大夫，相齊桓公，霸諸侯，匡天下。）的器度狹小啊！」有人問：「是不是管仲太節儉？」孔子說：「管仲有三個官邸，有很多人幫他做事，專人專職，無人兼差，管仲節儉嗎？」又有人問：「管仲知道禮節嗎？」孔子說：「國君皇宮門前設立屏風，有內外之分；管仲官邸門前也有屏風。國君舉辦國宴，在宴會廳的兩邊設置放空酒杯的坫台；管仲宴客也設置坫台。管仲這些作為是僭禮，違背禮節，如果說管仲知禮，還有誰不知禮呢？」

當代意義：雖然，孔子批評管仲器度小、不節儉、不知禮、違背禮節。但是，孔子非常稱讚管仲尊周室、霸諸侯、攘夷狄，就是尊王攘夷、匡正天下的功勞。

《論語・憲問》子路問孔子：「齊桓公殺死齊公子糾，當時管仲輔佐公子糾，管仲卻不肯為公子糾死。如此說來，管仲不是有仁德的人吧？」孔子說：「管仲輔佐齊桓公，九次會盟諸侯，不以齊國的武力稱霸諸侯，這是管仲的功勞，這就是管仲的仁德。」。

子貢也說：「管仲不是一個有仁德的人吧！齊桓公殺死公子糾，管仲當公子糾的太傅，不能為公子糾而死，不僅沒有節操，反而勤於輔佐齊桓公。」孔子說：「管仲輔佐齊桓公，不受小人的糾纏，不

以武力稱霸於諸侯，使天下得到匡正，百姓都受到他的恩惠，迄今我們還是中原國家之人。如果沒有管仲，我們都會披散頭髮，衣襟向左開，成為夷狄之人了！管仲的功勞與貢獻，不是百姓人家的小節操可以相提並論的。」（〈憲問〉）

值得一提的是，成語典故「管鮑之交」，成為歷史上最知己的朋友，就是管仲與鮑叔牙的真情友誼，管仲說：「生我者父母，知我者鮑子也。」流傳千古。年輕時兩人友好，一起做生意，管仲出錢少、賺錢拿得多，朋友為鮑叔牙抱不平，鮑叔牙說：「管仲因為家裡窮，多拿一些錢沒關係。」兩人友情深厚，相知相惜，成為知己。

後來，兩人都當了官，鮑叔牙事奉公子小白，管仲事奉公子糾，小白與糾爭奪大位，公子糾失敗，小白即位為齊桓公，桓公即刻要封鮑叔牙為相，鮑叔牙深知管仲賢能，力薦管仲稱相。

在管仲的輔佐下，齊桓公尊王攘夷、九合諸侯、匡正天下。四十年後，管仲臨終前，桓公問他鮑叔牙能否稱相？管仲說：「鮑叔牙潔廉善士，善惡分明，聞人之過，終身不忘，不適任宰相大位。」鮑叔牙知道此事後，不僅不生氣，反而很欣慰地認為只有管仲最了解他。」

齊桓公又問：「易牙可以嗎？」管仲說：「易牙為了討好君上，竟然烹煮自己的兒子，此人太沒人性，千萬不可稱相。」。

桓公又問：「衛開方可以嗎？」管仲說：「衛開方是衛國的貴族，為了表示效忠桓公，十五年沒有回國，連父母親去世都不回國奔喪，此人太沒親情，千萬不可稱相。」

桓公又問：「豎刁可以嗎？」管仲說：「豎刁閹割自己，討好君王，不合愛己天性，千萬不可稱相。」

最終，齊桓公沒有聽信管仲忠言，重用易牙、衛開方、豎刁。桓公病重時，易牙、豎刁軟禁桓公於寢宮內，豎刁堵塞宮門，禁絕外人進入，桓公哀嘆：「若死者有知，我將有何面目見仲父（管仲）？」，結果，桓公活活餓死，桓公死亡六十七天，寢宮蛆蟲遍地，

無人掩埋，屍臭薰天。

二十三、子語魯大師樂曰：「樂其可知也，始作，翕如
　　　　也！從之，純如也，皦如也，繹如也，以成。」

　　白話：孔子告訴魯國宮廷樂官，有關樂曲演奏的流暢過程，孔
子說：「演奏樂曲的流暢過程是可以知道的：開始演奏的時候，各種
不同樂器的聲音相合在一起，純潔和諧，聲音散開後，節奏分明，
綿綿不絕，最終完成樂曲演奏。」
　　當代意義：值得注意的是，本章與《論語・子罕》孔子曾言：「吾
自衛反魯，然後樂正，雅頌各得其所。」有關，本章記述孔子對主
管音樂的魯國宮廷樂官說明樂理，以矯正當時音樂的雜亂。

二十四、儀封人請見，曰：「君子之至於斯也，吾未嘗
　　　　不得見也。」從者見之。出曰：「二三子！何
　　　　患於喪乎？天下之無道也久矣，天將以夫子為
　　　　木鐸。」

　　白話：衛國儀邑的封人（註一四）求見孔子，說：「有德的君子
到儀邑這個地方，我都請求會見，孔子接見他之後，他對孔子的弟
子們說：「你們不必擔心孔先生不被重用，天下無道已經很久了，上
天將把孔先生當作教化世人的木鐸（教師典範）（註一五）。」
　　當代意義：師者所以傳道、授業、解惑也。（韓愈〈師說〉），孔
子乃萬世師表，為萬世宣揚教化之師。

二十五、子謂韶：「盡美矣，又盡善也。」謂武：「盡美
　　　　矣，未盡善也。」

　　白話：孔子評論虞舜時的韶樂說：「樂曲十分完美，內涵又十分完善。」評論周武王時的舞樂說：「樂曲十分完美，內涵未能十分完善。」

　　當代意義：這是「盡善盡美」成語典故的由來。〈述而〉記載：子在齊聞韶，三月不知肉味。曰：「不圖為樂之至於斯也。」

　　孔子在齊國聽到了韶樂，非常喜歡，也非常感動，幾個月以來，常聽韶樂，連吃肉都不知道肉味。孔子由衷讚嘆說：「沒想到韶樂這麼引人入勝、無比感人。」

　　所謂「韶樂」，史稱舜樂，是上古舜帝的宮廷音樂，集合詩歌、音樂、舞蹈為一體的古典音樂藝術。根據《漢書·禮樂志》的記載：舜帝之後，韶樂在陳國流傳，到了春秋時陳國的公子陳完逃到齊國，也把韶樂帶到了齊國。孔子在齊國，聽到了韶樂，讚嘆不已說：「盡善又盡美。」

　　由於舜的天下，由堯禪讓，舜又禪讓天下給禹，因此，舜的天下和平，韶樂也表現平和，韶樂是歌頌舜的和平德政的音樂。相對的，周武王的天下由於討伐商紂而得，武樂帶有殺伐之氣，所以，孔子說：「武樂盡美未盡善。」

二十六、子曰：「居上不寬，為禮不敬，臨喪不哀，吾何以觀之哉！」

　　白話：孔子說：「在上位的人心胸不寬大，行禮時不尊敬，到喪家祭奠死者不哀傷，這種人還有什麼值得看重的呢！」

　　當代意義：居上位的人應有寬宏的度量；參與各種活動、祭祀，表現虔誠、恭敬；臨喪應有哀傷之情，方能得民心，也是做人的基本德行。

第四章　里　仁

一、子曰：「里仁為美，擇不處仁，焉得知！」

白話：孔子說：「我們選擇住家，要選在有良善仁德風俗的地方才好，如果不在風俗良善的地方居住，就不算明智的選擇了！」

當代意義：這是「里仁為美」成語典故的由來。值得一提的是，我們選擇住家，應該要選擇好的環境，有不少父母特別選在好學區居住，讓我們想起「孟母三遷」的歷史典故。孟子是戰國時代偉大的思想家，以繼承孔子思想為己任。孟子的母親，世人稱她孟母，孟子小時候，住家離墓地很近，孟子學了很多祭拜往生者的事。孟母認為這個環境不適合孩子學習。於是，將家搬到集市旁，孟子學了很多做買賣和叫賣的方法。孟母又想：「這個環境還是不適合孩子學習。」，又將家搬到學宮旁邊。孟子學會了在朝廷上禮儀及進退的禮節。孟母認為這正是孩子學習的地方，就在學宮旁定居下來。

孟母對孟子的教導，除了「孟母三遷」，還有「斷機杼」的典故，南宋時期的啟蒙課本《三字經》的第一個典故就是「昔孟母，擇鄰處，子不學，斷機杼」。孟子的父親早逝，孟母與孟子相依為命，為了孟子的學習，搬家三次。到孟子年齡稍長，不認真學習，經常逃學。一天，他很早就逃學回家，孟母正在織布，孟母問他：「讀書的目的是甚麼？」孟子說：「讀書為自己。」。孟母雖然很生氣，她沒有罵、也沒有打孟子，而用「斷機杼」的機會教育，用剪刀剪斷織布機上的布，說：「你逃學而中斷學習，將使過去的學習前功盡棄，

就像我剪斷織布機上已經織好的布全部作廢。」孟母循循善誘的教化，從此，孟子勤學不止，成為僅次於孔子的「亞聖」。

二、子曰：「不仁者不可以久處約，不可以長處樂。仁者安仁，知者利仁。」

白話： 孔子說：「沒有仁德修養的人，不能長久處在窮苦的環境，也無法長久處在安逸的環境。因為忍受不了窮苦而作奸犯科，安逸久了而生驕奢淫蕩之心。有仁德修養的人，心安理得而行仁；聰明的人，知道行仁對自己的重要，所以也樂於行仁。」

當代意義： 孔子認為沒有仁德的人，容易受到環境的影響，不好的環境，容易使他做出違法的事情，所以「不可以久處約」；好的環境容易使他驕奢，而做出違背禮法的事情，所以「不可以長處樂」。孔子強調唯有仁者，可以心安理得的行仁。

三、子曰：「唯仁者，能好人，能惡人。」

白話： 孔子說：「有仁德修養的君子，能夠客觀地分辨善惡，能夠無私的喜歡善人（好人），也無私的不喜歡惡人（不善之人）。」

當代意義： 孔子以為唯有仁者沒有私心偏見，公正無私，對事不對人，可以理性客觀的判斷是非善惡，能好人，能惡人。誠如《禮記‧檀弓上》曾子說：「君子之愛人也以德，細人（小人）之愛人也以姑息。」

四、子曰：「苟志於仁矣，無惡也。」

白話： 孔子說：「一個人能夠專心於仁德的修養，就不會作奸犯

科了。」

　　當代意義：孔子勉人立志向善、行善，即立志行仁，就不會作奸犯科了。

五、子曰：「富與貴，是人之所欲也，不以其道得之，
　　不處也。貧與賤，是人之所惡也，不以其道得之，
　　不去也。君子去仁，惡乎成名？君子無終食之間違
　　仁，造次必於是，顛沛必於是。」

　　白話：孔子說：「人人都想要富貴，有道德修養的君子，不會用不正當的手段得到富貴、享受富貴。人人也不想要貧賤，有道德修養的君子，也不會用不正常的手段逃避貧賤。君子如果沒有仁德、仁道，就不能稱為君子。君子無時無刻都不會背棄仁德，無論如何的匆忙或艱困，也不會背棄仁德與仁道。」

　　當代意義：這是「造次顛沛」成語典故的由來。孔子的「仁」，是人之所以為人的本質，仁道就是為人之道，所以不可須臾離也。

六、子曰：「我未見好仁者，惡不仁者。好仁者，無以
　　尚之；惡不仁者，其為仁矣，不使不仁者加乎其身。
　　有能一日用其力於仁矣乎？我未見力不足者。蓋有
　　之矣，我未之見也！」

　　白話：孔子說：「我還沒見過喜愛仁愛之道的人，也還沒見過厭惡不仁愛的人。喜愛仁愛之道的人，以仁愛之道為最高的道德標準。真正厭惡不仁愛的人，他的為人處事不會違背仁愛之道。如果有人願意力行仁愛之道，沒有人辦不到的，或許有人因為各種原因，無法力行仁愛之道，我還沒見過這種人。換言之，人人都可以好仁惡

不仁，人人都可以力行仁愛之道，行仁道是最高的道德修養。」

當代意義：孔子強調為仁在己，若能持志奮力，效法天行健君子自強不息，實踐仁道就很容易了。須知，踐仁不僅是實踐客觀的人倫規範，更是「自我的實現」，自己成就道德人格。

七、子曰：「人之過也，各於其黨。觀過，斯知仁矣。」

白話：孔子說：「人人所犯的過失，有各種不同類別的差異。以君子小人的差異而言，君子常失於寬厚，小人常失於刻薄無情。因此，君子太過於寬以待人，嚴以律己；小人太過於嚴以律人，寬以待己。只要知道他所犯過失的差異，就可以了解他內心存仁或不仁了。」

當代意義：值得注意的是，「黨」有相助匿非之意，也就是袒護他人的錯誤，偏袒一方的意思。所以孔子說：「君子不黨」（〈述而〉），又說：「君子群而不黨」（〈衛靈公〉）君子與人和諧相處，不結黨營私；君子不袒護別人的過錯，避免助人匿非，就可以減少過失而有仁愛之心。「群而不黨」就是「和而不同」，與人和諧，但不願曲從苟同，小人反之。

八、子曰：「朝聞道，夕死可矣。」

白話：孔子說：「如果有一天能夠體悟並實踐人生圓滿的仁道，死就沒有遺憾了。」

當代意義：比喻孔子對仁道的追求，非常熱切。須知，孔子的道是仁道，孔子立仁道以繼天道，仁道是人道，也是天道，更是常道。

九、子曰：「士志於道，而恥惡衣惡食者，未足與議也。」

　　白話：孔子說：「一個讀書人立志於行仁道於天下，如果還以自己吃不好、穿不好為恥，就不值得跟他探討仁道了。」
　　當代意義：孔子勉勵有志於進德修業之士，當專心實踐仁道，而不要注重物質生活的享受。

十、子曰：「君子之於天下也，無適也，無莫也，義之與比。」

　　白話：孔子說：「君子為人處事，無所偏執，擇善而從義，不固執己見，只求合乎情理法，言行合乎道義。」
　　當代意義：君子為人處事，不可固執己見，應持中道，善於通權達變，一言一行合乎情理法。

十一、子曰：「放於利而行，多怨。」

　　白話：孔子說：「為人處事一切以追求私利為目的，必然招致許多怨恨。」
　　當代意義：君子為人處事，不可一心追求私利，應以天下為己任，造福人群，得民心而無怨。

十二、子曰：「能以禮讓為國乎，何有？不能以禮讓為國，如禮何？」

　　白話：孔子說：「執政者以禮讓治國，治理國家就沒有什麼困難了，如果治國只有禮節的虛文，大家爭權奪利，沒有實質的謙讓，

如何治理好國家呢？」

當代意義：孔子強調執政者要以禮讓治國，君臣上下，知禮謙讓，治國就很容易了，誠如《管子·五輔》說：「夫人必知禮然後恭敬，恭敬然後尊讓，尊讓然後少長貴賤不相踰越，少長貴賤不相踰越，故亂不生而患不作。」

十三、子曰：「不患無位，患所以立。不患莫己知，求
　　　　為可知也。」

　　白話：孔子說：「一個人不用擔心得不到好的職位，應該擔心自己有沒有好的才能與品德。換言之，有好的才德就容易得到好的職位。也不用擔心別人不知道自己的才德，應該擔心自己有甚麼好的才德可以被人知道的。」
　　當代意義：如果我們能夠學好專業才能和修養良好品德，應該不用擔心得不到好的職位。所以說：「機會是留給準備好的人」，這句話出處是來自法國微生物學家 Louis Pasteur，他說：「In the fields of observation，chance favours only the prepared mind。」
　　當你用心去觀察的時候，自然會發現更多的機會，等著你的探究。換言之，在不斷用心觀察中，成功的機率眷顧著準備好的心智。

十四、子曰：「參乎！吾道一以貫之。」曾子曰：「唯。」
　　　　子出，門人問曰：「何謂也？」曾子曰：「夫子之
　　　　道，忠恕而已矣。」

　　白話：孔子說：「曾參啊！我平日講說的許多學問，雖然千頭萬緒，卻可以用一個中心思想貫通起來。」曾子說：「是的。」孔子出去後，其他同學問曾子：「是甚麼中心思想可以貫通老師的學問？」

曾子說：「老師的中心思想就是忠恕兩個字。忠是盡己，恕是推己及人。」《論語・衛靈公》子曰：「賜也！女以予為多學而識之者與？」對曰：「然，非與？」曰：「非也，予一以貫之。」孔子對子貢說：「賜啊！你以為我是個博學多聞強記的老師嗎？」子貢說：「難道不是嗎？」孔子說：「不是的，我是用仁道的核心思想融會貫通起來的。」

〈衛靈公〉子貢問曰：「有一言而可以終身行之者乎？」子曰：「其恕乎！己所不欲，勿施於人。」子貢問孔子：「有沒有一個字可以終身奉行的嗎？」孔子說：「一個恕字可以終身奉行。自己不喜歡的，不要推給別人。」

須知，「己所不欲，勿施於人」僅是忠恕之道的消極面，更積極地說是「己立立人，己達達人」。〈雍也〉子貢曰：「如有博施於民，而能濟眾，何如？可謂仁乎？」子曰：「何事於仁，必也聖乎！堯舜其猶病諸！夫仁者，己欲立而立人，己欲達而達人。能近取譬，可謂仁之方也已。」子貢問孔子：「如果有執政者能夠廣施恩惠，救助百姓，這個執政者可以稱為仁者嗎？」孔子說：「何止是仁者，肯定是聖人了，堯舜都做不到吧！一個仁者，自己想成家立業，也想讓他人成家立業；自己想立身行道、興盛發達，也想讓他人立身行道、興盛發達。能夠多為別人設想，推己及人，這是求仁的最好方法。」

當代意義：這是「一以貫之」成語典故的由來。值得注意的是，曾子最能體會孔子的一貫之道，孔子最核心的一貫之道是仁道，曾子以忠恕詮釋仁道，最善名狀，以忠恕說一貫，就是以仁道說一貫。忠者，至誠無妄，盡己之謂也；恕者，推己及人，大公無私，行乎中正，可以終生行之者。

十五、子曰：「見賢思齊焉，見不賢而內自省也。」

白話：孔子說：「看見才德兼備的人，就想學習效法和他一樣才

德兼備；看見才德不善的人，內心要時常自我反省，自己是否有不善的言行？有則改之，無則加勉。」

當代意義：這是「見賢思齊」成語典故的由來。我們要時常自我反省，自己內心是否有不善的妄念或不良的動機？有則改之，無則加勉。

十六、子曰：「事父母幾諫，見志不從，又敬不違，勞而不怨。」

白話：孔子說：「子女事奉父母，如果父母有了過失，應當溫柔委婉地勸導，若見忠諫不被接受，子女依然不敢違抗父母的意思，雖然心中憂慮，也不怨恨父母。」

當代意義：這是「勞而不怨」成語典故的由來。為人子女不應該為了一些大小事，跟父母爭論爭吵，更不可以動手打父母。

十七、子曰：「父母在，不遠遊，遊必有方。」

白話：孔子說：「古代通訊不便，父母健在，子女最好不要出遠門；如果不得已必須出遠門，一定要讓父母知道聯絡的地址，不讓父母操心，這也是為孝之道。」

當代意義：現代通訊便利，出遠門或出國，要時常跟父母報平安，以免父母操心憂慮。

十八、子曰：「父母之年，不可不知也；一則以喜，一則以懼。」

白話：孔子說：「父母親的年紀，子女不可以不知道；一方面

高興父母的健在，一方面也擔憂父母親的衰老，這也是為孝之道。」

當代意義：為人子女應該隨時關心年老父母的飲食起居、健康狀態，這是根本的為孝之道。

十九、子曰：「古者言之不出，恥躬之不逮也。」

白話：孔子說：「古人謹言慎行，對於做不到的事，不肯輕易承諾；因為承諾而做不到，是可恥的。」

當代意義：我們舉一個「不言溫室樹」的謹言慎行典故：孔光，字子夏，魯國曲阜人，西漢後期名臣，孔子十四世孫。

孔光自幼聰穎好學，精通經學，漢成帝初即位，他被推舉為博士，後被任為尚書。孔光為人謹言慎行，辦事周密，因而深得成帝信任。孔光執掌朝政十多年，處世謹言慎行。

孔光每次回家時，與兄弟妻兒說家常話，他從不提朝廷的政事。曾有人問孔光：「皇宮裡溫室省（即中書省）的樹，都種些什麼樹啊？」孔光聽後沉默不語，然後用別的話將話題岔開。

後來，王莽篡位，許多與他意見相左的大臣或被貶或被害，因為孔光是當世名儒，加之孔光謙遜謹默，王莽在表面上以禮相待。孔光因此得以保持祿位。但是，孔光為遠禍全身，只好上書請求辭官告老還鄉。元始五年，孔光病故，時年七十歲，終得善終。

二十、子曰：「以約失之者，鮮矣。」

白話：孔子說：「一個人謹言慎行，節制自己的欲望，自律自禁、約束自我而犯過錯的，就很少見了。」

當代意義：「以約失之者，鮮矣。」，近似孔子說：「君子博學於

文，約之以禮，亦可以弗畔矣夫。」(〈雍也〉)，君子廣博地學習聖賢的經典，以禮節約束自己的言行，就可以不違背仁道了。

二十一、子曰：「君子欲訥於言，而敏於行。」

白話：孔子說：「君子說話要寡言謹慎，做事要敏捷勤快。」

當代意義：我們再舉一個「不言溫室樹」的謹言慎行典故：明朝初年宋濂，字景濂，金華潛溪人。他與章溢、劉基、葉琛並稱為「浙東四先生」。宋濂性格非常謹言慎密，在宮中與明太祖問對之言，絕不會告訴他人。朱元璋讓他起草的一些詔書，他也總是會將草稿悉數刪毀。他還在自己的居室牆壁上寫了「溫樹」二字，有人向他問及宮內之事，他總是指牆壁上的「溫樹」二字，表示「不言溫室樹」，提問的人便不再說話了。

二十二、子曰：「德不孤，必有鄰。」

白話：孔子說：「一個有道德人格的人不會被孤立，一定會有一些仁善之人親近他，因為志同道合、同類相親近。」

當代意義：這是「德必有鄰」成語典故的由來。子夏說：「君子敬而無失，與人恭而有禮，四海之內皆兄弟也。」(〈顏淵〉)，近似子曰：「德不孤，必有鄰。」有德的君子，對人恭敬而有禮貌，一定會有志同道合的仁善之人親近他，有德者不會被孤立。

二十三、子游曰：「事君數，斯辱矣；朋友數，斯疏矣。」

白話：子游說：「時常忠諫國君，不行君臣之禮節，臣子會招致侮辱；時常規勸朋友，不行朋友之禮節，會被疏離。」

　　當代意義：「事君數，斯辱矣」意指「微子去之，箕子為之奴，比干諫而死。」(〈微子〉) 三人時常忠諫紂王，不被採納，微子離去，箕子被貶為奴隸，比干遭到殺害。

第五章　公冶長

一、子謂公冶長,「可妻也,雖在縲絏之中,非其罪也。」以其子妻之。」

　　白話:孔子評論公冶長(孔子七十二弟子之一、女婿,傳說他因懂鳥語而下過冤獄)說:「公冶長的人品高尚,敦品勵學,是一位賢人,可以把女兒嫁給他,雖然他坐過牢,但不是他的罪過,他是冤枉的。」於是,孔子把女兒嫁給公冶長。

　　當代意義:公冶長自幼貧困,聰穎好學,德才兼備,終生治學、教學。魯國國君多次請他當大夫,他終生不仕,繼承孔子遺志,深受孔子賞識。

二、子謂南容:「邦有道,不廢;邦無道,免於刑戮。」以其兄之子妻之。

　　白話:孔子評論南容(孔子七十二弟子之一,姓南宮,字子容,魯國人)說:「國家有道(政治清明)時,他出仕為官,不會被朝廷遺棄不用;國家無道(政治黑暗混亂)時,他小心謹慎,隱而不顯,免於亂世之禍。」於是,孔子把他哥哥(孔孟皮)的女兒嫁給南容。

　　當代意義:孔子稱讚南容是有德的君子,謹言慎行,而將姪女許配給他。

三、子謂子賤：「君子哉若人，魯無君子者，斯焉取斯？」

白話：孔子評論宓子賤（孔子弟子，姓宓，名不齊）說：「宓子賤是個君子啊！魯國如果沒有君子，宓子賤哪裡學來的高尚品德呢？」

當代意義：據《呂氏春秋·開春論·察賢》記載：宓子賤曾任單父（春秋時魯國地名，在今山東單縣南）宰，他治理單父，知人善任，任用人才，每天悠閒地彈琴，甚至沒有每天到辦公室上班，單父就治理得很好。宓子賤真是一位才德兼備的君子，身心安逸，心平氣和，耳目悠閒，而官府的官員各盡其職，政務清明，條理分明，井然有序。

四、子貢問曰：「賜也何如？」子曰：「女器也。」曰：「何器也？」曰：「瑚璉也。」

白話：子貢問孔子：「我是怎樣的一個人？」孔子說：「你像瑚璉玉器，瑚璉是宗廟華美而貴重的祭器，比喻國家之棟樑重臣，廟堂的治國人才。」

當代意義：端木賜，字子貢，孔子的得意門生，孔門十哲之一，有廟堂重臣之才，曾任魯、衛兩國的相國，又善於經商，為孔子弟子中首富。

五、或曰：「雍也，仁而不佞。」子曰：「焉用佞？禦人以口給，屢憎於人。不知其仁，焉用佞？」

白話：有人說：「仲弓是個仁人，可惜沒有口才。」孔子說：「為甚麼要有好的口才呢？用巧言利口來對付人，時常遭人厭惡。我不

知道仲弓是不是一位仁者，何必要有好的口才呢？」

　　當代意義：仲弓，姓冉名雍，字仲弓，魯國人，孔門十哲中，列於「德行」之科。孔子評論仲弓說：「犁牛之子，騂且角，雖欲勿用，山川其舍諸？」（〈雍也〉）。

　　因為仲弓之父賤而惡，可是，仲弓德行純正良善。所以，孔子以毛色混雜的牛比喻仲弓之父，又以毛色純赤色而且牛角端正，比喻仲弓的純正。孔子說：「毛色混雜的牛所生的小牛，牠的毛色純赤色而且牛角端正（這種牛最適合用來祭祀），有些人雖然不想用牠來祭祀，但山川之神不會捨棄牠的！」

　　孔子非常稱讚仲弓的才德兼備，孔子說：「雍也，可使南面。」（〈雍也〉）仲弓的才德可以做個諸侯，可惜，大材小用，做了季孫氏的家臣，問孔子為政之道，子曰：「先有司，赦小過，舉賢才。」曰：「焉知賢才而舉之？」曰：「舉爾所知，爾所不知，人其舍諸？」（〈子路〉）孔子主張「凡事身先示範，以身作則，待人以寬，原諒部屬偶有的小過失；任用有賢能的人。」仲弓又問：「如何知道誰有賢能呢？」孔子說：「為政在舉用賢才，用心關注各界推薦的人才，從政唯賢能是用。你所不知道的人才，別人會推薦給你的。」

六、子使漆彫開仕，對曰：「吾斯之未能信。」子說。

　　白話：孔子鼓勵漆雕開出仕為官。漆雕開說：「我對為官這件事還沒有準備好。」孔子聽了很開心漆雕開的謙虛。

　　當代意義：漆雕開，孔子弟子，姓漆雕，名開，字子若，春秋蔡國人，一說魯國人。據《韓非子·顯學》說：自孔子死後，儒家分為八：有子張（孔子弟子，春秋陳國人，門下弟子很多）之儒、有子思（孔子之孫，受業於曾子）之儒、有顏氏（顏回）之儒、有孟氏（孟子）之儒、有漆雕氏之儒、有仲良氏（魯國人）之儒、有

孫氏（清人梁啟超認為孫氏即孫卿，就是荀卿，今傳《荀子》三十二篇）之儒、有樂正氏（樂正子春，曾子弟子，傳孝道）之儒。

七、子曰：「道不行，乘桴浮于海，從我者，其由與？」子路聞之喜，子曰：「由也，好勇過我，無所取材。」

白話：孔子說：「如果我一生的理想不能實現，我想乘坐木筏到海外，能夠跟我一起去的弟子，可能只有子路吧！」子路聽了很高興。孔子說：「子路啊！你比我還要勇猛，可是還不能好好處理事情、顧及安危、中道而行。」

當代意義：子路，或稱季路，魯國人，孔門十哲之一，只少孔子九歲，是事奉孔子最久的弟子，追隨孔子周遊列國，後任衛國大夫孔悝家臣。在衛後莊公發動兵變中，子路為了救孔悝而犧牲。

據《左傳・哀公十有五年》及《史記・仲尼弟子列傳》記述：衛後莊公（姓姬，名蒯聵）原是衛靈公的太子，因謀殺南子（宋國人，春秋時衛靈公的夫人，美艷好色，相傳與多人私通，後為衛後莊公兵變殺害）事敗，出逃晉國，但一直想廢掉自己的兒子衛出公，自己成為衛國之君。

西元前 480 年，蒯聵想要兵變，想要得到外甥孔悝的大力幫忙，於是，男扮女裝去找伯姬（蒯聵之妹、孔悝之母）與伯姬的情夫渾良夫，要脅持孔悝。伯姬與渾良夫聯手在孔悝如廁時脅持了孔悝，逼迫孔悝盟誓，參加蒯聵的兵變，又把孔悝脅持到一個樓臺上。當時孔悝的家臣欒甯聽說兵變，馬上派人去告訴子路，欒甯趕往宮中接應衛出公，把衛出公送去魯國。

子路聽說蒯聵兵變的消息，就趕去救孔悝，中途遇到從孔悝家逃出來的子羔（孔子弟子，子路派子羔當費邑的邑宰），子羔說：「城門已關閉，來不及了。」子路說：「食人俸祿，不能見死不救。」子

路來到城門前，剛好有人開城門出來，子路趁機衝入城內。到了孔悝被脅持的樓臺，子路對蒯聵說：「太子您沒膽量，我要放火燒這個樓臺，只要燒到一半，您就會退兵了。」蒯聵一聽，非常害怕，指派勇士石乞、盂黶圍攻子路，子路無法招架兩人的圍攻，傷重不敵，帽子的帶子也斷了，子路說：「君子就是死了，也要把帽子戴好。」此時子路被石乞、盂黶刺殺，子路死後，蒯聵命人將其遺體施以醢刑（剁成肉醬）。

　　據《禮記‧檀弓上》：子路被殺，孔子在正室前的中庭哭著子路，有人來弔唁，孔子以主人的身分答禮。哭過後召見來告的使者，問子路遇害的情形。使者說：「被施以醢刑（剁成肉醬）。」孔子命人把準備好的肉醬倒掉，不忍食之。」

　　子路遭此不幸，與其正直忠誠與勇猛的性格有關，孔子曾批評子路勇猛而無計謀，死而無悔的人。〈述而〉孔子對顏淵說：「有人聘用我時，我就好好的做事；不聘用我時，我就好好讀書教學，只有我和你能做到吧！」子路說：「如果老師率領大軍出戰，會找誰參加呢？」孔子說：「一個人空手打老虎，徒步涉水過河，死了也不後悔的人，我不會和這種人在一起。一定要做事小心謹慎，計畫周延而有成功把握的人，我願意跟這種人在一起。」孔子指責子路「暴虎馮河，死而無悔」，真的不幸而言中。

八、孟武伯問：「子路仁乎？」子曰：「不知也。」又問。
　　子曰：「由也，千乘之國，可使治其賦也，不知其
　　仁也。」「求也何如？」子曰：「求也，千室之邑，
　　百乘之家，可使為之宰也，不知其仁也。」「赤也
　　何如？」子曰：「赤也，束帶立於朝，可使與賓客
　　言也，不知其仁也。」

白話：孟武伯（魯國孟孫氏第 10 代宗主）問孔子：「子路是一個仁者嗎？」孔子說：「不知道。」又問仲由（字子路），孔子說：「子路這個人，如果有一千輛戰車的大國，可以聘他去治理大軍，不知道是不是仁者。」問冉求（字子有，政治能力強，孔門十哲政事科）如何？孔子說：「冉求這個人，一千戶的大縣，或一百輛戰車的大夫家，可以聘他去當邑長或家臣（總管），我也不知道他是不是仁者。」「公西赤如何？」孔子說：「公西赤非常熟悉外交方面的禮儀和禮節，他可以穿上禮服，站在朝廷上，擔任外交官和處理外交事務，我不知道他是不是仁者。」

當代意義：孔子不輕易稱讚某人為仁者，但很了解弟子們的學識和能力。

九、宰予晝寢。子曰：「朽木不可雕也，糞土之牆，不可杇也。於予與何誅！」子曰：「始吾於人也，聽其言而信其行；今吾於人也，聽其言而觀其行。於予與改是！」

白話：宰予（字子我，又稱宰我，孔門十哲之一，善言辭）白天睡覺，孔子責備說：「腐朽木頭不能用來雕刻，污穢土牆不可以塗抹粉飾，我不想再責備宰予了。」孔子又說：「以前，我聽人家的話，就相信他的行為，相信說者言行一致；現在我聽別人的話，還要觀察他的行為，是否言行一致？這是宰予讓我改變對人的態度。」

當代意義：這是「朽木不可雕」、「聽其言而觀其行」成語典故的由來。一般人往往言行不一，孔子「聽其言而觀其行」，迄今仍然為我們所常用。

十、子曰：「吾未見剛者！」或對曰：「申棖。」子曰：

「棖也慾，焉得剛？」

白話：孔子說：「我沒見過剛強的人！」有人說：「申棖（春秋魯國人，通六藝，孔子七十二賢之一）堅強不屈。」孔子說：「申棖的欲望很多，不算是堅強不屈的人。」

當代意義：孔子認為申棖的個性，爭強好勝，固執己見，與人相爭，一心想要勝過別人，不能以理服人，這是多慾的表現，不是真正的堅強。換言之，真正的堅強是克制自己的貪念，節制自己的欲望，自律自制，克己復禮，始終如一，這才是「無欲則剛」的意涵。

十一、子貢曰：「我不欲人之加諸我也，吾亦欲無加諸人。」子曰：「賜也，非爾所及也！」

白話：子貢說：「我不想別人加在我身上的事（我不喜歡的事），我也不想把這樣的事加在別人身上。」孔子說：「子貢啊！這不是你容易做到的！」

當代意義：子貢自認為他可以將心比心，設身處地為別人著想，體諒他人，寬恕待人。孔子認為這不是一般人能做到的，子貢也不是容易做得到的。當然，推己及人，己所不欲、勿施於人，這是孔子教化的目標。

十二、子貢曰：「夫子之文章，可得而聞也；夫子之言性與天道，不可得而聞也。」

白話：子貢說：「老師講的詩書禮樂等學問，我們可以時常聽得到；我們卻很少聽到老師講性和天道的思想。」

　　當代意義：《論語》有兩處談到「性」，孔子說：「性相近也，習相遠也。」(〈陽貨〉)孔子認為人的本性是相近似的，但由於個人的學習、風俗、文化等環境的不同，人的習性就相差很多了。另一處談「性」，即「性與天道」的「性」。「性」是客觀的存在，「天道」是超越的存在，兩者不容易為一般人所理解，所以，孔子不常談。但是，孔子並非不談「性與天道」，只是罕言，因為不是孔子思想的核心，孔子生命學問的核心是仁道，而非「性與天道」。進而言之，孔子的仁道是為人之道，天道是宇宙法則。《論語》中有兩處最能表達孔子的天道思想：

　　1.〈陽貨〉子曰：「予欲無言！」子貢曰：「子如不言，則小子何述焉？」子曰：「天何言哉！四時行焉，百物生焉，天何言哉！」孔子說：「我不想說話了！」子貢說：「老師如果不說話，弟子們如何傳揚老師的思想呢？」孔子說：「上天有說話嗎？四季仍然運轉，萬物生生不息，上天有說話嗎？」天道宇宙的不變法則，就是四季的運轉。

　　2.〈子罕〉子在川上曰：「逝者如斯夫！不舍晝夜。」孔子站在河岸邊，說：「時光的流逝，就像流水一樣，日夜不停的流失。」天道宇宙的不二法則，就是時光日夜不停的運轉與流逝。

十三、子路有聞，未之能行，唯恐有聞。

　　白話：子路每次聽到一個好的思想，在還沒有付諸實行之前，很怕又聽到一個新的思想，又來不及付諸實踐。

　　當代意義：子路重實踐，從實踐中學習，他認為不一定要讀書才是學習。一邊工作一邊學習。

十四、子貢問曰：「孔文子何以謂之文也？」子曰：「敏

而好學，不恥下問，是以謂之文也。」

白話：子貢問孔子：「孔文子（衛國大夫，姓孔，名圉）為何死後諡號（註一六）是文？」孔子說：「孔圉聰明好學，不以多問下屬為恥，勤學不倦，所以，死後諡號是文。」

當代意義：這是「不恥下問」成語典故的由來。「敏而好學，不恥下問」，應當是學習者的座右銘。

十五、子謂子產：「有君子之道四焉：其行己也恭，其事上也敬，其養民也惠，其使民也義。」

白話：孔子評論子產說：「子產（春秋末期鄭國大夫，姓姬，名僑。執政期間，改革內政，謹慎外交，保衛國家利益，深受百姓愛戴。）有四種作為合乎君子典範：他待人誠懇謙虛，他事奉君上很尊敬，他養民有恩惠，他徵用民力很合時宜。」

當代意義：子產是君子從政的典範，後世對他的評價甚高，視他為宰相的典範。

十六、子曰：「晏平仲善與人交，久而敬之。」

白話：孔子說：「晏嬰善於跟別人交往，大家相知相處久了，別人對他越尊敬。」

當代意義：晏嬰是春秋時期齊國的大夫、賢相，他輔佐靈公、莊公、景公，三朝元老。他身材矮小，其貌不揚，但是，機智善辯，足智多謀，剛正不阿，廉潔忠貞。晏嬰最讓人津津樂道的故事是「晏子出楚」。西元531年，晏嬰出使楚國，因為晏嬰矮小，楚靈王想羞辱他，在城門邊開一個小門，請晏嬰從小門進去，晏嬰說：「出使狗

國才走狗洞，我出使楚國，也走狗洞嗎？」楚國只好讓他從大門進去。

見了楚靈王，靈王問：「齊國沒有人嗎？怎麼派你出使楚國？」晏嬰說：「我們齊國首都臨淄有七千五百戶人家，大家張開袖子，可以遮住天空；大家一揮汗，好像下大雨（揮汗如雨）；街上的人肩靠著肩，腳跟碰著腳尖（摩肩接踵）怎麼說沒有人呢？」

楚王說：「既然人多，爲什麼會派你來呢？」晏子回答說：「齊國派遣使臣，有一定的規矩，那些有才德的人，被派遣出使到有才德的君主所在的國家，沒有才德的人，被派遣出使到沒有才德的君主所在的國家。我晏嬰是最沒有才德的人，所以只好出使到楚國。」楚靈王想羞辱晏嬰，反被晏嬰羞辱。

晏嬰第二次要出使楚國，楚王對身邊的大臣說：「晏嬰是齊國善辯的人，現在他正要來，我想要羞辱他，有什麼方法呢？」侍臣回答說：「在他來的時候，大王請同意我們綁着一個人從大王面前走過。大王就問：『他是做什麼的？』我就回答說：『他是齊國人。』大王再問：『他犯了什麼罪？』我就回答：『他犯了偷盜罪。』」

晏嬰來到了楚國，楚王請晏嬰喝酒，喝酒喝得正高興的時候，兩名官員綁着一個人到楚王面前來。楚王問道：「綁着的人是做什麼的人？」官員回答說：「他是齊國人，犯了偷盜罪。」楚王看着晏嬰問：「齊國人本來就擅於偷盜的嗎？」

晏子回答：「我聽說橘樹生長在淮河以南長的是橘子（味甜），生長在淮河以北長的是枳子（味酸），兩者的葉子相像罷了，兩者的果實味道卻不同。這是什麼原因呢？是因爲水土不相同啊（橘化爲枳、南橘北枳）。百姓生長在齊國不偷盜，到了楚國就偷盜，莫非楚國的水土使百姓善於偷盜嗎？」楚靈王想羞辱晏嬰，反被晏嬰羞辱，自討沒趣了（註一七）。

晏嬰另有一則「二桃殺三士」的著名典故，出自於《晏子春秋·內篇諫下》。春秋時期，齊景公有三名大將：公孫接、田開疆、古冶

子，他們立下了赫赫功勳，因此恃功而驕，晏子建議齊景公早日消除禍患。

　　晏子請齊景公把三位大將請來，賞賜他們三人兩個桃子，讓他們三人講自己的功勳，功勳大的可以吃一顆桃子。公孫接與田開疆都先報告他們自己的功勳，各自拿了一個桃子。古冶子認為自己功勳更大，氣得拔劍指責他們兩人。公孫接與田開疆聽到古冶子報告自己的功勳之後，自覺不如，羞愧之餘便將桃子讓出並自盡。這時，古冶子對先前羞辱二人，造成二人自盡感到慚愧，因此也拔劍自刎。就這樣，齊景公靠著兩個桃子，巧妙地消除了三個大將對景公的威脅。

十七、子曰：「臧文仲居蔡，山節藻梲，何如其知也？」

　　白話：孔子說：「臧文仲（魯國大夫，是魯哀公的次子，諡號文）蓋一間大宅院，養一隻大烏龜（註一八），斗拱刻有山形，梁柱畫有水藻，媲美天子宗廟的規模，明顯不合禮制，怎麼說他是聰明人呢？」孔子不僅批評臧文仲養大龜不明智，還批評他「竊位」。孔子說：「臧文仲其竊位者與！知柳下惠之賢，而不與立也。」孔子批評臧文仲當官不稱職，因為他知道柳下惠的賢能而沒有推舉柳下惠，與他並立於朝。

　　當代意義：孔子依於禮而批評臧文仲，以現在眼光看來，臧文仲十分開明，鼓勵經商，不拘泥於禮，先後輔佐了莊公、閔公、僖公、文公四位魯國國君。他最著名的事蹟是向齊國借糧，魯莊公二十八年（西元前 666 年），魯國鬧饑荒，百姓沒飯吃。臧文仲主動求見魯莊公，臧文仲說：「臣請命親自前往齊國借糧，請您恩准以魯國的寶器為抵押，向齊國借糧，緩解這次饑荒缺糧的大危機。」臧文仲憑藉自己的能力，不僅借到了糧食，還讓齊國人對他刮目相看，

也退還了魯國的寶器。

　　據《左傳·魯僖公二十一年》記載：西元前639年夏天，魯國又遭大旱，魯僖公受人蠱惑，準備把那些臉只能朝天的尪人和女巫抓來燒死，以祈求老天下雨（當時人們迷信地以為天旱是因為上天擔心雨水會流進那些臉只能朝天的尪人鼻子裡）。

　　臧文仲得知此事後，對魯僖公說：「這不是解決旱災的好方法。修理城牆、厲行節約、致力農業、勸人施捨，這才是應該要做的。女巫、臉只能朝天的尪人跟乾旱沒有關係。如果他們能造成旱災，燒死他們乾旱會更嚴重。」魯僖公聽從了他的建議，動員國人自救抗災，該年魯國「飢而不害」。從這件事情中可以看出，臧文仲能夠破除迷信愚昧的觀念，體恤百姓，重視人文關懷。

十八、子張問曰：「令尹子文，三仕為令尹，無喜色；三已之，無慍色。舊令尹之政，必以告新令尹，何如？」子曰：「忠矣。」曰：「仁矣乎？」曰：「未知，焉得仁？」崔子弒齊君，陳文子有馬十乘，棄而違之，至於他邦，則曰『猶吾大夫崔子也！』違之，之一邦，則又曰：『猶吾大夫崔子也！』違之，何如？」子曰：「清矣。」曰：「仁矣乎？」曰：「未知，焉得仁？」

　　白話：子張問孔子：「楚國上卿子文，三次當令尹，執政沒有喜色，三次退位，沒有怨恨。他退位交接時，一定告訴新的令尹施政的重點，這個人如何呢？」孔子說：「子文盡忠於國家。」子張問：「是不是仁者？」孔子說：「我不知道，盡忠怎能算是仁者呢？」子張又問孔子：「齊國大夫崔杼弒殺齊莊公，當時齊國大夫陳文子捨棄四十匹馬，離開齊國，到另一個國家，就說：『這個國家的大夫，跟

我們大夫崔杼差不多。』就離開到另一個國家，他又說：『這個國家的大夫，還是跟我們大夫崔杼差不多。』又離開這個國家，陳文子這個人如何？」孔子說：「陳文子是清高的人。」子張問：「是不是仁者？」孔子說：「我不知道，清高怎能算是仁者呢？」

當代意義： 孔子不輕易以仁許人，不輕易以仁者稱讚人，因為仁是孔子道德的最高標準，更是孔子的核心思想。

十九、季文子三思而後行。子聞之，曰：「再，斯可矣。」

白話： 魯國大夫季文子做事都要考慮很多很久，再三考慮。孔子聽到了，說：「不要考慮太多太久，只要詳細再考慮一次就可以了。」

當代意義： 這是「三思而行」成語典故的由來。季文子，姓季孫，名行文，魯國大夫，輔佐魯宣公、魯成公、魯襄公三代，執掌國政 33 年。他忠貞愛國，克勤克儉，謹小慎微，據《國語・魯語》記載：季文子身居魯國上卿大夫，位高權重，但他節儉持家，他的妻妾兒女沒有人穿綢緞衣服，他家的馬只吃青草，不吃精製的粟米。有人譏笑他太吝嗇，與諸侯國交往甚至會影響魯國的名聲。季文子回答說：「我看到現在還有很多百姓吃粗糧、穿破衣服，我不能讓百姓一直吃粗糧、穿破衣服，而讓我的家人吃好穿好。只有清廉節儉、忠貞愛民的美德，才是國家最大的榮譽，沒聽說過自己炫富可以為國爭光。魯國在季文子帶頭倡導下，朝野興起儉樸的良善風氣，為後世所傳頌。

二十、子曰：「甯武子，邦有道則知；邦無道則愚。其知可及也，其愚不可及也。」

白話： 孔子說：「甯武子（春秋時期衛國賢能的卿大夫，曾經輔

佐衛文公、衛成公）在國家承平時，就表現出他的聰明才幹；在國家混亂時，就表現出他的一股憨愚傻勁。他的聰明才幹別人還能做到，他的一股憨愚傻勁，不畏艱難，救國、救君，其他人就很難做到。」

當代意義：為何甯武子得到孔子很好的評價，我們可以從《左傳》知道他的不凡事蹟。西元前 623 年，魯文公四年，甯武子訪問魯國，宴會上，魯文公賦詩〈湛露〉和〈彤弓〉二首，還命樂工演奏，盛大招待甯武子。

依諸侯國間的禮儀，甯武子要賦詩答謝，可是甯武子既沒有賦詩答謝，也沒有答謝辭。魯文公感到不解，宴會結束後派人問甯武子，為何沒有賦詩答謝。

據《左傳‧文公四年》記載：甯武子回答說：「我以為樂工們只是在練習演奏呢！從前諸侯國去京師朝拜周天子，周天子設宴款待，命樂工演奏，賦〈湛露〉這首詩，表示諸侯聽從周天子的命令，現在我只是衛國卿大夫，前來貴國敘舊，表示兩國友好，承蒙君王賜宴，臣不敢僭越天子大禮自取罪過。」

依春秋當時禮制，甯武子只是卿大夫，訪問魯國，魯文公款待他，依禮應賦〈鹿鳴〉，而魯文公賦詩〈湛露〉和〈彤弓〉二首，是周天子宴請諸侯時的賦詩，魯文公不是周天子，而賦〈湛露〉這首詩，是嚴重的僭禮（非禮）了。因此，甯武子既無賦詩答謝，也無答謝辭，避免自取僭禮罪過。

另據《左傳‧僖公二十八年》記載： 衛成公三年（西元前 632年）楚國攻打宋國，晉文公援助宋國，晉國向衛國借道，衛成公拒絕。晉文公又想與衛國結盟，衛成公又拒絕，衛成公另與楚國結盟。

晉楚爆發城濮之戰（西元前 632 年），晉國打敗楚國，順道攻打衛國，衛成公慌忙出逃，命大夫元咺輔佐成公的弟弟叔武。不久，晉國打敗衛國，晉國與宋國瓜分衛國的土地。

衛成公出逃在外時，曾有傳言說元咺改立叔武當衛君，成公相

信了，誅殺了跟隨自己的元角（元咺之子）。結果，衛國形成兩股勢力，一股勢力跟隨衛成公出逃在外，一股是卿大夫元咺的勢力，兩股勢力相互對立，衛國面臨分裂的危機。

衛國危亡之際，甯武子苦口婆心地與衛國有志之士，在宛濮盟約，誓言：「上天要降下災禍給衛國了，因為衛國君臣不和，面臨分裂的危機，現在上天要我們相互體諒，要我們放棄對立，團結愛國。從今日盟誓之後，如果有人違背這個盟約，必有上天神靈和先朝的國君來監督和誅殺。」經過甯武子的努力，衛成公順利返國復位，復位之際，叔武被殺，元咺逃到晉國。

魯僖公二十八年冬天，晉、魯、齊、宋、蔡、鄭等諸侯國在溫地會盟，衛成公因為錯殺元角（元咺之子）一案，被會盟國關進了監獄。衛成公被關期間，甯武子不辭辛勞地探望，勤送飲食衣服。兩年後，晉文公想派醫生毒殺衛成公，甯武子積極斡旋，請醫生下毒藥時，減少毒藥劑量，衛成公雖中毒而不死，最後魯僖公替衛成公求情，晉國釋放了衛成公。

魯僖公三十一年，衛國受到狄人攻擊，遷都帝丘（曾是夏朝的都城），此時衛成公夢見衛國的祖先衛康叔說：「夏朝第五代君主姒相（姒姓，名相，又作相安）搶走我的祭品。」驚醒後下了奇怪的命令，衛國要改祭夏姒相。甯武子極力勸阻改祭，強調：「鬼神非其族類，不歆其祀。」（《左傳・僖公三十一年》）夏姒相不是衛國的祖先，衛國不能祭祀夏姒相，諸侯國只能祭祀自己的祖先。終於，甯武子勸阻衛成公改祭的指令。

二十一、子在陳曰：「歸與！歸與！吾黨之小子狂簡，斐然成章，不知所以裁之。」

白話：孔子在陳國，感嘆說：「回去魯國吧！在魯國家鄉的一些

弟子們，有理想、有進取心、有抱負，志向遠大而處事不夠圓融，道德學問頗有成就，文采可觀。只是仍須加予調教，成為才德兼備之士。」

當代意義：這是「斐然成章」成語典故的由來。孔子周遊列國，道不行於世，孔子有不如歸去的感嘆，還是寄望在魯國的弟子們，能夠傳承他的道德學問。

二十二、子曰「伯夷、叔齊，不念舊惡，怨是用希。」

白話：孔子說：「伯夷、叔齊兩兄弟，不記怨恨，也不想報仇，別人對他們的怨恨也就少了。」

當代意義：這是「不念舊惡」成語典故的由來。據《史記‧伯夷列傳》記載：伯夷、叔齊是商朝末年孤竹國君的兩個兒子。伯夷，名元，字公信；叔齊，名智，字公達。父親遺命要把王位傳給叔齊，叔齊不是嫡長子，叔齊要讓位給伯夷。伯夷說：「這是父親的遺命。」于是便逃走了，叔齊也不肯即位而逃走，只好立孤竹國君的第二個兒子仲馮為王。伯夷、叔齊先後都逃到周國。

當周武王率軍征討商紂，伯夷、叔齊極力諫阻周武王不要伐紂，周武王左右的人想殺掉他們，太公說：「他們是有義之人啊！」保護他們離開了。周武王滅了殷商，天下都歸附了周朝，而伯夷、叔齊為了表示對殷商的忠誠，不肯再當周朝的百姓，不吃周朝的糧食，隱居在首陽山中，靠著採食野菜充饑，終於餓死在首陽山中。

由於伯夷、叔齊不食周粟的節操，被認為是忠於故國的典範，也成了忠於前朝遺老的代名詞。

二十三、子曰：「孰謂微生高直？或乞醯焉，乞諸其鄰而與之。」

白話：孔子說：「誰說魯國人微生高（姓微生，名高）清高正直？有人跟他要一點醋，他家沒有醋，沒有直說，卻向鄰居要醋再給別人。」

當代意義：為甚麼當時的人認為微生高很正直？因為有一次，他和一位女子約定在橋下見面，苦苦等候，不幸遇上大雨，河水暴漲，微生高不願離開抱著橋柱，結果被大水淹死。由於微生高雖遇危急，仍然不改變原來的約定，所以，當時的人認為微生高很正直。

孔子雖不認為微子高正直，卻很稱讚衛國大夫史魚的正直。孔子說：「直哉史魚！邦有道，如矢；邦無道，如矢。君子哉蘧伯玉！邦有道，則仕；邦無道。則可卷而懷之。」（〈衛靈公〉）孔子說：「衛國賢大夫史魚是清高正直的人，在國家政治清明時，他很正直；在國家政治混亂時，他也很正直。衛國另一個賢大夫蘧伯玉是君子，在國家政治清明時，就出來做官，為國家做事；在國家政治混亂時，就退隱不做官。」

春秋時期，衛靈公重用操守敗壞的男寵彌子瑕，才德兼備的蘧伯玉卻不受重用。當時，史魚忠諫衛靈公要重用蘧伯玉，而不要專寵彌子瑕，但衛靈公沒有聽信他的話。史魚憂心不已。不久，史魚病重，臨終前跟兒子說：「我活著的時候不能舉薦蘧伯玉，貶退彌子瑕，這是我的過錯，我死了之後，不要根據禮制下葬我，把我的屍體安置在北堂（主婦居處的地方）就可以了。」史魚死後，其子依照父親遺言，沒有依禮舉辦喪禮，而把父親的大體安置在北堂（主婦居處的地方），以此「屍諫」衛靈公。

當衛靈公參加史魚的葬禮，得知史魚的遺願，深受感動，遂聽從史魚的遺言，重用蘧伯玉，斥退彌子瑕。

二十四、子曰：「巧言、令色、足恭，左丘明恥之，丘亦

　　　　　恥之。匿怨而友其人，左丘明恥之，丘亦恥之。」

　　白話：孔子說：「一個人花言巧語，笑臉迎人、討人喜歡，對人卑恭，左丘明（春秋末年，魯國太史，學識淵博，品德高尚，《左傳》和《國語》的作者。）認為這種人可恥，我也認為可恥。內心怨恨一個人，外表卻跟他友好，左丘明認為這種人可恥，我也認為可恥。」

　　當代意義：左丘明學識淵博，品德高尚，孔子贊同左丘明的道德標準。

二十五、顏淵、季路侍。子曰：「盍各言爾志？」子路曰：「願車馬、衣輕裘，與朋友共，敝之而無憾。」顏淵曰：「願無伐善，無施勞。」子路曰：「願聞子之志。」子曰：「老者安之，朋友信之，少者懷之。」

　　白話：顏淵、子路站在孔子身邊，孔子說：「你們談談自己的志願吧！」子路說：「我願意把我的車、馬、好的皮衣，與朋友分享使用，用壞了也無抱怨。」顏淵說：「我不誇大自己的才德，也不張揚自己的功勞。」子路說：「老師也說說自己的志願吧！」孔子說：「我希望老年人都得到安養，朋友間以誠信交往，青少年都能得到養育與關愛。」

　　當代意義：孔子「老者安之，朋友信之，少者懷之。」，是偉大的治國之道，當今的執政者應以此為目標。《禮記‧禮運》所謂：「老有所終⋯⋯幼有所長」近似孔子「老者安之⋯⋯少者懷之。」。

二十六、子曰：「已矣乎！吾未見能見其過，而內自訟者也。」

　　白話：孔子感嘆說：「算了吧！我還沒見到能夠自覺自己的過失，而內心自我反省咎責的人。」

　　當代意義：孔子的感嘆，具有深切的幽暗意識。「內自訟」近似「罪己」，《左傳・莊公十一年》說：「禹湯罪己，其興也悖焉！桀紂罪人，其亡也忽焉！」大禹、商湯把罪過歸於自己，自覺自己有過錯，真心改過，他們很快興盛起來！夏桀、商紂把罪過歸於別人，自覺沒有過錯，他們的滅亡很快速。

　　值得一提的是，帝王的罪己，稱為「罪己詔」或稱「下詔罪己」，是古代帝王反省己過的特別文書，源於禹、湯罪己。此後，漢武帝、唐太宗、宋徽宗、明崇禎等，都曾下詔罪己（註一九），誠如蘇軾論陸贄勸唐德宗下詔罪己，說：「罪己以收人心，改過以應天道。」因此，每當國家處於危難之秋，或大旱大水等自然災害時，帝王為了安撫民心，消除民怨，頒布罪己詔。其中，有真誠悔過者，如漢武帝的〈輪台罪己詔〉；有推卸責任者，如明崇禎認為「君非亡國之君，臣皆亡國之臣」，其遺言說：「皆諸臣誤朕」。

　　「內自訟」是孔子修養道德的自律工夫，就是內省、自反、慎獨、毋自欺的道德實踐，值得我們精思力踐之。

第六章 雍 也

一、子曰：「雍也，可使南面。」仲弓問子桑伯子，子曰：「可也，簡。」仲弓曰：「居敬而行簡，以臨其民，不亦可乎？居簡而行簡，無乃大簡乎？」子曰：「雍之言然。」

白話：孔子說：「仲弓（孔門十哲之一）是個當諸侯的人才。」仲弓問孔子：「子桑伯子（魯國人）的才能如何？」孔子說：「子桑伯子簡樸，也可以做個諸侯。」仲弓說：「如果心存敬肅而做事認真簡樸，治理百姓不擾民，這樣就不錯了吧！如果心存簡樸而做事簡略，未免太草率簡約了。」孔子說：「仲弓的話說得很好。」

當代意義：官員做事認真、簡樸、不擾民，人民之福。

二、子華使於齊，冉子為其母請粟。子曰：「與之釜。」請益，曰：「與之庾。」冉子與之粟五秉。子曰：「赤之適齊也，乘肥馬，衣輕裘。吾聞之也，君子周急不繼富。」原思為之宰，與之粟九百。辭。子曰：「毋！以與爾鄰里鄉黨乎！」

白話：子華（公西赤，魯國學者，為人謙遜有禮，善於交際，孔子弟子七十二賢之一）出使到齊國，他擔心媽媽糧食不夠吃，

但不好意思跟孔子開口，請冉有跟孔子要一些米糧。孔子說：「給子華媽媽六斗四升。」冉有請求多一點，孔子說：「再給她二斗四升。」冉有給了八百斗。孔子不高興的說：「子華出使到齊國，乘坐大車，穿好的皮衣。我聽說：君子救濟窮苦人家，不應該使有錢人更富有。」孔子在魯國當司寇（掌管刑獄、糾察等事，後世稱刑部尚書）時，以原憲（孔子七十二賢弟子之一）為家臣（管家），孔子給他九百斗米糧為俸祿。原憲覺得太多了，孔子說：「不用推辭，你如果有多餘的米糧，可以分送給鄰里鄉親的窮苦人家。」

當代意義：孔子真有愛心，希望原憲可以把多餘的米糧，分送給鄰里鄉親的窮苦人家。

三、子曰：「回也，其心三月不違仁，其餘，則日月至焉而已矣。」

白話：孔子稱讚顏回說：「顏回的內心修持，能夠長久的不背離仁愛德性，其他弟子的內心修持，只能短時期的不背離仁愛德性。」

當代意義：顏回是孔子最得意的弟子，尤其孔子稱讚顏回的道德修養，能夠長久的不違背仁愛德性，是孔子對弟子最高的讚美。

四、季康子問：「仲由可使從政也與？」子曰：「由也果，於從政乎何有？」曰：「賜也可使從政也與？」曰：「賜也達，於從政乎何有？」曰：「求也可使從政也與？」曰：「求也藝，於從政乎何有？」

白話：季康子（春秋魯國大夫，正卿，季孫氏，名肥）問孔子說：「仲由（子路，孔門十哲之一）可以聘請他從政，管理政務嗎？」

孔子說：「子路做事果斷，管理政務沒有問題。」季康子又問：「端木賜（字子貢，孔門十哲之一）可以請他從政嗎？」孔子說：「子貢辦事通達，有才幹，請他從政，管理政務沒有問題。」季康子再問：「冉求可以請他從政嗎？」孔子說：「冉求（字子有）多才多藝，長於政事，個性謙遜，管理政務沒有問題。」

當代意義：子貢是孔子最能幹的弟子，曾任魯、衛兩國的相國，又善於經商，是孔門最富有的弟子。孔子去世前，子貢未能趕到，孔子去世後，子貢守喪六年，是守喪最久的弟子。

五、季氏使閔子騫為費宰。閔子騫曰：「善為我辭焉，如有復我者，則吾必在汶上矣。」

白話：季康子（春秋魯國大夫，正卿，季孫氏，名肥）派人請閔子騫作費邑（季康子的封地）的總管，閔子騫婉拒，他說：「請幫我辭去這份職務，如果再來找我，我就逃到魯國北邊汶水去躲避。」

當代意義：閔子騫是孔門十哲之一，以孝行著稱，孔子稱許閔子騫的孝行，孔子說：「孝哉閔子騫，人不間於其父母昆弟之言。」（〈先進〉）孔子說：「閔子騫非常孝順，別人對他父母兄弟稱讚他孝順的話，都表示肯定。」

閔子騫有何孝行呢？據《藝文類聚》卷二十記載閔子騫「蘆衣順母」的故事：閔子騫兄弟二人，幼年喪母。閔父又娶一妻李氏，生了兩個弟弟。冬天，做棉衣時，繼母給親生兒子做了輕暖的棉衣，卻給閔子騫兄弟用不保暖的蘆花做棉衣。

後來，閔父發現閔子騫的棉衣不保暖，又發現兩個弟弟的棉衣非常溫暖，非常生氣，就要休妻，趕走李氏。閔子騫苦苦哀求父親不要趕走繼母，他說：「母在一子單，母去四子寒。」後母在只有我一個人受苦，後母離開，四個孩子都會受苦。後母深受感動，從此

以後，後母也把閔子騫看成親生孩子一樣的愛護，一家人相處和睦。

閔字騫一直對父母兄弟孝順、友愛，受到了父母、兄弟和鄉鄰的稱讚。閔字騫的孝行令人感動，孝道是我們固有的文化，異於歐美文化。

六、伯牛有疾，子問之。自牖執其手曰：「亡之，命矣夫！斯人也，而有斯疾也！斯人也，而有斯疾也。」

白話：冉伯牛（魯國人，孔門早期弟子，十哲之一，少孔子七歲，曾任魯國中都宰）得了麻瘋病，孔子傷心地去探望他，當時大家認為麻瘋病會傳染，孔子在戶外窗口，伸手握住冉伯牛的手，悲傷地說：「可憐呀！命呀！德行如此好的人，怎麼會得這樣的病！」

當代意義：孔子感嘆生命的無奈！冉伯牛是生是死都是命，德行這麼好的人，怎麼會得麻瘋病！

七、冉求曰：「非不說子之道，力不足也。」子曰：「力不足者，中道而廢，今女畫。」

白話：冉求說：「我們並不是不喜歡老師講的學說，不是不實踐老師說的道理，只是我們的能力不足。」孔子說：「能力不夠的人，做到一半就停下來，現在我看你是自我禁錮，安於現狀，畫地自限，自己設立界限，不求突破發展，不想身體力行，沒有發揮潛力，沒有努力精進罷了。」

當代意義：這是成語「畫地自限」典故出處，孔子勉勵冉求做事要盡自己的最大力量，不斷地去嘗試和練習，不斷地努力，好好發掘自己潛在的能力和長處，不斷地突破發展，百尺竿頭更進一步。

八、子謂子夏曰：「女為君子儒，無為小人儒。」

白話：孔子對子夏說：「你要做個才德兼備、以天下為己任的大儒，不要成為只求名利的小儒。」

當代意義：孔子所謂的「君子儒」，就是以天下為己任，能夠修身、齊家、治國、平天下的大儒，誠如宋朝范仲淹年輕時常自誦說：「士當先天下之憂而憂，後天下之樂而樂。」，就是以大儒（君子儒）為己任。

九、子游為武城宰，子曰：「女得人焉爾乎？」曰：「有澹臺滅明者，行不由徑，非公事，未嘗至於偃之室也。」

白話：子游當魯國武城的邑宰（縣令），孔子問子游說：「你在武城有發覺到才德兼備的人嗎？」子游說：「有一個叫澹臺滅明（魯國武城人，字子羽，孔子七十二賢弟子之一）的人，他在我身邊擔任幕僚，他不走小路，為人公私分明，不是為了公事，他從來不到我房間來。」

當代意義：這是「行不由徑」成語典故的由來。澹臺滅明處事光明正大，為人公私分明，致力於進德修業，但因相貌平庸，孔子一度認為澹臺滅明才識淺薄，後來才能顯著，孔子自認「以貌取人，失之子羽」。

值得注意的是，荀子在《荀子・非相》說：「相形不如論心，論心不如擇術。形不勝心，心不勝術。術正而心順之，則形象雖惡，而心術善，無害為君子也；形相雖善而心術惡，無害為小人也。」荀子主張看一個人的相貌，不如探究他的內心，探究他的內心，不如觀察他的所學及其言行。所學及其言行端正，內心也會端正，雖

然相貌醜怪，不失為君子；所學及其言行不正，內心也會不端正。雖然相貌美好，不失為小人。荀子舉例說：像孔子、堯舜等人，相貌都不美，但內心端正，都是君子；又如夏桀、商紂，容貌美好，內心不端正，暴君虐政，身死國滅。換言之，以貌取人，不足取也。

十、子曰：「孟之反不伐，奔而殿，將入門，策其馬，曰：「非敢後也，馬不進也。」

白話：孔子說：「魯國大夫孟之反不誇耀自己的戰功，在抵抗齊國的戰爭中，魯國被打敗了，他殿後阻擋齊軍的攻擊，掩護魯軍的撤退，快到城門時，他策馬向前跑，說：「不是我大膽殿後阻擋齊軍，是我的馬兒跑不快呀！」

當代意義：魯哀公十一年，齊國攻打魯國，魯國迎戰，左師的部隊獲勝，右師的部隊被打敗，孟之反在右師，勇敢殿後，阻擋齊軍的攻擊，保全了魯國的部隊，功勞很大，他卻謙卑，不敢居功。孟之反的謙卑美德，值得我們學習。

值得一提的是，東漢的馮異也有孟之反的謙卑。

馮異是東漢開國功臣，著名軍事家，助劉秀創建東漢政權，封應侯，後又封為孟津將軍。但馮異謙卑，不誇己功，諸將並坐論功，他常避於大樹下，被譽為大樹將軍。劉秀即位封馮異為陽夏侯，任征西大將軍。漢明帝時封為「雲台二十八功臣」之一。

十一、子曰：「不有祝鮀之佞，而有宋朝之美，難乎免於今之世矣。」

白話：孔子說：「一個人如果沒有祝鮀的巧言辯才，卻有宋朝（宋國公子朝）的英俊美色，難免會有災禍。」

當代意義：祝是宗廟祭祀時負責唱誦讚辭的官；鮀是人名，字子魚，有口才，善於逢迎辭令，衛國大夫，受寵於衛靈公。宋朝是宋國公子朝，是一位英俊美男子，他到衛國當大夫，得到衛靈公的寵幸。衛靈公是衛襄公的兒子，衛襄公死後，衛襄公的夫人宣姜，即與宋朝私通。之後，衛靈公的夫人南子又與宋朝私通，相傳衛靈公為了討南子歡心，常召宋朝入宮，與南子相會私通。南子是宋國人，相傳是宋平公之女，以美艷好色著稱，相傳未嫁之前，即與宋朝等人私通。宋朝因美貌而得寵，又因淫亂而引發衛國的動亂。

　　孔子感嘆世人只喜歡巧言逢迎和美貌的外表，不重視才德兼備的君子。

十二、子曰：「誰能出不由戶？何莫由斯道也！」

　　白話：孔子說：「誰能出入不經過門戶？所以我們為人處事也要依禮法而行。」

　　當代意義：孔子強調我們為人處事要依禮法而行。

十三、子曰：「質勝文則野，文勝質則史。文質彬彬，然後君子。」

　　白話：孔子說：「一個人的個性，如果天真樸實多於文化氣質，顯得有些粗野，例如一個人個性樸實，說話直白，想說什麼就說什麼，不考慮別人的感受，顯得有些粗俗，因此，容易得罪人；如果一個人的個性，文化氣質多於天真樸實，雖然表現『腹有詩書氣自華』的文采，但也顯得有些驕傲不謙虛，也容易得罪人。真正的君子，應該要融合真誠樸實與文化氣質，成就才德兼備君子。」

　　當代意義：這是成語「文質彬彬」的典故出處，作為文質彬彬

的當代君子，必須文采與樸實兼備，舉止文雅，儀容端莊。

十四、子曰：「人之生也直，罔之生也幸而免。」

　　白話：孔子說：「做人要真誠正直，這是人的生存之道，但少數人不真誠不正直，也可以生存，或許是僥倖一時免於災禍而已。」

　　當代意義：孔子勉人為人處事要真誠正直，不要心存僥倖。經常心存僥倖，終究沒有好結果。誠如愛因斯坦說：「沒有僥倖這件事，最偶然的意外，似乎也都是事有必然的。」（《教育論》）

十五、子曰：「中人以上，可以語上也；中人以下，不可以語上也。」

　　白話：孔子說：「中等資質以上的人，可以跟他講授比較精深的學問；中等資質以下的人，不能跟他講授精深的學問。」

　　當代意義：孔子有弟子三千，有教無類，分列於德行、言語、政事、文學等四科，因材施教，依據受教者的不同資質、志趣、性向、能力，給予不同的教導。成就孔門十哲、七十二賢弟子，影響深遠。

十六、樊遲問知，子曰：「務民之義，敬鬼神而遠之，可謂知矣。」問仁，曰：「仁者先難而後獲，可謂仁矣。」

　　白話：樊遲（孔子七十二賢弟子之一）問孔子如何才算明智，孔子說：「專注於為人應盡的本分（責任、義務），尊敬祖先，不被怪力亂神所迷惑（註二十），可算是明智了。」樊遲又問如何才算是

有仁德，孔子說：「有仁德的人，碰到困難的事，就自告奮勇地去做；碰到能得到利益的事，就退讓不爭，這可算是有仁德了。」

當代意義：這是「敬鬼神而遠之」成語典故的由來，對鬼神(祖先)心存敬畏，但不涉於迷信。智者：明理盡責而不惑；仁者：愛人利人而不爭。

十七、子曰：「知者樂水，仁者樂山；知者動，仁者靜；知者樂，仁者壽。」

白話：孔子說：「智者明理，比較喜歡水；仁者愛人，比較喜歡山；智者進取，比較好動；仁者少欲不爭，比較好靜；智者比較常樂，仁者比較長壽。」

當代意義：這是「仁者樂山，智者樂水」、「樂山樂水」成語典故的由來。孔子名言：「知者樂水，仁者樂山；知者動，仁者靜；知者樂，仁者壽。」傳誦至今，台灣好山好水，靈山秀水，景色宜人。

十八、子曰：「齊一變，至於魯；魯一變，至於道。」

白話：齊國和魯國是鄰國，齊國比較強盛，魯國的禮樂比較有文化。孔子說：「如果齊國的政治、教育進行改革，就可達到魯國的禮樂文化水準；如果魯國的政治、教育進行改革，就可達到理想的禮樂教化之邦。」

當代意義：魯國是周公旦及其子伯禽的封國，都城在曲阜，先後歷時八百餘年。魯國是春秋時期保留「周禮」最完整的諸侯國，藏有大量三代的典籍，孔子生於魯國，大力教導禮樂文化，《春秋》正是魯國的編年史書，世人稱「周禮盡在魯矣」。如果魯國有明君賢臣進行政治、教育的改革，就可達到理想的禮樂文明之邦。

十九、子曰：「觚不觚，觚哉！」

白話：孔子感嘆的說：「酒杯不像酒杯，怎能稱為真正的酒杯！怎能稱為真正的酒杯！」

當代意義：孔子當時的政治不清明，禮制崩壞，君不君、臣不臣、父不父、子不子。孔子以復興君君、臣臣、父父、子子之禮制為己任。

二十、宰我問曰：「仁者，雖告之曰：『井有仁焉。』其從之也？」子曰：「何為其然也？君子可逝也，不可陷也；可欺也，不可罔也。」

白話：宰我（孔門弟子，十哲之一）問孔子說：「有仁愛之德的人，有人跟他說：『有人掉到井裏』，他會不會跳下去救呢？」孔子說：「為甚麼要跳下井裡救人呢？君子可能會到井邊救人，但不會使自己也掉入井裏，他可能一時被騙，但不會被不合情理的事所蒙蔽。」

當代意義：仁者有愛人之心，也會有理性的判斷，他可能一時被騙，但不會被不合情理的事所蒙蔽。

二十一、子見南子，子路不說。夫子矢之曰：「予所否者，天厭之！天厭之！」

白話：孔子去見南子（宋國人，春秋時衛靈公的夫人，美艷好色，有淫行，後為衛後莊公兵變殺死。），子路不高興。孔子慎重發誓說：「我如果有不合禮節的言行，上天會棄絕我！上天會處罰我！」

當代意義：「子見南子」是在孔子周遊列國時，曾訪問衛國，南

子與孔子隔帳會見，南子叩頭還禮時，身上的珠寶配飾發出響聲，子路對此頗為不高興，孔子難得發誓澄清，他跟南子依禮會見，完全沒有任何曖昧。

二十二、子曰：「中庸之為德也，其至矣乎！民鮮久矣！」

白話：孔子說：「中庸（不偏不倚，無過不及，可常可久，日用之德）這個美德，真的太好了，可是，一般人缺少中庸之德，已經很久了。」

當代意義：本章近似《中庸》第三章子曰：「中庸其至矣乎！民鮮能久矣。」中庸這個美德，真的很好，但是，一般人很少能夠達到中庸之道，已經很久了。

第七章　述　而

一、子曰：「述而不作，信而好古，竊比於我老彭。」

　　白話：孔子自謙的說：「我只是傳述既有的學術文化，沒有創作，喜歡研究古代的典章制度，我自比是商朝的老彭（商朝賢大夫，一說是道家的老子）。」

　　當代意義：這是「述而不作」、「信而好古」成語典故的由來。孔子晚年修訂六經，即：《詩》、《書》、《禮》、《樂》、《易》、《春秋》，所謂：刪詩書、定禮樂、贊《周易》、修《春秋》，使中華文化繼往開來。

二、子曰：「默而識之，學而不厭，誨人不倦，何有於我哉？」

　　白話：孔子說：「我把所見所聞記在心裡，又努力學習新知，永不厭倦；喜歡教導學生，永不倦怠，這些事對我來說都不困難。」

　　當代意義：這是「默而識之」、「學而不厭」、「誨人不倦」成語典故的由來。孔子最值得我們效法的地方，就是不斷學習、快樂學習、終身學習的樂學精神。他多聞多見，把他所見所聞都記在心裡，不恥下問，努力學習永不厭倦；又喜歡教導學生，誨人不倦，有教無類。

三、子曰：「德之不修，學之不講，聞義不能徙，不善不能改，是吾憂也。」

白話：孔子說：「一個人如果不修養品德，不能進德修業，不學習知識，不能改過遷善，是我所憂慮的。」

當代意義：孔子以不能進德修業為憂慮，這是出於孔子強烈的道德意識，又稱為「憂患意識」。孔子所憂慮的，不是財富、榮譽、官位、俸祿的獲得，也不是吉凶禍福的遭遇，而是道德的修養與改過遷善，尤其是內心是否潛藏不善的意念或害人的惡念。因此，基於道德的憂患意識，孔子強調「君子求諸己」（〈衛靈公〉），君子先責己，小人先責人。又強調「躬自厚而薄責於人」（〈衛靈公〉），君子修德，嚴以律己，寬以待人，少指責別人的過失。

四、子之燕居，申申如也，夭夭如也。

白話：孔子平日閒暇在家的時候，儀態端莊、輕鬆悠閒，精神愉悅，不匆忙、不急躁，氣定神閒。

當代意義：〈泰伯〉云：「子溫而厲，威而不猛，恭而安。」孔子在接見賓客或與弟子們相處時，孔子的儀態是暨溫和又嚴肅，容貌有威儀但不凶狠，恭敬莊重又安詳。

孔子這種君子威儀，子夏描寫得很貼切，子夏云：「君子有三變：望之儼然，即之也溫，聽其言也厲。」（〈子張〉）君子威儀有三變：看起來容貌端莊，接觸後覺得他很溫和，待人和藹可親；聽他說話，嚴正不阿，堅守正道。

五、子曰：「甚矣吾衰也！久矣，無不復夢見周公！」

　　白話：孔子感嘆說：「我老了，我無法實現恢復西周禮樂制度的理想，那是周公攝政時期制禮作樂的盛世，我也很久沒有夢見周公了。」

　　當代意義：這是「夢周公」成語典故的由來。周公姓姬，名旦，周文王之子，周武王之弟，制禮作樂，創制禮法。孔子一生志於恢復西周禮樂制度的理想，可惜不能實現。

六.子曰：「志於道，據於德，依於仁，游於藝。」

　　白話：孔子說：「立志於人倫日用當行之道，注重品德操守，不違背仁德，學習禮、樂（包含詩）、射、御、書、數等六藝或六經：詩、書、禮、樂、易、春秋。」

　　當代意義：孔子一生志於人倫日用當行之仁道，涵養道德人格，不違背仁道、仁德，學習六藝或六經。孔子生於禮樂崩壞的時代，因此，以繼承周代禮樂文化為己任，並且大力推行六藝教育。孔子早年受過良好的六藝教育，也十分擅長射箭、駕車，並以六藝為教材，傳授弟子。晚年刪《詩》、《書》，定《禮》、《樂》，修《春秋》，序《易傳》，六藝與六經成為儒家兩大教育內容。

七、子曰：「自行束脩以上，吾未嘗無誨焉！」

　　白話：孔子一向誨人不倦，孔子說：「凡是自動送一些敬師薄禮的人，我沒有不教導的。」

　　當代意義：孔子一生學而不厭，誨人不倦，是萬世師表，老師的典範。

八、子曰：「不憤不啟，不悱不發，舉一隅不以三隅反，
　　則不復也。」

　　白話：孔子說：「我教導學生，當他們有困擾或疑惑時，我會在
適當時機解惑，啟發他們的領悟；當他們一時詞窮、言不盡意，不
能充分表達心意時，我會在適當時機開導，啟發他們的思辨；一個
學生如果沒有主動求知學習的動機，不能思辨推論、不能觸類旁通、
不能舉一反三，我就不再教導他了。」

　　當代意義：這是「不憤不啟，不悱不發」成語典故的由來。孔
子教導學生，重視學生的求知動機，巧用機會教育，注重適當時機
的啟發，誠如《禮記・學記》說：「當其可之謂時」，正是機會教育
法，就是在受教育的適當時機，合乎時宜的對受教者加以引導，這
是成語典故「舉一反三」的由來。

九、子食於有喪者之側，未嘗飽也；子於是日哭，則不
　　歌。

　　白話：孔子在有喪事的人家旁吃飯，未曾吃飽過，表示盡哀之
意；孔子如果弔喪哭過，當天就不再唱歌，也表示盡哀之意。

　　當代意義：孔子有高度的同理心（empathy），換位思考，感同
身受，能夠體會他人的情緒、想法和感受，「食於有喪者之側，未嘗
飽也」，表達哀傷之意。

十、子曰：「富而可求也，雖執鞭之士，吾亦為之，如
　　不可求，從吾所好。」

　　白話：孔子說：「財富取之有道，財富如果可取，就是手執皮鞭

做勞役的事，我也會去做；如果不能求取，不能強求，我還是做我喜歡的事。」

當代意義：君子愛財，取之有道，誠如孔子所說：「富與貴，是人之所欲也；不以其道得之，不處也。」(〈里仁〉)

十一、子之所慎：齋、戰、疾。

白話：孔子平生對三件事很重視、很謹慎：齋戒、戰爭、疾病。

當代意義：值得注意的是，古人在祭祀前，必先齋戒。齊一意志，自潔身心。戰爭是百姓與國家生死存亡之所繫，必須慎重，不輕啟戰端。孔子重視疾病的預防，他注重養生，生活有規律，飲食有節制。《孔子家語卷一‧五儀解》孔子說：「若夫智士仁人，將身有節，動靜以義，喜怒以時，無害其性，雖得壽焉，不亦可乎！」

孔子養生，生活規律，作息正常，不熬夜，不日夜顛倒；飲食節制，不暴飲暴食，不偏食，均衡營養；動靜合宜，勞逸適中，不過度疲勞，也不過度安逸；善於控制情緒，不暴怒、不暴喜、溫和理性，不壓抑情感，不放縱情欲，不違背天性，更不違背道德良知，克己復禮，不邪淫，不違禮法，自然健康長壽。

十二、冉有曰：「夫子為衛君乎？」子貢曰：「諾，吾將問之。」入曰：「伯夷、叔齊，何人也？」曰：「古之賢人也。」曰：「怨乎？」曰：「求仁而得仁，又何怨？」出，曰：「夫子不為也。」

白話：春秋時衛靈公庶子蒯聵欲謀害靈公夫人南子（南子與宋朝私通），事敗，蒯聵逃往晉國，投靠趙簡子。衛靈公四十二年，靈公卒，公孫輒（蒯聵之子）即位，是為衛出公。

　　蒯瞶得到趙簡子的協助，想回國驅逐其子衛出公，遭到衛出公的攻打，史稱「父子爭國」。

　　蒯瞶得到胞姊「伯姬」（衛國卿大夫孔文子夫人，孔文子死後，伯姬私通僕人渾良夫）的幫助，綁架孔悝（伯姬之子），逼迫孔悝反叛衛出公，協助蒯瞶，打敗衛出公，殺死援助孔悝的子路，蒯瞶登位，是為衛後莊公。

　　〈述而〉記載：冉有問子貢說：「老師會輔佐衛出公治理衛國嗎？」子貢說：「我去問老師。」子貢見孔子，問：「伯夷、叔齊是什麼樣的人？」孔子說：「他們是古代賢人。」子貢說：「伯夷、叔齊是商朝末年孤獨君的兩位公子，彼此互相謙讓，不願當國君，隱居首陽山，遂餓死，他們心裡會後悔怨恨嗎？」孔子說：「他們是謙讓君子，心甘情願，求仁得仁，心裡不會後悔怨恨。」子貢出來跟冉有說：「老師不會輔佐衛出公。」

　　子貢為何相信孔子不會輔佐衛出公？因為孔子重視「正名」的問題，也就是正蒯瞶、公孫輒父子名份的問題，因為蒯瞶為父，應該繼位為衛國之君，公孫輒為子，應該退讓。但是，公孫輒雖為子，事實上已繼位多年，何況，衛靈公在世時，蒯瞶欲謀害衛靈公夫人南子，事敗後逃往晉國。父子兩人不僅互相爭國，也相互爭名份，為「正名」而爭。

　　據《史記・孔子世家》記載，孔子於魯哀公六年自楚返衛，時在衛出公四年。當時孔子弟子高柴（字子羔）、子路等，都在衛國當官。孔子返回衛國第二年，衛出公想請孔子輔佐他治理衛國，〈子路〉篇記載孔子論述為政首要在正名，就是正君臣、父子之名份的治國之道。子路曰：「衛君待子而為政，子將奚先？」子曰：「必也正名乎！」子路曰：「有是哉？子之迂也，奚其正？」子曰：「野哉！由也！君子於其所不知，蓋闕如也。名不正，則言不順；言不順，則事不成；事不成，則禮樂不興；禮樂不興，則刑罰不中；刑罰不中，

則民無所措手足。故君子名之必可言也，言之必可行也。君子於其言，無所苟而已矣。」

　　子路問孔子：「衛出公要請老師輔佐他治理國政，老師打算先做甚麼事呢？」孔子說：「首先必須正名分。」子路說：「有必要先正名分嗎？老師有些迂腐不切務實。人家兒子都已當了國君了，老師如何正名？」孔子說：「子路，你真粗野！君子對於他所不懂的事，一般採取擱置不說、存而不論的態度，不要妄下定論。要知道一個人的名分不正，說出來的話就不合禮法；說話不合禮法，事情就辦不成；事情辦不成，禮樂就不能興盛；禮樂不能興盛，刑罰的執行就不會得當；刑罰不得當，百姓就不知道該怎麼做才好，天下就大亂了。所以，君子一定要先正名分，名分得當，說話才合乎禮法，事情才辦得通。君子對自己所說的每一句話，都不敢輕率苟且。」

　　在孔子內心，應該是承認公孫輒的即位。但是，鑑於諸侯各國對這件事議論不斷，孔子認為必須給衛出公找出一個繼位的合乎正統禮法的理由，就是「正名」。

　　孔子認為，如果衛出公繼位不合正統禮法，那麼衛國百姓會無所適從，衛國會政爭不斷。換言之，不正名，衛國這個國君不好當。

　　當代意義：這是「求仁得仁」成語典故的由來。孔子的正名，就是給衛國制定一套「君君、臣臣、父父、子子」的禮法，使為君者善盡君道，為臣者善盡臣道，為父者善盡父道，為子者善盡子道，明人倫，不僭越禮制。所以說，正名是治理國家的首要之道。這是成語典故「求仁得仁」的由來。

十三、子曰：「加我數年，五十以學易，可以無大過矣。」

　　白話：孔子說：「我再增加幾年歲數，到五十歲時勤學《周易》，深究易理，就沒有大的過錯了。」

　　為何學易可以無大過？因為《周易》是一門窮理盡性，以至於命的大學問，是人生無咎善補過之道。孔子五十歲知天命，以知天命之年，研讀無咎之書，可以無大過矣。所謂「無咎者，善於補過也。」（《周易‧繫辭上傳第三章》），是要人善於補救過失、改過遷善的意思。

　　當代意義：《周易》六十四卦三百八十四個爻，象徵吉凶的徵兆，表示人事的禍福，並教導我們趨吉避凶，得福遠禍。如何遠離災禍呢？一言以蔽之，就是進德修業，見善則遷，有過則改。

十四、子所雅言：詩、書、執禮，皆雅言也。

　　白話：孔子平時講魯國話，只有在誦詩、讀書經、執行正式禮儀時，說周王朝的官話。

　　當代意義：孔子日常生活講魯國的方言，只有在誦讀詩書、執行正式各種禮儀時，說周王朝的官話，表示重視之意。

十五、子曰：「三人行，必有我師焉，擇其善者而從之，其不善者而改之。」

　　白話：孔子說：「我們每一個人都有他的優缺點，我們要學習別人的優點，看到別人的缺點要自我檢討，有則改之，無則加勉，自我警惕，改過遷善。」

　　當代意義：這是「三人行，必有我師」、「擇善而從」成語典故的由來。聖人無常師，以善者為師，學習善者的優點，並以不善者為戒，自我反省，有過則改，無則加勉。

十六、子曰：「天生德於予，桓魋其如予何？」

白話：孔子到宋國（孔子是宋國貴族的後代），沒有任何的政治活動，只是在郊外大樹下教弟子們學習禮儀，宋國司馬（掌管軍政和國防事務）桓魋得知消息，派人監視並拔除大樹，對孔子等人進行驅離，因為孔子批評桓魋營私僭禮，桓魋派人追殺孔子，對孔子充滿敵意，弟子們受到驚嚇，請孔子趕快離開宋國，孔子不慌不忙地說：「我有上天賦予的品德，我們也沒有為非作歹，桓魋將奈我何！他不會殺害我們吧！」

當代意義：據《孟子‧萬章上》云：「孔子不悅於魯衛，遭宋桓司馬，將要而殺之，微服而過宋。」孔子在魯國和衛國不受國君的重用，要到宋國去，又遇到宋國大夫桓魋（宋桓公後代，深受宋景公的恩寵，任司馬，權勢很大，無人能及）攔路想要殺孔子，孔子改裝悄悄離開宋國。另據《史記‧孔子世家》記載：「孔子去曹適宋，與弟子們習禮大樹下。宋司馬桓魋欲殺孔子，拔其樹，孔子去，弟子曰：『可以速矣』」。

十七、子曰：「二三子以我為隱乎？吾無隱乎爾！吾無行而不與二三子者，是丘也。」

白話：孔子說：「各位同學，你們以為老師有所隱瞞而沒有告訴你們的嗎？老師沒有一點隱瞞呀！我的所作所為，光明磊落，公開透明，沒有一件事不向你們公開的，這就是我的為人。」

當代意義：孔子沒有私心，沒有隱私，毫無保留的教導學生，對自己的兒子也沒有特別的教誨。當時他的兒子伯魚也在門下求學，弟子陳亢曾懷疑孔子對兒子有什麼特別的教導，有沒有私下傳授伯魚不一樣的課業？伯魚告訴陳亢，孔子只私下要他學詩、學禮，而學詩、學禮也是孔子平日教授弟子的課業，可見孔子對兒子和學

生都一視同仁的教育。（見於〈季氏〉）

十八、子以四教：文、行、忠、信。

白話：孔子以四種科目教人：1.詩、書、禮、樂、典章制度等，2.修養人品道德，3.為人忠孝，4.與人誠信。

當代意義：孔子以四教（文、行、忠、信）教導弟子，成就孔門四科（德行、言語、政事、文學）十哲及七十二賢弟子。〈先進〉以「四科」區分十位優秀弟子時，德行第一，言語第二，政事第三，文學第四；宋儒王應麟說：「四教以文為先，自博而約；四科以文為後，自本而末。」。四教以學習文學為先，四科以德行為先，以成就道德人格為優先。

十九、子曰：「聖人，吾不得而見之矣！得見君子者，斯可矣。」子曰：「善人，吾不得而見之矣！得見有恆者，斯可矣。亡而為有，虛而為盈，約而為泰，難乎有恆矣！」

白話：孔子說：「品德最高的聖人，我已經找不到了，能夠看見有才德的君子，就可以了。」又說：「心性善良的人，我幾乎已經找不到了，能夠看到有恆心的人，就可以了。有一些人沒錢裝作有錢，一無所有裝作充實飽滿，貧窮裝作富有，這種人想要達到有恆心的修養品德，就難了。」

當代意義：孔子感嘆已經找不到聖人了，能夠看見才德兼備的君子，就很好了。但是要有恆心毅力，不斷修養道德人格，能夠成就才德兼備的君子。

二十、子釣而不綱，弋不射宿。

白話：孔子用釣竿釣魚，不用魚網大量撈捕魚蝦；用箭射飛鳥，不射殺已歸巢夜宿的鳥。

當代意義：這是「弋不射宿」成語典故的由來。孔子以仁愛之心對待萬物，取之有時，用之有節，符合環保生態。

二十一、子曰：「蓋有不知而作之者，我無是也。多聞，擇其善者而從之，多見而識之，知之次也。」

白話：孔子說：「有一些人不究明事理而任意妄作，我不會這樣做。我會多聽多看多觀察，把好的記在心裡，選擇最好的去執行，這也是聰明的方法。」

當代意義：孔子多問多聽多看多觀察、多學習、多思考，理性判斷，擇善而行，不妄作。

二十二、互鄉難與言。童子見，門人惑。子曰：「與其進也，不與其退也。唯何甚？人潔己以進，與其潔也，不保其往也！」

白話：「互鄉」這個地方禮樂不興，風俗鄙陋。有一個互鄉的童子求見，孔子欣然接見他，弟子們感到迷惑不解。孔子說：「我嘉勉他的上進心，何必拒絕他的好學態度呢！我鼓勵他潔身自愛、不斷學習的上進精神，不必考慮他過去言行的善惡。」

當代意義：孔子有教無類，不分大小、貴賤，懷抱開放的善意，誨人不倦。

二十三、子曰：「仁遠乎哉，我欲仁，斯仁至矣。」

　　白話：孔子說：「仁離我們很近，我想求仁，仁就在我的心性之中了。」

　　當代意義：孔子的仁，是人性中本來具有的愛心，是人之所以為人的本質，《中庸·第二十章》說：「仁者，人也」。

二十四、陳司敗問：「昭公知禮乎？」孔子曰：「知禮。」
　　　　孔子退。揖巫馬期而進之，曰：「吾聞君子不
　　　　黨，君子亦黨乎？君取於吳為同姓，謂之吳孟
　　　　子。君而知禮，孰不知禮？」巫馬期以告。子
　　　　曰：「丘也幸，苟有過，人必知之。」

　　白話：陳國的司寇（古代官名，始置於西周，掌管刑獄、糾察等事。）問孔子：「魯昭公知道禮節嗎？」孔子說：「昭公知禮。」孔子退出，陳國的司寇請巫馬期（姓巫馬，名施，字期，孔子弟子。）進入，說：「君子不偏袒人的過錯，魯昭公娶吳國的女子為夫人，魯國和吳國是同姓國家。依禮，同姓不婚。魯昭公僭禮，違禮同姓而婚，如何算是懂得禮節的人？」巫馬期將司寇的話告訴孔子，孔子說：「我說錯了，但我很幸運，我如果有過失，別人一定會知道。」

　　當代意義：孔子勇於認錯，受過不辭，表示「君子不黨」，無意相助匿非，孔子可能一時不察，不知道魯昭公同姓而婚。

二十五、子與人歌而善，必使反之，而後和之。

　　白話：孔子與別人一起吟唱詩歌，如果別人吟唱得好，一定請他再吟唱一遍，自己應聲唱和（應和），又和他吟唱一遍，表示內心

的呼應與贊同。

當代意義：孔子喜歡音樂，尤其是優雅的正樂，《荀子‧樂論》以為雅頌之樂，足以感動人的善心，去除邪惡之氣，使人樂而不淫，可以融和人倫親情，君臣聽之，和平恭敬，父子兄弟聆聽，慈祥親愛，鄉里長幼聆聽，融洽和睦，因為優美的正樂可以感人肺腑，教化人心。

據《史記‧孔子世家》記載：孔子到齊國，與齊國太師談論音樂，聽到韶音，學了三個月，非常快樂，吃飯時吃肉的味道都沒有感覺，孔子說他沒有想到學韶音會使人著迷到這個程度。另據《說苑‧雜言》記載：孔子在陳、蔡兩國之間斷糧，到了第七天，孔子仍然彈琴唱歌不止。

二十六、子曰：「文莫，吾猶人也，躬行君子，則吾未之有得！」

白話：孔子說：「在努力學習知識方面，我可以比得過人家；至於做一個實踐力行的有德君子，我還沒能做好。」

當代意義：孔子很謙虛地說他還不是「躬行君子」，其實，孔子是真正的「躬行君子」，他最重視實踐精神，整部《論語》就是教人行仁，修養道德，所謂「君子欲訥於言而敏於行，」正是「躬行君子」寫照。

二十七、子曰：「若聖與仁，則吾豈敢？抑為之不厭，誨人不倦，則可謂云爾已矣」公西華曰：「正唯弟子不能學也！」

白話：孔子說：「如果說我是聖人、仁者，我完全不敢當！我只

是不斷地學習成聖、成仁之道，也不懈怠地教人成就君子之道，可以這樣說吧！」公西華（孔子弟子，魯國人，善於外交）說：「這是弟子們學不到的偉大成就。」

當代意義：孔子的偉大，就是學不厭、誨不倦。

二十八、子疾病，子路請禱。子曰：「有諸？」子路對
　　　　曰：「有之。誄曰：『禱爾於上下神祇。』」子
　　　　曰：「丘之禱久矣！」

白話：孔子生病了，病得很嚴重，子路請求代老師祈禱求福。孔子說：「有這一回事嗎？」子路說：「有的，祈禱詞說：『向你上下的天神地祇祈求。』」孔子說：「那我的祈禱已經很久了。」

當代意義：顯然，孔子不祈禱於上下神祇，因為，孔子自認生平修養道德，七十從心所欲不逾己，仰不愧，俯不怍，沒有什麼要祈求的。所以，一個人的言行，如果違背禮法仁義，在什麼地方祈禱都沒有意義。更何況，孔子說：「非其鬼而祭之，諂也。」（〈為政〉）自己的祖先應當祭祀，「非其鬼」是指自己祖先以外的天地神祇，祭祀祈禱天地神祇，無非是祈福求財，趨吉避凶、消災避禍的心理，就是一種諂媚祈求的行為，孔子當然有所不為。

二十九、子曰：「奢則不遜，儉則固；與其不遜也，寧固。」

白話：孔子說：「一個人如果生活奢侈，就顯得不謙卑；如果生活太節儉，就顯得簡陋；與其不謙卑，寧可簡陋些。」

當代意義：我們生活當然要節儉，不要奢侈。

第八章 泰 伯

一、子曰:「泰伯其可謂至德也已矣,三以天下讓,民無得而稱焉。」

　　白話:孔子說:「泰伯的道德修養很崇高,他再三謙讓,放棄王位繼承,王位讓給弟弟,自己避居江南,使百姓只知其謙讓之德而不知其政績。」

　　當代意義:周太王有三子,長子泰伯,次子仲雍,三子季歷(周文王的生父),周太王要傳位給季歷,泰伯與仲雍不忍發生王位爭奪而逃往江南,避居今無錫東南的梅里,泰伯成為吳國的始祖,泰伯死後無子,仲雍繼位。

二、子曰:「恭而無禮則勞,慎而無禮則葸,勇而無禮則亂,直而無禮則絞。君子篤於親,則民興於仁,故舊不遺,則民不偷。」

　　白話:孔子說:「態度恭敬而不合禮節,就會徒增辛勞;做事小心謹慎而不合禮制,就會顯得膽小畏懼;勇敢有衝勁而不合禮法,就會違法亂紀;個性率直而不合禮儀,就會直白責備他人。在上位的執政者,能夠以仁愛之心,厚待親屬故舊,影響所及,百姓也有仁愛之心;上位者能夠不遺棄親友故舊,民間也會興起敦厚的風氣,社會處處有溫暖。」

當代意義：孔子非常重視禮，禮是規矩恭敬的態度，行為的規範，《禮記·曲禮上》說：「夫禮者，所以定親疏，決嫌疑，別同異，明是非也。」禮的作用有四，1.確定人與人之間的親疏關係，2.斷定疑難事情的適當作法，3.分別尊卑地位的異同，4.明辨是非對錯的方法。

三、曾子有疾，孟敬子問之。曾子言曰：「鳥之將死，其鳴也哀；人之將死，其言也善。君子所貴乎道者三：動容貌，斯遠暴慢矣；正顏色，斯近信矣；出辭氣，斯遠鄙倍矣；籩豆之事，則有司存。」

白話：曾子病重，魯國大夫孟敬子（仲孫捷）去探望曾子，曾子說：「鳥將死的時候，鳥叫的聲音很悲哀；人要死的時候，他說的話是真心善良的。在上位的執政者，應該重視三件事：1.言行舉止合乎禮法，可以避免別人對你的粗暴；2.容貌端莊，百姓容易信任不疑；3.說話不亢不卑、不驕不躁，可以避免別人對你的鄙陋無禮。」

當代意義：這是「鳥之將死，其鳴也哀」、「人之將死，其言也善」成語典故的由來。曾子病重之言，近似孔子「修己以敬……修己以安人……修己以安百姓……」（〈憲問〉）可知，修身以敬、依禮而行，是從政的根本。誠如《禮記·曲禮上》開宗明義說：「曲禮曰：毋不敬，儼若思，安定辭，安民哉！」《大學》首章亦云：「自天子以至於庶人，壹是皆以修身為本。」正是儒家一貫的道德哲學。

四、曾子曰：「可以託六尺之孤，可以寄百里之命，臨大節而不可奪也，君子人與？君子人與？」

白話：曾子說：「可以將輔佐幼主的重責大任託付給他，可以將

國家的政務委任給他，面臨國家生死存亡，他也不會改變愛國節操，這種人算是有德行的君子嗎？真可說是才德兼備的君子了。」

當代意義：君子的德行操守，以國家興亡為己任，忠貞不二。

五、曾子曰：「士不可以不弘毅，任重而道遠。仁以為己任，不亦重乎！死而後已，不亦遠乎！」

白話：曾子說：「知識份子要有恢弘堅毅的志氣，一生以力行仁道、弘揚仁道為己任，責任遠大，永無休止。」

當代意義：這是「任重道遠」、「死而後已」成語典故的由來。所謂「士」是智德兼備，能教人和管人的讀書人。士是重義輕利，見得思義，安貧樂道，見危致（授）命，言必信，行必果的讀書人，他有高遠的理想，以仁為己任，所以士不可懷居，士而懷居，不足以為士，士要行己有恥，才能使於四方，不辱君命，而稱著於宗族鄉黨之中。

六、子曰：「興於詩，立於禮，成於樂。」

白話：孔子說：「詩可以使人興起真性情，多讀詩，可以培養人的本心善性；禮以恭敬謙讓為本，多學禮，可以端正人的言行，使人的品德卓然有成，能在社會上安身立命；音樂可以深入感動人心，移風易俗，改善社會風氣，使人養成完善的人格。」

當代意義：孔子教人立身成德的三大科目，就是詩、禮、樂。詩可以啟發人的好善之心，禮可以使人立身行道，樂可以涵養人格之善。

七、子曰：「民可使由之，不可使知之。」．

　　白話：孔子說：「政府官員只能告訴百姓如何去做，繳稅納糧服役，便民利民即可，很難使百姓了解政府運作的道理與施政的理由。」

　　當代意義：孔子的年代，有讀書的人太少，知識份子更少，很難理解政府施政的作業。當今社會，民智大開，政府施政應公開透明，使民知之。

八、子曰：「好勇疾貧，亂也；人而不仁，疾之已甚，亂也。」

　　白話：孔子說：「一個人逞凶好鬥又埋怨自己貧窮，必將危害社會；一個沒有仁愛之心的人，別人很討厭他，不願接納他，使他走投無路，終將危害社會。」

　　當代意義：孔子強調社會禍亂的根源，在於不仁，因此，唯有人人修身行仁，可以促進社會和諧，平息社會禍亂。

九、子曰：「如有周公之才之美，使驕且吝，其餘不足觀也已。」

　　白話：孔子說：「如果有人擁有周公的才德兼備，但卻驕傲和吝嗇，即使還有其他的美德與才能，也就不值一看了。」

　　當代意義：周公，姬姓，周氏，名旦，周文王第四子，輔佐周武王滅商，又平定管叔（周文王三子）與蔡叔（周文王五子）等作亂。周公攝政期間，制禮作樂，明德敬天，愛民慎罰。孔子仰慕周公，希望能夠恢復西周的禮樂文明。

十、子曰：「三年學，不至於穀，不易得也。」

白話：孔子說：「經過三年以上努力的學習，還沒有謀取俸祿為官的，就不容易得到官職了。」

當代意義：孔子勸勉弟子們勤學多讀書，不要荒廢學業，半途而廢。學習有成後，就可以從政，子夏也說：「學而優則仕」（〈子張〉）。

十一、子曰：「篤信好學，守死善道。危邦不入，亂邦不居。天下有道則見，無道則隱。邦有道，貧且賤焉，恥；邦無道，富且貴焉，恥也。」

白話：孔子說：「君子有堅定不移的信念，又能好學不倦，自始至終堅守正道，弘揚仁道。君子不進入危險的國家，也不住在混亂的國家。天下太平的時候，就出仕為官；天下混亂的時候，就退隱不仕。國家政治清明的時候，如果退隱而貧賤，那是君子之恥；國家政治黑暗混亂的時候，如果仍然為官而富貴，那也是君子之恥。」

當代意義：這是「篤信好學」、「守死善道」、「危邦不入，亂邦不居」成語典故的由來。孔子勸人要有深厚不移的善念，又能好學不倦，堅守仁道，邦有道則仕，邦無道則隱。

十二、子曰：「不在其位，不謀其政。」

白話：孔子說：「君子從政為官，謹守自己的權責，不逾越職權，不參與其他職位的政務。」

當代意義：這是「不在其位，不謀其政」成語典故的由來。孔子強調君子從政為官，要謹守分際，有為有守，盡義務，不濫權。重見〈憲問〉第二十七。

十三、子曰：「師摯之始，關雎之亂，洋洋呼，盈耳哉！」

白話：孔子說：「當魯國皇家祭禮或宴會登堂時，由魯國樂師太師摯演奏「升歌」（註二一）歌有三段，唱三首詩歌：《詩經‧小雅‧鹿鳴》（註二二）、《詩經‧小雅‧四牡》、《詩經‧小雅‧皇皇者華》。最後是大合奏，合奏六首詩歌：《詩經‧國風‧周南‧關雎》、《詩經‧周南‧葛覃》、《詩經‧周南‧卷耳》、《詩經‧召南‧鵲巢》、《詩經‧召南‧采蘩》、《詩經‧國風‧召南‧采蘋》，這種豐富又優美的雅樂（雅正的音樂），太好聽了，常在我耳邊迴盪。」

當代意義：值得注意的是，孔子非常重視禮樂的教化，尤其是雅樂（正聲）的教化，可以深入人心，移風易俗，使民心善良，所以先王特別注重樂教（註二三）。因此，當顏淵問孔子如何治理國家？孔子說：「行夏之時，乘殷之輅，服周之冕，樂則韶舞。放鄭聲，遠佞人；鄭聲淫，佞人殆。」（〈衛靈公〉）

孔子主張治理國家，要採用夏朝的曆法（今之農曆），乘坐商朝樸實堅固的車子，頭戴周朝的禮帽，採用舜時的樂舞，禁止鄭國靡靡之音，遠離善於諂媚的小人。因為鄭國的音樂，是亂世之音。（註二四）

十四、子曰：「狂而不直，侗而不愿，悾悾而不信，吾不知之矣。」

白話：孔子說：「一個人狂妄又不正直，無知又不厚道，無能又沒誠信，我真不知道這種人如何是好！」

當代意義：孔子強調我們為人要正直、厚道、誠信，這是做人的根本。

十五、子曰：「巍巍乎，舜、禹之有天下也，而不與焉。」

白話：孔子說：「多偉大的人格，舜和禹都是勤政愛民的聖王，雖擁有天下，卻沒有統治天下的威權和虛榮。」

當代意義：堯、舜、禹、湯是孔子心目中的聖王，孔子嚮往聖王的再現，恢復聖王的太平盛世。

十六、子曰：「大哉！堯之為君也，巍巍呼！唯天為大，惟堯則之：蕩蕩乎，民無能名焉。巍巍乎！其有成功也，煥乎，其有文章。」

白話：孔子說：「多偉大的人格呀！像堯這樣的帝王，他的品德像天的崇高，他的影響深遠，偉大呀！百姓無法形容他的偉大，他所成就的大業，就是他所制定的禮法制度。」

當代意義：這是「巍巍蕩蕩」成語典故的由來。孔子嚮往理想聖王的再現，恢復聖王的禮樂文化，使社會和諧，天下太平。

十七、舜有臣五人，而天下治，武王曰：「予有亂臣十人。」孔子曰：「『才難』，不其然乎？唐虞之際，於斯為盛，有婦人焉，九人而已。三分天下有其二，以服事殷，周之德，其可謂至德也已矣。」

白話：舜有賢能大臣五人：禹管治水，稷管農業，契管教化，皋陶管司法，伯益管山林畜牧，舜的天下就太平了。周武王說：「我有賢能大臣十人：周公旦、召公奭、太公望、畢公、榮公、太顛、閎夭、散宜生、南宮适、文母。」孔子說：「古人說：『賢能的人才

難得。』」周武王有十位賢能大臣，有一位婦人，真正的賢臣有九人，周武王的天下就太平了。當年，周文王擁有三分之二的天下，仍然以諸侯的禮節服事殷商，不忍誅伐，造成百姓無辜傷亡，周文王的美德崇高偉大呀！」

當代意義：治理天下以賢能人才為本，用人在賢，得人在德。

十八、子曰：「禹，吾無間然矣！菲飲食，而致孝乎鬼神；惡衣服，而致美乎黻冕；卑宮室，而盡力乎溝洫。禹，吾無間然矣！」

白話：孔子說：「大禹的德行真完美，他的飲食簡單節制，但誠心孝敬祖先；自己穿粗布衣服，但祭祀的禮服很華麗；自己住的房子很簡陋，但盡力修築河道大渠，大禹的品德真完美。」

當代意義：孔子非常稱讚大禹，大禹整治黃河水患有功，受舜禪讓繼承帝位，建立夏王朝。大禹禁止王公大臣飲酒作樂（絕旨酒），他認為酒會亂性喪志，導致國家衰敗覆亡。大禹察納雅言，立「五音聽治」，懸掛鐘、鼓、磬、鐸、鞀，廣納四方的才士，對他講經說道的人就擊鼓，對他告誡諭義的人就擊鐘，對他討論政事的人就敲鐸，告訴他民間疾苦、百姓之憂的人就擊磬，需要律法訴訟的人就搖鞀。《說苑·反質》記載大禹「卑小宮室，損薄飲食，土階三等，衣裳細布。」

第九章　子　罕

一、子罕言利，與命與仁。

　　白話：孔子平時講學，很少談論私利、命或天命、仁道。

　　當代意義：孔子謹慎言教，不輕易談論私利、天命，也不輕易以仁稱讚人。近似子貢說：「夫子之言性與天道，不可得而聞也。」（〈公冶長〉）

二、達巷黨人曰：「大哉孔子！博學而無所成名。」子聞之，謂門弟子曰：「無何執？執御乎？執射乎？吾執御矣！」

　　白話：有達巷黨（註二五）的人說：「孔子真是了不起！他學識淵博，卻沒有專業技能。」孔子聽到有人批評他沒有生活技能，對弟子們說：「我有什麼技能呢？駕車嗎？還是射箭？我專於駕車吧！」

　　當代意義：孔子多才多藝，他不僅專於駕車，更專於射箭，射箭也是六藝之一，根據《禮記·射義》記載：孔子射箭，參觀的人多的像圍牆般的環繞。可見他經常從事射箭鍛鍊，而且射得很準，並且傳授其弟子射箭技術。

三、子曰：「麻冕，禮也，今也純，儉，吾從眾。拜下，

禮也，今拜乎上，泰也。雖違眾，吾從下。」

白話：孔子說：「依古禮，用細麻織成禮帽，現在改用黑絲織禮帽，比較節省財力，我贊同大家的作法。群臣先在宮殿階下拜見國君，國君示意，再登堂行禮，這是古禮的規定。現在群臣免除在宮殿階下拜見國君，直接登堂行禮，違反古禮，而且態度輕慢不遜，我還是主張態度恭敬行古禮，先在宮殿階下行拜見禮。」

當代意義：孔子崇尚節儉，遵從古禮，君臣恭敬的以禮相待。

四、子絕四：毋意、毋必、毋固、毋我。

白話：孔子用心戒除四種缺點：不主觀憑空猜測，避免絕對肯定或否定，不固執己見，避免唯我獨尊、不自恃而自以為是。

當代意義：這是「毋意毋必毋固毋我」成語典故的由來。孔子絕「四毋」，是一種克己工夫，也是一種去蔽的工夫。自訟自責，自我批判（self criticism），自行檢討過失，以求精進德業。

五、子畏於匡。曰：「文王既沒，文不在茲乎？天之將喪斯文也，後死者，不得與於斯文也；天之未喪斯文也，匡人其如予何？」

白話：孔子在匡地被匡人圍困，他臨危不懼。孔子說：「周文王死後，我繼承文王的禮樂文化，上天如果有意要消滅文王的禮樂文化，我就不會承擔這個道統；上天如果無意滅絕文王的禮樂道統，匡人不會無禮侵犯我。」

孔子為何在匡地被匡人圍困？因為孔子長的像陽虎（陽貨），陽

虎是魯國人，季孫氏的家臣，掌控魯國實權，專權跋扈，陽虎曾經攻打匡地（今河南省長桓縣內），匡人非常痛恨陽虎。孔子周遊列國，來到匡地，匡人誤認孔子為陽虎，圍困孔子，誤會一場。

　　當代意義：孔子以繼承文王周公的禮樂文化為己任，承擔道統，臨危不懼。

六、大宰問於子貢曰：「夫子聖者與？何其多能也？」

　　子貢曰：「固天縱之將聖，又多能也。」子聞之曰：「大宰知我乎！吾少也賤，故多能鄙事。君子多乎哉？不多也！」牢曰：「：子云『吾不試，故藝。』」

　　白話：太宰（西周設立官名，百官之首）問子貢：「你們的老師孔先生是聖人吧！他多才多藝，才德兼備。」子貢說：「我們老師天縱英才，多才多藝。」孔子聽到了，說：「太宰真的了解我。我三歲喪父，少而孤，貧且賤。我年少時，做了很多粗重的工作，二十歲擔任季孫氏管理倉庫的委吏，做到倉庫充盈，賬目清楚。隔年，改任季孫氏管理牛羊的乘田吏，所管牛羊體健肥壯。其實，才德兼備的君子不需要多才多藝呀！」琴牢（姓琴名牢，孔子弟子。）說：「老師說過：『我有時不為諸侯國所聘用，所以有時間去學習各種技藝。』」

　　當代意義：這是「多能鄙事」成語典故的由來。孔子是貧困少年，不怕吃苦，不斷學習，力求精進，臻於才德兼備的聖人。

七、子曰：「吾有知乎哉？無知也。有鄙夫問於我，空空如也，我叩其兩端而竭焉。」

　　白話：孔子說：「弟子們！你們認為我無所不知嗎？其實我知道的不多。有個人態度誠懇地問我問題，我分析事情的正反兩面、始

終本末的道理，盡我所知的詳細告訴他。」

當代意義：這是「空空如也」成語典故的由來。孔子自謙「無知」，只是學不厭；近似古希臘哲學家蘇格拉底也自謙自己是「愚者」，不敢以「智者」自居，只是不斷追求知識而已，一個人要認識自己的無知，才是智慧的追求者，才能成就最大的智慧。東西方兩位偉大的哲學家心同理同、相互輝映。

再者，孔子不僅學不厭，更是誨人不倦、有教無類，弟子三千，身通六藝者七十二人；蘇格拉底也是誨人不倦，他喜歡出入雅典的街頭巷尾，與人談話，教導青年關心自己的靈魂，以及覺悟自己的無知，因此，被譽為「街頭哲學家」。

八、子曰：「鳳鳥不至，河不出圖，吾已矣夫！」

白話：孔子感嘆說：「吉祥的鳳凰鳥不來了，黃河也不再出現八卦圖了（註二六），我老了，我的理想無法實現了。」

當代意義：這是「鳳鳥不至」、「河不出圖」成語典故的由來。孔子的感嘆約發生在魯哀公十四年（西元前 481 年），當時，孔子七十一歲，回到魯國也有三年了。他一心想恢復古代理想的禮樂道統，已經沒有希望了，既然心中的仁道理想不能實現，他專注於刪詩書、定禮樂、贊《周易》、修《春秋》，使文化道統繼往開來。

九、子見齊衰者，冕衣裳者，與瞽者，見之，雖少必作，過之必趨。

白話：孔子看到穿喪服的人，穿禮服的官員，眼睛瞎的人，雖然有的比孔子年輕，孔子一定會起身致意，如果從他們面前經過，也會快步通過。這表示孔子仁心的感通，對不幸者的體恤，以及對

從事公務者的尊重。

當代意義：我們也應該要有仁心的感通，對不幸者的體恤，例如老弱殘疾者過斑馬線，我們應該關心扶持，注意行人安全。台灣的交通混亂，如何改善？從人人做起，發揮人人本有的仁心感通。

十、顏淵喟然歎曰：「仰之彌高，鑽之彌堅，瞻之在前，忽焉在後！夫子循循然善誘人：博我以文，約我以禮，欲罷不能，既竭吾才，如有所立卓爾，雖欲從之，末由也已。」

白話：顏淵（顏回）讚嘆說：「老師（孔子）的道德學問，高深莫測，我越探究，越覺得深遠；我越鑽研，越覺得豐富紮實。老師的道德學問博大精深，我還不能融會貫通老師的思想體系。老師很有方法的教導我，先教我文章典籍，再教我禮樂文化。我雖然想學好老師的道德學問，但是，老師的道德學問永遠學不完。」

當代意義：這是「仰之彌高，鑽之彌堅」、「循循善誘」、「欲罷不能」成語典故的由來。顏淵是孔子最好學的弟子，不遷怒，不貳過，也是孔子最得意的弟子，位居孔門第一名，可惜早夭。

十一、子疾病，子路使門人為臣。病間，曰：「久矣哉，由之行詐也！無臣而為有臣，吾誰欺？欺天乎？且予與其死於臣之手也，無寧死於二三子之手乎！且予縱不得大葬，予死於道路乎？」

白話：孔子生病，病得很嚴重，子路指派弟子們當孔子的家臣，準備辦理喪葬事宜。孔子的病情好轉，孔子抱怨子路說：「子路指派弟子們當我的家臣，是欺騙行為，不合禮制；我沒有家臣，

假裝我有家臣，是我僭禮。我能欺騙誰？我敢欺騙上天嗎？我寧死在弟子們的手上，也不願死在假家臣手上！我即使不能依大臣的葬禮，難道我會死在道路上，沒人料理後事嗎？」

當代意義：孔子病重，仍然誠實不欺，堅守禮制，不敢僭越禮法，值得我們敬佩。

十二、子貢曰：「有美玉於斯，韞匵而藏諸？求善賈而沽諸？」子曰：「沽之哉！沽之哉！我待賈者也！」

白話：子貢問孔子說：「有一塊漂亮的玉石，把他藏在櫃子裡呢？還是賣個好價錢呢？」孔子說：「賣個好價錢給識貨的人吧！我只是在等待賢君而出仕。」

當代意義：這是「待價而沽」成語典故的由來。孔子周遊列國，非賢君不仕。子貢希望孔子能夠出仕為官，孔子說：「我在等待賢君。」孔子等待賢君的態度，不願與昏君為伍的節操，值得年輕人學習，年輕人找工作也要慎重選擇，避免掉入詐騙集團的陷阱，後悔不及。

十三、子欲居九夷。或曰：「陋，如之何？」子曰：「君子居之，何陋之有？」

白話：孔子抱怨說：想搬到東夷居住。有人說：「東夷沒有禮樂文化，太簡陋不便了，生活很不方便，如何居住？」孔子說：「只要有德的君子居住，可以教化百姓，推行禮樂文化，怎麼會不宜居住呢？」

當代意義：這是「何陋之有」成語典故的由來。孔子的「何陋之有」，讓我們想到唐代劉禹錫的《陋室銘》：「山不在高，有仙則名。

水不在深，有龍則靈。斯是陋室，惟吾德馨……談笑有鴻儒，往來無白丁……南陽諸葛盧，西蜀子雲亭（註二七）。孔子云：『何陋之有？』」

有趣的是，當今世界，英國雜誌每年都會透過「生活品質調查Quality of Life Survey」，發表一份「全球宜居城市排行榜」，這個評比根據多項生活指標，如：自由度、公共圖書館數量、醫療公共衛生系統、四通八達的交通、良好的治安環境、生活費用、房價、飲食等當作標準，評選出世界十大宜居城市。

十四、子曰：「吾自衛反魯，然後樂正，雅頌各得其所。」

白話：孔子周遊列國十四年，魯哀公十一年冬天，六十八歲時，從衛國返回魯國。他看古詩雜亂，先分類整理《詩經》，將「雅」歸類為「雅」，將「頌」歸類為「頌」，使《詩經》的風、雅、頌各得其所。再把雅、頌的詩歌奏入樂章。雅樂是朝廷的音樂，是西周的正音；頌樂是宗廟的音樂，於是，就把《詩經》和音樂都訂正好了。

當代意義：孔子的確整理過《詩經》，也把雅、頌的音樂訂正好了，充分表示他繼往開來周公制禮作樂的道統，是一項偉大的文化成就，傳承至今。

十五、子曰：「出則事公卿，入則事父兄，喪事不敢不勉，不為酒困，何有於我哉！」

白話：孔子說：「出社會在朝廷為官，盡忠事奉長官；在家裡，盡孝侍奉父兄；參與宗族內的喪事，盡力遵守禮制，不僭越禮節；少量飲酒，沒有酒醉的困擾，以上這些事，對我而言沒困難。」

當代意義：孔子「不為酒困」的自律，我們要深深自勉之。

十六、子曰：「吾未見好德如好色者也。」

白話：孔子說「一般人喜歡美色勝於美德，所以，我還沒有見過喜愛美德勝過喜歡美色的的人。」

當代意義：根據《史記・孔子世家》，孔子說「未見好德如好色者」這句話，是在魯定公十四年，並且是針對衛靈公而說的，當時孔子在衛國，衛靈公與夫人南子同車，南子色美而心淫，孔子在後車，因為孔子厭惡衛靈公，衛靈公好色不好德，因此感嘆而發此言，孔子就離開衛國，去曹國。

十七、子曰：「譬如為山，未成一簣，止，吾止也！譬如平地，雖覆一簣，進，吾往也。」

白話：孔子說：「譬如堆積一座山，只差一竹筐泥土而停止，終未完成堆積成山，這是我自己未盡其力。例如在平地要堆積成一座山，雖然只倒一竹筐的泥土，如果繼續堆上去，終會成功，這是我自己繼續堆積上去的呀！」

當代意義：孔子勉勵我們進德修業，要一步一腳印，繼續不斷，永不放棄，終會成功。

十八、子曰：「苗而不秀者，有矣夫！秀而不實者，有矣夫！」

白話：孔子感嘆他雖然有很多弟子，但很多是來來去去，沒有學成就離開了，尤其是優秀的顏回，沒有學成就早夭了，非常可惜。因此，以稻穗為例，勉勵弟子們精進不懈，學成社會有用的人才。

孔子說:「有些稻苗成長後而不吐穗開花,有些雖然吐穗開花而不結飽滿的稻穗。這兩種情形農民都沒有收成,就像弟子們中途輟學,終止學習一樣,沒有學成社會有用的人才。」

當代意義:這是「秀而不實」成語典故的由來。年輕學子中途輟學,終止學習,非常可惜,珍惜寶貴年輕生命,把握學習機會,不斷學習,終有成功的一天。

十九、子曰:「後生可畏,焉知來者之不如今也?四十五十而無聞焉,斯亦不足畏也已。」

白話:孔子說:「年輕人是可期待的,他們年輕力壯,如果勤學不懈,潛力是可敬畏的,將來的成就不可限量!但是,如果過了四十、五十歲,還沒有好的聲譽,就不足敬畏了。」

孔子的年代,平均壽命很短,五十歲已是老人了,當然不足敬畏,孔子活了 73 歲,已是「人生七十古來稀」了。

當代意義:這是「後生可畏」成語典故的由來。當今社會國民壽命不斷增加,人生七十才開始,老人還可以做很多有意義的事,貢獻社會。

二十、子曰:「法語之言,能無從乎?改之為貴!巽與之言,能無說乎?繹之為貴!說而不繹,從而不改,吾末如之何也已矣!」

白話:孔子說:「嚴肅的忠告,能不聽從嗎?但能真正改正過錯,才算可貴。恭順讚美的話,聽了能不令人喜悅嗎?但是聽了以後,要加以深究說話的用意,才算可貴。只是喜悅而不深究;只是當面聽從,而不改過,這種人,我就不知道如何教導他了。」

當代意義：修養品德以改過遷善為可貴，虛心接受他人的忠告與委婉勸導，改之為貴。

二十一、子曰：「三軍可奪帥也，匹夫不可奪志也。」

白話：孔子說：「我們可以把敵軍的主帥俘虜過來，我們卻很難改變一個人堅守的志向，可知，立志的重要。」

當代意義：立志的確重要，立志是為人之本，世上有立了志而沒有成就的人，但沒有不立志而能成功的人。所以，人生大患，就是不能立下懇切志向，結果散漫度日，因循懈弛，一事無成。若能立志，人生有了志向，精進不已，不致曠廢時日，荒唐玩樂。誠如王陽明在〈示弟立志說〉云：「夫學莫先於立志，志之不立，猶不種其根，而徒事培擁灌溉，勞苦無成矣。」

二十二、子曰：「衣敝縕袍，與衣狐貉者立，而不恥者，
　　　　　其由也與！『不忮不求，何用不臧？』」子路
　　　　　終身誦之。子曰「：是道也，何足以臧？」

白話：孔子說：「一個人穿破舊的棉襖，和一個穿高貴皮衣的人站在一起，而不感到丟臉的，只有子路可以做到，《詩經・邶風・雄雉》說：『一個人不忌妒別人，不貪求非分名利，他有何不好？』」子路經常念誦這句詩。孔子說：「這只是做人的道理，不足為善吧！」

當代意義：成語「不忮不求」語出《詩經・邶風・雄雉》。「不忮不求」可以作為我們人生的座右銘，寧靜淡泊，不自私貪求，不做非分之想，更不做非分之事。

二十三、子曰：「歲寒，然後知松柏之後凋也。」

　　白話：孔子說：「冬天天氣寒冷，草木凋落，只有松柏長青，不懼天寒。」

　　當代意義：這是「松柏後凋」成語典故的由來。「松柏長青，不懼天寒」，象徵勇者的志節，堅忍不拔。例如東漢的班超，志節高超，投筆從戎，不畏艱難，出使西域，在西域長達三十一年，善用外交與武力，招撫了三十六個國家。

二十四、子曰：「知者不惑，仁者不憂，勇者不懼。」

　　白話：孔子說：「智者明於事理，不會迷惑；仁者愛人，不憂患；勇者果敢，不害怕。」

　　當代意義：這是「智者不惑」、「仁者不憂」、「勇者不懼」成語典故的由來。知仁勇稱為三達德，如何臻於三達德？孔子說：「好學近乎知，力行近乎仁，知恥近乎勇。」（《中庸》第二十章）。孔子認為只要我們不斷學習，就將成為智者；不斷行善愛人，就將成為仁者；知道羞恥，就將成為勇者。我們知道三達德的真諦，就知道如何修養品德，品德修養好了，就知道如何管理百姓，百姓管理好了，就知道如何治理天下國家了。

　　我們要不斷學習、不斷行善愛人、知道羞恥，這三大德性，對我們為人處事太重要了。

二十五、子曰：「可與共學，未可以適道；可與適道，未可以立；可與立，未可與權。」

　　白話：孔子說：「可以和一個人一起學習，未必可以與他志同道合；可以與他志同道合，未必可以與他篤志擇善而不變節操；可

以與他篤志擇善，未必可以與他權衡是非、明白事理，使言行合於仁義。」

當代意義：人與人交往，終究要以仁義為依歸，不能以私欲、私利為目的。

二十六、「唐棣之華（註二八），偏其反而；豈不爾思？室是遠而。」子曰：「未之思也，夫何遠之有？」

白話：先秦一首逸詩說：「唐棣花（又名棠棣）盛開，翩翩搖擺；難道我不想念你嗎？只是我們相隔太遠了。」孔子說：「恐怕他沒有真的想念吧！如果真的想念一個人，想要追求一個人，沒有遠不遠的問題！」。

當代意義：孔子以唐棣花的想念，勉勵我們要及時行動，勇於追求，求則得之。同時也要我們及時行仁，身體力行，所以，孔子說：「仁遠乎哉？我欲仁，斯仁至矣。」（《論語‧述而》）

第十章　鄉　黨

一、孔子於鄉黨，恂恂如也，似不能言者。其在宗廟朝
　　廷，便便言，唯謹爾。

　　白話：孔子平時閒居的時候，態度很溫和，對人很客氣，好像
很木訥，不會講話。但是，當他在宗廟或朝廷上，他說話條理分明，
善於明辨，不過，說話總是小心謹慎。

　　當代意義：說話是一門大學問，總是小心謹慎為宜，在不同的
場合說話，應對進退合乎禮節，在適當的時間，說適當的話，最重
要了。

二、朝與下大夫言，侃侃如也；與上大夫言，誾誾如
　　也。君在，踧踖如也，與與如也。

　　白話：周王朝及諸侯各國時代，卿以下有上大夫、中大夫、下
大夫。孔子在朝廷上，與下大夫談話時，侃侃而談，神情愉悅；他
與上大夫談話時，態度和藹而正直；國君上朝時，孔子態度恭敬，
儀容端正而合乎禮節。

　　當代意義：這是「侃侃而談」成語典故的由來。孔子應對進退，
合乎中庸之道，以禮為依歸，言行不僭禮。

三、君召使擯，色勃如也，足躩如也。揖所與立，左右

手，衣前後，襜如也。趨進，翼如也。賓退，必復
命，曰：「賓不顧矣。」

白話：國君指派孔子為迎接賓客的接待者（賓相），他儀容莊
敬，小步快走，向旁邊的人行禮，向左邊拱手行禮，向右邊拱手行
禮，衣服整齊的前後左右飄揚，儀容端莊華美。賓客離開後，馬上
跟國君稟告：「賓客都走了。」

當代意義：孔子非常重視禮節與禮儀，表現在儀容、神態、禮
服、一言一行，這是禮樂文化的重要內容，不可僭禮。

四、入公門，鞠躬如也，如不容。立不中門，行不履
　　閾。櫃位，色勃如也，足躩如也，其言似不足者。
　　攝齊升堂，鞠躬如也，屏氣似不息者。出降一等，
　　逞顏色，怡怡如也，沒階趨，翼如也。復其位，踧
　　踖如也。

白話：孔子神情愉悅的上朝，進朝廷大門時，儀態恭敬，他不
站在門中間，不踩門檻。經過國君的王位，腳步加快，神情莊敬。
把衣服的下襬往上提，肅靜屏氣，走向堂上。出堂，下臺階一階，
神情和緩愉悅。下完臺階，回來自己的座位，保持恭敬的儀態。

當代意義：孔子上朝的禮儀，顯得莊嚴、恭敬、謹慎、愉悅
等不同神情，因時因地而異，孔子真是禮儀專家。

五、執圭（註二九），鞠躬如也，如不勝。上如揖，下如
　　授，勃如戰色，足蹜蹜如有循。享禮，有容色。私
　　覿，愉愉如也。

白話：孔子應聘到鄰國訪問，典禮時孔子恭敬地手拿玉圭，手的高度與心同高，持圭高度最高像作揖，最低像給人物品，表示不亢不卑，不自尊自大，也不低聲諂媚，態度恰如身分。當獻禮品的時候，儀容舒暢，與對方君臣會面時，神情愉悅地交談。

當代意義：孔子也是傑出的外交官，外交有外交的禮儀，孔子也是外交禮儀的專家。

六、君子不以紺緅飾，紅紫不以為褻服。當暑，袗絺綌，必表而出之。緇衣羔裘，素衣麑裘，黃衣狐裘。褻裘長，短右袂。必有寢衣，長一身有半。狐貉之厚以居。去喪，無所不佩。非帷裳，必殺之。羔裘玄冠，不以吊。吉月，必朝服而朝。

白話：孔子不用深藍色或黑色做袖口滾邊，居家穿的衣服不做紅色或紫色。夏天天氣熱，穿葛布（註三十）單衣，裡面穿內衣。冬天，裡面穿黑羊皮的袍子（內衣），外衣穿黑上衣；如果穿白上衣，裡面穿白鹿皮的袍子（內衣）；如果穿黃上衣，裡面穿黃狐皮的袍子（內衣）。在家裡穿的皮袍子要長（保暖），右邊的袖子短一些，方便在家裡做事。睡覺蓋的被子，要比身體長一半。狐狸的皮毛厚而溫暖，可以做成坐墊。喪期服滿，除去喪服，所有飾品都可以佩帶。除非朝會祭祀穿的袍子，一定要斜幅縫製。弔喪時，不穿黑色皮袍、不戴黑色禮帽。每月初一，一定穿朝服上朝。

當代意義：孔子穿衣服，非常講究，居家穿的，上朝穿的、祭祀穿的，夏天穿的，冬天穿的。顏色搭配也很講究，這種講究，一切依於禮。可以說：非禮不穿，非禮不戴。

七、齊，必有明衣，布。齊必變食，居必遷坐。

白話： 齋戒時，要穿乾淨淺色的布衣服。齊戒時，要改變日常的飲食，避免大魚大肉，喝酒大醉；也要改變居住的地方，夫妻分房。

當代意義： 齊戒主要使人清心寡慾，吃素，獨居一室，迄今不變。

八、食不厭精，膾不厭細。食饐而餲，魚餒而肉敗，不食。色惡不食。臭惡不食。失飪不食。不時不食。割不正，不食。不得其醬，不食。肉雖多，不使勝食氣。惟酒無量，不及亂。沽酒市脯不食。不撤薑食。不多食。祭於公，不宿肉。祭肉不出三日。出三日，不食之矣。食不語，寢不言。雖疏食菜羹，瓜祭，必齊如也。

白話： 米食（五穀雜糧）要新鮮，不嫌精美，魚與肉類不嫌細軟。糧食放太久，變味或腐壞，就不吃了。肉類變味腐壞，就不吃了。食物變色或變味了，就不吃。食物煮壞了，不吃。吃飯定時定量，不是吃正餐的時間，不吃。不當宰殺豬羊，肉的切割不當，肉的形狀、大小不恰當，不吃。沒有調理好的醬醋佐味，不吃。肉食雖然多，吃飯還是比吃肉多。少量飲酒，不要喝醉鬧事。外面市場買的酒和肉乾可能不衛生，不吃。餐桌上每餐都有薑，三餐不要吃太多太飽。參與國君祭祀，分到的祭肉，當天就分送給親友。祭肉不要留著超過三天，超過三天，就不能吃了。吃三餐（東西）的時候，不要講話，因為吃飯的時候，說說笑笑，不僅不雅、不禮貌，更容易使食物掉入氣管，造成意外危險。睡覺的時候也不要講話，講話容易失眠或不易入睡。雖然吃的是粗糧、蔬菜羹湯、瓜果，吃

飯前應該要先尊敬的祭拜祖先。

　　當代意義：這是「食不厭精，膾不厭細」、「食不語，寢不言」成語典故的由來。孔子非常注重飲食養生與食物衛生新鮮，飲食是人的命脈。可是，飲食不潔，病從口入，遂生百病。孔子又強調「惟酒無量，不及亂。」，喝酒以少量為宜，不可喝醉，酒醉的危害不可勝言，因為，酒喝多，血氣皆亂，酒食貪多折人壽，忽思慧《飲膳正要》說：「醉飲過度，喪生之源。」

九、席不正不坐。

　　白話：孔子的年代，大家席地而坐。如果坐席沒有擺正，孔子不願意坐。

　　當代意義：孔子注重禮儀與儀容，蓆子不正，儀容就不正，儀容不正就失禮了。

十、鄉人飲酒，仗者出，斯出矣。鄉人儺，朝服而立於　　阼階。

　　白話：鄉里舉行臘祭（註三一）飲酒的時候，等年長的老人都離開了，孔子才離席。鄉人舉行大儺之禮（註三二）的時候，孔子也要穿上禮服（朝服），站在宗廟主人站立的東邊台階上。

　　當代意義：在歲末 12 月舉行的臘祭飲酒，主要是敬老活動。現在每年農曆 9 月 9 日是重陽節，也是一年一度的「敬老節」，各地方政府都會舉辦各種敬老活動，並發給 65 歲以上老人「重陽敬老金」，各縣市的「重陽敬老金」的金額不等。

十一、問人於他邦，再拜而送之。康子饋藥，拜而受

之，曰：「丘未達，不敢嘗。」

白話：孔子派人訪問他國友人，一定再拜而送他出訪。季康子（季孫氏，名肥，魯國國卿）派人贈送藥給孔子，孔子拜謝後接受。告訴送藥使者說：「我先了解這藥的藥性，未充分明白藥性前，不敢服用。」

當代意義：孔子用藥，小心謹慎，這是對的。不要亂吃藥，知道藥的副作用，用藥的劑量，這些都是吃藥須知要點。

十二、廄焚，子退朝，曰：「傷人乎？」不問馬。

白話：孔子家的馬舍火燒了，孔子退朝回家，先問說：「有沒有燒傷人？」沒有問馬燒傷了嗎？

當代意義：孔子非常關心家人或家僕的安全，他應該也會關心馬的安全，比較兩者的安全，人重於馬。

十三、君賜食，必正席先嘗之。君賜腥，必熟而薦之。君賜生，必畜之。侍食於君，君祭，先飯。疾，君視之，東首，加朝服拖紳，君命召，不俟駕行矣。

白話：國君賞賜熟食，孔子一定端坐在蓆子上先品嘗。國君賞賜生肉，孔子一定煮熟，祭拜祖先。國君賞賜活的牲畜，孔子一定把牠養起來。陪伴國君吃飯，在國君舉行祭祀時，先幫國君嘗飯（註三三）。孔子生病臥床時，國君來探望，孔子頭向東邊，身上披著朝服，拖著大帶，表示穿戴整齊，以示尊敬國君。國君召見時，孔子不等僕人準備好馬車，立刻快步先行。

當代意義：孔子遵守君臣之禮，表示對國君的忠誠與尊敬。

十四、朋友死，無所歸，曰：「於我殯。」朋友之饋，
　　　雖車馬，非祭肉，不拜。

　　白話：孔子的朋友死了，沒有宗親幫忙料理後事，孔子說：「我來幫死者料理喪葬事宜。」。朋友贈送禮物，雖然是車、馬等貴重禮物，孔子接受，沒有拜受；如果贈送祭肉，孔子一定拜受，表示尊敬朋友的祖先。

　　當代意義：孔子願意料理朋友的喪葬事宜，可見孔子對朋友的仁愛之心。

十五、寢不尸，居不容。見齊衰者，雖狎，必變。見冕
　　　者與瞽者，雖褻，必以貌。凶服者式之。式負版
　　　者。有盛饌，必變色而作。迅雷風烈，必變。

　　白話：孔子睡覺時，不仰臥挺直四肢像死者，閑居在家神情輕鬆。看到穿喪服的人，雖然熟識，神情哀戚，表示哀悼。看到戴官帽的大夫和盲人，雖然也是熟識，也要以禮待之。如果在車上，看到穿喪服的人，也要手扶車前橫木表示哀悼；在車上，看到手持國家公文資料的人，也要手扶車前橫木表示尊敬。朋友盛宴款待，要莊重的站起來表示感謝。遇到打大雷颳大風，神情敬肅，對上天表示敬畏。

　　有趣的是，「迅雷風烈，必變。」，使人聯想到曹操與劉備煮酒論英雄的故事，當年劉備投靠曹操，曹操青梅煮酒，請劉備飲酒，曹操對劉備說：「今天下英雄，只有你和我兩人而已。」劉備當場大驚，害怕曹操會殺他，拿在手上的筷子掉地下，不過剛好打雷，劉

備借打雷圓場，劉備笑著說：「打雷把我嚇著了，筷子都掉了！」後來，劉備就跟關羽、張飛藉機逃走。

　　當代意義：這是「迅雷風烈」成語典故的由來。孔子的神情與儀容，因時因事因地而制宜。至於睡覺的姿勢，我們約可分為四種睡姿：1.仰睡（正睡）：肌肉放鬆，內臟不會被壓迫。2.右側睡：使身體較有安全感，容易入睡，並幫助新陳代謝。3.左側睡：比較不健康的睡姿，會壓迫心臟，不過適合懷孕媽媽的睡姿。4.俯臥睡（趴睡）：最不健康的睡姿，對健康有不良影響。

十六、升車，必正立，執綏。車中不內顧，不疾言，不　　　親指。

　　白話：孔子上車時，一定端正站立，手拉繩子而登上車。端正坐在車內，安靜不喧嘩，不東張西望，更不指東指西。

　　當代意義：孔子坐車，端正坐在車內，安靜不喧嘩，不東張西望，更不指東指西。孔子坐車禮儀，我們現在還有很多人做不到。

十七、色斯舉矣，翔而後集。曰：「山梁雌雉，時哉時　　　哉！」子路共之，三嗅而作。

　　白話：孔子與子路遊山踏青，走到石橋上，有一群雌雉看見有人靠近，快速飛起，在空中飛翔迴旋，見無安全顧慮，再飛下來聚集。孔子有感而發的說：「山上石橋的雌雉，真懂得及時反應啊！」子路聽到孔子讚賞雌雉的機智，拱手向鳥致意，群雉受驚，又展翅飛走了。

　　當代意義：孔子勸告子路，為人要懂得適時反應，權宜機變。

第十一章　先　進

一、子曰:「先進於禮樂,野人也;後進於禮樂,君子也。如用之,則吾從先進。」

　　白話:孔子說:「古代所制定的禮樂,比較樸實(質勝於文),猶如村婦的樸素之美;近期所制作的禮樂,比較有文采(文勝於質)猶如都會女子的華麗。如果要在朝廷、宗廟使用禮樂,我還是喜歡古代的禮樂。」

　　當代意義:孔子以恢復周公禮樂文化為己任,認為周公的禮樂有樸實之美,適合在朝廷、宗廟使用。

二、子曰:「從我於陳蔡者,皆不及門也。德行:顏淵、閔子騫、冉伯牛、仲弓。言語:宰我、子貢。政事:冉有、季路。文學:子游、子夏。」

　　白話:孔子說:「從前跟我在陳國絕糧的好學生,現在都不在門下了。在品德方面:顏淵、閔子騫、冉伯牛、仲弓等四人比較優秀。在外交應對、言語辭令方面:宰我、子貢等二人比較優秀。在政治事務方面:冉有、季路等二人比較優秀。在詩書禮樂、典章制度方面:子游、子夏等二人比較優秀。」

　　當代意義:孔子弟子三千,受業深通者七十有七人(或一說七十二人),其中,在德行、言語、政事、文學方面,最優秀的十人,

稱為孔門十哲，是孔門弟子們的典範。

三、子曰：「回也，非助我者也！於吾言，無所不說。」

白話：孔子說：「顏回聰敏好學，對於我所傳授的道德文章（品德與學問），都能心領神會、聞一知十、樂學樂道，無不喜歡。」

當代意義：顏回好學樂學、安貧樂道的情操，值得我們學習效法。

四、南容三復白圭，孔子以其兄之子妻之。

白話：孔子弟子南宮适（字子容，魯國人，也稱南容）每天多次朗誦《詩經・大雅・抑》：「白圭之玷，尚可磨也；斯言之玷，不可為也。」，孔子就把姪女嫁給南容。

當代意義：「白圭之玷」意指白玉有瑕疵汙點，還可以磨掉；我們說話有瑕疵或說錯話，就無法補救、挽回了，所以我們說話要非常謹慎小心。

五、顏淵死，顏路請子之車以為之椁。子曰：「才不才，亦各言其子也。鯉也死，有棺而無椁。吾不徒行以為之椁，以吾從大夫之後，不可徒行也。」

白話：顏淵死了，他的父親顏路（孔子弟子，少孔子六歲）拜託孔子把車子賣掉，幫顏淵買一個外棺（椁）。孔子說：「我對待顏回視同親生兒子，以前我的兒子孔鯉（伯魚，享年五十歲，時孔子七十歲。）去世，也只有內棺而沒有外棺。我現在是大夫，出門不可以徒步，何況，國君賞賜的車，也不可以買賣。」

當代意義：孔子依禮而行，顏回家貧，孔子反對弟子們厚葬他，也反對賣車買槨（外棺），厚葬顏回。

六、季路問事鬼神？子曰：「未能事人，焉能事鬼？」，「敢問死？」曰：「未知生，焉知死。」

白話：季路（子路）問孔子如何事奉鬼神？孔子說：「活生生的人還不能好好事奉，如何能好好事奉死人？」子路又問：「請問老師，人死後的情形如何？」孔子說：「活生生的人事還不能完全知道，如何知道死後的事？」

當代意義：這是「未知生，焉知死」成語典故的由來。孔子回答子路的問話，並沒有說不可以問死，只是表示應該以活生生的現實人生為本。一個人如果不知道「所以生」之道，只是茫然度日，或者違法亂紀，生命毫無意義，又如何能知「所以死」之理？所以，知道「生之道」，就知道「死之道」，因為「人死，曰鬼」（《禮記·祭法》），生死人鬼並無二道。因此，盡事生人之道，就是盡事死人（鬼神）之道。須知，孔子所關心的是人在五倫社會中的現實生活，而對人的死後世界，存而不論，是以「事死如事生，事亡如事存，孝之至也。」（《中庸》第十九章）的祖先祭祀，貫通生死。

七、閔子侍側，誾誾如也；子路，行行如也；冉有、子貢，侃侃如也。子樂。「若由也，不得其死然。」

白話：閔子騫事奉孔子的時候，一副恭敬而正直的態度；子路事奉孔子的時候，一副勇武剛強的態度；冉有、子貢事奉孔子的時候，一副愉快溫和的態度。孔子感到欣慰。孔子說：「子路勇武剛強，恐怕不得善終。」

當代意義：孔子非常了解弟子們的個性，也擔心子路勇武剛強的性格，會惹來殺身之禍。不幸的是，子路在衛後莊公發動的兵變中，為了救孔悝而殉職，其遺體還被衛後莊公施以醢刑。子路遇害，孔子傷心不已。

八、魯人為常府。閔子騫曰：「仍舊貫，如之何？何必改作！」子曰：「夫人不言，言必有中。」

白話：魯國要修建一座「長府」，專門藏財貨的倉庫。為了避免勞民傷財，閔子騫說：「照原來的格局修建，何必要改變格局建造！」孔子說：「閔子騫為人寡言，很少開口表示意見，但一開口，話說得很中肯。」

當代意義：這是「言必有中」成語典故的由來。閔子騫魯國人，孔子十哲之一，以孝行著稱，德行修養與顏回齊名。孔子讚美閔子騫有愛心美德，主張依照舊制修建長府，既愛民又不勞民傷財，說話很中肯。

九、子曰：「由之瑟，奚為於丘之門？」門人不敬子路。子曰：「由也升堂矣，未入於室也！」

白話：孔子說：「由於子路勇武剛強的性格，他彈瑟的音調，似有殺伐之氣，比較不合雅頌正樂，我的弟子為何彈奏此調？」弟子們從此不尊重子路。孔子說：「子路的學問，已經到達宏大的高度，只是未達博大精深的境界。」

當代意義：這是「升堂入室」成語典故的由來。「升堂入室」比喻追求學問或學習技藝，循序漸進，先登上大廳，再進入內室，臻於博大精深的境界。

十、子貢問：「師與商也孰賢？」子曰：「師也過，商也不及。」曰：「然則師愈與？」子曰：「過猶不及。」

白話：子貢問孔子：「子張和子夏，誰比較賢能？」孔子說：「子張積極進取，往往做得有些過度；子夏篤實謹慎，往往做得有些不足。」子貢說：「子張比較賢能嗎？」孔子說：「過與不及都不符合中庸之道。」

當代意義：這是「過猶不及」成語典故的由來。過猶不及都不好，為人處事要符合中庸之道才好。例如生活上太節儉不好，太奢侈也不好。應該當省則省，當用則用，不亂花錢，居安思危，珍惜資源，養成儲蓄、投資的習慣，生活可以無憂。

十一、季氏富於周公，而求也為之聚斂而附益之。子曰：「非吾徒也，小子鳴鼓而攻之可也。

白話：冉求，姓冉，名子有，是孔子最得意的弟子之一，七十二賢之一，多才多藝，最擅長理財。冉求曾任魯國季康子（魯國正卿）的家臣，西元前484年，冉求帶領軍隊入侵齊國，身先士卒，打敗齊國。之後說服季康子，從衛國接孔子回魯國。

冉求充分發揮理財的能力，幫助季康子進行田賦改革，增加百姓賦稅，聚斂了許多財富，使季康子比周公還要富有。因此，孔子嚴厲的說：「冉求不是我的弟子，弟子們！你們可以嚴厲批判他，聲討他的罪過！」孔子一度將冉求逐出師門，但是冉求畢竟是孔子的得意門生，在孔子的勸導下，冉求的品德逐漸臻於美好。

當代意義：這是「鳴鼓而攻」成語典故的由來。季康子問孔子：「冉求可以管理政務嗎？」孔子說：「冉求多才多藝，管理政務沒

問題。」可是，冉求跟孔子說：「我不是不喜歡老師講授的禮樂仁道，只是我的學習能力不足。」孔子批評他畫地自限，不努力學習禮樂仁道。有一次，冉求等四人陪孔子坐著，孔子問大家：如何管理政務？冉求說：「如果有一個很小的國家，只有六七十里或五六十里的土地，讓我來管理，只需三年，可以使百姓富足。至於禮樂的教化，只好請有才德的君子來施教。」可知，冉求善於理財，善於管理政務，而不善於也不注重禮樂的施教。然而，孔子卻注重禮樂的施教與仁道的教化，難怪孔子要嚴厲批判冉求。

十二、柴也愚，參也魯，師也辟，由也喭。

白話：孔子說：高柴（姓高，名柴，字子羔）以仁存心、公正無私、有些憨直愚笨；曾參性情沉靜、不苟合、不屈從、有些遲鈍不靈敏；子張外向、性情張狂、注重外表、有些偏激；子路性情勇武剛強、有些粗俗莽撞。

當代意義：孔子評說四位弟子的個性缺點，希望四位弟子自知、自省、自勉。

十三、子曰：「回也其庶乎！屢空。賜不受命而貨殖焉，億則屢中。」

白話：孔子說：「顏回的道德文章幾乎接近聖人的境界，可惜他太貧窮。子貢善於經商，他不當官而做生意時，往往都能臆測物價行情。」

當代意義：這是「億則屢中」成語典故的由來。孔子最稱讚顏回的聰明好學與道德學問，可惜家貧而早夭。子貢有濟世幹才，曾任衛、魯兩國的國相；又善於經商，曾經商於曹、魯兩國之間，為

孔門弟子首富。

十四、子張問善人之道。子曰：「不踐迹，亦不入於室。」

白話：子張問孔子如何當一個善人？孔子說：「善人雖然本性良善，不為惡，但是，如果不效法古聖先賢，努力學習，道德學問也難以精進，不能入聖人之境。」

當代意義：孔子期勉弟子們要效法聖賢，精進道德學問，不以當一個善人為滿足。

十五、子曰：「論篤是與，君子者乎？色莊者乎？」

白話：孔子說：「我們稱讚一個人說話樸實不浮誇，但是還要進一步考察他是否是真正言行合一的君子？或者只是儀容端莊、言行不一的小人？」

當代意義：孔子要我們不以言取人，不以貌取人。說話樸實，儀容端莊，言行合一，彬彬君子。

十六、子路問：「聞斯行諸？」子曰：「有父兄在，如之何其聞斯行之？」冉有問：「聞斯行諸？」子曰：「聞斯行之。」公西華曰：「由也問聞斯行諸，子曰『有父兄在』；求也問聞斯行諸，子曰『聞斯行之』。赤也惑，敢問。」子曰：「求也退，故進之；由也兼人，故退之。」

白話：子路問孔子：「一個人聽到正義的事，就應該及時去做嗎？」孔子說：「家裡還有父兄在，不能聽到就去做。」冉有問孔子：

「一個人聽到正義的事，就應該及時去做嗎？」孔子說：「聽到就去做。」公西華問孔子：「子路問『聽到就做嗎？』，老師說『有父兄在』；冉有也問『聽到就做嗎？』，老師卻說『聽到就做』。我很迷惑，請問這是為什麼？」孔子回答說：「冉有性情謙退，總是畏縮不敢前進，所以我鼓勵他大膽進取；子路勇武剛強、膽大過人，所以要約束他，避免他躁進。」

當代意義：孔子回答弟子問話，因材施教，使弟子們無過與不及，合於中庸之道。

十七、子畏於匡，顏淵後。子曰：「吾以女為死矣！」曰：「子在，回何敢死？」

　　白話：孔子在匡地被匡人圍困，虛驚一場，顏回最後趕來。孔子對顏回說：「我以為你戰死了！」顏回說：「老師還健在，我不敢輕率而死，我還要事奉老師，受老師教誨！」

　　當代意義：孔子與顏回，情同父子，師生彼此關心。孔子周遊列國，經過匡地，因為陽虎容貌近似孔子，加上幫孔子駕車的弟子顏剋，也曾經幫陽虎駕車，匡人誤以為凶暴的陽虎又來侵擾，將孔子及弟子們圍困，雖有危險，孔子泰然處之，果然只是虛驚一場。

十八、季子然問：「仲由、冉求可謂大臣與？」子曰：「吾以子為異之問，曾由與求之問。所謂大臣者：以道事君，不可則止。今由與求也，可謂具臣矣。」曰：「然則從之者與？」子曰：「弒父與君，亦不從也。」

　　白話：季子然（季孫氏的子弟，因季孫氏以子路、冉有為家臣，

故問孔子）問：「子路、冉有可算賢能的大臣嗎？」孔子說：「我以
為你問其他人，沒想到你會問這兩人。所謂大臣，應該以仁道輔佐
國君，如果不能以仁道輔佐國君，就應該辭官。現在他們兩人，不
算是賢能的大臣。」季子然問：「他們都會聽從季孫氏的話嗎？」孔
子說：「如果是大逆不道的事，如弒父和弒君，他們也不會聽從季孫
氏的話。」

　　當代意義：孔子認為子路、冉有，不能以仁道輔佐國君，不算
是賢能的大臣。但是他們也不會為非作歹，也不會聽從季孫氏的
話，做大逆不道的事。

十九、子路使子羔為費宰。子曰：「賊夫人之子！」子
　　　路曰：「有民人焉，有社稷焉，何必讀書，然後
　　　為學？」子曰：「是故惡夫佞者。」

白話：子路為季孫氏的家臣，派子羔（高柴，字子羔，孔子七十二
弟子之一）當費邑的地方官。孔子認為子羔書讀得不夠多，不過，
子羔以仁存心，做事公正無私。孔子對子路說：「你派子羔為官，子
羔年輕，你會不會害了子羔？」子路說：「費邑也有百姓，也有政府
機關，可以學習為官之道，何必要讀書，才算學習為官之道？」孔
子說：「我不喜歡子路的巧言善辯。」

當代意義：孔子認為子羔書讀得不夠多，太年輕，學經歷不足，當
地方父母官太勉強。應該要完成學習，學經歷俱足，才可以出仕為
官。

二十、子路、曾皙、冉有、公西華侍坐。子曰：「以吾
　　　一日長乎爾，毋吾以也。居則曰：『不吾知也！』
　　　如或知爾，則何以哉？」

子路率爾而對曰：「千乘之國，攝乎大國之間，
加之以師旅，因之以饑饉；由也為之，比及三年，
可使有勇，且知方也。」夫子哂之。

「求！爾何如？」對曰：「方六七十，如五六十，
求也為之，比及三年，可使足民。如其禮樂，以
俟君子。」

「赤！爾何如？」對曰：「非曰能之，願學焉。宗
廟之事，如會同，端章甫，願為小相焉。」「點！
爾何如？」鼓瑟希，鏗爾，舍瑟而作。對曰：「異
乎三子者之撰。」子曰：「何傷乎？亦各言其志也。」
曰：「莫春者，春服既成。冠者五六人，童子六七
人，浴乎沂，風乎舞雩，詠而歸。」夫子喟然歎
曰：「吾與點也！」

三子者出，曾皙後。曾皙曰：「夫三子者之言何
如？」子曰：「亦各言其志也已矣。」曰：「夫子
何哂由也？」曰：「為國以禮，其言不讓，是故哂
之。」「唯求則非邦也與？」「安見方六七十如五
六十而非邦也者？」「唯赤則非邦也與？」「宗廟
會同，非諸侯而何？赤也為之小，孰能為之大？」

白話：子路、曾皙（孔子弟子，姓曾，名點，曾參的父親）、冉
有、公西華（公西赤，字子華，魯國人，善於外交，孔子弟子）等
四人陪伴孔子坐著。孔子說：「不要因為我年紀比你們大一點，你們
就拘束，不敢講話。你們時常說：『沒有人知道你們！』假如有人了
解你們，請你們為官，你們如何治理國家呢？」

子路搶先回答說：「一個擁有一千輛兵車的中等諸侯國家，夾在兩大國之間，又有外國部隊的入侵，國內又有饑荒。如果讓我治理這個危險的國家，我只要治理三年，就可以使百姓勇敢善戰，並且還懂得為人處事的道理。」

孔子聽了子路治理國家的抱負，對子路微微一笑。

孔子問冉求：冉求，你如何治理國家？」

冉求回答說：「一個六七十方里或五六十方里的小國家，如果讓我去治理三年，就可以使百姓富足。至於禮樂的教化，那就只好等待有才德的君子來施教了。」

孔子問公西赤：「公西赤，你如何治理國家？」

公西赤回答說：「我不敢說能做什麼，我只是願意學習宗廟祭祀，或是諸侯會盟，我願意穿著禮服，戴著禮帽，做一個小小的禮賓司儀。」

孔子問曾點：「曾點，你的抱負是甚麼？」

曾點正在彈瑟，聽到老師叫他，停止彈瑟，回答說：「我和他們三人的抱負不一樣。」

孔子說：「說說看，沒關係，只是各自談談自己的志向抱負！」

曾點說：「暮春三月時節，天氣暖和，穿上春天的服裝，我和五、六個成年人，六、七個青少年，到沂水邊玩水沐浴，再去舞雩台（註三四）兜兜風、乘乘涼，然後一路唱著歌快樂回家。」孔子長歎一聲說：「我認同曾皙的生活情趣。」

子路、冉有、公西華三位弟子都出去了，曾皙最後走。曾皙問孔子：「他們三個人說的如何？」

孔子說：「不過是各自談談自己的志向抱負而已！」

曾皙問：「老師為什麼笑子路呢？」

孔子說：「治理國家要講禮讓，以禮治國，可是他卻一點都不禮讓，所以笑他。」

曾皙問：「冉求所說的抱負太小，好像不是治理一個國家？」孔

子說：「難道冉求所說的就不是一個國家嗎？只是六七十方里或五六十方里是一個小國家。」

曾晳又問：「公西華說的話，也不像是治理一個國家？，」孔子說：「宗廟祭祀和諸侯國會盟的事，都是諸侯國的大事。公西華善於外交，他能給大國做一個稱職的外交官及禮賓司儀。」

當代意義：值得注意的是，孔子的「吾與點也」，是一種快樂活潑，輕鬆喜悅的悠然情趣，有仁者的悅樂，這種安和舒泰、胸懷灑落的舞雩歌詠，是與大自然相感通的情感，使自己生活在大自然之中，渾然物我一體，心境常樂，生活無憂，生命實美，自得上達天人合一的妙境，實是人生最高的境界。

朱子曰：「曾點之學，蓋有以見夫人欲盡處，天理流行，隨處充滿，無少欠闕，故其動靜之際，從容如此，而其言志則又不過即其所居之位，樂其日用之常初，無舍己為人之意，而其胸次悠然，直與天地萬物上下同流，各得其所之妙，隱然自見於言外。」（《論語卷六・先進・朱熹註》）

第十二章　顏　淵

一、顏淵問仁。子曰：「克己復禮為仁。一日克己復禮，天下歸仁焉。為仁由己，而由人乎哉？」顏淵曰：「請問其目？」子曰：「非禮勿視，非禮勿聽，非禮勿言，非禮勿動。」顏淵曰：「回雖不敏，請事斯語矣！」

　　白話：顏回問孔子實踐仁道的方法。孔子說：「克己（註三五）是道德的自律（autonomy），自我約束，修省己過，克制自己的私欲；復禮是使言行都合於禮節，使每一件事都能符合於禮，就是行仁之道。如果每一個人都能克己復禮，天下的人就都能行仁道。行仁是從自己本身下功夫，和別人沒有關係。」顏回又問：「請問踐仁的工夫條目？」孔子說：「不合於禮節的事不要看，不合於禮節的話不要聽，不合於禮節的話不要說，不合於禮節的事不要動心、更不要做。」顏回說：「我雖然不聰明，願意盡力奉行老師『四勿』的教化！」

　　當代意義：這是「克己復禮」、「非禮勿視，非禮勿聽，非禮勿言，非禮勿動」成語典故的由來。克己是孔子非常重要的修養工夫，並以「四勿之教」克己復禮。孔子強調修養道德人格的根本工夫，是以自己的天理為主宰，識察己私，克去私欲，日日戰勝物欲，事事求得合理也合禮，使言行合乎禮節，復禮而後仁，則天理流行，仁道當下呈現，即可天下歸仁。

二、仲弓問仁。子曰：「出門如見大賓，使民如承大祭。
　　己所不欲，勿施於人。在邦無怨，在家無怨。」仲
　　弓曰：「雍雖不敏，請事斯語矣。」

　　白話：仲弓為人敦厚，氣度寬宏，為孔門十哲德行科之一，追隨孔子周遊列國，回到魯國第三年，魯哀公十三年（西元前 482 年），仲弓四十一歲，當上了魯國季孫氏的家臣（總管）。

　　仲弓問孔子如何實踐仁道？孔子說：「出門在外做事，要像會見貴賓一樣的敬肅；徵調民力，要像舉行重大祭祀一樣的慎重。為人處事要心存敬恕，自己不喜歡的事物，不要加在別人身上。如能心存敬恕，在諸侯國為官，沒有人怨恨你；在卿、大夫的家做事，也沒有人怨恨你。」仲弓說：「仲弓雖然不聰明，願意遵照老師的話去做。」

　　當代意義：這是「己所不欲，勿施於人」成語典故的由來。值得注意的是，「己所不欲，勿施於人」近似《聖經・新約・馬太福音》耶穌說：「你們希望別人怎樣對待你們，你們也要怎樣對待別人。要知道，這就是律法和先知的教導。」這是基督宗教的核心倫理思想，立基於平等、博愛的黃金法則。

　　此外，《聖經・路加福音 6：31》也說：「你們願意人怎樣對待你們，你們也要怎樣待人。」，回教穆罕默德說：「不要傷害人，讓你免受傷害。」，古希臘哲學家畢達哥拉斯說：「你不希望發生在自己身上的事，你也不要做於別人。」可知，古聖先賢心同理同，一致推崇恕道。

　　須知，「己所不欲，勿施於人」僅是忠恕之道的消極面，更積極的是「己立立人，己達達人」（〈述而〉）。能夠設身處地為別人著想，能夠原諒別人的過錯，有同理心，推己及人，可以消除主觀的偏見，

避免造成嚴重犯錯而不自知，判斷錯誤而害人害己。

三、司馬牛問仁。子曰：「仁者，其言也訒。」曰：「其言也訒，斯謂之仁已乎？」子曰：「為之難，言之得無訒乎？」

白話：司馬牛（姓司馬，字子牛，孔子七十二弟子之一，宋國人。司馬牛是宋國公族，享有封邑，是孔門少有的貴族。）問孔子如何實踐仁道？因為司馬牛個性多言而急躁，孔子回答說：「有仁德修養的人，說話有所保留，不輕易說出口。」司馬牛又問：「說話有所保留，不輕易說出口，就有仁德修養了嗎？」孔子說：「我們做事很難完美無缺，所以說話要有所保留。」

當代意義：孔子說的沒錯：我們很難把事情做的完美無缺，所以話不要說得太滿、太驕傲。

四、司馬牛問君子。子曰：「君子不憂不懼。」曰：「不憂不懼，斯謂之君子已乎？」子曰：「內省不疚，夫何憂何懼？」

白話：司馬牛問孔子何謂有才德的君子。孔子說：「君子不憂愁、不懼怕。」司馬牛問：「不憂愁不懼怕，就能稱為君子嗎？」孔子說：「君子時常自我反省，問心無愧，何來憂愁懼怕？」

當代意義：這是「不憂不懼」、「內省不疚」成語典故的由來。司馬牛因其兄弟在宋國作亂，擔心其兄弟遭到不幸，且連累到自己，因此，憂愁害怕。孔子勉勵司馬牛時常自我反省、警惕，問心無愧，心安理得即可。

五、司馬牛憂曰：「人皆有兄弟，我獨亡。」子夏曰：
　　「商聞之矣：死生有命，富貴在天。君子敬而無失，
　　與人恭而有禮。四海之內，皆兄弟也。君子何患乎
　　無兄弟也？」

　　白話：司馬牛憂傷地跟子夏說：「別人都有和睦的兄弟，只有我沒有。」子夏說：「我聽人說過：『死生命中註定，富貴上天決定』。有德的君子做事兢兢業業而不犯過錯，對人恭敬而有禮貌。四海之內，沒有仇敵，天下的人都是好兄弟，君子不必擔心沒有和睦的兄弟？」

　　據《左傳·哀公十有四年》：司馬牛有一兄二弟，他的哥哥桓魋（亦作向魋、司馬魋）是宋國大夫，專權朝政，與宋景公爆發衝突，於是兄弟佔據曹地叛亂，但是沒有成功，最後逃到衛國，司馬牛擔心其兄弟因作亂而亡，又連累他，因此，交回他的宋國封邑而逃往齊國。不料，桓魋也逃到了齊國，還在齊國當官，於是司馬牛再度離開，只好又回來宋國，隨後，齊、晉兩國都召他前去，不幸，司馬牛卒於魯國都城門外。

　　當代意義：這是「死生有命」、「富貴在天」、「四海之內皆兄弟」成語典故的由來。子夏所說：「君子敬而無失，與人恭而有禮。四海之內，皆兄弟也。」，真不愧是大丈夫的胸懷，與人為善，不結仇敵，何患沒有和睦的兄弟！

六、子張問明。子曰：「浸潤之譖，膚受之愬，不行焉，
　　可謂明也已矣。浸潤之譖，膚受之愬，不行焉，可
　　謂遠也已矣。」

　　白話：子張問孔子何謂明智？如何明察事理？孔子說：「像流水

慢慢滲透的讒言，像肌膚受到創傷的哭訴，聰明的人能夠明察秋毫，不聽信小人讒言，可謂明智；能夠識破任何的毀謗、誣告，不受謊言蒙騙，可謂高瞻遠矚、明察深遠了。」

當代意義：這是「浸潤之譖」、「膚受之愬」成語典故的由來。我們社會仍然還有很多的讒言、毀謗、誣告、謊言、詐欺，我們要明察秋毫，不受蒙騙，避免人財兩失。

七、棘子成曰：「君子質而已矣，何以文為？」子貢曰：「惜乎！夫子之說君子也！駟不及舌。文猶質也，質猶文也。虎豹之鞹，猶犬羊之鞹。」

白話：春秋衛國大夫棘子成說：「君子只要保有樸實善良的本質就好了，何必要有華麗的文采？」子貢說：「可惜呀！棘大夫重質輕文的偏見話，一言既出，駟馬難追。本質與文采同等重要，互為一體。例如：如果去除虎豹和犬羊皮上有文采的毛，那麼虎豹的皮革與犬羊的皮革就沒有差別了。」

當代意義：這是「駟不及舌」成語典故的由來。子貢認為君子要文質兼備，不宜偏廢。主張真正的君子，應該要融合真誠樸實與禮樂文采、文化氣質，不宜重質輕文或重文輕質。

八、哀公問於有若曰：「年饑用不足，如之何？」有若對曰：「盍徹乎？」曰：「二，吾猶不足，如之何其徹也？」對曰：「百姓足，君孰與不足？百姓不足，君孰與足？」

白話：魯哀公問有若（字子有）：「適逢飢荒，百姓農作物歉收，國家的財政歲收不足，如何是好？」有若說：「何不採取十分之一的

田賦稅收？」魯哀公說：「政府現在徵收十分之二的稅，財政支出還不夠用；如何能取十分之一的稅呢？」有若答說：「百姓生活富足了，國君還怕不富足！如果百姓生活不富足，國君又如何能夠富足呢？」

當代意義：飢荒之年，百姓農作物歉收，政府一方面應該減稅或免稅，另一方面財政更要節用支出。不應該加重稅收，增加百姓的負擔。

九、子張問崇德，辨惑。子曰：「主忠信，徙義，崇德也。愛之欲其生，惡之欲其死；既欲其生，又欲其死，是惑也。」

白話：子張問孔子如何提升品德，明辨是非，使自己不迷惑。孔子說：「親近忠信的人，言行以忠信為主，改過遷善，使自己的言行遵行仁義之道，可以提升自己的品德。喜愛一個人的時候，要他快樂的活；厭惡他的時候，要他挫折失敗而死。既要他生，又要他死，這是迷惑，不辨是非。」

當代意義：這是「愛之欲其生，惡之欲其死」成語典故的由來。我們要不斷提升自己的品德，改過遷善，明辨是非，使自己不迷惑，這永遠是個人修身的基本工夫。

十、齊景公問政於孔子。孔子對曰：「君君，臣臣，父父，子子。」公曰：「善哉！信如君不君，臣不臣，父不父，子不子，雖有粟，吾得而食諸？」

白話：齊景公問孔子治理國家的方法。孔子說：「治國之道：當國君要盡國君的責任，當臣子要盡臣子的責任，當父親要盡父親的責任，當子女要盡子女的責任。」齊景公說：「說得太好了！如果國

君不盡國君的責任、臣子不盡臣子的責任，父親不盡父親的責任，子女不盡子女的責任，國家必亂，社稷必亡，即使糧食俸祿再多，我還能享用得到嗎？」

當代意義：孔子理想的治國之道，就是「君君，臣臣，父父，子子」。大家各安其位，各盡其責，使義務（責任）與權利相互對應，義務有其相對應的權利，權利亦有其相對應的義務（責任），彼此不僭越禮法。

十一、子曰：「片言可以折獄者，其由也與！」子路無宿諾。

白話：孔子說：「只有聽取片面證詞就能判決官司的人，可能只有子路吧！」子路信守承諾，急於實踐諾言。

當代意義：這是「片言折獄」成語典故的由來。子路個性直爽，剛強勇敢，信守承諾，盡忠職守。不幸，在衛後莊公發動的兵變中，子路為了救孔悝而殉職。子路盡忠職守的忠勇性格，值得我們敬佩。

十二、子曰：「聽訟，吾猶人也。必也，使無訟乎！」

白話：孔子說：「審判官司，我和其他人一樣，最好能夠使百姓不要打官司。」

當代意義：孔子以和為貴，使百姓無訟為貴，以目前而言，民事訴訟前可以民事調解，民事訴訟中，法院得隨時試行和解，完全符合孔子的「無訟」美意。

十三、子張問政。子曰：「居之無倦，行之以忠。」

白話：子張問孔子為官之道。孔子說：「從政為官，貫徹始終，努力不懈；推行政務，表裡如一，盡忠職守。」

當代意義：依現行「公務員服務法」第 6 條：「公務員應公正無私、誠信清廉、謹慎勤勉，不得有損害公務員名譽及政府信譽之行為。」，與孔子的為官之道不謀而合。

十四、季康子問政於孔子。孔子對曰：「政者正也，子帥以正，孰敢不正。」

白話：專權的季康子（即季孫肥，春秋時期魯國的正卿，位高權重，是當時魯國的權臣。）問孔子為政之道。孔子回答說：「政務即正道，您如果能夠以正道領導統御官員及百姓，還有誰敢違禮犯法？」

當代意義：孔子所謂「政者正也」，就是先修己、後治人之道，以大公無私、忠信清廉、不僭越禮法，戮力從公。

十五、季康子患盜，問於孔子。孔子對曰：「苟子之不欲，雖賞之不竊。」

白話：季康子擔憂魯國的盜賊太多，請教孔子如何是好？孔子回答說：「主政者要以身作則，如果您不貪非分之財，不貪取國家重要資源，雖然鼓勵百姓去偷盜，百姓也不會去當盜賊。」

當代意義：孔子還是強調「政者正也」，主政者以身作則，就是先修己、先正己，後治人之道。否則，上梁不正下梁歪，在上位的人行為不正，在下位的人受其影響，也會跟著行為不正。

十六、季康子問政於孔子曰：「如殺無道，以就有道，

何如？」孔子對曰：「子為政，焉用殺？子欲善，
而民善矣。君子之德風，小人之德草；草上之風
必偃。」

白話：季康子問孔子為政之道：「為政者可以殺一儆百嗎？除惡
人，警惕人民，使百姓歸於善道。」孔子說：「您執掌國政，何必要
殺人！您只要行善愛民，百姓也就跟著行善。在上位的仁德好比風，
百姓猶如草，自然接受仁德的感化，如果風吹向草，草一定隨著風
吹的方向傾倒。」

當代意義：這是「風行草偃」成語典故的由來。孔子勉勵季康
子做百姓的榜樣，以仁愛人，以德化人，使百姓歸於善道。

十七、子張問：「士何如斯可謂之達矣？」子曰：「何
哉，爾所謂達者？」子張對曰：「在邦必聞，在
家必聞。」子曰：「是聞也，非達也。夫達也者，
質直而好義，察言而觀色，慮以下人。在邦必達，
在家必達。夫聞也者，色取仁而行違，居之不疑。
在邦必聞，在家必聞。」

白話：子張問孔子：「一個士人如何能夠顯達，當一個有聲望地
位的人？」孔子說：「你所說的顯達是什麼意思？」子張說：「在諸
侯國有名望地位，在卿、大夫的家，也有聲望地位。」孔子說：「你
說的是名望，不是顯達。所謂顯達的士人，是為人正直，崇尚仁義
道德，善於察言觀色，總是謙卑退讓，不爭名利。這樣他在諸侯國
必然德孚眾望，在卿、大夫的家，也必然德孚眾望。所謂有名望的
人，只是表面仁義而內心奸惡、自己以仁義自居而不反省修惡，這
種人只能一時騙取名聲，不能德孚眾望。」

當代意義：這是「察言觀色」成語典故的由來。只有真正為人正直，崇尚仁義，崇德、脩慝，謙卑退讓，不爭名利，能夠德孚眾望而顯達。

十八、樊遲從遊於舞雩之下，曰：「敢問崇德、脩慝、辨惑？」子曰：「善哉問！先事後得（註三六），非崇德與？攻其惡，無攻人之惡，非脩慝與？一朝之忿，忘其身以及其親，非惑與？」

白話：樊遲跟從孔子在祈雨的舞雩臺下遊覽，問孔子：「如何提升品德、消除惡念、明辨是非不迷惑？」孔子說：「問的好！一個人以義為先，做應做的事，盡自己的義務與責任，不計較利益，可以提升自己的品德，就是崇德。內省自己的過失，不惡意批評別人的過失，可以消除自己內心的惡念，亦即君子慎獨，省察己過，消除內心不善的意念，即是脩慝。自己一旦發怒，情緒失控，忘了自身的安危，甚至危及父母家人的安全，是迷惑的人；要分辨是非，見利思義，預知危險，智慮慎微，可以明白善惡禍福的道理，就是辨惑。

當代意義：這是「先事後得」成語典故的由來。崇德、脩慝、辨惑三者，是很重要的修養工夫，尤其是「攻其惡，無攻人之惡」（內省己過，不惡意批評別人的過失。）的「脩慝」，可以消除自己內心不善的惡念，這是君子慎獨的工夫。

十九、樊遲問仁。子曰：「愛人。」問知。子曰：「知人。」樊遲未達。子曰：「舉直錯諸枉，能使枉者直。」樊遲退，見子夏。曰：「鄉也，吾見於夫子而問知，子曰，『舉直錯諸枉，能使枉者直』，何謂也？」

子夏曰：「富哉言乎！舜有天下，選於眾，舉皋陶，不仁者遠矣。湯有天下，選於眾，舉伊尹，不仁者遠矣。」

白話：樊遲問孔子何謂仁？孔子回答說：「愛人。」何謂明智？孔子回答說：「知人善惡。」樊遲不理解孔子的意思。孔子說：「提拔正直的人，來管理不正直的人，能使不正直的人改邪歸正。」樊遲退出來，又去見子夏，說：「剛才我問老師，什麼是智？老師說：『提拔正直的人，來管理不正直的人，能使不正直的人改邪歸正。』，是什麼意思？」子夏說：「這話說得很好！舜治理天下，選拔皋陶為賢臣，那些不仁的惡人從此遠離；商湯治理天下，選拔伊尹為賢相，那些不仁的惡人，從此遠離無蹤。」

當代意義：這是「舉直錯枉」成語典故的由來。舜任命皋陶為掌管刑法的「理官」（治理獄訟的官吏），皋陶定刑法，制教規，推行五教（父義、母慈、兄友、弟恭、子孝）。以正直聞名天下，使社會和諧，天下大治。湯提拔伊尹為「阿衡」（亦稱「保衡」，相當於宰相），西元前 1600 年，輔佐商湯滅夏朝，建立商朝。任職期間，整頓吏治，洞察民情，使商朝初年經濟繁榮，政治清明。

二十、子貢問友。子曰：「忠告而善道之，不可則止，毋自辱焉。」

白話：子貢問孔子交朋友的方法。孔子說：「朋友犯了過錯，要忠誠的勸告他改過，而且要善加開導。朋友如果拒絕勸導，就不再規勸，以免招致難堪，自取其辱。」

當代意義：朋友有了過錯，要婉轉的忠告，避免朋友當面難堪，惱羞成怒，而自取其辱。

二十一、曾子曰：「君子以文會友，以友輔仁。」

白話：曾子談論交友之道，說：「有德的君子，以詩書禮樂的傳誦，來結交朋友，志同道合，相互切磋，學習朋友的優點，改進自己的缺點，結交益友，與朋友共進仁德的涵養。」

當代意義：這是「以文會友」、「以友輔仁」成語典故的由來。曾子「以文會友，以友輔仁」，正是孔子三益友（友直、友諒、友多聞）的引申論述。結交正直的朋友、個性寬容厚道能體諒人的朋友、見聞廣博的朋友，可以增益自己的道德文章。

第十三章　子　路

一、子路問政。子曰：「先之，勞之。」請益。曰「無倦。」

　　白話：子路問孔子為政之道。孔子說：「管理百姓，要以身作則，身教重於言教，以自身行為作為百姓的榜樣，苦民所苦，解民之苦，為民服務。」子路請孔子再補充說明。孔子說：「為民服務的工作，要持之以恆，始終如一。」

　　當代意義：范仲淹〈岳陽樓記〉所說：「先天下之憂而憂，後天下之樂而樂。」，最能說明孔子「先之，勞之。」的真諦。

二、樊遲請學稼。子曰：「吾不如老農。」請學為圃。曰：「吾不如老圃。」樊遲出。子曰：「小人哉！樊須也。上好禮，則民莫敢不敬；上好義，則民莫敢不服；上好信，則民莫敢不用情。夫如是，則四方之民，襁負其子而至矣，焉用稼？」

　　白話：樊遲（樊須，字子遲，魯國人，孔子弟子。）問孔子務農的方法。孔子說：「我不如老農夫。」樊遲又問種蔬菜的方法。孔子說：「我不如種蔬菜的人。」樊遲退出。孔子說：「樊遲的志向太平庸了！為何只想當平民百姓，學種五穀蔬菜！在上位的人如果能夠崇尚禮法，百姓的言行就會恭敬；在上位的人如果能夠崇尚仁義，

百姓就能服從；在上位的人如果能夠崇尚誠信，百姓就能以真情誠信相對待。如果能夠做好禮、義、信的教化，四方的百姓，就會全家來歸附，何必自己去種植五穀蔬菜呢？」

當代意義：孔子強調在上位的人，要崇尚禮法、仁義、誠信，做好禮、義、信的教化，百姓自然歸順，百姓自然樂於種植五穀蔬菜。

三、子曰：「誦詩三百，授之以政，不達。使於四方，不能專對；雖多，亦奚以為？」

白話：孔子說：「一個人熟讀《詩經》三百首，授給他一個官職，卻不能辦好政務。派他出使國外，也不能辦好外交工作，雖然書讀得多，不能學以致用，也沒有用處。」

當代意義：孔子強調讀書要學以致用，讀死書是沒有意義的，要將所學的知識，運用到實際工作當中，才是學習的真諦。

四、子曰：「其身正，不令而行；其身不正，雖令不從。」

白話：孔子說：「在上位的人先要修身正己，只要自己的言行端正，即使不發布命令，政務也會正常運作；如果自身的言行不端正，雖然再三下命令，百姓也不會服從。」

當代意義：孔子所謂：「政者正也，子帥以正，孰敢不正。」（〈顏淵〉），在上位的人，自己的言行要端正，否則上梁不正下梁歪。

五、子曰：「魯、衛之政，兄弟也。」

白話：孔子說：「魯國是周公之後，衛國是康叔之後，兩國的政治體制相似，本是兄弟之邦。」

當代意義：周公是周文王第四子，康叔是周公的六弟，是周武王的同母弟。周公與康叔是兄弟，魯衛兩國真是兄弟之邦。

六、子謂衛公子荊，「善居室。始有，曰：『苟合矣。』少有，曰：『苟完矣。』富有，曰：『苟美矣。」

白話：孔子談論衛公子荊，說：「他善於簡樸持家、知足少欲，家裡有一些財富時，他說：『幾乎夠用了。』再增加一些財富時，他說：『幾乎完好了。』當他富有時，他說：『幾乎富麗堂皇了。』」

當代意義：衛公子荊是衛國賢能的君子之一，魯襄公二十九年，吳國的公子扎（季扎，有賢名）到各國訪問，在衛國見到公子荊、公子朝、公叔發（衛國的卿，衛獻公之孫）等人，相談甚歡，公子扎說：「衛國有很多賢能的君子，不會有甚麼災禍。」

七、子適衛，冉有僕。子曰：「庶矣哉！」冉有曰：「既庶矣。又何加焉？」曰：「富之。」曰：「既富矣，又何加焉？」曰：「教之。」

白話：孔子去衛國，冉有駕車。孔子說：「衛國百姓真多啊！」冉有說：「百姓多了，施政要再做什麼？」孔子說：「施政使百姓富起來。」冉有說：「富有以後，施政進一步該做什麼？」孔子說：「以禮樂教化百姓。」

當代意義：孔子強調以禮樂教化百姓，是施政的終極目標。因為禮是行為的道德規範，而音樂能調和性情，移風易俗。禮樂教化，可以治理國家。

八、子曰：「苟有用我者，期月而已可也，三年有成。」

　　白話：孔子說：「如果有在上位的執政者用我來治理政務，一年就能初見政績，三年就能顯見良好政績。」

　　當代意義：這是「三年有成」成語典故的由來。孔子五十歲左右從政，曾任魯國的中都宰、司空、司寇（管理司法兼外交事務），再由大司寇行攝相事（代理魯相）。期間政績卓著，魯定公十一年，孔子任大司寇行攝相事第七天，誅殺少正卯，四方則之，路不拾遺。可見，孔子有很強的執政能力與政績。

九、子曰：「善人為邦百年，亦可以勝殘去殺矣。誠哉是言也！」

　　白話：孔子說：「古人說：『善人治理國家，教化百姓百年，可以使殘暴者化為良民、免除死刑的罪責。』這話很對！」

　　當代意義：這是「勝殘去殺」成語典故的由來。孔子所謂善人，是志於仁而無惡名，有善行而著稱於世者。善人為政，以仁化民，以善教民，可以收到勝殘去殺的善果。

十、子曰：「如有王者，必世而後仁。」

　　白話：孔子說：「如果有賢明的聖王興起，勤政愛民，治理天下三十年，以仁化民，能夠實現仁政於天下。」

　　當代意義：仁政是孔孟的政治理想，孟子在《孟子・梁惠王上》提出實行仁政的三大要點：「省刑罰，薄稅斂，深耕易耨；壯者以暇日修其孝悌忠信，入以事其父兄，出以事其長上。」

減輕刑罰，減收稅賦，教導百姓努力生產；農閒時間教導年輕人學習孝悌和忠信的道理。

十二、子曰：「苟正其身矣，於從政乎何有？不能正其身，如正人何？」

白話：孔子說：「在上位的人，如果能夠修身正己，端正言行，為政還會有什麼困難呢？如果不能修身正己，端正自己的言行，不能以身作則，又如何能以身教教化百姓？」

當代意義：為政先修身正己，以身作則，身教重於言教，「子帥以正，孰敢不正」（〈顏淵〉），執政者以正直做表率，「草上之風必偃」（〈顏淵〉）

十三、冉子退朝。子曰：「何晏也？」對曰：「有政。」子曰：「其事也！如有政，雖不吾以，吾其與聞之。」

白話：冉子（冉求，字子有，亦稱冉有，個性謙遜，長於政治，孔門十哲政事科，季孫氏家臣）從季孫氏家退朝。孔子說：「今天怎麼這麼晚回來？」冉有答：「有重要公務要討論。」孔子說：「是季孫氏的家務事吧。如果有政府的政務，我雖然沒有在朝廷為官，我大概也會知道。」

當代意義：季孫氏比周公還富有，孔子反對冉有幫季孫氏增收賦稅，增加百姓的負擔，孔子罵冉有說：「（冉有）非吾徒也，小子鳴鼓而攻之，可也。」（〈先進〉）

十四、定公問：「一言而可以興邦，有諸？」孔子對曰：
　　　「言不可以若是其幾也。人之言曰：『為君難，
　　　為臣不易。』如知為君之難也，不幾乎一言而興
　　　邦乎？」曰：「一言而喪邦，有諸？」孔子對曰：
　　　「言不可以若是其幾也。人之言曰：『予無樂乎
　　　為君，唯其言而莫予違也。』如其善而莫之違也，
　　　不亦善乎？如不善而莫之違也，不幾乎一言而喪
　　　邦乎？」

　　白話：魯定公問孔子：「國君一句話可以使國家興盛，有這樣的
一句話嗎？」孔子答：「雖然不確定一句話可以使國家興盛，但是有
人說：『做國君難，做臣子也不易。』如果知道做國君不容易，謹言
慎行，不隨便說話，嚴謹地說一句對國家有益的好話，的確可以使
國家興盛。」魯定公又問：「國君說一句話可以使國家滅亡，有這樣
的一句話嗎？」孔子答：「雖然不確定說一句話可以使國家滅亡，但
有人說：『當國君的樂趣，在於沒人敢違抗我說的話。』如果他說的
話很正確，對國家有益，有好的結果；如果國君說的話不正確，對
國家有害，卻沒人敢反抗，國君的一句話就可以亡國！」

　　當代意義：這是「一言興邦，一言喪邦」成語典故的由來，表
示決策者的言行，關係到國家的興亡，不可不慎。如果國君出言謹
慎，廣納忠諫，君臣同心，勤政愛民，一言可以興邦；反之，一言
可以喪邦矣。

十五、葉公問政。子曰：「近者說，遠者來。」

　　白話：葉公（楚國大夫沈諸梁，字子高，僭稱公。）問孔子如

何治理國家？孔子說：「為政首要得民心，先使國內百姓安居樂業而衷心歡喜，讓遠方（國外）百姓因羨慕而自然來歸順。」

當代意義：這是「近悅遠來」成語典故的由來。魯哀公二年，楚國佔領蔡國，蔡國百姓惶恐不安。兩年後，楚國派葉公（沈諸梁）治理蔡國，正好孔子由陳國到了蔡國，葉公適時問孔子為政之道，孔子強調為政首要得民心。

十六、子夏為莒父宰，問政。子曰：「無欲速，無見小利。欲速，則不達；見小利，則大事不成。」

白話：子夏當魯國莒父（今山東省莒縣）的邑長（首長、如今的縣長），急功近利，急於見到政績，問孔子為政之道。孔子說：「不要祇求快速達成施政目標，不要只顧貪圖施政小利。祇求快速，必然草率而不周全，往往達不到得民心的目標；見識短淺，貪圖小利，不能成就大業。」

當代意義：這是「欲速，則不達」成語典故的由來，孔子的至理名言：「欲速，則不達；見小利，則大事不成。」，永遠都是我們的座右銘。

十七、葉公語孔子曰：「吾黨有直躬者，其父攘羊，而子證之。」孔子曰：「吾黨之直者異於是。父為子隱，子為父隱，直在其中矣。」

白話：葉公跟孔子說：「我鄉里有個正直的人，他父親偷羊，他大公無私，不留情面，告發他父親。」孔子說：「我鄉里正直的人不同：父親為子女隱瞞過錯，子女為父親隱瞞過失，父子相隱，正直就在其中了。」

當代意義：這是「父為子隱，子為父隱」成語典故的由來。父子親情，相隱過錯，人之常情，但有礙法治。小過相隱，無傷大雅；刑案相隱，有礙法治。

十八、樊遲問仁。子曰：「居處恭，執事敬，與人忠。雖之夷狄，不可棄也。」

白話：樊遲問仁者為人處世之道。孔子說：「仁者日常起居要恭敬，處事要小心謹慎，為人要忠誠不欺，即使到了文明落後的地方，也不可以違背仁者三點為人處事的準則。」

當代意義：仁者為人處世的準則，就是恭敬、謹慎、忠誠。

十九、子貢問曰：「何如斯可謂之士矣？」子曰：「行己有恥，使於四方，不辱君命，可謂士矣。」曰：「敢問其次。」曰：「宗族稱孝焉，鄉黨稱弟焉。」曰：「敢問其次。」曰：「言必信，行必果，硜硜然小人哉！抑亦可以為次矣。」曰：「今之從政者何如？」子曰：「噫！斗筲之人，何足算也。」

白話：子貢問孔子：「如何才能稱為士？」孔子說：「為人處事有羞恥心，能知恥，約束自己，嚴以律己。出使外國，能夠完成外交使命，可以稱為士了。」子貢又問：「次一等的呢？」孔子說：「宗族的人稱讚他孝順父母，鄉里的人稱讚他尊敬兄長。」子貢再問：「再次一等的呢？」「說話一定要誠信，做事勇敢果斷，堅定自守，雖然度量小一點，也算次一等的了！」子貢再問：「現在為政的人如何？」孔子說：「現在為政的人度量小、能力少，不能稱為士。」

　　此外，子路也問孔子：如何可以稱為士？孔子說：「切切、偲偲、

怡怡如也，可謂士矣。朋友切切、偲偲，兄弟怡怡。」(〈子路〉)，「要能互相鼓勵，互相切磋，態度溫和，相處和睦，就可以稱為士。朋友之間互相鼓勵，互相切磋；兄弟之間和睦相處。」

當代意義：這是「行己有恥」、「言必信，行必果」成語典故的由來。孔子所謂士，是德智兼備，能教導人和管理人的人。士是重義輕利，見得思義，安貧樂道，見危授命，言必信，行必果的讀書人。士有高遠的理想，以仁為己任，行己有恥，自覺羞愧而有所不為，君子有所為有所不為，任重道遠，始終如一。

值得注意的是，「行己有恥」，對後世影響深遠，孟子說：「人不可無恥，無恥之恥，無恥矣。」(《孟子・盡心上》)孟子以為一個人能夠知道無恥的可恥，就會積極有為，努力雪恥，改過遷善，就沒有恥辱了。孟子認為有沒有羞恥心，對於一個人的道德人格關係重大，那些巧詐之人，因為沒有羞恥心而作奸犯科，還自以為聰明，真是可恥。

東漢思想家荀悅強調自以為恥是為人之本，他說：「自恥者，本也……君子審乎自恥……德比於上，故知恥；欲比於下，故知足。」(《申鑒・雜言下》)君子要自我省察，有自知之明，要有羞恥心。因此，君子要小心謹慎他平常易於忽略、疏於察覺的事情。心中沒有偉人典範，心志就不會堅定宏大；反之，心中有堯舜禹湯孔子的偉大典範，就足以讓沒有上進心的人羞愧。

可知，修養道德要效法人格典範的偉大情操，就會自覺羞恥，懂得慚愧。能夠自覺可恥，積極改過，努力遷善，就可成為聖賢之人了。〈雜言下〉荀悅說：「恥而知之，則聖賢其可幾。」

二十、子曰：「不得中行而與之，必也狂狷乎！狂者進取，狷者有所不為也。」

白話：孔子說：「我已經沒機會與力行中庸之道的人來往了，祇能與進取或拘謹的人交往。狂者志向高遠，有進取心，精進不已；狷者（拘謹的人）遵禮守節，潔身自愛，不為不仁不義之事。」

當代意義：這是「狂者進取，狷者有所不為」成語典故的由來。孔子所謂「中行」，是力行中庸之道的人，是聖人的境界，不是一般人能達到的境界；孔子所謂「狂狷」，意指一般人的心態，進取或保守，並無貶義。

二十一、子曰：「南人有言曰：『人而無恆，不可以作巫醫。』善夫！」「不恆其德，或承之羞。」子曰：「不占而已矣。」

白話：孔子說：「南方人有句話說：『人如果沒有恆心，不能當巫醫。』這句話說得好呀！《易經·恆卦·九三爻辭》說：『人不能持守德行，時常會遭受羞辱；如果不改過，行事不吉，不會有好結果。』」孔子說：「沒有恆心的人必定沒有終吉，一事無成，不必占卜吉凶。」

當代意義：有恆為成功之本，恆卦勉勵我們要有恆心的持守中庸之道，不要輕舉妄動，長久堅守美德，不會有悔，有終吉。

二十二、子貢問曰：「鄉人皆好之，何如？」子曰：「未可也。」「鄉人皆惡之，何如？」子曰：「未可也。不如鄉人之善者好之，其不善者惡之。」

白話：子貢問孔子：「鄉里的人都喜歡他，這個人是好人嗎？」孔子說：「還不能確定他是好人。」子貢問：「鄉里的人都不喜歡他，這個人是壞人嗎？」孔子說：「還不能確定他是壞人。最好是鄉里的

好人喜歡他、鄉里的壞人討厭他，這個人是真正的好人。」

當代意義：一般人對人的評論是好人或壞人，大家喜歡好人，大家不喜歡壞人。這種好壞之分，往往是人云亦云，尤其是現代各種傳播媒體管道多元，各有不同的政治立場，好壞善惡更難分辨，謊言詐騙層出不窮，我們要理性判斷，明斷善惡真偽，避免上當。

二十三、子曰：「剛毅、木訥，近仁。」

白話：孔子說：「廉潔正直不貪求，果敢堅毅不姦佞，質樸敦厚不虛偽，說話平實不諂媚，有這四種品德的人，近似於仁者。」

當代意義：這是「剛毅木訥」成語典故的由來。「剛毅、木訥，近仁。」相反於「巧言令色，鮮矣仁。」（〈學而〉）。巧言令色的人很少有仁愛之心，許多詐騙集團，就是一群可惡的巧言令色的人，我們要提高警覺防詐騙。

二十四、子曰：「善人教民七年，亦可以即戎矣。」

白話：孔子說：「善人從政，重農耕、行孝悌、尚武備、練兵團，教化百姓，備戰七年，可以使壯丁赴戰場對敵作戰。」

當代意義：善人是志於仁而無惡名，有善行而著稱於世者。此種人從政，以善教民，以仁化民，可以收到去惡從善的效果，全民一心，報效國家。

二十五、子曰：「以不教民戰，是謂棄之。」

白話：孔子說：「將沒有經過嚴格軍事訓練的百姓，徵調到前線

對敵作戰，必敗無疑，等於無情驅使百姓送命。」

　　當代意義：一支能征善戰的部隊，一定經過嚴格的軍事訓練，沒有經過嚴格軍事訓練的部隊，沒有作戰能力。

第十四章 憲 問

一、憲問恥。子曰:「邦有道,穀;邦無道,穀,恥也。」

　　白話:孔子弟子原憲問:何謂可恥?孔子說:「國家政治清明時,當官只享俸祿,沒有作為,沒有政績;國家政治不清明時,還想當官圖享俸祿,不能獨善其身,兩者都是可恥的事。」

　　當代意義:《中庸》第 20 章說:「知恥近乎勇」,自知可恥,認錯道歉,勇於改過。知恥即知過,知過還要勇於改過。若不知恥、不認錯、不知過、不改過,將自遭羞辱,誠如隋朝大儒王通《中說・關朗》說:「痛莫大於不聞過,辱莫大於不知恥。」。有的人忝不知恥,不認為自己做錯事,不認錯不改過,依舊我行我素,終遭羞辱。

二、「克、伐、怨、欲不行焉,可以為仁矣?」子曰:「可以為難矣,仁則吾不知也。」

　　白話:孔子弟子原憲問:「一個人如果不好勝好強,不自尊自大、不自誇,不抱怨、不怨恨,不貪婪、不貪求,可以算仁者嗎?」孔子說:「可以說難能可貴了,是不是仁者我不知道。」

　　當代意義:孔子不輕易以仁者稱許人,仁者不憂,仁者無敵,仁者愛人,仁者安仁,仁者必有勇,仁者樂山,仁者壽。

三、子曰:「士而懷居,不足以為士矣。」

　　白話：孔子說：「一個有志於道的讀書人，如果貪圖生活上的享受，就不配做一個有抱負的讀書人了。」

　　當代意義：一個有志於道的讀書人，應該刻苦自勵，發憤圖強，誠如韓愈所說：「業精於勤荒於嬉」，何況勤能補拙，勤學苦讀終有成。

四、子曰：「邦有道，危言危行；邦無道，危行言孫。」

　　白話：孔子說：「國家政治清明時，言談與行為都可以表現正直；當國家政治不清明時，行為仍然正直，言談要謙讓。」

　　當代意義：這是「危言危行」成語典故的由來。國家政治清明時，言談與行為都可以表現溫和正直；當國家政治不清明時，言談與行為都要表現謙讓不爭，避免惹禍上身。

五、子曰：「有德者，必有言。有言者，不必有德。仁者必有勇，勇者不必有仁。」

　　白話：孔子說：「有道德人格的君子，說話言之有物，不說空泛無益的話；會說話的人不一定有道德人格。有仁愛之德的人，有勇氣，勇於承擔；勇敢的人不一定有仁愛之德。」

　　當代意義：《周易‧家人‧象辭》：「君子以言有物，而行有恆。」，有德者言之有理，也言之有物；有仁愛之德的人，有勇氣愛人，勇於承擔責任。

六、南宮适問於孔子曰：「羿善射，奡盪舟，俱不得其死然。禹、稷躬稼，而有天下。」夫子不答。南宮

适出，子曰：「君子哉若人！尚德哉若人！」

白話：南宮适（即南容，孔子弟子）請問孔子說：「古代有窮國之君后羿善於射箭，其臣子奡擅長於陸地行舟，此二人皆武力蓋世，最後都不得好死，后羿為其臣寒浞所殺，奡（寒浞之子）被夏少康所殺。而夏禹和后稷皆生長於民間，夏禹治水有功，后稷親自耕種並教民耕稼，均造福百姓，故夏禹受舜禪讓而有天下；后稷後代周武王亦有天下。」孔子聽而不回答，等到南容出去以後，孔子說：「南容有君子的人品，他是個崇尚道德人格的人！」

當代意義：南容崇尚道德，舉出歷史人物后羿和奡，證明好武者敗，崇德者夏禹和后稷興盛的歷史，因此，孔子稱讚南容是有德的君子，而將姪女許配給他。

七、子曰：「君子而不仁者有矣夫！未有小人而仁者也！」

白話：孔子說：「有德的君子，有時候也會違背仁愛德性，然而，沒有道德修養的小人，很難有仁愛德性。」

當代意義：孔子稱讚顏回的道德修養，「其心三月不違仁」，表示顏回能夠長久的不違背仁愛德性，這是孔子對弟子最高的讚美。換言之，顏回也不是永遠不違背仁愛德性，所以，有德的君子，有時候也會違背仁愛德性。

八、子曰：「愛之，能勿勞乎？忠焉，能勿誨乎？」

白話：孔子說：「愛護一個人，能夠使他怠惰嗎？忠於一個人，能夠不教導（勸導）他嗎？」

當代意義：愛護一個人，不能溺愛他，不能使他怠惰；忠於一個人，不能總是順從，更不能一味盲從。

九、子曰：「為命，裨諶草創之，世叔討論之，行人子羽修飾之，東里子產潤色之。」

白話：孔子說：「鄭國制作外交公文書，公文流程很嚴謹，最先由大夫裨諶擬稿，再由大夫世叔審查，再由職掌出使之官的大夫子羽增刪字句，最後由大夫子產加以潤色、修飾文采。」

當代意義：孔子非常稱讚鄭國擬定外交公文的嚴謹與完美，因為鄭國處於晉國與楚國兩大國之間，唯有透過得體的外交，敦睦邦誼，避免戰爭。尤其在子產執政期間，講究外交禮儀，捍衛國家利益，深受百姓愛戴。據《左傳・襄公三十有一年》記載：子產執政期間，任用有能力的人為官，馮簡子能夠決斷大事，游吉（世叔）有文采，裨諶有計謀，子羽有很多外交辭令，子產讓他們分工合作，謹慎修睦外交，捍衛鄭國外交尊嚴與國家利益。

十、或問子產。子曰：「惠人也。」問子西。曰：「彼哉！彼哉！」問管仲。曰：「人也。奪伯氏駢邑三百，飯疏食，沒齒無怨言。」

白話：有人問鄭國賢大夫子產的為人如何？孔子非常稱讚子產，說：「子產掌國政，當相國，內政外交並濟，以愛民為主，是個寬厚仁愛的人。」又問子西的為人如何？孔子說：「子西是楚國公子申，楚平王死，讓國給楚昭王，自任令尹，不對此人做任何評論。」又問管仲的為人如何？孔子說：「管仲曾經收回齊國大夫伯氏三百戶的采地，伯氏自知有罪，終身窮苦而無怨言。」

當代意義：孔子非常稱讚子產和管仲，雖然子產德勝於才，管仲才勝於德，但兩人都有濟世之功。子西雖是賢大夫，卻不能去除楚僭王之號，孔子不想評論他。

十一、子曰：「貧而無怨，難；富而無驕，易。」

白話：孔子說：「一個人生活貧窮而沒有怨言，很不容易；一個人富有而不驕傲，比較容易做到。」

當代意義：這是「富而無驕易，貧而無怨難」成語典故的由來。孔子要我們貧而無怨、貧而樂（安貧樂道），富而好禮、富而不驕。

十二、子曰：「孟公綽，為趙魏老則優，不可以為滕薛大夫。」

白話：孔子說：「魯國大夫孟公綽，為人清廉寡欲，他的才能足以擔任晉國趙氏和魏氏的家臣，但不適合擔任滕國或薛國小國的大夫，因為他不適於處理繁雜瑣事。」

當代意義：孟公綽是魯國三桓孟氏族人，他是孔子敬重的人之一，有德行，孔子在教導弟子的時候，常稱讚孟公綽的不貪美德。

十三、子路問成人。子曰：「若臧武仲之知，公綽之不欲，卞莊子之勇，冉求之藝；文之以禮、樂，亦可以為成人矣！」曰：「今之成人者，何必然？見利思義，見危授命，久要不忘平生之言，亦可以為成人矣！」

白話：子路問孔子如何算是人格完美的人？孔子說：「如果具有

魯國大夫臧武仲的智慧，魯國大夫孟公綽的寡欲不貪，魯國卞莊子的勇敢（有猛力，非常勇敢，曾刺殺老虎，一舉而殺兩虎，致使齊國不敢攻打魯國。），冉求的多才多藝，再加上禮樂的教化，就算是人格完美的人了。」孔子又說：「現代人的人格不必如此完美，只要做到看見利益，能夠顧及道義；不畏艱難，勇赴危難；信守很久以前的諾言，這也算是人格完美的人。」

　　當代意義：這是「見利思義，見危授命」成語典故的由來。孔子對成人（全人，人格完備的人）的標準是：智慧、寡欲不貪、勇敢、多才多藝，還有禮樂的教化。次一等的全人標準是見利思義、見危受命、信守諾言。

十四、子問公叔文子於公明賈曰：「信乎？夫子不言、不笑、不取乎？」公明賈對曰：「以告者過也。夫子時然後言，人不厭其言；樂然後笑，人不厭其笑；義然後取，人不厭其取。」子曰：「其然？豈其然乎？」

　　白話：孔子剛到衛國，聽說公叔文子（衛國大夫公孫發）有三德：不苟言、不苟笑、不貪取財物。孔子不太相信，因此問公明賈（衛國人）。孔子說：「公叔文子真的是不苟言、不苟笑、不貪取財物嗎？」

　　公明賈說：「告訴你的人言過其實了！公孫大夫只是在應該說話的時候纔說話，人家不會討厭他說話；真正快樂了纔笑，人家不會討厭他的笑；合於道義的該得財物纔收取，人家不會討厭他收取財物。」

　　孔子說：「公叔文子真的能夠做到適當時機談笑及取之有道嗎？」

當代意義：孔子認為一個人能夠適時適中的談笑及不取不義之財，是很高的道德修養，孔子對公叔文子不是很熟悉，對一般人誇獎公叔文子不知是否屬實，因此，有所懷疑而問！

十五、子曰：「臧武仲以防，求為後於魯，雖曰不要君，吾不信也。」

白話：孔子說：「臧武仲的封地（食邑）在防，因罪奔邾，食邑應由魯襄公收回，今武仲再要求立後，以防邑再封他的兒子臧為。雖然有人說武仲沒有要挾魯襄公，我亦不敢相信。」

當代意義：臧武仲，春秋時期魯國大夫，姬姓，臧氏，名紇，諡武，史稱臧武仲，矮小多智，號稱「聖人」。西元前587年，繼父親爵位為卿，世襲司寇。

西元前550年（魯襄公二十三年），臧武仲不容於權臣，武仲奔走邾國，再返封地防（防：武仲食邑封地，今山東省費縣東北的華城。）。派人要求魯襄公立其子臧為（武仲兒子的名），以守先祀。魯襄公同意，武仲始奔齊。按武仲既因罪奔邾，防邑應由魯襄公收回，今再要求立後，是以防邑再封他的兒子臧為。

孔子雖然稱讚臧武仲有智慧，但指責臧武仲過份要求，明顯要脅國君，武仲雖有智慧而不忠於君，智反足以危害，其他臣子當引以為戒。

十六、子曰：「晉文公譎而不正；齊桓公正而不譎。」

白話：孔子說：「晉文公，名重耳，春秋五霸之一，善用權變而不用正道，建立霸業；齊桓公，名小白，春秋五霸之一，仗義執言，用正道建立霸業。」

當代意義：這是「譎而不正」成語典故的由來。以史實而言，孔子稱讚晉文公與齊桓公都能實行「尊王攘夷」的政策，維護中原文化。

晉文公有狐偃、介之推等人的輔佐，成就尊王攘夷大業。西元前 635 年，周襄王的弟弟王子帶叛亂，被晉文公打敗，這是尊王；還有攘夷，先敗狄人，之後在城濮會戰大敗楚軍，會盟於踐土（踐土之盟）。

齊桓公任管仲為相，推行改革，逐漸強盛。於西元前 679 年在甄（今山東鄄城）召集宋、陳等四國諸侯會盟，齊桓公是歷史上第一個當盟主的諸侯。當時中原各諸侯苦於戎狄等部落的侵犯，於是管仲提出「尊王攘夷」的口號，北擊山戎，南伐楚國，齊桓公九合諸侯，成為中原霸主，受到周天子的賞賜。

十七、公叔文子之臣大夫僎，與文子同升諸公。子聞之曰：「可以為『文』矣！」

白話：公叔文子是衛國的大夫公孫拔，諡號文，他的家臣名叫僎，由於文子知人薦賢，與文子一起當朝廷的大臣。孔子知道此事說：「公叔文子諡號文，可說名符其實。」

當代意義：依《逸周書諡法解》諡「文」者要做到下列六項之一：「經緯天地（有治理天下國家的卓越能力），道德博聞，勤學好問，慈惠愛民，愍民惠禮，錫民爵位。」

公叔文子人品不凡，知人薦賢，大公無私的胸襟，難能可貴，諡之為「文」，是恰當不過的，孔子稱讚公叔文子薦賢的美德。

十八、子言衛靈公之無道也。康子曰：「夫如是，奚而不喪？」孔子曰：「仲叔圉治賓客，祝鮀治宗廟，

王孫賈治軍旅。夫如是，奚其喪？」

　　白話：孔子批評衛靈公昏亂無道。季康子（魯國實際掌權者，執政時先邀請冉求回魯協助理政，後又邀請孔子回魯，季康子經常向孔子問政。）說：「如此昏庸無道，怎麼不會喪失君位呢？」孔子說：「衛靈公雖然無道，但他有仲叔圉負責外交事宜，祝鮀負責宗廟祭祀事宜，王孫賈統領軍隊事宜；衛靈公知人善任，這三位賢臣，適才適用，有所作為，因此，靈公不會亡國，也不會喪失君位！」

　　當代意義：衛靈公雖然多猜忌，脾氣暴躁，但是知人善任，任用仲叔圉（衛國大夫孔圉，聰明好學，為人謙虛，孔子曾稱讚他「敏而好學，不恥下問」，後諡號文，後人稱他孔文子。）、祝鮀（祝是宗廟的官職，鮀是人名，字子魚，有口才，受寵於衛靈公，是衛國的大夫，他是史上第一個「尸諫」國君的大臣。）、王孫賈（姬姓王孫氏，名賈，衛國大夫，將軍，衛國的棟樑之材。）三位賢臣輔政，安定社稷。

十九、子曰：「其言之不怍，則為之也難。」

　　白話：孔子說：「一個人喜歡吹牛說大話，卻不感到慚愧，要他踏實地為人處事很難吧！」

　　當代意義：這是「大言不慚」成語的典故出處，社會上有不少人說話大言不慚，這些人心裡根本不會考慮自己能不能做到，要他實踐諾言就難了！

二十、陳成子弒簡公，孔子沐浴而朝，告於哀公曰：「陳恆弒其君，請討之！」公曰：「告夫三子。」孔子曰：「以吾從大夫之後，不敢不告也！君曰『告

夫三子者！』」之三子告，不可。孔子曰：「以吾
從大夫之後，不敢不告也！」

白話：春秋魯哀公十四年，齊國大夫陳成子（名恆，又名田常，
執政。）弒殺齊簡公。孔子非常重視這件事，齋戒沐浴後上朝，面
見魯哀公說：「陳成子弒殺他的國君，禮法不容，恭請大王派兵討伐
他。」哀公說：「你跟季孫、叔孫、孟孫三位執政大夫講吧！」孔子
退朝，說：「因為我曾任大夫職位（當時孔子在魯國沒有官職），不
敢不來報告，可惜大王不能作主，叫我去告訴三位執政大夫！」孔
子只好跟三位執政大夫報告這件事，但他們都不肯出兵討伐。孔子
感慨地說：「因為我曾任大夫職位，依於禮法，不敢不稟報。」

當代意義：根據《左傳》的記載，魯哀公十一年，孔子回到魯
國，此後雖然不再擔任朝廷的官職，因為孔子曾任大夫職位，對國
家重大事故，仍有提供意見的權責。他最氣憤亂臣賊子臣弒君的罪
行，這種大逆不道的罪惡，應該討伐亂賊，可惜當時魯國三大權臣
掌握實權，孔子感慨不能伸張正義，討伐逆賊。

二十一、子路問事君。子曰：「勿欺也，而犯之。」

白話：子路問孔子如何事奉國君？孔子說：「不要欺騙蒙蔽國
君，國君有過，可以犯顏直諫。」

當代意義：孔子強調以忠事君，不要逢迎阿諛，欺君罔上。

二十二、子曰：「古之學者為己，今之學者為人。」

白話：孔子說：「古代的學習者，是為了自己進德修業（增進品
德、修習學業）而學習；現在的學習者，是為了求取功名利祿，炫

耀自己，讓別人知道而學習。」

當代意義：《荀子・勸學》說：「君子之學也，以美其身；小人之學也，以為禽犢。」，近似孔子：「古之學者為己，今之學者為人。」君子為了修養品德而學習，小人為了求取功名利祿而學習。「禽犢」是餽贈的禮物，比喻學習的目標就是求取功名利祿。

二十三、蘧伯玉使人於孔子，孔子與之坐而問焉，曰：「夫子何為？」對曰：「夫子欲寡其過而未能也。」使者出。子曰：「使乎！使乎！」

白話：蘧伯玉（衛國賢大夫，姓蘧，名瑗，字伯玉。孔子到衛國時，曾住過他家。）派人拜訪孔子，孔子問使者：「蘧先生近來做什麼？」使者說：「蘧先生想要減少自己的過錯，可惜未能達到寡過的目標（註三七）。」使者告辭後，孔子讚許使者的回答，同理，孔子也讚許蘧伯玉的美德。

當代意義：《淮南子・原道》認為蘧伯玉活到五十歲時，反躬內省而深切體悟自己四十九年來的各種過失，這種反省的工失，並非一般人可以做到，因為常人往往不知己過，不知自省，自以為無過，這是「夫子欲寡其過而未能也。」的真誠改過的典範。

《論語・衛靈公》孔子稱讚蘧伯玉是有德的君子，在國家政治清明時為官；在政治黑暗時引退。同時，孔子也稱讚衛國賢大夫史魚（名鰌，字子魚。）是一位正直的人，無論在國家政治清明或黑暗時，他都忠言直諫，更以不能推薦蘧伯玉，斥退彌子瑕，死而以尸諫。此事見於《韓詩外傳》卷七、《大戴禮記・保傳》及《新書・胎教》。衛靈公覺悟，即刻任用蘧伯玉為相，斥退彌子瑕，衛國因此得到治理。

因此，趙簡子（春秋末年晉卿）準備伐衛，派史黯（即史墨，

春秋晉國太史）觀察衛國情勢。回國報告說：「蘧伯玉賢能，擔任衛相，我們不能出兵攻打。」此事見於《淮南子‧主術訓》：蘧伯玉擔任衛相，子貢前往拜訪，問：「先生如何治國？」蘧伯玉說：「順應自然的法則和社會的規律，無為而治。」這應是蘧伯玉的謙沖之辭。

王充《論衡‧自紀》自述他為官時，嚮往史魚的正忠直諫；沒有為官時，仰慕蘧伯玉的節操。政治清明時出仕，政治混亂時退隱。可知，蘧伯玉的操守美德，得到世人的讚許，這是他不斷知過、不斷改過、不斷修德的結果。

二十四、曾子曰：「君子思不出其位。」

白話：曾子說：「君子專注於自己的職責，他所思考的範疇，不會超出他所處的職位。」

當代意義：曾子的話，是對孔子「不在其位，不謀其政。」的詮釋。君子盡忠職守，竭盡忠誠，堅守崗位，不會去思考或謀慮自己職位以外的事，沒有非分之想，妄想得到本分以外的利益。

二十五、子曰：「君子恥其言而過其行。」

白話：孔子說：「君子以言過其行為可恥。」

當代意義：孔子勉勵人謹言慎行，誠如《周易‧繫辭上傳第八章》說：「言行，君子之樞機，樞機之發，榮辱之主也。」一言一行，是成敗的關鍵，榮辱的根本，為人處事，必須謹言慎行。

二十六、子曰：「君子道者三，我無能焉：仁者不憂，知者不惑，勇者不懼。」子貢曰：「夫子自道也！」

白話：孔子說：「君子有三項美德，我還沒有具備這三種美德：有仁德的人不憂愁；有智慧的人不疑惑；有勇氣的人不畏懼。」子貢聽了就說：「這是老師謙虛的說法罷了！」

當代意義：這是孔子自謙的話，子貢最能了解孔子，盛讚孔子是既仁且智的聖人。《孟子‧公孫丑上》云：昔者子貢、問於孔子曰：「夫子聖矣乎？」孔子曰：「聖則吾不能，我學不厭而教不倦也。」子貢曰：「學不厭，智也；教不倦，仁也。仁且智，夫子既聖矣！」

須知，知、仁、勇，是天下的三達德（註三八），《中庸》二十章孔子說：：「好學近乎知，力行近乎仁，知恥近乎勇。知斯三者，則知之所以修身；知所以修身，則知所以治人；知所以治人，則知所以治天下國家矣。」

要言之，孔子之道是仁道，仁道要在力行，「力行近乎仁」意謂為仁的工夫在實踐；力行是求仁的表現，即踐仁之道，猶如孟子言「強恕而行；求仁莫近焉。」（《孟子‧盡心上》）

二十七、子貢方人，子曰：「賜也，賢乎哉？夫我則不暇！」

白話：子貢喜歡批評別人的是非，孔子對他說：「子貢呀！你自己是不是很賢能呢？我修養自己都來不及，沒有時間去批評別人！」

當代意義：孔子勉勵子貢少批評別人，多修養自己的道德，如果忙於批評別人，當然疏於自省改過，誠如明儒吳與弼（字子傅，號康齋）說：「日夜痛自點檢且不暇，豈有工夫點檢他人邪！責人密，自治疏矣，可不戒哉！……平日責人，謬妄多矣。信哉躬自厚而薄責於人，則遠怨。以責人之心責己，則盡道也。」（《明儒學案‧崇仁學案一》）

如果忙於責人，當然疏於責己，必有許多過錯謬誤，因為每一

個人的主、客觀條件皆不相同，如何以自以為是的主觀意識責人？因此，《尚書·伊訓》說：「與人不求備，檢身若不及。」不要苛責別人，即使對自己的親人（子女父母配偶），也不要責備求全。

二十八、子曰：「不患人之不己知，患其不能也。」

白話：孔子說：「我們不必擔心別人不知道自己的能力，只擔心自己沒有很好的才學。」

當代意義：孔子勉人勤學修德，只要自己有很好的才學，就有成功的機會，所以說：「機會是留給準備好的人。」

二十九、子曰：「不逆詐，不億不信；抑亦先覺者，是賢乎？」

白話：孔子說：「我們不事先預測別人會欺騙我，也不事先預測別人不相信我，但能及早察覺別人的欺詐，使自己不受騙，這樣的人算是一位賢能者吧！」

當代意義：當今社會，詐騙不斷，防人之心不可無，處處小心，時時防騙。

三十、微生畝謂孔子曰：「丘何為是栖栖者與？無乃為佞乎？」孔子曰：「非敢為佞也，疾固也。」

白話：魯國一位年高德劭的隱士微生畝（姓微生，名畝）對孔子說：「丘啊！你為何如此遑遑不安、周遊列國呢？是不是為了表達你的政治理想，遊說各國國君，以求取官位嗎？」

孔子說：「我不是要顯露口才以謀取功名利祿，因為世道衰微，

仁道不彰，人心陷溺，病於固陋，我想挽救世風，知其不可而為之！」

當代意義：孔子在五十五歲到六十八歲之間，周遊列國，僕僕風塵，席不暇暖，想遊說各國國君，推行仁政王道的政治理想。孔子不但沒有得到從政機會，一路上還遭遇不少困厄和危險，甚至遭人奚落、譏笑，「如喪家之犬，惶惶不可終日。」(《史記‧孔子世家》)

誠如《呂氏春秋‧愛類》說：「賢人之不遠海內之路，而時往來乎王公之朝，非以要利也，以民為務故也。」應該可以明白孔子周遊列國的苦心！

三十一、子曰：「驥不稱其力，稱其德也。」

白話：孔子說：「千里馬並不是稱讚牠的奔馳力氣，而是稱讚牠的個性溫馴，平和不粗野。」

當代意義：驥是千里馬，比喻傑出的人才，傑出的人才不僅要有傑出的能力，更要有溫良的品德。

三十二、或曰：「以德報怨，何如？」子曰：「何以報德？以直抱怨，以德報德。」

白話：有人問孔子：「如果以恩惠回報怨恨，你覺得好不好？」孔子回答說：「如果以恩惠回報怨恨，如何回報對我們有恩惠的人呢？應該用正直之道回報怨恨，以恩惠回報恩惠。」

當代意義：這是「以德報怨」、「以德報德」成語典故的由來。老子《道德經》第63章說：「抱怨以德」，《尸子》說：「以德報怨，人之難也。」

《禮記‧表記》孔子說：「以德報德，則民有所勸；以怨報怨，則民有所懲。」孔子又說：「以德報怨，則寬身之仁也；以怨報德，

則刑戮之民也。」

孔子認為以恩惠回報別人對自己的恩惠，這樣百姓就會有所勸勉而彼此友好相處；以怨恨回報別人對自己的怨恨，這樣百姓就會互相傷害而兩敗俱傷。孔子又說：「以恩惠回報別人對自己的怨恨，這是寬宏大量、不記仇、放下怨恨的人；以怨恨回報別人對自己的恩惠，這是應該繩之以法、遭受刑戮的人。」

三十三、公伯寮愬子路於季孫，子服景伯以告曰：「夫子固有惑志於公伯寮，吾力猶能肆諸市朝。」子曰：「道之將行也與，命也；道之將廢也與，命也。公伯寮其如命何？」

白話：公伯寮（姓公伯，名寮，魯國人，與子路同為魯國正卿季孫氏的家臣。）在季孫氏（即季平子）面前詆毀子路，魯國大夫子服景伯知道子路為人正直，告訴孔子公伯寮詆毀子路，他說：「季孫氏聽了公伯寮的讒言，已經對子路有所懷疑，但是我可以使季孫氏明白子路為人正直，並使季孫氏誅殺公伯寮，在市場上陳屍示眾。」孔子回答說：「子路出仕為季孫氏的家臣，原是為了行仁道，仁道能不能行於世，都是天意（天命），公伯寮雖然毀謗子路，豈能對抗天命！」

當代意義：孔子強調仁道能不能行於世，都是天意（天命），君子知天命而俟命，誠如孟子所說：「君子行法以俟命而已矣。」（《孟子・盡心》），《中庸》第十四章也說：「君子居易以俟命」。君子行義，安於仁道，不謀個人吉凶禍福，等待時運、天命。

三十四、子曰：「賢者辟世；其次辟地；其次辟色；其次辟言。」子曰：「作者七人矣。」

白話：孔子說：「獨善其身的賢者，在天下無道時，他會遠避社會而隱居；其次是避開混亂的國家，到政治比較清明的國家；又其次是避開一些沒有禮節的社區；再其次是避開一些沒有禮節的言語。」孔子又說：「像這樣的賢者隱士，已經有七個人了。」

當代意義：主要見於《論語》的賢者隱士有七個人，他們是：長沮、桀溺（兩人皆春秋楚國隱士，見於〈微子〉）、丈人（春秋隱者，見於〈微子〉）、石門守門人（春秋魯國隱者，見於〈憲問〉）、荷蕢者（春秋衛國隱者，見於〈憲問〉）、儀封人（衛國隱士，見於〈八佾〉）、楚狂接輿（春秋楚國隱士，見於〈微子〉）。」

三十五、子路宿於石門。晨門曰：「奚自？」子路曰：「自孔氏。」曰：「是知其不可而為之者與？」

白話：子路來到魯國石門，天色已晚，城門關閉，只好在石門城外住了一個晚上。第二天清晨進城時，掌管城門的小吏（隱者）問子路：「你是從哪裡來的？」子路說：「我來自孔家。」，守門的人說：「是那個明知世道衰敗不可挽救，還要積極救世的孔先生家嗎？」

當代意義：這是「知其不可而為之」成語典故的由來。孔子積極救世，以仁道挽救世道人心，守門者（隱者）譏諷孔子知其不可為而為之。

三十六、子擊磬於衛。有荷蕢而過孔氏之門者，曰：「有心哉！擊磬乎！」既而曰：「鄙哉硜硜乎！莫己知也，斯已而已矣！『深則厲，淺則揭。』」子曰：「果哉，末之難矣！」

　　白話：孔子在衛國時，有一天正在敲磬（以玉石製成的樂器）。有個挑著籠子(裝土石的籮筐，像今日畚箕之類)的隱士，從孔子家門前走過去，聽了磬聲就說：「真有濟世的心啊，這個敲磬的人！」聽了一會，又說：「就是太淺陋了！磬聲堅實，表示他擇善固執而不識時務。世上既然沒有人了解你、提拔你，也就算了吧！。《詩經・衛風・匏有苦葉》上說：『水深的地方，穿著衣服涉水過河；水淺的地方，把衣服拉高涉水過河。』」孔子聽了隱者的話，說：「這位隱者真是個獨善其身、不關心世事的人，我對他也無話可說了。」

　　當代意義：荷蕢隱者譏諷孔子不識時務，不能隨機應變；孔子認為荷蕢隱者獨善其身、不關心世事。孔子懷抱濟世之心，以天下為己任，行仁道於天下。

三十七、子張曰：「書云：『高宗諒陰，三年不言。』何
　　　　　謂也？」子曰：「何必高宗？古之人皆然。君
　　　　　薨，百官總己，以聽於冢宰，三年。」

　　白話：子張問孔子說：「《尚書・無逸》說：『商王武丁居喪，三年不施政令。』是什麼原因？」孔子說：「不僅武丁一人如此，古時候的人都是這樣；國君死了，新繼位的國君居喪，不施政令，朝廷各部門的官員都聽命於太宰（百官之首，即宰相或丞相），共三年之久。」

　　當代意義：古代孝子守喪三年，上至天子，下至庶民百姓，回報父母養育之恩，雖貴為天子也不能例外（註三九）。

三十八、子曰：「上好禮，則民易使也。」

　　白話：孔子說：「在上位的人，能夠謙恭有禮，為民表率，依禮

而行，就容易教化百姓，使百姓遵從政令。」

當代意義：孔子強調禮教與禮治，〈子路〉孔子也說：「上好禮，則民莫敢不敬。」在上位的人，能夠謙恭有禮，百姓接受禮教與禮治，就不敢不謙恭有禮。

三十九、子路問君子。子曰：「修己以敬。」曰：「如斯而已乎？」曰：「修己以安人。」曰：「如斯而已乎？」曰：「修己以安百姓。修己以安百姓，堯、舜其猶病諸！」

白話：子路問孔子，如何成為君子？孔子說：「一個在上位的人，最重要的是以誠敬與恭敬修養自己的品德。」子路說：「這樣就好了嗎？」孔子說：「修養自己，進而使國人安樂。」子路說：「這樣就好了嗎？」孔子說：「修養自己，進而使天下百姓都能安居樂業。如果能夠使天下百姓都能安居樂業，即使是古代堯、舜聖王，恐怕還做不到呢！」

當代意義：在上位的君子之道，是以誠敬之心與恭敬態度，修養自己的品德，推己及人，進而使百姓安居樂業，最高的理想是使天下百姓都能安居樂業，達到大同之治。

四十、原壤夷俟。子曰：「幼而不孫弟，長而無述焉；老而不死，是為賊！」以杖叩其脛。

白話：有一天，孔子去看老朋友原壤，他與孔子從小一起長大，原壤兩腿伸開坐著，等待孔子。孔子見他態度不禮貌，責備他說：「你幼小時不懂得謙虛待人，尊敬長輩；長大以後，又沒有什麼成就，值得別人稱讚；現在你老了，還無禮待人，仍然不知道修養自己的

品德，簡直是敗壞禮俗。」說罷，就拿枴杖輕敲他的小腿，以示儆戒。

　　當代意義：這是「老而不死是為賊」成語典故的由來。原壤不拘禮節、不守禮俗，無禮待人，孔子嚴厲責備他：「老而不死，是為賊！」，表示原壤自小到老，沒有進德修業，是不好的示範。

四十一、闕黨童子將命。或問之曰：「益者與？」子曰：「吾見其居於位也，見其與先生並行也，非求益者也，欲速成者也。」

　　白話：闕黨（孔子故里，今山東省曲阜縣）有個童子，在孔子門下求學，孔子如有賓客來訪，常叫童子傳話。有人問孔子：「叫這個童子傳話，是因為他學有精進嗎？」孔子說：「我看他常坐在成年人的位子上，不知禮讓，又看他與長輩並肩走路，可見他是個不遵守童子之禮的人。我叫他傳話，只是要讓他了解賓主禮節，知道長幼有序，學習童子禮讓之德而已。」

　　當代意義：按古禮，童子在室內只能坐在角落，不能坐在室內的正位；童子走路應在年長者的後面，不能與年長者並肩行走。童子不知禮節，孔子機會教育，讓童子學習童子禮讓之德。

第十五章　衛靈公

一、子曰：「由，知德者鮮矣！」

白話：孔子感慨地說：「仲由（子路，事奉孔子最久的弟子）啊！現在真正明白道德真諦的人太少了！」

當代意義：孔子在〈雍也〉篇也有類似的感慨，孔子說：「中庸之為德也，甚至矣乎！民鮮能久矣。」（〈雍也〉）。其實，道德的真諦是躬行實踐，真切體認，以孔子而言，力行仁道是他的一貫之道。

二、子曰：「無為而治者，其舜也與！夫何為哉？恭己正南面而已矣。」

白話：孔子說：「舜治理天下，順從天意，謹慎行事。他如何平治天下？只不過是嚴以律己，寬厚待人，任用賢臣，分層負責，仁義治民，恭敬自守天子之道而已。」

當代意義：這是「無為而治」成語典故的由來。舜是古代五帝之一，他以孝道聞名於天下，接受堯的禪讓而稱帝於天下。

舜任命禹擔任司空，治理水土；任命棄擔任后稷，掌管農業；任命契擔任司徒，推行教化；任命皋陶擔任「士」，執掌刑法；任命垂擔任「共工」，掌管百工；任命益擔任「虞」，掌管山林；任命伯夷擔任「秩宗」，主持禮儀；任命夔為樂官，掌管音樂和教育；任命龍擔任「納言」，負責發布命令，收集意見。

　　舜將天下劃分為十二州：并、冀、幽、營、兗、青、徐、荊、揚、豫、梁、雍等十二州，並要求十二州的州牧發揚堯的美德，以仁義治民，禁用花言巧語獻媚的小人，使外邦部落都來歸附。並規定對官員三年考察一次政績，三次考核決定提升或處罰。

　　通過各項考察與整頓，官員們都努力建功立業，成就輝煌的政績。其中禹的功勞成就最大，他盡心治理水患，鑿山通澤，疏導河流，引導洪水流入大海，使天下百姓安居樂業。

三、子張問行。子曰：「言忠信，行篤敬，雖蠻貊之邦行矣。言不忠信，行不篤敬，雖州里行乎哉？立，則見其參於前也；在輿，則見其倚於衡也。夫然後行。」子張書諸紳。

　　白話：子張問孔子如何可以使自己行事通達。孔子說：「隨時隨地說話要忠誠信實、做事要篤實謹慎，雖然是到南蠻北狄異族之邦，也可以行事通達。如果說話不忠誠、不信實；做事不篤實、不謹慎，雖是在自己的家鄉，能夠行事通達嗎？所以對『言忠信行篤敬』，要隨時隨地念念不忘，當你站著的時候，好像看見『言忠信行篤敬』出現在自己眼前；坐在車上時，猶如看見『言忠信行篤敬』在車前的橫木上；能夠如此落實，才可以行事通達。」子張聽了這番話，就把「言忠信，行篤敬」寫在自己的衣帶上，終身力行。

　　當代意義：《易經·乾卦·九三·文言》說：「君子進德修業，忠信，所以進德也。修辭立其誠，所以居業也。」可知，「言忠信，行篤敬」是進德修業之本。

四、子曰：「可與言而不與之言，失人；不可與言而與之言，失言。知者不失人，亦不失言。」

白話：孔子說：「一個人值得跟他談話卻不跟他談話，是錯過了值得談論的人；一個人很難溝通、頑固執著，無法跟他談論的人，卻跟他談論，是自己找錯說話的對象。只有明智的人，不會錯過了值得談論的人，也不會找錯說話的對象。」

當代意義：孔子教人要有知人之明，知道某人可與言談，或不可與言談。可與言談者，可以深談；不可與言談者，話不投機或對牛彈琴。因此，孔子認為唯智者不失人，也不失言。誠如徐幹《中論•貴言》說：「君子必貴其言。貴其言則尊其身，尊其身則重其道，重其道所以立其教。言費則身賤，身賤則道輕，道輕則教廢。故君子非其人則弗與之言，若與之言，必以其方。農夫則以稼穡……大夫及士則以法制，儒生則以學業。」深得本章的意旨。

五、子曰：「志士仁人，無求生以害仁，有殺身以成仁。」

白話：孔子說：「凡是有志於力行仁道之士，或具有仁德之人，絕不會為了苟且偷生、保全生命或功名利祿而傷害仁道，只有犧牲自己的生命以成全仁道。」

當代意義：這是「志士仁人」、「殺身成仁」成語典故的由來。「殺身成仁、捨生取義」是孔孟最崇高的道德情操，誠如（唐）李德裕《三良論》說：「自周漢迄於巨唐，殺身成仁，代有髦傑，莫不顯一身之義烈。」。例如：夏桀的忠臣關龍逢（因直言忠諫而被殺）和商紂的忠臣比干（商紂之叔父，因忠諫被剖腹而死），為了天下平和，百姓不再遭受苦難，反抗暴君，最後殺身成仁。又如宋朝抗金愛國名將岳飛，「莫須有」罪名被殺，〈滿江紅〉可歌可泣；南宋末年文天祥，兵敗被俘，寧死不降，從容就義，〈正氣歌〉正氣永存；南宋末年國亡，忠臣陸秀夫揹起年僅八歲的宋少帝趙昺跳海殉國；明末

抗清忠臣史可法，鎮守揚州，兵敗殉難等，都是殺身成仁的典範。
（註四十）

六、子貢問為仁。子曰：「工欲善其事，必先利其器。居是邦也，事其大夫之賢者，友其士之仁者。」

　　白話：子貢問行仁的方法。孔子說：「譬如工匠要做好器物，一定先要磨銳他的工具。我們居住在某一個國家，必先師事那些有賢德的大夫，結交那些有仁德的士人。」

　　當代意義：這是「工欲善其事，必先利其器」成語典故的由來。孔子認為一個人要修養仁德，要多請教、多接近良師益友，多結交有仁德的師友，與師友切磋琢磨，可以培養仁德，成為有仁德的人。

七、子曰：「人無遠慮，必有近憂。」

　　白話：孔子說：「一個人如果沒有長遠的謀慮與生涯規劃，會有近期的憂患。」

　　當代意義：這是「人無遠慮，必有近憂」成語典故的由來。孔子「人無遠慮，必有近憂。」是一句警惕自己的話，大家耳熟能詳。孔子告誡我們做任何決定，都要深思熟慮，深度思考，不能只圖近利，否則近期就有憂患。

八、子曰：「躬自厚，而薄責於人，則遠怨矣。」

　　白話：孔子說：「一個人修養道德人格，要嚴厲責備自己的過錯（嚴以律己），要寬容別人的過失（寬以待人），這樣，就可以避免別人對你的怨恨了。」

當代意義：這是「躬自厚而薄責於人」成語典故的由來。「嚴以律己，寬以待人」，是很重要的人生修養，是維繫家庭和樂幸福的不二法門。有一個故事說：村子裡有兩戶人家，東邊的王家家人經常吵架，生活得十分苦惱；西邊的李家，家人一團和氣，生活得和樂幸福。

有一天，王家的家長受不了家人的爭吵，前往李家請教生活和樂的方法。

老王問：「為什麼你們家常保和樂的氣氛？」

老李回答：「因為我們家人知過認錯。」

老王疑惑不解時，老李的媳婦匆匆歸來，走進客廳時不慎跌倒，正在拖地板的婆婆立刻扶起她說：「都是我的錯，把地板擦得太濕了！」

站在大門口的兒子，跟著進來說：「都是我的錯，沒有告訴妳客廳正在擦地板，害你跌倒！」

被扶起的媳婦則愧疚自責地說：「是我的錯，都怪我自己太不小心了！」

前來請教的老王看了這一幕，心領神會，他已經知道李家生活和樂之道了。

老王更明白自家人爭吵的原因，就是不知過，歸罪別人，不認錯，苛責別人，嚴以律人，寬以待己，自以為無過。誠如明末清初顏習齋說：「惡人之心無過，常人之心知過，賢人之心改過，聖人之心寡過。」（《顏習齋先生言行錄‧理欲》）。

筆者再舉三個寬以待人的歷史小故事：

1.范純仁教子嚴己寬人：宋代范純仁（范仲淹次子，進士出身）時常告誡子女：德行成就的關鍵就在以「責人之心責己，恕己之心恕人」，這與孔子的「躬自厚而薄責於人」意旨相同。

2.韓琦寬以待人：北宋歷任三朝宰相的魏國公韓琦，是一位心胸寬大之人，歷史上流傳幾個小故事。

　　韓琦鎮守相州時，因為祭孔而在外住宿。不料，遇盜賊要取他的人頭獻給外族。韓琦不但將桌上的財物給他，也不畏懼地伸出脖子，盜賊見狀行禮說：「聽說您的度量很大，桌子上的財物承蒙您送給我，希望您不要將此事洩露出去。」韓琦果真沒有告訴任何人。後來，這個盜賊因為觸犯刑法被判死罪，行刑前把這件事說了出來。他說：「我擔心我死後，韓琦的寬大美德不為人所知。」

　　有一次韓琦晚上寫文章，叫一個士兵拿著燭火在他身旁照明。士兵不小心，燭火燒到了韓琦的鬢髮，韓琦把火撲滅繼續撰文。等抬頭一看，發現拿蠟燭的人已經換了別人。他怕主管的官吏懲罰那個士兵，匆忙把官吏叫來，說：「不要懲罰那個士兵，他現在已經知道如何舉燭了。」軍中的官兵都十分敬佩韓琦的寬宏度量。

　　又有一次，韓琦準備兩隻寶貴的玉杯，招待客人喝酒，不小心被侍者打破，韓琦笑著對侍者說：「沒關係！你不是故意的，不會懲罰你。」

　　韓琦純樸寬厚，度量過人，不愧是傑出的賢臣良將。

　　3.呂蒙正為人寬厚自律

　　北宋大臣呂蒙正，家貧苦讀，狀元出身（註四一），三度拜相，為人寬厚正直，堅守正道，嚴以自律，對上敢言，對下寬容有雅量。在他剛當上宰相時，一個官員在上朝時不屑地說：「這種人也能當宰相？」呂蒙正裝作沒聽見。

　　他的同事很生氣，要追究那個官員，被呂蒙正制止了。到了退朝的時候，這位同事仍然為他抱不平，後悔沒有問出說話官員的姓名。呂蒙正說：「沒必要知道！如果知道這人的姓名，就會記在心上，不知道不是更好嗎？」大家都很佩服他的雅量。

　　誠如陳繼儒《小窗幽記・集醒篇》說：「律己足以服人，量寬足以得人。」（註四二），深得孔子意旨。

九、子曰：「不曰『如之何如之何』者，吾末如之何也已矣！」

　　白話：孔子說：「如果一個人做事前沒有仔細思考、深思熟慮、長遠計畫，不說『這事該怎麼辦，怎麼做。』就任意去做的人，我不知道對他該怎麼辦！對他不知如何教導了！」

　　當代意義：「魔鬼藏在細節裡」（註四三），很多的錯誤和失敗，往往都是疏忽細節的後果。

　　誠如《小窗幽記・集醒篇》說：「處事最當熟思緩處。熟思則得其情，緩處則得其當。必能忍人不能忍之觸忤，斯能為人不能為之事功。」

十、子曰：「群居終日，言不及義，好行小慧，難矣哉！」

　　白話：孔子說：「一群人整天相處，漫無目的，隨意聊天，閒言閒語，談天說地，說一些沒有人倫道義的話，喜歡做一些小聰明的事，這種人很難和他談論仁義道德的修養與治國平天下之道！」

　　當代意義：這是「言不及義」成語典故的由來。孔子有教無類，弟子三千，多數好學，不過有兩種人，比較不受教，就是「群居終日，言不及義，好行小慧」及「飽食終日，無所用心」（〈陽貨〉），這兩種人很難跟他們談論道德的修養與治國平天下之道！孔子這兩段感慨的話，深得明末清初學者顧炎武的共鳴，他在《日知錄・南北學者之病》中感慨的說：「飽食終日，無所用心，難矣哉！今日北方之學者是也；群居終日，言不及義，好行小慧，難矣哉！今日南方之學者是也。」

　　顧炎武認為明末南北學者因為受到教條化的朱子學及王陽明思想末流的影響，無所用心，言不及義，空談心性，致使明朝滅亡。

因此，顧炎武提倡「經世致用之學」，關心國家社會，重視「淑世」致用的實踐。

十一、子曰：「君子義以為質，禮以行之，孫以出之，信以成之，君子哉！」

　　白話：孔子說：「君子為人處事以義理為本質，言行遵守禮節，以謙遜的態度表達出來，再以誠實信用完成德業（德行與功業）；這樣可算是一個君子。」

　　當代意義：君子以義為本質，這種本質性的義，就是人倫義理的「人義」。《禮記・禮運》說：「何謂人義？父慈、子孝、兄良、弟悌、夫義、婦聽、長惠、幼順、君仁、臣忠，十者謂之人義。」

十二、子曰：「君子病無能焉，不病人之不己知也。」

　　白話：孔子說：「君子只擔心自己沒有才能與品德，不擔心別人不知道自己的才能與品德。」

　　當代意義：孔子勉人修德，充實自己的才能。本章與〈里仁〉孔子說：「不患莫己知，求為可知也。」及〈憲問〉孔子說：「不患人之不己知，患其不能也。」意旨相同，均強調自己要不斷充實自己的才能及修養品德，而不必追求虛名。

十三、子曰：「君子疾沒世而名不稱焉。」

　　白話：孔子說：「君子擔心身後沒有留下好名聲被人稱讚。」
　　當代意義：孔子強調君子深怕死後他的道德事功沒有被人讚揚。俗話說：人死留名，人人都希望死後留下不朽的成就被人稱頌，

孔子以此勸人修德，以免死後留下惡名，這就是叔孫豹所謂的「三不朽」。《左傳·襄公二十四年》：「太上有立德，其次有立功，其次有立言，雖久不廢，此之謂不朽。」。

魯襄公二十四年，襄公派叔孫豹訪問晉國，范萱子問他：古人所謂死而不朽，是什麼意思？

叔孫豹說：「依我所知，魯國的先大夫，名叫臧文仲，過世之後，他的言論與事功，仍流傳在人間，這就是死而不朽，死而不朽最好的榜樣，是樹立道德人格的典範，其次是建立事功，再其次是樹立著書立說的典範。所謂立德、立功、立言三不朽，這三種人可以死而不朽。」

〈季氏〉云：「齊景公有馬匹四千，因為沒有好的德行與事功，他死後，百姓對景公沒有好的名聲可稱讚的。伯夷、叔齊雖然餓死在首陽山下，百姓至今仍然讚揚他們的美德，這就是孔子所謂「君子疾沒世而名不稱焉。」

十四、子曰：「君子不以言舉人，不以人廢言。」

白話：孔子說：「君子不因為這個人很會說話，就貿然提拔任用他；也不因為一個人行為不善，就忽視他說的有道理的真知灼見。」

當代意義：這是「不以人廢言」成語典故的由來。孔子要我們「知言」，孔子說：「不知言，無以知人也。」（〈堯曰〉）。當今詐騙集團橫行，他們心口不一，口是心非，最後口蜜腹劍，無辜百姓受害。

有趣的是，「口蜜腹劍」意指李林甫「口有蜜，腹有劍」，出自《資治通鑑·唐紀·玄宗天寶元年》。唐玄宗在位時，宰相李林甫妒賢嫉能，陰險狡猾，陷害忠良，稱他為「肉腰刀」。對玄宗阿諛奉承、逢迎拍馬以取得信任；對朝中官員以甜言蜜語騙取得信任與好感，

背後卻出賣別人或加以陷害，大家說他是「口有蜜，腹有劍」。

十五、子曰：「吾之於人也，誰毀誰譽？如有所譽者，
　　　其有所試矣。斯民也，三代之所以直道而行也。」

　　白話： 孔子說：「我對待別人，沒有無故毀謗任何人，也沒有無故稱讚任何人。如果有被我稱讚的人，都經過我的考察驗證為善的人。因為我們當代的人，都是夏商周三代，依著禮樂正統文化教化而來的，我不能任意毀譽他人。」

　　當代意義： 孔子不會無故批評或稱讚任何人，例如孔子常稱讚顏回，這是經過私下考察實證之後，知道顏回貧窮好學，聞一知十，善於類推，安貧樂道，確實值得稱讚。〈為政〉孔子說：「吾與回言終日，不違如愚。退而省其私，亦足以發，回也不愚。」就是明證。

十六、子曰：「吾猶及史之闕文也；有馬者，借人乘之，
　　　今亡矣夫！」

　　白話： 孔子說：「我曾經看過史官記錄歷史事件，實錄記載，遇有疑難不明的地方，空著不杜撰捏造。也曾看過有馬的人，願意借給別人騎；現在社會這兩種人幾乎沒有了吧！」

　　當代意義： 孔子感嘆人心不古，古代史官實錄記載，當今社會人云亦云，道聽塗說，沒有根據的編造揣測，捕風捉影，穿鑿附會，無中生有，憑空捏造杜撰。古人樂於分享，如子路「願車馬、衣輕裘，與朋友共，敝之而無憾。」（〈公冶長〉），當今社會，不願分享，漸失厚道。

十七、子曰：「巧言亂德。小不忍，則亂大謀。」

白話：孔子說：「聽了虛假而動聽的花言巧語，會使人失去原本的德行，喪失操守。小事情不能忍耐，會敗壞重要的大事。」

當代意義：這是「巧言亂德」、「小不忍則亂大謀」成語典故的由來。忍字心頭一把刀，《孟子‧告子下》說：「動心忍性，增益其所不能。」忍是心性大修養。有兩首〈百忍歌〉，值得我們細心體會：

1.唐代張公藝〈百忍歌〉：「忍是大人之氣量，忍是君子之根本；不忍小事變大事，不忍善事終成恨；父子不忍失慈孝……劉伶敗了名，只為酒不忍；陳靈滅了國，只為色不忍；石崇破了家，只為財不忍；項羽送了命，只為氣不忍；如今犯罪人，都是不知忍……不忍百福皆雪消，一忍萬禍皆灰燼。」

2.明代唐寅〈百忍歌〉：「百忍歌，百忍歌，人生不忍將奈何……朝也忍，暮也忍；恥也忍，辱也忍……是也忍，非也忍……孔子絕糧飢也忍；韓信跨下辱也忍，閔子單衣寒也忍；師德唾面羞也忍，劉寬污衣怒也忍；不疑誣金欺也忍，張公九世百般忍；好也忍，歹也忍，都向心頭自思忖。囫圇吞卻栗棘蓬，恁時方識真根本？」

十八、子曰：「眾惡之，必察焉；眾好之，必察焉。」

白話：孔子說：「大家都討厭這個人，必須要仔細考察他是否真的不好；大家都喜歡這個人，也必須要仔細考察他是否真的很好。」

當代意義：一般人對人的評論是好人或壞人，大家喜歡好人，不喜歡壞人。這種好壞之分，往往是人云亦云，被媒體報導影響，尤其是現代各種傳播媒體管道多元，各有不同的政治立場，好壞善惡更難分辨，謊言、杜撰、詐騙層出不窮，我們要仔細考察，理性判斷，明斷善惡真偽，避免上當。

十九、子曰：「人能弘道，非道弘人。」

白話：孔子說：「只有人能身體力行、弘揚光大仁道，沒有以仁道來弘揚光大人的。」

當代意義：孔子的道是仁道，仁道是孔子學說的核心，是一貫之道，以仁道為教育的最高目標，以仁道為政治的最高原則，以仁道為道德的最高標準。人能以至誠弘揚仁道，充分發揮生命的價值，推己及人，愛人愛物，可以參贊天地之化育。

二十、子曰：「過而不改，是謂過矣。」

白話：孔子說：「一個人有了過失而不肯改過，那是真正的過失。」

當代意義：孔子勉勵人勇於改過，有了過失而不肯改過遷善，那是真正的過錯。因此，孔子強調「過則勿憚改」，即「改之為貴」，孔子認為「仁者必有勇」，仁者勇於改過，不仁者憚（畏懼）於改過。

二十一、子曰：「吾嘗終日不食，終夜不寢，以思，無益，不如學也。」

白話：孔子說：「我曾經一整天不吃飯，一整夜不睡覺，以自己所知去思考問題，結果沒有什麼精進益處，還不如多多學習比較好。」

當代意義：孔子強調「學而不思則罔，思而不學則殆」（〈為政〉），學與思不可偏廢，學習與思考並重，兩者相輔相成。所謂思考有七個要點：1.觀察的思考：思考之前多觀察。2.邏輯的思考：釐清「因」與「果」是否有必然的因果關係。3.分析的思考：分析個案的存在意義與價值。4.歸納的思考：從個案歸納推理出普遍。5.比較的思考：比較個案的異同。6.客觀的思考：排除主觀的猜測。

7.獨立的思考：不受他人影響的獨立的思考，可以啟發獨創的見解。

二十二、子曰：「君子謀道不謀食。耕也，餒在其中矣；學也，祿在其中矣。君子憂道不憂貧。」

　　白話：孔子說：「君子努力學習為人處事的學問，不追求個人生活的滿足。例如種田的人，難免有饑荒的時候；君子只要學有專精，俸祿自然容易獲得。所以，君子所憂慮的是學問不夠專精，並不憂慮貧窮吃不飽。」

　　當代意義：這是「憂道不憂貧」成語典故的由來。孔子勉人進德修業，不斷學習為人處事的學問，不必專心謀求個人衣食俸祿的滿足。

二十三、子曰：「知及之，仁不能守之，雖得之，必失之。知及之，仁能守之，不莊以涖之，則民不敬。知及之，仁能守之，莊以涖之，動之不以禮，未善也。」

　　白話：孔子說：「一個在位執政者的聰明才智足以治理國家，如果他欠缺仁心與仁德的涵養；雖然得到官職，仍然會失去官位。既有聰明才智，又有仁心與仁德的涵養；如果不能以莊敬的態度去對待百姓，百姓也不會尊敬他。如果在位者有聰明才智，又有仁心仁德，又能以莊敬的態度去對待百姓，但是如果一切施政不合禮制，還不能算是盡善啊。」

　　當代意義：執政者的為官之道：要有聰明才智，公正廉明，勤政愛民，莊敬的威儀，遵循先王禮制，不僭越禮法。

二十四、子曰：「民之於仁也，甚於水火；水火，吾見
　　　　蹈而死者矣，未見蹈仁而死者也。」

　　白話：孔子說：「仁是人之所以為人的本質，我們一般人要在日常生活中行仁，行仁比水火更重要。水火雖然是人生日用不可或缺的東西，可是我見過因赴蹈水火而死的，但還沒看過因力行仁道而死的！」

　　當代意義：仁非但是人之所以為人的本質，更是人世間至善的準繩。孔子創立仁教，以仁貫通物我、天人，成就了仁道文化，影響後世非常深遠。因此，孔子認為仁比水火更重要。

二十五、子曰：「當仁，不讓於師。」

　　白話：孔子說：「弟子應該尊敬老師，禮讓師長，但是要以行仁為己任，勇於承擔踐仁的責任，雖對師長，行仁不必禮讓。」

　　當代意義：這是「當仁不讓」成語典故的由來。「當仁，不讓於師。」近似亞里士多德說：「吾愛吾師，吾更愛真理」。（Plato is dear to me，but dearer still truth。），君子以行仁為己任，雖對師長，行仁不必禮讓。

二十六、子曰：「君子貞而不諒。」

　　白話：孔子說：「君子堅守正道，言行只求合於仁義，不必顧全小節。」

　　當代意義：這是「貞而不諒」成語典故的由來。「君子貞而不諒。」與〈憲問〉管仲尊王攘夷等事功，「豈若匹夫匹婦之為諒也？」、《孟

子‧離婁下》言：「大人者，言不必信，行不必果，惟義所在。」相同意旨。君子堅守仁義，不必拘泥小節。

二十七、子曰：「事君，敬其事而後其食。」

白話：孔子說：「事奉國君，要恭敬謹慎、盡忠職守，不計較個人職位的高低與俸祿的多寡。」

當代意義：孔子教人服務公職要盡忠職守，不可先有求官、求財的心理，誠如《禮記‧儒行》說：「儒有不寶金玉，而忠信以為寶……先勞而後祿，不亦易祿乎！」，董仲舒所謂「仁人者，正其誼，不謀其利；明其道，不計其功。」，更是孔子「事君，敬其事而後其食。」的最佳註解。

二十八、子曰：「有教無類。」

白話：孔子說：「人人都有受教育的機會，不分貧富、貴賤、賢愚的差別。」

當代意義：這是「有教無類」成語典故的由來。孔子開啟私人講學授課的先河，他是私立開放大學（Open University）創始人。孔子弟子三千，有教無類，不分貧富、貴賤、賢愚的差別。在他的弟子中如：孟懿子是世家子弟，是魯國孟孫氏第 9 代宗主；仲弓生於不肖之父（賤而行惡），是賤人子弟；顏淵的家境貧窮，簞食陋巷；子貢善於貨殖，曾任魯、衛兩國之相國；又如曾參的沉靜魯鈍，不屈從；子羔的身材矮小、其貌不揚；詹台滅明的相貌醜陋等。甚至如互鄉童子求教，孔子也讚許他的上進心而加以教導，孔子不愧是萬世師表。

二十九、子曰：「道不同，不相為謀。」

白話：孔子說：「個人的志趣、意見、立場，如果不相同，各行其道，追求不同的理想，就無法在一起商議謀慮了。」

當代意義：這是「道不同，不相為謀」成語典故的由來。志同道合的朋友，彼此情投意合，志趣相投，意見容易契合，就可以在一起商議謀慮了。

三十、子曰：「辭，達而已矣。」

白話：孔子說：「說話和寫文章，只要準確真誠表達自己的意思就可以了。」

當代意義：孔子強調說話和寫文章，只要真誠表達就可以了，反對虛浮誇大、不誠實的表述。誠如《周易・乾卦・文言》云：「君子進德修業，忠信，所以進德也；修辭立其誠，所以居業也。」君子以進德修業為學習的最高目標，忠信是進德的修養工夫；而說話和寫文章，內心要真誠不欺，這是建功立業的必要條件。

三十一、師冕見，及階，子曰：「階也。」及席，子曰：「席也。」皆坐，子告之曰：「某在斯，某在斯。」師冕出，子張問曰：「與師言之道與？」子曰：「然！固相師之道也。」

白話：魯國的盲樂師（古時候多以瞎子為樂師），名叫冕的人來見孔子，當他走到臺階前，孔子對他說：「這裡是臺階。」，當他走到座位前，孔子對他說：「這裡是坐位。」，等大家都坐定後，孔子把在座賓客的名字逐一告訴他說：「某人坐在這裡，某人坐在那邊。」，等師冕告辭之後，子張問孔子說：「這是與盲樂師說話應有

的禮節嗎？」孔子說：「是的，這就是扶持引導盲樂師應盡的禮節。」

　　當代意義：孔子真誠接待師冕，誠敬之心自然流露，其實，師冕來見孔子，一定有扶持他的助手，但是從入門以後，助手應當立在堂下，所以，當師冕走上臺階，走到坐位，都由孔子當扶持引導師冕的人，也逐一介紹在座的賓客，進而與賓客相互行禮，這就是扶持引導盲樂師應盡的禮節。

第十六章 季 氏

一、季氏將伐顓臾。冉有、季路見於孔子曰:「季氏將有事於顓臾。」孔子曰:「求!無乃爾是過與?夫顓臾,昔者先王以為東蒙主,且在邦域之中矣,是社稷之臣也,何以伐為?」冉有曰:「夫子欲之;吾二臣者,皆不欲也。」孔子曰:「求!周任有言曰:『陳力就列,不能者止。』危而不持,顛而不扶,則將焉用彼相矣?且爾言過矣!虎、兕出於柙,龜、玉毀於櫝中,是誰之過與?」冉有曰:「今夫顓臾,固而近於費;今不取,後世必為子孫憂。」孔子曰:「求!君子疾夫:舍曰欲之,而必為之辭。丘也,聞有國有家者,不患寡而患不均,不患貧而患不安。蓋均無貧,和無寡,安無傾。夫如是,故遠人不服,則修文德以來之;既來之,則安之。今由與求也,相夫子,遠人不服,而不能來也;邦分崩離析,而不能守也。而謀動干戈於邦內,吾恐季孫之憂,不在顓臾,而在蕭牆之內也!」

白話:季氏(季康子,名肥。魯國上卿權臣)準備去征伐顓臾(古國名,春秋時為魯國附庸屬國,故城在今山東省費縣西北。)。冉有、子路都是季氏的家臣,一起來見孔子,說:「季氏將要討伐顓

臾。」

孔子指責冉有說：「冉求！這是你的過失吧！顓臾是我們先王封他做東蒙山（在魯國東邊）的主祭人，而且在魯國的境內，也是魯國的臣屬，為什麼還要去攻伐他呢？」

冉有說：「這是季氏的決定，不是我們兩人的主張。」

孔子說：「冉求啊！從前周任（周朝大夫，著名史官）說過：『做人臣的，擔任官職，應當盡力貢獻才力，如果不能有所作為，就應該辭去官職。』例如扶持引導盲人，走到危險的地方，你不去引導他，那要這個扶持人做什麼呢？而且你說攻伐顓臾是季氏的決定，這句話說錯了！例如老虎、野牛從柵欄裡跑出來，珍貴的神龜和玉器在匣子裡毀壞了，難道不是管理人的失職，那是誰的過錯呢？」

冉有說：「當今的顓臾，城牆很堅固，又臨近季氏的封邑費縣，現在不攻佔，將來季氏子孫一定會受到傷害。」

孔子說：「冉求啊！君子最痛恨的，就是不談自己的貪婪，還要說出強辭奪理的話來掩飾。我曾經聽說過，一個諸侯國或卿、大夫的家，不愁財富少，只愁財富分得不平均，不能應得其份；不愁貧窮，只愁不能使百姓生活安定。因為只要財富的分配平均，就不會感到貧窮；百姓和諧相處，就不會覺得人口少；百姓和樂，國家安定，就不會有滅亡的危險了。能夠如此安樂，如果遠方的人還有不歸順的，就振興禮樂文化去感化他，使他歸服。既然歸順了，就要盡力安頓輔導他們，這才是正確治國之道。現在仲由和冉求你們兩人輔佐季氏，遠方的人不歸順服從，又不能以禮樂文化感化他們；現在國家不能團結，卻還想在國內發動戰爭；如此罪過，恐怕季氏的禍患，不在征討顓臾，而是在國君（魯哀公）的屏風之內吧！」

當代意義：這是「禍起蕭牆」、「不患寡而患不均」、「既來之，則安之」成語典故的由來。季氏討伐顓臾的事，不見於《春秋》或其他史書，可能是季氏聽了孔子的話而休兵。孔子當面指責冉有和子路，也等於間接指責季氏的不義之戰。孔子強調「不患寡而患不

均，不患貧而患不安。」，振興禮樂文化，使近悅遠來，才是正確治國正道。

值得注意的是，本篇是《論語》一書中，最特別的一篇，全篇均以「孔子曰」來記述，而非其他篇的「子曰」（另有〈微子〉孔子曰：「殷有三仁焉！」）。

二、孔子曰：「天下有道，則禮樂征伐，自天子出；天下無道，則禮樂征伐，自諸侯出。自諸侯出，蓋十世希不失矣；自大夫出，五世希不失矣；陪臣執國命，三世希不失矣。天下有道，則政不在大夫；天下有道，則庶人不議。」

白話：孔子說：「天下太平有道的時候，制禮作樂、討伐叛亂的命令，都由天子決定。天下昏亂無道的時候，制禮作樂、征伐叛逆的命令，就由諸侯決定。如果命令由諸侯決定，那麼這個國家，最多再傳十代，很少有不滅亡的；如果命令由大夫決定，那麼這個國家，至多再傳五代，很少有不滅亡的；如果大夫的家臣操控國家的政權，那麼這個國家至多再傳三代，很少有不滅亡的。天下太平有道的時候，國家的政權，不會旁落在大夫的手上；天下太平有道的時候，百姓也不會批評議論國事了。」

當代意義：孔子認為：古代從堯、舜、禹、湯及西周的文、武、成、康諸王，都是「天下太平有道」的時代，當時禮樂征伐都能由天子決定。到了齊桓公稱霸諸侯以後，周天子大權旁落。齊國從桓公稱霸開始，歷經十世，最後齊簡公被陳桓所殺，這是孔子知道的歷史，所以說：「再傳十代，很少有不滅亡的」由來。

凡是諸侯僭越天子，大夫僭越諸侯，家臣僭越大夫，以下犯上，都是天下國家的不幸，豈有不敗亡者！

三、孔子曰：「祿之去公室，五世矣。政逮於大夫，四
　　世矣。故夫三桓之子孫微矣。」

　　白話：孔子說：「國家賞罰授爵等權柄，不由魯國國君決定，已
經歷宣公、成公、襄公、昭公、定公等五代了；國家的政權，旁落
在大夫的手上，也已經歷季孫氏文子、武子、平子、桓子四代了。
所以三桓（仲孫、叔孫、季孫，三家都出於桓公）的子孫目前（魯
定公時）也衰微了。」
　　當代意義：孔子感嘆魯國國君大權旁落，大夫僭越執政，不出
五世，一旦言行悖禮乖張，失去民心，權臣必敗。

四、孔子曰：「益者三樂，損者三樂：樂節禮樂，樂道
　　人之善，樂多賢友，益矣；樂驕樂，樂佚遊，樂宴
　　樂，損矣。」

　　白話：孔子說：「有益身心的快樂有三種：以守禮節、聽雅音正
樂為快樂，以稱讚別人的善行為快樂，以多交賢能益友為快樂；有
害身心的快樂也有三種：以驕傲為快樂，以懶惰放蕩為快樂，以喝
酒飲宴為快樂。」
　　當代意義：這是「益者三樂」成語典故的由來。孔子的快樂源
於好學、守禮行仁和人倫的和諧，他以遵守禮節為快樂，不合禮節
的不看、不聽、不說、不做。一個人能夠管理好自己的情緒和情感，
避免違禮粗暴的言行，就是克己復禮。
　　孔子主張以文會友，以友輔仁，強調朋友的重要，不過，朋友
有好的益友，也有壞的損友，能夠交到正直、誠信、見識廣博的朋
友，是有益的好朋友；反之，品德不好、花言巧語的朋友，是有害

的朋友。能夠與好的朋友共同學習，是人生的一大樂事。

　　值得注意的是，孔子主張的「益者三樂」和「益者三友」，相當符合現代的「正向心理學」（Positive psychology）。據塞利格曼在《真實的快樂》（洪蘭譯，台北，遠流，2009年12月，二版）一書中指出，快樂是由三要素構成：樂趣（快樂學習，積極發掘生活的樂趣。）、參與（對親友的關心與付出）以及意義（發揮個人優點長處，表現慷慨、幽默、感恩、熱忱等，達成人生的理想目標。），我們應常懷感恩之心，積極、樂觀，勇於面對，以讚美代替批評，以鼓勵代替責備。無私助人為善，感謝曾經幫助自己的人等，才是快樂的最佳來源。

五、孔子曰：「侍於君子有三愆：言未及之而言，謂之躁；言及之而不言，謂之隱；未見顏色而言，謂之瞽。」

　　白話：孔子說：「陪侍長輩或有德的君子時，容易犯三種過失：還沒有問到你，不該說話，你就搶先說話了，叫做躁急；該你說話，你卻不肯說話，叫做隱瞞；不看清君子的喜怒神色，輕率說話，叫做瞎眼，不會察言觀色。」
　　當代意義：孔子勉勵我們說話要依禮、合時。把握時機，察言觀色，適時說話，不多說，不少說，不隱瞞，不欺騙，誠實說話，一言可以興邦，一言可以喪邦，尤其面對長輩或長官，更當慎思而謹言。

六、孔子曰：「君子有三戒：少之時，血氣未定，戒之在色；及其壯也，血氣方剛，戒之在鬥；及其老也，血氣既衰，戒之在得。」

白話：孔子說：「君子有三件事要戒除：年輕時，血氣未定，要戒除的是放縱美色；到了壯年，血氣旺盛，要戒除的是好勇鬥狠；到了老年，血氣衰弱，要戒除的是貪得好利。」

當代意義：這是「血氣方剛」、「戒之在色」、「戒之在得」成語典故的由來。三戒是孔子養生的核心思想，在人生不同年齡的三個階段，有不同的養生之道。青少年階段，身心靈尚未成熟，務必培養精氣，精氣充實，則神氣旺盛，身體強健，因為精為神氣之本，反之，精絕則氣絕，氣絕則命絕。因此，養精健身，戒之在色，節欲寶精。

「戒之在色」的養生觀，影響後世深遠，孫思邈《備急千金要方‧養性序》說：「人之壽夭在於撙節……恣其情欲則命同朝露。」因此，必須愛惜自己的精氣，葛洪《抱朴子‧微旨》主張寶精愛氣是最急切的養生之道。

壯年階段，成家立業，難免在職場上與人競爭，應有積極樂觀、豁達大度的人生態度，心胸坦蕩蕩，避免患得患失，怨天尤人，更不要與人爭鬥，好勝喜鬥。

到了老年，要淡泊名利，捨得放下，不要挖空心思謀取個人私利，要多做公益，多行善，回饋社會，發揮報恩人群的大愛。生活上怡情養性，以恬靜養其身，經常以寬鬆舒泰的心情安處，清心寡欲，安享天年。

七、孔子曰：「生而知之者，上也；學而知之者，次也；困而學之，又其次也；困而不學，民斯為下矣！」

白話：孔子說：「人的資質各有不同，約可分為四等：天生聰明，先知先覺，不學而能者，是上等資質的人；要努力學習纔知道義理，

是次一等資質的人；再其次是資質中下，不通道理，卻肯苦讀學習，也能通達義理，這是第三等資質的人；天資魯頓，不通道理，又不肯苦讀學習，自暴自棄，這是第四等資質的人。」

當代意義：這是「生而知之」成語典故的由來。孔子勉人努力學習最為可貴，誠如發明家愛迪生 Thomas Edison 說：「天才是1%的天分，加上 99%的努力。 Genius is one percent inspiration and ninety-nine percent perspiration.」。

因此，《中庸》第二十章說：「人一能之，己百之；人十能之，己千之。果能此道矣，雖愚必明，雖柔必強。」別人學一遍就會，我學一百遍也會；別人學十遍就會，我學一千遍也會。能夠不斷學習，勤能補拙，笨的人也會變成聰明人；柔弱的人也會變成剛強的人。

八、孔子曰：「君子有九思：視思明，聽思聰，色思溫，貌思恭，言思忠，事思敬，疑思問，忿思難，見得思義。」

白話：孔子說：「君子有九件應當用心考慮、自我省察的事：觀察事物的時候，要仔細思考是否看得明白；聽人說話的時候，要用心思考是否聽得清楚；認真想想自己的神色是否溫和；待人接物時，仔細想想容貌是否謙恭有禮；與人談話時，用心想想是否忠誠；處事時，要仔細思考是否認真做事；心裡有疑問時，要認真想想是否問得詳細；生氣時，要用心考慮是否會招來禍患；遇到利益時，要仔細考慮是否合於義理，見利思義，應不應得。」

當代意義：這是「見得思義」成語典故的由來。君子有九件自我省察、反思內省、自戒、自慮、自律的事，前四者是自我的表現，後五者是與人交往要注意的要點。因此，曾子說：「吾日三省吾身」。

九、孔子曰：「『見善如不及，見不善如探湯。』吾見其
　　人矣，吾聞其語矣！『隱居以求其志，行義以達其
　　道。』吾聞其語矣，未見其人也！」

　　白話：孔子說：「古人說：『看到別人的善行，就想要學習效法，
努力向善，唯恐自己不能行善；看到別人的惡行，心生警惕，就像
摸到熱湯，唯恐避之不及。』我見過這種人，也聽過這種話！古人
又說：『當天下昏亂的時候，就隱居不仕，保全自己的心志；當天下
太平的時候，就出仕為官，力行仁道。』我聽過這樣的話，卻沒看
過這樣的人！」

　　當代意義：《孟子・滕文公上》說：「舜何人也？予何人也？有
為者亦若是。」是孟子「見善如不及」的心志，而伯夷、叔齊就是
「隱居以求其志」的典範。

十、齊景公有馬千駟，死之日，民無德而稱焉。伯夷、
　　叔齊，餓於首陽之下，民到于今稱之。

　　白話：齊景公有四千匹馬（即千乘兵車），可是他死的時候，沒
有留下好的政績，百姓對他沒有稱道。伯夷、叔齊雖然餓死在首陽
山下（在今山西省永濟縣南，又稱首山。），百姓到現在還讚揚他們
「隱居以求其志」的美德。

　　當代意義：伯夷、叔齊立德不朽，據《史記・卷六一・伯夷列
傳》：殷商末年孤竹君有二個兒子：伯夷，名元，字公信；叔齊，名
智，字公達。相傳其父遺命要立叔齊為君。叔齊要讓位給伯夷，伯
夷不受，叔齊也不願繼位，先後都逃到周國。周武王討伐商紂王，
二人叩馬諫阻。及殷商滅亡，不食周粟，隱居於首陽山，采薇而食，

遂餓死。

十一、邦君之妻，君稱之曰「夫人」：夫人自稱曰「小
　　　童」；邦人稱之曰：「君夫人」，稱諸異邦曰：「寡
　　　小君」；異邦人稱之，亦曰：「君夫人」。

　　白話：諸侯國之君的妻子，國君稱她為「夫人」，夫人自己自稱
「小童」。國人百姓稱她為「君夫人」，在他國人面前稱她為「寡小
君」，他國的人也稱她為「君夫人」。

　　當代意義：本文開頭沒有「孔子曰」三個字，可能是孔子所說，
或為後人羼入。孔子強調「正名」，辨正名分，使人倫關係不亂，因
此，孔子說：「名不正則言不順，言不順則事不成。」(〈子路〉)

第十七章　陽　貨

一、陽貨欲見孔子，孔子不見。歸孔子豚。孔子時其亡也，而往拜之。遇諸塗。謂孔子曰：「來！予與爾言。」曰：「懷其寶而迷其邦，可謂仁乎？」曰：「不可。」「好從事而亟失時，可謂知乎？」曰：「不可。」「日月逝矣！歲不我與。」孔子曰：「諾！吾將仕矣。」

白話：季氏的家臣陽貨想召見孔子，孔子不想見他，他趁孔子不在家時，送孔子一隻烤乳豬，孔子也趁陽貨不在家時，前去致謝，恰巧在半路上遇見陽貨。陽貨對孔子說：「來！我和你說說話。一個人有治國的才能，卻不肯出仕挽救國家的危亂，可以說是仁者嗎？」孔子說：「不可以。」陽貨又說：「一個喜歡政治工作的人，卻多次錯過出仕機會的人，可以說是明智嗎？」孔子說：「不可以。」陽貨又說：「光陰似箭，歲月不饒人。」孔子回答說：「好吧！我將出仕為官了。」

當代意義：陽貨，姬姓，陽氏，名虎，一名陽虎，春秋魯國人，孟孫氏的族人，季孫氏的家臣，開魯國家臣執國政的先河。控制三桓，掌握魯國的實權，囚禁主公季桓子三年，最後造反失敗，逃到晉國，投奔趙簡子。

陽貨是不忠不義的家臣，想利用孔子，孔子不想助紂為虐，但又不想得罪陽貨，只好虛應故事，這是孔子「遜辭遠禍」的權宜應

變，真正做到了他自己說的：「邦無道，危行言遜」（〈憲問〉）的話。

二、子曰：「唯上知與下愚，不移。」

白話：孔子說：「唯有最聰明的人和最愚笨的人，他們的本性是不會改變的。」

當代意義：堯、舜不為桀、紂，桀、紂不為堯、舜。上智與下愚極少數，多數中等資質的人，「性相近，習相遠。」（〈陽貨〉），習於善則善，習於惡則惡，近朱者赤，近墨者黑。

三、公山弗擾以費畔，召，子欲往。子路不說，曰：「末之也已，何必公山氏之之也？」子曰：「夫召我者，而豈徒哉？如有用我者，吾其為東周乎！」

白話：公山弗擾是季氏家臣，當費邑宰，與陽貨（陽虎）囚禁季桓子，佔據費邑叛變。派人來召孔子去當官，孔子正想去見公山弗擾。子路不高興，子路說：「沒有人找老師去當官也就算了，又何必去見公山弗擾呢？」孔子說：「他好意召我去當官，難道沒有政治理想要實現嗎？如果他聘用了我，我想將周朝的禮樂文化復興於費邑啊！」

當代意義：本段文字所記之事可疑，雖然公山弗擾反叛季氏是事實。但是孔子一向不贊同叛逆，因此雖有想去的念頭，但終究沒有前往受聘。

四、子張問仁於孔子。孔子曰：「能行五者於天下，為仁矣。」請問之。曰：「恭、寬、信、敏、惠。恭則不侮，寬則得眾，信則人任焉；敏則有功，惠則

足以使人。」

白話：子張問孔子行仁的方法。孔子說：「能夠力行五種美德，就算是行仁了。」子張問孔子哪五種美德？孔子說：「恭敬、寬厚、誠信、敏捷、恩惠。對人恭敬，就不會受人侮辱；對人寬厚，就可以得到大家的支持；對人誠信，就可以得到大家的信任；做事敏捷，容易得到成功；能夠對人廣施恩惠，就能使人心悅誠服地為你效勞。」

當代意義：在位執政的人能夠恭、寬、信、敏、惠，一定可以得到百姓的信任、支持，並能心悅誠服地為你效勞。

五、佛肸召，子欲往。子路曰：「昔者由也聞諸夫子曰：『親於其身為不善者，君子不入也。』佛肸以中牟畔，子之往也，如之何？」子曰：「然！有是言也。不曰堅乎，磨而不磷？不曰白乎，涅而不緇？吾豈匏瓜也哉？焉能繫而不食？」

白話：佛肸（春秋晉國大夫趙簡子的家臣，為中牟宰。）佔據中牟（趙簡子的食邑，在晉國境內），背叛趙簡子。派人來請孔子去中牟當官，孔子想去應聘。子路說：「從前，我聽老師說過：『一個人行為不善，君子不願意與他為伍。』現在佛肸佔據中牟這個地方造反，老師卻要去應聘，不知老師的想法如何？」孔子說：「是的！我說過君子不願與惡人為伍。不過我也曾說過：最堅硬的東西，怎麼磨也磨不薄！我也曾說過：最白的東西，怎麼染也染不黑！我難道像匏瓜一樣，只能掛著而不被採食嗎？」

當代意義：孔子表示他的節操，至堅至白，懷抱救世之心，不受亂世汙染，不過，孔子仍然等待賢君，不願助紂為虐。

六、子曰：「由也，女聞六言六蔽矣乎？」對曰：「未也。」
　　「居！吾語女：好仁不好學，其蔽也愚；好知不好
　　學，其蔽也蕩；好信不好學，其蔽也賊；好直不好
　　學，其蔽也絞；好勇不好學，其蔽也亂；好剛不好
　　學，其蔽也狂。」

白話：孔子說：「仲由呀！你聽過六言六蔽嗎？」子路說：「沒
聽過。」孔子說：「你坐下，我告訴你：徒然喜好仁德而不好學，會
有愚昧之蔽；喜好智謀而不好學，會有放蕩不拘之蔽；喜好誠信而
不好學，會有違逆道義之蔽；喜好正直而不好學，會有急迫之蔽；
喜好勇敢而不好學，會有災禍之蔽；喜好剛毅而不好學，會有躁進
之蔽。」

當代意義：六言即六字美德：仁、知、信、直、勇、剛；六蔽：
愚、蕩、賊、絞、亂、狂，即六種對美德的蒙蔽。值得注意的是，「好
學去蔽」本是儒家孔、孟、荀的成德之教。孔子強調好學的重要，
學以明理，去其所蔽。換言之，好學又好仁、好知、好信、好直、
好勇、好剛，可以消除各種蒙蔽之過。

孟子也主張聽其言而知其所蔽，《孟子·公孫丑上》說：「詖辭，
知其所蔽；淫辭，知其所陷；邪辭，知其所離；遁辭，知其所窮。」
聽到偏執的言論，知道說話者的心被蒙蔽而不明道理；聽到放蕩恣
意的不雅言語，知道說話者的心沉迷陷溺；聽到混淆是非的言辭，
知道說話者的心叛離正道；聽到支吾閃爍的話，知道說話者自知理
虧而窮於應付。能知言的人，不被各種不正邪說所蒙蔽。這是孟子
詮釋孔子所謂：「不知言，無以知人也。」（《論語·堯曰》）的思想。

荀子認為人的情感意向常有偏好，久而久之，積成習慣，偏執
所愛，自以為是。一般人的過失，即蔽於偏隅的一曲之說（片面之
辭），而不明白天下的大道理。所謂「凡人之患，蔽於一曲，而闇於

大理。」(《荀子卷十五・解蔽》)

七、子謂伯魚曰:「女為周南、召南矣乎?人而不為周南、召南,其猶正牆面而立也與!」

白話:孔子對兒子伯魚說:「你學過《詩經・國風》裡的〈周南〉、〈召南〉兩篇修身、齊家的詩了嗎?一個人如果沒有學過〈周南〉、〈召南〉,就像面對著牆壁站立,不知如何是好!」

當代意義:學習《詩經》是孔子教育重要的科目,孔子說:「詩可以興,可以觀、可以群,可以怨;邇之事父,遠之事君;多識於鳥獸草木之名。」(〈陽貨〉),又說:「不學詩,無以言。」(〈季氏〉)。學習《詩經》有七個好處:一.可以抒發情感,表達思想;二.可以了解社會,明白事理;三.可以懂得如何與人相處;四.可以疏導不滿情緒;五.可以知道如何孝順父母;六.可以事君,為國家社會作貢獻;七.可以多認識鳥獸花草樹木。

尤其《詩經・國風》的前兩篇〈周南〉、〈召南〉,內容都是修身齊家的事,所以說不學〈周南〉、〈召南〉,如向牆而立,不知如何是好。

八、子曰:「禮云禮云,玉帛云乎哉?樂云樂云,鍾鼓云乎哉?」

白話:孔子說:「一般人所謂禮啊禮啊!難道只是餽贈玉帛(玉器和絲織品)嗎?所謂樂啊樂啊!難道只是敲打鐘鼓樂器嗎?」

當代意義:禮的根本精神是誠心與恭敬,真正的禮是發自內心誠敬的表現;樂的根本精神在於和諧,感化人心,和諧人心,和諧社會,玉帛和鐘鼓只是禮樂的表象。

九、子曰：「**色厲而內荏，譬諸小人，其猶穿窬之盜也與！**」

白話：孔子說：「外表看起來很剛強嚴厲，內心卻很懦弱的人，就像跳牆的竊賊一樣！」

當代意義：這是「色厲內荏」成語典故的由來。孔子批評當時在位者表裡不一，欺世盜名，是偽君子。

十、子曰：「**鄉愿，德之賊也！**」

白話：孔子說：「外表看似忠厚老實而內心巧詐、同流合汙、不辨是非的偽善者，真是損害道德的賊。」

當代意義：孔子和孟子都討厭鄉愿的為人，孟子說：「惡似而非者；惡莠，恐其亂苗也；惡佞，恐其亂義也；惡利口，恐其亂信也；惡鄭聲，恐其亂樂也；惡紫，恐其亂朱也；惡鄉原，恐其亂德也。」（《孟子・盡心下》）

十一、子曰：「**道聽而塗說，德之棄也！**」

白話：孔子說：「一些不實的傳聞消息，不經查證，不辨是非，人云亦云，這是自己棄守應有的道德。」

當代意義：這是「道聽塗說」成語典故的由來。當今媒體眾多，常傳不實或詐騙消息，小心查證，避免受騙。

十二、子曰：「**鄙夫，可與事君也與哉？其未得之也，患得之；既得之，患失之。苟患失之，無所不至矣！**」

白話：孔子說：「一個貪得、鄙陋的人，可以請他事君嗎？他在沒有得到官位前，擔心得不到官職；既然已經得到了官位，又擔心失去官職。如果患得又患失，擔心失去官位，必定無所不用其極的保有官位了。」

當代意義：這是「患得患失」成語典故的由來。孔子告誡我們不要為了私利，患得又患失，為了保全個人私利，無所不用其極，棄國家而不顧。

十三、子曰：「古者民有三疾，今也或是之亡也：古之狂也肆，今之狂也蕩；古之矜也廉，今之矜也忿戾；古之愚也直，今之愚也詐而已矣。」

白話：孔子說：「古人有三種缺點，現在的人，或許連這三種缺點也都不如了。古時候的狂人，有志大而不拘小節的缺點，現在的狂人卻放蕩無禮；古時候矜持的人，言行檢點有所不取，現在矜持的人，易怒好爭；古時候愚昧的人行事直爽，現在愚昧的人，欺詐妄為。」

當代意義：孔子比較古今狂者、矜者、愚者三種人的差異，感慨今人不如古人的純樸。

十四、子曰：「惡紫之奪朱也，惡鄭聲之亂雅樂也，惡利口之覆邦家者。」

白話：孔子說：「我厭惡紫色（雜色）奪走紅色（正色）的光彩；厭惡鄭國的靡靡之音，擾亂先王雅正的樂曲；厭惡巧言詭辯、顛倒是非而敗壞國家的人。」

　　當代意義：這是「惡紫奪朱」成語典故的由來。古人以紅、黃、藍、白、黑五種顏色為正色，其他顏色為雜色。「鄭衛之音」是鄭國、衛國等國的民間音樂，孔子認為其音淫靡，異於雅樂，不可用於祭祀。孔子更厭惡巧言令色、顛倒是非、花言巧語、善於巴結的奸佞小人。

十五、孺悲欲見孔子，孔子辭以疾。將命者出戶，取瑟而歌，使之聞之。

　　白話：孺悲想要會見孔子，孔子不想見他，推託生病身體不適。傳話的人剛走出門，孔子就故意彈瑟、唱歌，使孺悲知道孔子沒有生病，只是不肯見他的意思。

　　當代意義：孺悲是魯哀公的大臣，奉哀公之命來找孔子學習「士喪禮」，《儀禮·士喪禮》講述士喪父母殯葬之禮，〈士喪禮〉專言士階層的喪禮，並不普遍適用于其他階層，該篇詳細講述了治喪的具體過程和儀式。為什麼孔子不願見他呢？因為孺悲自恃魯國權貴，又奉哀公之命，第一次沒有經過介紹引見，直接求見孔子，是不禮貌的行為，非君子之行。

十六、宰我問：「三年之喪，期已久矣！君子三年不為禮，禮必壞；三年不為樂，樂必崩。舊穀既沒，新穀既升，鑽燧改火，期可已矣。」子曰：「食夫稻，衣夫錦，於女安乎？」曰：「安！」「女安，則為之！夫君子之居喪，食旨不甘，聞樂不樂，居處不安，故不為也。今女安，則為之！」宰我出。子曰：「予之不仁也！子生三年，然後免於

> 父母之懷。夫三年之喪，天下之通喪也，予也，
> 有三年之愛於其父母乎？」

白話：宰我問孔子：「父母往生，要為父母守喪三年，太久了，守喪一年就夠了！君子三年不學習禮樂，禮樂一定生疏遺忘。舊的稻穀已經吃完，新的稻穀剛要收成，燒火的木頭也都換新了，所以守喪一年也就可以了。」

孔子說：「父母往生，居喪期間吃美食，穿華服，你心安嗎？」宰我說：「我心安！」

孔子說：「既然你心安，那就隨你去做吧！君子守喪時，有美味的食物不覺得好吃，有悅耳的音樂也不覺得好聽，因為內心覺得哀痛不安，所以不去做享樂的事。現在既然你覺得心安，那你就去做吧！」

宰我出去之後，孔子責罵宰我說：「宰我，真是不仁不孝！對父母沒有感恩之心，嬰兒出生三年後，才能離開父母的懷抱。為父母守喪三年，是天下通行的喪禮，宰我對往生的父母，難道沒有三年的孝心嗎？」

當代意義：這是「食旨不甘」成語典故的由來。荀子也主張三年之喪，他認為禽獸喪親，尚有哀鳴，何況人是萬物之靈，《荀子·禮論》認為為何孝子要為父母服喪三年？這是衡量人情哀傷的輕重，而制定的禮儀，因為父母對子女有養育之恩，父母往生，子女至感哀傷，不是短時間可以恢復平靜的。所以，穿著粗麻素衣，手持竹杖，住在簡陋的木屋，吃稀飯，睡草蓆，用土塊當枕頭，表示至深的傷痛。服喪三年，孝子的哀痛並未完全消除，思念之情並未忘懷，但也應有節制，恢復正常生活，避免哀傷過度而嚴重傷害健康。

人為萬物之靈，對於父母的亡故，理應永懷恩澤，終身不忘，

因此，《禮記·祭義》說：「君子有終身之喪，忌日之謂也。忌日不用，非不祥也，言夫日，志有所至，而不敢盡其私也。」

迄今，父母（祖先）忌日，仍有每年祭拜的習俗，過年過節，也會祭拜祖先。

十七、子貢曰：「君子亦有惡乎？」子曰：「有惡。惡稱人之惡者，惡居下流而訕上者，惡勇而無禮者，惡果敢而窒者。」曰：「賜也亦有惡乎？」「惡徼以為知者，惡不孫以為勇者，惡訐以為直者。」

白話： 子貢問孔子：「君子也有厭惡的人嗎？」孔子說：「有的。厭惡說人家壞話的人，厭惡部屬毀謗長官的人，厭惡有勇氣而沒有禮貌的人，厭惡果斷而不明事理的人。」孔子問子貢：「賜啊！你也有厭惡的人嗎？」子貢說：「有的。厭惡抄襲別人意見而自以為聰明的人，厭惡不謙虛而自以為勇敢的人，厭惡公開他人隱私而自以為正直的人。」

當代意義： 君子厭惡小人的作為，小人自以為聰明，自以為勇敢，自以為正直。小人敗德，無所不為，君子厭惡之。

十八、子曰：「唯女子與小人，為難養也！近之則不孫，遠之則怨。」

白話： 孔子說：「只有家裡的小妾和僕人最難相處了。你親近、善待他們，他們就會放縱無禮；你疏遠他們，沒有善待他們，他們就會不滿而有怨言。」

當代意義： 值得注意的是，孔子所謂「女子與小人難養」，非指所有的女子，而是指與小人同類型的少數女子(小妾)。他們容易嫉

妒，不好相處，孔子並沒有輕視女權的意思。

十九、子曰：「年四十而見惡焉，其終也已！」

白話：孔子說：「一個人到了四十歲還被人厭惡，這個人的一生也就很難有善行可言了。」

當代意義：孔子四十而不惑，道德人格有很高的修養；反觀一個人到了四十歲，因為沒有善行而被人厭惡，這個人的一生也就很難有所成就了吧！孔子勉勵我們不要虛度青春，及時修養品德、進德修業。

第十八章　微　子

一、微子去之，箕子為之奴；比干諫而死。孔子曰：「殷有三仁焉！」

　　白話：殷商末年，紂王暴虐無道，微子屢諫不聽，棄官逃離；箕子不忍逃離而佯狂，被囚當奴隸；比干忠諫，紂王動怒，被剖腹挖心而死。孔子稱讚說：「殷商末年有三個忠君愛國的仁者。」

　　當代意義：微子，名啟，商紂的庶兄，屢諫不聽，叛逃降周，是春秋宋國的開國始祖；箕子，紂王的叔父，名胥餘，官太師。因忠諫被紂王囚為奴，他披髮佯狂，以避殺身之禍。周武王克商後，命召公釋放箕子，周武王詢問箕子治國之道，記載於《尚書・洪範》；比干，紂王的叔父；封於比，名干，商紂時丞相。紂王無道，比干苦諫，紂王怒說：「吾聞聖人心有七竅。」剖腹觀其心而死（註四四）。

二、柳下惠為士師，三黜。人曰：「子未可以去乎？」
　　曰：「直道而事人，焉往而不三黜？枉道而事人，何必去父母之邦？」

　　白話：柳下惠當魯國的獄官（掌管監獄的官），三次被朝廷革職。有人對他說：「你三次被革職，不受朝廷重用，何不離開魯國到其他國家呢？」柳下惠說：「我以正直無私的心去事奉國君，到任

何國家都會被革職的！如果我以不正直的手段去事奉國君，迎合討好國君，又何必要離開魯國而到別的國家呢？」

當代意義：柳下惠，春秋時期魯國大夫，後來隱退，成為「逸民」。柳下惠以直道事人，據《國語・魯語上》記載：魯僖公二十六年（西元前 631 年）夏，齊孝公出兵討伐魯國，臧文仲問柳下惠如何以外交辭令，促使齊國退兵。柳下惠說：「聽說大國如果做好小國的榜樣，小國如果好好事奉大國，這樣才能防止戰亂；現在魯國是小國卻狂妄自大，觸怒大國，自取其禍，外交辭令是沒有用的。」柳下惠這樣說，表示對臧文仲在魯國的執政直言不諱地批評。

《國語》還記載了柳下惠批評臧文仲祭祀海鳥的故事：一隻名為「爰居」的海鳥，停留在魯國都城東門外好幾天，臧文仲讓都城的人去祭祀牠。柳下惠卻說，臧文仲治國不守禮法，聖王只祭祀對人民和國家有功勞的人和事物，而海鳥「爰居」飛到魯國，對百姓沒有什麼功勞、貢獻，就決定祭祀海鳥，實在不是仁德和明智的行為。柳下惠堅持「直道而事人」，最後只能被罷官而隱退，成為「逸民」。

三、齊景公待孔子，曰：「若季氏則吾不能；以季、孟之間待之。」曰：「吾老矣！不能用也。」孔子行。

白話：孔子到齊國，齊景公告訴他的臣子們，他要聘任孔子，說：「要我像魯國國君對待季孫氏（魯國上卿，執掌全國政權）那樣禮遇孔子，我辦不到，我想以魯國國君對待季孫氏與孟孫氏（魯國下卿，不掌政治實權）之間的禮節與職位對待孔子。」後來齊景公又說：「我老了！我不能任用他了。」孔子就離開齊國了。

當代意義：據《史記・齊世家》記載：「齊景公，好治宮室，聚狗馬，奢侈，厚賦重刑。」雖有名相晏嬰輔政，但「死之日，民無德而稱焉。」（〈季氏〉）。可知，齊景公無心禮聘孔子推行仁政。

四、齊人歸女樂，季桓子受之，三日不朝。孔子行。

白話：齊國送了一批歌舞美女給魯國魯定公，執政的權臣季桓子（即季孫斯，魯定公時為上卿）接受了，一連三天魯定公不上朝不理政務，孔子傷心而離開了魯國。

當代意義：魯定公十四年，孔子為魯國司寇，代季桓子行相國事，為政三月，魯國大治，路不拾遺，夜不閉戶。齊景公擔心魯國強大起來，對齊國不利，就送了一批能歌善舞的美女給魯國，藉此迷亂、離間魯國君臣之間的關係，並使孔子與魯定公、季桓子不合，最終孔子離開魯國，周遊列國十四年。

五、楚狂接輿歌而過孔子曰：「鳳兮鳳兮！何德之衰？往者不可諫，來者猶可追。已而已而！今之從政者殆而！」孔子下，欲與之言。趨而辟之，不得與之言。

白話：楚國有個佯狂避世的賢人，名叫接輿，唱著歌走過孔子的車前，說：「鳳凰啊！鳳凰！你應該有道則現，無道則隱，你為何不知隱退？過去栖栖遑遑，到處奔波，也就算了，不必再說了；現在退隱還來得及。算了吧！算了吧！當今亂世，從政的人都很危險！」孔子下車，想和接輿談話，接輿卻很快地躲避，孔子無法與他交談。

當代意義：這是「來者可追」成語典故的由來。孔子周遊列國，

栖栖遑遑，一心想要推行仁政，雖然處處碰壁，「知其不可為而為之」，仍然滿懷行道濟世之心。接輿以鳳凰比喻孔子，表示他尊重孔子，只是對孔子生不逢時深表惋惜，並勸孔子退隱避世，以免無辜遭受災禍。

六、長沮、桀溺耦而耕。孔子過之，使子路問津焉。長沮曰：「夫執輿者為誰？」子路曰：「為孔丘。」曰：「是魯孔丘與？」曰：「是也。」曰：「是知津矣！」問於桀溺。桀溺曰：「子為誰？」曰：「為仲由。」曰：「是魯孔丘之徒與？」對曰：「然。」曰：「滔滔者，天下皆是也，而誰以易之？且而與其從辟人之士也，豈若從辟世之士哉？」耰而不輟。

子路行以告，夫子憮然曰：「鳥獸不可與同羣！吾非斯人之徒與而誰與？天下有道，丘不與易也。」

白話：長沮與桀溺，是楚國兩位著名隱者，並肩耕作。孔子離開楚國到蔡國時，遇到兩位隱者，孔子叫子路問他們過河的渡口在哪裡。長沮說：「那位在車上拉著馬繩的人是誰？」子路說：「是孔丘。」長沮說：「是魯國的孔丘嗎？」子路說：「是的。」長沮說：「他應該知道渡口在哪裡！（暗諷孔子不識時務。）」

子路又問桀溺。桀溺說：「你是何人？」子路說：「我是仲由。」桀溺又問：「是魯國孔丘的學生嗎？」子路說：「是的。」桀溺說：「當今的天下，時局混亂，猶如洪水氾濫！有誰能夠改變這個亂世？而且，你跟從孔丘栖栖遑遑，還不如跟從我們避世退隱！」說完，仍然耕田不輟。

子路走回去把兩人的談話告訴孔子，孔子聽了，恨惘失意的說：「人是不能離開人群而和鳥獸在一起的；我不要離群索居，我要跟

人群在一起，和世人相處，如果天下已經太平，就不用我出來改革了。」

　　當代意義：長沮與桀溺，是亂世隱者，明哲保身，與山林田野鳥獸為伍；孔子風塵僕僕，栖栖遑遑，推行仁道以濟世，兩者形成強烈對比。

七、子路從而後，遇丈人，以杖荷蓧。子路問曰：「子
　　見夫子乎？」丈人曰：「四體不勤，五穀不分，孰
　　為夫子？」植其杖而芸。子路拱而立。止子路宿，
　　殺雞為黍而食之，見其二子焉。
　　明日，子路行以告。子曰：「隱者也。」使子路反
　　見之。至，則行矣。子路曰：「不仕無義，長幼之
　　節，不可廢也；君臣之義，如之何其廢之？欲潔其
　　身，而亂大倫。君子之仕也，行其義也。道之不行，
　　已知之矣！」

　　白話：子路跟隨孔子周遊列國，有一次落在後面，路上遇見一位長者，用枴杖挑著除草的工具。子路上前請問他說：「您看見我的老師嗎？」老人說：「你不勤於耕作，五穀雜糧都不能分辨，誰是你的老師？」說完又去除草，子路拱手恭敬的站在旁邊。老者邀請子路到他家裡住宿，並且殺雞、做菜款待子路，又叫他兩個兒子出來相見。第二天，子路跟老者辭行，趕上了孔子，把昨天的經過情形說了一遍。孔子說：「他是個有禮貌的隱者。」叫子路再回去見他。可是到了隱者家時，隱者已經外出了。子路只好把孔子吩咐的話講給他兒子聽，子路說：「一個人不為國家做事，就是捨棄了君臣的大義。昨天令尊叫你們兩個兒子出來與我相見，就是長幼的禮節，令尊既然知道長幼的禮節不可放棄，那麼君臣的大義又怎麼可以放棄

呢？退隱是想要明哲保身，但實際上卻違背君臣的大倫。君子出來當官做事，並非貪圖榮華富貴、功名利祿，只想實踐君臣的大義；至於當今世局混亂，我們早就知道了。」

當代意義：子路強調：「君子之仕也，行其義也。」，君子當官做事，為了要實踐人倫大義，意指：父子有親，君臣有義，夫婦有別，長幼有序，朋友有信。

八、逸民：伯夷、叔齊、虞仲、夷逸、朱張、柳下惠、少連。子曰：「不降其志，不辱其身，伯夷、叔齊與！」謂柳下惠、少連：「降志辱身矣，言中倫，行中慮，其斯而已矣！」謂虞仲、夷逸：「隱居放言，身中清，廢中權。我則異於是，無可無不可。」

白話：古今節操清高的隱逸之士有：伯夷、叔齊、虞仲（周太王次子）、夷逸、朱張、柳下惠、少連（東夷人）。孔子評論這幾個隱逸之士，說：「堅定意志而不肯屈服，保全自己的身體而不願受辱，這是伯夷、叔齊為人處世之道吧！」又說：「柳下惠、少連，降低自己的意志，不顧自己的身分，謹言慎行，合乎禮法，他們的賢明就是如此。」又說：「虞仲、夷逸，避世隱逸，大聲直言，不拘小節，潔身自愛，說話合乎權宜。」孔子說自己：「我和這些隱逸之士不同，不一定要出仕行道，也不一定要退隱，依禮而行，可仕則仕，應退則退。」

當代意義：孔子不是隱逸之士，孟子評論孔子說：「可以仕則仕，可以止則止，可以久則久，可以速則速。」（《孟子‧公孫丑上》）孟子讚美孔子是集大成的聖之時者。

九、大師摯適齊；亞飯干適楚；三飯繚適蔡；四飯缺適

秦；鼓方叔入於河；播鼗武入於漢；少師陽、擊磬襄入於海。

白話：魯國宮廷的樂官長摯到齊國去了，魯國宮廷的樂官長摯離開魯國，到齊國去了；擔任國君亞飯的樂官干離開魯國，到楚國去了；擔任三飯的樂官繚離開魯國，到蔡國去了；擔任四飯的樂官缺離開魯國，到秦國去了；擔任擊鼓的樂官方叔離開魯國，遷居黃河邊；擔任搖小鼓的樂官武離開魯國，遷居漢中；還有樂官佐陽，擊磬的樂官襄，都離開魯國，隱居海島上了。

當代意義：魯國樂官們紛紛求去，表示魯國的樂教衰弱，但與孔門的教化無關。所謂亞飯、三飯、四飯，都是天子、諸侯用餐時主持演奏的樂官名，天子一天四餐，諸侯三餐，每餐吃飯時都要演奏。

十、周公謂魯公曰：「君子不施其親；不使大臣怨乎不以；故舊無大故，則不棄也；無求備於一人。」

白話：周公（姓姬，名旦。周武王弟，封於魯，輔佐周成王。）在兒子伯禽就任魯公時（伯禽受封於魯），訓勉他說：「君子不怠慢、遺棄自己的親人；不使大臣抱怨不受重視；故舊、老臣、親友如果沒有重大的罪過，不要遺棄他們；不要對一個人苛責求全。」

當代意義：這是「故舊不棄」成語典故的由來。周公訓勉伯禽說：「以忠厚待人，更以忠厚治國，不怠慢親人、故舊、老臣，不要求全苛責任何人，對人苛責求全，則世上無才可用矣。」

十一、周有八士：伯達、伯适、仲突、仲忽、叔夜、叔夏、季隨、季騧。

　　白話：周朝有一位母親，連續生了四個雙胞胎，八個兒子都是賢能之士，他們的名字是：伯達、伯适、仲突、仲忽、叔夜、叔夏、季隨、季騧。

　　當代意義：本段文字記述，與孔門教化無關，疑後人附記而編入正文。一家有四個雙胞胎，八個兒子都是才德兼備的賢能之士，表示周朝人才濟濟，文教興盛。

第十九章　子　張

一、子張曰：「士見危致命；見得思義；祭思敬；喪思
　　哀：其可已矣！」

　　白話：子張說：「一個才德兼備的知識份子，遇到國家危難時，
應該殺身成仁，捨生取義；遇見有利益可得時，應當考慮是否合乎
禮法道義；祭祀要有恭敬之心；居喪時，應當感到哀戚，能有這樣
的道德修養就可以了。」

　　當代意義：子張強調一個才德兼備的知識份子，以忠、義、敬、
孝修養品德，做到：見危授命，見利思義，恭敬祭祀，居喪盡哀。

二、子張曰：「執德不弘，信道不篤，焉能為有？焉能
　　為亡？」

　　白話：子張說：「一個人堅守道德而不能弘揚光大，信守道義而
不能篤實力行，這種人在世上無足輕重，可有可無。」

　　當代意義：子張勉人：君子不僅要固守道德，更要篤實力行、
弘揚光大仁德道義。此與「士不可不弘毅，任重而道遠。」〈〈泰伯〉〉
意旨相通。

三、子夏之門人，問交於子張。子張曰：「子夏云何？」
　　對曰：「子夏曰：『可者與之，其不可者拒之。』」

　　子張曰：「異乎吾所聞：『君子尊賢而容眾，嘉善而
　　矜不能。』我之大賢與，於人何所不容？我之不賢
　　與，人將拒我，如之何其拒人也？」

　　白話：子夏的學生，問子張結交朋友的道理。子張說：「你的老師怎麼說的？」學生回答說：「我的老師說：『可以結交的人，就跟他結交；不可以結交的人，就不要跟他結交。』」子張說：「這和我所了解的不同：『君子尊敬賢人，也能寬容普通百姓；嘉勉善良的人，也能體恤沒有才能的人。』我如果是一個寬大的賢者，什麼人都可以寬容；我如果不是賢者，別人將拒絕我，我如何拒絕別人呢！」

　　當代意義：子張強調君子的交友之道是：「尊賢而容眾，嘉善而矜不能。」

四、子夏曰：「雖小道，必有可觀者焉，致遠恐泥，是
　　以君子不為也。」

　　白話：子夏說：「雖然是一些小技能，也必有可取可觀的優點；但如果要追求更高的理想，恐怕力有不逮，有所不足，所以君子不願用心學習一些小技能。」

　　當代意義：孔子曾說：「吾不如老農」、「吾不如老圃」（〈子路〉）的話，孔子以為種田、種菜、種水果是小道，君子不為；君子應致力於修己治國之大道，篤實力行修身、齊家、治國、平天下之大道。

五、子夏曰：「日知其所亡，月無忘其所能，可謂好學
　　也已矣。」

白話：子夏說：「每天能夠學習一點新的知識，每個月能夠複習學過的知識，就可稱為好學了！」

當代意義：子夏所論即孔子「溫故而知新」（〈為政〉）的道理，與《論語》首章「學而時習之」意旨相通。

六、子夏曰：「博學而篤志，切問而近思，仁在其中矣。」

白話：子夏說：「能夠廣博地學習各種知識，堅定自己求仁的志向，有不明白的地方，要趕快請教師長，切實地問清楚，問明白之後，再從淺近處類推思考，用心體認，就有仁道的涵養了。」

當代意義：這是「博學篤志」、「切問近思」成語典故的由來。子夏教人博學致知以求仁之道，子夏所謂「博學、篤志、切問、近思」，近似《中庸》學、問、思、辨的思想，《中庸》第二十章說：「博學之、審問之、慎思之、明辨之、篤行之。」又說：「力行近乎仁。」。

七、子夏曰：「百工居肆以成其事；君子學以致其道。」

白話：子夏說：「各行各業的人，在工作場所，製成各種器物，完成固定的工作。君子努力學習，進德修業，成就道德學問，力行仁道以濟世。」

當代意義：〈為政〉孔子說：「君子不器。」孔子的教育，是培養才德兼備的君子，能夠擔當治國大任，不是學習一才一藝而已，因此，賢能的君子，當然不以學得一技之長為滿足。子夏「學以致其道」與「君子不器。」意旨相通。

八、子夏曰：「小人之過也必文。」

白話：子夏說：「小人有過不改，反而加以掩飾，自欺欺人。」

當代意義：一個人知過、認錯、改過，是道德的修養工夫，誠屬不易，君子應力行之。

九、子夏曰：「君子信而後勞其民；未信，則以為厲己也。信而後諫；未信，則以為謗己也。」

白話：子夏說：「在上位的君子，必先得到百姓的信任，再讓百姓服勞役；如果沒有得到百姓的信任，就要百姓服勞役，百姓以為是虐待他們了。對於事奉國君，要先得到國君的信任，再進忠諫；如果沒有得到信任而進諫，國君會以為在毀謗他！」

當代意義：君子在位，以誠取信於人民，以誠取信於國君，可以上下溝通，無事不成。

十、子夏曰：「大德不踰閑；小德出入可也。」

白話：子夏說：「君子堅守人倫綱常的規範，不僭越禮法就好了，至於生活起居等小節，稍微放鬆是可以通融的。」

當代意義：所謂人倫綱常的大德，不外乎是五倫關係的盡忠、盡孝、盡悌、盡信；至於生活小節（小德），不妨權宜變通，不必固執拘泥。

十一、子游曰：「子夏之門人小子，當洒掃、應對、進退，則可矣；抑末也，本之則無。如之何？」子夏聞之曰：「噫！言游過矣！君子之道，孰先傳焉？孰後倦焉？譬諸草木，區以別矣！君子之道，焉可誣也？有始有卒者，其惟聖人乎！」

　　白話：子游說：「子夏的學生，做做打掃庭院，接待賓客，以及進退禮儀等工作，那是可以的。但是，這些都是細微末節的事情，至於做人的根本道理，卻沒有學到，這不是好的學習！」子夏聽到了，就說：「子游的話說錯了！君子教人的方法，有一定的先後次序，也要因材施教，因為弟子們程度高低不同，譬如栽種各種不同的花草樹木，種植的方法也各有不同。君子教人的方法也應如此，依學生的資質與能力而分別教導，教人能夠先後有序，由淺入深，有本有末，有始有終，一以貫之者，只有聖人（意指孔子）才做得到吧！」

　　當代意義：子夏教學的方法，如同孔子的因材施教，孔子弟子三千，分別德行、言語、政事、文學等四科，依據學生不同的資質與性向，給予不同的教導。

十二、子夏曰：「仕而優則學，學而優則仕。」

　　白話：子夏說：「出仕為官行有餘力，應該不斷進修，精進專業能力；若學習有所成就，應該出仕為官，學以致用，服務人群。」

　　當代意義：這是「學而優則仕」成語典故的由來。當今社會，科技一日千里，我們應該要不斷的進修，修養品德，學習專業知識與技能，學以致用，貢獻社會。

十三、子游曰：「喪致乎哀而止。」

　　白話：子游說：「父母的喪事能盡哀就可以了。」

　　當代意義：子游的話與〈八佾〉孔子告訴林放說：「喪，與其易也，寧戚。」及《禮記‧檀弓》：「喪禮，與其哀不足而禮有餘也，不若禮不足而哀有餘也。」意旨相同。

十四、子游曰：「吾友張也，為難能也！然而未仁。」

白話：子游說：「我的朋友子張，陳國人，資質寬厚，博接從容，才能過人，學有所成，難能可貴，但是未能篤行仁道。」

當代意義：孔子說：「師也，辟。」孔子評論子張外向、性情張狂、注重外表、有些偏激。

十五、曾子曰：「堂堂乎張也！難與並為仁矣。」

白話：曾子說：「子張注重外表，儀表堂堂，但是難和他一起涵養仁德、篤行仁道。」

當代意義：曾子曾說：「君子以文會友，以友輔仁。」（〈顏淵〉）顯然，曾子認為子張不能「以文會友，以友輔仁。」。

十六、曾子曰：「吾聞諸夫子：『人未有自致者也；必也親喪乎！』」

白話：曾子說：「我聽孔夫子說過：『一般人平常不會完全表露真情，如果有的話，一定是在父母的喪事吧！』」

當代意義：曾子是孔子最孝順的弟子，他對父母的孝行，一定是真情的表露。《孝經·紀孝行章》孔子說：「孝子之事親也，居則致其敬，養則致其樂，病則致其憂，喪則致其哀，祭則致其嚴。五者備矣，然後能事親。」可知，孝子之事親，致其敬、致其樂、致其憂、致其哀、致其嚴，都是真情的表露，也一定是曾子真情的表露。

十七、曾子曰：「吾聞諸夫子：『孟莊子之孝也，其他可能也；其不改父之臣與父之政，是難能也。』」

白話：曾子說：「我聽孔夫子說過：『魯國公族大夫孟莊子的孝順行為，一般的孝行，別人都可以做到；但在他父親孟獻子死後，仍然任用他父親的部屬，仍然不改變他父親生前的政治措施，這種孝順的行為是難能可貴的。』」

當代意義：孟莊子的孝行，可以說是善於繼承他父親的志業，所以，孔子稱讚他的孝行可貴。〈學而〉子曰：「三年無改於父之道，可謂孝矣！」與本章意旨相通，《中庸》第十九章也說：「夫孝者，善繼人之志，善述人之事者也。」

十八、孟氏使陽膚為士師，問於曾子。曾子曰：「上失其道，民散久矣！如得其情，則哀矜而勿喜。」

白話：孟孫氏任命陽膚（曾子的學生）為監獄官，陽膚來請教曾子如何做法。曾子說：「在上位執政的人，已經喪失教養百姓之道，民心已經背離很久，容易觸犯法律，如果查出百姓犯罪的困境實情，要同情、憐憫遭受苦難的百姓，不要自以為能查明案情而幸災樂禍。」

當代意義：這是「哀矜勿喜」成語典故的由來。曾子教勉弟子為官要體恤民情，常懷惻隱之心。曾子所謂「哀矜勿喜」，近似孔子「不教而殺謂之虐，不戒視成謂之暴。」（〈堯曰〉）。荀子也說：「不教而誅，則刑繁而邪不勝；教而不誅，則奸民不懲。」（《荀子·富國》）

十九、子貢曰：「紂之不善，不如是之甚也。是以君子惡居下流，天下之惡皆歸焉。」

白話：子貢說：「商紂王的暴虐無道，未必像後世傳說的那麼罪惡多端。因此，君子要潔身自愛，不可違法亂紀，如果自暴自棄，自甘墮落，那天下的罪惡都會歸到他的身上了。」

當代意義：子貢勉人為善，戒人為惡。

二十、子貢曰：「君子之過也，如日月之食焉。過也，
　　　　人皆見之；更也，人皆仰之。」

白話：子貢說：「君子的過失，猶如日蝕、月蝕一樣，陰暗虧缺，人人都看得見；君子改過遷善了，好比日、月恢復光明，人人都敬仰之。」

當代意義：子貢勉人勇於改過，君子改過，人人敬仰。

二十一、衛公孫朝問於子貢曰：「仲尼焉學？」子貢曰：
　　　　「文、武之道，未墜於地，在人。賢者識其大
　　　　者，不賢者識其小者；莫不有文、武之道焉。
　　　　夫子焉不學，而亦何常師之有？」

白話：春秋衛國大夫公孫朝問子貢說：「孔夫子的道德學問跟誰學習的？」子貢說：「周文王、周武王的禮樂典章制度，並沒有完全失傳，還有人能記得。有才德的賢人記得那些重要的學問，一般人也記得一些器用名物之學，孔夫子無所不學，自學、好學、樂學，沒有固定的授業老師。」

當代意義：孔子以「道統」為師，這個道統就是從堯、舜、禹、湯以至周文王、周武王、周公相傳的文化道統，孔子繼承並發揚光大這個道統，成為中華文化的道統。

二十二、叔孫武叔語大夫於朝曰：「子貢賢於仲尼。」
　　　　子服景伯以告子貢。子貢曰：「譬之宮牆：賜
　　　　之牆也及肩，窺見室家之好。夫子之牆數仞；
　　　　不得其門而入，不見宗廟之美，百官之富。得
　　　　其門者或寡矣！夫子之云，不亦宜乎？」

　　白話：叔孫武叔（姬姓，名州仇，諡為武。魯國大夫，叔孫氏
第八代家主。）一向與孔子不和睦，在朝廷上跟大夫們說：「子貢的
道德學問勝過孔子。」魯國大夫子服景伯把叔孫武叔的話告訴子貢。
子貢說：「人的道德學問有高低，例如房子的圍牆有高矮一般。我的
圍牆，與人的肩膀一般高，很容易從牆外看得見屋內的擺設；至於
孔夫子的牆，有好幾丈高，如果找不到大門走進去，就看不到屋內
宗廟裝飾的華美，和文武百官的盛大儀容。能夠進入孔夫子大門的
人太少了。因為，叔孫武叔不理解孔夫子的道德學問，他的說法，
不足為怪！」

　　當代意義：這是「不得其門而入」成語典故的由來。叔孫武叔
一向與孔子不和睦，他對孔子的批評，不足為奇！子貢以「宗廟之
美」與「百官之富」，讚美孔子道德學問的高深。

二十三、叔孫武叔毀仲尼。子貢曰：「無以為也！仲尼
　　　　不可毀也。他人之賢者，丘陵也，猶可踰也；
　　　　仲尼，日月也，無得而踰焉。人雖欲自絕，其
　　　　何傷於日月乎？多見其不知量也！」

　　白話：叔孫武叔批評孔子。子貢說：「毀謗孔子是沒有用的！孔

子是不可詆毀的。別人的道德學問，只不過像山丘一樣，還可以超越。孔子就像日月一樣，無法超越。雖然有人想拒絕日月的光明，對日月沒有什麼傷害呢！只顯得他自不量力而已！」

當代意義：子貢讚美孔子的道德學問，有如日月經天、江河行地，叔孫武叔詆毀孔子，只是蚍蜉撼樹，螳臂擋車，無損孔子的光輝。

二十四、陳子禽謂子貢曰：「子為恭也，仲尼豈賢於子乎？」子貢曰：「君子一言以為知，一言以為不知，言不可不慎也！夫子之不可及也，猶天之不可階而升也。夫子之得邦家者，所謂『立之斯立，道之斯行，綏之斯來，動之斯和。其生也榮，其死也哀。』如之何其可及也？」

白話：陳子禽跟子貢說：「仲尼是你老師，你非常尊敬、推崇老師，仲尼的道德學問，會勝過你嗎？」子貢說：「君子說話要謹慎，因為一句話說對了，大家都會稱讚他聰明；一句話說錯了，大家都會說他不智。孔夫子的道德學問無人能及，如同天不能用梯子爬上去一般。如果老師能夠執掌國家政務，那就像古人所說的：『扶持百姓自立，百姓就能自立；以道德教導百姓，百姓就能遵從；安撫遠方人民，人民即能歸服順從；農閒時服勞役，百姓生活安樂。所以，孔夫子生前時，大家尊敬他；他死後，人人哀悼他。』哪一個人能夠比得上孔夫子呢？」

當代意義：子貢稱讚孔子德才兼備，學識淵博，無人能及，無比崇高，如天之不可攀登。孟子盛讚孔子是「聖之時者也」、「孔子之謂集大成。」（《孟子‧萬章下》）孟子讚美孔子是最合時宜的聖人，是集聖人的大成。

第二十章　堯　曰

一、堯曰：「咨！爾舜！天之曆數在爾躬，允執其中。
　　四海困窮，天祿永終。」舜亦以命禹。
　　曰：「予小子履，敢用玄牡，敢昭告于皇皇后帝：
　　有罪不敢赦，帝臣不蔽，簡在帝心！朕躬有罪，無
　　以萬方；萬方有罪，罪在朕躬。」
　　「周有大賚，善人是富。」「雖有周親，不如仁人；
　　百姓有過，在予一人。」
　　謹權量，審法度，修廢官，四方之政行焉。興滅國，
　　繼絕世，舉逸民，天下之民歸心焉。所重民：食、
　　喪、祭。寬則得眾，信則民任焉。敏則有功，公則
　　說。

　　白話：堯為古代天子，因兒子丹朱不肖，就把天子大位傳給
舜。堯對舜說：「舜啊！上天安排你當天子，你要堅守不偏不倚的
中道；如果天下的百姓都很窮困，上天賜給你的天子祿位，就永久
斷絕了。」後來，舜也以堯的話告訴禹，因為舜的兒子商均不肖，
因此，舜也把天子大位傳給禹。

　　商湯討伐夏桀時，對天祝禱說：「我商湯用黑色的公牛當祭品，
明白昭告偉大的上帝（上天）：我不敢輕易赦免有罪的人（意指夏桀
有罪，代天討伐夏桀。），那些賢能的人，都是上帝的臣子，我也不

敢隱藏而不重用賢臣。我個人有罪過，恭請上帝不要降禍給百姓；百姓有罪過，由我一人來承擔。」

周武王克商紂，大敗商紂於牧野，取代天下，大封諸侯於廟，說：「周得到上天賜福，賢能善人最多。」又說：「我雖然有骨肉至親的人，但不如有賢能的仁者；百姓如有過失，責任都在我一人身上。」

周得天下後，統一度量衡的法定單位，審定禮樂、律法，重新恢復舊有的官職，天下的政令通行無阻了。恢復被消滅的國家；已斷絕的宗族，為他立嗣，以繼祭祀；提拔隱居的賢人，如此勤政愛民，天下民心歸服。

古代天子所重視的有四件大事：（1）百姓（2）糧食（3）喪禮（4）祭祀。

天子厚待屬下，就會得到大家的愛戴；誠信待人，就會得到百姓的信賴；勤勞做事，就會有功績；治國公正無私，百姓心悅歸服。

當代意義：這是「允執其中」成語典故的由來。值得注意的是，《論語・堯曰》的「湯誓」，近似《國語・周語・內史過論晉惠公必無後》：「余一人有罪，無以萬夫；萬夫有罪，在余一人。」不過，異於《尚書・商書・湯誓》：「非臺小子，敢行稱亂；有夏多罪，天命殛之……夏氏有罪，予畏上帝，不敢不正。」古代似有不同版本的「湯誓」，《尚書・商書》的「湯誓」，充滿吊民伐罪的思想，其成書年代，疑在戰國之時。

此外，值得我們關注的是，商湯和周武王的「罪己」（將百姓的苦難和國家的災禍，歸罪於天子一人的責任），影響後世非常深遠，據史書紀載：漢文帝日蝕罪己、漢武帝輪臺罪己、漢宣帝八次罪己、漢元帝十三次罪己、唐太宗、宋寧宗、明成祖、明神宗、明崇禎皇帝、清康熙、清順治臨終罪己等。

　　從歷史興衰的觀點而言，臧文仲認為「罪己悖興」、「罪人忽亡」，臧文仲說：「宋其興乎！禹湯罪己，其興也悖焉！桀紂罪人，其亡也忽焉！」（《左傳·莊公十一年》）莊公十一年秋天，宋國發生大水災，魯中公派人弔慰，說：「天下大雨，傷害穀物，應予弔慰。回答說：「孤實在不尊敬上天（註四五），因此，天降災禍。」

　　魯國大夫臧文仲說：「宋國即將興盛吧！禹和湯把罪過歸於自己，他們很快興盛；桀和紂把罪過歸給別人，他們很快滅亡。諸侯國有了凶災，國君謙稱為『孤』，適合於禮制的。」

　　不久，聽說「孤實不敬，天將之災。」是宋莊公之子（即宋桓公）所講的話，臧文仲說：「公子御說（即宋桓公）適合當國君，他有體恤百姓的心。」

二、子張問於孔子曰：「何如斯可以從政矣？」子曰：「尊五美，屏四惡，斯可以從政矣。」子張曰：「何謂五美？」子曰：「君子惠而不費；勞而不怨；欲而不貪；泰而不驕；威而不猛。」子張曰：「何謂惠而不費？」子曰：「因民之所利而利之，斯不亦惠而不費乎？擇可勞而勞之，又誰怨？欲仁而得仁，又焉貪？君子無眾寡，無小大，無敢慢，斯不亦泰而不驕乎？君子正其衣冠，尊其瞻視，儼然人望而畏之，斯不亦威而不猛乎？」子張曰：「何謂四惡？」子曰：「不教而殺謂之虐；不戒視成謂之暴；慢令致期謂之賊；猶之與人也，出納之吝，謂之有司。」

　　白話：子張問孔子為政之道：「如何治理國家政務呢？」孔子

說：「推崇五種美德，去除四種惡政，才可以治理國家的政務。」

子張說：「何謂五種美德呢？」孔子說：「在上位的君子，能施惠給百姓而自己卻不花錢；百姓服勞役而不怨恨；雖有欲望而不起貪心；精神舒暢安寧卻不驕傲；儀態威嚴而不兇惡。」

子張又問：「何謂惠而不費呢？」孔子說：「減少賦稅，百姓獲得更多的利益，這是惠而不費！利用農暇時期，選擇青壯的男人服勞役，沒有人會怨恨！順利推行仁道，求仁而得仁，沒有什麼可貪的！在上位的君子不論人多人少，無論大小事，都不敢怠慢，這是心胸舒暢而不驕傲！在上位的君子端正衣冠，儀容端莊，百姓望見自然敬畏，這是有威嚴而不兇惡！」

子張說：「何謂四種惡政？」孔子說：「不先教導百姓，百姓犯罪就加以殺害，這叫暴虐無道；叫百姓做事，不先告訴百姓，卻要限期驗收成果，這叫兇暴；官府延誤政令，卻要百姓限期做好，這叫殘賊；政府施惠給百姓，不必在收支上吝嗇，這是小吏的小見識，不是從政之道。」

當代意義：這是「惠而不費」、「勞而不怨」「威而不猛」、「不教而殺」成語典故的由來。五種美德之首是「惠而不費」，施惠於民得民心，得民心者「勞而不怨」；四種惡政之首是「不教而殺」，猶如孟子所謂：「及陷於罪，然後從而刑之，是罔民也；焉有仁人在位，罔民而可為也？」（《孟子・梁惠王上》），「不教而殺」是羅織陷害，殘殺百姓。

三、子曰：「不知命，無以為君子也；不知禮，無以立也；不知言，無以知人也。」

白話：孔子說：「不知個人貧富窮達之命，不能成為一個君子；不知適時進退之禮節，不能立身於社會；不知分辨言語的是非，不

能辨別說話者的善惡。」

　　當代意義：孔子強調知命、知禮(守禮)、知言的重要。

　　註　釋

註　一　年紀輕輕，能夠不遷怒、不貳過，是了不起的深厚修養，
　　　　明儒薛瑄《讀書錄》卷二十說：「二十年治一怒字，尚未消
　　　　磨得盡，以是知克己最難。」

註　二　《禮記・檀弓上》子游問喪具，夫子曰：「稱家之有亡(無)。」
　　　　孔子主張辦理喪事，要與家庭經濟相符，顏回家貧，不應
　　　　厚葬。

註　三　王充《論衡・祭意》：「五祀，報門、戶、井、灶、室中霤
　　　　之功。門、戶，人所出入；井、灶，人所飲食；中霤，人
　　　　所託處，五者功鈞，故俱祀之。」中霤神，又稱地基主、
　　　　地主神。台灣民間信仰還有不少人祭拜地基主（中霤神）、
　　　　門神、灶神。

註　四　八佾舞是周天子的舞樂，以八人為一列，有八列，共六十
　　　　四人；諸侯六佾，四十八人；大夫四佾，三十二人；士二
　　　　佾，十六人。季孫氏是大夫，應用四佾，不可僭用八佾，
　　　　嚴重違禮。

註　五　魯國三家，又稱三桓，是指魯國歷史上三個魯桓公後代的
　　　　卿大夫：季孫氏、叔孫氏、孟孫氏。三家長期執掌國政，
　　　　對魯國有深遠的影響。

註　六　《詩經・周頌・臣工之什・雍》是周天子祭祀宗廟結束後，
　　　　撤除祭品時，所唱的樂歌，三家只是大夫，僭越禮制。

註　七　只有天子能祭拜泰山神，此謂「封禪」，第一位真正舉行封
　　　　禪大典的是秦始皇。

註　八　見於《詩經・衛風・碩人》，描寫春秋齊莊公的女兒莊姜，

　　　　　　容貌出眾，皮膚細白柔嫩，像凝固油脂般的光滑，她出嫁時儀容非常美麗與尊貴。

註　九　《禮記・王制》：「天子諸侯宗廟之祭祀，春曰礿，夏曰禘，秋曰嘗，冬曰烝。」古代天子或諸侯在太廟對祖先的盛大祭祀。

註　十　《中庸》第 16 章：「洋洋乎如在其上，如在其左右。」

註一一　奧神是指屋內西南邊神主上座或尊長居住的地方。

註一二　「關雎」是《詩經・國風・周南》第一首詩歌，「關關雎鳩，在河之洲。窈窕淑女，君子好逑……求之不得，寤寐思服。悠哉悠哉，輾轉反側……窈窕淑女，鐘鼓樂之。」

註一三　夏商周三朝代的國都在不同的地方，夏朝多松樹，以松木為社木；商朝多柏樹，以柏木為社木；周朝多栗木，以栗木為社木。只是方便取材，沒有其他用意。

註一四　古官名，春秋時期各諸侯國都設有封人，掌管修築王畿、封國、都邑四周疆界上的封土堆和樹木。

註一五　台灣教育學術團體，迄今還有木鐸獎的表揚。

註一六　諡號：古代帝王、君主、諸侯、大臣、后妃等死後，朝廷依其一生功過與品德修養，頒賜稱號，褒貶功過。

註一七　晏嬰出使楚國的故事，得出三個成語典故：揮汗如雨、摩肩接踵、橘化為枳。

註一八　春秋時期，凡是遇到自己難解的事，就會舉行祭祀占卜，而養烏龜就是為了占卜吉凶用的。國君養大龜，大夫養小龜，臧文仲是大夫，在豪宅養大龜，不合禮制，僭越禮制。

註一九　據蕭翰統計，共有 79 位皇帝下詔罪己，漢代 15 位，南朝 14 位，唐朝 8 位，宋代 7 位等，袁世凱洪憲帝制失敗後，下了一份「罪己詔」，是中國歷史上最後一份罪己詔。

註二十　子不語：怪、力、亂、神。（〈述而〉）

註二一　所謂「升歌」，就是祭禮或宴會登堂時，奏樂而歌，升歌有

三段，唱三首詩歌：〈鹿鳴〉、〈四牡〉、〈皇皇者華〉。

註二二　《詩經・小雅・鹿鳴》是周王朝宴會群臣賓客的一首樂歌。

註二三　《禮記・樂記》云：「樂也者，聖人之所樂也，而可以善民心，其感人深，其移風易俗，故先王著其教焉。」

註二四　《禮記・樂記》云：「鄭衛之音，亂世之音。」又云：「鄭音好濫淫志，宋音燕女溺志，衛音趨數煩志，齊音放辟喬志，此四者皆淫於色而害於德，是以祭祀弗用也。」可知，鄭國、宋國、衛國、齊國的音樂，都是溺音淫樂，不是正聲雅樂。

註二五　古代五百家為一黨，猶如現在的村里，達巷是黨的名。

註二六　傳說伏羲氏時代，黃河出現一條龍馬，背上有一張河圖，就是伏羲畫八卦所根據的河圖，象徵聖王出現的吉兆。又傳說舜帝和周文王時代，都曾出現鳳鳥，象徵天下太平。

註二七　西漢文學家楊雄的書亭，因《陋室銘》而名揚天下。

註二八　唐棣花白色有香氣，《詩經・國風・召南・何彼襛矣》：「何彼襛矣，唐棣之華，何不肅雍，王姬之車。」王姬是周武王的女兒，周成王的妹妹，王姬出嫁，雍容素雅，如盛開的唐棣花，潔白有香氣。

註二九　出使到鄰國訪問的大夫，手持國君玉圭以為信物。

註三十　以葛草纖維織成的布，可做夏衣。

註三一　臘祭是歷史悠久的民間傳統祭祀文化，在歲末12月舉行的祭祀，祭祀的對象是祖先及五位家中之神。

註三二　大儺之禮是古代在臘月（12月）舉行驅除疫鬼的儀式。大儺又稱鄉人儺，跳儺舞，要戴面具化妝。

註三三　古代吃飯前先祭，國君吃的食物，先由膳夫或陪侍者先品嘗，表示無毒安全後國君才吃，孔子陪伴國君吃飯，所以，孔子先品嘗食物是否有毒？

註三四　舞雩是古代祭天求雨時，舉行的伴有樂舞的祭祀。古代求

雨祭天，設祭壇命女巫為舞，故稱舞雩。雩是古代求雨的一種祭祀，「舞雩台」是魯國求雨祭天的壇，在今山東曲阜市南。值得一提的是，「暮春三月，到沂水邊玩水，洗洗手腳……」極有可能是上巳節的活動，農曆 3 月 3 日上巳節，就是春浴日，清潔身心，有驅除災厄的意思。此外，春遊踏青也是上巳節的習俗，杜甫〈麗人行〉說：「三月三日天氣新，長安水邊多麗人。」上巳節也是文人臨水宴飲、吟詩作賦的節日，最著名的是王羲之蘭亭之會的曲水流觴。

註三五　克己是孔子非常重要的修養工夫，宋明儒學家深受影響。張載說：「只為病根不去，隨所居所接而長，人須一事事消了病，則常勝，故須克己。」（《經學理窟》），程伊川說：「治怒為難……克己可以治怒。」（《河南程氏遺書卷第一》），薛敬軒說：「二十年治一怒字，尚未消磨得盡，以是知克己最難。」（《明儒學案・河東學案上》），呂東萊說：「人必從克己上做工夫，方知自朝自暮……無非過失，而改過之為難，所以言欲寡過而未能。」（《宋元學案・東萊學案》）。

註三六　所謂「先事後得」近似〈雍也〉：「仁者先難而後獲」，「後得」即「後獲」，「先事」猶如「先難」。基於義利之辨，以義為先，以利為後。

註三七　依明末清初思想家顏習齋的觀點，寡過已是聖人之心。

註三八　明末清初思想家陳確說：「知過之謂智，改過之謂勇，無過之謂仁。」（《陳確集・別及卷二》）陳確認為改過是成聖工夫，知過改過而無過，臻於智仁勇三達德的聖人境界。

註三九　依古禮，官員守喪二十七個月，期滿重返官場，若有國家重大事故或緊急戰亂，可以「奪情起復」，例如賈充母喪，晉武帝以東南有戰亂為由，只讓賈充丁憂六十天，隨即「奪情起復」，重返官場，以素服辦公。唐代已經建立比較完備的奪情起復制度。

註四十　明朝南海遺民屈大均所作《皇明四朝成仁錄》，全 12 卷，
　　　　記載明末崇禎、弘光、隆武、永曆四朝士子抗清死節事蹟。

註四一　世傳呂蒙正著《破窯賦》，傳誦至今：天有不測風雲，人有
　　　　旦夕禍福……馬有千里之程，無騎不能自往；人有沖天之
　　　　志，非運不能自通……文章蓋世，孔子困厄於陳邦……韓
　　　　信未遇之時，無一日三餐，及至運行，腰懸三尺玉印，一
　　　　旦時衰，死於陰人之手……君子失時，拱手於小人之下……
　　　　時遭不遇，只宜安貧守份……天不得時，日月無光……人
　　　　不得時，利運不通……吾昔寓居洛陽，朝求僧餐，暮宿破
　　　　窯……今居朝堂，官至極品，位置三公……人道我貴，非
　　　　我之能也，此乃時也！運也！命也！嗟呼！人生在世，富
　　　　貴不可盡用，貧賤不可自欺，聽由天地循環，周而復始焉。

註四二　《小窗幽記》是一本奇書，署名「雲間陳繼儒眉公手輯」，
　　　　但是作者是陸紹珩。

註四三　「魔鬼藏在細節裡」，原本來自德國的俚語：The god is in the
　　　　detail，原意指細小的地方都藏有神蹟，後來引申為任何事
　　　　情的細節都可能藏著魔鬼，意指很多的錯誤和失敗，往往
　　　　都是疏忽或輕忽處置這些細節的後果。

註四四　參閱《史記・殷本記》。

註四五　平常諸侯自稱「寡人」，遭遇凶災時依禮謙稱「孤」。

乙篇　《孟子》白話與當代意義

第一章　梁惠王上

一、孟子見梁惠王。王曰:「叟不遠千里而來,亦將有
以利吾國乎?」

孟子對曰:「王何必曰利?亦有仁義而已矣。王曰:
『何以利吾國?』大夫曰:『何以利吾家?』士庶
人曰:『何以利吾身?』上下交征利而國危矣。萬
乘之國弒其君者,必千乘之家;千乘之國弒其君
者,必百乘之家。萬取千焉,千取百焉,不為不多
矣。苟為後義而先利,不奪不饜。未有仁而遺其親
者也,未有義而後其君者也。王亦曰仁義而已矣,
何必曰利?」

　　白話:孟子見梁惠王(即魏惠王,戰國時期魏國第三代君主),
惠王說:「先生不遠千里來魏國,有何良策可使我國得到利益?」

　　孟子說:「王何必說得到利益?我只談仁義的良策!」王說:『如
何使我國得到利益?』大夫說:『如何使我的家得到利益?』士和百
姓說:『如何使我自己得到利益?』如果大家以私利為先,只求私利,

不講仁義道德，國家就危險了。所以，弒殺大國國君的，一定是擁有千輛兵車的大夫；弒殺小國國君的，一定是擁有百輛兵車的大夫。大夫擁有國家十分之一的兵車戰力，戰力已夠強大，如果臣下只求私利，不守禮法，當然會弒君奪位，滿足私利之欲。」

「從來沒有行仁愛而不顧父母的人，從來沒有講道義而不忠於國君的人。請大王只講仁義道德，何必要說得到利益呢？」

當代意義：這是「不遠千里」成語典故的由來。孟子的義利之辨，源自孔子的：「君子喻於義，小人喻於利。」（《論語・里仁》）。

二、孟子見梁惠王，王立於沼上，顧鴻鴈麋鹿，曰：
　　「賢者亦樂此乎？」
　　孟子對曰：「賢者而後樂此，不賢者雖有此，不樂也。《詩》云：『經始靈臺，經之營之，庶民攻之，不日成之。經始勿亟，庶民子來。王在靈囿，麀鹿攸伏，麀鹿濯濯，白鳥鶴鶴。王在靈沼，於牣魚躍。』文王以民力為臺為沼。而民歡樂之，謂其臺曰靈臺，謂其沼曰靈沼，樂其有麋鹿魚鼈。古之人與民偕樂，故能樂也。《湯誓》曰：『時日害喪？予及女偕亡。』民欲與之偕亡，雖有臺池鳥獸，豈能獨樂哉？」

白話：孟子見梁惠王，大王站立在水池邊，回頭望著園林中的大雁和麋鹿，大王說：「賢明的國君，也喜歡觀賞鳥獸為樂嗎？」

孟子答說：「只有賢明的國君，纔能喜歡觀賞鳥獸為樂；不賢明的國君，雖然有大園林，也無法享樂。《詩經・大雅・靈臺》說：『周文王建造靈臺（今陝西鄠縣）的時候，剛開始量地基，標明方位，

百姓就全心全力築臺，很快靈臺就建造好了。文王原本不急著完工，百姓竟然像兒子為父親做事一樣的趕工！文王在園林裡遊覽，看那牝鹿皮毛光亮；白鳥的羽毛也很潔白。文王又到靈沼水池邊觀賞魚兒活潑悠游！』文王用民力來建造高臺和深池，百姓都很樂意替他做，高臺稱靈臺，深池叫靈沼，並且高興文王有鳥獸可以觀賞。古時候的國君，因為能和百姓同樂共享，所以自己也能享受靈臺之樂！《尚書·湯誓》說：百姓怨恨暴君夏桀，說：『這太陽（夏桀）什麼時候會滅亡？我願意同夏桀一同滅亡！』如果百姓想和夏桀同歸於盡時，雖然有靈臺、靈沼，如何能一個人獨享靈臺之樂呢！」

當代意義：一國之君，要能體恤百姓，能夠與民同樂共享，深得百姓愛戴，可謂賢明之君。

三、梁惠王曰：「寡人之於國也，盡心焉耳矣。河內凶，則移其民於河東，移其粟於河內。河東凶亦然。察鄰國之政，無如寡人之用心者。鄰國之民不加少，寡人之民不加多，何也？」

孟子對曰：「王好戰，請以戰喻。填然鼓之，兵刃既接，棄甲曳兵而走。或百步而後止，或五十步而後止。以五十步笑百步，則何如？」

曰：「不可，直不百步耳，是亦走也。」

曰：「王如知此，則無望民之多於鄰國也。不違農時，穀不可勝食也；數罟不入洿池，魚鼈不可勝食也；斧斤以時入山林，材木不可勝用也。穀與魚鼈不可勝食，材木不可勝用，是使民養生喪死無憾也。養生喪死無憾，王道之始也。五畝之宅，樹之以桑，五十者可以衣帛矣；雞豚狗彘之畜，無失其

時，七十者可以食肉矣；百畝之田，勿奪其時，數
口之家可以無飢矣；謹庠序之教，申之以孝悌之
義，頒白者不負戴於道路矣。七十者衣帛食肉，黎
民不飢不寒，然而不王者，未之有也。

狗彘食人食而不知檢，塗有餓莩而不知發；人死，
則曰：『非我也，歲也。』是何異於刺人而殺之，
曰：『非我也，兵也。』王無罪歲，斯天下之民至
焉。」

白話：梁惠王對孟子說：「寡人治理國家，盡心盡力，例如河內
地區（今黃河以北地區）發生饑荒，就把河內輕壯百姓遷移到河東，
把河東的穀子運送一些到河內，賑濟留在河內地區的老弱婦孺；河
東地區（山西省黃河以東地區）如果發生饑荒，也採取相同的方法。
探查鄰國採用的政策，沒有像寡人這樣用心的；可是，鄰國百姓人
口並沒有減少，我國的百姓也沒有增加，這是什麼原因呢？」

孟子說：「大王喜歡征戰，請讓我以征戰做比喻：當大王鼓動戰
鼓，命令兵士進攻時，雙方武器一接觸，就丟棄盔甲敗退逃跑，有
的士兵跑了一百步停下來，有的士兵跑了五十步停下來；那些跑五
十步的士兵譏笑那些跑一百步的士兵膽小，這樣可不可以？」

惠王說：「不可以。只是還沒跑到一百步而已！一樣是敗退逃走
啊！」

孟子說：「大王如果知道這個道理，那就不要期望百姓多於鄰國
了。大王只要不耽誤農民耕種的時節，五穀雜糧就吃不完了；不要
用細網在池塘裡捕魚，魚蝦就吃不完了；依照一定的時節到山上去
砍材，木材就用不完了。五穀雜糧和魚蝦吃不完，木材也用不完，
就能使百姓養生送死沒有遺憾；能使百姓養生送死沒有遺憾，就是
行王道的開始。」

「本著王道的精神，規定百姓在五畝大的自用住宅區內，種桑養蠶，五十歲以上的老人，就有絲綢衣服可穿了；飼養雞、鴨、小豬、狗、母豬等家畜，不要延遲耽誤牠們繁殖的時間，七十歲以上的老人，飲食就有肉可吃了；每家分配一百畝田，不要因為服勞役妨害農民耕種的時間，有數口人的家庭，就可以吃飽飯了。」

「重視學校的教育，推行孝悌教化，人人孝順父母、尊敬兄長，銀髮老人，就不至於肩挑重擔在道路上苦行了。七十歲以上的老人就可以穿絲綢、吃肉類，年輕百姓免挨餓、免受凍，像這樣行王道仁政，就能成就王業，稱王於天下！」

「但是，當今的國君，當五穀豐收時，豬狗都吃人的食物，卻沒有儲存餘糧，預防饑荒；遇到饑荒，道路上有餓死的窮苦人家，也沒有把倉庫裏的存糧，拿出來賑災救濟。百姓餓死了，還說：『不是寡人的責任，是饑荒年啊！』這好比有人拿刀殺死人，還說：『不是我殺的，是這把刀殺死他的！』大王只要負起責任，不要推卸責任說是饑荒天災，就可以使天下的百姓都來歸順了。」

當代意義：這是「棄甲曳兵」、「養生喪死」、「五十步笑百步」成語典故的由來。孟子強調政府施政不要擾民，不耽誤百姓春耕夏耘秋收的農忙季節，五穀豐收。不要用細密的魚網捕魚，魚蝦繁殖，不可任意砍伐山林，山林茂盛。五穀和魚蝦豐收，林木盛產，百姓的養生、送死都沒有悔恨，人民安居樂業，這就是王道的開始。然後加強各級學校的教育，教導國民孝親敬長之道，發揮人倫親情，使父子有親、君臣有義、夫婦有別、長幼有序、朋友有信。

孟子強調養生不僅是個人的保健，更是國家整體的施政。換言之，個人的養生保健，是現代國家的政策，包括：全民健保、預防疾病（註一）、傳染病、社會保險與福利、國民年金等等，保障國民的健康與安全，使人民有足夠的能力奉養父母，照顧妻兒，豐年可以三餐溫飽，荒年也能免於飢餓或死亡。

如何確保養生送死無憾？孟子主張推行仁政，以「推恩」的愛

心，老吾老以及人之老，幼吾幼以及人之幼。執政者先尊敬自己的
父兄，推恩到尊敬別人的父兄；愛護自己的兒孫，推恩到愛護別人
的兒孫。只要人人敬愛他的父母，尊敬他的兄長，愛護他的兒女，
人人推恩，天下就會太平，養生送死就沒有遺憾。

四、梁惠王曰：「寡人願安承教。」

　　孟子對曰：「殺人以梃與刃，有以異乎？」

　　曰：「無以異也。」

　　「以刃與政，有以異乎？」

　　曰：「無以異也。」

　　曰：「庖有肥肉，廄有肥馬，民有飢色，野有餓莩，
　　此率獸而食人也。獸相食，且人惡之。為民父母，
　　行政不免於率獸而食人。惡在其為民父母也？仲尼
　　曰：『始作俑者，其無後乎！』為其象人而用之也。
　　如之何其使斯民飢而死也？」

　　白話：梁惠王對孟子說：「寡人樂意聽你指教！」
孟子說：「用棍子或刀子殺人，有什麼差別嗎？」
惠王說：「沒有什麼差別。」
孟子又問「用刀子殺人和用政治殺人，有什麼差別嗎？」
惠王說：「也沒有什麼差別。」
　　孟子又說：「現今的國君，廚房裡有肥嫩美味的肉，馬廄裡有強
壯的馬，但是，百姓面黃肌瘦，郊外有餓死的屍體，這就是領著禽
獸吃人呀！禽獸自相殘殺，大家尚且厭惡禽獸，身為百姓父母的國
君，施政卻要率領禽獸吃人，還有資格當百姓的父母官嗎？孔子說
過：『第一個製作土偶木偶用來殉葬的人，可能要斷子絕孫吧？』因

為土偶好像真人而用它殉葬，以土偶木偶殉葬，尚且不應該，又怎能讓百姓活活餓死呢？」

當代意義：這是「始作俑者」成語典故的由來。國君要有同理心，人饑己饑，人溺己溺，要有仁愛、慈悲的胸懷，關懷百姓疾苦。

五、梁惠王曰：「晉國，天下莫強焉，叟之所知也。及寡人之身，東敗於齊，長子死焉；西喪地於秦七百里；南辱於楚。寡人恥之，願比死者一洒之，如之何則可？」

孟子對曰：「地方百里而可以王。王如施仁政於民，省刑罰，薄稅斂，深耕易耨。壯者以暇日修其孝悌忠信，入以事其父兄，出以事其長上，可使制梃以撻秦楚之堅甲利兵矣。彼奪其民時，使不得耕耨以養其父母，父母凍餓，兄弟妻子離散。彼陷溺其民，王往而征之，夫誰與王敵？故曰：『仁者無敵。』王請勿疑！」

白話：梁惠王（通稱魏惠王，魏國第三代國君）說：「我們晉國，是最強大的國家，後來韓趙魏三家分晉，這是您知道的。如今魏國傳到寡人當政，東邊被齊國打敗，寡人的長子也犧牲了；西邊又割讓七百里土地給秦國；南邊被楚國搶走八個城邑。寡人為此感到恥辱，希望能替死難者復仇，您說寡人該如何才好？」

孟子說：「只要有方圓百里的小國家，都可以施行王道仁政，大王如果肯施行仁政，減少刑罰，減輕賦稅，辛勤耕種，努力生產。教導年輕人孝順父母、尊敬兄長、忠誠、守信的道德修養，能夠在家事奉父兄，在外能夠尊敬長輩，這樣，即使手拿棍棒，也可以跟

強大的秦、楚軍隊相對抗。因為秦、楚之君侵擾百姓的農時，使百姓不能耕種，不能生產五穀來奉養父母。父母受凍挨餓，兄弟妻子各自離散，秦、楚之君殘害百姓，大王如果興師討伐秦楚暴君，有誰能與大王對抗？所以說：『施行仁政之仁君無敵於天下。』請大王不要再猶豫！」

當代意義：這是「仁者無敵」成語典故的由來。孟子強調「仁者無敵」，國君如果能夠施行王道仁政，無敵於天下。

六.孟子見梁襄王。出，語人曰：「望之不似人君，就之而不見所畏焉。卒然問曰：『天下惡乎定？』吾對曰：『定于一。』

　　『孰能一之？』對曰：『不嗜殺人者能一之。』

　　『孰能與之？』對曰：『天下莫不與也。王知夫苗乎？七八月之間旱，則苗槁矣。天油然作雲，沛然下雨，則苗浡然興之矣。其如是，孰能禦之？今夫天下之人牧，未有不嗜殺人者也，如有不嗜殺人者，則天下之民皆引領而望之矣。誠如是也，民歸之，由水之就下，沛然誰能禦之？』」

白話：孟子見梁襄王（梁惠王之子），出宮后，對人說：「梁襄王遠遠望他不像國君的風度，走近他也不覺得有威嚴，不能使人敬畏。」

梁襄王突然問我：「天下要如何才能安定？」

我說：「天下統一就能安定。」

襄王問我：「誰能統一天下？」

我說：「不嗜殺人的國君能一統天下。」

襄王又問我：「誰會歸順不嗜殺人的國君呢？」

我回答：「天下人沒有不歸順不嗜殺人的國君。大王您知道禾苗嗎？當七八月間發生乾旱，禾苗就枯萎了。一旦下大雨，禾苗就長得茂盛了。國君能像及時雨，及時解救百姓窮困，誰能阻止百姓樂意歸順呢？當今天下君王，沒有一個不嗜好殺人。如果有一個不嗜好殺人的國君，天下的百姓都會引頸翹望，殷切期盼歸順他，就像水往低處流一樣，浩蕩洶湧，誰能阻擋得了呢？」

當代意義：這是「引領而望」成語典故的由來。孟子主張「不嗜殺人的國君能統一天下」，也就是「仁者無敵」。

七、齊宣王問曰：「齊桓、晉文之事可得聞乎？」

孟子對曰：「仲尼之徒無道桓、文之事者，是以後世無傳焉。臣未之聞也。無以，則王乎？」

曰：「德何如，則可以王矣？」

曰：「保民而王，莫之能禦也。」

曰：「若寡人者，可以保民乎哉？」

曰：「可。」

曰：「何由知吾可也？」

曰：「臣聞之胡齕曰，王坐於堂上，有牽牛而過堂下者，王見之，曰：『牛何之？』對曰：『將以釁鐘。』王曰：『舍之！吾不忍其觳觫，若無罪而就死地。』對曰：『然則廢釁鐘與？』曰：『何可廢也？以羊易之！』不識有諸？」

曰：「有之。」

曰：「是心足以王矣。百姓皆以王為愛也，臣固知王之不忍也。」

王曰：「然。誠有百姓者。齊國雖褊小，吾何愛一牛？即不忍其觳觫，若無罪而就死地，故以羊易之也。」

曰：「王無異於百姓之以王為愛也。以小易大，彼惡知之？王若隱其無罪而就死地，則牛羊何擇焉？」

王笑曰：「是誠何心哉？我非愛其財，而易之以羊也，宜乎百姓之謂我愛也。」

曰：「無傷也，是乃仁術也，見牛未見羊也。君子之於禽獸也，見其生，不忍見其死；聞其聲，不忍食其肉。是以君子遠庖廚也。」

王說曰：「《詩》云：『他人有心，予忖度之。』夫子之謂也。夫我乃行之，反而求之，不得吾心。夫子言之，於我心有戚戚焉。此心之所以合於王者，何也？」

曰：「有復於王者曰：『吾力足以舉百鈞，而不足以舉一羽；明足以察秋毫之末，而不見輿薪。』則王許之乎？」

曰：「否。」

「今恩足以及禽獸，而功不至於百姓者，獨何與？然則一羽之不舉，為不用力焉；輿薪之不見，為不用明焉，百姓之不見保，為不用恩焉。故王之不王，不為也，非不能也。」

曰：「不為者與不能者之形何以異？」

曰：「挾太山以超北海，語人曰『我不能』，是誠不

能也。為長者折枝，語人曰『我不能』，是不為也，非不能也。故王之不王，非挾太山以超北海之類也；王之不王，是折枝之類也。老吾老，以及人之老；幼吾幼，以及人之幼。天下可運於掌。《詩》云：『刑于寡妻，至于兄弟，以御于家邦。』言舉斯心加諸彼而已。故推恩足以保四海，不推恩無以保妻子。古之人所以大過人者，無他焉，善推其所為而已矣。今恩足以及禽獸，而功不至於百姓者，獨何與？權，然後知輕重；度，然後知長短。物皆然，心為甚。王請度之！抑王興甲兵，危士臣，構怨於諸侯，然後快於心與？」

王曰：「否。吾何快於是？將以求吾所大欲也。」

曰：「王之所大欲可得聞與？」王笑而不言。

曰：「為肥甘不足於口與？輕煖不足於體與？抑為采色不足視於目與？聲音不足聽於耳與？便嬖不足使令於前與？王之諸臣皆足以供之，而王豈為是哉？」

曰：「否。吾不為是也。」

曰：「然則王之所大欲可知已。欲辟土地，朝秦楚，莅中國而撫四夷也。以若所為，求若所欲，猶緣木而求魚也。」

王曰：「若是其甚與？」

曰：「殆有甚焉。緣木求魚，雖不得魚，無後災。以若所為，求若所欲，盡心力而為之，後必有災。」

曰：「可得聞與？」

曰：「鄒人與楚人戰，則王以為孰勝？」

曰：「楚人勝。」

曰：「然則小固不可以敵大，寡固不可以敵眾，弱固不可以敵彊。海內之地，方千里者九，齊集有其一。以一服八，何以異於鄒敵楚哉？蓋亦反其本矣。今王發政施仁，使天下仕者皆欲立於王之朝，耕者皆欲耕於王之野，商賈皆欲藏於王之市，行旅皆欲出於王之塗，天下之欲疾其君者，皆欲赴愬於王。其若是，孰能禦之？」

王曰：「吾惛，不能進於是矣。願夫子輔吾志，明以教我。我雖不敏，請嘗試之。」

曰：「無恆產而有恆心者，惟士為能。若民，則無恆產，因無恆心。苟無恆心，放辟，邪侈，無不為已。及陷於罪，然後從而刑之，是罔民也。焉有仁人在位，罔民而可為也？是故明君制民之產，必使仰足以事父母，俯足以畜妻子，樂歲終身飽，凶年免於死亡。然後驅而之善，故民之從之也輕。今也制民之產，仰不足以事父母，俯不足以畜妻子，樂歲終身苦，凶年不免於死亡。此惟救死而恐不贍，奚暇治禮義哉？王欲行之，則盍反其本矣。五畝之宅，樹之以桑，五十者可以衣帛矣；雞豚狗彘之畜，無失其時，七十者可以食肉矣；百畝之田，勿奪其時，八口之家可以無飢矣；謹庠序之教，申之以孝悌之義，頒白者不負戴於道路矣。老者衣帛食肉，

黎民不飢不寒，然而不王者，未之有也。」

白話：齊宣王（本名田辟彊，戰國齊國之君）問孟子說：「齊桓公、晉文公稱霸的霸業，可否說給寡人聽？」

孟子說：「孔子及其弟子不講齊桓公、晉文公的霸業，因此，后世沒有流傳，臣也沒有聽說過他們的事蹟。如果大王要我說，臣可以說行王道仁政的事吧！」

齊宣王說：「國君要有何美德，才可以行王道，稱王于天下呢？」

孟子說：「愛護百姓、保全百姓就能稱王，沒有人可以阻擋。」

齊宣王說：「像寡人能夠保民、愛民嗎？」

孟子說：「可以。」

齊宣王說：「如何知道我可以保民、愛民呢？」

孟子說：「我聽胡齕（宣王近臣）說：『大王坐在大殿上，有個人牽牛從堂下走過。大王看見了，問道：「把牛牽到哪裡去？」

牽牛的人說：「準備用牛的鮮血塗在新鑄成的鐘上舉行祭祀。」

大王說：「放了牠！寡人不忍心看到牠那恐懼發抖的神情，猶如沒有罪的人卻要接受死刑的執行。」

牽牛的人說：「要廢除以牛鮮血祭祀新鐘（鐘是重要神器）的儀式嗎？」

大王說：「不可以廢除釁鐘的儀式，用羊來換牛吧！是否有這件事？」

齊宣王說：「卻有此事。」

孟子說：「大王有此不忍人的仁心，就足以行王道仁政，稱王于天下了。百姓都認為大王吝嗇，捨不得一頭牛。但是，臣知道大王是出于不忍之仁心，看到牛的恐懼發抖而於心不忍。」

齊宣王說：「的確是這樣，百姓誤解寡人了。齊國雖小，寡人不至于吝嗇一頭牛！寡人只是不忍心看到牛那恐懼發抖的可憐樣子，

因此用羊換牛。」

孟子說：「大王不必對百姓誤解感到奇怪，百姓沒有體會大王的愛心，但是，大王如果疼惜牛沒有罪，卻要恐懼發抖而受死，究竟牛和羊又有何區別？」

齊宣王笑著說：「看來百姓誤會寡人吝嗇是有些道理。」

孟子說：「沒有關係，這是大王仁心的體現，大王只看到牛而沒看到羊。有仁心的君子看見禽獸活著，就不忍心看牠被殺死；聽到牠恐懼哀鳴的聲音，就不忍心吃牠的肉。因此，有德的君子遠離廚房，不忍聽到、看見禽獸被殺的哀鳴聲。」

齊宣王聽了孟子的話，高興地說：「《詩經・小雅・小旻之什・巧言》說：『別人有什麼心思，我能揣測出來。』說的就是先生能夠了解寡人的心思。先生的話觸動寡人的心意！這種不忍之心意符合稱王于天下，是什麼原因呢？」

孟子說：「如果有人跟大王說：『我的力氣很大，可以舉起三千斤，卻不能拿起一根羽毛；我的眼睛視力，可以看清鳥獸秋天新生的細毛，卻看不見整車的木柴。』請問大王相信嗎？」

齊宣王說：「寡人不相信。」

孟子說：「如今大王的仁德恩及禽獸，但是，百姓卻得不到大王的仁德，這是為什麼呢？如此看來，拿不動一支羽毛，是不肯用力；看不見整車的木柴，是不肯用眼睛注視；百姓沒有受到保全愛護，是不肯施恩惠於民。因此，大王不能成就王業，以王道仁政統一天下，是不願意做，而不是做不到。」

齊宣王說：「不願意做和做不到，兩者有何區別？」

孟子說：「如果要大王挾著泰山跳過北海（渤海），大王說：『我做不到。』大王的確做不到。如果要大王為長輩折取小樹枝這麼簡單的事，大王也說：『我做不到。』這是不願意做，而不是做不到。所以大王以王道仁政統一天下，不是很困難、做不到的事，而是很簡單，猶如反掌折枝，願不願意做的事。」

「先尊敬孝順自己的父兄，再推恩到尊敬事奉別人的父兄；先保全愛護自己子女，再推恩到保全愛護別人的孩子。不斷擴充推恩，要一統天下就很容易了。《詩經‧大雅‧思齊》說：『國君修養品德，作為妻妾的榜樣，修身齊家，再推廣到兄弟宗親，進而治理好國家。』所以，推廣恩惠，足以保全天下百姓，不推廣恩惠，連妻兒子女都保全愛護不了。古代聖王超越常人的原因，就是善於推廣他們的仁政。如今大王的仁德足以推恩到禽獸身上，百姓卻得不到大王的恩德，這是什麼原因呢？」

「我們用磅秤測量重量，才知道輕重；用尺量，才知道長短，任何事物皆是如此，人心更是如此。請大王深思一下吧！或許大王想發動侵略戰爭，犧牲將士生命，並與各國結仇，這樣大王的內心才快樂嗎？」

齊宣王說：「不是的，我怎麼會以犧牲將士生命為樂呢？我是想要得到一些東西罷了。」

孟子說：「大王最想要的東西是什麼呢？」

齊宣王只是笑而不答。

孟子說：「是因為美味的食物不夠好吃嗎？輕暖的衣服不夠多嗎？還是美色不夠看嗎？美妙的音樂不夠聽嗎？親近大臣不夠用嗎？大王的需求不滿足嗎？」

齊宣王說：「寡人不是為了滿足物欲的需求。」

孟子說：「我知道大王最想得到的東西了：是想開疆拓土，使秦國、楚國等國來朝貢，統一整個中原地區，安撫遠方的少數民族。但是，大王不行王道仁政，無法實現這個理想，就像爬到樹上抓魚一樣枉然。」

齊宣王說：「有這麼嚴重嗎？」

孟子說：「應該比這還嚴重。爬到樹上抓魚，雖然抓不到魚，卻沒有什麼災禍；如果發動侵略戰爭，犧牲將士生命，並與各國結仇，必然有嚴重的禍害」

齊宣王說：「為甚麼會有嚴重禍害？」

孟子說：「如果鄒國和楚國打仗，大王認為誰勝？」

齊宣王說：「楚國會贏。」

孟子說：「小國不可以與大國為敵，弱國不應該與強國為仇。天下的土地，縱橫千里的國家有九個，齊國只是其中之一。以一份武力去征戰八份武力，這與鄒國打楚國有何不同呢？必然有嚴重的災禍。」

「如果大王現在施行王道仁政，使天下想當官的人都到大王的朝廷來做官，種田的人都想到大王的農田來耕作，做生意的人都想到大王的市集做生意，旅遊的人都想在大王的道路上出入，天下怨恨自己國君的人都想來向大王傾訴。天下百姓都來歸順，誰能抵擋大王一統天下呢？」

齊宣王說：「希望先生幫寡人實現願望，明確教導寡人，讓寡人試行王道仁政。」

孟子說：「世上沒有永久擁有的財富與事業，只有讀書明志之士才有不變的善心，一般百姓，沒有永久擁有的財富與事業，因而沒有永久不變的仁德善心。如果沒有永久不變的仁德善心，就會放蕩不羈、違法亂紀。等到百姓犯了罪，再用刑責處罰，羅織陷害，殘殺百姓。因此，賢明的國君制定百姓的產業，一定使百姓不僅能奉養父母，還能養活妻兒子女；豐年豐衣足食，荒年也不會餓死。百姓生活無憂，再施以孝悌教化，使社會和諧向善，國家興盛。」

「當今，百姓的產業收成，既不能奉養父母，又不能養活妻兒子女，豐年生活困苦，荒年免不了餓死。百姓生活困苦，求生不易，如何講求禮義教化？」

「大王真想施行王道仁政，要認真施行仁政的根本辦法：分配每個家戶五畝地的住宅，種桑養蠶，五十歲以上的老人就可以穿絲綢的衣服了；飼養雞、鴨、小豬、狗、母豬等家畜，不要誤失繁殖的時節，七十歲以上的老人就有肉可吃了；每家分配一百畝的農地，

不要因服勞役而耽誤農耕時節，八口人家就可以吃飽飯；強化學校的孝悌教化，孝順父母，尊敬兄長，頭髮斑白的老人，就不會再背負重擔在路上行走了。老年人穿保暖衣服，營養均衡，百姓豐衣足食，家庭和樂，社會和諧向善，這樣完善的國家，就可以成就王道大業，四海歸心，一統天下。」

當代意義：這是「老吾老，以及人之老」、「幼吾幼，以及人之幼」、「明察秋毫」、「心有戚戚焉」、「緣木求魚」成語典故的由來。王道仁政的核心是推恩，推恩足以保四海，不推恩無以保妻子；推恩可以成就王道大業。

第二章　梁惠王下

一、莊暴見孟子，曰：「暴見於王，王語暴以好樂，暴
　　未有以對也。」曰：「好樂何如？」

　　孟子曰：「王之好樂甚，則齊國其庶幾乎！」

　　他日，見於王曰：「王嘗語莊子以好樂，有諸？」

　　王變乎色，曰：「寡人非能好先王之樂也，直好世
　　俗之樂耳。」

　　曰：「王之好樂甚，則齊其庶幾乎！今之樂猶古之
　　樂也。」曰：「可得聞與？」

　　曰：「獨樂樂，與人樂樂，孰樂？」曰：「不若與人。」

　　曰：「與少樂樂，與眾樂樂，孰樂？」曰：「不若與
　　眾。」

　　「臣請為王言樂：今王鼓樂於此，百姓聞王鐘鼓之
　　聲，管籥之音，舉疾首蹙頞而相告曰：『吾王之好
　　鼓樂，夫何使我至於此極也？父子不相見，兄弟妻
　　子離散。』今王田獵於此，百姓聞王車馬之音，見
　　羽旄之美，舉疾首蹙頞而相告曰：『吾王之好田獵，
　　夫何使我至於此極也？父子不相見，兄弟妻子離
　　散。』此無他，不與民同樂也。」

　　「今王鼓樂於此，百姓聞王鐘鼓之聲，管籥之音，

舉欣欣然有喜色而相告曰：『吾王庶幾無疾病與？
何以能鼓樂也？』今王田獵於此，百姓聞王車馬之
音，見羽旄之美，舉欣欣然有喜色而相告曰：『吾
王庶幾無疾病與？何以能田獵也？』此無他，與民
同樂也。今王與百姓同樂，則王矣。」

白話：齊國大夫莊暴會見孟子，他說：「我晉見齊宣王，齊王說
他喜歡音樂，我一時沒有話回答他。」莊暴又問：「齊王愛好音樂，
好或不好？」孟子說：「如果齊宣王喜歡音樂，他治理齊國應該很不
錯吧。」

有一天，齊宣王召見孟子，孟子說：「陛下告訴莊暴您愛好音樂，
有這回事嗎？」

齊宣王覺得慚愧，變了臉色說：「我不是喜歡古代聖王的雅樂，
只是喜歡一般流行的音樂罷了。」

孟子說：「只要君王喜歡音樂，齊國可以太平了。當今的音樂和
古代的音樂是一樣的。」

宣王說：「為何說當今的音樂和古代的音樂是一樣的。」

孟子問：「一個人欣賞音樂的快樂，或是跟別人一起欣賞音樂的
快樂，哪一種比較快樂呢？」

宣王說：「一個人欣賞音樂不如跟別人一起欣賞音樂更快樂。」

孟子又問：「跟少數人一起欣賞音樂的快樂，或是跟許多人一起
欣賞音樂的快樂，哪一種比較快樂？」宣王回答：「跟很多人一起欣
賞音樂更快樂。」

孟子又說：「請讓我給君王談談有關欣賞音樂的事吧。如果現在
君王在這裡演奏音樂，百姓聽到鐘、鼓、簫、笛的聲音，都覺得痛
苦不堪，愁眉苦臉，互相轉告說：『我們的國王喜歡音樂，為什麼使
我們淪落到這樣窮苦生活呢？父子不能相見，兄弟與妻兒子女離

散。』如果現在國君在這裡打獵，百姓聽到王車的聲音，看到儀仗的華麗，都覺得痛苦不堪，愁眉苦臉，互相轉告說：『我們的君王喜歡打獵，為什麼使我們淪落到這樣窮苦生活呢？父子不能相見，兄弟妻兒子女離散。』這沒有別的原因，只因為您不肯和百姓同歡樂啊。如果君王在這裡演奏音樂，百姓聽到君王鐘、鼓、簫、笛的聲音，都很高興互相轉告說：『我們的國君應該沒有生病吧，不然，怎麼能演奏音樂呢？』假如現在國君在這裡打獵，百姓聽到王車的聲音，看到儀仗的華麗，都很高興互相轉告說：『我們的君王應該沒有生病吧，不然，怎麼能打獵呢？』這沒有別的原因，只因為君王能夠和百姓同歡樂啊！如果現在君王能和百姓同歡樂，就能完成大業，統一天下了。」

當代意義：這是「與民同樂」成語典故的由來。孟子一再強調國君要有同理心，關心百姓生活，與民同樂，獨樂樂不如眾樂樂。

二、齊宣王問曰：「文王之囿方七十里，有諸？」
　　孟子對曰：「於傳有之。」
　　曰：「若是其大乎？」
　　曰：「民猶以為小也。」
　　曰：「寡人之囿，方四十里，民猶以為大，何也？」
　　曰：「文王之囿，方七十里，芻蕘者往焉，雉兔者往焉，與民同之。民以為小，不亦宜乎？臣始至於境，問國之大禁，然後敢入。臣聞郊關之內，有囿方四十里，殺其麋鹿者，如殺人之罪。則是方四十里，為阱於國中；民以為大，不亦宜乎？」

白話：齊宣王問孟子說：「周文王養鳥獸的園林，據說面積有七

十方里嗎？」孟子回答說：「在古書上是有此記載。」宣王說：「會不會太大？」孟子說：「百姓還認為太小呢！」宣王說：「我養鳥獸的園林四十方里，百姓認為太大，是什麼原因呢？」

孟子說：「周文王的園林，雖然有七十方里大，但是鋤草砍柴的百姓可以進去，獵山雞捉野兔子的百姓也可以進去，文王與百姓一起享用打獵之樂，百姓認為太小，不是很合理嗎！臣初到齊國的國境，先問了貴國最大的禁忌，纔敢入境。臣聽說都城近郊有個園林，方四十里。百姓如果殺了一隻麋鹿，視同犯了殺人重罪，猶如以四十方里的園林，做一個大陷阱來陷害百姓，百姓認為貴國的園林太大，也是應該的呀！」

當代意義：孟子強調賢君得民心，與民共享，與民同樂，與民同心。

三、齊宣王問曰：「交鄰國有道乎？」

　　孟子對曰：「有。惟仁者為能以大事小，是故湯事葛，文王事昆夷；惟智者為能以小事大，故大王事獯鬻，句踐事吳。以大事小者，樂天者也；以小事大者，畏天者也。樂天者保天下，畏天者保其國。《詩》云：『畏天之威，于時保之。』」

　　王曰：「大哉言矣！寡人有疾，寡人好勇。」

　　對曰：「王請無好小勇。夫撫劍疾視曰，『彼惡敢當我哉』！此匹夫之勇，敵一人者也。王請大之！《詩》云：『王赫斯怒，爰整其旅，以遏徂莒，以篤周祜，以對于天下。』此文王之勇也。文王一怒而安天下之民。《書》曰：『天降下民，作之君，作之師。惟曰：其助上帝，寵之四方。有罪無罪，惟我在，天

下曷敢有越厥志？』一人衡行於天下，武王恥之。
此武王之勇也。而武王亦一怒而安天下之民。今王
亦一怒而安天下之民，民惟恐王之不好勇也。」

白話：齊宣王問孟子：「與鄰國相處，有好的相處之道嗎？」孟子回答說：「有的。只有仁德寬大的國君，能以大國事奉小國，所以商湯願意事奉葛國，文王願意事奉昆夷。只有明智的國君，能以小國事奉大國。所以太王願意事奉獯鬻；句踐願意事奉吳國。以大國事奉小國，是知天樂天，不欺侮小國的人；以小國事奉大國，是敬天畏天，不敢得罪大國的人。知天樂天的人，能保有天下；敬天畏天的人，能保全他的國家。《詩經・周頌・我將》上說：『敬畏上天的威命，才能守住君王的福祿天命。』就是此意。」

宣王對孟子說：「你的話很精闢！但是寡人有個毛病，寡人喜歡武力之勇！」孟子回答說：「請大王不要喜歡小勇敢；例如手持著劍，瞪眼對人說：『哪個人敢對抗我！』這是一般人的小勇，只是匹夫之勇。請大王喜愛大勇。《詩經・大雅・皇矣》說：『周文王聽說密國派兵攻打莒國，勃然大怒，於是整頓軍隊，阻止密國前往侵犯莒國的部隊；以鞏固周王朝的福祉，天下百姓安居樂業。』這是周文王的大勇。文王一怒，安定了天下的百姓。《尚書・周書・泰誓》說：『上天降生百姓，為百姓立一個君王，為百姓立一個師長。當君王師長的人，要輔佐上帝，教化百姓。將上天的大愛傳播於四方，百姓有罪無罪都是上天的責任，自有上天降罪處置。天下誰敢大膽作亂？』因此，商紂橫行於天下時，周武王自以為恥而消滅商紂，這是周武王的大勇！而周武王也是一怒而安定天下的百姓。現在如果大王也一怒而能安定天下的百姓，百姓只怕大王不好大勇呢！」

當代意義：這是「匹夫之勇」、「寡人有疾」成語典故的由來。孟子分辨小勇與大勇，小勇是匹夫之勇，大勇是為國為民之勇，周

文王與周武王的大勇，一怒而安定天下百姓。值得注意的是，孟子認為大國能與小國和平相處，只有仁者做得到；小國能與大國和平相處，只有智者做得到。仁者以德服人而非以力服人；智者敬畏天命，安於小國劣勢，不與大國對抗，保全國家。

四、齊宣王見孟子於雪宮。王曰：「賢者亦有此樂乎？」孟子對曰：「有。人不得，則非其上矣。不得而非其上者，非也；為民上而不與民同樂者，亦非也。樂民之樂者，民亦樂其樂；憂民之憂者，民亦憂其憂。樂以天下，憂以天下，然而不王者，未之有也。「昔者齊景公問於晏子曰：『吾欲觀於轉附、朝儛，遵海而南，放于琅邪。吾何脩而可以比於先王觀也？』晏子對曰：『善哉問也！天子適諸侯曰巡狩，巡狩者，巡所守也；諸侯朝於天子曰述職，述職者，述所職也。無非事者。春省耕而補不足，秋省斂而助不給。夏諺曰：「吾王不遊，吾何以休？吾王不豫，吾何以助？一遊一豫，為諸侯度。」今也不然：師行而糧食，飢者弗食，勞者弗息。睊睊胥讒，民乃作慝。方命虐民，飲食若流。流連荒亡，為諸侯憂。從流下而忘反，謂之流；從流上而忘反，謂之連，從獸無厭，謂之荒，樂酒無厭，謂之亡。先王無流連之樂，荒亡之行。惟君所行也。』景公說，大戒於國，出舍於郊。於是始興發，補不足。召大師曰：『為我作君臣相說之樂！』蓋徵招、角招是也。其詩曰：『畜君何尤？』畜君者，好君也。」

白話：齊宣王在雪宮（齊國離宮，今山東臨淄縣東北） 召見孟子，宣王說：「古代賢君也有亭臺鳥獸之樂嗎？」

孟子說：「古代賢君與百姓同享亭臺鳥獸之樂是有的，如果不能與百姓同樂共享，百姓就會批評他們的國君，雖然百姓批評國君不妥；但是，國君不能與百姓同樂更不好。如果國君能以百姓的快樂為快樂，百姓自然以國君的快樂為快樂；國君以百姓的憂傷為憂傷，百姓自然以國君的憂傷為憂傷。如果國君能以天下人的快樂為快樂，能以天下人的憂傷為憂傷，一定能成就王業。」

從前，齊景公問晏子：「我想攀登轉附和朝儛（今山東省境內）兩座大山，再沿海南下到琅邪（今山東諸城縣），我要如何遊覽，可以媲美古代帝王的巡遊？」

晏子說：「問得很好！天子到諸侯國境內，稱為巡狩，巡狩意指視察諸侯為天子守護的土地。諸侯到皇宮覲見天子，稱為述職，述職意指跟天子稟報自己所掌管的政務。無論述職或巡狩，都是重要的大事，以天子春天巡狩而言，要巡視百姓春耕的情況，補助百姓春耕的不足；以天子秋天巡狩而言，要巡視百姓秋收的情況，補助百姓糧食的不足。因此，夏朝諺語說：『我們的君王不出遊，我們如何能得到慰勞與休息？我們的君王不巡狩，我們如何能得到補助？我們君王每次出遊、每次巡狩，都是諸侯們的典範。』

「現在就不一樣了！國君出遊，勞師動眾；軍隊需要供應大量糧食，百姓的糧食都被部隊吃光，百姓飢餓沒飯吃，辛勞的士兵不能休息；官員怒目相視，相互毀謗，百姓走投無路而作惡！這是違背古代聖王的告命而殘暴百姓，飲食無止息而難以供應，流連荒亡的行為，成了諸侯國的憂患。何謂『流連荒亡』呢？國君坐船順流而下，樂而忘返，叫做流；令人挽舟逆水而上，樂而忘返，叫做連；追逐禽獸，永不滿足，造成政務荒廢，叫做荒；喜歡喝酒，永不滿足，造成國家喪亡，叫做亡，古代聖王沒有流連荒亡的惡行。古代聖王之法或現今流連荒亡之弊，這兩種情形，希望大王慎重選擇。」

　　齊景公聽了這些話，歡喜誠服，諭令全國，又出城住在郊外（省視民間疾苦），於是打開糧倉，救濟窮苦人家，補助百姓糧食的不足，同時又召見樂官，說：『請作一首君臣和樂的樂歌。』這首樂歌，就是流傳到現在的徵招和角招兩首樂歌。歌詞有一句說：『勸阻國君的私欲，有何罪過！』因為百姓勸阻國君的私欲，是為了愛護國君呀！」

　　當代意義：這是「流連忘反」成語典故的由來。孟子主張國君樂以天下、憂以天下，可以王天下。反之，國君流、連、荒、亡，導致國家滅亡。

五、齊宣王問曰：「人皆謂我毀明堂。毀諸？已乎？」

　　孟子對曰：「夫明堂者，王者之堂也。王欲行王政，則勿毀之矣。」

　　王曰：「王政可得聞與？」

　　對曰：「昔者文王之治岐也，耕者九一，仕者世祿，關市譏而不征，澤梁無禁，罪人不孥。老而無妻曰鰥。老而無夫曰寡。老而無子曰獨。幼而無父曰孤。此四者，天下之窮民而無告者。文王發政施仁，必先斯四者。《詩》云：『哿矣富人，哀此煢獨。』」

　　王曰：「善哉言乎！」

　　曰：「王如善之，則何為不行？」

　　王曰：「寡人有疾，寡人好貨。」

　　對曰：「昔者公劉好貨，《詩》云：『乃積乃倉，乃裹餱糧，于橐于囊。思戢用光。弓矢斯張，干戈戚揚，爰方啟行。』故居者有積倉，行者有裹糧也，然後可以爰方啟行。王如好貨，與百姓同之，於王何有？」

王曰：「寡人有疾，寡人好色。」

對曰：「昔者大王好色，愛厥妃。《詩》云：『古公亶甫，來朝走馬，率西水滸，至于岐下。爰及姜女，聿來胥宇。』當是時也，內無怨女，外無曠夫。王如好色，與百姓同之，於王何有？」

白話：齊宣王問孟子：「別人跟我建議，拆除泰山下的明堂，你認為要不要拆？」孟子回答說：「泰山腳下的明堂是以前天子巡狩時，召見諸侯的殿堂；大王如果想要行仁政，王天下，將來還用得上，現在不必拆。」

宣王問孟子：「如何實行王道仁政？」孟子說：「從前周文王治理岐山下周原（今陝西岐山縣）時，實施井田制度，對農人只徵收九分之一的稅，官員俸祿子孫能世代繼承；重要關口與市場的官員，只查問可疑或不法的人，不徵收商人的稅；百姓自由捕魚不禁止。一人犯罪，只罪責本人，不牽連家屬。年老無妻或死了妻子的人叫鰥夫；年老無夫或死了丈夫叫寡婦；年老沒有子女的人叫獨；年幼喪父的孩子叫孤。這四種人都是天下孤獨困苦、無依無靠、求助無門的人，所以文王行仁政，先照顧這四種人。《詩經・小雅，正月》說：『富人可以過生活，可憐這些孤苦伶仃無依無靠的人吧！』」

宣王對孟子說：「你說的話好極了。」孟子說：「大王如果認為很好，為何不行王道仁政呢？」宣王說：「寡人有個毛病！寡人貪愛財物。」孟子說：「貪愛財物沒有關係。從前，公劉（后稷的曾孫，周朝王室的始祖）也貪愛財物，《詩經・大雅・公劉》說：『把米粟藏于倉庫，把乾糧裝在大的小的袋子裏。公劉想要安頓百姓，振興國家。大家張開弓箭，帶著各種兵器，開始出征。』使留在家裏的百姓，有倉庫的糧食可吃；出征的將士，也有乾糧可吃。大王如果貪愛財物能像公劉一樣推己及人，與百姓共享同樂，對於成就大業

王天下，沒有困難吧！」

　　宣王又說：「寡人還有一個毛病：寡人喜愛美色。」

　　孟子說：「沒有關係。從前周太王（周部落首領，周朝的先祖，周文王祖父，廣施仁政，不少部落歸附。）喜好美色，愛他的妃子，《詩經·大雅·緜》說：『周太王（因避開北狄的侵擾）早晨騎馬奔馳，沿著沮水、漆水的水岸，來到岐山腳下，和他的妃子太姜，察看大夥可安家居住的地方。』當時，男女婚配，家庭和樂，沒有找不到丈夫的怨女，也沒有找不到妻子的曠夫。大王如果喜好美色而能推己及人，使成人男女都有配偶，對於成就王業，王天下，還有困難嗎？」

　　當代意義：這是「寡人有疾或寡人之疾」、「鰥寡孤獨」、「曠夫怨女」成語典故的由來。周文王行仁政王道，先照顧鰥、寡、獨、孤四種無依無靠、求助無門的人。雖然宣王好貨好色，孟子並舉公劉與周太王為例，鼓勵宣王廣施仁政王道，推己及人，與民同樂共享，使成人男女都有配偶，家庭和樂，如此成就王業，不難矣。

　　台灣當代社會，未婚不婚族愈來愈多（註二），少子化越來越嚴重，令人擔憂。

六、孟子謂齊宣王曰：「王之臣有託其妻子於其友，而之楚遊者。比其反也，則凍餒其妻子，則如之何？」
　　王曰：「棄之。」
　　曰：「士師不能治士，則如之何？」
　　王曰：「已之。」
　　曰：「四境之內不治，則如之何？」
　　王顧左右而言他。

　　白話：孟子對齊宣王說：「大王如果您有一個臣子把妻兒子女託

付給朋友照顧，自己去楚國遊覽。等他回來時，看到他的妻兒子女挨餓受凍。對待這個朋友，該怎麼辦？」

齊宣王說：「跟他斷絕交往！」

孟子說：「如果大王執法的司法官不能管好他的部屬，該怎麼辦？」

齊宣王說：「把他撤職！」

孟子又說：「如果一個國家的政治腐敗，該怎麼辦？」

齊宣王不知如何回答，顧左右而言他。

當代意義：這是「顧左右而言他」成語典故的由來。孟子提醒齊宣王君臣各有職責，國君的職責就是把國家治理好，使政治清明，百姓安居樂業。如果國君不能把國家治理好，該怎麼辦呢？

七、孟子見齊宣王曰：「所謂故國者，非謂有喬木之謂也，有世臣之謂也。王無親臣矣，昔者所進，今日不知其亡也。」

王曰：「吾何以識其不才而舍之？」

曰：「國君進賢，如不得已，將使卑踰尊，疏踰戚，可不慎與？左右皆曰賢，未可也；諸大夫皆曰賢，未可也；國人皆曰賢，然後察之；見賢焉，然後用之。左右皆曰不可，勿聽；諸大夫皆曰不可，勿聽；國人皆曰不可，然後察之；見不可焉，然後去之。左右皆曰可殺，勿聽；諸大夫皆曰可殺，勿聽；國人皆曰可殺，然後察之；見可殺焉，然後殺之。故曰，國人殺之也。如此，然後可以為民父母。」

白話：孟子見齊宣王，對大王說：「所謂國家歷史悠久，非有高

大的樹木，年代悠久就是了；而是有重大功勳的資深重臣。我看大
王非但沒有顯赫功勳的重臣，也沒有親信的忠臣！以前所任用的，
今天都不知去向了。」

　　宣王說：「這些離職的人都是沒有才能的，今後我如何能預知一
個人有沒有才能，而提早不錄用呢？」

　　孟子說：「大王進用賢人，往往會使權位卑下的超越權位尊貴
的，關係疏遠的超越關係親近的，如何能不謹慎呢？如果親近臣子
都說這人賢能，不要輕易相信；滿朝大臣都說這人賢能，還是不要
輕易相信；等到全國的人都說這人賢能，然後再親自察看他；知道
這人的確賢能，才任用他。如果親近臣子都說這個人不賢能，不要
輕易相信；滿朝的大臣都說這個人不賢能，還是不要輕易相信；等
到全國人都說這個人不賢能，然後再親自審查他，知道這個人的確
不賢能不能用，才不任用他。」

　　「至於執行死刑也要很謹慎，如果親近臣子都說這人該殺，不
要輕易相信；滿朝的大臣都說這人該殺，也不要輕易相信；等到全
國人都說這人該殺，然後再親自審查他，知道這人該殺，不得已才
殺了他。因為全國人都說這人該殺，所以說：『他是全國的人殺的
呢！』，能夠如此謹慎，才可以當百姓的父母官」

　　當代意義：孟子強調國君任用臣子，不可輕易相信左右親信的
推薦，甚至不可輕易相信大臣們的保舉，要全國人都稱讚他賢能，
再親自審查他，謹慎的任用或不任用。換言之，治理國家，態度嚴
謹，不輕易任用官員，更不輕易殺人，勤政愛民，才有資格當百姓
的父母官。

八、齊宣王問曰：「湯放桀，武王伐紂，有諸？」

　　孟子對曰：「於傳有之。」

　　曰：「臣弒其君可乎？」

曰：「賊仁者謂之賊，賊義者謂之殘，殘賊之人謂
之一夫。聞誅一夫紂矣，未聞弒君也。」

白話：齊宣王問孟子說：「商湯放逐夏桀，周武王討伐殷紂，有
這種事嗎？」

孟子答道：「因為夏桀暴虐無道，商湯驅逐夏桀於南巢（今安徽
省巢縣東北。）；商紂暴虐無道，周武王興兵討伐。據《史記‧周本
紀》：『『武王伐紂，紂登鹿台之上，自焚於火而死。武王以黃鉞斬紂
首，懸太白之旗。』古書有這樣的記載。」

齊宣王說：「夏桀、商紂是天子，湯、武王是諸侯；臣子可以弒
殺天子嗎？」

孟子說：「傷害仁道的人，叫做賊；傷害道義的人，叫做殘。傷
仁害義的人，稱為『獨夫』，我只聽說周武王殺了獨夫，名叫商紂，
沒聽說周武王殺了天子！」

當代意義：桀紂獨夫，暴虐無道，傷仁害義，眾叛親離，百姓
水深火熱，湯武革命，解民倒懸，順乎天而應乎人，商湯興兵，打
敗夏桀於鳴條之野，周武王牧野之戰，伐紂成功。

九、孟子見齊宣王曰：「為巨室，則必使工師求大木。
　　工師得大木。則王喜，以為能勝其任也。匠人斲而
　　小之，則王怒，以為不勝其任矣。夫人幼而學之，
　　壯而欲行之。王曰：『姑舍女所學而從我』，則何如？
　　今有璞玉於此，雖萬鎰，必使玉人彫琢之。至於治
　　國家，則曰：『姑舍女所學而從我』，則何以異於教
　　玉人彫琢玉哉？」

白話：孟子見齊宣王，說：「如果大王想要修建高大的宮殿，必先叫工匠去找高大木材；工匠找到了高大木材，大王很高興，認為工匠很稱職。後來工匠把大木材鋸斷了，大王很生氣，認為工匠不稱職。猶如一個儒者，自幼學習治國之道，學成後樂意實踐治國之道，大王卻說：「暫時不要實踐你的治國之道，依照寡人的意思去做。」這樣好不好呢？又如有一塊未經雕琢的玉石，雖然價值 20 萬兩黃金，也需要玉匠精心雕琢。至於治理國家，卻說：『暫且不要實踐你的治國之道，依照寡人的意思去做。』這就近似自己不能精心雕琢玉石，卻強迫玉匠如何去雕琢玉石呢！」

當代意義：孟子勸說齊宣王任用賢能儒者（孟子本人）推行王道仁政，自比善於雕琢玉石的雕刻師，可惜懷才不遇，宣王無意任用孟子，因此，不久就離開齊國。

十、齊人伐燕，勝之。宣王問曰：「或謂寡人勿取，或謂寡人取之。以萬乘之國伐萬乘之國，五旬而舉之，人力不至於此。不取，必有天殃。取之，何如？」
　　孟子對曰：「取之而燕民悅，則取之。古之人有行之者，武王是也。取之而燕民不悅，則勿取。古之人有行之者，文王是也。以萬乘之國伐萬乘之國，簞食壺漿，以迎王師。豈有他哉？避水火也。如水益深，如火益熱，亦運而已矣。」

白話：齊國攻打燕國，打敗燕國。齊宣王問孟子說：「有人建議寡人不要佔領燕國的領土，有人建議寡人要佔領燕國的領土。以萬輛戰車的齊國，攻打同樣萬輛戰車的燕國，五十天就打敗燕國，這是天意。不佔領會違背天意，上天必降災禍，佔領燕國好不好？」

　　孟子說：「如果佔領燕國而燕國的百姓喜歡，那就佔領，古代周武王伐紂就是。如果佔領燕國，燕國的百姓不高興，就不要佔領；古代周文王不肯伐紂就是。以一個萬輛戰車之國，攻打另一個萬輛戰車之國，對方的百姓，用竹器盛滿飯菜，用壺盛滿美酒好湯，迎接大王的部隊，這是要躲避本國的暴政，想脫離水深火熱的痛苦！如果佔領後繼續暴虐百姓，如同更加水深火熱，讓百姓更加痛苦的話，百姓只好逃走他國了。」

　　當代意義：這是「萬乘之國」、「簞食壺漿」、「水深火熱」成語典故的由來。齊宣王想假借天意，佔領燕國，孟子強調無論征伐或佔領，都要順從民心、民意，民心即天心，民意即天意，假借天意非民意。

十一、齊人伐燕，取之。諸侯將謀救燕。宣王曰：「諸
　　　　侯多謀伐寡人者，何以待之？」
　　　　孟子對曰：「臣聞七十里為政於天下者，湯是也。
　　　　未聞以千里畏人者也。《書》曰：『湯一征，自葛
　　　　始。』天下信之。『東面而征，西夷怨；南面而
　　　　征，北狄怨。曰：『奚為後我？』民望之，若大
　　　　旱之望雲霓也。歸市者不止，耕者不變。誅其君
　　　　而弔其民，若時雨降，民大悅。《書》曰：『徯我
　　　　后，后來其蘇。』
　　　　「今燕虐其民，王往而征之。民以為將拯己於水
　　　　火之中也，簞食壺漿，以迎王師。若殺其父兄，
　　　　係累其子弟，毀其宗廟，遷其重器，如之何其可
　　　　也？天下固畏齊之彊也。今又倍地而不行仁政，
　　　　是動天下之兵也。王速出令，反其旄倪，止其重

器，謀於燕眾，置君而後去之，則猶可及止也。」

白話：齊國攻打燕國，打敗燕國，佔領燕國的領土。各國諸侯表示反對，想要聯合出兵援救燕國。齊宣王害怕了，問孟子說：「現在諸侯國們想攻打寡人，如何是好？」

孟子說：「臣聽說只要有七十方里的土地，就能一統天下的，商湯就是如此，沒有聽說有一千方里的大國而怕別人來攻打的！《尚書・商書・仲虺之誥》說：『商湯第一次出征，自葛國開始，天下人都歸順他。他向東方征伐，西方的夷人就不高興；他向南方征伐，北方的狄人也不高興。大家都說：「為何不先來解救我們！」』百姓期望他，就像大旱時盼望烏雲和彩虹一樣。他部隊所到之處，市場繼續做買賣，農人在田裡繼續耕作。他消除暴君，安撫百姓的痛苦，猶如及時雨降下來，百姓皆大歡喜。《尚書・商書・仲虺之誥》又說：『等待我們的君王，君王來臨，我們就解除痛苦，沒有苦難，快樂過生活了！』」

「現在燕王暴虐他的百姓，大王去征討他，百姓認為大王是要救他們於水深火熱之中，因此，用竹筐盛滿飯菜，用壺裝滿美酒濃湯，迎接大王的軍隊。如果大王反而殘殺他們的父兄，逮捕他們的子弟，破壞他們的宗廟，搶走他們的寶貴器物，這如何能得民心呢？諸侯們原本就害怕齊國的強大，現在又佔領燕國，增加一倍的領土，還不實施王道仁政，這是大王自找麻煩！大王趕快頒佈命令，把所有被捕的燕國百姓都放回家去；把那些搶來的寶貴器物都還給燕國；再和燕國百姓討論，另立一個賢君，趕快退兵，撤離燕國，維持和平，諸侯們就不會出兵攻打大王了！」

當代意義：這是「大旱望雲霓」成語典故的由來。齊宣王佔領燕國，引起諸侯們的不滿，正當準備興兵聯合攻打齊國時，孟子再

度對齊宣王強調王道和仁政的重要，要趕快退兵，撤離燕國，維持和平，才可避免大災禍。

十二、鄒與魯鬨。穆公問曰：「吾有司死者三十三人，
　　　　而民莫之死也。誅之，則不可勝誅；不誅，則疾
　　　　視其長上之死而不救，如之何則可也？」
　　　孟子對曰：「凶年饑歲，君之民老弱轉乎溝壑，
　　　　壯者散而之四方者，幾千人矣；而君之倉廩實，
　　　　府庫充，有司莫以告，是上慢而殘下也。曾子曰：
　　　　『戒之戒之！出乎爾者，反乎爾者也。』夫民今
　　　　而後得反之也。君無尤焉。君行仁政，斯民親其
　　　　上、死其長矣。」

　　　白話：鄒國與魯國交戰，鄒國打了敗戰，鄒穆公問孟子說：「寡人陣亡的官員有三十三個人之多，而百姓卻沒有一個人肯為國家效忠，想要殺了這些不肯效忠的百姓，也殺不完；他們眼睜睜看著長官戰死，不肯救援，對這些百姓不知如何是好？」

　　　孟子說：「在饑荒之年，大王的百姓，老弱餓死的很多，都曝屍於田野水溝、或是山澗之中；年輕力壯的，流離失所，逃散四方，有數千人之多。可是大王的倉庫中，存糧滿滿；府庫中，財貨充足；官員沒有把災情向大王報告，不僅隱瞞災情，更沒有救濟災民，這是官員怠慢政務，殘害百姓。曾子說：『謹慎呀！小心呀！你現在所做的事，將來會回報在你身上！』大王如何對待百姓，百姓也會如何對待大王。大王何必責備百姓呢！今後，大王如果施行仁政，愛民如子，百姓自然會效忠國家，親近長官，為國犧牲了。」

　　　當代意義：這是「出爾反爾」成語典故的由來，原本比喻：你如何對待別人，別人也會如何對待你。大王如何對待百姓，百姓也

會如何對待大王，孟子勸勉鄒穆公施行仁政，愛民如子，百姓自然會效忠國家，為國犧牲。現今比喻人的言行前後反覆，自相矛盾。

十三、滕文公問曰：「滕，小國也，間於齊楚。事齊乎？事楚乎？」

　　孟子對曰：「是謀非吾所能及也。無已，則有一焉：鑿斯池也，築斯城也，與民守之，效死而民弗去，則是可為也。」

　　白話：滕文公問孟子說：「滕國是一個小國，卻處在齊、楚兩個大國之間，服從齊國好呢？還是服從楚國好呢？」孟子回答說：「這種國與國之間的微妙關係，錯綜複雜，很難周全。這些大國，沒有一個靠得住，萬不得已，臣有一個根本的辦法：挖深護城河，城牆再築高，強化軍備，然後施行仁政，與百姓齊心、堅守城池。只要百姓願意效忠國家，為國犧牲，大王還是大有可為。」

　　當代意義：「兩大之間，難為小」，滕國的處境，正是台灣目前的困境，朝野惡鬥，令人憂心！如何自立自強，百姓團結愛國，朝野互持，是當務之急。

十四、滕文公問曰：「齊人將築薛，吾甚恐。如之何則可？」

　　孟子對曰：「昔者大王居邠，狄人侵之，去之岐山之下居焉。非擇而取之，不得已也。苟為善，後世子孫必有王者矣。君子創業垂統，為可繼也。若夫成功，則天也。君如彼何哉？彊為善而已矣。」

白話：滕文公問孟子說：「齊國侵占薛國（今山東滕縣西南），要在鄰近滕國的薛國築城牆，準備做為入侵滕國的基地，寡人內心害怕，不知如何是好？」

孟子說：「從前周太王居於邠地，北方的狄人侵擾；太王就離開邠地，逃到岐山下的周原居住。並不是太王喜歡這個地方，而是被迫逃離，不得已呢！大王如果學習周太王修德行善，則後代的子孫，必能一統天下，成就偉大王朝，稱王於天下。有德的君子創立王業，期望子孫發揚光大，至於成功或失敗，是天命。現在大王對齊國無可奈何？只能自立自強，勤政愛民，大力行善，使子孫繼往開來、發揚光大。」

當代意義：孟子認為弱小的滕國面對強大的齊國，猶如當年周太王面對北方強大的狄人侵擾，只能忍辱負重，自立自強，勤政愛民，生聚教訓的不斷努力，終於有賢能的子孫周文王、周武王、周公旦開創大業，成就周王朝 843 年的歷史（西周 329 年及東周 514 年）。

十五、滕文公問曰：「滕，小國也。竭力以事大國，則不得免焉。如之何則可？」

孟子對曰：「昔者大王居邠，狄人侵之。事之以皮幣，不得免焉；事之以犬馬，不得免焉；事之以珠玉，不得免焉。乃屬其耆老而告之曰：『狄人之所欲者，吾土地也。吾聞之也：君子不以其所以養人者害人。二三子何患乎無君？我將去之。』去邠，踰梁山，邑于岐山之下居焉。邠人曰：『仁人也，不可失也。』從之者如歸市。或

曰：『世守也，非身之所能為也。效死勿去。』
君請擇於斯二者。」

白話：滕文公問孟子：「滕國是個小國，盡心盡力事奉齊、楚兩大國，還要遭受敵人侵擾，不知如何是好？」孟子說：「從前周太王居住在邠地（今陝西省彬縣），北方的狄人侵擾他。太王送皮裘和幣帛給狄人，狄人還是侵擾；又送狗和馬給狄人，狄人還是侵擾；再送珍貴的珠寶給狄人，狄人還是侵擾。太王就集合邠地的長老們，告訴長老們說：『狄人所要的是我們的土地！我聽說過：土地是養活百姓最重要的財富，君子不要為了守護土地而讓百姓受到傷害。因此，寡人不能為了守護邠地，害百姓被狄人殘殺，為了保全百姓的生命，寡人要離開邠地。』於是，越過梁山，建都邑於岐山下的周原。當時邠地的百姓說：『太王多麼仁慈呀！我們要追隨他。』於是，跟隨太王的人，爭先恐後。也有少數人說：『土地是祖先傳給子孫最寶貴的財富，不能隨意放棄，應該死守不棄。』請大王慎重選擇滕國可長可久的安全之路。」

當代意義：周太王為了保護百姓的生命安全，被迫離開邠地，百姓知道太王的仁慈，願意追隨太王而放棄祖傳的土地，太王選擇一條可長可久的安全之路，開創周王朝 843 年的歷史。

十六、魯平公將出。嬖人臧倉者請曰：「他日君出，則
　　　必命有司所之。今乘輿已駕矣，有司未知所之。
　　　敢請。」公曰：「將見孟子。」曰：「何哉？君所
　　　為輕身以先於匹夫者，以為賢乎？禮義由賢者
　　　出。而孟子之後喪踰前喪。君無見焉！」公曰：
　　　「諾。」
　　　樂正子入見，曰：「君奚為不見孟軻也？」曰：「或

告寡人曰：『孟子之後喪踰前喪』，是以不往見也。」曰：「何哉？君所謂踰者？前以士，後以大夫；前以三鼎，而後以五鼎與？」曰：「否。謂棺槨衣衾之美也。」曰：「非所謂踰也，貧富不同也。」

樂正子見孟子，曰：「克告於君，君為來見也。嬖人有臧倉者沮君，君是以不果來也。」曰：「行或使之，止或尼之。行止，非人所能也。吾之不遇魯侯，天也，臧氏之子焉能使予不遇哉？」

白話：魯平公準備外出，有個親近的小臣叫臧倉，問平公說：「以往大王要出宮，一定事先告知要去甚麼地方，今天車馬已經準備好了，駕車的人還不知道往何處去，敢問要去哪裏？」

平公說：「寡人要去拜訪孟子。」臧倉說：「為什麼呢？大王為何要自貶身份去見那平民學者？大王認為他是賢人嗎？賢人的表現是禮義之道，可是，孟子辦理母親的葬禮很豐厚，超過以前他父親的葬禮，如此厚母薄父，真不知禮義之道，大王不必去看他。」平公說：「好吧。」

孟子的學生樂正子（魯國之臣），去見平公說：「大王為何不去看孟子呢？」平公說：「有人告訴寡人說：『孟子厚母薄父，辦理母喪，超越之前父喪之禮。』因此不去看他。」

樂正子說：「是否指他以前父喪用士的葬禮，後來母喪用大夫的葬禮；以前父喪祭禮用三鼎，後來母喪祭禮用五鼎嗎？那是因為前後職位不同，喪禮各有差異呀。」

平公說：「不是，是指棺槨衣衾過於華麗。」

　　樂正子說：「彼一時，此一時，不能說母喪超過父喪，這是因為前後經濟狀況不相同！只是盡心盡力而已。」

　　樂正子向孟子報告這件事，孟子感慨說：「人的行為，有人可以阻止，但是，禮義之道行或不行於天下，不是少數人所能左右。這次不能與魯平公相遇，或許是天意，臧倉怎麼能夠阻止我永遠不與平公相遇呢！」

　　當代意義：孟子認為君子葬親竭盡心力，一切以孝子的心安為主，因此，不在自己父母的葬禮上吝惜財物。孟子這種「君子不以天下儉其親」的作法，外界似乎誤解他，魯平王更不明白孟子葬親是依禮、稱財、盡心、盡孝。值得注意的是，孟子這種「依禮、稱財、盡心、盡孝」的葬親之道，影響深遠，流傳至今。

第三章　公孫丑上

一、公孫丑問曰：「夫子當路於齊，管仲、晏子之功，可復許乎？」

孟子曰：「子誠齊人也，知管仲、晏子而已矣。或問乎曾西曰：『吾子與子路孰賢？』曾西蹴然曰：『吾先子之所畏也。』曰：『然則吾子與管仲孰賢？』曾西艴然不悅，曰：『爾何曾比予於管仲？管仲得君，如彼其專也；行乎國政，如彼其久也；功烈，如彼其卑也。爾何曾比予於是？』」曰：「管仲，曾西之所不為也，而子為我願之乎？」

曰：「管仲以其君霸，晏子以其君顯。管仲、晏子猶不足為與？」

曰：「以齊王，由反手也。」

曰：「若是，則弟子之惑滋甚。且以文王之德，百年而後崩，猶未洽於天下；武王、周公繼之，然後大行。今言王若易然，則文王不足法與？」

曰：「文王何可當也？由湯至於武丁，賢聖之君六七作。天下歸殷久矣，久則難變也。武丁朝諸侯有天下，猶運之掌也。紂之去武丁未久也，其故家遺俗，流風善政，猶有存者；又有微子、微仲、王子

比干、箕子、膠鬲，皆賢人也，相與輔相之，故久而後失之也。尺地莫非其有也，一民莫非其臣也，然而文王猶方百里起，是以難也。齊人有言曰：『雖有智慧，不如乘勢；雖有鎡基，不如待時。』

「今時則易然也。夏后、殷、周之盛，地未有過千里者也，而齊有其地矣；雞鳴狗吠相聞，而達乎四境，而齊有其民矣。地不改辟矣，民不改聚矣，行仁政而王，莫之能禦也。且王者之不作，未有疏於此時者也；民之憔悴於虐政，未有甚於此時者也。飢者易為食，渴者易為飲。孔子曰：『德之流行，速於置郵而傳命。』當今之時，萬乘之國行仁政，民之悅之，猶解倒懸也。故事半古之人，功必倍之，惟此時為然。」

白話：公孫丑（齊國人，孟子弟子）問孟子：「如果老師在齊國執政，以前管仲、晏子的政績，可以再復興起來嗎？」

孟子說：「你真是齊國人，只知道齊國的管仲、晏子！以前有人問曾子的孫子曾西說：『你跟子路誰比較賢能？』曾西不安的說：『子路是我祖父敬畏的人，我不敢和他比！』那人又問：『你跟管仲誰比較賢能呢？』曾西不高興的說：『你怎麼把我跟管仲比較？管仲得到齊桓公的重用，推行一系列的改革，輔佐齊桓公成就霸業，而他的功勞，是霸道而非王道仁政！』」孟子說的有些激動，停頓一會，又說：「管仲是曾西所輕忽的人，而你認為我願意學習管仲嗎？」

公孫丑說：「管仲使齊桓公成為諸侯霸主，晏子（晏嬰）使齊景公威名顯揚；像管仲、晏子這樣的人才，還不值得學習嗎？」

孟子說：「我認為以齊國之強大，行王道仁政，成就王業，使齊

國稱王於天下，易如反掌！」公孫丑說：「如此說來，弟子更加疑惑了！古書說周文王有美德，推行王道政治，三分天下有其二，他的仁愛教化還不能普及天下，要周武王、周公繼續努力，纔能打敗商紂（武王發兵朝歌，討伐紂王，兩軍戰於牧野，商軍大敗，紂王自焚於鹿台，商朝亡。），大行王道。如今老師說齊國王天下很容易，那麼周文王也不值得後人學習嗎？」

孟子說：「怎麼可以跟周文王比呢？自商湯到武丁（寬厚修德，天下咸歡，殷道復興。），賢明的國君有六七個，天下歸順殷商很久了。所以武丁會諸侯，坐擁天下，易如反掌。商紂離武丁，年代不久，殷商的政令、教化、道統仍在，又有微子（註三）、微仲、王子比干、箕子、膠鬲等賢臣輔佐他，所以，紂雖殘暴，政權仍在。當時，普天之下，莫非王土；率土之濱，莫非王臣。而文王只是一百方里的小國，所以想要推翻商紂，不易成功啊！齊人有句俗話說：『雖有智慧，不如把握時機；雖有鋤頭農具，也要等待農耕時節。』」

「如今齊國很容易稱王於天下了！因為夏、殷、周土地不過千里，而今齊國也有千里之地；人口眾多，雞鳴狗叫的聲音，彼此都聽得到，從國都到四方的邊境都很繁榮興盛，大王只要推行王道仁政，就可以王天下，無人能擋。從周武王到如今已有七百多年，不見王者興起；當今百姓苦於暴政，正是施行仁政的好時機，孔子說過：『仁政德化的流行，比驛馬傳達政令還要快。』當今，如有萬輛戰車的大國施行王道仁政，則百姓之喜歡，如同幫人民解除倒吊著的痛苦，此時推行仁政，最佳時機，事半功倍矣。」

當代意義：這是「艴然不悅」、「雞鳴狗吠」、「猶(如)解倒懸」、「事半功倍」成語典故的由來。王霸之辨，是孟子思想的核心之一，他推崇王道，反對霸道。以德行仁者王（以德服人者王），以力假仁者霸（以力服人者霸）。

二、公孫丑問曰：「夫子加齊之卿相，得行道焉，雖由
　　此霸王不異矣。如此，則動心否乎？」

　　孟子曰：「否。我四十不動心。」

　　曰：「若是，則夫子過孟賁遠矣。」

　　曰：「是不難，告子先我不動心。」

　　曰：「不動心有道乎？」

　　曰：「有。北宮黝之養勇也，不膚撓，不目逃，思
　　以一毫挫於人，若撻之於市朝。不受於褐寬博，亦
　　不受於萬乘之君。視刺萬乘之君，若刺褐夫。無嚴
　　諸侯。惡聲至，必反之。孟施舍之所養勇也，曰：
　　『視不勝猶勝也。量敵而後進，慮勝而後會，是畏
　　三軍者也。舍豈能為必勝哉？能無懼而已矣。』孟
　　施舍似曾子，北宮黝似子夏。夫二子之勇，未知其
　　孰賢，然而孟施舍守約也。昔者曾子謂子襄曰：『子
　　好勇乎？吾嘗聞大勇於夫子矣：自反而不縮，雖褐
　　寬博，吾不惴焉；自反而縮，雖千萬人，吾往矣。』
　　孟施舍之守氣，又不如曾子之守約也。」

　　曰：「敢問夫子之不動心，與告子之不動心，可得
　　聞與？」

　　「告子曰：『不得於言，勿求於心；不得於心，勿
　　求於氣。』不得於心，勿求於氣，可；不得於言，
　　勿求於心，不可。夫志，氣之帥也；氣，體之充也。
　　夫志至焉，氣次焉。故曰：『持其志，無暴其氣。』」

　　「既曰『志至焉，氣次焉』，又曰『持其志無暴其
　　氣』者，何也？」

曰：「志壹則動氣，氣壹則動志也。今夫蹶者、趨者，是氣也，而反動其心。」

「敢問夫子惡乎長？」

曰：「我知言，我善養吾浩然之氣。」

「敢問何謂浩然之氣？」

曰：「難言也。其為氣也，至大至剛，以直養而無害，則塞于天地之閒。其為氣也，配義與道；無是，餒也。是集義所生者，非義襲而取之也。行有不慊於心，則餒矣。我故曰告子未嘗知義，以其外之也。必有事焉而勿正，心勿忘，勿助長也。無若宋人然：宋人有閔其苗之不長而揠之者，芒芒然歸。謂其人曰：『今日病矣，予助苗長矣。』其子趨而往視之，苗則槁矣。天下之不助苗長者寡矣。以為無益而舍之者，不耘苗者也；助之長者，揠苗者也。非徒無益，而又害之。」

「何謂知言？」

曰：「詖辭知其所蔽，淫辭知其所陷，邪辭知其所離，遁辭知其所窮。生於其心，害於其政；發於其政，害於其事。聖人復起，必從吾言矣。」

「宰我、子貢善為說辭，冉牛、閔子、顏淵善言德行。孔子兼之，曰：『我於辭命，則不能也。』然則夫子既聖矣乎？」

曰：「惡！是何言也？昔者子貢、問於孔子曰：『夫子聖矣乎？』孔子曰：『聖則吾不能，我學不厭而教不倦也。』子貢曰：『學不厭，智也；教不倦，

仁也。仁且智，夫子既聖矣！』夫聖，孔子不居，是何言也？」

「昔者竊聞之：子夏、子游、子張皆有聖人之一體，冉牛、閔子、顏淵，則具體而微。敢問所安。」

曰：「姑舍是。」

曰：「伯夷、伊尹何如？」

曰：「不同道。非其君不事，非其民不使；治則進，亂則退，伯夷也。何事非君，何使非民；治亦進，亂亦進，伊尹也。可以仕則仕，可以止則止，可以久則久，可以速則速，孔子也。皆古聖人也，吾未能有行焉；乃所願，則學孔子也。」

「伯夷、伊尹於孔子，若是班乎？」

曰：「否。自有生民以來，未有孔子也。」

曰：「然則有同與？」

曰：「有。得百里之地而君之，皆能以朝諸侯，有天下。行一不義、殺一不辜而得天下，皆不為也。是則同。」

曰：「敢問其所以異？」

曰：「宰我、子貢、有若智足以知聖人。汙，不至阿其所好。宰我曰：『以予觀於夫子，賢於堯舜遠矣。』子貢曰：『見其禮而知其政，聞其樂而知其德。由百世之後，等百世之王，莫之能違也。自生民以來，未有夫子也。』有若曰：『豈惟民哉？麒麟之於走獸，鳳凰之於飛鳥，太山之於丘垤，河海之於行潦，類也。聖人之於民，亦類也。出於其類，

拔乎其萃，自生民以來，未有盛於孔子也。』」

白話：公孫丑問孟子說：「如果老師當了齊國的卿相，能夠施行王道，從此使齊國稱王於天下，能夠成就王業，老師會動心嗎？」

孟子說：「不會動心，我四十歲就不動心了！」

公孫丑說：「如此說來，老師的勇氣比衛國勇士孟賁（註四）還要強大！」

孟子說：「學會不動心並不困難，告子（與孟子同時代的學者）比我早不動心！」

公孫丑說：「如何能夠不動心？」

孟子說：「有的。像北宮黝（戰國時期齊國勇士）培養勇氣，使自己不動心的方法是：如果有人向他身上刺一刀，他連皮膚都不會收縮；如果眼睛被刺一刀，他也目不轉睛。在他看來，只是皮毛輕傷，就好像在市場被人打一拳；他既不願受辱於平民百姓，也不願受辱於國君；在他看來，殺死一個大國的國君，猶如刺殺一個平民百姓，他不怕諸侯權力；如果有誰辱罵他，他一定當場辱罵回去。」

「孟施舍培養勇氣，使自己不動心的方法，他說：『我打仗只會勇往直前，不考慮勝敗，我看那失敗如同勝利一樣。若要估量敵人的強弱才前進，考慮了勝敗才交兵，就是害怕敵人了。我孟施舍豈能一定打勝戰！只是能使自己不畏戰罷了！』孟施舍使自己不畏懼的勇氣，就像曾子的反求諸己；北宮黝專心對付敵人的勇氣，近似子夏的篤行孔子之教。這兩個人的勇氣，不知道哪一個高明？但是孟施舍已經體會出培養勇氣的方法了。」

「以前曾子告訴他的弟子子襄說：『你好勇嗎？我曾聽我老師孔子說過「大勇」：自己深切反省，如果是我理虧，就算對方是一個平常百姓，我難道不低頭認錯嗎？自己深切反省，如果是我名正言順、理直氣壯，雖然面臨千萬人，我也要仗義執言、據理力爭到底！』

如此看來，孟施舍把體會出培養勇氣的方法，不如曾子能篤實培養仁義的方法。」

公孫丑說：「請問老師的不動心，與告子的不動心，有何不同？可以說明比較嗎？」

孟子說：「告子說過：『如果一個人的言論有所不通達，不必求助於心志（心思）；心志（心思）有所不通達，不必求助於意氣。』心志（心思）有所不通達，不必求助於意氣，這是可以的；言論上有所不通，不必求助於心志（心思），這是不可以的。心志是意氣的統帥，意氣是充滿體內的。心志關注到這裡，意氣就到這裡。所以說，『要堅守心志，不要妄動意氣。』」

公孫丑問：「老師既說：『心志關注到這裡，意氣就到這裡。』為何又說：『要堅守心志，不要妄動意氣。』？」

孟子說：「心志（心思）專一就能帶動意氣，意氣專一也能帶動心志。例如有人奔跑，有人快步走，都是意氣的作用，反過來也帶動了心志的專一。」

公孫丑說：「請問老師的不動心工夫有何優異之處？」

孟子說：「我能辨識言論，我善於培養我的浩然之氣。」

公孫丑說：「請問什麼叫浩然之氣？」

孟子說：「很難說清楚。這種氣，最盛大也最堅強，以正直的方法去培養而不妄加傷害，就能充滿在內心與天地之間。這種氣，配合正義與正道；沒有正義與正道，浩然之氣就會萎縮。浩然之氣是內心不斷聚集正義而產生的，不是偶然的正義行為就能養成的。

如果行為不合道義，讓自己的內心不滿意，浩然之氣就萎縮了。所以我說，告子不明白『義內』，因為他主張『義外』。培養浩然之氣，一定要在行事上努力，內心不能忘記，但不可主動助長。不要像一個宋國人那樣。宋國有個擔心禾苗長不大而去拔高禾苗的人，十分疲憊地回家，對家人說：『今天很累！我幫助禾苗長高了。』他的兒子趕快跑去農田一看，禾苗都枯死了。

　　現在天下不幫助禾苗長高的人很少啊。認為培養浩然之氣沒有好處而放棄培養，是不為禾苗鋤雜草的人；知道培養浩然之氣的好處，卻急著助長的，是拔高禾苗的人，不但沒有好處，反而傷害了浩然之氣。」

　　公孫丑說：「什麼叫做辨識言論？」

　　孟子說：「聽到詖辭（偏執一端的不正言詞），我就知道說話者的內心被蒙蔽；聽到淫辭（放蕩恣意的不雅言詞），我就知道說話者的內心沉溺不拔；聽到邪辭（邪僻而淆亂是非的言詞），我就知道說話者的內心叛離正道；聽到遁辭（逃避而支吾閃爍的言詞），我就知道說話者的內心，自知理虧而窮於應對。能辨識言論的人，不被各種不正的邪說所蒙騙，可以明確判斷是非善惡。這些言詞從心思產生出來，會危害政治；在政治上表現出來，會危害政務。如果有聖人再出現，一定會贊成我說的話。」

　　公孫丑說：「宰我、子貢擅長說話，冉牛、閔子、顏淵擅長闡述德行。孔子兼有雙方的優點，但還是謙虛的說：『我對說話表達，並不擅長。』如此說來，老師已經是聖人了吧？」

　　孟子說：「喔！這是什麼話！從前子貢問孔子說：『老師是聖人了吧？』孔子說：『聖人，我做不到，我只是不斷學習而不厭煩，教育英才而不厭倦。』子貢說：『不斷學習而不厭煩，就是明智；教育英才而不倦怠，就是仁德。仁德加上明智，老師已經是聖人了。』孔子還不敢自居聖人，我豈敢自居聖人？」

　　公孫丑說：「從前，我聽說：子夏、子游、子張三人，都學到聖人一部分的優點；冉牛、閔子、顏淵三人，都學到聖人所有的優點，只是境界低一點。老師既不敢與聖人相比，請問這兩種人，老師願意做哪一種人？」孟子說：「我們暫時不談這些人吧！」

　　公孫丑說：「像伯夷、伊尹的為人如何？」

　　孟子說：「他們和我不同道。他不喜歡的國君不事奉，他不喜歡的百姓不治理，天下太平就當官，天下大亂就隱退，這是伯夷的人

生態度；每一個國君都可以事奉，每一個百姓都可以治理，天下太平可以當官，天下混亂也可以當官，這是伊尹的人生態度；適合當官就當官，適合隱退就隱退，適合留任就留任，適合快速離開就快速離開，這是孔子的人生態度。這三個人都是古代的聖人，我不如他們三人，我心裡想要的，是學習效法孔子。」

公孫丑說：「伯夷、伊尹和孔子相比，三人都等同嗎？」

孟子說：「孔子和這兩人不等同，自有人類以來，沒有比孔子更偉大的聖人。」

公孫丑說：「伯夷、伊尹和孔子有相同的地方嗎？」

孟子說：「有的，如果有百里的土地，讓他們當國君，都可以一統天下，使諸侯來朝見；然而，讓他們做一件不義的事，殺一個無罪的人而得到天下，他們都不會做，這是他們相同的地方。」

公孫丑說：「孔子和伯夷、伊尹有不相同的地方嗎？」

孟子說：「宰我、子貢、有若這三人，都有充分了解聖人的智慧，他們不會阿諛奉承他們喜歡的人。宰我讚美孔子說：『依我看來，老師的偉大，勝過堯、舜。』子貢讚美孔子說：『古代的帝王，早已人亡政息；但是孔子詳閱他們的典章禮制，就能知道他們推行的政務；聆聽他們製作的音樂，就能知道他們的人品道德；即使評論百代以來的帝王，沒有一個帝王能夠躲避他的評論。自有人類以來，沒有比孔子更偉大的了！』有若讚美孔子說：『不僅是人類，麒麟（祥瑞仁獸）與走獸，鳳凰（瑞鳥）與飛鳥、泰山與山丘，河海與小水流，都是同類呀；聖人與普通百姓也是同類；不過，聖人出類拔萃，自有人類以來，沒有人比孔子更偉大的了。」

當代意義：這是「揠苗助長」、「出類拔萃」、「四十不動心」、「浩然之氣」、「至大至剛」、「具體而微」成語典故的由來。孟子說他四十歲就不動心，值得一提的是，孟子四十不動心，近似孔子四十而不惑。說明他心志堅定，不受外物誘擾。所謂不動心，就是富貴不能淫，貧賤不能移，威武不能屈。

三、孟子曰：「以力假仁者霸，霸必有大國，以德行仁
　　者王，王不待大。湯以七十里，文王以百里。以力
　　服人者，非心服也，力不贍也；以德服人者，中心
　　悅而誠服也，如七十子之服孔子也。《詩》云：『自
　　西自東，自南自北，無思不服。』此之謂也。」

　　白話：孟子說：「擁有強大的武力，假借仁愛的名義，侵略別的
國家，這是霸道，稱霸於諸侯國，只有武力強大的國家，可以稱霸
諸侯。以道德推行仁政，可以成就王道，想要成就王道，國家不必
強大，例如商湯只有七十方里，周文王只有一百方里的土地，就成
就了仁政王道。霸道的人用武力降服別人，別人不是心甘情願的服
從，是因為自己的武力不夠；推行仁政使人順從，是心甘情願的服
從，就像孔門的弟子信從孔子一樣，心悅誠服地聽從。誠如《詩經・
大雅・文王・有聲》說：「從四面八方來歸順的百姓，人人心悅誠服。」

　　當代意義：這是「心悅誠服」成語典故的由來。王霸之辨，是
孟子的三辨之一：人禽之辨、義利之辨、王霸之辨。以力服人者霸，
以德服人者王，心悅誠服地順從，商湯、周文王都是王道。孟子提
倡王道，反對霸道。孟子的王道，近似孔子的仁政，仁政王道成為
儒家核心的政治思想，並以推行仁政王道為從政的目標。

四、孟子曰：「仁則榮，不仁則辱。今惡辱而居不仁，
　　是猶惡溼而居下也。如惡之，莫如貴德而尊士，賢
　　者在位，能者在職。國家閒暇，及是時明其政刑。
　　雖大國，必畏之矣。《詩》云：『迨天之未陰雨，徹
　　彼桑土，綢繆牖戶。今此下民，或敢侮予？』孔子

曰：『為此詩者，其知道乎！能治其國家，誰敢侮之？』今國家閒暇，及是時般樂怠敖，是自求禍也。禍福無不自己求之者。《詩》云：『永言配命，自求多福。』《太甲》曰：『天作孽，猶可違；自作孽，不可活。』此之謂也。」

白話：孟子說：國君行仁政，就能得到光榮和幸福；不行仁政，就要遭受恥辱和災禍。現在的國君，雖然不願意遭受恥辱，卻不喜歡行仁政，就像厭惡潮濕，卻住在低窪的地方。

國君如果真的厭惡恥辱，就要修養自己的品德，尊重賢能的人，讓有品德的人在朝廷輔政，有才能的人在政府機關任職。

當國家閒暇時期，及時修明政令、教育和刑責，雖是大國，也會害怕他。《詩經・豳風・鴟鴞》說，『乘著天還沒下雨，趕快取一些桑樹根的皮，修補鳥巢出入口，能夠及時防患，未雨綢繆，今後那些壞人還敢來欺侮我嗎？』孔子讚美這首詩說：『寫這首詩的作者，真正懂得及時防患未然，未雨綢繆的道理，治理國家能夠防患未然，誰敢來欺侮他？』

現在的國君，當國家太平閒暇時，盡情享樂，怠惰政務，這是自找災禍啊！災禍或幸福都是自己造成的，《詩經・大雅・文王》說：『永遠順從天命，自己創造更多的幸福。』，《尚書・商書・太甲》說：『上天（自然界）造成的災害，我們還能逃避而存活；但是，我們自作的罪過，自己造成的災禍，卻是無法逃避國法的懲罰。』就是這個意思。」

當代意義：這是「未雨綢繆」成語典故的由來，「禍福無不自己求之者」，「自求多福」，「天作孽，猶可違；自作孽，不可活」，對後世的影響非常深遠，可以成為我們的座右銘。

五、孟子曰：「尊賢使能，俊傑在位，則天下之士，皆悅而願立於其朝矣。市，廛而不征，法而不廛，則下之商，皆悅而願藏於其市矣。關，譏而不征，則天下之旅，皆悅而願出於其路矣。耕者，助而不稅，則天下之農，皆悅而願耕於其野矣。廛無夫里之布，則天下之民，皆悅而願為之氓矣。信能行此五者，則鄰國之民，仰之若父母矣。率其子弟，攻其父母，自生民以來，未有能濟者也。如此，則無敵於天下。無敵於天下者，天吏也。然而不王者，未之有也。」

白話：孟子說：「國君尊重賢人，任用有才智的人，使才德出眾的人，高居政府重要的官位，天下的讀書人，都心悅誠服地在朝為官了。商人在市場做生意，或只徵收房屋稅，不徵收貨物稅；或只徵收貨物稅，不徵收房屋稅，天下的商人，都心悅誠服地在該國做生意。在邊境的關口（關隘）上，只稽查一些可疑分子，不徵收關稅，天下的旅客（商旅），都心悅誠服地進出關隘。農夫只依據周朝的「助法」，不徵收私田的田賦，只要耕種公家的公田，天下的農夫，都心悅誠服地在農田裡耕種了。百姓只要依法繳稅服勞役，就不再徵收土地稅等雜稅，鄰國的百姓仰慕輕徭薄賦的仁君，就像子女愛慕自己的父母一樣，如果鄰國的國君想要帶領百姓來侵略，猶如帶領別人的子弟，去攻擊他們的父母，這種戰爭有史以來沒有能成功的。國君能夠實施這些德政，天下無敵了。天下無敵的人，是奉行天命的天子，可以王天下，成就王業。」

當代意義：這是「尊賢使能」、「譏而不征」成語典故的由來。國君輕徭薄賦，是王道仁政，天下無敵，百姓歸心，可以王天下，

成就聖王之業。

六、孟子曰：「人皆有不忍人之心。先王有不忍人之
　　心，斯有不忍人之政矣。以不忍人之心，行不忍
　　人之政，治天下可運之掌上。所以謂人皆有不忍人
　　之心者，今人乍見孺子將入於井，皆有怵惕惻隱之
　　心。非所以內交於孺子之父母也，非所以要譽於鄉
　　黨朋友也，非惡其聲而然也。由是觀之，無惻隱之
　　心，非人也；無羞惡之心，非人也；無辭讓之心，
　　非人也；無是非之心，非人也。惻隱之心，仁之端
　　也；羞惡之心，義之端也；辭讓之心，禮之端也；
　　是非之心，智之端也。人之有是四端也，猶其有四
　　體也。有是四端而自謂不能者，自賊者也；謂其君
　　不能者，賊其君者也。凡有四端於我者，知皆擴而
　　充之矣，若火之始然，泉之始達。苟能充之，足以
　　保四海；苟不充之，不足以事父母。」

　　白話：孟子說：「人人都有不忍別人受傷害的心，古代的聖王有
不忍別人受傷害的心，就有不忍百姓受傷害的德政。以不忍百姓受
傷害的心，實行不忍百姓受傷害的德政，治理天下就很容易。

　　為甚麼說人人都有不忍別人受傷害的心呢？例如現在有一個
人，突然看見一個小孩將要掉入井裡去的時候，都會有害怕、同情
憐憫的心情油然而生，這種當下的同情心，出於自然的天性，並沒
有想要結交小孩的父母，也沒有想要得到鄉里親友的讚美，也不是
擔心不救小孩會被指責。

　　由此看來，沒有憐憫同情的心、沒有羞恥厭惡的心、沒有謙讓

的心、沒有分辨是非善惡的心，就不是具有健全人格的人。具有憐憫同情的心，是仁的善端；具有羞恥厭惡的心，是義的善端；具有謙讓的心，是禮的善端；具有分辨是非善惡的心，是智的善端。

人人都有仁義禮智四個善端，就像人人身上有手腳四肢，與生俱來。人人具有四個善端，卻說自己不能行善，是自欺欺人，自甘墮落；說自己的國君不能行善，是傷害國君的人。

凡是知道自己的內心具有四個善端，努力把這四個善端推廣與擴展，就像火開始燃燒，泉水開始湧現，善行會越來越多，不斷的日益增加行善，就足以保有天下；如果不能推廣與擴展四個善端，不足以孝順、事奉父母。」

當代意義：這是「怵惕惻隱」、「惻隱之心」、「羞惡之心」、「是非之心」、「擴而充之」、「火然泉達」成語典故的由來。孟子以乍見孺子將入井的人心反應，說明人性之善，如果人沒有惻隱之心，沒有羞惡之心，沒有辭讓之心，沒有是非之心，這個人將淪為禽獸。孟子以「乍見」二字強調任何人皆有不忍人的心，這種不忍人之心就是愛心，即未曾受到本能慾望的趨使，不待外求，當下表現愛人的行動，這種愛人之心是人人所不學而能，不慮而知的，小孩子都知道愛自己的親人，到了長大以後，知道要尊敬他們的兄長，所以，一個有道德修養的人，能夠以其所愛及其所不愛，以其所不忍，達之於其所忍，這些推恩愛人的義舉，總不外乎擴充四端的結果，苟能擴而充之，時常與人為善，就可以保四海，苟不推恩，還不足以保妻子，事父母呢！總之，人有不忍人的惻隱之心，就可以實踐愛人之事，而道德人格也由此建立。

七、孟子曰：「矢人豈不仁於函人哉？矢人唯恐不傷人，函人唯恐傷人。巫匠亦然，故術不可不慎也。孔子曰：『里仁為美，擇不處仁，焉得智？』夫仁，天

之尊爵也，人之安宅也。莫之禦而不仁，是不智也。
不仁、不智、無禮、無義，人役也。人役而恥為役，
由弓人而恥為弓，矢人而恥為矢也。如恥之，莫如
為仁。仁者如射，射者正己而後發。發而不中，不
怨勝己者，反求諸己而已矣。」

白話：孟子說：「製造弓箭的工匠，難道不如製造盔甲的工匠仁慈嗎？製造弓箭的人只怕弓箭不鋒利，不能刺傷人；製造盔甲的人只怕盔甲不堅固，使戴盔甲的人受傷。給人驅魔治病的巫醫，和製造棺木的工匠，也是相同的例子。所以，選擇職業不能不謹慎。

孔子說：『我們選擇住家，要選在有良善風俗的社區才好，如果不在風俗良善的地方居住，就不算明智的選擇了！』至於仁，是上天賜給人類最寶貴的爵位，是人類最平安的住宅。如果沒有人阻擋你行仁，你卻不願意行仁，就不明智了。一個人不仁、不智、無禮、無義，就只好當人家的奴僕了。既然當了奴僕，又認為當奴僕很可恥，猶如製造弓的人認為製造弓很可恥、製造劍的人認為製造劍很可恥。如果認為製造弓箭很可恥，最好去行仁。實踐仁道猶如射箭：射箭者必須先站好自己的身體再射箭，射箭沒有命中，不會怨恨成績比自己好的人，只是自我省察，自我反省，從自己本身找出失敗的原因。」

當代意義：這是「反求諸己」成語典故的由來。孟子「反求諸己」及「行有不得者，皆反求諸己。」（〈離婁上〉），近似《論語·衛靈公》孔子說：「君子求諸己，小人求諸人。」。自我反省，從自己本身找出失敗的原因，改過遷善。

八、孟子曰：「子路，人告之以有過則喜。禹聞善言則
　　拜。大舜有大焉，善與人同。舍己從人，樂取於人

以為善。自耕、稼、陶、漁以至為帝，無非取於人
者。取諸人以為善，是與人為善者也。故君子莫大
乎與人為善。」

白話：孟子說：「子路勇於知過，別人告訴他有過失，就很高興；
夏禹聽到好的建言，就虛心拜謝。大舜喜與人同，自他出仕前從事
農耕、燒窯、捕魚等工作，一直到當了帝王，大舜喜歡採納別人的
優點來行善，同時改正自己的過失。他能夠力行別人的善言和善行，
也就是幫助別人行善。君子的美德，沒有比『善與人同』及『與人
為善』更偉大了。」

當代意義：這是「聞過則喜」、「善與人同」、「舍(捨)己從人」
成語典故的由來。孟子肯定子路樂於接受別人指出他的過失，不像
許多人不願接納別人善意的批評而惱羞成怒。夏禹更樂於採納別人
善意的建議，大舜唯善是從，樂取別人的善以為善。所謂聖賢改過
之學，就是「舍己從人」。「舍己」是自覺改過，「從人」是「惟善是
從」，樂於效法他人善行而自覺為善。

九、孟子曰：「伯夷，非其君不事，非其友不友。不立
　　於惡人之朝，不與惡人言。立於惡人之朝，與惡人
　　言，如以朝衣朝冠，坐於塗炭。推惡惡之心，思與
　　鄉人立，其冠不正，望望然去之，若將浼焉。是故
　　諸侯雖有善其辭命而至者，不受也。不受也者，是
　　亦不屑就已。柳下惠，不羞汙君，不卑小官。進不
　　隱賢，必以其道。遺佚而不怨，阨窮而不憫。故曰：
　　『爾為爾，我為我，雖袒裼裸裎於我側，爾焉能浼
　　我哉？』故由由然與之偕而不自失焉，援而止之而

止。援而止之而止者，是亦不屑去已。」

孟子曰：「伯夷隘，柳下惠不恭。隘與不恭，君子
不由也。」

白話：孟子說：「伯夷（商紂王末期孤竹國第八任君主亞微的長子，弟仲馮、叔齊。）為人高風亮節，不是好的國君他不事奉，不是好的朋友他不結交；不願意與惡人在朝廷為官，不願意與惡人說話。他認為與惡人在朝廷為官，或與惡人說話，如同穿上朝服朝帽，坐在汙穢的地方。他時常有厭惡惡人的心理，有時跟鄉人在一起，如果這個人的帽子沒有戴好，他也馬上離開這個人，好像會被汙染似的，所以，諸侯雖然美言請他當官，他不願意當周朝的官（他是商朝人，不食周粟）。

魯國大夫柳下惠是品德高尚的人，不把事奉不好的國君當作羞恥，也不把擔任小官當作卑下。既然當了官，毫無保留貢獻自己的才能，必以直道（正道）事人、事君。他三次當官三次遭到罷免，他不怨恨；他雖窮困，也不憂愁。因為，柳下惠曾說：『你是你，我是我，即使你裸體在我身旁，你也不能污染我！』所以，他很自在地和別人相處，也不會迷失自己的操守。他要辭職的時候，如果長官挽留他，他就留下來不辭職；留下來不辭職的原因，是不願意捨棄直道、正道而辭官。」

孟子又說：「伯夷的器度太小，柳下惠潔身自愛，為人太隨和，不能匡正朝綱，君子都不會效法這兩人的為人、為官之道。」

當代意義：這是「袒裼裸裎」成語典故的由來。孟子在〈萬章下〉稱讚伯夷是聖之清者、柳下惠是聖之和者。但都不是孟子學習效法的對象，孟子積極有為，力推仁政王道，強力三辨：人禽、義利、王霸之辨；以繼承道統為己任，繼往開來，成為亞聖。

第四章　公孫丑下

一、孟子曰：「天時不如地利，地利不如人和。三里之
　　城，七里之郭，環而攻之而不勝。夫環而攻之，必
　　有得天時者矣；然而不勝者，是天時不如地利也。
　　城非不高也，池非不深也，兵革非不堅利也，米粟
　　非不多也；委而去之，是地利不如人和也。故曰：
　　域民不以封疆之界，固國不以山谿之險，威天下不
　　以兵革之利。得道者多助，失道者寡助。寡助之至，
　　親戚畔之；多助之至，天下順之。以天下之所順，
　　攻親戚之所畔；故君子有不戰，戰必勝矣。」

　　白話：孟子說：「天時（有利於己之吉時）不如地利（占地勢之
利），地利不如人和（民心之歸順）。例如只有三里長的城牆，還有
七里長的外城牆，敵人包圍攻打，無法獲勝，這是天時不如地利。
又如城牆堅固，護城河水深，武器鋒利，糧食充足，結果軍民棄城
而逃，這是地利不如人和。
　　所以說：要限制百姓自由，不必依靠城牆的封鎖；要鞏固國家
安全，不必依靠高山深谷的險要；要征服天下，不必依靠武器的鋒
利。能行王道的國君，會得到很多人的幫助；不行王道的國君，不
會得到別人的幫助，甚至親戚都要背叛；如果得到更多人的幫助，
天下百姓都要歸順他了。以天下人歸順的力量，攻打眾叛親離的國
君，反掌之易。所以說，行王道的君主不戰則已，王道之師（軍隊）

必勝。」

　　當代意義：這是「地利人和」、「得道多助」、「失道寡助」成語典故的由來。天時地利人和，是成功三大要素，「人和」更是成功的關鍵。所以說：「得道者多助，失道者寡助」、「得人者昌，失人者亡。」

二、孟子將朝王，王使人來曰：「寡人如就見者也，有寒疾，不可以風。朝將視朝，不識可使寡人得見乎？」對曰：「不幸而有疾，不能造朝。」

　　明日，出弔於東郭氏，公孫丑曰：「昔者辭以病，今日弔，或者不可乎！」曰：「昔者疾，今日愈，如之何不弔？」

　　王使人問疾，醫來。孟仲子對曰：「昔者有王命，有采薪之憂，不能造朝。今病小愈，趨造於朝，我不識能至否乎？」使數人要於路，曰：「請必無歸，而造於朝！」

　　不得已而之景丑氏宿焉。景子曰：「內則父子，外則君臣，人之大倫也。父子主恩，君臣主敬。丑見王之敬子也，未見所以敬王也。」

　　曰：「惡！是何言也！齊人無以仁義與王言者，豈以仁義為不美也？其心曰『是何足與言仁義也』云爾，則不敬莫大乎是。我非堯舜之道，不敢以陳於王前，故齊人莫如我敬王也。」

　　景子曰：「否，非此之謂也。禮曰：『父召，無諾；君命召，不俟駕。』固將朝也，聞王命而遂不果，宜與夫禮若不相似然。」

曰：「豈謂是與？曾子曰：『晉楚之富，不可及也。彼以其富，我以吾仁；彼以其爵，我以吾義，吾何慊乎哉？』夫豈不義而曾子言之？是或一道也。天下有達尊三：爵一，齒一，德一。朝廷莫如爵，鄉黨莫如齒，輔世長民莫如德。惡得有其一，以慢其二哉？故將大有為之君，必有所不召之臣。欲有謀焉，則就之。其尊德樂道，不如是，不足與有為也。故湯之於伊尹，學焉而後臣之，故不勞而王；桓公之於管仲，學焉而後臣之，故不勞而霸。今天下地醜德齊，莫能相尚。無他，好臣其所教，而不好臣其所受教。湯之於伊尹，桓公之於管仲，則不敢召。管仲且猶不可召，而況不為管仲者乎？」

白話：孟子將去晉見齊宣王，剛好宣王派人來說：「寡人原本想來見夫子，忽然得了畏寒的病，不能來了。希望夫子來上朝，寡人可以見夫子一面。」

孟子說：「很不幸，我也生病，不能上朝了。」

隔天上午，孟子到齊國大夫東郭氏家弔喪，公孫丑勸說：「昨天大王派人召見，老師以生病推辭，今天出門弔喪，或許不好吧！」

孟子說：「昨天生病，今天病好了，應該去弔喪！」

孟子走出家門不久，宣王派人來慰問孟子的病，又帶來醫師。孟子的堂弟孟仲子對來人說：「昨天大王召見，因為生病，不能上朝；今天病情好轉，已經上朝去了，我不知道夫子走到哪裡了？」

趕緊暗中派人去找孟子，對孟子說：「不要回家，上朝去吧！」

孟子不願意上朝，也不能回家，不得已，就到齊國大夫景丑氏家，晚上就夜宿景丑氏家。景丑氏不認同孟子的作法，說：「在家裡，

父子關係最重要；在社會，君臣關係最重要，這是人群的兩大倫理。父子關係，以親情恩惠為主；君臣關係，以尊重恭敬為主；我只看到大王對您的尊敬，沒有看到您對大王的恭敬。」

孟子說：「我沒有不恭敬大王，齊國沒有一個人願意與大王談論仁義之道，難道仁義之道不好嗎？只是齊國人認為大王不配談論仁義之道。由此可知，齊國人普遍不尊敬大王。我只跟大王談論堯舜以仁義治理天下之道，所以，我是最尊敬大王的人。」

景丑氏說：「我不是這個意思。《禮記·曲禮》說：『父召無諾，先生召無諾，唯而起。』，《論語·鄉黨》也說：『君命召，不俟駕行矣。』父親召喚，不能用『諾』答應；國君召見，不能等待僕人把馬車準備好才動身，要立刻出門晉見國君。你本來要上朝的，得到國君的召見命令卻不上朝，這恐怕不合禮制！」

孟子說：「我不說這個道理。從前曾子說：『晉國和楚國的國君，以財富著稱，我以我的仁道著稱；他們有尊貴的爵位，我有我的義理，我內心沒有不滿足！』曾子的話不無道理！

天下有三種受人尊重的寶物：一是爵位，二是年齡，三是道德。在朝廷上爵位高最受人尊重；在鄉里年齡大最受人尊重；在輔導世道人心，教化百姓上，道德高尚最受人尊重。不能因為有尊貴的爵位，就可以怠慢年齡大和道德高尚的人。所以有作為的國君，不敢隨便召喚臣子，有事請教，就移樽就教，以示尊重；一個國君如果沒有尊敬賢能、喜歡義理，就不值得輔佐他。因此，商湯尊重伊尹，先向伊尹學習，再任命為阿衡（宰相），所以不用商湯操心，就成就了王業；齊桓公尊重管仲，先向管仲學習，再拜管仲為相，不用桓公操心，就成就了霸業。現在天下各國國君，喜歡任用他可以隨意召喚的人做臣子，不喜歡任用他可以學習的人做臣子。商湯尊重伊尹，桓公尊重管仲，商湯和桓公，都不敢隨意召喚伊尹和管仲；管仲這種人，桓公都不敢隨意召喚，何況不屑管仲的人，豈能隨意召喚？」

當代意義：孟子認為有作為的國君，要禮賢下士，尊重賢能之士。意指齊宣王不宜隨意召見孟子，應該移樽就教，親自拜訪孟子。

三、陳臻問曰：「前日於齊，王餽兼金一百而不受；於宋，餽七十鎰而受；於薛，餽五十鎰而受。前日之不受是，則今日之受非也；今日之受是，則前日之不受非也。夫子必居一於此矣。」

　　孟子曰：「皆是也。當在宋也，予將有遠行。行者必以贐，辭曰：『餽贐。』予何為不受？當在薛也，予有戒心。辭曰：『聞戒。』故為兵餽之，予何為不受？若於齊，則未有處也。無處而餽之，是貨之也。焉有君子而可以貨取乎？」

　　白話：孟子弟子陳臻問孟子：「從前老師在齊國，齊王送您精美的金子（周代以銅為金，非真正的黃金）二千兩，您沒有接受。之後，在宋國，宋王送您普通的金子一千四百兩，您接受了；在薛國，薛王送您普通的金子一千兩，您也接受了。如果從前不接受齊王的贈送是合理的，後來接受宋王和薛王的贈送就不合理了；如果後來接受宋王和薛王的贈送是合理的，從前不接受齊王的贈送就不合理了，老師您的意見如何？」

　　孟子說：「我前後的做法都是合理的，在宋國的時候，我即將遠行，宋王送我金子，是說『贈送旅行費用』，我覺得合理就接受了；在薛國的時候，因為有惡人想要謀害我，我有戒備之心，薛王送我金子，是說『給我購買防備武器』，我覺得合理就接受了。至於在齊國的時候，一切平安，沒有遠行，沒有危險，齊王無緣無故要贈送精美的金子給我，我沒有理由接受，齊王想要收買我嗎？君子可以被收買的嗎？」

當代意義：孟子強調不隨便接受餽贈，接受餽贈，要安於禮，也要安於理。

四、孟子之平陸。謂其大夫曰：「子之持戟之士，一日
　　而三失伍，則去之否乎？」

　　曰：「不待三。」

　　「然則子之失伍也亦多矣。凶年饑歲，子之民，老
　　羸轉於溝壑，壯者散而之四方者，幾千人矣。」

　　曰：「此非距心之所得為也。」

　　曰：「今有受人之牛羊而為之牧之者，則必為之求
　　牧與芻矣。求牧與芻而不得，則反諸其人乎？抑亦
　　立而視其死與？」

　　曰：「此則距心之罪也。」

　　他日，見於王曰：「王之為都者，臣知五人焉。知
　　其罪者，惟孔距心。為王誦之。」王曰：「此則寡
　　人之罪也。」

白話：孟子到齊國的邊境城鎮平陸（今山東省汶上縣北），對守邑的大夫孔距心說：「如果您執戟（古代一種結合戈與矛的長柄武器）衛士，一天之內三次走錯隊伍行列，您要不要處罰他？」

　　孔距心說：「不必三次就要處罰。」

　　孟子說：「其實，您所犯的過失，和衛士走錯隊伍行列的過失一樣很多次！在饑荒的歲月，您的那些年老、體弱的百姓，都難免一死，屍體被丟在荒野山谷裏，青壯年四方逃散，有幾千人之多。」

　　孔距心說：「這不是我造成的罪過呀！」

　　孟子說：「如果現在有一個人，替別人養牛養羊，他一定要找到

好的草原和草飼料，如果他找不到草原和草飼料，他要把牛羊還給主人呢？還是眼睜睜地看著牛羊餓死呢？」

孔距心說：「百姓受苦，是我的罪過。」

過幾日，孟子見齊宣王說：「大王分派官員治理縣邑，臣認識五個人，但是，自知自己罪過的，只有孔距心一人。」於是孟子把和孔距心的對話跟齊宣王說了一遍。

齊宣王聽了，慚愧地說：「這是寡人的罪過。」

當代意義：西元前314年，燕國發生內亂，齊宣王派兵攻破燕國，此時，齊宣王向孟子請教如何稱霸天下？孟子鼓勵齊宣王放棄霸道，改行王道，可惜，齊宣王不行王道。齊軍在燕國掠奪民財，軍紀敗壞，引發燕人不滿，不久，齊軍就在秦、楚、韓、趙、魏等國的反對下，被迫撤軍，齊宣王感嘆：「吾甚慚於孟子。」顯然，齊宣王不行王道，對災民不曾賑災，甚感慚愧，自覺罪過。

五、孟子謂蚔鼃曰：「子之辭靈丘而請士師，似也，為其可以言也。今既數月矣，未可以言與？」

　　蚔鼃諫於王而不用，致為臣而去。齊人曰：「所以為蚔鼃，則善矣；所以自為，則吾不知也。」

　　公都子以告。曰：「吾聞之也：有官守者，不得其職則去；有言責者，不得其言則去。我無官守，我無言責也，則吾進退，豈不綽綽然有餘裕哉？」

白話：孟子對齊國大夫蚔鼃說：「您請辭靈丘（在今山東省境內）邑宰，請求改任獄官（司法官），好像很不錯，可以跟國君進諫。現在已經過了幾個月了，還不能進諫嗎？」

蚔鼃就去進諫齊王，齊王不採納，他就辭官而去。

齊國有人說：「孟子給蚔鼃出主意（進諫齊王），雖然立意很好；

可是他給自己出的主意是甚麼呢？我們就不清楚了！（孟子沒有進諫齊王）」

　　公都子把這件事告訴孟子。

　　孟子說：「我聽說：有官職的人，如果無法盡忠職守，就應該引咎辭官；有進諫責任的官員，如果不能進諫或進諫不被採納，也應該辭官。現在我既沒有官職，也沒有進諫的責任，不在其位，不輕易發言，我進退自如，來去自由。」

　　當代意義：孟子在齊宣王時當齊國客卿，客卿沒有實際的政治職位與權力，孟子也知道齊宣王不會採納他的仁政建言，只想假借孟子的名聲來增加自己的威望，孟子遂離開齊國。

六、孟子為卿於齊，出弔於滕，王使蓋大夫王驩為輔行。
　　王驩朝暮見，反齊滕之路，未嘗與之言行事也。
　　公孫丑曰：「齊卿之位，不為小矣；齊滕之路，不為近矣。反之而未嘗與言行事，何也？」
　　曰：「夫既或治之，予何言哉？」

　　白話：孟子在齊國當客卿，出使到滕國弔喪，齊王派蓋邑大夫王驩（齊國權臣）為副使。王驩早晚都來面見孟子，可是孟子在往返的路上，都沒有跟王驩談論出使的事。

　　公孫丑問孟子：「老師是齊國客卿，地位不算小，老師在往返的路上，為什麼都沒有跟王驩談論出使的事？」

　　孟子說：「弔喪滕文公的事，既然有人辦理此事，何必多言呢？」

　　當代意義：孟子暗指權臣王驩，為人自專，事事擅權，孟子不願與他多言。

七、孟子自齊葬於魯，反於齊，止於嬴。

　　充虞請曰：「前日不知虞之不肖，使虞敦匠事。嚴，虞不敢請。今願竊有請也，木若以美然。」

　　曰：「古者棺槨無度，中古棺七寸，槨稱之。自天子達於庶人。非直為觀美也，然後盡於人心。不得，不可以為悅；無財，不可以為悅。得之為有財，古之人皆用之，吾何為獨不然？且比化者，無使土親膚，於人心獨無恔乎？吾聞之也：君子不以天下儉其親。」

　　白話：孟子把母親的靈柩，從齊國運回魯國安葬，葬畢，孟子又回齊國，在嬴邑停留，他的學生充虞問說：「日前老師派我監造棺木，當時相當匆忙，不敢請問老師，現在喪事已經辦妥，想私下請問老師一件事，那棺木好像太好了，是嗎？」

　　孟子回答說：「上古時代，內棺外槨，厚薄沒有一定的標準，到了周公制禮以來，規定內棺七寸厚，外槨的厚度與內棺相稱，上從天子下至一般百姓，都是一樣的。非但為了外表美觀，因為棺槨堅固一些，屍體比較不易快速腐朽，這樣才能表達孝子的不忍之心。如果禮制不當而受限，孝子的心會不安不忍；如果因為財力不足，不能這樣做，孝子的心也會不安不忍。既然符合禮制，又有可用的財力，古時候的人，都使用這種棺槨了，我為甚麼不能這樣做呢？何況把棺槨做得堅固些，長輩安息在裡面，不使泥土附著在肌膚上，在孝子的內心，難道不安慰嗎？我聽人說過，君子葬親竭盡心力，一切以心安為主。所以，不在自己父母的身上吝惜財物。」

　　當代意義：孟子「君子不以天下儉其親」的主張，就是孟子所謂「惟送死可以當大事」（〈離婁〉）的觀點。外界似乎誤解他，不明

白孟子是依禮、稱財、盡心、盡孝。君子葬親竭盡心力，一切以心安為主。

八、沈同以其私問曰：「燕可伐與？」

　　孟子曰：「可。子噲不得與人燕，子之不得受燕於子噲。有仕於此，而子悅之，不告於王而私與之吾子之祿爵；夫士也，亦無王命而私受之於子，則可乎？何以異於是？」

　　齊人伐燕。或問曰：「勸齊伐燕，有諸？」

　　曰：「未也。沈同問：『燕可伐與』？吾應之曰：『可』，彼然而伐之也。彼如曰：『孰可以伐之？』則將應之曰：『為天吏，則可以伐之。』今有殺人者，或問之曰：『人可殺與？』則將應之曰：『可』。彼如曰：『孰可以殺之？』則將應之曰：『為士師，則可以殺之。』今以燕伐燕，何為勸之哉？」

　　白話：齊國大臣沈同，以私人身分問孟子：「燕國可以討伐嗎？」孟子說：「燕國可以討伐。燕王子噲不可以私自把王位讓給宰相子之，燕國宰相子之，也不可以私自接受子噲讓出的王位。例如有人在您手下當官，這個人深得您的歡心，您不推薦給國君，由朝廷派任敘薪，卻私下給他俸祿和官職；這個人沒有得到朝廷的派任與敘薪，卻私下得到您給他的俸祿和官職，這樣可以嗎？這樣跟子噲私自把王位讓給宰相子之，又有何分別？」

　　後來，齊宣王派兵攻破燕國。

　　有人問孟子：「聽說您曾經贊同齊國攻打燕國嗎？」

　　孟子說：「我沒有贊同齊國攻打燕國。沈同問我：『燕國可以攻

打嗎？』我說：『可以攻打。』他認同我的說法，就去攻打燕國了。他如果再問我：『誰可以去討伐燕國？』我將回答他說：『天子或奉行天命的聖王可以討伐燕國。』例如現在有一個人殺了人，有人問我說：『這個殺人犯可以殺嗎？』我將回答：『可以。』如果再問我說：『誰可以殺這個殺人犯？』我將回答：『執行法律的獄官，可以判死殺他。』當今，齊國和燕國都不行王道，都是無道之國，齊國攻打燕國，等同燕國攻打燕國，我沒有什麼好勸說的！」

當代意義：孟子強調齊國和燕國都不行王道，都是無道之國，都是無道之君，齊國沒有資格討伐燕國，只有天子或奉行天命的聖王可以討伐燕國。

九、燕人畔。王曰：「吾甚慚於孟子。」

　　陳賈曰：「王無患焉。王自以為與周公，孰仁且智？」

　　王曰：「惡！是何言也？」

　　曰：「周公使管叔監殷，管叔以殷畔。知而使之，是不仁也；不知而使之，是不智也。仁智，周公未之盡也，而況於王乎？賈請見而解之。」

　　見孟子，問曰：「周公何人也？」

　　曰：「古聖人也。」

　　曰：「使管叔監殷，管叔以殷畔也，有諸？」

　　曰：「然。」

　　曰：「周公知其將畔而使之與？」

　　曰：「不知也。」

　　「然則聖人且有過與？」

　　曰：「周公，弟也；管叔，兄也。周公之過，不亦宜乎？且古之君子，過則改之；今之君子，過則順

之。古之君子，其過也，如日月之食，民皆見之；及其更也，民皆仰之。今之君子，豈徒順之，又從為之辭。」

白話：齊宣王不聽孟子忠告，派兵攻佔燕國，之後，燕國人反叛。宣王說：「很慚愧，沒有聽孟子的話。」齊國大夫陳賈說：「周武王滅紂，封紂王之子武庚在殷地，武王派弟弟管叔（名鮮，周公之兄）監督武庚。後來，武王崩，周成王年幼，由周公攝政，管叔與武庚反叛，周公討平誅之。如果周公預知管叔會叛變，卻故意派管叔去監督武庚，等他反叛而殺之，這是不仁；如果不知道他會反叛，卻派他去殷地，這是不智。周公是聖人，不能仁智兼備，何況是陛下呢？我請求代表陛下見孟子，解釋齊國攻打燕國的事。」

陳賈對孟子說：「周公預知管叔要背叛，卻故意派他監督武庚嗎？」

孟子說：「周公不知道管叔會背叛。」陳賈說：「周公是聖人，尚且有過錯嗎？」

孟子說：「周公是弟弟，管叔是哥哥，弟弟不忍心懷疑哥哥會反叛，周公的過失是應該的（不能預知管叔會反叛）。只是古代君王有過則改；現在的君王，犯了過錯就一錯再錯。君子之過錯，如日蝕月蝕，全民皆知；改過之後，全民敬仰。現在的君王，不僅一錯再錯，還要為自己的過錯強辯。」

當代意義：孟子批評陳賈為齊宣王「文過飾非」，不知改過。所謂「過而順之」，就是一錯再錯，強辯自己沒有過錯，不認錯，不知過，不改過，強詞奪理。

值得一提的是，《荀子·宥坐》所謂「順非而澤」，就是孟子「過而順之」的意思。〈宥坐〉說：「人有惡者五，而盜竊不與焉……五曰順非而澤……則不免於君子之誅……周公誅管蔡……不可不誅

也。」。

〈宥坐〉認為人有五大罪過，不包括盜賊……五是文過飾非、怙惡遂非、怙惡不悛，作惡多端，不肯悔改。人有五罪之一，難免於君子之誅伐。因此，周公誅殺管叔蔡叔（註五），姜太公誅華仕（註六），子產誅鄧析等，危害社會人心的罪過，不得不誅之。

十、孟子致為臣而歸。王就見孟子，曰：「前日願見而不可得，得侍，同朝甚喜。今又棄寡人而歸，不識可以繼此而得見乎？」

對曰：「不敢請耳，固所願也。」

他日，王謂時子曰：「我欲中國而授孟子室，養弟子以萬鍾，使諸大夫國人皆有所矜式。子盍為我言之？」

時子因陳子而以告孟子，陳子以時子之言告孟子。孟子曰：「然。夫時子惡知其不可也？如使予欲富，辭十萬而受萬，是為欲富乎？季孫曰：『異哉子叔疑！使己為政，不用，則亦已矣，又使其子弟為卿。人亦孰不欲富貴？而獨於富貴之中，有私龍斷焉。』古之為市也，以其所有易其所無者，有司者治之耳。有賤丈夫焉，必求龍斷而登之，以左右望而罔市利。人皆以為賤，故從而征之。征商，自此賤丈夫始矣。」

白話：孟子在齊國辭去客卿的職位，即將離開齊國，齊宣王來見孟子說：「從前寡人想見夫子，卻見不到；等到夫子來到齊國，能夠跟夫子同時上朝，內心非常高興。如今夫子又要離去，不知何時，

能夠再見面？」

　　孟子回答說：「臣不敢開口請求，以後臣願意再跟大王見面。」

　　過了幾日，齊宣王對齊國大夫時子說：「我想在齊國的中心地方，送給孟子一棟房子，每年供養孟子的弟子一萬鍾（優厚的俸祿），可以使各位大夫和全國百姓，都有一個典範可以學習效法，請你替寡人說說看孟子的意思。」

　　時子拜託陳臻告訴孟子齊宣王的意見，陳臻把齊宣王的意見告訴了孟子，孟子說：「時子不知道這事不可行！如果我想賺大錢，我為何要辭去十萬鍾的厚祿，反而接受一萬鍾的俸祿？誠如季孫說：『子叔疑這個人名利薰心，自己不受國君重用，卻又到處關說，要讓他的弟子們為卿當官，他想在富貴的官場中，壟斷官場，獨占為官利益，子叔疑太有追求官場名利的野心了，我沒有追求官場名利的野心。』

　　龍斷的意思，現作壟斷。古人買賣交易，以物易物，拿自己所有的東西，跟別人交換自己所沒有的東西，大家只是單純地依照自己的需求進行交易，市場上的官員，只要處理雙方的爭執就好了。但是，某一天，市場上出現一個行為卑賤的男子，每一天他探知市場的供需關係，囤積某一貨物，造成壟斷市場交易，伺機獨占利益。大家發現以後，覺得他專門牟利的行為卑鄙可恥，稱為龍斷（壟斷）。於是徵收他的營利稅。如今徵收商人的營利稅（營業稅），就從這個卑鄙的男子開始的。」

　　當代意義：孟子強調他絕對不會學這個賤商壟斷市場交易，也不會學子叔疑，想要壟斷官場，獨占為官利益。孟子主張君子應以「能不能行王道」作為進退的主要原則，絕不可貪求權力富貴而變節。

十一、孟子去齊，宿於晝。

有欲為王留行者，坐而言。不應，隱几而臥。客不悅曰：「弟子齊宿而後敢言，夫子臥而不聽，請勿復敢見矣。」

曰：「坐！我明語子。昔者魯繆公無人乎子思之側，則不能安子思；泄柳、申詳，無人乎繆公之側，則不能安其身。子為長者慮，而不及子思，子絕長者乎？長者絕子乎？」

白話：孟子離開齊國，打算回去魯國，夜宿在畫邑。齊王派一個人挽留孟子，端坐著對孟子說話，孟子不說話，身體倚靠在几案上假寐。

客人不高興的說：「弟子齋戒一個晚上，才趕來跟您說話，夫子卻假寐不聽，我再也不敢來跟您說話了。」

孟子說：「請坐下，我明白告訴你：從前魯繆公（《史記》作魯穆公）尊敬子思（孔子之孫），如果繆公沒有經常派人事奉子思，就不能使子思安心地留下來；泄柳（泄柳受到魯繆公禮遇，任用為卿。）和申詳（子張之子，子游的女婿）一起輔佐魯繆公。他們如果沒有人在魯繆公身邊維護他們的聲譽，就不能安心的輔佐魯繆公。你替我跟繆公謀合，卻認為我不如子思，把我視同泄柳和申詳，想在繆公面前維護我的聲譽，到底是你捨棄我呢？還是我捨棄你呢？」

當代意義：孟子為什麼不理睬齊王派來的人呢？不是孟子不想留下來，是齊王不採納孟子的意見。孟子也希望齊王回心轉意，如果齊王真心挽留孟子，必會指派身邊倚重的近臣前來挽留孟子。

十二、孟子去齊。尹士語人曰：「不識王之不可以為湯武，則是不明也；識其不可，然且至，則是干澤

也。千里而見王，不遇故去。三宿而後出晝，是
何濡滯也？士則茲不悅。」

高子以告。曰：「夫尹士惡知予哉？千里而見王，
是予所欲也；不遇故去，豈予所欲哉？予不得已
也。予三宿而出晝，於予心猶以為速。王庶幾改
之。王如改諸，則必反予。夫出晝而王不予追也，
予然後浩然有歸志。予雖然，豈舍王哉？王由足
用為善。王如用予，則豈徒齊民安，天下之民舉
安。王庶幾改之，予日望之。予豈若是小丈夫然
哉？諫於其君而不受，則怒，悻悻然見於其面。
去則窮日之力而後宿哉？」

尹士聞之曰：「士誠小人也。」

白話：孟子離開齊國，齊國人尹士說：「孟子如果不知道齊王不
能成為商湯和周武王，就是不聰明；如果知道齊王不能成為商湯和
周武王，還來齊國，就是想求官。遠途來見齊王，政見不合而離開，
又在晝邑住了三天，好像不想離開的樣子，我不喜歡孟子的作為。」

孟子的學生高子把尹士的話告訴孟子。

孟子說：「尹士不了解我！遠途來見齊王，是我自願的；因為政
見不合而離開，就不是我自願的。我在晝邑住了三晚才離開，我認
為太快離開齊國了，齊王可能會回心轉意，一直到我離開晝邑而齊
王不來追我回去，我才決定歸鄉，但不會棄齊王而不顧。齊王天資
仁善，可以推行仁政王道；齊王如果任用我，我可以使齊國百姓生
活安定，也可以使天下百姓生活安定。齊王可能會回心轉意，我每
天期盼著！我不是器量狹小的小人，不會因為與國君政見不合而怒
氣沖沖，急著離開，走了一天才休息！」

有人把孟子的話告訴尹士，尹士說：「我是個小人！」

當代意義：孟子離開齊國，是因為齊宣王不聽從孟子的政見。孟子的態度很誠懇，希望齊宣王回心轉意，召回孟子，聽從孟子的意見，推行仁政王道，實現天下一統。

十三、孟子去齊。充虞路問曰：「夫子若有不豫色然。前日虞聞諸夫子曰：『君子不怨天，不尤人。』」曰：「彼一時，此一時也。五百年必有王者興，其間必有名世者。由周而來，七百有餘歲矣。以其數則過矣，以其時考之則可矣。夫天，未欲平治天下也；如欲平治天下，當今之世，舍我其誰也？吾何為不豫哉？」

白話：孟子離開了齊國，弟子充虞在路上問孟子：「老師的臉色好像不高興的樣子，之前我聽老師說過：『君子不怨恨上天，不責怪別人。』」

孟子說：「以前是以前，現在是現在，時勢不同，情況有別，不能相提並論。從古自今，每隔五百年，一定有一個聖王興起，自堯舜至商湯，自商湯到周文王周武王，大約五百餘年而有聖王出世；還有一些輔佐聖王的著名賢人，例如：皋陶（舜帝和夏朝初期的賢臣）、后稷（堯帝時期賢臣）、契（堯時賢臣，為司徒）、伊尹（輔佐商湯滅夏，建立商朝）、太公望（姜子牙是周文王周武王的軍師）、散宜生（輔佐周文王周武王的賢臣）等人。從周朝以來，已經七百多年，應該有聖賢興起，如果上天想使天下太平，在這個時代，除了我，還有誰能使天下太平呢？我為什麼不高興呢！」

當代意義：這是「彼一時，此一時」、「舍(捨)我其誰」成語典故的由來。「不怨天，不尤人。」是孔子的道德修養工夫，出自《論

語・憲政》。「當今之世，舍我其誰也？」代表孟子以天下興亡為己任，他有很深重的時代使命感和社會責任感。雖然不怨天不由人，也有些許的無奈和無力感吧！

十四、孟子去齊，居休。

> 公孫丑問曰：「仕而不受祿，古之道乎？」
> 曰：「非也。於崇，吾得見王。退而有去志，不欲變，故不受也。繼而有師命，不可以請。久於齊，非我志也。」

白話：孟子離開齊國，住在休城（今山東省滕縣北），公孫丑問孟子：「老師當了官，卻不接受俸祿，這是古人的作法嗎？」

孟子說：「不是的，之前住在崇邑，我見了齊王，見過齊宣王，我就想離開齊國；後來當了客卿，仍然想離開齊國，所以才不接受俸祿。之後，接到奉派作戰的指令，更不應該逃避作戰的命令；其實，我沒有打算長久留在齊國；留在齊國，不是我的本意。」

當代意義：孟子見了齊宣王，知道齊宣王欲行霸道，不行王道，因此，孟子就想離開齊國。雖然齊宣王給他客卿的官職，客卿沒有實權，不能實踐孟子的王道仁政，孟子終究離開了齊國。

第五章　滕文公上

一、滕文公為世子，將之楚，過宋而見孟子。孟子道性
善，言必稱堯舜。

世子自楚反，復見孟子。孟子曰：「世子疑吾言乎？
夫道一而已矣。成覸謂齊景公曰：『彼丈夫也，我
丈夫也，吾何畏彼哉？』顏淵曰：『舜何人也？予
何人也？有為者亦若是。』公明儀曰：『文王我師
也，周公豈欺我哉？』今滕，絕長補短，將五十里
也，猶可以為善國。《書》曰：『若藥不瞑眩，厥疾
不瘳。』」

白話：滕文公當太子的時候，有一次要去楚國，聽說孟子在宋
國，特地去看孟子。孟子跟滕文公講述人所秉受於天的渾然善端，
此善端眾人與堯、舜無異，只是眾人蔽於私欲，堯舜沒有私欲的蒙
蔽，能夠擴充善端，成為聖王。

滕太子從楚國回來，又來會見孟子。

孟子說：「太子懷疑我說的話嗎？天下只有一個道理，仁政王道
而已，從前，齊國勇士成覸跟齊景公說：『別人是勇士，我也是勇士，
我是大力士，我不怕任何人！』顏回說：『舜是聖王，只要我有所作
為，也可以像舜一樣，成為聖王。』魯國賢人公明儀說：「文王和周
公都是我學習的典範，難道周公的話會欺騙我嗎？」

如今滕國雖然不大，截長補短，約有五十方里的土地，仍然可

以成為美好的國家，《尚書・說命》說：『病人服藥後沒有產生頭暈目眩的反應，他的病不會好的。』」

當代意義：這是「絕長補短」成語典故的由來。孟子強調只要我們能夠勤奮不懈的努力，也能和舜一樣，能夠得到天下百姓的擁護和愛戴。

二、滕定公薨。世子謂然友曰：「昔者孟子嘗與我言於宋，於心終不忘。今也不幸，至於大故，吾欲使子問於孟子，然後行事。」

然友之鄒，問於孟子。孟子曰：「不亦善乎！親喪，固所自盡也。曾子曰：『生，事之以禮；死，葬之以禮，祭之以禮，可謂孝矣。』諸侯之禮，吾未之學也；雖然，吾嘗聞之矣。三年之喪，齊疏之服，飦粥之食，自天子達於庶人，三代共之。」

然友反命，定為三年之喪。父兄百官皆不欲也，故曰：「吾宗國魯先君莫之行，吾先君亦莫之行也，至於子之身而反之，不可。且志曰：『喪祭從先祖。』」曰：「吾有所受之也。」謂然友曰：「吾他日未嘗學問，好馳馬試劍。今也父兄百官不我足也，恐其不能盡於大事，子為我問孟子。」

然友復之鄒，問孟子。孟子曰：「然。不可以他求者也。孔子曰：『君薨，聽於冢宰。歠粥，面深墨。即位而哭，百官有司，莫敢不哀，先之也。』上有好者，下必有甚焉者矣。『君子之德，風也；小人之德，草也。草尚之風必偃。』是在世子。」

然友反命。世子曰：「然。是誠在我。」五月居廬，
未有命戒。百官族人，可謂曰知。及至葬，四方來
觀之，顏色之戚，哭泣之哀，弔者大悅。

　　白話：滕定公去世了，世子（王儲）文公向他的老師然有說：「日
前經過宋國，孟子曾經與我會談，我的內心始終不忘。現在不幸遭
逢父喪，我想請你去請教孟子，聽聽孟子的意見，再舉辦喪禮。」

　　然有到鄒國向孟子請益，孟子說：「世子如此謙虛非常好，辦理
父母親的喪禮，本是子女應盡的孝行。曾子說：『父母健在，依禮奉
養；父母往生，依禮殯葬，依禮祭祀祖先，這是孝道。』我也聽說
過，父母去世，應服三年之喪，穿粗麻布不縫邊的孝服，吃稀飯，
從天子到一般百姓都一樣，夏商周以來都是如此。」

　　然有回來報告世子，世子決定遵行三年的喪禮，可是，宗親的
長老和朝廷的重臣都不同意，他們說：「魯國的先君未曾遵行三年的
喪禮，滕國的先君也未曾遵行三年的喪禮，現在，世子不可以違反
先君的禮制，因為古書說喪禮與祭祀，應當遵從祖先的遺志。意思
是有所傳承，不可違禮。」

　　世子說：「我是有所傳承的，我不應任意改變禮制。」又對老師
（然有）說：「我以前沒有好好的讀書，喜歡騎馬武劍，現在宗長和
朝臣對我不滿，恐怕不能把喪禮辦好，你再去請教孟子。」

　　然有再到鄒國向孟子請益，孟子說：「不錯，這件事不必徵求他
人的意見，世子自己決定就可以。孔子說過：『國君死了，一切政務
由宰相（冢宰）來處理，嗣君只是守喪即可，朝廷百官，沒有人還
敢不悲痛，因為君王的德行像風，臣子的行為像草，上行下效。』
這事全靠世子主導。」

　　然有回來向世子覆命。世子說：「這件事由我決定。」

　　之後，世子在中門外築廬而居，守喪五個月，哀傷不言，沒有

下達任何命令，百姓和宗親都稱讚世子知禮。到了安葬之日，四方來參加喪禮的親友，看見世子精神哀戚，傷心哭泣，弔喪的人對世子的孝行，深表讚賞。

　　當代意義：人為萬物之靈，對於父母的亡故，理應哀痛不已，永懷恩澤，終身不忘。然而，人有賢愚不同，一些鄙陋邪淫者，或許父母朝死而夕忘之，甚至還指責父母的不是，如此不孝，比禽獸還不如。

三、滕文公問為國。孟子曰：「民事不可緩也。《詩》云：『晝爾于茅，宵爾索綯；亟其乘屋，其始播百穀。』民之為道也，有恆產者有恆心，無恆產者無恆心。苟無恆心，放辟邪侈，無不為已。及陷乎罪，然後從而刑之，是罔民也。焉有仁人在位，罔民而可為也？是故賢君必恭儉禮下，取於民有制。陽虎曰：『為富不仁矣，為仁不富矣。』」

「夏后氏五十而貢，殷人七十而助，周人百畝而徹，其實皆什一也。徹者，徹也；助者，藉也。龍子曰：『治地莫善於助，莫不善於貢。』貢者，校數歲之中以為常。樂歲，粒米狼戾，多取之而不為虐，則寡取之；凶年，糞其田而不足，則必取盈焉。為民父母，使民盻盻然，將終歲勤動，不得以養其父母，又稱貸而益之。使老稚轉乎溝壑，惡在其為民父母也？夫世祿，滕固行之矣。《詩》云：『雨我公田，遂及我私。』惟助為有公田。由此觀之，雖周亦助也。

「設為庠序學校以教之：庠者，養也；校者，教也；

序者，射也。夏曰校，殷曰序，周曰庠，學則三代
共之，皆所以明人倫也。人倫明於上，小民親於下。
有王者起，必來取法，是為王者師也。《詩》云『周
雖舊邦，其命維新』，文王之謂也。子力行之，亦
以新子之國。」

使畢戰問井地。孟子曰：「子之君將行仁政，選擇
而使子，子必勉之！夫仁政，必自經界始。經界不
正，井地不均，穀祿不平。是故暴君汙吏，必慢其
經界。經界既正，分田制祿，可坐而定也。夫滕壤
地褊小，將為君子焉，將為野人焉。無君子莫治野
人，無野人莫養君子。請野九一而助，國中什一使
自賦。卿以下必有圭田，圭田五十畝。餘夫二十五
畝。死徙無出鄉，鄉田同井。出入相友，守望相助，
疾病相扶持，則百姓親睦。方里而井，井九百畝，
其中為公田。八家皆私百畝，同養公田。公事畢，
然後敢治私事，所以別野人也。此其大略也。若夫
潤澤之，則在君與子矣。」

白話：滕文公即位後，以禮聘請孟子，因此，孟子到滕國，滕
文公問孟子治國之道。

孟子說：「百姓耕種的農事，不能耽誤農耕的時間，《詩經·豳
風·七月》說：『白天去割茅草，夜晚趕著搓繩索。趕緊爬上屋頂修
好屋子，開春又要播種五穀。』

一般百姓總要有固定的田產，安定的生活，才有堅定的向善之
心；如果沒有固定的田產，沒有固定的生產收入，沒有安定的生活，
就沒有堅定的向善之心。如果沒有堅定的向善之心，就會做出各種

邪淫不正、放蕩不拘的壞事；一旦犯了罪，遭受刑罰，等於預設刑罰，陷害百姓入罪，哪有仁愛之君陷害百姓入罪的？所以古代的賢能之君，必定是恭敬勤儉，以禮待人；課徵稅捐，有一定的限額。從前，陽虎（一名陽貨，春秋魯國人，孟孫氏的族人，季孫氏的家臣，最後造反失敗，逃往晉國。）說：『如果要發財，就不能行仁政；如果要行仁政，就無法發財了。』

　　夏朝的稅捐制度，每一個成年男子分五十畝農田耕種，以五畝田的平均產量，每年上繳田租，稱為貢；商朝的稅捐制度，每一個成年男子分七十畝農田耕種，其中七畝是公田，以公田產量為稅捐，稱為助；周朝的稅捐制度，每一個成年男子分一百畝農田耕種，徵收十畝田的產量為稅捐，稱為徹。稅捐的名稱雖然不同，都是十分之一的稅捐。「徹」是徵收的意思，「助」是使用民力耕種公田的意思。古代賢人龍子說：「徵收田賦的方法，「助」的方法最好，「貢」的方法最不好。」。「貢」的方法是以中等的收成作為田賦的標準，如果稻穀豐收，多收一點田賦也可以；如果災荒欠收，不僅生活艱苦，小孩老人餓死田野，還要舉債繳稅。百姓如此悲慘，政府官員哪有資格作為百姓的父母官？更何況滕國還有世祿制度（功臣子孫永遠享有俸祿）。

　　《詩經‧小雅，大田》說：『雨水先灌溉公田，再灌溉我的私田。』只有「助」的辦法才有公田的制度，從這首詩來看，周朝雖然施行「徹」法，同時也有「助」法。

　　百姓有了固定的田產，安定的生活，就要設立各級學校（設在郡國的稱為「學」，設在縣的稱為「校」，設在鄉的稱為「庠」，設在村里的稱為「序」。），教化百姓。三代都有地方政府辦的學校，夏朝稱為校，商朝稱為序，周朝稱為庠，各級學校都是教化百姓順從人倫規範。如果滕國也能實施人倫教化，百姓就能相互親愛；如果有王者興起，一定會來學習效法，施行人倫教化，就可以成為聖王了。

　　《詩經‧大雅‧文王》說:『周朝雖然是一個老的邦國,得到的天命還是很新。』這是讚美周文王能夠勤政愛民。期望陛下(滕文公)能夠發憤圖強,力求有所作為,改革滕國。」

之後,滕文公又派大夫畢戰問孟子實施井田制度的方法。

　　孟子說:「文公想要實行仁政,指派您來,您要好好學習。國君施行仁政,必先劃清農田的界線,如果農田的界線不清楚、不正確,井田的面積就不能平均,徵收田賦就不公平。

　　所以不仁的君主和貪汙的官員,一定會模糊井田的界線,從徵收田賦中牟利。如果井田的界線劃分清楚正確,農民分配田地,制定官員的俸祿,就可以公平公正的執行了。

　　滕國的國土雖然不大,但是也有領受俸祿的官員,也有耕種納稅的農民;沒有官員就沒有人管理百姓(農民),沒有農民繳納田賦,就沒有人供養官員。請在郊門(古代城邑四郊,建造防禦拱衛作用的關門)外,實施「助」的辦法,在九區農田劃分一區公田;在郊門內實施「徹」的辦法,農民繳納收成十分之一的田賦。

　　官員自卿以下,都有圭田(古代卿、大夫、士供祭祀用的田地),圭田每位官員五十畝。年滿十六歲還未成家的子弟,叫「餘夫」,每位餘夫分二十五畝農田。如此公平分配,大家都有農田耕種,有固定的田產,有安定的生活,就不會離開家鄉了。百姓在同一個鄉鎮生活,在同一塊井田耕種,彼此相伴,守望相助,生病互相照顧,大家密切合作,彼此親切和睦。

　　井田的辦法,是在九百畝的農田上,劃一個井字,平均分為九區,每區一百畝,稱為一井,井的中央是政府的公田,其餘分給八戶農民,公田由八戶農民共同耕種,先把公田的農事做好,再耕種自己的私田,公田生產所得,作為官員俸祿之用;私田生產所得,作為百姓生活之用,這是井田制度的主要內容。至於施行時因時制宜、因地制宜,如何權宜變通而不失先王之道?就要看您和國君(滕文公)的斟酌辦理了。」

當代意義：這是「為富不仁」、「守望相助」成語典故的由來。孟子詳細說明仁政的實施辦法：推行井田制度，使百姓有恆產，安土重遷，不會輕易遷徙，有安定的生活，重視各級學校的教化，明人倫，彼此守望相助，大家親近和睦。

四、有為神農之言者許行，自楚之滕，踵門而告文公曰：「遠方之人，聞君行仁政，願受一廛而為氓。」文公與之處，其徒數十人，皆衣褐，捆屨、織席以為食。

陳良之徒陳相，與其弟辛，負耒耜而自宋之滕，曰：「聞君行聖人之政，是亦聖人也，願為聖人氓。」陳相見許行而大悅，盡棄其學而學焉。

陳相見孟子，道許行之言曰：「滕君，則誠賢君也；雖然，未聞道也。賢者與民並耕而食，饔飧而治。今也滕有倉廩府庫，則是厲民而以自養也，惡得賢？」

孟子曰：「許子必種粟而後食乎？」曰：「然。」

「許子必織布而後衣乎？」曰：「否。許子衣褐。」

「許子冠乎？」曰：「冠。」

曰：「奚冠？」曰：「冠素。」

曰：「自織之與？」曰：「否。以粟易之。」

曰：「許子奚為不自織？」曰：「害於耕。」

曰：「許子以釜甑爨，以鐵耕乎？」曰：「然。」

「自為之與？」曰：「否。以粟易之。」

「以粟易械器者，不為厲陶冶；陶冶亦以其械器易

粟者，豈為屬農夫哉？且許子何不為陶冶。舍皆取諸其宮中而用之？何為紛紛然與百工交易？何許子之不憚煩？」曰：「百工之事，固不可耕且為也。」
「然則治天下獨可耕且為與？有大人之事，有小人之事。且一人之身，而百工之所為備。如必自為而後用之，是率天下而路也。故曰：或勞心，或勞力；勞心者治人，勞力者治於人；治於人者食人，治人者食於人；天下之通義也。
「當堯之時，天下猶未平，洪水橫流，氾濫於天下。草木暢茂，禽獸繁殖，五穀不登，禽獸偪人。獸蹄鳥跡之道，交於中國。堯獨憂之，舉舜而敷治焉。舜使益掌火，益烈山澤而焚之，禽獸逃匿。禹疏九河，瀹濟漯，而注諸海；決汝漢，排淮泗，而注之江，然後中國可得而食也。當是時也，禹八年於外，三過其門而不入，雖欲耕，得乎？后稷教民稼穡。樹藝五穀，五穀熟而民人育。人之有道也，飽食、煖衣、逸居而無教，則近於禽獸。聖人有憂之，使契為司徒，教以人倫：父子有親，君臣有義，夫婦有別，長幼有序，朋友有信。放勳曰：『勞之，來之，匡之，直之，輔之，翼之，使自得之，又從而振德之。』聖人之憂民如此，而暇耕乎？
「堯以不得舜為己憂，舜以不得禹、皋陶為己憂。夫以百畝之不易為己憂者，農夫也。分人以財謂之惠，教人以善謂之忠，為天下得人者謂之仁。是故以天下與人易，為天下得人難。孔子曰：『大哉，

堯之為君！惟天為大，惟堯則之，蕩蕩乎民無能名焉！君哉，舜也！巍巍乎有天下而不與焉！』堯舜之治天下，豈無所用其心哉？亦不用於耕耳。

「吾聞用夏變夷者，未聞變於夷者也。陳良，楚產也。悅周公、仲尼之道，北學於中國。北方之學者，未能或之先也。彼所謂豪傑之士也。子之兄弟事之數十年，師死而遂倍之。昔者孔子沒，三年之外，門人治任將歸，入揖於子貢，相向而哭，皆失聲，然後歸。子貢反，築室於場，獨居三年，然後歸。他日，子夏、子張、子游以有若似聖人，欲以所事孔子事之，彊曾子。曾子曰：『不可。江漢以濯之，秋陽以暴之，皓皓乎不可尚已。』今也南蠻鴃舌之人，非先王之道，子倍子之師而學之，亦異於曾子矣。吾聞出於幽谷，遷于喬木者，未聞下喬木而入於幽谷者。《魯頌》曰：『戎狄是膺，荊舒是懲。』周公方且膺之，子是之學，亦為不善變矣。」「從許子之道，則市賈不貳，國中無偽。雖使五尺之童適市，莫之或欺。布帛長短同，則賈相若；麻縷絲絮輕重同，則賈相若；五穀多寡同，則賈相若；屨大小同，則賈相若。」曰：「夫物之不齊，物之情也；或相倍蓰，或相什佰，或相千萬。子比而同之，是亂天下也。巨屨小屨同賈，人豈為之哉？從許子之道，相率而為偽者也，惡能治國家？」

白話：從前有一個研究（提倡）農學思想（農家）的人，叫許

行（楚國人），他從楚國來到滕國，晉見滕文公說：「我是從楚國來的人，聽說大王實施井田制度的仁政，希望大王能夠賞賜一間民宅，當大王的百姓。」

滕文公就賜給許行一間房子，他的弟子們有數十人，都穿粗布衣服，靠著編製麻鞋，編織草蓆過生活。

又有一個楚國儒者，陳良的弟子陳相，和他的弟弟陳辛，帶著耕田的農具，從宋國來到滕國，晉見滕文公說：「聽說大王實施古代聖王的仁政，大王就是聖王了，我願意當大王的百姓。」

不久，陳相見到許行，非常佩服許行的農學思想，就放棄自己的儒學，跟著許行學習。

之後，陳相去見孟子，論述許行的思想說：「大王雖然是個賢君，還不明白賢君之道，賢君要和百姓一起耕田種地，一方面早晚煮飯燒菜，一方面治理國家。如今，滕國的倉庫儲存米糧，政府的公庫囤積財貨，大王沒有親自耕種，這是傷害百姓，拿百姓的田賦稅捐奉養自己，不是真正的賢君。」。

孟子問陳相：「許行一定自己種粟才吃飯嗎？」陳相說：「是。」

孟子說：「許行一定自己織布才穿衣服嗎？」陳相說：「不是。許行只穿粗布衣服。」

孟子說：「許行戴帽子嗎？」陳相說：「他戴帽子。」

孟子說：「他戴什麼帽子？」陳相說：「許行戴白色生絹織的帽子。」

孟子說：「許行自己織的帽子嗎？」陳相說：「不是自己織的，用粟米換來的。」

孟子說：「許行為什麼不自己織帽子？」陳相說：「織帽子會妨礙種田的工作。」

孟子說：「許行煮飯和種田的器具，都是自己製造的嗎？」陳相說：「不是，用粟米換來的。」

孟子說：「既然農夫用粟米交換種田的器具（以物易物），不算

是傷害燒窯和打鐵的工匠；燒窯和打鐵的工匠，也用他們製成的器具交換粟米，也不算傷害農民吧！為什麼許行不親自燒窯、打鐵？為什麼要用粟米和各種工匠以物易物？他不怕麻煩嗎？」

陳相說：「各種工匠的工作，本來就無法兼顧耕種，不能同時耕種又兼顧燒窯、打鐵。」

孟子說：「既然不能同時耕種又兼顧其他工作，請問治理天下的大事，可以同時兼顧其他工作嗎？天下的事可分兩種：一種是政府官員施政教化的工作，另一種是農、工、商等百工的工作。況且每一個人的各種需要，必須依靠各種工匠製成的物品才能齊全；如果每一個物品都要自己做自己用，那天下人永無寧日，無時無刻都在忙碌。所以古人說：有的人勞心，有的人勞力。勞心的人管理眾人的事，勞力的人服從政府官員的管理；勞心的人領有政府的俸祿，勞力的人有繳稅的義務，這是天下通行的律法。

在堯的年代，天下動盪，大水到處氾濫成災，草木叢生，飛禽走獸各處為患，五穀雜糧不能收成。堯甚感憂慮，任用舜來治理，舜指派伯益縱火驅離禽獸，大禹也疏通了黃河入海的九個河道，清理濟水和漯水，使河水注入大海；疏通汝水和漢水，清除淮水和泗水的淤積，水患終於解除。之後，百姓在中原的土地上耕種，當時，禹離家在外八年，三次過家門而不入；像禹因公而忘私，三次過家門而不入，雖然想親自種田，他有時間嗎？

解除了水患，堯指派后稷教百姓耕種，種植五穀雜糧，五穀收成了，百姓得到生養。一般人如果生活無虞，卻沒有接受禮樂教化，那就近似於禽獸的生活。聖王甚感憂慮，指派契擔任司徒（根據《周禮》，司徒除了掌管邦國重任外，還有教育百姓之責。），以人倫規範教導百姓，使父子有親愛的感情，君臣有相敬的道義，夫妻有內外的職責（古代男主外女主內），兄弟有長幼的大小，朋友有誠信的情誼。

堯指示治理百姓的政策是：『對勞苦的人要慰勞，對歸附的人要

體諒而憐憫（體恤），對偏邪的人要輔正，對性情偏執、行為乖張的人，要輔導教化，要幫助百姓，扶持百姓，使百姓自己體會人倫大義，提振百姓的心志，避免百姓懈怠放縱。』古代聖人憂國憂民，還有時間耕種嗎？

堯以得不到舜而憂慮，舜以得不到禹和皋陶而憂慮；至於憂慮一百畝田耕種不好的人，就是平常的農夫。將財務分送給別人稱為『惠』，以人倫之善教化百姓稱為『忠』，為天下求得一個聖賢稱為『仁』。所以，把天下禪讓給別人很容易，為天下求得一個聖賢很困難。《論語・泰伯》孔子說：『多偉大呀！像堯這樣的帝王，他的品德像天一樣的崇高，他的影響深遠，偉大呀！百姓無法形容他的偉大。舜多偉大呀！雖然擁有天下，卻沒有統治天下的威權，他的完美，百姓無以復加。』堯舜統治天下，思慮甚深，真的無法兼顧耕種的事。

我只聽過用中原文化去感化南蠻北夷的人，沒有聽過中原文化被蠻夷同化的。你的老師陳良，是楚國人，因為喜歡周公孔子的禮樂文化，到中原來學習儒學，他是很傑出的儒者，你們兄弟拜陳良為師，事奉他數十年，如今，你老師去世，你們兄弟就放棄他的學說！以前孔子去世，弟子們在墓旁守喪三年，三年期滿，弟子們到子貢家跟他拜別，大家哭成一團，等弟子們回家，子貢又在墓旁守喪三年。

過了不久，子夏、子張、子游等三人，認為有若（字子有，魯國人，有若去世，魯悼公曾前往弔唁，足見有若為同門及魯人之所重。）言行舉止像孔子，想以事奉孔子的禮節事奉有若，曾子反對，曾子說：『老師的偉大，光輝燦爛，無以復加，無人能比。』

至於許行這個人，南方楚國人，惡言批評堯舜之道，你卻放棄你老師的儒學而學他的農學，這就跟曾子的做法不同了。例如飛鳥築巢，都是從低下的深谷，飛到高大的樹上築巢；沒有從高大的樹上，飛到低下的深谷築巢。《詩經・魯頌・閟宮》說：『西戎和北狄，

是應該討伐的；楚國和舒國（楚國的屬國），是應該懲罰的。』周公還要討伐楚國，你卻認同楚人許行的農學，你的思想真不通達！」

陳相辯解說：「如果能夠依照許行的辦法去做，就能使市場上的商品不二價，市場交易沒有詐騙，即使小孩子去市場買東西，也不會被騙。一切商品，只看數量多少，不論品質的好壞。無論布疋或綢緞，只要數量一樣，價格就一樣；不論麻線或絲棉，只要重量相同，價錢就相同；五穀雜糧只要重量相同，價格就相同；鞋子大小相同，價錢就相同。」

孟子說：「商品的品質有好壞之分，價格也有高低之差。商品好壞的價格，差異很大，有的相差百倍、千倍，許行卻把價格定為相同，這是擾亂天下的惡法！如果粗布鞋和細麻鞋的價格相同，鞋匠豈肯製作細麻鞋？如果依照許行的辦法去做，就是鼓勵天下人相互欺騙，如何能治理國家？」

當代意義：孟子在這一大段長文中，詳細論述社會分工的問題。孟子強調社會分工是人類歷史發展的必然趨勢，例如農夫不能兼顧燒窯、打鐵、織衣、織鞋、織帽，同理，國君治理國家，也無法兼顧農夫種田等工作。因此，有人打趣地說：「社會分工是必然的，難道我們為了要喝一杯牛奶，就要養一頭奶牛嗎？」

五、墨者夷之，因徐辟而求見孟子。孟子曰：「吾固願見，今吾尚病，病愈，我且往見，夷子不來！」

他日又求見孟子。孟子曰：「吾今則可以見矣。不直，則道不見；我且直之。吾聞夷子墨者。墨之治喪也，以薄為其道也。夷子思以易天下，豈以為非是而不貴也？然而夷子葬其親厚，則是以所賤事親也。」

徐子以告夷子。夷子曰：「儒者之道，古之人『若

保赤子』，此言何謂也？之則以為愛無差等，施由親始。」

徐子以告孟子。孟子曰：「夫夷子，信以為人之親其兄之子，為若親其鄰之赤子乎？彼有取爾也。赤子匍匐將入井，非赤子之罪也。且天之生物也，使之一本，而夷子二本故也。蓋上世嘗有不葬其親者。其親死，則舉而委之於壑。他日過之，狐狸食之，蠅蚋姑嘬之。其顙有泚，睨而不視。夫泚也，非為人泚，中心達於面目。蓋歸反虆梩而掩之。掩之誠是也，則孝子仁人之掩其親，亦必有道矣。」

徐子以告夷子。夷子憮然為閒曰：「命之矣。」

白話：有一個相信墨家學說的人，名叫夷之，透過孟子弟子徐辟的引介，想來見孟子。孟子對徐辟說：「我原本想見他，但是我今天身體微恙，等我康復，我去拜見他。」

過了數日，夷之又想見孟子。孟子說：「我今天可以見他，我如果不糾正他的錯誤觀念，儒學不能昌盛。我聽說夷子是相信墨家學說的人，相信墨家的人，他們辦理喪事，以節葬為原則，夷子想用節葬（薄葬）原則，改變天下喪葬的風俗，但是，夷子為什麼以厚葬辦理父母的喪事呢？」

徐辟把孟子的話告訴夷子，夷子辯解說：「依照儒家的說法，上古聖王保護百姓，如同保護嬰兒一樣，所以《尚書·周書·康誥》有『像保護嬰兒』的話，意思是說，保護百姓，沒有差別待遇，沒有等級之分，就是兼愛，對人普遍的愛，只是先親愛自己的父母罷了。」

徐辟把夷子的話告訴孟子，孟子說：「夷子認為一個人愛他的侄

兒（兄之子），就像愛他鄰居的嬰兒嗎？《尚書·周書·康誥》的話是有意義的話，一個嬰兒在地上爬行，爬到井邊快要掉到井裡去，這不是嬰兒的過錯；一般百姓如同嬰兒，需要君王的保護，國家維護百姓的安全。

況且，上天化生萬物，如同父母生育子女，父母是子女的唯一本源，父母與子女的關係最為親近，一般人不會把別人的父母，當作自己的父母。但是，夷子主張愛人沒有差別待遇，把別人的父母當作自己的父母，夷子心中沒有自己的父母，別人的父母視同自己的父母，自己的父母視同別人的父母，夷子亂了人倫的根本。

上古時代，人類普遍不葬死者，父母兄長過世，就把屍體抬到野外，丟棄在溝谷坑洞裡。過了幾天，經過棄屍的地方，看到狐狸野獸唷食親人的屍體，蚊蟲吸吮屍體的血，突然之間，為人子女者內心悔愧，額頭出汗，不忍之情油然而生。於是，急忙回家，拿出挖土的工具，把親人的屍體好好掩埋，子女掩埋親人屍體，實在是應該做的事，這是孝子仁人以禮葬親的由來。」

徐辟又把孟子的話告訴夷子，夷子茫然若有所失，沉默片刻，嘆說：「孟子已經教導我了。」

當代意義： 孟子反對墨家，墨家的核心思想有：兼愛、非攻，天志、明鬼，節葬、節用等，孟子尤其反對兼愛，兼愛是普遍的愛，沒有差別等級，孟子認為兼愛是無父無母；儒家的仁愛，是有差等的愛，親親而仁民，仁民而愛物，不斷的推恩擴充，己立立人，己達達人。

《周易·繫辭下傳》說：上古時候的喪葬，用厚重的木材堆積在屍體上面，任意埋在荒野中，沒有堆土成為墳墓，也不種樹，居喪也沒有一定的期限。後世聖人，重視喪禮，用棺槨埋葬死者。

儒家基於人倫親情，重視喪葬之禮，以死為大，入土為安，這是傳統農業社會，喪禮以土葬為主的原因。

第六章　滕文公下

一、陳代曰：「不見諸侯，宜若小然；今一見之，大則以王，小則以霸。且志曰：『枉尺而直尋』，宜若可為也。」

孟子曰：「昔齊景公田，招虞人以旌，不至，將殺之。志士不忘在溝壑，勇士不忘喪其元。孔子奚取焉？取非其招不往也，如不待其招而往，何哉？且夫枉尺而直尋者，以利言也。如以利，則枉尋直尺而利，亦可為與？昔者趙簡子使王良與嬖奚乘，終日而不獲一禽。嬖奚反命曰：『天下之賤工也。』或以告王良。良曰：『請復之。』彊而後可，一朝而獲十禽。嬖奚反命曰：『天下之良工也。』簡子曰：『我使掌與女乘。』謂王良。良不可，曰：『吾為之範我馳驅，終日不獲一；為之詭遇，一朝而獲十。《詩》云：「不失其馳，舍矢如破。」我不貫與小人乘，請辭。』御者且羞與射者比。比而得禽獸，雖若丘陵，弗為也。如枉道而從彼，何也？且子過矣，枉己者，未有能直人者也。」

白話：陳代（孟子弟子）問孟子：「老師不肯主動求見諸侯，似乎是太拘禮節了，應該可以委屈一下，能夠獲得實行王道的機會。

所謂『委屈一尺，可以伸展八尺』，應該求見諸侯。」

　　孟子說：「從前，齊景公打獵的時候，拿召請大夫的旌旗，召喚管理苑圍的官員（稱虞人），虞人認為不合禮法而不肯晉見景公，景公要殺他，孔子稱讚虞人合乎禮節，孔子說：『有志節的人，不會忘記窮苦時，困守在田溝山澗；有勇氣的志士，不會忘記為國犧牲的志節。』

　　同理，我怎麼可以沒有諸侯召喚，就主動求見呢？何況，主動求官是一種謀取私利的行為，我怎麼可以屈辱自己的人格，主動向諸侯求官呢？

　　從前晉國的上卿趙簡子（趙鞅），叫晉國大夫王良（郵無恤，善於駕車），為趙簡子寵幸的家臣名叫奚駕車打獵，結果一整天都沒有打到一隻鳥獸。奚回來告訴趙簡子說：『王良駕車是天下最差的人。』有人把這件事告訴王良，王良對奚說：『我再為你駕車一次吧！』奚勉強同意，結果王良駕車一個上午，奚就打到十隻鳥獸。奚回來告訴趙簡子，說：『王良是天下最厲害駕車的人。』趙簡子對奚說：『我叫王良專門替你駕車吧！』結果王良不願意專門替奚駕車。

　　王良說：『我依照規定為奚駕車，從鳥獸的背後追逐鳥獸，奚一整天打不到一隻鳥獸；後來我不依照規定駕車，橫向對著鳥獸打獵，一個上午就打到十隻鳥獸。《詩經·小雅·車攻》說：「善御者依規定駕車，打獵的人一箭就射中一隻鳥獸。」我不習慣替不守規矩的人駕車，我請辭這份工作。』

　　由此看來，王良尚且覺得討好奚是一件羞恥的事，雖然不依規定駕車，打獵可以獲得很多鳥獸，王良也不願意做。我怎麼可以屈辱自己，討好諸侯，自己不依禮義而行，如何能糾正別人的過失呢？」

　　當代意義：這是「枉尺直尋」成語典故的由來。孟子強調君子雖然志在行道，不合禮義，也不苟且求官牟利，因為道義猶如一條公路，禮節猶如一扇大門，只有君子能走這條義路，進出這扇禮門，孟子不為私利而主動求見諸侯。

二、景春曰：「公孫衍、張儀豈不誠大丈夫哉？一怒而
　　諸侯懼，安居而天下熄。」
　　孟子曰：「是焉得為大丈夫乎？子未學禮乎？丈夫
　　之冠也，父命之；女子之嫁也，母命之，往送之門，
　　戒之曰：『往之女家，必敬必戒，無違夫子！』以
　　順為正者，妾婦之道也。居天下之廣居，立天下之
　　正位，行天下之大道。得志與民由之，不得志獨行
　　其道。富貴不能淫，貧賤不能移，威武不能屈。此
　　之謂大丈夫。」

　　白話：有一個名叫景春（縱橫之術者）的人說：「公孫衍（戰國
時期魏國縱橫家，先後於秦國、魏國為官，是張儀的連橫策略的主
要對手）和張儀（魏國縱橫家，提倡連橫，即秦國聯合幾個諸侯國，
對抗其他的諸侯國，多次破壞公孫衍的合縱，為秦惠王所重用。），
是有權勢的大丈夫！他們一生氣，各國諸侯都會害怕，害怕他們聯
合其他諸侯來攻打；當他們安居在家，天下就沒有戰爭。」

　　孟子說：「他們兩人不算大丈夫，你有沒有學過禮儀？男子二十
歲參加成年加冠典禮的時候，父親以當大丈夫居仁心、立於禮、行
於義，訓勉他；女子到了出嫁的時候，母親以當媳婦的道理教導她，
訓勉她：『當媳婦要恭敬，要警惕小心，不可違逆丈夫的意思。』

　　如此看來，順從是為人妻妾的做人道理，就像公孫衍和張儀，
順從討好諸侯，討得官位，不是真正的大丈夫。一個男子，居仁心，
仁是人類最安全的住宅；立於禮，禮是天下最中正的位置；行於義，
義是人類最正大的道路。得志的時候，行仁推恩於百姓；不得志的
時候，獨善其身。榮華富貴不能動搖他的心志，貧賤不能改變他的
操守，威權和武力不能屈服他的志氣，這種人，才是真正的大丈夫。」

當代意義：這是「富貴不淫」、「貧賤不移」、「威武不屈」成語典故的由來。大丈夫位居富貴不能淫蕩其心，處於貧賤不能移變其節，威武脅迫不能屈服其志，大丈夫惟義是從，不動心更不失赤子之心，這正是孟子所彰顯出的人格典範。先說富貴，財富與權力容易使人腐化，尤其是原為貧窮的人，一旦飛黃騰達，很容易迷失與腐化，因此，孟子指出即使擁有財富與權力，也不要迷失自己。再說貧賤，經常處於貧窮困苦的環境，容易弱化人的意志，使自己喪失目標，因此，孟子指出無論如何貧困，也不能轉移自己的志向。最後是威武，面對權勢武力，一般人容易屈服，要當一個大丈夫，就不能屈服、變節。

具備以上三項條件，才能稱為大丈夫。宋末民族英雄文天祥被元軍俘擄，元軍要他投降並任命他做宰相，他沒有屈服，被囚三年多，受盡折磨，元朝千方百計地勸降、逼降、誘降，他仍然沒有投降，並寫出留芳千古的《過零丁洋》，以「人生自古誰無死，留取丹心照汗青」表明心志，絕對是一個大丈夫。

三、周霄問曰：「古之君子仕乎？」

孟子曰：「仕。傳曰：『孔子三月無君，則皇皇如也，出疆必載質。』公明儀曰：『古之人三月無君則弔。』」

「三月無君則弔，不以急乎？」

曰：「士之失位也，猶諸侯之失國家也。禮曰：『諸侯耕助，以供粢盛；夫人蠶繅，以為衣服。犧牲不成，粢盛不潔，衣服不備，不敢以祭。惟士無田，則亦不祭。』牲殺、器皿、衣服不備，不敢以祭，則不敢以宴，亦不足弔乎？」

「出疆必載質，何也？」

曰：「士之仕也，猶農夫之耕也，農夫豈為出疆舍
其耒耜哉？」

曰：「晉國亦仕國也，未嘗聞仕如此其急。仕如此
其急也，君子之難仕，何也？」

曰：「丈夫生而願為之有室，女子生而願為之有家。
父母之心，人皆有之。不待父母之命、媒妁之言，
鑽穴隙相窺，踰牆相從，則父母國人皆賤之。古之
人未嘗不欲仕也，又惡不由其道。不由其道而往
者，與鑽穴隙之類也。」

白話：魏國人周霄問孟子：「古代的君子，都想出來當官嗎？」
孟子說：「想出來當官的。古籍上說：『孔子如果三個月沒有當官，
沒有國君可以事奉，就會表現焦慮的樣子。他每到一個國家，都會
帶著晉見國君的見面禮，希望得到新的官職。』魯國賢人公明儀說：
『古代的人，如果三個月沒有當官，就感到憂傷，應該去安慰他。』」
周霄說：「三個月沒有當官，沒有國君可以事奉，就感到憂傷，要安
慰他，會不會太著急？」

孟子說：「士人失去官職，猶如諸侯失去國家。《禮經》上說：『天
子率領諸侯大臣親自耕種「籍田」，其收成拿來供作祭祀用的米穀；
諸侯的夫人親自養蠶繅絲，其絲織品做為祭祀穿的禮服。如果祭祀
的牲口不夠肥大，黍稷祭品不夠潔淨，禮服不夠齊備，就不敢舉行
祭祀。如果士人失去了官位，就沒有圭田（古代卿、大夫、士供祭
祀用的田地），也不能舉行祭祀。祭祀的三牲、器皿、禮服不齊備，
就不敢舉行祭祀，更自覺不安、憂傷；難道不應該去安慰他嗎？」

周霄說：「每到一個國家，都會帶著晉見國君的見面禮，是什麼
原因呢？」

孟子說：「士人出來當官，猶如農人耕種一樣，難道農人為了出

國，就丟棄他的農具嗎？」

　　周霄說：「晉國也是士人喜歡前來當官的國家，沒聽說求官竟然如此急切。既然士人求官如此急切，而君子卻不主動求見諸侯，難於出仕，為什麼呢？」

　　孟子說：「男子一出生，父母希望為他找個好妻子；女子一出生，父母希望為她找個好夫家，這是天下父母心。如果沒有父母的命令、媒人的介紹撮合，沒有明媒正娶，而是爬牆私奔，父母和全國百姓會認為於禮不合，輕視他們了。古代的君子，不是不想當官，求官要遵循正當管道，不行賄，不走後門；求官不循正當管道，猶如爬牆私奔的低賤啊！」

　　當代意義：這是「父母之命，媒妁之言」、「踰牆相從」成語典故的由來。《論語・子張》子夏曰：「學而優則仕。」學習有成，德業優異，就可以從政當官，推行仁政王道。

四、彭更問曰：「後車數十乘，從者數百人，以傳食於
　　諸侯，不以泰乎？」

　　孟子曰：「非其道，則一簞食不可受於人；如其道，
　　則舜受堯之天下，不以為泰，子以為泰乎？」

　　曰：「否。士無事而食，不可也。」

　　曰：「子不通功易事，以羨補不足，則農有餘粟，
　　女有餘布；子如通之，則梓匠輪輿，皆得食於子。
　　於此有人焉，入則孝，出則悌，守先王之道，以待
　　後之學者，而不得食於子。子何尊梓匠輪輿，而輕
　　為仁義者哉？」

　　曰：「梓匠輪輿，其志將以求食也；君子之為道也，
　　其志亦將以求食與？」

曰：「子何以其志為哉？其有功於子，可食而食之
矣。且子食志乎？食功乎？」

曰：「食志。」

曰：「有人於此，毀瓦畫墁，其志將以求食也，則
子食之乎？」

曰：「否。」

曰：「然則子非食志也，食功也。」

白話：孟子的弟子彭更問孟子：「一個學者後面跟著數十輛車
子，學生有數百人，每到一個諸侯國，就住在諸侯的賓館，接受飲
食的招待，是不是太超過了？」

孟子說：「如果不合道義，一碗飯也不能接受招待；如果合乎道
義，舜接受堯的天下，也不超過；你認為太超過嗎？」

彭更說：「不超過的。士人沒有貢獻任何功勞，免費接受招待，
不應該。」

孟子說：「各行各業如果沒有分工合作，農夫就有多餘的稻米、
紡織的婦女就有多餘的布匹；各行各業如果能夠分工合作、交易產
品，雖是木匠和車匠，都可以得到飯吃。如果有一個人，在家孝順
父母，在外尊敬長輩，遵守古代聖王之道，等待機會傳授道德學問
給後輩學者，依你所言，這個儒者不能得到飯吃了。你為何重視木
匠和車匠？而看輕遵守仁義的儒者呢？」

彭更說：「木匠和車匠辛勤工作，他們的心願（動機）是能夠三
餐溫飽；君子遵守聖王之道，也是為了三餐溫飽嗎？」

孟子說：「你是為了工匠的心願（動機）給他們三餐溫飽？還是
為了工匠的功勞給他們飯吃？」彭更說：「是為了工匠的心願（動機）
給他們三餐溫飽。」

孟子說：「如果有一個人，破壞你家的屋頂，劃破車子的頂蓋，

他的心願（動機）是你給他飯吃，你會給他飯吃嗎？」

彭更說：「不會給他飯吃。」

孟子說：「如此說來，你不是為了一個人的心願（動機）給他們飯吃，而是為了一個人的功勞給他三餐溫飽。」

當代意義：孟子強調「勞心者治人，勞力者治於人。」（〈滕文公上〉）士農工商，社會各行各業分工合作，人人有貢獻、有功勞，大家都能三餐溫飽。

五、萬章問曰：「宋，小國也。今將行王政，齊楚惡而伐之，則如之何？」

　　孟子曰：「湯居亳，與葛為鄰，葛伯放而不祀。湯使人問之曰：『何為不祀？』曰：『無以供犧牲也。』湯使遺之牛羊。葛伯食之，又不以祀。湯又使人問之曰：『何為不祀？』曰：『無以供粢盛也。』湯使亳眾，往為之耕，老弱饋食。葛伯率其民，要其有酒食黍稻者，奪之，不授者殺之。有童子以黍肉餉，殺而奪之。《書》曰：『葛伯仇餉。』此之謂也。為其殺是童子而征之，四海之內皆曰：『非富天下也，為匹夫匹婦復讎也。』

　　『湯始征，自葛載』，十一征而無敵於天下。東面而征，西夷怨；南面而征，北狄怨，曰：『奚為後我？』民之望之，若大旱之望雨也。歸市者弗止，芸者不變，誅其君，弔其民，如時雨降。民大悅。《書》曰：『徯我后，后來其無罰。』『有攸不惟臣，東征，綏厥士女，篚厥玄黃，紹我周王見休，惟臣

附于大邑周。』其君子實玄黃于匪，以迎其君子，
其小人簞食壺漿，以迎其小人，救民於水火之中，
取其殘而已矣。《太誓》曰：『我武惟揚，侵于之疆，
則取于殘，殺伐用張，于湯有光。』不行王政云爾，
苟行王政，四海之內，皆舉首而望之，欲以為君。
齊楚雖大，何畏焉？」

白話：孟子的弟子萬章問孟子說：「宋國是一個小國家，現在準備實行王道仁政，如果齊國和楚國兩個大國厭惡，要來攻打宋國，宋國如何對付？」

孟子說：「從前商湯在豪邑（商湯首都，今河南商邱縣），與葛國為鄰。葛伯為人放縱，不祭祀祖先，商湯派人問葛伯：『為何不祭祀祖先？』葛伯說：『因為沒有祭祀所用的牲畜。』

商湯就派人送牛羊給葛伯，葛伯把牛羊吃完，還是不祭祀祖先。商湯再派人問葛伯：『為何不祭祀祖先？』葛伯說：『因為沒有祭祀所用的稻米。』商湯就派豪邑的年輕人幫葛伯耕田，老弱婦孺給耕田的人送飯。葛伯卻帶領一批人在半路上強奪菜飯和酒，葛伯竟然殺死一個小孩，因為小孩不願意把菜飯和酒給葛伯。《尚書·商書·仲虺之誥》說：『葛伯把送飯的老弱婦孺當敵人。』商湯因為葛伯無辜殺害小孩，起兵討伐葛伯。天下百姓都說：『商湯不是要佔有天下的財富，是要為無辜犧牲的百姓報仇。』

商湯第一次征討，從征討葛國開始，總共十一次，天下就太平了。當他向東邊征討，西邊的夷人就抱怨；他向南邊征討，北邊的狄人就抱怨；說：『為什麼不來解救我們？』天下的百姓期盼他，猶如乾旱時期盼下雨。商湯的討伐部隊不擾民，市場買賣不中斷，農夫種田不停止；因為他誅殺暴君，安撫百姓，猶如及時雨，百姓都歡喜。《尚書·商書·仲虺之誥》說：『等待我們的仁君，仁君一來，

就沒有不法的殺罰了。』

又說：『有些諸侯助紂為虐，不願意當周朝的臣子，周武王就興兵東征，安撫百姓，這些百姓把黑、黃的綢緞裝在竹籃，迎接周武王，願意事奉周武王，歸順偉大的周王朝。』當時，商朝的官員，都把各種顏色的綢緞裝在竹籃，迎接周武王的官員；商朝的百姓用竹籃裝了飯菜，酒壺裝酒，迎接周武王的士兵；因為周武王把百姓從水深火熱中解救出來，只有誅殺暴君而已。《尚書‧周書‧太誓》說：『周武王威武，攻入商紂的國土，誅殺暴君，比商湯征討夏桀的功勞更偉大。』

如此看來，只要宋國國君能夠施行王道仁政，天下百姓引頸翹望，殷切期盼宋王當仁君，齊、楚兩國不足為懼！」

當代意義：孟子舉商湯和周武王行王道仁政，弔民伐罪、解民倒懸，百姓歸心，天下無敵。

六、孟子謂戴不勝曰：「子欲子之王之善與？我明告子。有
　　楚大夫於此，欲其子之齊語也，則使齊人傅諸？使
　　楚人傅諸？」

　　曰：「使齊人傅之。」

　　曰：「一齊人傅之，眾楚人咻之，雖日撻而求其齊
　　也，不可得矣；引而置之莊、嶽之間數年，雖日撻
　　而求其楚，亦不可得矣。子謂薛居州，善士也。使
　　之居於王所。在於王所者，長幼卑尊，皆薛居州也，
　　王誰與為不善？在王所者，長幼卑尊，皆非薛居州
　　也，王誰與為善？一薛居州，獨如宋王何？」

　　白話：孟子對宋國大夫戴不勝說：「您想要宋王學好嗎？我明白

告訴您：例如有一個楚國大夫，想要他的兒子學習齊國話，他要請齊國人教呢？還是請楚國人教呢？」

戴不勝說：「請齊國人教他齊國話。」

孟子說：「一個齊國人教他講齊國話，許多楚國人講楚國話喧擾他，即使每天打他，要他說齊國話，他也不會說齊國話。如果讓他住在齊國首都最繁榮的地區，住了幾年，即使天天打他，要他說楚國話，他也不可能流利的說楚國話了！

您說宋國良臣薛居州是個好人，讓他隨侍在國君身旁，如果在國君身旁的人，無論官位高低、年紀大小，都像薛居州這樣的好人，宋王和誰一起做壞事？如果在宋王身旁的人，無論官位高低、年紀大小，都不是薛居州這樣的好人，宋王和誰一起做好事？當今宋國只有一個薛居州，如何影響宋王做好事？」

當代意義：《荀子・勸學》說：「蓬生麻中，不扶而直；白沙在涅，與之俱黑……故君子居必擇鄉，遊必就士，所以防邪辟而近中止也。」蓬草長在麻地裏，不用扶持也能挺立，白沙混進了黑色染料裡，就再也不能變白了。所以有志的君子，居住要選擇好的環境，要親近有德的君子，防止邪辟的習染，走向中正大道。

七、公孫丑問曰：「不見諸侯，何義？」

孟子曰：「古者不為臣不見。段干木踰垣而辟之，泄柳閉門而不內，是皆已甚。迫，斯可以見矣。陽貨欲見孔子而惡無禮，大夫有賜於士，不得受於其家，則往拜其門。陽貨矙孔子之亡也，而饋孔子蒸豚；孔子亦矙其亡也，而往拜之。當是時，陽貨先，豈得不見？曾子曰：『脅肩諂笑，病于夏畦。』子路曰：『未同而言，觀其色赧赧然，非由之所知也。』由是觀之，則君子之所養，可知已矣。」

　　白話：公孫丑問孟子說：「老師不願意求見諸侯，是什麼原因？」

　　孟子說：「古代，如果不在這個國家為官，當臣子，就不求見這個國家的國君。從前，段干木（魏文侯以段干木為師，給他爵祿，他不接受，後來答應見魏文侯，文侯向他諮詢治國之道。）翻牆躲避魏文侯，泄柳關門躲避魯穆公，這兩個人都太超過了。國君如果急於會見君子，君子應該要會見國君了。從前，魯國大夫陽虎（陽貨，季孫氏的家宰，一度「陪臣執國命」，控制三桓，掌握魯國實權。）想要孔子去見他，又怕別人說他不禮貌，趁著孔子不在家的時候，送給孔子一隻蒸熟的小豬。孔子也趁著陽虎不在家的時候，去回謝他。如果陽虎趁孔子在家，先來拜訪，孔子不會避不見面！曾子說：『對人恭敬的低頭聳肩，諂媚的笑容，比夏天種田還要辛苦。』子路也說：『道不同，勉強與人說話，內心慚愧，臉紅的神色，我子路真不明白諂媚逢迎為了甚麼？』由此看來，君子的人格修養是甚麼，就可以明白了！」

　　當代意義：孟子不願意主動諂媚求官，不願意主動逢迎求見諸侯，孟子認為賢明的國君應該禮賢下士，主動拜訪賢士，賢能的士人雖然輕視國君，國君更加以禮對待賢士，賢士就會歸從國君，這是君臣以禮相待之道，這也是君子的人格修養。

八、戴盈之曰：「什一，去關市之征，今茲未能。請輕之，以待來年，然後已，何如？」

　　孟子曰：「今有人日攘其鄰之雞者，或告之曰：『是非君子之道。』曰：『請損之，月攘一雞，以待來年，然後已。』如知其非義，斯速已矣，何待來年。」

白話：宋國大夫戴盈之跟孟子說：「先生建議宋國採用古代十分之一的田賦，廢除關稅和市場買賣的的稅。這個意見今年還做不到，先讓宋國減輕一些舊稅，等到明年再實施先生的建議，如何？」

孟子說：「例如現在有一個人，每天偷抓一隻鄰居的雞，有人對他說：『這不是君子的行為。』抓雞的人說：『讓我減少一些，每個月只偷抓鄰居的一隻雞，等到明年就不抓了。』如果知道自己不合正義，就應該即刻停止，何必要等到明年？」

當代意義：這是「月攘一雞」成語典故的由來。孟子「月攘一雞」意在譏笑諷刺明知錯誤，但不立即改正的人，為自己的錯誤行為找藉口，沒有真心的改過。

九、公都子曰：「外人皆稱夫子好辯，敢問何也？」

孟子曰：「予豈好辯哉？予不得已也。天下之生久矣，一治一亂。當堯之時，水逆行，氾濫於中國。蛇龍居之，民無所定。下者為巢，上者為營窟。《書》曰：『洚水警余。』洚水者，洪水也。使禹治之，禹掘地而注之海，驅蛇龍而放之菹。水由地中行，江、淮、河、漢是也。險阻既遠，鳥獸之害人者消，然後人得平土而居之。

「堯、舜既沒，聖人之道衰。暴君代作，壞宮室以為汙池，民無所安息；棄田以為園囿，使民不得衣食。邪說暴行又作，園囿、汙池、沛澤多而禽獸至。及紂之身，天下又大亂。周公相武王，誅紂伐奄，三年討其君，驅飛廉於海隅而戮之。滅國者五十，驅虎、豹、犀、象而遠之。天下大悅。《書》曰：『丕顯哉，文王謨！丕承哉，武王烈！佑啟我後人，咸

以正無缺。』

「世衰道微，邪說暴行有作，臣弒其君者有之，子弒其父者有之。孔子懼，作《春秋》。《春秋》，天子之事也。是故孔子曰：『知我者其惟春秋乎！罪我者其惟春秋乎！』

「聖王不作，諸侯放恣，處士橫議，楊朱、墨翟之言盈天下。天下之言，不歸楊，則歸墨。楊氏為我，是無君也；墨氏兼愛，是無父也。無父無君，是禽獸也。公明儀曰：『庖有肥肉，廄有肥馬，民有飢色，野有餓莩，此率獸而食人也。』楊墨之道不息，孔子之道不著，是邪說誣民，充塞仁義也。仁義充塞，則率獸食人，人將相食。吾為此懼，閑先聖之道，距楊墨，放淫辭，邪說者不得作。作於其心，害於其事；作於其事，害於其政。聖人復起，不易吾言矣。

「昔者禹抑洪水而天下平，周公兼夷狄，驅猛獸，而百姓寧，孔子成《春秋》而亂臣賊子懼。《詩》云：『戎狄是膺，荊舒是懲，則莫我敢承。』無父無君，是周公所膺也。我亦欲正人心，息邪說，距詖行，放淫辭，以承三聖者；豈好辯哉？予不得已也。能言距楊墨者，聖人之徒也。」

白話：公都子問孟子說：「有人說老師喜歡跟人辯論，請問有何目的？」

孟子說：「我不是喜歡跟人辯論，我真的是不得已的！天下自有

百姓以來，歷史久遠，有的時候天下太平，有的時候天下混亂，不斷的循環交替。在堯的年代，大水橫流，中原土地到處淹水，水裡的動物也在陸地上繁殖，百姓無處安身，住在低窪的人，在大樹上建屋居住；住在高處的人，穴居在洞窟。《尚書・虞書・大禹謨》記載舜的話說：『這洪水是來警告我的！』於是，舜就派大禹治水，大禹清除河道淤泥，氾濫的洪水經河川流入大海；驅逐野獸到沼澤地，正常河川水流，就是現在的長江、淮水、黃河、漢水。洪水消退了，野獸也被驅離了，百姓可以在平地上安居樂業。

堯舜之後，聖人之道衰微，暴君興起，毀民宅，棄農田，蓄深池，築園林，養鳥獸，百姓不得安寧。到了商紂的時代，天下更混亂了。幸好周公輔佐周武王，誅殺紂王，征討助紂為虐的奄國，誅殺奄國的國君，又追殺紂王寵臣飛廉，當時助紂為虐而被誅殺的諸侯，共有五十個。周公又把虎豹等野獸，驅逐到遠方，天下百姓皆大歡喜。《尚書・周書・君牙》說：『文王的謀略多麼偉大呀！！武王的功業繼往開來！他們幫助開導我們後代子孫成王和康王，使我們遵從正道，沒有缺失。』。到了周平王東遷，東周道德衰敗，邪說與暴行又再興起，有臣子弒殺國君，兒子弒殺父親的事情發生。孔子非常憂慮，撰寫一部《春秋》，撰寫《春秋》本是天子的事，因此，孔子說：「後人能夠從《春秋》的內容了解我的微言大義，明是非，正名分，貶惡揚善；後人也會指責我吧！因為我一介平民，僭越了身分。」

聖王不再興起，諸侯僭越稱王，邪說流傳，楊朱和墨翟的邪說滿天下，楊朱為我，損一毫以利天下不為也，這是目無君長；墨翟兼愛，不分親疏，這是心無父母；一個人目無君長、心無父母，他就是禽獸了。魯國賢人公明儀說：『國君的廚房有肥美的肉品，馬房有肥壯的馬，百姓面黃肌瘦，郊外有餓死的人，這是暴政，猶如帶領野獸在吃人。』

楊朱、墨翟的邪說不消滅，孔子的仁道不發揚，這些邪說就會

蒙騙百姓，阻塞仁義大道，善良百姓會遭受殘害，人與人互相殘殺，我真的很憂慮。因此，我要挺身而出，保衛聖人之道，排斥楊朱、墨翟的邪說，使異端邪說不能興起。凡是一種思想在心裏產生，就會影響一個人的行為；既然在行為上表現出來，就會影響他的施政；即使聖人再生，也不會否定我的說法。

　　從前，夏禹治水成功，天下得到太平；周公討伐夷狄，驅離野獸，百姓生活得到安寧，孔子完成《春秋》，寓褒貶，叛亂的臣子和不孝的逆子，才知道有所畏懼。《詩經・魯頌・閟宮》說：『討伐夷人和狄人，懲治荊國和舒國，就沒有人敢反抗我們了。』因為夷狄心中沒有父母、沒有君長，周公要懲治他們。我也要端正人心，消滅邪說，排斥偏執一端的行為，反對放蕩不正的言論，傳承大禹、周公、孔子三聖的德業（德行與功業）。我不是喜歡爭辯、好辯，我實在是不得不明辨是非！凡是反對楊朱、墨翟的邪說的人，都是聖人信徒。」

　　當代意義：這是孟子「儒墨之辨」、「儒家楊朱之辨」，也是「世衰道微」成語典故的由來。孟子以繼承道統為己任，由堯、舜、禹、湯、文王、武王、周公到孔子，尤其傳承大禹、周公、孔子三聖的德業，堅決反對楊朱為我無君、墨翟兼愛無父的邪說；孟子以史為例，辯明史實，彰顯孟子的道德勇氣與人格。

十、匡章曰：「陳仲子豈不誠廉士哉？居於陵，三日不
　　食，耳無聞，目無見也。井上有李，螬食實者過半
　　矣，匍匐往將食之，三咽，然後耳有聞，目有見。」
　　孟子曰：「於齊國之士，吾必以仲子為巨擘焉。雖
　　然，仲子惡能廉？充仲子之操，則蚓而後可者也。
　　夫蚓，上食槁壤，下飲黃泉。仲子所居之室，伯夷
　　之所築與？抑亦盜跖之所築與？所食之粟，伯夷之

所樹與？抑亦盜跖之所樹與？是未可知也。」

曰：「是何傷哉？彼身織屨，妻辟纑，以易之也。」

曰：「仲子，齊之世家也。兄戴，蓋祿萬鍾。以兄之祿為不義之祿而不食也，以兄之室為不義之室而不居也，辟兄離母，處於於陵。他日歸，則有饋其兄生鵝者，己頻顣曰：『惡用是鶂鶂者為哉？』他日，其母殺是鵝也，與之食之。其兄自外至，曰：『是鶂鶂之肉也。』出而哇之。以母則不食，以妻則食之；以兄之室則弗居，以於陵則居之。是尚為能充其類也乎？若仲子者，蚓而後充其操者也。」

白話：齊國人匡章跟孟子說：「我們齊國的陳仲子，是一位廉節之士，清廉有節操，他住在於陵（今山東長山縣西南），三天沒有吃飯，飢餓過度，耳朵聽不到聲音，眼睛看不見。門外水井邊有一棵李樹，有一顆被蟲吃過的李子，他視力模糊，摘下來吃，吃了李子，耳朵才聽到聲音，眼睛才看見東西。」

孟子說：「陳仲子是齊國傑出的士子。但是，陳仲子真的廉節嗎？除非陳仲子要像蚯蚓一樣，蚯蚓只吃泥土，只飲地下的泉水，與世無爭無求。可是，陳仲子住的房子，是像伯夷純潔高尚的人蓋的呢？還是像盜跖貪求無度的人蓋的呢？他吃的糧食，是像伯夷純潔高尚的人種植的呢？或是像盜跖是貪求無度的人種植的呢？我們都不清楚陳仲子是否廉節的住在他的房子啊！」

匡章說：「無論誰蓋的房子，誰種的五穀，對陳仲子都沒有什麼妨害！是他自己織麻鞋，妻子將麻捻搓成線，拿去以物易物，換來生活用品與糧食。」

孟子說：「陳仲子出生在齊國累世仕宦之家，他的兄長叫戴，每

年的俸祿有一萬鍾（俸祿很多）的粟。陳仲子認為哥哥得到的是不義的俸祿，他不願意食用；他認為哥哥住的是不義的房子，他不願意居住；於是，他離開母親、哥哥，一個人住在於陵。有一天，他回來哥哥家，剛好有人送給哥哥一隻活的鵝，他雙眉緊皺不高興的說：『為何要收受不義之鵝？』

　　過了數日，他母親殺鵝，給他吃鵝肉；剛好他哥哥回家看見，就說：『這是鵝肉啊！』陳仲子一聽，跑到戶外吐掉鵝肉。那鵝肉因為哥哥一說，他就不吃；哥哥的房子他也不願意住，他寧願一個人住在於陵，棄母親、哥哥而不顧。像陳仲子的為人，除非他變成蚯蚓，很難說他是清廉又有節操的士人。」

　　當代意義：陳仲子為了不食不義之物，不住不義的房子，離開母親，躲避哥哥，一個人住在於陵，棄人倫親情而不顧，天下豈有無人倫而可以為廉節之士？

第七章　離婁上

一、孟子曰：「離婁之明，公輸子之巧，不以規矩，不能成方員；師曠之聰，不以六律，不能正五音；堯舜之道，不以仁政，不能平治天下。今有仁心仁聞而民不被其澤，不可法於後世者，不行先王之道也。故曰：徒善不足以為政，徒法不能以自行。《詩》云：『不愆不忘，率由舊章。』遵先王之法而過者，未之有也。

聖人既竭目力焉，繼之以規矩準繩，以為方員平直，不可勝用也；既竭耳力焉，繼之以六律，正五音，不可勝用也；既竭心思焉，繼之以不忍人之政，而仁覆天下矣。

「故曰：為高必因丘陵，為下必因川澤。為政不因先王之道，可謂智乎？是以惟仁者宜在高位。不仁而在高位，是播其惡於眾也。上無道揆也。下無法守也，朝不信道，工不信度，君子犯義，小人犯刑，國之所存者幸也。

「故曰：城郭不完，兵甲不多，非國之災也；田野不辟，貨財不聚，非國之害也。上無禮，下無學，賊民興，喪無日矣。《詩》曰：『天之方蹶，無然泄

泄。』泄泄，猶沓沓也。事君無義，進退無禮，言
則非先王之道者，猶沓沓也。故曰：責難於君謂之
恭，陳善閉邪謂之敬，吾君不能謂之賊。」

白話：孟子說：「如果只憑藉離婁特別好的視力，公輸般（春秋魯國的巧匠，相傳發明雲梯，土木工匠奉為祖師。）的巧手，假如不用圓規和曲尺，也不能做成圓形和方型的器具；如果只憑藉師曠（春秋晉平公的盲人樂師）靈敏的音感，假如不用六律（古人用 12 個不同長度的律管，吹出 12 個不同的標準音階，稱為十二律。奇數六律為陽律，稱為六律；偶數六律為陰呂，稱為六呂，合稱律呂。）制定音階，就不能校正五音（五聲音階，依次為宮、商、角、徵、羽。）；如果只憑藉堯、舜之道，假如不行仁政，就不能平治天下。

現在有一些國君，雖然有仁愛的心和仁愛的名聲，可是百姓感受不到國君的恩惠，他們也不能當後世之君的典範，因為他們不願意實行古代聖王的仁政。所以說：只有仁心而沒有仁政，不能治理國家；只有仁政而沒有仁心，仁政也不能具體落實。《詩‧大雅‧假樂》說：『沒有過失，也不妄為，事事遵循古代聖王的禮法。』如果遵循古代聖王的禮法，卻造成施政過失的，是從來沒有的。

古代的聖人，運用超好的視力，又使用圓規、曲尺、準繩（正曲直），製造很多各種不同形狀的器具，器具的使用就很充足普遍了；運用靈敏的音感，又用六律正五音，就可以創作各種音樂；盡心愛民，又施行不忍使百姓受苦的仁政，以仁政治理天下，仁愛之德就可以普及天下了。所以說：往上堆高要在隆起的丘陵地，往下挖掘要在低窪的河川地；治理國家如果不依據古代聖王的禮法，怎能說明智呢？因此，只有仁愛之心的人，可以居上位；如果沒有仁愛之心而居上位，會造成百姓的禍害。國君不依禮法執政，臣子就沒有禮法可以遵守；朝廷的大臣不遵守禮法，地方的官員就不服從

禮法；當官的人違犯禮法，百姓就會違犯刑法。禮法淪喪，國家岌岌可危，存在只是僥倖。

　　所以說：城牆不堅固，兵力不多，不是國家的禍患；土地沒有開墾，貨物沒有匯集，也不是國家的災禍；但是，如果國君不知禮，臣子不學禮法，百姓乘機作亂，亡國就在眼前。

　　《詩經·大雅·板之》說：『上天要消滅這個國家，不要胡說多言了。』現在當官的人，事奉國君沒有道義，應對進退沒有禮節，時常毀謗古代聖王的王道，真是胡說！所以說：勸導國君行堯舜仁政，稱為恭臣；陳述善道，禁閉國君不正之心，稱為敬臣；如果認定國君不肖，不能行善而不忠諫，稱為賊臣。」

　　當代意義：這是「規矩準繩」成語典故的由來。孟子強調為政者，仁者在高位，是人治；奉行禮法仁政，是法治，人治與法治兼顧，可以王天下。

二、孟子曰：「規矩，方員之至也；聖人，人倫之至也。欲為君盡君道，欲為臣盡臣道，二者皆法堯舜而已矣。不以舜之所以事堯事君，不敬其君者也；不以堯之所以治民治民，賊其民者也。孔子曰：『道二：仁與不仁而已矣。』暴其民甚，則身弒國亡；不甚，則身危國削。名之曰『幽、厲』，雖孝子慈孫，百世不能改也。《詩》云：『殷鑒不遠，在夏后之世』，此之謂也。」

　　白話：孟子說：「圓規和曲尺（一邊長一邊短的直角尺），是圓和方的標準；古代的聖人，是為人之道的道德標準。要想當國君，就要盡力做好國君之道；要想當臣子，就要盡力做好臣子之道；君臣兩種人，只要學習堯、舜就可以了。不以舜尊敬堯的方法去事奉

國君，就是不尊敬國君的臣子；不以堯愛護百姓的方法去治理百姓，就是傷害百姓的賊（國君）。孔子說：『為人之道只有兩種方法：就是仁和不仁而已。』如果暴君殘害百姓太嚴重，他會被百姓殺害，國家也會被消滅，如夏桀和商紂；如果殘害百姓不嚴重，自身會有危險，國家也會被削弱，如周代昏亂之君幽王（烽火戲諸侯，西周亡國之君。）和厲王。而且當他死後，給他不好的諡號『幽』、『厲』，即使子孫賢孝，經過一百世代也不能改變。《詩經・大雅・蕩》說：『殷商的子孫應以夏桀的滅亡為鑑戒，前人的教訓就在眼前。』」

當代意義：《詩經・大雅・蕩》：「殷鑑不遠」這首詩是周代末年的詩人，託言周初周文王斥責商紂殘暴無道，用以勸戒周厲王，強調要以商紂滅亡的歷史為鑑，希望厲王及時醒悟。後來，「殷鑑不遠」比喻前人的教訓近在眼前，不可不慎。

厲王實施山林川澤專利，禁止百姓漁獵，壓制言論自由，百姓暴動，衝入王宮，厲王逃到彘，失王位。

三、孟子曰：「三代之得天下也以仁，其失天下也以不仁。國之所以廢興存亡者亦然。天子不仁，不保四海；諸侯不仁，不保社稷；卿大夫不仁，不保宗廟；士庶人不仁，不保四體。今惡死亡而樂不仁，是猶惡醉而強酒。」

白話：孟子說：「夏商周三代能夠得到天下，是因為有仁愛之德，愛護百姓；後來失去天下，是因為沒有仁愛之德，不愛護百姓。諸侯國的興衰、存亡，也是相同的原因。如此看來，天子沒有仁愛之德，就不能保有天下；諸侯沒有仁愛之德，就不能保有國家；公卿大夫沒有仁愛之德，就不能保有祭祀祖先的祠堂；士人和百姓沒有仁愛之德，就不能保有個人的生命。當今的人，一方面討厭死亡，

一方面又喜歡做不仁愛的事，猶如一個人討厭酒醉，又勉強喝酒，真是矛盾！」

　　當代意義：這是「惡醉強酒」成語典故的由來。上自天子，下至百姓，以仁為本，以愛人為德；不仁不愛，無以立身。

四、孟子曰：「愛人不親，反其仁，治人不治，反其智，禮人不答，反其敬。行有不得者，皆反求諸己，其身正而天下歸之。《詩》云：『永言配命，自求多福。』」

　　白話：孟子說：「我愛別人卻得不到別人的親近，我應該反省自己的仁愛之德是否足夠？我管理別人卻不能夠管理得當，我應該反省自己的管理專業才智是否足夠？我以禮待人卻得不到別人回敬以禮，我應該反省自己的恭敬之心是否足夠？凡是做一件事情，得不到預期的效果，都應該自己省察，自我反省，從自己本身找原因，責己不責人。只要自身德行端正，天下的人都會歸順。《詩經‧大雅‧文王》說：『永久順從天命，自己追求多種幸福。』」

　　當代意義：這是「反求諸己」成語典故的由來。《論語‧衛靈公》子曰：「君子求諸己，小人求諸人。」，孟子說：「行有不得，反求諸己」，應該是每一個人的座右銘，當我們事業做不成功，遇到挫折和困難，或是人際關係不好，都要自我反省，一切從自己身上找原因，不要怨天尤人，而要反躬自省，改過遷善。

五.孟子曰：「人有恆言，皆曰：『天下國家』。天下之本在國，國之本在家，家之本在身。」

　　白話：孟子說：「一般人常說一句話：『天下國家』，何謂天下國家？意指天下的根本在諸侯國，諸侯國的根本在卿大夫的家，卿

大夫家的根本在每一個人的身上。」

當代意義：以現代國際法的國家實體定義，一個國家必須持有四個條件：人民，領土，政府，主權。有別於古代「國家」的概念，意指由某個家族建立的世襲王朝。

六、孟子曰：「為政不難，不得罪於巨室。巨室之所慕，
　　一國慕之；一國之所慕，天下慕之；故沛然德教溢
　　乎四海。」

　　白話：「國君主政並非難事，只須進德修身、勤政愛民，重用賢臣，不得罪那些有名望的賢能世家。因為這些賢能世家所敬仰的人，一國的人都會心悅誠服地跟著仰慕他；一國人所仰慕的人，天下人都會跟著敬佩他。國君能夠修身正己，推行仁義道德，德化普及四海。」

　　當代意義：孟子所謂「為政不難，不得罪於巨室。」，往往被誤解孟子屈服於（巴結討好）權貴的世家望族，如果孟子巴結（討好）權貴世家，他也不會周遊列國，苦無實現政治抱負的機會了。

七、孟子曰：「天下有道，小德役大德，小賢役大賢；
　　天下無道，小役大，弱役強。斯二者天也。順天者
　　存，逆天者亡。齊景公曰：『既不能令，又不受命，
　　是絕物也。』涕出而女於吳。
　　今也小國師大國而恥受命焉，是猶弟子而恥受命於
　　先師也。如恥之，莫若師文王。師文王，大國五年，
　　小國七年，必為政於天下矣。《詩》云：『商之孫子，
　　其麗不億。上帝既命，侯于周服。侯服于周，天命

靡常。殷士膚敏，裸將于京。』孔子曰：『仁，不
可為眾也。』夫國君好仁，天下無敵。今也，欲無
敵於天下而不以仁，是猶執熱而不以濯也。《詩》
云：『誰能執熱，逝不以濯？』」

白話：孟子說：「天下有道的時候，天下崇尚德行，賢德小的諸侯，樂於事奉賢德大的諸侯，能力小的諸侯，樂於事奉能力大的諸侯；天下無道的時候，天下崇尚武力，弱小的諸侯不得不事奉強大的諸侯。這兩種情況，都有當時的時勢，依順時勢者，可以存活，違逆時勢者，就要滅亡。從前，齊景公對臣子說：『一個國家既不能命令別的國家，又不願意接受別國的命令，這是自尋死路。』於是不得不傷心地把女兒嫁到吳國，與吳國聯姻，避免吳國的武力威脅。

當今，小國諸侯不修德以自強，只是效法大國諸侯享樂，又恥於接受大國的命令，猶如學生恥於接受老師的命令。如果恥於接受別人的命令，最好效法周文王施行仁政。能夠行仁政，大國行仁政五年，小國行仁政七年，可以在天下施行自己的仁政了。

《詩經·大雅·文王》說：『商朝的子孫很多，超過十萬人；但是，上天已經命令（天命）周朝統治天下，他們只好順從周朝。其實天命無常，天命只歸於有德的人；因此，商朝的子孫，雖然儀容秀美，才華聰敏，只能在周朝京師執裸獻之禮（將酒灑在地上以告神明的祭祀儀式），陪周王祭祀。』孔子讀了這首詩，說：『在仁者面前，商朝的子孫不算多。』由此可知，只要國君喜好仁德、行仁政，天下就沒有敵人了。當今的諸侯，只想天下無敵，卻不願意行仁政，猶如拿熱的東西，不事先把手浸泡在冷水。《詩經·大雅·桑柔》說：『有誰拿熱的東西，不事先把手浸泡在冷水呢？』」

當代意義：這是「順天者存，逆天者亡」成語典故的由來。孟子強調：天命靡常，天命有德；國君好仁，天下無敵。

八、孟子曰：「不仁者可與言哉？安其危而利其菑，樂其所以亡者。不仁而可與言，則何亡國敗家之有？有孺子歌曰：『滄浪之水清兮，可以濯我纓；滄浪之水濁兮，可以濯我足。』孔子曰：『小子聽之！清斯濯纓，濁斯濯足矣，自取之也。』夫人必自侮，然後人侮之；家必自毀，而後人毀之；國必自伐，而後人伐之。《太甲》曰：『天作孽，猶可違；自作孽，不可活。』此之謂也。」

白話：孟子說：「對一個沒有仁愛之德的人，不能跟他談仁義之道。他誤認危險為安全，誤認災禍為有利，他喜歡做的事，加速他的敗亡。如果一個沒有仁愛之德的人，還可以跟他談仁義之道，就不會有滅亡的諸侯之國和敗亡的大夫之家！以前有個小孩唱歌說：『漢水清澈，可以洗我的帽纓（帽子左右下垂的絲帶）；漢水混濁，可以洗我的腳。』孔子聽到這首歌，對學生們說：『你們仔細聽，水清可以洗帽纓；水混濁，可以洗腳。都是漢水自己造成的。』一個人一定是自己不爭氣、自己看輕自己，別人才會侮辱他；一個大夫的家，一定是家人不合、內鬥，別人才會欺負他；一個國家一定是國內權力鬥爭不斷，別國才會來討伐攻打。《尚書・商書・太甲》說：『上天（自然界）造成的災害，我們還能逃避而存活；但是，我們自作的罪過，自己造成的災禍，卻是無法逃避國法的懲罰。』說的就是這個道理。」

當代意義：孟子名言：「人必自侮，然後人侮之；家必自毀，而後人毀之；國必自伐，而後人伐之。」應該當成每一個人的座右銘。每一個人都要自立自強，為自己爭一口氣，為父母爭一口氣，為國、為家爭一口氣。

九、孟子曰：「桀紂之失天下也，失其民也；失其民者，失其心也。得天下有道：得其民，斯得天下矣；得其民有道：得其心，斯得民矣；得其心有道：所欲與之聚之，所惡勿施爾也。民之歸仁也，猶水之就下、獸之走壙也。故為淵毆魚者，獺也；為叢毆爵者，鸇也；為湯武毆民者，桀與紂也。今天下之君有好仁者，則諸侯皆為之毆矣。雖欲無王，不可得已。今之欲王者，猶七年之病，求三年之艾也。苟為不畜，終身不得。苟不志於仁，終身憂辱，以陷於死亡。《詩》云：『其何能淑，載胥及溺』，此之謂也。」

白話：孟子說：「夏桀和商紂失去政權，是因為失去民心。如此看來，能夠得到天下的民心，就能得到天下了。得到民心的方法是：滿足百姓的需求，不要施行百姓不喜歡的行政措施。

百姓歸順仁德之君，就像水往低下流，禽獸走向野外。所以，把魚趕到深水的，是喜歡吃魚類的水獺；把鳥雀趕去樹林的，是喜歡吃鳩、鴿、燕、雀的鸇（鸇類猛禽，羽色青黃，又稱「晨風」。）；把百姓趕去歸順商湯、周武王的人，是殘害百姓的夏桀和商紂。現在如果有一個喜好仁愛之德的國君，其他諸侯會把百姓趕去歸順他，他要一統天下，成就王業，就很容易了！

當今想稱王的人，猶如生了七年的病，還找不到陳年三年的艾草（陳年葉子可以用於艾灸），如果現在自己不保存艾草，永遠也找不到三年的艾草。所以現在想要稱王的人，如果不立刻施行王道仁政，也會永遠生活在憂苦和恥辱裡，以致陷於死亡。《詩經・大雅・

桑柔》說：『當今這些諸侯的所作所為，不會有善的結果，大家都陷溺於死亡罷了。』說的就是這個意旨。」

當代意義：這是「三年艾」成語典故的由來。得民心者得天下，失民心者失天下，項羽和劉邦就是最好的例子，項羽剛愎自用，任意屠殺，殘暴不仁，不得民心；反之，劉邦對人寬厚，尊重人才，受人擁護愛戴，終於稱帝，開創 412 年的漢朝。

十、孟子曰：「自暴者，不可與有言也；自棄者，不可與有為也。言非禮義，謂之自暴也；吾身不能居仁由義，謂之自棄也。仁，人之安宅也；義，人之正路也。曠安宅而弗居，舍正路而不由，哀哉！」

白話：孟子說：「自我糟蹋的人，無法跟他談論仁義之道；自我放棄的人，無法跟他一起共事。一個人常常詆毀禮義，稱為『自暴』；一個人自認為不能力行仁義，稱為『自棄』。仁是每一個人最安全的住宅；義是每一個人最光明正大的道路。如果不住最安全的住宅，不走最光明正大的道路，這個人真是悲哀！」

當代意義：這是「自暴自棄」、「居仁由義」成語典故的由來。「自暴自棄」原指不行仁義的人，後用「自暴自棄」意指自甘墮落，不求上進的人。

十一、孟子曰：「道在邇而求諸遠，事在易而求之難。人人親其親、長其長而天下平。」

白話：孟子說：「治理天下國家，其實很簡單、很容易，不要捨近求遠。只要人人能夠親愛自己的父母，孝順自己的父母，尊敬自己的兄長，不斷推恩，天下國家就太平了。」

當代意義：只要人人盡己，親親而仁民，仁民而愛物，則天下平。

十二、孟子曰：「居下位而不獲於上，民不可得而治也。獲於上有道：不信於友，弗獲於上矣；信於友有道：事親弗悅，弗信於友矣；悅親有道：反身不誠，不悅於親矣；誠身有道：不明乎善，不誠其身矣。是故誠者，天之道也；思誠者，人之道也。至誠而不動者，未之有也；不誠，未有能動者也。」

白話：孟子說：「處在下位的人，如果不能得到上級長官的信任，就無法治理百姓。要得到上級長官信任的方法是：要先得到朋友的信任，如果不能得到朋友的信任，就無法得到上級長官的信任了。要得到朋友信任的方法是：孝順父母，使父母高興，如果不孝順父母，不能使父母高興，就無法得到朋友的信任了。要使父母高興的方法是：自我反省，內心真誠；如果不反省，內心沒有誠意，就無法使父母高興了。要使自己內心誠意的方法是：明白本心本性的善；如果不明白本心本性的善，就不能使自己內心真誠了。

所以說：『誠』是宇宙自然的天道；勉力做到真誠，信守誠意，是人人應該力行的『人道』。

如果一個人至誠不欺，就能感動別人；如果內心沒有真誠，就不能感動別人了。」

當代意義：孟子引申《中庸》第二十章「明善誠身」之道，強調唯有至誠之心，足以感動人。

十三、孟子曰：「伯夷辟紂，居北海之濱，聞文王作興，曰：『盍歸乎來！吾聞西伯善養老者。』太公辟

紂，居東海之濱，聞文王作興，曰：『盍歸乎來！
來！吾聞西伯善養老者。』二老者，天下之大老
也，而歸之，是天下之父歸之也。天下之父歸之，
其子焉往？諸侯有行文王之政者，七年之內，必
為政於天下矣。」

白話：孟子說：「以前，伯夷躲避商紂的暴政，隱居在北海海邊，
聽說周文王行仁政，當了西伯，說：『我們歸順西伯吧！聽說西伯善
於養護長者。』姜太公也躲避商紂的暴政，聽說周文王行仁政，就
說：『我們歸順西伯吧！聽說西伯善於養護長者。』這兩位長者，都
是天下最有名望的長者，都歸順文王，如同天下百姓的父親都歸順
文王；他們的子女也都歸順文王了。當今的諸侯，如果願意施行文
王的仁政，七年之內，可以推行仁政於天下。」

當代意義：仁者無敵，因為仁者愛人，以德服眾，天下百姓都
來歸順，所以沒有人可以和他匹敵。

十四、孟子曰：「求也，為季氏宰，無能改於其德，而
賦粟倍他日。孔子曰：『求，非我徒也，小子鳴
鼓而攻之可也。』由此觀之，君不行仁政而富之，
皆棄於孔子者也。況於為之強戰？爭地以戰，殺
人盈野；爭城以戰，殺人盈城。此所謂率土地而
食人肉，罪不容於死。故善戰者服上刑，連諸侯
者次之，辟草萊、任土地者次之。」

白話：孟子說：「從前，孔子弟子冉求當魯國上卿季康子的家
宰，不能提升季康子的品德，又多徵收加倍的賦稅。孔子生氣地跟

弟子們說：『冉求不是我的弟子，你們鳴鼓公布他的罪過，大家一起譴責他！』

　　由此看來，國君不行仁政，當臣子的反而使他更富有，都是孔子要反對的人，更何況還要為了搶奪土地、搶奪城池而打仗，被殺死的人滿山遍野，猶如率領土地來吃人，他的罪刑，處死他也太輕。

　　所以，最會打仗的人，應該受最重的刑；幫助諸侯打仗的人，受次一等的刑；開荒墾地，增加諸侯打仗財源的人，受再次一等的刑責。」

　　當代意義：冉有，名求，字子有，和大哥冉伯牛，二哥冉仲弓，都是孔子的學生。兄弟三人，都位列「孔門十哲」，這是冉氏家族的榮耀；冉有是政事，冉伯牛、冉仲弓是德行。

十五、孟子曰：「存乎人者，莫良於眸子。眸子不能掩其惡。胸中正，則眸子瞭焉；胸中不正，則眸子眊焉。聽其言也，觀其眸子，人焉廋哉？」

　　白話：孟子說：「我們了解一個人的善惡邪正，觀看他的眼珠（眼神）最清楚，因為人的眼珠不能藏匿心中的善惡。當一個人心善中正，眼珠就明亮；當一個人心惡邪念，眼珠就蒙蔽不明。只要聽一個人說話，再觀看他的眼珠（眼神），就能夠知道此人的善惡邪正。」

　　當代意義：眼珠（眼神）傳真情，聽其言，觀其眼神，真情流露毫無隱藏。

十六、孟子曰：「恭者不侮人，儉者不奪人。侮奪人之君，惟恐不順焉，惡得為恭儉？恭儉豈可以聲音笑貌為哉？」

　　白話：孟子說：「對人恭敬的人，不會欺侮人；節儉自律的人，不會剝奪人。一些欺侮人、剝奪人的國君，惟恐百姓不順從，豈能做到恭敬節儉！恭敬和節儉，要用生活實踐來表現，豈能用溫柔的聲音和諂媚的笑容欺騙百姓？」

　　當代意義：恭敬和節儉，只有在行為上做到自我約束才行，如果只是巧言令色地在笑容上表現出來，那就叫做偽善。

十七、淳于髡曰：「男女授受不親，禮與？」
　　　孟子曰：「禮也。」
　　　曰：「嫂溺則援之以手乎？」
　　　曰：「嫂溺不援，是豺狼也。男女授受不親，禮也；嫂溺援之以手者，權也。」
　　　曰：「今天下溺矣，夫子之不援，何也？」
　　　曰：「天下溺，援之以道；嫂溺，援之以手。子欲手援天下乎？」

　　白話：齊國著名的辯士淳于髡問孟子：「男女授受不親，是合乎禮法的行為嗎？」孟子說：「合乎禮法。」
　　淳于髡又問：「如果嫂子溺水，要不要伸手救她？」
　　孟子說：「不救嫂子就是殘暴的豺狼。男女授受不親是禮法，伸手救嫂子是權宜的辦法。」淳于髡又問：「現在天下的百姓已經處在水深火熱之中，先生為甚麼不肯伸出援手救助百姓？」
　　孟子說：「要用仁義道德援救天下百姓，不能只用雙手、嘴巴說說去救天下百姓！」
　　當代意義：這是「男女授受不親」成語典故的由來。所謂「男女授受不親」，依《禮記‧曲禮上》說：「男女不雜坐，不同椸枷，不同巾櫛，不親授。嫂叔不通問，諸母不漱裳。」這是大夫以上的

家庭才做得到，男女不可穿插而坐，各使用不同的衣架，不同的毛巾與梳子，男女不親手交換物品。孟子認為不能死守禮法，要懂得權變（變通），例如伸手救嫂子就是權宜的變通辦法。

十八、公孫丑曰：「君子之不教子，何也？」

孟子曰：「勢不行也。教者必以正；以正不行，繼之以怒；繼之以怒，則反夷矣。『夫子教我以正，夫子未出於正也。』則是父子相夷也。父子相夷，則惡矣。古者易子而教之。父子之間不責善。責善則離，離則不祥莫大焉。」

白話：公孫丑問孟子說：「君子不親自教誨子女，為什麼？」

孟子說：「因為父子關係不適當，教誨子女時，要用正當（確）的道理開導，如果不聽開導，就會生氣的責備他了；生氣責備，反而傷害子女的感情。子女如果說：「您應該用正當（確）的道理教導我，不應該生氣的責備我。」這樣就變成父子互相傷害感情了，這是最不好的結果。所以，古人易子而教，避免父子之間彼此責備。父子之間互相求全責備，會使父子關係疏遠，斷絕人倫親情，導致家庭失和。」

當代意義：這是「易子而教」成語典故的由來。古人易子而教，避免傷害人倫親情。當今有親職教育，協助父母認識自己，了解子女的發展，增進為人父母的知識與技能，使子女得到最好的照顧與充分的發展。

十九、孟子曰：「事，孰為大？事親為大；守，孰為大？守身為大。不失其身而能事其親者，吾聞之矣；失其身而能事其親者，吾未之聞也。孰不為事？

> 事親，事之本也；孰不為守？守身，守之本也。
> 曾子養曾晳，必有酒肉。將徹，必請所與。問有
> 餘，必曰：『有』。曾晳死，曾元養曾子，必有酒
> 肉。將徹，不請所與。問有餘，曰：『亡矣。將
> 以復進也。』此所謂養口體者也。若曾子，則可
> 謂養志也。事親若曾子者，可也。」

白話：孟子說：「事奉長輩，以事奉父母最重要；持守正道，以持守自身正道最重要。能夠持守自身正道，又能事奉父母的人，我聽說過有這種人；不能持守自身正道，但能事奉父母的人，我從來沒有聽說過有這種人。由此可知，事奉父母為事奉長輩的根本；持守自身正道，是持守正道的根本。

從前，曾子侍奉他的父親曾晳，每一餐都有酒和肉；當曾晳吃過飯，曾子要把剩菜拿走的時候，一定問父親要拿剩菜給誰吃？如果曾晳覺得有一道菜很好吃，希望家人都能吃到，父親會問還有保留的嗎？即使沒有保留，曾子也會說：『還有保留。』希望父親安心享用。

後來曾晳逝世，曾子的兒子曾元奉養曾子，雖然每一餐也都有酒和肉，但是，當曾子吃過飯，曾元要把剩菜拿走的時候，曾元沒有問要拿給誰吃；如果曾子問還有保留的嗎？如果沒有，曾元就誠實的說：『沒有保留了，如果您喜歡吃，再重新做給您吃。』曾子就不想多吃了。這是一般人奉養父母的方法，飽足口腹而已；而曾子是奉養（順從）父母的心意。」

當代意義：曾子是二十四孝之一，他奉養父母，以順從父母心意為孝。

二十、孟子曰：「人不足與適也，政不足與間也。惟大

人為能格君心之非。君仁，莫不仁；君義，莫不
義；君正，莫不正；一正君而國定矣。」

白話：孟子說：「國君任用小人，不必過於指責；國君施政不當，
也不必過於指責。唯有有德的君子，能以道德人格感化國君，改正
國君的過錯。只要國君有仁愛之德，臣下就無人不講仁愛之德；只
要國君行義道，臣下就無人不守義道；只要國君行中正之道，臣下
就無人不行中正之道。所以，只要改正國君的過失，國家就安定了。」

當代意義：孟子強調君正則臣正，君臣正則國家安定。

二十一、孟子曰：「有不虞之譽，有求全之毀。」

白話：孟子說：「有偶然（意外）得到的美譽，有言過其實（過
於苛求）的毀謗。」

當代意義：這是「不虞之譽」、「求全之毀」成語典故的由來。「是
非審之於己，毀譽聽之於人，得失安之於數。」這是湖南長沙嶽麓
書院其中一幅楹聯上聯的前半。來自他人的批評或讚美，我們應該
以開放與接納的胸襟面對批評，並以感謝與珍惜的態度面對讚美。
換言之，有則改之，無則嘉勉。

二十二、孟子曰：「人之易其言也，無責耳矣。」

白話：孟子說：「一個人輕易（輕率）的說話，是因為沒有責任
心，不負責任的發言。」

當代意義：一個人不要輕易的說話或承諾，有一則「天子無戲
言」（又稱桐葉封弟）說：周成王與唐叔虞（成王之弟）一起閒遊時，
採下一片梧桐葉子當成珪，送給唐叔虞說：「我用桐葉封你。」唐叔

虞很高興，告訴周公，周公慎重其事，請示成王說：「天子封叔虞了嗎？」成王說：「是我跟叔虞說著玩的呀！」周公說：「我聽說：天子無戲言。天子說什麼話，史官就要記錄下來，樂師就要吟唱，世人就要傳揚。」於是，成王就把晉地封給叔虞。

周公最善於進言（說話）了，他一說話，使周成王更謹慎說話，彰顯成王愛護弟弟的親情，又使周王室因為唐叔虞封於晉而更加鞏固。

二十三、孟子曰：「人之患，在好為人師。」

白話： 孟子說：「有些人的個性缺點，就是喜歡當面指指點點，批評別人的不是，猶如當別人的老師。」

當代意義： 這是「好為人師」成語典故的由來。有些人不謙虛，自以為是，喜歡指導、甚至指責別人。因此，不要自以為什麼都懂，什麼都會，輕視別人，這是個人的大毛病，尤其是長官或長者，要引以為戒。

二十四、樂正子從於子敖之齊。樂正子見孟子。孟子曰：「子亦來見我乎？」曰：「先生何為出此言也？」曰：「子來幾日矣？」曰：「昔者。」曰：「昔者，則我出此言也，不亦宜乎？」曰：「舍館未定。」曰：「子聞之也，舍館定，然後求見長者乎？」曰：「克有罪。」

白話： 樂正子跟隨出使到魯國的齊國權臣王驩（字子敖）來到齊國。第二天樂正子來見孟子，孟子說：「你還來見我嗎？」

樂正子說：「我當然要來見老師呀！」孟子說：「你來齊國幾天

了？」

樂正子說：「我昨天到齊國。」孟子說：「昨天就到齊國，我說的話也是合理的。（昨天應該來見老師。）」

樂正子說：「昨天住宿的旅館沒有安排好，所以沒來拜見老師。」

孟子說：「你有聽過一定要先安排好住宿的旅館，再去拜見師長嗎？」

樂正子說：「我知錯了，我昨天沒來拜見老師，是一大過錯。」

當代意義：樂正子，春秋鄒國人，孟子的弟子，在魯國當大夫，孟子認為樂正子是有治理天下的好人才，對他期望很高。可惜，樂正子跟隨齊國權臣王驩，無所作為。

二十五、孟子謂樂正子曰：「子之從於子敖來，徒餔啜也。我不意子學古之道，而以餔啜也。」

白話：孟子對樂正子說：「你跟隨子敖（齊國權臣王驩）出使齊國，似乎跟錯了人，只有飲宴，沒有作為。我意想不到你學習聖賢之道，只是為了飲宴罷了！」

當代意義：孟子對樂正子期望很高，對他愛之深，責之切，希望他能夠有所作為。

二十六、孟子曰：「不孝有三，無後為大。舜不告而娶，為無後也，君子以為猶告也。」

白話：孟子說：「不孝順父母的罪過有三項，沒有後代子孫算是最大的罪過。舜沒有告訴父母就娶了堯的兩個女兒娥皇和女英，因為舜怕他父母不同意他結婚而沒有後代。所以，君子認為舜不告而娶是權宜變通，合於禮法。」

當代意義：這是「不孝有三，無後為大」成語典故的由來。所謂「不孝有三」，根據東漢趙歧《十三經註疏》註說：「阿意曲從，陷親不義，一不孝也；家窮親老，不為祿仕，二不孝也；不娶無子，絕先祖祀，三不孝也。三者之中，無後為大。」

二十七、孟子曰：「仁之實，事親是也；義之實，從兄是也。智之實，知斯二者弗去是也；禮之實，節文斯二者是也；樂之實，樂斯二者，樂則生矣；生則惡可已也，惡可已，則不知足之蹈之、手之舞之。」

　　白話：孟子說：「仁愛之德的具體表現，是孝順父母；義的具體表現，是順從兄長；智慧的具體表現，是充分明白仁和義的內涵；禮的具體表現，是節度仁和義，使仁義的表現適中，無過與不及；音樂的具體表現，是樂於孝順父母、順從兄長。每一個人只要樂於孝順父母、順從兄長，生活就會有很多快樂，這種快樂發自內心，就會不知不覺地揮手舉足，舞動跳躍起來，手舞足蹈了。」

　　當代意義：這是「手舞足蹈」成語典故的由來。孟子強調仁義的本質是孝弟，因此，仁義的具體表現是孝順父母、順從兄長。一個人只要發自內心的孝弟，生活上就會有很多親情的溫暖與快樂，這種快樂發自內心，自然手舞足蹈了。

二十八、孟子曰：「天下大悅而將歸己。視天下悅而歸己，猶草芥也。惟舜為然。不得乎親，不可以為人；不順乎親，不可以為子。舜盡事親之道，而瞽瞍厎豫，瞽瞍厎豫而天下化，瞽瞍厎豫而

天下之為父子者定，此之謂大孝。」

白話：孟子說：「天下百姓都心悅誠服的歸順於舜，舜不以天下歸順自己為快樂。因為舜認為不能得到父母的歡心，就不是孝子；不能順從父母，就不是人子。因此，舜努力盡孝道，終於得到瞽瞍的歡心；能夠得到瞽瞍(舜的父親)的歡喜，天下百姓都受到感化；從此，天下百姓父子兄弟的人倫就穩定了，這是舜的大孝。」

當代意義：古人說：「大孝獨頌虞舜，英才單稱周公。」古代能盡孝道的人很多，只有虞舜被稱為大孝，因為很少人能夠像舜忍受各種陷害仍保有孝心，並且友愛弟弟象，完美孝弟，實在太難得。《二十四孝》第一篇孝感動天，就是虞舜。

第八章 離婁下

一、孟子曰：「舜生於諸馮，遷於負夏，卒於鳴條，東
夷之人也。文王生於岐周，卒於畢郢，西夷之人也。
地之相去也，千有餘里；世之相後也，千有餘歲。
得志行乎中國，若合符節。先聖後聖，其揆一也。」

白話：孟子說：「虞舜出生於諸馮（傳說在今山東荷澤縣南五十
里），遷居到負夏，死於鳴條，虞舜是東方的夷人。周文王生於岐山
下的周原（今陝西省岐山縣東北），死於畢郢，周文王是西方的夷人。
虞舜與周文王兩地相隔一千多里，兩人前後相差一千多年。兩人得
志後在中原施行的仁政王道，完全相合。由此可知，無論是古代的
聖人或近代的聖人，他們審度仁政王道的標準，都是一樣的標準。」

當代意義：這是「若合符節」成語典故的由來。虞舜與周文王
「人同此心，心同此理」。誠如陸九淵說：「東海有聖人出焉，此心
同也，此理同也；西海有聖人出焉，此心同也，此理同也……千百
世之上有聖人出焉，此心同也，此理同也；千百世之下有聖人出焉，
此心同也，此理同也。」（《陸象山全集》）

二、子產聽鄭國之政，以其乘輿濟人於溱、洧。孟子曰：
「惠而不知為政。歲十一月徒杠成，十二月輿梁
成，民未病涉也。君子平其政，行辟人可也。焉得
人人而濟之？故為政者，每人而悅之，日亦不足

矣。」

白話：從前子產在鄭國執政的時候，曾經用自己的座車，載百姓渡過溱河和洧河，孟子說：「子產好施小惠，不知施政的重點。如果十一月修建完成可以徒步通行的小橋，十二月修建完成可以通行車輛的橋樑，百姓就可以免除冬天徒步涉水之苦了。如果執政的人有良好的政績，深得百姓愛戴，即使出巡時令行人迴避也可以。何況要渡河的人太多，子產的座車如何能把想渡河的人載過去？所以，執政的人好施小惠，想要討好每一個人，他一生的日子也不夠用了。」

當代意義：子產，姬姓，名僑，字子產，又稱公孫僑、鄭子產，是春秋末期鄭國的政治家、思想家、改革家。子產執政期間，改革內政，慎修外交，保衛鄭國利益，深受鄭國百姓愛戴，後世對他評價甚高，將他視為中國歷史宰相的典範。

三、孟子告齊宣王曰：「君之視臣如手足，則臣視君如腹心；君之視臣如犬馬，則臣視君如國人；君之視臣如土芥，則臣視君如寇讎。」

　王曰：「禮，為舊君有服，何如斯可為服矣？」

　曰：「諫行，言聽，膏澤下於民；有故而去，則君使人導之出疆，又先於其所往；去三年不反，然後收其田里。此之謂三有禮焉。如此，則為之服矣。今也為臣。諫則不行，言則不聽；膏澤不下於民；有故而去，則君搏執之，又極之於其所往；去之日，遂收其田里；此之謂寇讎。寇讎，何服之有？」

白話：孟子告訴齊宣王說：「如果國君把臣子視為自己的手足，臣子就會把國君視為自己的心腹。如果國君把臣子視為犬馬，臣子就會把國君視為路人；如果國君把臣子視為泥土、雜草，臣子就會把國君視為強盜、敵人。」

齊宣王問孟子：「根據禮制，舊臣要對離世的國君，穿三個月的喪服。國君要如何對待臣子，舊臣才願意服喪三個月？」

孟子說：「臣子有好的忠諫（建議）就採用，能使百姓得到國君的恩澤；臣子因故離開本國，國君就派人送他出國，又先派人到他要去的國家，稱讚他的賢能；如果他出國三年還沒回國，就收回他的田祿和住宅，這是國君對臣子的三次禮貌，能夠如此禮遇，舊臣就要給去世的舊君，服喪三個月了。當今的君臣關係不好，臣子好的忠諫，國君不採用，百姓得不到國君的恩澤；臣子因故離開本國，國君要逮捕他，又派人到他要去的國家，說他的壞話；臣子出國當天，就沒收他的田祿和住宅；國君如此對待臣子，臣子就會把國君視為強盜、敵人了。對於敵人、強盜，還要為他穿喪服嗎？」

當代意義：魯定公問孔子：如何做好君臣關係？孔子說：「君使臣以禮，臣事君以忠。」（《論語・八佾》）齊宣王對待臣子，恩禮薄弱，孟子勸導之。

四、孟子曰：「無罪而殺士，則大夫可以去；無罪而戮民，則士可以徙。」

白話：孟子說：「如果士人無罪而被殺，當大夫的人就應該趕快離開國家了；如果百姓無罪而被殺，士人也要趕快離開原來的居住地，遷徙他鄉。」

當代意義：無罪而殺士人、百姓，必是暴虐無道之君，必失民心而亡，及早遠離。

五、孟子曰：「君仁莫不仁，君義莫不義。」

白話：孟子說：「國君能夠依照仁義道德施政，全國百姓都能遵從仁義道德為人處事。」

當代意義：孟子強調上行下效的重要，君仁民亦仁，君義民亦義，君正民亦正。

六、孟子曰：「非禮之禮，非義之義，大人弗為。」

白話：孟子說：「不合理的禮，表面上看起來似乎合禮，實際上不合禮法的禮儀；不合理的作為，表面上看似合義，實際上不合乎道義的行為，有德的君子是不會去做的。」

當代意義：禮的精神是誠意與尊敬，沒有誠意與尊敬的禮儀，就是非禮之禮。朋友之交要有道義，如果要幫助朋友報仇，就是非義之義，君子不為也。

七、孟子曰：「中也養不中，才也養不才，故人樂有賢父兄也。如中也棄不中，才也棄不才，則賢不肖之相去，其間不能以寸。」

白話：孟子說：「持守中正之道（無過無不及）的人，要教導不守中正之道的人；有賢能的人要教導沒有賢能的人，所以，大家都喜歡持守中正之道和有賢能的父兄。如果守中正之道的父兄，不教導不持守中正之道的子弟；有賢能的父兄，不教導沒有賢能的子弟；這種持守中正之道和有賢能的父兄，和不持守中正之道和沒有賢能的父兄，兩者沒有什麼差別了。」

當代意義：有賢能的父兄，教導子弟，是責任，也是義務，耳濡目染，身教重於言教。

八、孟子曰：「人有不為也，而後可以有為。」

白話：孟子說：「一個人必須操守清廉，要有所為、有所不為，不為非義之事，而後才有積極遠大的作為。」

當代意義：君子審時度勢，該守廉節，就要有所不為；應該進取，就要有所作為。

九、孟子曰：「言人之不善，當如後患何？」

白話：孟子說：「一個人喜歡在背後說別人的壞話，萬一被當事人知道而有報復行為，該如何防止這種後患呢？」

當代意義：有修養的人，應該不會在背後說別人的壞話。在背後說別人的壞話，會有意想不到的無窮後患。

十、孟子曰：「仲尼不為已甚者。」

白話：孟子說：「孔子遵守中庸之道，不做太超過（over）的事。」

當代意義：中庸之道是一種可長可久，不偏不倚，無過無不及的處世態度，孔子力行中庸之道。

十一、孟子曰：「大人者，言不必信，行不必果，惟義所在。」

白話：孟子說：「有德的君子，說話不必每一次都誠信，行為不

必有果斷，只要不違背道德，合乎義理，就可以了。」

當代意義：孟子強調有德的君子，不必墨守常規，要根據實際情況做適當的權宜處置。換言之，只要合乎義理，要懂得通權達變。

十二、孟子曰：「大人者，不失其赤子之心者也。」

白話：孟子說：「有德的君子，能夠保持嬰兒般純真善良的誠心。」

當代意義：這是「赤子之心」成語典故的由來。孟子所謂「不失其赤子之心」，近似老子《道德經》第五十五章說：「含德之厚，比於赤子。」赤子之心比喻具有深厚道德修養的境界，能返回到嬰兒般的純真善良與誠心。

十三、孟子曰：「養生者不足以當大事，惟送死可以當大事。」

白話：孟子說：「父母在世，孝順父母是應盡的義務，不能算是子女的大事；只有辦理父母喪禮，盡孝送終，可以算是子女一生的大事。」

當代意義：這是「養生送死」成語典故的由來。孟子所謂「惟送死可以當大事」，就是「君子不以天下儉其親」的做法（〈公孫丑下〉），外界似乎誤解他，不明白孟子是依禮、稱財、盡心、盡孝。可知，君子葬親，竭盡心力，一切以心安為主，所以，不在自己父母的身上吝惜財物，真正表達孟子對失去親人的悲戚和悼念。

十四、孟子曰：「君子深造之以道，欲其自得之也。自得之，則居之安；居之安，則資之深；資之深，

則取之左右逢其原，故君子欲其自得之也。」

白話：孟子說：「君子正確的學習方法，是深入窮究事物的義理，功夫日久，豁然默識心通，融會貫通，自己領悟獨有的心得，稱為『自得』。有自得的領悟，心就安定不動搖，能夠心安理得，為人處事，可以得心應手，圓融無礙，左右逢源。所以，君子學習，希望能夠融會貫通，自己領悟獨有的心得。」

當代意義：這是「左右逢源」成語典故的由來。朱熹在《大學・釋格物致知》說：「大學始教，必使學者即凡天下之物，莫不因其已知之理而益窮之，以求至乎其極。至於用力之久，而一旦豁然貫通焉，則眾物之表裏精粗無不到，而吾心之全體大用無不明矣。」朱熹的豁然貫通，近似孟子的「自得」，自己能夠領悟獨有的心得。

十五、孟子曰：「博學而詳說之，將以反說約也。」

白話：孟子說：「讀書要廣博的不斷學習，詳細的理解，自然能夠融會貫通，從而取得對事理全面透徹的了解，就可以深入淺出的說明精妙的義理。」

當代意義：宋儒朱熹說：「舉一而三反，聞一而知十，乃學者用功之深，窮理之熟，然後能融會貫通，以至於此。」(《朱子全書・學三》)

十六、孟子曰：「以善服人者，未有能服人者也；以善養人，然後能服天下。天下不心服而王者，未之有也。」

白話：孟子說：「君子（王者）想以自己的良好品德使人服從，

是不能使人心服口服的順從。必須要先修養好自己的品德，再去教化別人，才能使天下人心服口服的順從。天下人都不順從，想要完成王天下的王業，是從來沒有成功的。」

　　當代意義：孟子主張君子（王者）先修仁義，再以仁義之德教化百姓，可以王天下。

十七、孟子曰：「言無實，不祥。不祥之實，蔽賢者當
　　　　之。」

　　白話：孟子說：「說話不誠實，是不吉祥的；這種不吉祥的惡果，由隱蔽賢人（不舉薦賢能）的奸佞小人來承當。」

　　當代意義：奸佞小人當權在位，不舉薦賢人，賢人不能出仕，對國家而言，會有不吉祥的惡果。

十八、徐子曰：「仲尼亟稱於水，曰：『水哉，水哉！』
　　　　何取於水也？」孟子曰：「原泉混混，不舍晝夜。
　　　　盈科而後進，放乎四海，有本者如是，是之取爾。
　　　　苟為無本，七八月之閒雨集，溝澮皆盈；其涸也，
　　　　可立而待也。故聲聞過情，君子恥之。」

　　白話：孟子弟子徐辟問孟子說：「從前孔子喜歡稱讚流水說：『流水不捨晝夜！』流水有何可取？」

　　孟子說：「有源頭的山泉水，不斷的湧出來，日夜不停的流，一定要流滿坑洞才向前流，一直流向大海。學有根基的君子，自強不息，不舍晝夜，像有源頭的山泉水，這是山泉水的可取之處。如果沒有根源的流水，就像夏天突然降下的大雨，水溝全滿，容易氾濫；可是很快乾涸，我們可以站在一旁等雨水流乾。所以說：聲譽超過

實際的才德（賢能），君子會感到羞恥。」

當代意義：這是「可立而待」、「聲聞過情」成語典故的由來。《論語‧子罕》孔子站在河岸邊，讚嘆說：「逝去的時光就像流水！夜以繼日，沒有停止。」為什麼孔子會讚嘆流水？在劉向《說苑‧雜言》、董仲舒《春秋繁露‧山川頌》、《荀子‧宥坐》等書，都有論述。《說苑‧雜言》子貢問：「為什麼君子見大水一定會觀賞？」孔子說：「水有諸多美德：普遍施惠不偏私，有恩德於人；水可以生長萬物，仁愛萬物；水流依循地勢高低曲直，合乎義理；淺水急流，深水深邃莫測，充滿智慧；流向深谷不遲疑，表現勇敢；慢慢滲透細微空隙，非常精明；蒙受汙穢而不辭讓，品德忠貞；出汙泥而不染，猶如善於教化；流入容器絕對平等，公正公平；水流滿容器，可以當度量衡的標準；水百折千迴仍向東流，意志堅定，追求理想。所以君子見到大水必要觀賞讚嘆。」

十九、孟子曰：「人之所以異於禽於獸者幾希，庶民去之，君子存之。舜明於庶物，察於人倫，由仁義行，非行仁義也。」

白話：孟子說：「人和禽獸只有微小的差別，人有仁義的天性，禽獸只有本能。一般人不知道仁義的寶貴，任意地放棄仁義；只有有德的君子，知道仁義的寶貴，而珍惜保存仁義。至於舜帝是聖王，他明白萬事萬物的道理，知道仁義道德內在於心，他的一言一行，都是發自內心，順著人性裡的仁義而行，不是勉強遵守道德規範而行仁義。」

當代意義：「人禽之辨」是孟子三辨之一，「人禽之辨」的核心思想是：人有道德的自覺心，禽獸只有本能，沒有道德的自覺心。值得注意的是，孟子主張「由仁義行，非行仁義」，近似西哲康德

（Immanuel Kant 1724－1804）：為義務（本務 duty）而為，而非合乎義務之行為；康德強調行為要有道德價值，必須是：為義務（本務 duty）而為，也就是從本務而行。

二十、孟子曰：「禹惡旨酒而好善言。湯執中，立賢無方。文王視民如傷，望道而未之見。武王不泄邇，不忘遠。周公思兼三王，以施四事；其有不合者，仰而思之，夜以繼日；幸而得之，坐以待旦。」

　　白話：相傳儀狄是夏禹之臣，善於釀酒，獻給大禹，大禹覺得味道甜美，於是疏遠儀狄，杜絕美酒，說後世必有因飲酒而亡國的人，喜歡聽取大臣好的建言。商湯做事，謹守中正之道，無過與不及，任用賢能，不問出身背景。周文王安定百姓，不敢驚擾，怕百姓受到傷害。周武王有美德，不輕慢（不尊重，輕忽簡慢）朝臣，不遺忘各國諸侯。周公想涵養夏商周三代聖王的美德，實踐禹湯文武四位聖王的德政，如果做的與聖王不合，夜以繼日想辦法改進，幸而得到好方法，迫不及待加緊實行。」

　　當代意義：這是「夜以繼日」成語典故的由來。周公能思三王（夏商周）之道，實踐禹湯文武四位聖王的德政，以輔佐周成王，禮樂文化由此大興。

二十一、孟子曰：「王者之迹熄而詩亡，詩亡然後春秋作。晉之乘，楚之檮杌，魯之春秋，一也。其事則齊桓、晉文，其文則史。孔子曰：『其義則丘竊取之矣。』」

　　白話：孟子說：「周王朝東遷，先王採集民歌民風的傳統斷絕

了，《詩經》沒有新的詩篇以後，就有《春秋》等史書的出現。晉國的《乘》，楚國的《檮杌》，魯國的《春秋》，都是該國的史書。這些史書記載的是諸侯卿大夫的事，由史官秉筆直書，發生什麼事就記錄什麼事。孔子說：『《春秋》裡的褒貶大義，我孔丘自己決定了。』」

當代意義：周平王東遷以後，邪說與暴行又再興起，有臣子弒殺國君，兒子弒殺父親的事情發生。孔子非常憂慮，撰寫一部《春秋》，這本是天子的事，因此，孔子說：「後人能夠從《春秋》的內容，了解我的微言大義，明是非，正名分，貶惡揚善；後人也會指責我吧！因為我一介平民，僭越了身分。」

二十二、孟子曰：「君子之澤，五世而斬，小人之澤，
　　　　　五世而斬。予未得為孔子徒也，予私淑諸人
　　　　　也。」

　　白話：孟子說：「賢能君子的德澤，可以流傳後代五世（父子相繼為一世）；一般人的德澤，也可以流傳後代五世。我雖然不是孔子的門生弟子，但是孔子的德澤及道德學問，我雖然未曾親自受業，孔子是我敬仰的對象，也是我學習的榜樣，我是孔子的私淑弟子。」

　　當代意義：孔子和孟子相差 179 年，自孔子傳給曾子，曾子傳給子思，子思傳給他的門人，再傳至孟子，剛好五世，孟子以繼承孔子道統為己任，發揚光大孔子的仁道思想，孔子是至聖，孟子是亞聖。

二十三、孟子曰：「可以取，可以無取，取傷廉；可以
　　　　　與，可以無與，與傷惠；可以死，可以無死，
　　　　　死傷勇。」

白話： 孟子說：「初步覺得可以收受這個利益，經過深思後，覺得不應該收取這個利益；如果收受利益，不該取而取，就會傷害清廉的品德。初步覺得可以把這個利益送人，經過深思後，覺得不應該送人；如果送人了，不該送而送人，就會傷害正常的恩惠。初步覺得可以為這件事而死；經過深思後，覺得不應該死；如果死了，就傷害了真正的勇敢。」

當代意義： 子路追隨衛國大夫孔悝，在衛後莊公發動的兵變中，子路為了救孔悝而殉職，遺體被衛後莊公施以醢刑（剁成肉醬）。子路不幸死於衛，是傷害真正的勇敢。子華（公西赤，魯國學者，為人謙遜有禮，善於交際，孔子弟子七十二賢之一）出使到齊國，他擔心媽媽糧食不夠吃，但不好意思跟孔子開口，請冉有跟孔子要一些米糧。孔子說：「給子華媽媽六斗四升。」冉有請求多一點，孔子說：「再給她二斗四升。」冉有給了八百斗。孔子不高興的說：「子華出使到齊國，乘坐大車，穿好的皮衣。我聽說：君子救濟窮苦人家，不應該使有錢人更富有。」子華收受太多米糧，是傷害清廉的品德；冉有給子華太多米糧，傷害正常的恩惠。

二十四、逢蒙學射於羿，盡羿之道，思天下惟羿為愈己，於是殺羿。孟子曰：「是亦羿有罪焉。」公明儀曰：「宜若無罪焉。」曰：「薄乎云爾，惡得無罪？鄭人使子濯孺子侵衛，衛使庾公之斯追之。子濯孺子曰：『今日我疾作，不可以執弓，吾死矣夫！』問其僕曰：『追我者誰也？』其僕曰：『庾公之斯也。』曰：『吾生矣。』其僕曰：『庾公之斯，衛之善射者也，夫子曰「吾生」，何謂也？』曰：『庾公之斯學射於尹公之

他，尹公之他學射於我。夫尹公之他，端人也，其取友必端矣。』庚公之斯至，曰：『夫子何為不執弓？』曰：『今日我疾作，不可以執弓。』曰：『小人學射於尹公之他，尹公之他學射於夫子。我不忍以夫子之道反害夫子。雖然，今日之事，君事也，我不敢廢。』抽矢扣輪，去其金，發乘矢而後反。」

白話：夏朝有個人叫逄蒙，他跟有窮國之君羿學射箭，學會了羿的箭術；他想成為天下最會射箭的人，就殺了羿。孟子評論說：「羿被殺，羿也有過錯。公明儀曾經說：『羿好像沒有過錯。』他是說羿的過失很輕，怎麼可能都沒錯？以前，鄭國派大夫子濯孺子討伐衛國，衛國派大夫庚公之斯追擊他。

子濯孺子說：『我今天生病，不能拿弓箭，我死定了！』他問駕車的車夫說：『追擊我的人是誰？』車夫說：『是庚公之斯。』子濯孺子說：『我有救了！』車夫說：『庚公之斯是衛國最會射箭的人，為什麼說你有救了？』子濯孺子說：『以前，庚公之斯跟衛國人尹公之他學射箭，尹公之他跟我學射箭。尹公之他是個品德端正的人，他的朋友庚公之斯應該也是品德端正的人。』

不久，庚公之斯追到子濯孺子，子濯孺子沒有拿弓箭，問說：『你為什麼不拿弓箭？』子濯孺子說：『今天我舊疾復發，不能射箭。』庚公之斯說：『我跟尹公之他學射箭，尹公之他跟您學射箭；我不忍心使用您的箭術，來射殺您。但是，今天我奉國君之命，我不敢私了。』於是，庚公之斯用箭敲打車輪，把金屬箭頭拔除，對子濯孺子射了四支箭才調回軍隊。」

當代意義：結交朋友先要考察、認識人，另一方面，教育學生一定要從品德與才能兩個方面進行教育與培養，成為德才兼備的

人。只有教出德才兼備的學生，才不會釀成災禍，使自己反遭其殃。

二十五、孟子曰：「西子蒙不潔，則人皆掩鼻而過之。雖有惡人，齊戒沐浴，則可以祀上帝。」

白話：孟子說：「如果漂亮的西施，身上沾染了汙穢，大家都要掩鼻躲避；相反的，有一個比較醜的人，只要他清洗身心，內心清明，也可以祭祀天地神明。」

當代意義：這是「掩鼻而過」、「齋戒沐浴」成語典故的由來。孟子勉勵大家不要因為過去的一點不善而自暴自棄，只要改過遷善，重新做人，還可以祭祀上帝。

二十六、孟子曰：「天下之言性也，則故而已矣。故者以利為本。所惡於智者，為其鑿也。如智者若禹之行水也，則無惡於智矣。禹之行水也，行其所無事也。如智者亦行其所無事，則智亦大矣。天之高也，星辰之遠也，苟求其故，千歲之日至，可坐而致也。」

白話：孟子說：「天下人探討人性，都是根據現實生活做判斷；現實生活的行為，以追求利益為主，就是追求現實生活的安居樂業。在現實生活中，最能獲得利益的是具有智謀的聰明人，但是，一些聰明的人喜歡鑽營，走法律漏洞，令人厭惡。如果聰明的人，都能像大禹治水那樣，我就不會厭惡有智謀的聰明人了。大禹治水，是順其水性，疏通水流。如果聰明的人也是順著自然的人性，合情合理的正當運用聰明才智，造福百姓，他們的才智就更有大用了。例如觀察日月星辰的運行現象而探究其規律，預測日月星辰未來的軌

跡，可以推算千年以後的冬至，這就是正當運用聰明才智最好的例子。」

當代意義：孟子認為具有智謀的聰明人，往往喜歡利用人性的弱點，鑽法律漏洞，獲得利益，這是小聰明。孟子推崇大禹的智慧，大禹治水，不任意開鑿、挖掘，只是導引疏通，使大水不危害，這是大智慧。

二十七、公行子有子之喪，右師往弔，入門，有進而與右師言者，有就右師之位而與右師言者。孟子不與右師言，右師不悅曰：「諸君子皆與驩言，孟子獨不與驩言，是簡驩也。」
孟子聞之，曰：「禮，朝廷不歷位而相與言，不踰階而相揖也。我欲行禮，子敖以我為簡，不亦異乎？」

白話：齊國大夫公行子辦理長子的喪禮，大夫們都去弔喪，權臣王驩也去弔喪。王驩剛進門未就位時，就有人趨前作揖、請安問好；王驩就定位後，又有人趨前作揖、請安問好。只有孟子坐在原位，沒有跟王驩作揖問好，王驩不高興，跟人說：「大家都來跟我打招呼，只有孟子沒有跟我說話，他是瞧不起我吧！」

有人跟孟子說王驩不高興，孟子說：「依照禮法，這個場合和朝廷的禮制是一樣的：每個人有一定的座位，不可以離開自己的座位去和別人說話，也不可以踰越臺階去向別人作揖。我想遵守禮制，王驩認為我瞧不起他，不是很怪嗎？他誤會我了！」

當代意義：王驩，戰國齊國權臣，字子敖，齊宣王時蓋邑大夫，後為右師，處事專斷獨行，孟子遵從禮制，不願趨附權臣，表現士大夫的精神。

二十八、孟子曰：「君子所以異於人者，以其存心也。君子以仁存心，以禮存心。仁者愛人，有禮者敬人。愛人者人恆愛之，敬人者人恆敬之。有人於此，其待我以橫逆，則君子必自反也：『我必不仁也，必無禮也，此物奚宜至哉？』其自反而仁矣，自反而有禮矣，其橫逆由是也，君子必自反也：『我必不忠。』自反而忠矣，其橫逆由是也，君子曰：『此亦妄人也已矣。如此，則與禽獸奚擇哉？於禽獸又何難焉？』

是故君子有終身之憂，無一朝之患也。乃若所憂，則有之：舜人也，我亦人也。舜為法於天下，可傳於後世，我由未免為鄉人也，是則可憂也。憂之如何？如舜而已矣。

若夫君子所患，則亡矣。非仁無為也，非禮無行也。如有一朝之患，則君子不患矣。」

白話：孟子說：「有德的君子和一般人有所不同，君子能夠不斷的自我反省，君子以仁愛、禮法自我反省；有仁愛之德的人能夠愛護別人，有禮法修養的人能夠尊敬別人。能愛護別人，別人也會愛護他；能尊敬別人，別人也會尊敬他。

如果有一個人，他蠻橫無理的對待我，君子一定自我反省：『我對他是否不仁愛？是否不合禮法？否則他怎麼無理的對待我？』自我反省之後，知道自己愛護別人、合乎禮法，這個人仍然無理的對待我，君子再度自我反省：『我是否對人不忠誠？』自我反省之後，知道自己對人忠誠，這個人仍然無理的對待我，君子感嘆說：『此人

是個不明事理的無知者，不明事理的無知者，跟禽獸無異，禽獸無須責備。』

因此，君子只有一件終身憂愁的事，沒有一時突發的憂患，君子的憂愁是：舜是聖王，天下人的典範，德澤可以流傳後世；我只是一個平凡人，沒有德澤流傳後世，這是我的憂愁，我只好以舜為榜樣，努力學習。

其實，君子是沒有憂患的，因為不仁愛的事不做，不合禮法的事也不做，如果有一時突發的禍患，不是自己的過錯造成的，君子不認為是禍患。」

當代意義：這是「終身之憂」、「一朝之患」成語典故的由來。孟子強調「君子必自反」，君子要不斷的自我反省，自我省察內心是否有仁？內心是否有禮？內心是否有忠？人與禽獸的分辨，有仁有禮有忠，是人；無仁無禮無忠，就是禽獸。

二十九、禹、稷當平世，三過其門而不入，孔子賢之。顏子當亂世，居於陋巷。一簞食，一瓢飲。人不堪其憂，顏子不改其樂，孔子賢之。孟子曰：「禹、稷、顏回同道。禹思天下有溺者，由己溺之也；稷思天下有飢者，由己飢之也，是以如是其急也。禹、稷、顏子易地則皆然。今有同室之人鬪者，救之，雖被髮纓冠而救之，可也。鄉鄰有鬪者，被髮纓冠而往救之，則惑也，雖閉戶可也。」

白話：夏禹和后稷生在平治的時代，在朝廷為官，夏禹積極治水，后稷積極教人農耕，夏禹三次走過家門而不入，孔子稱讚他們

的美德。顏回生在亂世，住在小巷裡，每天吃粗飯，喝一瓢水，別人都受不了這樣窮苦的生活，顏回卻自得其樂，孔子也稱讚他。

孟子說：「夏禹、后稷和顏回，三人的處世之道是一樣的。夏禹認為天下有人淹在水裡，好像自己把他們淹在水裡；后稷認為天下有人飢餓，好像自己害他們沒飯吃，所以夏禹和后稷積極的救助百姓。如果把夏禹、后稷和顏回所處的時代、地位互換，顏回也會積極救助百姓，夏禹、后稷也會安貧樂道。例如住在同一棟房子的親人打架，即使披頭散髮，來不及結好帽帶，也要趕快去勸架，這是應該的；如果鄉里鄰居有人打架，也是急忙趕去勸架，就不明事理了，這種事不要管也可以。」

當代意義：這是「三過其門而不入」、「過門不入」成語典故的由來。孟子用同室親人打架，比喻禹、稷所面對的情況，急迫地趕去勸架、救助是應該的。又用鄉里鄰居有人打架，比喻顏回時代諸侯之間爭戰不休的混亂情景，說明顏回的無助，無力回天，這時趕去勸架是不明智的。孟子主張「閉戶」，比喻顏回保全性命、獨善其身。

三十、公都子曰：「匡章，通國皆稱不孝焉。夫子與之遊，又從而禮貌之，敢問何也？」

孟子曰：「世俗所謂不孝者五：惰其四肢，不顧父母之養，一不孝也；博弈好飲酒，不顧父母之養，二不孝也；好貨財，私妻子，不顧父母之養，三不孝也；從耳目之欲，以為父母戮，四不孝也；好勇鬥狠，以危父母，五不孝也。章子有一於是乎？夫章子，子父責善而不相遇也。責善，朋友之道也；父子責善，賊恩之大

者。夫章子，豈不欲有夫妻子母之屬哉？為得罪於父，不得近。出妻，屏子，終身不養焉。其設心以為不若是，是則罪之大者，是則章子已矣。」

白話：公都子問孟子：「全國人都知道匡章（戰國時期齊國名將，孟子學生）不孝順；老師還跟他往來，以禮相待，請問為甚麼？」

孟子說：「世俗所謂不孝有五項：懶惰不勤快，不奉養父母，是第一種不孝；賭博下棋，喜好飲酒，不顧父母，是第二種不孝；喜好財物，偏愛妻子兒女，不顧父母之養，是第三種不孝；放縱耳目聲色之欲，造成父母的羞辱，是第四種不孝；好勇鬥狠，危害到父母，是第五種不孝，匡章有五不孝之一項嗎？

匡章背負不孝的罪名，只因匡章的母親在世時，得罪了匡章的父親，被父親殺死埋在馬廄地下，父子之間有些意見不合而已。勸善指責是朋友之間的相處之道，父子之間相互勸善指責，最傷害親情了。

匡章也希望有夫妻的相處，父母子女的家庭生活，只因為匡章得罪了父親，被父親趕出家門，所以只好休妻，離開子女，一生不敢接受妻兒子女的侍奉，這是匡章自省自責的反省表現，這是匡章的為人，也深得齊威王的信任，贏得齊國與秦國桑丘之戰的勝利。」

當代意義：這是「好勇鬥狠」成語典故的由來。孟子有教無類，來者不拒，匡章有自省自責之心，何必拒匡章於千里之外。

三十一、曾子居武城，有越寇。或曰：「寇至，盍去諸？」曰：「無寓人於我室，毀傷其薪木。」寇退，則曰：「修我牆屋，我將反。」寇退，

曾子反。左右曰：「待先生如此其忠且敬也。
寇至，則先去以為民望，寇退則反，殆於不
可。」沈猶行曰：「是非汝所知也。昔沈猶有
負芻之禍，從先生者七十人，未有與焉。」子
思居於衛，有齊寇。或曰：「寇至，盍去諸？」
子思曰：「如伋去，君誰與守？」
孟子曰：「曾子、子思同道。曾子，師也，父
兄也；子思，臣也，微也。曾子、子思易地則
皆然。」

　　白話：曾子住在魯國武城的時候，沒有當官，當越國軍隊要來
攻打武城，有人對曾子說：「敵人快來了，趕快離開吧！」

　　曾子決定離開武城，臨走時交代看守的人說：「不可以讓別人住
我的房子，會破壞花草。敵人退兵，趕快把庭院修好，我還要回來
居住。」

　　不久，敵人退兵，曾子回來武城，他的弟子們議論紛紛，說：「武
城的縣長恭敬的對待老師；可是，敵人一來，老師就走，使百姓也
跟著離開；敵人退兵，老師就回來。這樣恐怕不好吧！」

　　曾子弟子沈猶行說：「老師的言行，不是你們能明白的。以前老
師住在我家，有個作亂者叫負芻，要來攻打，當時跟隨老師共七十
人，也都全數離開，沒有一個人留下來。」

　　當子思住在衛國的時候，在朝廷為官，有齊國軍隊要來攻城，
有人問子思說：「敵人快來了，你為何不離開？」

　　孟子評論說：「曾子和子思的身分不同，立場有所不同。當時曾
子是師長，他沒有為官，沒有職務在身，可以暫時離開；子思為官，
是臣子，有職務在身，不可離開。如果把曾子和子思的身分地位對

調，都會依照自己的身分地位來行事。」

當代意義：孟子認為「曾子與子思同道」，是說二人遵守同一個原則。這個原則就是長幼尊卑有序，要根據自己的身份處境來做事。「曾子無官職，是老師、兄長，是德高望重的長者」，他要先離開，他不離開弟子們怎麼離開？「子思，有官職，是臣屬。」在衛國，子思是臣屬，國君沒離開，臣屬怎敢離開？所以曾子與子思互換了處境也都是這樣。

三十二、儲子曰：「王使人瞷夫子，果有以異於人乎？」
　　　　孟子曰：「何以異於人哉？堯舜與人同耳。」

白話：齊國人儲子對孟子說：「齊王暗中窺視老師，老師的相貌有異於一般人嗎？」

孟子說：「我的相貌和一般人相同，就是堯舜也和一般人相同。」

當代意義：人以道德學問的差異而不同，非面貌形體的不同，是精神境界的不同。

三十三、齊人有一妻一妾而處室者，其良人出，則必饜酒肉而後反。其妻問所與飲食者，則盡富貴也。其妻告其妾曰：「良人出，則必饜酒肉而後反；問其與飲食者，盡富貴也，而未嘗有顯者來，吾將瞷良人之所之也。」
　　蚤起，施從良人之所之，遍國中無與立談者。卒之東郭墦閒，之祭者，乞其餘；不足，又顧而之他，此其為饜足之道也。其妻歸，告其妾

曰：「良人者，所仰望而終身也。今若此。」
與其妾訕其良人，而相泣於中庭。而良人未之
知也，施施從外來，驕其妻妾。

由君子觀之，則人之所以求富貴利達者，其妻
妾不羞也，而不相泣者，幾希矣。

白話：齊國有一個人，擁有一妻一妾，這位先生每次出門，總是酒醉飯飽才回家。他太太問他跟誰吃飯喝酒？他總是說都跟富貴人家吃飯。他太太跟他的妾說：「我們的丈夫每次都說跟富貴人家喝酒，可是從來沒有富貴人家來我們家，我想暗中觀察他到底跟誰吃飯？」隔天早上，太太暗中跟蹤丈夫，全城沒有一個人跟他說話，最後走到東邊郊外墳墓區，他向喪家乞討祭品酒肉，吃飽喝足才回家。

太太回家，告訴妾說：「我們倚靠終生的男人，竟然是向喪家乞討祭品酒肉的人！」妻妾在院子裡抱頭痛哭，痛罵丈夫，丈夫不知道太太跟蹤他，回到家，跟他妻妾炫耀，又跟富貴人家吃飯喝酒。

孟子感慨的說：一些人用乞討（行賄）得來官職財富，是不光彩的醜事，他們的妻妾如果不認為可恥，不抱頭痛哭，那就少有了。

當代意義：「齊人」意指當時社會上一群為追求「榮華富貴」而不擇手段的（行賄）人物。他們自欺欺人，做著連自己妻妾也要隱瞞的見不得人的勾當，卻裝出一副得意自滿的神氣。

第九章　萬章上

一、萬章問曰：「舜往于田，號泣于旻天，何為其號泣
也？」

孟子曰：「怨慕也。」

萬章曰：「父母愛之，喜而不忘；父母惡之，勞而
不怨。然則舜怨乎？」

曰：「長息問於公明高曰：『舜往于田，則吾既得聞
命矣；號泣于旻天，于父母，則吾不知也。』公明
高曰：『是非爾所知也。』夫公明高以孝子之心，
為不若是恝，我竭力耕田，共為子職而已矣，父母
之不我愛，於我何哉？帝使其子九男二女，百官牛
羊倉廩備，以事舜於畎畝之中。天下之士，多就之
者，帝將胥天下而遷之焉。為不順於父母，如窮人
無所歸。天下之士悅之，人之所欲也，而不足以解
憂；好色，人之所欲，妻帝之二女，而不足以解憂；
富，人之所欲，富有天下，而不足以解憂；貴，人
之所欲，貴為天子，而不足以解憂。人悅之、好色、
富貴，無足以解憂者，惟順於父母，可以解憂。人
少，則慕父母；知好色，則慕少艾；有妻子，則慕
妻子；仕則慕君，不得於君則熱中。大孝終身慕父

母。五十而慕者，予於大舜見之矣。」

白話：萬章（戰國齊國人，孟子弟子。）問孟子說：「舜到歷山農田耕種時，對著上天大聲哭泣，他為何對天大聲哭泣呢？」

孟子說：「抱怨自己得不到父母的歡心，同時想念父母。」

萬章說：「當兒子的，得到父母的疼愛，內心歡喜而不忘記；父母不喜歡他，應該憂愁而不怨恨，依照老師所說，舜怨恨他的父母嗎？」

孟子說：「以前，長息（戰國時人，公明高弟子。）問他的老師公明高（春秋魯國人，曾子的弟子。）說：『舜到農田耕種的事，我聽老師說過了，但是，舜對上天大聲哭泣的事，我還不知道。』公明高說：『這不是你能明白的！』公明高認為得不到父母歡心的孝子，他的內心有很深的憂愁吧！我努力耕種，對父母盡孝；父母不喜歡我，我沒有埋怨父母，是我有過錯吧！堯知道舜的賢能，派九個兒子事奉他，又把兩個女兒嫁給他，又派官員準備牛羊和米糧，到農田事奉舜；天下很多賢士，都來歸順他；堯又將整個天下讓給他；但是，舜因為得不到父母的歡心，猶如窮人無家可歸。

天下的賢士都歸順他，這是人人想要的，但是還不能消除舜的憂愁；美麗的女子，人人想要，堯把兩個女兒嫁給他，還不能消除舜的憂愁；財富、尊貴人人想要，舜貴為天子、富有天下，還不能消除舜的憂愁；唯有得到父母的歡心，盡孝子之道，才能消除他的憂愁。一個人小時候喜歡父母，長大了喜歡異性，結婚後喜歡配偶；當官時，期待國君的關愛，得不到國君的重用，內心就著急不安。真正偉大的孝子，一輩子都孝順父母，思慕父母，我看見舜到了五十歲還愛慕父母，舜是大孝子。」

當代意義：這是「富有天下」成語典故的由來。舜是大孝子，雖然他的父親和弟弟想殺他，舜還是孝順父親、關愛弟弟。舜以孝

聞名，得到堯的重用，把兩個女兒嫁給他，又把天下讓給他。舜一輩子都孝順父母，思慕父母。

二、萬章問曰：「《詩》云：『娶妻如之何？必告父母。』信斯言也，宜莫如舜。舜之不告而娶，何也？」

孟子曰：「告則不得娶。男女居室，人之大倫也。如告，則廢人之大倫，以懟父母，是以不告也。」

萬章曰：「舜之不告而娶，則吾既得聞命矣；帝之妻舜而不告，何也？」

曰：「帝亦知告焉則不得妻也。」

萬章曰：「父母使舜完廩，捐階，瞽瞍焚廩。使浚井，出，從而揜之。象曰：『謨蓋都君，咸我績。牛羊父母，倉廩父母，干戈朕，琴朕，弤朕，二嫂使治朕棲。』象往入舜宮，舜在床琴。象曰：『鬱陶，思君爾。』忸怩。舜曰：『惟茲臣庶，汝其于予治。』不識舜不知象之將殺己與？」

曰：「奚而不知也？象憂亦憂，象喜亦喜。」

曰：「然則舜偽喜者與？」

曰：「否。昔者有饋生魚於鄭子產，子產使校人畜之池。校人烹之，反命曰：『始舍之，圉圉焉，少則洋洋焉，攸然而逝。』子產曰『得其所哉！得其所哉！』校人出，曰：『孰謂子產智？予既烹而食之，曰：得其所哉？得其所哉。』故君子可欺以其方，難罔以非其道。彼以愛兄之道來，故誠信而喜之，奚偽焉？」

　　白話：萬章說：「《詩經・齊風・南山》說：『一個人娶妻，要稟告父母。』相信舜知道這件事，但是，舜卻沒有秉告父母而娶妻，為什麼？」

　　孟子說：：「舜如果稟告父母，就不能娶妻了。男女成婚，是五倫之道；如果秉告父母而不能娶妻，就不能成就五倫的夫婦之道，可能會怨恨父母，所以舜不告而娶。」

　　萬章說：「舜不告而娶，我已經知道了；可是，堯把兩個女兒嫁給舜，而不告訴舜的父母，為什麼呢？」

　　孟子說：「堯也知道如果告訴舜的父母，兩個女兒就無法嫁給舜了。」

　　萬章說：「舜的父母叫舜修繕穀倉，等舜爬上了穀倉，就把梯子拿走，舜的父親瞽瞍還放火燒穀倉，舜只好拿兩個斗笠護著身體，設法逃出來；後來又叫舜挖深水井，趁舜在井底，父親和弟弟象一起倒土，把井填平，其實舜早有防備，事先在井底挖一條通道，從通道逃生爬出口，父親與弟弟象以為舜死了。象對父母說：『我們謀害舜，我的功勞最大。我把舜的牛羊送給父母，穀倉也送給父母，兵器給我，五弦琴給我，雕弓給我，兩位嫂嫂（舜之妻娥皇、女英）給我。』象把舜的財產分好了，就走到舜的住家，驚見舜坐在床上彈琴，象說：『心很悶，好思念你呀！』臉上露出慚愧的樣子。舜說：『我正想著百姓，你來幫我治理百姓。』舜到底知不知道象要謀殺他？」

　　孟子說：「舜一定知道呀！但是舜有兄弟之情，象憂愁，舜也憂愁；象高興，舜也高興。」

　　萬章說：「如此說來，舜的憂喜是虛偽的嗎？」

　　孟子說：「舜的憂喜是真的。以前有人送一隻活魚給鄭國大夫子產，子產叫管池塘的小吏把魚養在池塘裏；小吏居然把魚煮來吃，再報告子產說：『魚兒悠游到池塘深處了。』子產說：『很好，魚兒

悠游自在了。』小吏走出來對人說：『誰說子產明智？我把魚煮來吃了，他還認為魚兒悠游自在了。』所以說君子可以用合情合理的事情欺騙他。因為象以尊敬友愛的態度對待兄長，所以舜相信象而喜歡象，怎麼會是虛偽的呢？」

當代意義：這是「得其所哉」成語典故的由來。舜雖然遭到父母和弟弟的謀害，仍然孝順父母，友愛弟弟。

三、萬章問曰：「象日以殺舜為事，立為天子，則放之，何也？」

孟子曰：「封之也，或曰放焉。」

萬章曰：「舜流共工于幽州，放驩兜于崇山，殺三苗于三危，殛鯀于羽山，四罪而天下咸服，誅不仁也。象至不仁，封之有庳。有庳之人奚罪焉？仁人固如是乎？在他人則誅之，在弟則封之。」

曰：「仁人之於弟也，不藏怒焉，不宿怨焉，親愛之而已矣。親之欲其貴也，愛之欲其富也。封之有庳，富貴之也。身為天子，弟為匹夫，可謂親愛之乎？」

「敢問或曰放者，何謂也？」

曰：「象不得有為於其國，天子使吏治其國，而納其貢稅焉，故謂之放，豈得暴彼民哉？雖然，欲常常而見之，故源源而來。『不及貢，以政接于有庳』，此之謂也。」

白話：萬章問孟子說：「象時常想謀害舜，而舜當了天子後，只是流放象，為什麼？」

孟子說：「是封象為諸侯，有人說是流放象。」

萬章說：「舜流放共工到幽州，流放驩兜到崇山，流放三苗（南方苗人）之君到三危山（今甘肅敦煌縣南），流放鯀到羽山，流放這四個人，天下就太平了。象是最不仁善的人，卻封他在有庳，對有庳的百姓不公平，為什麼要封自己的弟弟呢？」

孟子說：「有仁德之心的人，對待親弟弟，不會永遠懷恨在心，只想親近他、關愛他罷了。親近關愛他，就要使他富貴，把象封在有庳，就要使他尊貴富有。自己當天子，弟弟如果還是平民百姓，能說親近關愛他嗎？」

萬章說：「有人認為把象流放，為什麼？」

孟子說：「象雖然封在有庳當諸侯，但是他不能治理自己的諸侯國，他也就不能殘暴有庳的百姓了！天子派官員幫他治理，而把收到的貢品和賦稅都給象，所以有人說他被流放了，雖然如此，舜想時常看到象，所以使象時常來朝見天子（舜）。古書上說『等不及諸侯定期的朝貢，天子（舜）就以處理政務為由，接見有庳的國君（象）。』就是這個意思。」

當代意義：舜對象仁至義盡，舜盡最大的努力關心照顧象。

四、咸丘蒙問曰：「語云：『盛德之士，君不得而臣，父不得而子。』舜南面而立，堯帥諸侯北面而朝之，瞽瞍亦北面而朝之。舜見瞽瞍，其容有蹙。孔子曰：『於斯時也，天下殆哉，岌岌乎！』不識此語誠然乎哉？」

孟子曰：「否。此非君子之言，齊東野人之語也。堯老而舜攝也。《堯典》曰：『二十有八載，放勳乃徂落，百姓如喪考妣，三年，四海遏密八音。』孔子曰：『天無二日，民無二王。』舜既為天子矣，

又帥天下諸侯以為堯三年喪，是二天子矣。」

咸丘蒙曰：「舜之不臣堯，則吾既得聞命矣。《詩》云：『普天之下，莫非王土；率土之濱，莫非王臣。』而舜既為天子矣，敢問瞽瞍之非臣，如何？」

曰：「是詩也，非是之謂也；勞於王事，而不得養父母也。曰：『此莫非王事，我獨賢勞也。』故說《詩》者，不以文害辭，不以辭害志。以意逆志，是為得之。如以辭而已矣，《雲漢》之詩曰：『周餘黎民，靡有孑遺。』信斯言也，是周無遺民也。孝子之至，莫大乎尊親；尊親之至，莫大乎以天下養。為天子父，尊之至也；以天下養，養之至也。《詩》曰：『永言孝思，孝思維則。』此之謂也。《書》曰：『祗載見瞽瞍，夔夔齊栗，瞽瞍亦允若。』是為父不得而子也。」

白話：咸丘蒙（齊國人，孟子的弟子）問孟子說：「古人說：『德行高操的人，國君不能把他當臣子，父親不能把他當兒子；因此，當舜貴為天子時，堯帶領天下諸侯朝見舜，舜的父親瞽瞍也來朝見他。舜見到瞽瞍，容貌不安的樣子。』孔子說：『這個時候，天下情勢非常危急！』不知道這是真的嗎？」

孟子說：「不是真的，這不是君子說的話，是齊國鄉野村夫說的話。堯年老時，由舜攝政，代替堯處理政務。《尚書‧虞書‧堯典》說：『舜攝政二十八年，堯帝逝世，百姓如喪考妣，猶如死了父母，服喪三年，天下安靜，停止音樂等享樂。』孔子說：『天上不能有兩個太陽，百姓不能有兩個天子。』如果舜已經當天子，又帶領諸侯們為堯服喪三年，如此就有兩個天子了。」

　　咸丘蒙說：「舜不以堯為臣子，我已經聽老師說明了。《詩經・小雅・北山》說：『全天下都是天子的土地；四海之內，人人都是天子的臣子。』然而，舜當了天子，瞽瞍為何不能當臣子呢？」

　　孟子說：「寫這首詩的作者，因為辛勤的為天子做事，無法事奉父母，而抱怨說：『天下事都是天子的事，人人都應該為天子做事，為何只有我如此勞苦？』因此，理解一首詩，不要拘泥於文句的表面解釋，而誤解作者的本意。例如《詩經・大雅・雲漢》說：『周朝的庶民，沒有一個人存活。』如果依照表面解釋，周朝沒有留下一個遺民。

　　孝子的至孝，是尊敬父母，尊敬父母的極致，是以天下來孝養父母，舜尊敬瞽瞍，使他成為天子的父親，這是尊敬父母的極致。《詩經・大雅・下武》說：『永遠懷著尊敬父母的孝思，這種孝思可以當作天下人的準則。』《尚書・大禹謨》說：『舜恭敬的參見瞽瞍，顯現謹慎的樣子，瞽瞍也就表示歸順於舜。』難道瞽瞍不能以舜為兒子嗎？」

　　當代意義：這是「以文害辭」、「以意逆志」成語典故的由來。瞽瞍與舜是父子關係，舜與瞽瞍也是君臣關係，兩種關係並不衝突。舜是孝子，舜尊敬瞽瞍，使他成為天子的父親，這是尊敬父母的極致。

五、萬章曰：「堯以天下與舜，有諸？」
　　孟子曰：「否。天子不能以天下與人。」
　　「然則舜有天下也，孰與之？」
　　曰：「天與之。」
　　「天與之者，諄諄然命之乎？」
　　曰：「否。天不言，以行與事示之而已矣。」
　　曰：「以行與事示之者如之何？」

曰：「天子能薦人於天，不能使天與之天下；諸侯
　　能薦人於天子，不能使天子與之諸侯；大夫能
　　薦人於諸侯，不能使諸侯與之大夫。昔者堯薦
　　舜於天，而天受之，暴之於民而民受之，故曰：
　　天不言，以行與事示之而已矣。」

曰：「敢問薦之於天而天受之，暴之於民而民受之，
　　如何？」

曰：「使之主祭而百神享之，是天受之；使之主事
　　而事治，百姓安之，是民受之也。天與之，人
　　與之，故曰：天子不能以天下與人。舜相堯二
　　十有八載，非人之所能為也，天也。堯崩，三
　　年之喪畢，舜避堯之子於南河之南。天下諸侯
　　朝覲者，不之堯之子而之舜；訟獄者，不之堯
　　之子而之舜；謳歌者，不謳歌堯之子而謳歌
　　舜，故曰天也。夫然後之中國，踐天子位焉。
　　而居堯之宮，逼堯之子，是篡也，非天與也。
　　《泰誓》曰：『天視自我民視，天聽自我民聽。』
　　此之謂也。」

白話：萬章問孟子：「堯將天下禪讓給舜，是嗎？」孟子說：「沒
有，天子不能將天下禪讓給人。」萬章又問：「舜得天下，是誰給的？」
孟子說：「是上天給的。」

　　萬章問：「上天給舜天下，有誠懇的告訴他嗎？」孟子說：「上
天不說話，上天讓他做事，輔佐堯二十八年，暗示他天下讓給他。」
萬章問：「上天如何讓他做事，如何暗示他？」

　　孟子說：「天子可以推薦賢能者給上天，但不能叫上天給賢能者

天下；諸侯可以推薦賢能者給天子，但不能叫天子給賢能者當諸侯；大夫可以推薦賢能者給諸侯，但不能叫諸侯給賢能者當大夫。從前，堯推薦舜給上天，上天認可舜，讓舜為百姓服務，百姓也認可舜。所以說：『上天不說話，上天讓他做事，暗示他天下讓給他。』萬章問：「請問何謂：『堯推薦舜給上天，上天認可舜，讓舜為百姓服務，百姓也認可舜。』」孟子說：「讓他祭祀所有神明，這是上天認可他；讓他執行政務，百姓生活安定，這是百姓認可他。舜輔佐堯二十八年，這是上天賦予的使命，不是一般人能做到的。後來，堯死了，舜服喪三年後，就離開堯的長子丹朱。因此，丹朱稱帝三年，丹朱稱帝期間，天下人都歸心於舜，不理會丹朱。天下諸侯都來朝見舜，不去朝見丹朱；百姓打官司，不求丹朱審判，請求舜來審判；百姓歌頌舜，不歌頌丹朱。所以說：『這是天意。』於是，舜回到帝都，登上帝位。舜稱帝後，封丹朱為房邑侯。如果堯死了，舜就稱帝，趕走丹朱，舜就是篡位了，不是上天給他天下了。《尚書‧泰誓》說：『上天對天下的觀察，是由百姓的眼睛來觀察；上天對天下的聽聞，是由百姓的耳朵來聽聞。』正是此意。」

當代意義：古人認為上天有意志和知覺，可以視聽，天的意志就是人民意志的體現。上天所看到的，來自百姓所看到的，上天所聽到的，來自百姓所聽到的。換言之，天意就是民意，得民心即得天下。

六、萬章問曰：「人有言：『至於禹而德衰，不傳於賢而傳於子。』有諸？」

孟子曰：「否，不然也。天與賢，則與賢；天與子，則與子。昔者舜薦禹於天，十有七年，舜崩。三年之喪畢，禹避舜之子於陽城。天下之民從之，若堯崩之後，不從堯之子而從舜也。禹薦益於天，七年，

禹崩。三年之喪畢，益避禹之子於箕山之陰。朝覲訟獄者，不之益而之啟，曰：『吾君之子也。』謳歌者不謳歌益而謳歌啟，曰：『吾君之子也。』丹朱之不肖，舜之子亦不肖。舜之相堯，禹之相舜也，歷年多，施澤於民久。啟賢，能敬承繼禹之道。益之相禹也，歷年少，施澤於民未久。舜、禹、益相去久遠，其子之賢不肖，皆天也，非人之所能為也。莫之為而為者，天也；莫之致而至者，命也。匹夫而有天下者，德必若舜禹，而又有天子薦之者，故仲尼不有天下，繼世以有天下，天之所廢，必若桀紂者也，故益、伊尹、周公不有天下。伊尹相湯，以王於天下。湯崩，太丁未立，外丙二年，仲壬四年。太甲顛覆湯之典刑，伊尹放之於桐。三年，太甲悔過，自怨自艾，於桐處仁遷義；三年，以聽伊尹之訓己也，復歸于亳。周公之不有天下，猶益之於夏，伊尹之於殷也。孔子曰：『唐虞禪，夏后、殷、周繼，其義一也。』」

白話：萬章問孟子說：「有人說：『夏禹的道德比較衰落，把帝位傳給兒子，沒有傳給賢能的人。』有此一說嗎？」

孟子說：「不是。上天要傳給賢能的人，就會傳給賢能的人；上天要傳給天子之子，就傳給天子之子。從前，舜舉薦禹給上天，禹（治水有功）輔佐舜十七年，舜死了，禹服喪三年，禹避開舜的兒子商均，到陽城去，天下的百姓都歸順禹，猶如堯死後，天下百姓都歸順舜。

禹舉薦益（伯益）給上天，益輔佐禹七年，禹死了，伯益避開

禹的兒子啓（繼承禹的天下，在位九年崩），到箕山的北邊去，天下百姓都不歸順伯益，都歸順啓，天下百姓沒有歌頌伯益，都歌頌啓，說：『他真是我們國君的兒子。』堯的兒子丹朱不賢能，舜的兒子商均也不賢能。舜長久輔佐堯，禹也長久輔佐舜，百姓也長久得到恩澤。啓（禹之子）很賢能，能繼承禹的大業；益輔佐禹，時間不長，百姓得到的恩澤也不多。舜、禹、益三人輔佐天子的時間相差很大，而他們兒子是否賢能，這是天意，不是個人求得，而是自然得到的，這是命。平民百姓能夠得到天下，他的品德一定要有舜、禹的美德，還要天子舉薦給上天，所以孔子得不到天下，不能當天子。

如果繼承祖先大業而有天下的人，像桀、紂暴虐無道，不得民心，不得天命（意），上天就要廢除他的天命。所以，益、伊尹、周公不能成為天子。伊尹輔佐商湯，統一天下，商湯死了，太丁（商湯太子）尚未登基就死了，外丙（太丁之弟）登基兩年，仲壬（（外丙之弟）登基四年。

太甲（商湯嫡長孫，太丁之子）登基後，不守禮法，伊尹把他放逐到桐（商湯陵墓所在），過了三年，太甲自省改過，以仁自守，見義則遷，伊尹又把太甲請回豪都。周公在周朝不能成為天子得天下，如同伯益在夏朝，伊尹在商朝一樣的情況。所以孔子說：「堯舜把天下讓給賢能的人，夏商周三代的王位由子孫繼承，是同樣的道理。」

當代意義：這是「自怨自艾」成語典故得由來。孔孟認為無論禪讓或繼承，都要得民心，得民意；民意即天意，民心即天命，有民心及天命，可得天下。

七、萬章問曰：「人有言『伊尹以割烹要湯』有諸？」
　　孟子曰：「否，不然。伊尹耕於有莘之野，而樂堯舜之道焉。非其義也，非其道也，祿之以天下，弗

顧也；繫馬千駟，弗視也。非其義也，非其道也，一介不以與人，一介不以取諸人，湯使人以幣聘之，囂囂然曰：『我何以湯之聘幣為哉？我豈若處畎畝之中，由是以樂堯舜之道哉？』湯三使往聘之，既而幡然改曰：『與我處畎畝之中，由是以樂堯舜之道，吾豈若使是君為堯舜之君哉？吾豈若使是民為堯舜之民哉？吾豈若於吾身親見之哉？天之生此民也，使先知覺後知，使先覺覺後覺也。予，天民之先覺者也；予將以斯道覺斯民也。非予覺之，而誰也？』思天下之民，匹夫匹婦有不被堯舜之澤者，若己推而內之溝中。其自任以天下之重如此，故就湯而說之以伐夏救民。吾未聞枉己而正人者也，況辱己以正天下者乎？聖人之行不同也，或遠或近，或去或不去，歸潔其身而已矣。吾聞其以堯舜之道要湯，未聞以割烹也。伊訓曰：『天誅造攻自牧宮，朕載自亳。』」

白話：萬章問孟子：「有人說：『伊尹曾經割自己的肉烹煮羹湯，求取商湯的重用。』是真的嗎？」

孟子說：「這不是真的。伊尹在有莘國的鄉村耕種，仰慕堯舜的為政之道，凡是不合堯舜之道，即使把天下當食祿送給他，他也不會接受。商湯送了貴重的禮物去聘請他，他說：『我寧可住在鄉野，以堯舜之道自得其樂。』商湯聘請他三次，他才改變心意，伊尹說：『我一個人住在鄉野，仰慕堯舜之道，不如輔佐商湯，使他成為像堯舜一樣的國君！使商湯的百姓成為像堯舜的百姓一樣的仁善。我仰慕堯舜之道，不如親身看見堯舜盛世重現於今日。上天生養百姓，

是要使先知先覺的人，去教化後知後覺的人，我是先明白事理的人，應該去教導這些百姓。』伊尹認為天下百姓，如果有人沒有得到堯舜的德澤，猶如自己把他推入水溝一樣，於是，他一肩承擔天下的重任。他忠勸商湯討伐夏桀，匡正天下，拯救百姓於水火。

聖人的言行雖然與眾不同，但是聖人的身心總是清白的，我只聽說伊尹以堯舜的仁政王道，深得商湯的提拔重用，沒有聽說伊尹以割肉煮羹，取得商湯的任用。《尚書・伊訓》說：『上天要誅伐無道的夏桀，從攻打牧宮（夏桀王宮）開始，這是我在豪都（商湯首都）給商湯的建議。』」

當代意義： 這是「匹夫匹婦」成語典故的由來。伊尹（西元前1649年─西元前1549年），姒姓，伊氏，名摯，是建立商朝的重要功臣。

伊尹出生於西元前1649年，本是有莘氏的陪嫁奴隸，是商湯的御廚。他利用向商湯進奉美食的機會，向商湯分析天下局勢。商湯欣賞他的才華，取消了伊尹奴隸身份，並提拔為「阿衡」（亦稱「保衡」，相當於宰相，後人用「阿衡」代指伊尹）。西元前1600年，輔佐商湯滅夏桀，建立商朝。他整頓吏治，洞察民情，使商朝初年經濟繁榮，政治清明。

據《史記》記載，太甲即位時昏庸無能，伊尹把太甲流放到桐地（今河北臨漳），建宮居住，達三年之久。伊尹自行攝政，管治國家。直到太甲悔過自新了，才迎回太甲執政。

伊尹歷事商朝商湯、外丙（商湯之子）、仲壬（商湯之子，外丙之弟）、太甲（商湯的長孫）、沃丁（太甲之子），共五代五十餘年，為商朝立下汗馬功勞。

值得一提的是，《呂氏春秋卷十四・本味》記載伊尹為商湯講述欲得美味，先為天子，欲為天子。先行仁義之道。

據說有莘氏（古代部落）一個女子去採桑，在桑林裡拾得一個棄嬰，獻給有莘氏的首領，他就是伊尹。伊尹長大後很有才華，後

來商湯求娶有莘氏的女子，伊尹作為陪嫁臣僕一起送給商湯。伊尹為商湯談論美食的製作：調和滋味的根本是水，有五種味道：酸、甜、苦、辣、鹹；以水、木、火進行烹調，火候的掌握最重要。調和各種食物，要用酸、甜、苦、辛、鹹五種調味料，煮出來的佳餚，熟而不爛，適當甘甜，適當酸味，鹹而不澀，（味道微苦不甘滑），辛辣不刺激，清淡不乏味，肥而不膩。

雖然天下有很多上等的食材，肉類、魚類、蔬菜類、水果類、糧食類等上等食材，但是這些食材遍布天下，不是天子，不能得到這些食材，可是天子不能強求，要身體力行仁義之道，自然能成為天子，當了天子，許多上等食材和美味佳餚，就可以備齊和大快朵頤了。

八、萬章問曰：「或謂孔子於衛主癰疽，於齊主侍人瘠環，有諸乎？」

孟子曰：「否，不然也。好事者為之也。於衛主顏讎由。彌子之妻與子路之妻，兄弟也。彌子謂子路曰：『孔子主我，衛卿可得也。』子路以告。孔子曰：『有命。』孔子進以禮，退以義，得之不得，曰『有命』。而主癰疽與侍人瘠環，是無義無命也。孔子不悅於魯衛，遭宋桓司馬將要而殺之，微服而過宋。是時孔子當阸，主司城貞子，為陳侯周臣。吾聞觀近臣，以其所為主；觀遠臣，以其所主。若孔子主癰疽與侍人瘠環，何以為孔子？」

白話：萬章問孟子說：「有人說孔子在衛國，住在癰疽（雍渠，衛靈公的宦官）的家裡，在齊國住在太監瘠環的家裡，是嗎？」

　　孟子說：「這不是事實，都是好事者編造的。孔子在衛國，住在賢大夫顏讎由的家。衛靈公的寵臣彌子瑕的太太，和子路的太太是姊妹；彌子瑕對子路說：『如果孔子住在我家，他就可以當衛國的卿相。』子路把彌子瑕的話告訴孔子，孔子說：『我有我的命吧！』孔子能不能當官？是依於禮；要不要退隱？是依於義；是否得到卿相的官職？是他的命。如果孔子是住在癰疽和瘠環的家，孔子就不知義、不知命了。

　　孔子在魯國和衛國，沒有得到禮聘，要去宋國，途中又遭到宋國大夫桓魋的恐嚇，孔子只好變裝通過宋國。孔子在患難之際，還住在賢大夫司城貞子的家裡，司城貞子是陳國大夫，是陳國國君周的臣子。

　　我聽說，查看在朝臣子的忠奸，只要查看住在他家、他所款待的賓客的人格就知道了；查看他國來的當臣子的忠奸，只要查看他寄宿的主人的人格就知道了。如果孔子住在癰疽和瘠環的家裡，他就不能成為孔子了。」

　　當代意義：據《史記‧孔子世家》記載：「孔子離開曹國去宋國，宋國大夫司馬桓魋要殺孔子。孔子在大樹下教弟子，桓魋叫人把大樹拔除。孔子的弟子說：老師快走吧。孔子慢慢地說：上天讓我來傳授德行，桓魋能對我怎樣呢！」桓魋真的要殺孔子嗎？當時桓魋在宋國的權勢很大，為何只拔大樹？桓魋以為孔子要來宋國當官，推行他的仁道思想，這樣就會影響到桓魋了。其實，孔子只是經過宋國，他要去陳國。經過宋國，驚動了桓魋。桓魋沒有真的要殺孔子，他叫人拔大樹的目的，只是恐嚇孔子，嚇走孔子而已。

　　值得注意的是，「孔子進以禮，退以義，得之不得，曰『有命』。」孔子以禮為依歸，以義為準則，知命之所歸，臻於禮、義、命三者相通不二的圓融境界。

九、萬章問曰：「或曰：『百里奚自鬻於秦養牲者，五羊之皮，食牛，以要秦穆公。』信乎？」

孟子曰：「否，不然。好事者為之也。百里奚，虞人也。晉人以垂棘之璧與屈產之乘，假道於虞以伐虢。宮之奇諫，百里奚不諫。知虞公之不可諫而去，之秦，年已七十矣，曾不知以食牛干秦穆公之為汙也，可謂智乎？不可諫而不諫，可謂不智乎？知虞公之將亡而先去之，不可謂不智也。時舉於秦，知穆公之可與有行也而相之，可謂不智乎？相秦而顯其君於天下，可傳於後世，不賢而能之乎？自鬻以成其君，鄉黨自好者不為，而謂賢者為之乎？」

白話：萬章問說：「有人說：『百里奚用五張羊皮的代價，把自己賣給秦國一個養牛的人，替他養牛，藉此機會得到秦穆公的重用。』這是真的嗎？」

孟子說：「不是這樣，這是有人捏造出來的。百里奚是虞國人，虞國大夫，當時晉國用垂棘出產的美玉與屈地出產的四匹良馬，向虞國借路去攻打虢國。虞國大夫宮之奇勸阻虞公不可以答應；百里奚卻不勸阻。他知道虞公不會聽從勸諫的，就離開虞國，前往秦國，當時他已經七十歲了。他難道不知道用幫人養牛的方法，去得到秦穆公的任用，是一件不名譽的事？這可以說是明智嗎？他知道虞公不會聽從勸諫就不去勸諫，這可以說是不明智嗎？他知道虞公即將亡國，就事先離開虞國，這不能說是不明智啊！他在秦國受舉用時，知道秦穆公是一位有所作為的君主就輔佐他，這能說是不明智嗎？百里奚擔任秦國卿相，而使秦穆公顯揚於天下，流傳於後世，不是

賢能的人能夠做到嗎？以賣身來成就國君，鄉里中自愛的人都不願意做，難道賢能的人會賣身求榮嗎？」

　　當代意義：據《史記‧孔子世家》：「孔子在一次與齊景公的交談中，談到秦國，齊景公問：秦國從一個弱小的狄戎之國，變成強大的國家，原因是什麼？孔子說：秦國雖小，但志氣大，秦穆公和百里奚深談三天，然後授之以政。這種情形，若不稱霸，也就很少有的了。」百里奚輔佐秦穆公，秦穆公成為春秋五霸之一。

第十章　萬章下

一、孟子曰：「伯夷，目不視惡色，耳不聽惡聲。非其君不事，非其民不使。治則進，亂則退。橫政之所出，橫民之所止，不忍居也。思與鄉人處，如以朝衣朝冠坐於塗炭也。當紂之時，居北海之濱，以待天下之清也。故聞伯夷之風者，頑夫廉，懦夫有立志。

「伊尹曰：『何事非君？何使非民？』治亦進，亂亦進。曰：『天之生斯民也，使先知覺後知，使先覺覺後覺。予，天民之先覺者也；予將以此道覺此民也。』思天下之民，匹夫匹婦，有不與被堯舜之澤者，若己推而內之溝中，其自任以天下之重也。

「柳下惠，不羞汙君，不辭小官。進不隱賢，必以其道。遺佚而不怨，阨窮而不憫。與鄉人處，由由然不忍去也。『爾為爾，我為我，雖袒裼裸裎於我側，爾焉能浼我哉？』故聞柳下惠之風者，鄙夫寬，薄夫敦。

「孔子之去齊，接淅而行；去魯，曰：『遲遲吾行也。』去父母國之道也。可以速而速，可以久而久，可以處而處，可以仕而仕，孔子也。」

孟子曰：「伯夷，聖之清者也；伊尹，聖之任者也；
柳下惠，聖之和者也；孔子，聖之時者也。孔子之
謂集大成。集大成也者，金聲而玉振之也。金聲也
者，始條理也；玉振之也者，終條理也。始條理者，
智之事也；終條理者，聖之事也。智，譬則巧也；
聖，譬則力也。由射於百步之外也，其至，爾力也；
其中，非爾力也。」

白話：孟子說：「伯夷（殷商孤竹君長子，周武王滅商紂，隱居
首陽山，不食周粟，遂餓死。）眼睛不看不好的顏色，耳朵不聽不
好的聲音，不是他心目中好的國君，他不事奉，不是他心目中好的
百姓，他不治理、教化。天下平治就出仕，亂世就退隱。殘暴的國
家，亂民聚集的鄉里，他都不願意去居住。他認為和鄉下的人在一
起，猶如穿著上朝的衣服、帶著上朝的帽子，坐在不乾淨的地方。
商紂王的時候，他隱居在北海的岸邊上，等待天下的太平。所以，
凡是聽到伯夷高風亮節的人，無知而貪婪的人，也會變得清廉，柔
弱的人也會變得有志向。

「伊尹說：『國君無論好壞，都可以事奉；百姓無論好壞，都可
以治理教化。』所以，天下平治也出仕，亂世也出仕。他說：『上天
生養這些百姓，讓先知先覺的人，教化後知後覺的人。』他認為天
下的百姓，只要有人沒有得到堯舜的恩澤，猶如自己把他推入水溝
一樣，這是伊尹自己願意承當天下的重責大任。

「柳下惠不以事奉昏庸國君為恥，不嫌棄低下的官職，以正道
為官做事，不隱藏自己的能力。被罷官不抱怨，窮困不憂傷。與鄉
里村夫相處，也自得其樂不捨離開。柳下惠認為：『你是你，我是我，
你裸體站在我身邊，也不會玷汙我。』所以聽到柳下惠人品高尚的
人，氣度狹隘的人，也會變得寬大；苛薄寡恩的人，也會變成忠厚

了。

「孔子離開齊國的時候，急忙得來不及洗米，撈起米來就走；離開魯國的時候，說：『我要慢慢地走！』這是捨不得離開祖國的心態。應該趕快離開就趕快離開，可以久留就久留，應該退隱就退隱，可以出仕就出仕，這就是孔子。」

孟子說：「伯夷是聖人中個性最清廉的，伊尹是以天下為己任的聖人，柳下惠是聖人中個性最隨和的，孔子是聖人中個性最合時宜的，孔子是集聖人之大成。所謂集大成的意義，譬如合奏音樂時，用鐘聲開始演奏，最後用磬聲結束演奏。鐘聲是合奏時節奏的開始，磬聲是合奏時節奏的結束。從演奏開始，是屬於明智的意境；合奏結束，是屬於聖的意境。明智猶如技巧，聖猶如力量。就像在一百步以外射箭，箭能射到靶，這是射箭者的力量；能夠射到靶心，不僅要力量，更要靠技巧了。」

當代意義：這是「集大成」、「金聲玉振」成語典故的由來。《論語‧微子》孔子評論逸民賢者的言行，並自述自己的處世之道，孔子說自己：「我和這些隱逸之士不同，不一定要出仕行道，也不一定要退隱，依禮而行，可仕則仕，應退則退。」這就是孟子所謂「聖之時者也」，也就是《中庸》第二章所謂：「君子而時中」。「時中」具有及時、順時、趣時（努力與當時形勢、環境及條件相適應）、與時偕行、適時（timing）的意義。「時中」就是在最恰當的時候，做出最佳的抉擇。易言之，「時中」具有合乎時宜，無過與不及，隨時變通的意義。

二、北宮錡問曰：「周室班爵祿也，如之何？」

孟子曰：「其詳不可得聞也。諸侯惡其害己也，而皆去其籍。然而軻也，嘗聞其略也。天子一位，公一位，侯一位，伯一位，子、男同一位，凡五等也。

君一位，卿一位，大夫一位，上士一位，中士一位，下士一位，凡六等。

「天子之制，地方千里，公侯皆方百里，伯七十里，子、男五十里，凡四等。不能五十里，不達於天子，附於諸侯，曰附庸。天子之卿受地視侯，大夫受地視伯，元士受地視子、男。

「大國地方百里，君十卿祿，卿祿四大夫，大夫倍上士，上士倍中士，中士倍下士，下士與庶人在官者同祿，祿足以代其耕也。次國地方七十里，君十卿祿，卿祿三大夫，大夫倍上士，上士倍中士，中士倍下士，下士與庶人在官者同祿，祿足以代其耕也。小國地方五十里，君十卿祿，卿祿二大夫，大夫倍上士，上士倍中士，中士倍下士，下士與庶人在官者同祿，祿足以代其耕也。耕者之所獲，一夫百畝。百畝之糞，上農夫食九人，上次食八人，中食七人，中次食六人，下食五人。庶人在官者，其祿以是為差。」

白話：北宮錡（戰國衛國人）問孟子說：「周朝官爵和俸祿的等級如何劃分？」

孟子說：「詳細的制度已經無法得知了。諸侯們厭惡這些制度會妨害自己的利益，都把相關典章文獻銷毀了，不過我也曾經聽說過大概的情況。爵位的制度是：天子為最高等級，其次公爵一個等級，侯爵一個等級，伯爵一個等級，子爵與男爵同一個等級，爵位共分五個等級。諸侯國官位的制度是：國君最高等級，卿一個等級，大夫一個等級，上士一個等級，中士一個等級，下士一個等級，

共分六個等級。

　　至於封地是：天子是一千方里，公爵與侯爵各一百方里，伯爵七十方里，子爵與男爵各五十方里，共有四個等級。土地不夠五十方里的，不能與天子直接聯繫，而是附屬於鄰近的諸侯，叫做附庸。天子朝中的卿，受封的土地比照侯爵，大夫受封的土地比照伯爵，上士受封的土地比照子爵、男爵。

　　大的諸侯國的土地一百方里，國君的俸祿是卿的十倍，卿的俸祿是大夫的四倍，大夫的俸祿是上士的二倍，上士的俸祿是中士的二倍，中士的俸祿是下士的二倍，下士的俸祿與在官府當差的平民俸祿相同，俸祿足以代替他耕種的收入。

　　次等諸侯國的土地七十方里，國君的俸祿是卿的十倍，卿的俸祿是大夫的三倍，大夫的俸祿是上士的二倍，上士的俸祿是中士的二倍，中士的俸祿是下士的二倍，下士的俸祿與在官府當差的平民俸祿相同，俸祿足以代替他耕種的收入。

　　小諸侯國土地五十方里，國君的俸祿是卿的十倍，卿的俸祿是大夫的二倍，大夫的俸祿是上士的二倍，上士的俸祿是中士的二倍，中士的俸祿是下士的二倍，下士的俸祿與在官府當差的平民俸祿相同，俸祿足以代替他們耕種的收入。

　　耕種者的收穫：一個成年男子分到一百畝地，一百畝地施肥耕種，勤勞的上等農夫，可以養活九個人，其次的可以養活八個人，中等的可以養活七個人，其次養活六個人，下等的可以養活五個人。在官府當差的平民，他們的俸祿也是比照這個標準來分等級。」

　　當代意義：北宮錡是戰國時期衛國人，五十多歲時新任衛國太宰，他上任後想對國家的制度進行改革，翻遍了古籍文獻，查不到周朝制定的官爵和俸祿的等級制度，請教了許多人，都不能答，只好不遠千里迢迢，到齊國來請教孟子。他還提出許多衛國的具體問題，請教孟子的治國之道，孟子知無不言地詳予解答。

三、萬章問曰：「敢問友。」

　　孟子曰：「不挾長，不挾貴，不挾兄弟而友。友也者，友其德也，不可以有挾也。孟獻子，百乘之家也，有友五人焉：樂正裘、牧仲，其三人，則予忘之矣。獻子之與此五人者友也，無獻子之家者也。此五人者，亦有獻子之家，則不與之友矣。非惟百乘之家為然也。雖小國之君亦有之。費惠公曰：『吾於子思，則師之矣；吾於顏般，則友之矣；王順、長息則事我者也。』非惟小國之君為然也，雖大國之君亦有之。晉平公之於亥唐也，入云則入，坐云則坐，食云則食。雖疏食菜羹，未嘗不飽，蓋不敢不飽也。然終於此而已矣。弗與共天位也，弗與治天職也，弗與食天祿也，士之尊賢者也，非王公之尊賢也。舜尚見帝，帝館甥于貳室，亦饗舜，迭為賓主，是天子而友匹夫也。用下敬上，謂之貴貴；用上敬下，謂之尊賢。貴貴、尊賢，其義一也。」

　　白話：萬章問孟子：「如何結交朋友？」

　　孟子說：「不要倚仗自己年長，不要倚仗自己地位尊貴，不要倚仗兄弟的權勢去結交朋友；交朋友，是結交朋友的人品道德，不可以倚仗自己的年長或尊貴。魯國賢大夫孟獻子，世家子弟，有一百輛兵車，他結交五個朋友：樂正裘（魯國人）、牧仲（魯國人），其他三個人我忘記名字了。孟獻子不倚仗自己是貴族而與五個朋友交往，五個朋友也沒有結交權貴心態而與孟獻子交往。

　　費惠公（費國之君）說：『我對待子思，尊他為老師；我對待顏般，與他交朋友；至於王順、長息，是事奉我的人。』

晉平公對待亥唐（晉國賢人，退隱不仕），亥唐請他進去就進去，請他坐就坐，請他吃飯就吃飯，雖然是粗茶淡飯，他不敢不吃飽。但是，晉平公沒有授予亥唐官爵，沒有請亥唐掌理政務，沒有給他俸祿，這是世人尊敬賢者的態度，不是王公尊敬賢者的態度。

從前，舜去晉見堯帝，堯讓女婿（舜）住在副宮裏，請舜吃飯，賓主盡歡，這是天子和平民結交朋友的典範。地位低的人尊敬地位高的人，稱為尊敬貴人；地位高的人尊敬地位低的人，稱為尊敬賢人；尊敬貴人或尊敬賢人，道理是一樣的。」

當代意義：孟子所謂「友也者，友其德也。」近似孔子所謂「無友不如己者」，這句話往往被後人誤解「不要和不如自己的人交朋友」，孔子應該不會有瞧不起人的心態，而是意指無益的「損友」，《論語・季氏》孔子說：「益者三友，損者三友。友直、友諒、友多聞，益矣；有便辟，友善柔，有便佞，損矣。」，要跟三種益友交往，不要跟三種損友交往：不要跟喜歡逢迎的人交往，不要跟喜歡獻媚的人交往，不要跟喜歡花言巧語的人交往。

四、萬章問曰：「敢問交際，何心也？」

　　孟子曰：「恭也。」曰：「卻之卻之為不恭，何哉？」

　　曰：「尊者賜之，曰：『其所取之者，義乎，不義乎』，而後受之，以是為不恭，故弗卻也。」

　　曰：「請無以辭卻之，以心卻之，曰：『其取諸民之不義也。』，而以他辭無受，不可乎？」

　　曰：「其交也以道，其接也以禮，斯孔子受之矣。」

　　萬章曰：「今有禦人於國門之外者，其交也以道，其餽也以禮，斯可受禦與？」

　　曰：「不可。《康誥》曰：『殺越人于貨，閔不畏死，

凡民罔不譈。』是不待教而誅者也。殷受夏，周受殷，所不辭也。於今為烈，如之何其受之？」

曰：「今之諸侯，取之於民也，猶禦也。苟善其禮際矣，斯君子受之，敢問何說也？」

曰：「子以為有王者作，將比今之諸侯而誅之乎？其教之不改而後誅之乎？夫謂非其有而取之者，盜也，充類至義之盡也。孔子之仕於魯也，魯人獵較，孔子亦獵較。獵較猶可，而況受其賜乎？」

曰：「然則孔子之仕也，非事道與？」

曰：「事道也。」

「事道，奚獵較也？」

曰：「孔子先簿正祭器，不以四方之食供簿正。」

曰：「奚不去也？」

曰：「為之兆也。兆足以行矣，而不行，而後去，是以未嘗有所終三年淹也。孔子有見行可之仕，有際可之仕，有公養之仕也。於季桓子，見行可之仕也；於衛靈公，際可之仕也；於衛孝公，公養之仕也。」

白話：萬章問孟子：「親朋好友交往，時常贈送禮物，是何用意？」

孟子說：「表示尊敬的意思。」萬章說：「為什麼說：如果一再推辭不接受禮物，就是不恭敬？」

孟子說：「如果長輩或長官給你禮物，你內心想：『這個禮物，他正當得來的嗎？還是不正當得來的？』然後再接受，這樣就不恭敬了，所以最好不要推辭。」

萬章說：「如果不要用直白的話來推辭，在內心想說：『這禮物

都是從百姓身上得來的不義之物。』再婉轉推辭，可以嗎？」

孟子說：「只要長輩或長官以正道相交往，以禮節相對待，即使孔子也會接受禮物的。」

萬章說：「現在有一個人，在都城郊外搶劫，他以正道與我相交往，以禮節送我禮物，我可以接受他的禮物（贓物）嗎？」

孟子說：「不可以。《尚書‧周書‧康誥》說：『搶劫又殺人，霸道不怕死，所有的百姓都怨恨他。』這種搶劫殺人犯，不必經過感化（教化）就可以誅殺的。這種法律夏、商、周三代都一樣，現在（戰國時代）更嚴格執行，不可以接受搶劫殺人犯的禮物。」

萬章說：「現在的諸侯，徵收百姓的賦稅，猶如搶奪一般。如果他能以禮節接待君子，君子就接受他的禮物，請問這是什麼道理？」

孟子說：「你以為如果有聖王興起，就將現在的諸侯都殺了嗎？還是先感化（教化）他，給諸侯們改過遷善的機會，不肯改過者再殺呢？所謂不是自己的財富而用各種手段取得，說是搶劫，不是真正的搶劫，只是提高道德標準的說法。例如孔子在魯國當官，魯國人每次祭祀的時候，大家就去打獵，拿獵物當祭品，彼此比較獵物的多寡，稱為「獵較」，孔子從俗，也去「獵較」，何況是接受諸侯贈送的禮物（依禮贈送，依禮接受是可以的）。」

萬章說：「孔子當官，不是為了行仁道嗎？」孟子說：「孔子為了行仁道。」

萬章說：「孔子既然為了行仁道，為何要從俗去打獵呢？」

孟子說：「孔子先立清冊，訂定宗廟祭祀用的祭品和器物，不把野生獵物列入清冊，就是要把獵較的習俗逐漸廢除。」

萬章說：「孔子的辦法還是行不通，他為何不離開魯國呢？」

孟子說：「孔子想逐漸廢除獵較，作為行仁道（王道）的開端，如果還是不能行王道，不得已才離開魯國；所以孔子在一個國家，從來沒有超過三年。孔子當官，有的時候是覺得王道可行，有的時候是因為諸侯以禮相待，有的時候是因為國君以禮養賢。在魯卿季

桓子（季孫斯）的時候，就是覺得可以行王道而出仕，在衛靈公的時候，因為衛靈公以禮相待（靈公郊迎孔子）而出仕，在衛孝公的時候，因為孝公以禮養賢而出仕。」

　　當代意義：這是「卻之不恭」成語典故的由來。君子交際，合乎禮義；不合禮義，君子不受。

五、孟子曰：「仕非為貧也，而有時乎為貧；娶妻非為養也，而有時乎為養。為貧者，辭尊居卑，辭富居貧。辭尊居卑，辭富居貧，惡乎宜乎？抱關擊柝。孔子嘗為委吏矣，曰『會計當而已矣』。嘗為乘田矣，曰『牛羊茁壯，長而已矣』。位卑而言高，罪也；立乎人之本朝，而道不行，恥也」

　　白話：孟子說：「君子當官是為了行王道，不是因為貧窮，但是，有時候也是因為貧窮而出仕；娶妻是為了傳宗接代，不是為了奉養父母，但有時候也是為了奉養父母。如果是因為貧窮而出仕，那就應該辭去高官而居於低下的職位。辭去厚祿而接受微薄俸祿，什麼工作才合適呢？例如守城門和打更守夜。孔子曾經做過管理倉庫的小官，他說：『只要把帳算對就好了。』他也曾做過管理畜牧的小官，他說：『只要把牛羊養得肥壯成長就好了。』如果官位低卻議論國事，是小吏的罪過；如果在朝廷當高官，而不能行王道，是大官的恥辱。」

　　當代意義：這是「辭尊居卑」、「辭富居貧」成語典故的由來。君子當官，是為了施展抱負，行王道；不是為了高官厚祿，榮華富貴。

六、萬章曰：「士之不託諸侯，何也？」

　　孟子曰：「不敢也。諸侯失國，而後託於諸侯，禮

也；士之託於諸侯，非禮也。」

萬章曰：「君餽之粟，則受之乎？」

曰：「受之。」

「受之何義也？」

曰：「君之於氓也，固周之。」

曰：「周之則受，賜之則不受，何也？」

曰：「不敢也。」

曰：「敢問其不敢何也？」

曰：「抱關擊柝者，皆有常職以食於上。無常職而賜於上者，以為不恭也。」

曰：「君餽之，則受之，不識可常繼乎？」

曰：「繆公之於子思也，亟問，亟餽鼎肉。子思不悅。於卒也，摽使者出諸大門之外，北面稽首再拜而不受。曰：『今而後，知君之犬馬畜伋。』蓋自是臺無餽也。悅賢不能舉，又不能養也，可謂悅賢乎？」

曰：「敢問國君欲養君子，如何斯可謂養矣？」

曰：「以君命將之，再拜稽首而受。其後廩人繼粟，庖人繼肉，不以君命將之。子思以為鼎肉，使己僕僕爾亟拜也，非養君子之道也。堯之於舜也，使其子九男事之，二女女焉，百官牛羊倉廩備，以養舜於畎畝之中，後舉而加諸上位。故曰：王公之尊賢者也。」

白話：萬章問孟子說：「未入仕的士人（讀書人）不能拿諸侯給

的俸祿，為什麼？」

孟子說：「士人拿諸侯的俸祿，是不合禮法的，如果救濟從別國到本國的士人，是可以的。」

萬章說：「如果國君贈送米糧，外來的士人可以接受嗎？」孟子說：「可以接受。」

萬章說：「為什麼可以接受？」

孟子說：「國君對於外來的百姓，本來應該要救濟的。」

萬章說：「救濟就可以接受，賞賜俸祿就不能接受，為什麼？」

孟子說：「不合禮法，不敢拿。」萬章說：「為什麼？」

孟子說：「看守城門和打更守夜的人，他們都有一定的官職，可以接受國君的俸祿；如果沒有一定的官職，而接受國君的俸祿，這是不合禮法的。」

萬章說：「國君贈送的禮物可以接受，可不可以長久贈送禮物呢？」

孟子說：「從前魯穆公（魯繆公）禮遇子思，時常來問候，時常贈送熟肉，子思不高興，後來把那使者請到大門外，然後向北方叩頭而不接受禮物，說：『我現在才知道，國君以養犬馬的心態來禮遇我。』於是，使者就不再送禮物給子思了。國君喜歡賢能者，既不能任用他，又不能奉養他，這不能說是喜歡賢能者。」

萬章說：「請問國君要如何奉養賢能君子？」

孟子說：「國君第一次以國君的名義贈送禮物，君子拜謝叩頭而接受；以後管倉庫的人送來米糧，管膳食的人送來熟肉，就不必用國君的名義了。子思認為國君時常以國君的名義送來熟肉，使自己時常叩頭拜謝，這不是奉養賢能君子的方法。從前，堯禮遇舜，堯派他九個兒子去事奉舜，又把兩個女兒嫁給舜，又命文武百官準備牛羊，在農村田野事奉舜，最後又推薦他登上天子大位，這才是王公尊敬賢能君子的典範。」

當代意義：王公養賢，不僅要奉養他，更要重用他；否則，猶

如以養犬馬的心態來禮遇賢能的君子。

七、萬章曰：「敢問不見諸侯，何義也？」

孟子曰：「在國曰市井之臣，在野曰草莽之臣，皆謂庶人。庶人不傳質為臣，不敢見於諸侯，禮也。」

萬章曰：「庶人，召之役，則往役；君欲見之，召之，則不往見之，何也？」

曰：「往役，義也；往見，不義也。且君之欲見之也，何為也哉？」

曰：「為其多聞也，為其賢也。」

曰：「為其多聞也，則天子不召師，而況諸侯乎？為其賢也，則吾未聞欲見賢而召之也。繆公亟見於子思，曰：『古千乘之國以友士，何如？』子思不悅，曰：『古之人有言：曰事之云乎，豈曰友之云乎？』子思之不悅也，豈不曰：『以位，則子，君也；我，臣也。何敢與君友也？以德，則子事我者也。奚可以與我友？』千乘之君求與之友，而不可得也，而況可召與？昔齊景公田，招虞人以旌，不至，將殺之。志士不忘在溝壑，勇士不忘喪其元。孔子奚取焉？取非其招不往也。」

曰：「敢問招虞人何以？」

曰：「以皮冠。庶人以旃，士以旂，大夫以旌。以大夫之招招虞人，虞人死不敢往。以士之招招庶人，庶人豈敢往哉。況乎以不賢人之招招賢人乎？欲見賢人而不以其道，猶欲其入而閉之門也。夫

義，路也；禮，門也。惟君子能由是路，出入是門也。《詩》云：『周道如砥，其直如矢；君子所履，小人所視。』」

萬章曰：「孔子，君命召，不俟駕而行。然則孔子非與？」

曰：「孔子當仕有官職，而以其官召之也。」

白話： 萬章問孟子：「請問士人不去見諸侯是什麼道理呢？」

孟子說：「住在都城裡的人叫市井之民，住在都城以外的人叫草莽之民，他們都是平民。沒有官職的平民，不透過國君的屬下，向國君呈上見面禮，不敢跟國君見面，這是禮法的規定。」

萬章說：「平民徵召他去服勞役，他就去服勞役，國君想見他，徵召他卻不去朝見國君，為什麼呢？」

孟子說：「服勞役是應該的，朝見諸侯，是不應該的，況且國君要見平民，為了什麼啊？」

萬章說：「為了這個人學識廣博，為了這個人是賢能之士。」

孟子說：「為了這個人學識廣博，天子都不敢召見他的老師，又何況是諸侯呢！如果為了他的賢能，我沒聽說過想見賢人而召他來相見的。魯繆公多次去見子思，說：『古代擁有千輛兵車的國君，和士人結交朋友，你看如何（好不好）？』子思不高興地說：『古代的國君，有事奉賢士的做法，哪裡有結交賢士的做法呢？』子思不高興，說：『依職位說，您是國君，我是臣民，臣民怎麼敢與國君結交朋友呢？論德行，您是應該事奉我的，怎麼可以跟我結交朋友呢？有千輛兵車的國君，要與賢士交朋友都不能做到，更何況要召見賢士呢？

從前，齊景公打獵的時候，拿召請大夫的旌旗，召喚管理苑囿的官員（稱虞人），虞人認為不合禮法而不肯晉見景公，景公要殺虞

人，孔子稱讚虞人合乎禮節，孔子說：『有志節的人，不會忘記困守而死在田溝山澗；有勇氣的志士，不會忘記為國犧牲的志節。』孔子讚許虞人什麼呢？讚許他受到不合禮法的召喚，就不去晉見景公。」

　　萬章說：「請問召喚虞人用什麼方式呢？」

　　孟子說：「應該用皮帽子（田獵之冠）。召喚平民用紅色曲柄旗幟，召喚士人用龍形圖案繫鈴鐺的旗幟，如果用召喚大夫五色羽毛裝飾的旗幟。用召喚大夫的禮節召喚虞人，虞人死也不敢前往；以召喚士人的禮節召喚平民，平民怎麼敢前往呢！何況用召喚不賢之人的禮節召喚賢人呢！想見賢人又不依對待賢人的禮節去召喚，就好像要他進來卻把門關起來一樣。

　　所謂義，是公正合宜的道理或行為，猶如一條大路；所謂禮，是規矩恭敬的態度或行為，猶如一扇大門；只有君子能走這一條大路，進出這扇大門。《詩經・小雅・大東》說：『大路像磨刀石一樣平坦，像箭一樣筆直，這是君子所行走的大道，也是平民百姓所效法的。』」

　　萬章說：「從前孔子收到國君發令召見，不等馬車駕好就走，孔子錯了嗎？」

　　孟子說：「孔子當時有官職在身，國君是依召喚官人的方式召見他。」

　　當代意義：孔孟強調君以禮使臣，臣以道事君，君不以禮使臣，臣寧可守禮至死、捨生取禮、捨生取義。

八、孟子謂萬章曰：「一鄉之善士，斯友一鄉之善士；一國之善士，斯友一國之善士；天下之善士，斯友天下之善士。以友天下之善士為未足，又尚論古之人。頌其詩，讀其書，不知其人，可乎？是以論其

世也。是尚友也。」

白話：孟子對萬章說：「一鄉之內賢能最出眾的人，就和一鄉之內賢能最出眾的人做朋友；一國之內賢能最出眾的人，和一國之內賢能最出眾的人做朋友；天下之內賢能最出眾的人，就和天下之內賢能最出眾的人做朋友。如果認為和當今天下最賢能的人做朋友還不足夠，就研究古人，朗讀古人的詩，研讀古人的書，再考究古人一生的境遇和時代背景，這就是尚友古人了。」

當代意義：尚友古人就是神交古人，晚清四大名臣之一的左宗棠，23 歲結婚時，在新房自寫對聯：「身無半畝，心憂天下；讀破萬卷，神交古人」，這是他一生的寫照。

九、齊宣王問卿。孟子曰：「王何卿之問也？」

　　王曰：「卿不同乎？」

　　曰：「不同。有貴戚之卿，有異姓之卿。」

　　王曰：「請問貴戚之卿。」

　　曰：「君有大過則諫，反覆之而不聽，則易位。」

　　王勃然變乎色。曰：「王勿異也。王問臣，臣不敢不以正對。」

　　王色定，然後請問異姓之卿。曰：「君有過則諫，反覆之而不聽，則去。」

白話：齊宣王問孟子為卿之道。孟子說：「是與國君同姓的卿，還是與國君異姓的卿？」

　　宣王問：「與國君同姓有血緣關係的卿，如何為官？」

　　孟子說：「君王有大過錯，要誠心勸諫，如果再三忠諫還不改過，

就換掉國君，另立宗族中的賢能宗親。」

　　宣王一聽，臉色大變。孟子說：「請君王不要責怪，我只是忠實稟告。」

　　宣王平靜後再問異姓卿如何為官？孟子說：「國君有大過失，要忠誠勸諫，如果再三忠諫還不改過，就毅然離開這個國家。」

　　當代意義：這是「勃然變色」成語典故的由來。孟子認為大臣的為官之道，與國君的親疏關係，各有不同的做法，「君有過則諫」是不變的「經」，更換國君或辭官而去，是可變的「權」，依不同的人倫關係而定。

　　孟子強調「執中」必須有「權」，「權」是權宜之計，就是對於禮節的靈活運用，例如：男女授受不親是「禮」，兄嫂溺水，受之以手是「權」，「權」的相對是「經」。孟子說：「君子反（返）經而已，經正則庶民興；庶民興，斯無邪慝矣。」（〈盡心下〉）。

　　「反經」就是回歸中正的常道，就是「執中」。「執中無權，猶執一也。」（〈盡心上〉），「無權」是不懂得靈活運用，執著一個不合時宜的規範；反之，「執中有權」是持守合乎時宜的中正常道（中道）。換言之，「執中無權」是過，「執中有權」是「經」，經則無過，不執中則有大過。

第十一章　告子上

一、告子曰：「性，猶杞柳也；義，猶桮棬也。以人性為仁義，猶以杞柳為桮棬。」
　　孟子曰：「子能順杞柳之性，而以為桮棬乎？將戕賊杞柳，而後以為桮棬也？如將戕賊杞柳而以為桮棬，則亦將戕賊人以為仁義與？率天下之人而禍仁義者，必子之言夫！」

　　白話：告子說：「人性，猶如杞柳（落葉灌木，枝條柔韌，可以編織器物。），義，猶如桮棬（形狀彎曲的木製飲酒器），以人性實行仁義，猶如以杞柳做桮棬（飲酒器）。」
　　孟子說：「你能順著杞柳的本性做桮棬呢？還是要傷害杞柳的本性做桮棬呢？依你的論述，如果要傷害杞柳的本性做桮棬，也要傷害人的本性才能行仁義嗎？帶領天下人去傷害仁義的，一定是你的這種論述了！」
　　當代意義：孟子認為以杞柳做桮棬（飲酒器），是要違反（傷害）杞柳的本性做桮棬，不是順著杞柳的本性做桮棬。所以，「以人性為仁義，猶以杞柳為桮棬。」是錯誤（不當）的論述。

二、告子曰：「性，猶湍水也，決諸東方則東流，決諸西方則西流。人性之無分於善不善也，猶水之無分於東西也。」

孟子曰：「水信無分於東西，無分於上下乎？人性之善也，猶水之就下也。人無有不善，水無有不下。今夫水，搏而躍之，可使過顙；激而行之，可使在山。是豈水之性哉？其勢則然也。人之可使為不善，其性亦猶是也。」

白話：告子說：「人性猶如流水，往東疏導就流向東，往西疏導就流向西，人性不分善或不善，猶如水性不分東西。」

孟子說：「流水的確沒有東西之分，難道沒有上下水流的分別嗎？人性沒有不善的，水性沒有不往低處流。現在，打擊水面，使水跳躍起來，可以高過人的額頭；阻擋水流，使水逆流，可以逆流到山坡，這是水的本性嗎？是外力使然。一個人可以為惡，就像水的逆流一樣。」

當代意義：孟子主張人有善端，本性是善，如水往下流，如果受到環境的阻礙，水往逆流，猶如人受到外力影響而為惡，這不是水的本性，也不是人的本性。

三、告子曰：「生之謂性。」

孟子曰：「生之謂性也，猶白之謂白與？」

曰：「然。」

「白羽之白也，猶白雪之白；白雪之白，猶白玉之白與？」

曰：「然。」

「然則犬之性，猶牛之性；牛之性，猶人之性與？」

白話：告子說：「與生俱有的，天生自然的本質，稱為性。」孟

子說：「與生俱有的，叫做性。凡是天生白色之物都叫做白嗎？」告子說：「是的。」孟子說：「這白色羽毛的白，猶如白雪的白；白雪的白，猶如白玉的白嗎？」告子說：「是的。」孟子說：「依你所說，狗的性，猶如牛的性；牛的性，猶如人的性嗎？」

當代意義：值得注意的是，告子所說的「性」，是「共性」，是二種以上的物體所共同具有的性質，是「自然之性」，是不同事物間共同分享的共性，例如白羽毛、白雪、白玉的白。但是，孟子所說的「性」，是「本質」，是一種事物有別於另一種事物的特性。因為孟子論性善的性是「本質之性」，是人之所以為人的「自覺之性」。

進而言之，自然之性講的是實然，所謂實然命題，是對事實的陳述，例如地球有 46 億年；自覺之性講的是應然，所謂應然命題，包含對於價值的判斷、理性判斷以及道德判斷，例如：你應該愛人，你不應該殺人。對孟子來說惻隱之心更重要，惻隱之心是道德的自覺，因為這正是人與禽獸的差別。

四、告子曰：「食色，性也。仁，內也，非外也；義，外也，非內也。」

孟子曰：「何以謂仁內義外也？」

曰：「彼長而我長之，非有長於我也；猶彼白而我白之，從其白於外也，故謂之外也。」

曰：「異於白馬之白也，無以異於白人之白也；不識長馬之長也，無以異於長人之長與？且謂長者義乎？長之者義乎？」

曰：「吾弟則愛之，秦人之弟則不愛也，是以我為悅者也，故謂之內。長楚人之長，亦長吾之長，是以長為悅者也，故謂之外也。」

曰：「耆秦人之炙，無以異於耆吾炙。夫物則亦有然者也，然則耆炙亦有外與？」

白話：告子說：「喜歡美食和美色，這是人的本性。仁愛之德，是內心本有而發出，不是由外而來。各種義理（道德公理，合於一定的倫理道德的行為準則。）的道德判斷，受到外在環境的影響，是從外而來，不是由內心發出。」

孟子說：「為何說仁愛之德發自內心，而各種義理來自外面呢？」

告子說：「有一個人，年紀比我大，我就尊重他，並不是因為我內心先有尊重他的心意；猶如某個東西的顏色是白的，我就說它是白的，這是依照它外在的白色而說的，所以說義理是由外而來的。」

孟子說：「年長和白色是不同的判斷，『尊重年長者』是應然命題，是倫理道德的判斷；『有一隻白狗』，是實然命題，是事實的陳述。你說白馬的白，和白人的白沒有什麼不同；但是，尊重年老的馬，和尊重年長的人，是不是也沒有什麼不同呢？此外，你所說的義理，是出於年長者呢？還是出於尊重年長者的人呢？」

告子說：「自己的親弟弟就愛他，秦國人的弟弟就不愛他，可知這是以我內心的喜愛為主的，所以我說仁愛之德出於內心。尊重楚國人的長者，也尊重本國的長者，這是因為長者的年紀比較大，所以我說義理由外而來。」

孟子說：「喜歡吃秦國人燒烤的肉，也喜歡吃自己燒烤的肉，並沒有什麼不同。其他事物也有類似的情形，如此說來，吃烤肉的喜好也是由外而來嗎？」

當代意義：告子的「仁內義外」認為：人的道德判斷和實踐，是受到外在的倫理規範所影響，是後天的認知經驗，不是自己內心

的自覺，所以認為是「義外」；至於愛自己的弟弟，卻不愛秦人的弟弟，是內在的「仁愛」，帶有私人感情，是感性的直覺，屬於個人生命中的自然情感，並無道德的意義，這顯然不同於孔子和孟子所說的「仁」的本義。

告子說：「有一個人，年紀比我大，我就尊重他，並不是因為我內心先有尊重他的心意。」

這句話值得商榷，因為年紀比我大，我不一定就尊重他，如果他是殺人犯或是強姦犯，我不會尊重他。顯然，尊不尊重年紀比我大的長者？是我內心的價值判斷和道德判斷。這個長者值不值得我的尊重？是我的價值判斷，值得尊重我就尊重他，這個長者是殺人犯，不值得我的尊重；這個長者有很好的道德修養，值得我尊敬，我也應該要尊重他；所以說「義內」，誠如孟子所說：「義理是出於尊重年長者的人，不是出於年長者。」

五、孟季子問公都子曰：「何以謂義內也？」曰：「行吾敬，故謂之內也。」

「鄉人長於伯兄一歲，則誰敬？」曰：「敬兄。」

「酌則誰先？」曰：「先酌鄉人。」

「所敬在此，所長在彼，果在外，非由內也。」

公都子不能答，以告孟子。孟子曰：「敬叔父乎？敬弟乎？彼將曰：『敬叔父』。曰：『弟為尸，則誰敬？』彼將曰：『敬弟。』子曰：『惡在其敬叔父也？』彼將曰：『在位故也。』子亦曰：『在位故也。庸敬在兄，斯須之敬在鄉人。』」

季子聞之曰：「敬叔父則敬，敬弟則敬，果在外，非由內也。」

公都子曰：「冬日則飲湯，夏日則飲水，然則飲食亦在外也？」

白話： 孟季子（孟仲子之弟，孟仲子是孟子堂弟，也是孟子弟子）問公都子（孟子弟子）說：「為什麼老師說義是內在的呢？」

公都子說：「因為表現我對長輩的尊敬，是從我的內心發出來的行為，所以說義是內在的。」

孟季子說：「有個鄉親，他的年紀比我大哥多一歲，請問應該尊敬誰？」

公都子說：「尊敬你自己的大哥。」孟季子說：「如果宴會倒酒，先倒給哪一位？」公都子說：「先倒酒給鄉親。」孟季子說：「內心所尊敬的是自己的大哥，卻要先給鄉親倒酒，顯然義在外，不是由內心而生。」

公都子不能回答，把這些對話告訴孟子，孟子說：「你問他：平常是尊敬叔叔呢？或是尊重弟弟？他一定回答說：『平常尊敬叔叔。』你再問他：『弟弟扮成祭祀的尸（古人祭祀時由小孩扮成祖先的模樣）時，要尊敬誰？』他一定說：『尊敬弟弟。』你再問他：『為何你剛才說尊敬叔叔？』他一定說：『因為弟弟在尸位（祭祀當受禮敬之位）上。』你可以說：『先給鄉親的長者倒酒，因為鄉親長者在賓客之位子上。』平常尊敬是哥哥，有宴會時，先跟賓客倒酒，表示歡迎、尊敬之意。」

孟季子聽了公都子說明「義內」的道理，孟季子說：「要尊敬叔叔就尊敬叔叔，要尊敬弟弟就尊敬弟弟（弟弟在尸位時），顯然，尊敬因人而異，所以，義在外，不是由內心而生。」

公都子說：「冬天喝熱湯，夏天喝冷水，依你所說，喝熱湯或冷水，難道也是依外在環境而改變嗎？不是自己的內心決定嗎？」

當代意義： 孟子主張「仁義內在」，告子主張「仁內義外」。告

子認為我們的行為，往往受到個人情感和外在環境的影響，所以說「義外」。但是，我們的道德行為，如果建立在個人的情感上，可能會流於不理性的濫情；如果我們的道德行為，受到外在環境的影響，可能會流於盲目的群眾運動，失去自主的道德判斷。

六、公都子曰：「告子曰：『性無善無不善也。』或曰：『性可以為善，可以為不善；是故文武興，則民好善；幽厲興，則民好暴。』或曰：『有性善，有性不善；是故以堯為君而有象，以瞽瞍為父而有舜；以紂為兄之子且以為君，而有微子啟、王子比干。』今曰『性善』，然則彼皆非與？」

孟子曰：「乃若其情，則可以為善矣，乃所謂善也。若夫為不善，非才之罪也。惻隱之心，人皆有之；羞惡之心，人皆有之；恭敬之心，人皆有之；是非之心，人皆有之。惻隱之心，仁也；羞惡之心，義也；恭敬之心，禮也；是非之心，智也。仁義禮智，非由外鑠我也，我固有之也，弗思耳矣。故曰：『求則得之，舍則失之。』或相倍蓰而無算者，不能盡其才者也。《詩》曰：『天生蒸民，有物有則。民之秉夷，好是懿德。』孔子曰：『為此詩者，其知道乎！故有物必有則，民之秉夷也，故好是懿德。』」

白話： 公都子（戰國魯國人，孟子弟子）說：「告子（戰國時期思想家）說：『人性沒有善，也沒有不善，因後天環境影響而有善人與惡人之分。』有人說：『人性可以為善，也可以為惡。所以，周文王、周武王興起，百姓就比較善良；周幽王、周厲王興起，百姓就

比較殘暴。』也有人說：『有的人性善，有的人性惡。所以，仁慈的堯當天子，而有傲慢凶暴的象（象是舜的弟弟，舜的後母所生）；非常孝順的舜，他的父親瞽瞍（視障者）是個糊塗人；殘暴的紂王，而有微子啟（啟是紂王的庶兄，屢諫紂王不聽，遂去國）、王子比干（紂王的叔父，名干，諫紂王三日不去，紂王怒，剖其心而死）等忠良。』現在，老師說人性是善的，其他人說的都不對嗎？」

孟子說：「只要順著本心本性所發動的真情而行，就可以為善了，這是我所說的性善。如果有人作惡，是受到物欲的蒙蔽，不能怪罪他自己本性的資質不好。同情憐憫的心，大家都有；羞恥厭惡的心，大家都有；謙恭尊敬的心，大家都有；明辨是非的心，大家都有。同情憐憫的心，是仁；羞恥厭惡的心，是義；謙恭尊敬的心，是禮；明辨是非的心，是智。仁義禮智是我自己原來就有的，不是外在環境養成的，仁義禮智也不是外在的倫理規範，更不是道德他律，而是本心本性的自律，只是一般人忽略而忘記罷了，我們沒有仔細思考探究罷了。惟有聖人先得我心之所同然，重視仁義禮智的存在而已。所以說，只要找尋仁義禮智，就能得到仁義禮智；只要放棄仁義禮智，就失掉仁義禮智。得到或失掉仁義禮智，兩者善惡相差好幾倍，甚至無數倍，因為這都是沒有充分發揮自己本心的善端的緣故。

《詩經・大雅・蒸民》說：『上天生養許多百姓，一事物就有一法則；百姓所持守的常道，都喜歡美好的人品道德。』孔子讚美說：『這首詩的作者，應該明白常道吧！所以說既有萬事萬物，必有萬事萬物的法則；百姓能持守常道，自然喜歡美好的人品道德。』」

當代意義：孟子強調每一個人的本心，都有仁義禮智四個善端，凡是明白本心與生具備四個善端的人，能夠發揚光大這四個善端，不斷推恩，老吾老以及人之老，幼吾幼以及人之幼，就足以保有天下了。孟子舉例說：齊宣王看見牛活著，不忍看牠死去；聽到他臨死的哀鳴，不忍再吃牠的肉。這就是不忍的仁心，只要不斷推恩愛

民，就足以施行仁政而王天下了。

七、孟子曰：「富歲，子弟多賴；凶歲，子弟多暴，非
天之降才爾殊也，其所以陷溺其心者然也。今夫麰
麥，播種而耰之，其地同，樹之時又同，浡然而生，
至於日至之時，皆熟矣。雖有不同，則地有肥磽，
雨露之養，人事之不齊也。故凡同類者，舉相似也，
何獨至於人而疑之？聖人與我同類者。故龍子曰：
『不知足而為屨，我知其不為蕢也。』屨之相似，
天下之足同也。

口之於味，有同耆也。易牙先得我口之所耆者也。
如使口之於味也，其性與人殊，若犬馬之與我不同
類也，則天下何耆皆從易牙之於味也？至於味，天
下期於易牙，是天下之口相似也，惟耳亦然。至於
聲，天下期於師曠，是天下之耳相似也。惟目亦然。
至於子都，天下莫不知其姣也。不知子都之姣者，
無目者也。故曰：口之於味也，有同耆焉；耳之於
聲也，有同聽焉；目之於色也，有同美焉。至於心，
獨無所同然乎？心之所同然者何也？謂理也，義
也。聖人先得我心之所同然耳。故理義之悅我心，
猶芻豢之悅我口。」

　　白話：孟子說：「豐年時節，衣食豐足，子女們大都懈怠；荒年
時節，衣食不足，子女們大都凶暴。這不是天生的性格不同，而是
外在的環境改變他們的心態。

　　例如種植大麥，相同的一塊地，相同的時間種植，但是收成有所不同，因為有的土地肥沃，有的土地貧瘠，雨露的滋養不同，農夫耕種的勤快或懶惰也不一樣的結果。因此，凡是同類的事物，都很相似，聖人和我們也是同類，也有相同的心性，所以，龍子（古代賢人）說：『做草鞋的人雖然不知道客人的腳有多大，但不會做成草筐。』因為大家的腳都相同或類似。

　　我們對於美食的滋味，有相同的喜好，易牙（春秋齊國大夫，著名廚師，善於辨味，齊桓公說未曾吃過人肉，易牙就烹煮自己的兒子給桓公吃，深得桓公的信任。）精於烹調，大家都喜歡吃易牙烹煮的美食，天下人為什麼都希望能吃到易牙烹煮的美食？因為天下人的口味都相似。

　　大家的耳朵聽覺也相似，都希望能聽到師曠（春秋晉國大夫，晉平公的盲人樂師，聽覺靈敏，知音律，善彈琴。）演奏的音樂。大家的眼睛視覺也相似，都知道子都（春秋鄭國大夫，是著名美男子）長得英俊，不知道子都長得英俊的人，是眼睛看不見的人。

　　所以說：味覺對於美食、美味，有相同的嗜好；耳朵聽覺對於美聲，有相同的音感；眼睛視覺對於美色，有相同的美感。至於人的本心，也有相同的喜好，聖人和我們的本心都喜好禮和義，只是聖人比我們先修得禮和義的品德，所以，禮義使我們的本心喜悅，猶如美味的肉類，滿足我們的口腹之欲。」

　　當代意義： 禮是人類的行為規範，《禮記‧曲禮上》說：「夫禮者，所以定親疏、決嫌疑、別同異、明是非也。」；義者，宜也，義是儒家五德（仁義禮智信）之一，一般指公正合宜的道德、道理或行為。孔子的核心思想是仁，孟子的核心思想是義。

八、孟子曰：「牛山之木嘗美矣，以其郊於大國也，斧斤伐之，可以為美乎？是其日夜之所息，雨露之所

潤，非無萌櫱之生焉，牛羊又從而牧之，是以若彼
濯濯也。人見其濯濯也，以為未嘗有材焉，此豈山
之性也哉？

雖存乎人者，豈無仁義之心哉？其所以放其良心
者，亦猶斧斤之於木也，旦旦而伐之，可以為美乎？
其日夜之所息，平旦之氣，其好惡與人相近也者幾
希，則其旦晝之所為，有梏亡之矣。梏之反覆，則
其夜氣不足以存；夜氣不足以存，則其違禽獸不遠
矣。人見其禽獸也，而以為未嘗有才焉者，是豈人
之情也哉？故苟得其養，無物不長；苟失其養，無
物不消。孔子曰：『操則存，舍則亡；出入無時，
莫知其鄉。』惟心之謂與？」

白話：孟子說：「牛山（在今山東省臨淄縣南）的樹林，以前是
長得很茂盛的，由於鄰近都城郊外，時常遭人砍伐，就失去了茂盛
的樹林。不過，樹木日夜都在生長，又受到雨水露珠的滋潤，就有
嫩葉新芽生長出來，但是這些嫩葉新芽卻被放牧的牛羊給吃光了，
所以就成為現在光禿禿的樣子了。大家看那光禿禿的整座山，以為
牛山不曾有過茂盛的樹林，這不是牛山的本來面貌！

在我們人身上，難道沒有仁義之心嗎？人之所以迷失自己的良
心（本然的善心或稱善良的本心），猶如斧頭天天砍伐樹木一樣，樹
木成為光禿禿。每一個人經過一晚的休息，在天亮前，善良的本心，
都有一股清明之氣，但是，一個人白天受到環境或私欲的影響，善
良本心的清明之氣也逐漸迷失了，那就和禽獸相近似了。別人看這
個人和禽獸相近似，以為他沒有善良的本心，這難道是人天生的心
性嗎？

　　因此，如果能夠得到良好的培養，所有生命都會長的好；如果沒有良好的培養，所有生命都會死亡。誠如孔子說：『涵養就能存有，捨棄就會遺失，一出一入沒有定時，也不清楚它的去向。』應該是指本然的善心，就是仁義之心。」

　　當代意義：這是「牛山濯濯」、「旦旦而伐」、「平旦之氣」成語典故的由來。孟子以牛山比喻本然的善心，因為受到外在環境或不良私欲的影響，善良的本心（本心的善端）就逐漸喪失了。因此，本然的善心要不斷加予存養與擴充，修養品德，實踐仁愛之德與義行，就能展現美好的德行，猶如恢復牛山原本茂盛的樹林之美。

九、孟子曰：「無或乎王之不智也，雖有天下易生之物
　　也，一日暴之、十日寒之，未有能生者也。吾見亦
　　罕矣，吾退而寒之者至矣，吾如有萌焉何哉？今夫
　　弈之為數，小數也；不專心致志，則不得也。弈秋，
　　通國之善弈者也。使弈秋誨二人弈，其一人專心致
　　志，惟弈秋之為聽。一人雖聽之，一心以為有鴻鵠
　　將至，思援弓繳而射之，雖與之俱學，弗若之矣。
　　為是其智弗若與？曰：非然也。」

　　白話：孟子說：「不要責怪齊宣王不明智，因為在他身邊，有太多諂媚的小人。例如有一種最容易生長的生物，如果只有一天曬太陽，卻有十天陰冷不曬太陽，這種生物也不能存活生長。我見到齊宣王的機會很少，當我晉見完退出時，那些諂媚的小人就到他身邊。宣王雖有善心的萌生，我如何能輔佐他呢？例如以下棋來說，如果不專心下棋，就學不好下棋。

　　弈秋是全國最會下棋的人，讓弈秋同時教兩個人下棋，一個人專心聽弈秋教下棋；另一個人沒有專心聽弈秋教下棋，心想大雁即

將飛來，準備拿弓射牠，不專心學習的人，下棋技不如人，是因為他不聰明嗎？非也，只是不專一志向、不專心學習罷了。」

當代意義：這是「一暴十寒」、「專心致志」成語的典故由來。無論學習或行善，都要專一志向，持之以恆，不可中斷；換言之，不要一日打魚三日曬網。

十、孟子曰：「魚，我所欲也；熊掌，亦我所欲也，二者不可得兼，舍魚而取熊掌者也。生，亦我所欲也；義，亦我所欲也，二者不可得兼，舍生而取義者也。生亦我所欲，所欲有甚於生者，故不為苟得也；死亦我所惡，所惡有甚於死者，故患有所不辟也。如使人之所欲莫甚於生，則凡可以得生者，何不用也？使人之所惡莫甚於死者，則凡可以辟患者，何不為也？由是則生而有不用也，由是則可以辟患而有不為也。是故，所欲有甚於生者，所惡有甚於死者，非獨賢者有是心也，人皆有之，賢者能勿喪耳。一簞食，一豆羹，得之則生，弗得則死。嘑爾而與之，行道之人弗受；蹴爾而與之，乞人不屑也。萬鍾則不辨禮義而受之。萬鍾於我何加焉？為宮室之美、妻妾之奉、所識窮乏者得我與？鄉為身死而不受，今為宮室之美為之；鄉為身死而不受，今為妻妾之奉為之；鄉為身死而不受，今為所識窮乏者得我而為之，是亦不可以已乎？此之謂失其本心。」

白話：孟子說：「魚是我想要吃的，熊掌也是我想要吃的美食，如果兩者不能同時得到，我寧可不要魚而要熊掌。生命是我想要的，

道義（正義）也是我想要的，如果兩者不能同時得到，我寧可捨棄生命而要實現道義（正義）。

自己的生命是我想要保存的，但是還有比生命更為我想要的，所以我不會苟且偷生，勉強地存活下來。死亡是我所厭惡的，但是還有比死亡更為我所厭惡的，因此有的災禍就不逃避而從容就義。

如果人人最喜歡自己的生命，一切可以保全自己生命的方法，都會想盡辦法保全自己的生命；如果人人厭惡死亡，一切可以逃避死亡的方法，都會想盡辦法逃避死亡。如果用一種方法就可以保全生命，有時候卻不願意苟且偷生；如果用一種方法可以逃避災禍甚至死亡，有時候卻不逃避而從容就義。

由此可知，人所要的，有比生命更有價值更想要的；人所厭惡的，有比死亡更讓人厭惡的；不僅聖賢有此本心，而是人人都有這種本心，只是聖賢沒有喪失這種捨生取義的道德自覺。

如果一簞飯，一碗湯，吃了就可活命，吃不到就餓死；呼喝（呼叫喝叱）著拿給人吃，即使路上的行人也不要吃；如果踐踏食物給人吃，即使乞丐也不要吃。有一萬鍾的俸祿，如果不明辨是否合乎禮義就接受，這一萬鍾食祿對我有什麼意義呢？是為了蓋豪宅嗎？得到妻妾的侍奉嗎？還是為了貧窮朋友感謝我的救濟嗎？以前寧可從容就義（死亡）而不願接受的萬鍾食祿（俸祿，薪水），現在為了蓋豪宅、得到漂亮的妻妾、貧窮朋友感謝我的救濟而接受萬鍾食祿，這是不應該的作法，已經喪失捨生取義的道德自覺。」

當代意義：這是「魚與熊掌」、「捨生取義」成語典故的由來。孟子的捨生取義，影響後世深遠，成為為國為民而從容就義的人格標竿。文天祥是捨生取義的標竿，宋亡被俘，寧死不降，忽必烈勸降，寧死不屈，從容就義，留有〈正氣歌〉等著作。

黃道周明亡後抗清，被俘殉國，有血書給家人：「綱常萬古，節義千秋，天地知我，家人無憂。」，另有哲學家劉宗周明亡後抗清，清軍攻陷杭州，絕食二十日殉國。

　　清末戊戌變法失敗，譚嗣同是「有心殺賊，無力回天」，從容就義，留下「我自橫刀向天校，去留肝膽兩崑崙」的名言；黃花崗七十二烈士也是捨生取義的不朽事例，黃花崗起義，革命志士拋頭顱、灑熱血，林覺民率敢死隊衝進兩廣總督衙門，浴血奮戰，從容就義，留下〈與妻訣別書〉；另有女革命志士秋瑾，起義失敗，從容就義，口供僅寫「秋風秋雨愁煞人」；還有許多的抗日英烈，如：張自忠、謝晉元等八百壯士等等。

十一、孟子曰：「仁，人心也；義，人路也。舍其路而弗由，放其心而不知求，哀哉！人有雞犬放，則知求之；有放心，而不知求。學問之道無他，求其放心而已矣。」

　　白話：孟子說：「仁，是每一個人的本心；義，是人生應走的大道。放棄人生應走的道路，迷失本心而不找尋，真是悲哀！有人雞狗走失了，還知道到處去尋找，自己的本心迷失了，反而自己不知道趕快找回來！做學問的唯一方法，就是把自己迷失的仁心找回來。」

　　當代意義：仁是人的本心，是人之所以為人的本質，也是心的本質；義是人的行為準則或規範。因此，我們無論做任何事情，都要從仁愛之心出發，遵守道義的規範去行動；追求道德學問的唯一方法，就是把自己迷失的仁義之心找回來，實踐仁義之道。

十二、孟子曰：「今有無名之指，屈而不信，非疾痛害事也，如有能信之者，則不遠秦楚之路，為指之不若人也。指不若人，則知惡之；心不若人，則不知惡，此之謂不知類也。」

白話：孟子說：「現在有一個人，他的無名指彎曲伸不直，不會痛也不礙事；但是如果有人能夠治好他彎曲的無名指，即使要去秦國或楚國，他也不嫌路途遙遠而去醫治，為了只是無名指跟別人不一樣。無名指跟別人不一樣，感覺手指不如人，就知道厭惡；仁心不如別人，卻不知道厭惡，這叫做不知事情的輕重。」

當代意義：孟子嘲諷地批評一般人只重視外表不如人，而不重視仁心（人品）不如人。當今許多人外表不如人，就去做醫美，品德不如人卻不修養品德，真不知事情的輕重。

十三、孟子曰：「拱把之桐梓，人苟欲生之，皆知所以
　　　　養之者。至於身，而不知所以養之者，豈愛身不
　　　　若桐梓哉？弗思甚也。」

白話：孟子說：「一隻手就能握住的小桐樹（油桐樹屬經濟樹，種子可榨油，工業用油，木材可製傢俱）、梓樹苗（嫩葉可食，樹皮是中藥梓白皮，木材薪炭用途），百姓都知道如何栽種培養；對於自身的道德人格，卻不知道如何培養，難道愛自己不如愛桐樹和梓樹嗎？對自己的人格培養實在太疏忽了！」

當代意義：孟子認為一般人都知道如何栽培桐樹和梓樹，但對於提昇自己的道德人格與身心靈境界，卻顯得漠不關心，實在不可思議！

十四、孟子曰：「人之於身也，兼所愛。兼所愛，則兼
　　　　所養也。無尺寸之膚不愛焉，則無尺寸之膚不養
　　　　也。所以考其善不善者，豈有他哉？於己取之而
　　　　已矣。體有貴賤，有小大。無以小害大，無以賤

害貴。養其小者為小人，養其大者為大人。今有
場師，舍其梧檟，養其樲棘，則為賤場師焉。養
其一指而失其肩背，而不知也，則為狼疾人也。
飲食之人，則人賤之矣，為其養小以失大也。飲
食之人無有失也，則口腹豈適為尺寸之膚哉？」

白話：孟子說：「每一個人對於自己的身心，都是全心保養、保護愛惜的；對於每一寸的皮膚，無不保全，也無不保養。因此，要考察一個人對身心的保養好或不好，看他著重什麼保養就知道了。我們身心各部分，有貴賤、大小的差別：我們不要只保全小而賤的口腹之欲的滿足，而妨害了大而貴的心思禮義之志。只保養小的口腹之欲，成就小人的境界；保養大的心思禮義之志，成就大人的境界。

現在有一個管理花園的園丁，他放棄梧桐、檟樹很有價值的樹木，而去栽培酸棗、荊棘沒有價值的樹木，他就是不高明的園丁。如果一個人為了保全一個手指而失去肩膀、背部，自己還不知道因小失大，這個人猶如頸部僵硬的病狼。

一個只重視飲食的人，大家都瞧不起他，因為他只滿足口腹之欲，而喪失心思禮義之志。如果重視飲食的人，沒有喪失心思禮義之志，他對口腹的滿足，不只為了皮膚的保全，而是為了『從其大體』，保全本心的善端。」

當代意義：我們保養身心，不可因小失大，保養小體為小人，保養大體為大人。換言之，從其大體為大人，從其小體為小人。

十五、公都子問曰：「鈞是人也，或為大人，或為小人，
　　　何也？」
　　　孟子曰：「從其大體為大人，從其小體為小人。」

曰：「鈞是人也，或從其大體，或從其小體，何
也？」

曰：「耳目之官不思，而蔽於物，物交物，則引
之而已矣。心之官則思，思則得之，不思則不得
也。此天之所與我者，先立乎其大者，則其小者
弗能奪也。此為大人而已矣。」

白話：公都子（戰國時期魯國人，孟子弟子）問孟子：「為什麼
有的人是大人，有的人是小人？」孟子說：「本心遵行禮義，不違禮
犯法，就是大人；如果只是依照耳目感官去做，就是小人。」公都
子又問孟子：「為甚麼有的人遵行禮義（從其大體），有的人只是依
照耳目感官去做（從其小體）？」

孟子說：「我們的眼睛耳朵只是身體的器官，沒有理性思考的能
力，時常被外界的事物所蒙蔽，往往受外在事物引誘。我們的本心
是有理性思考的能力，不受外物的蒙蔽和引誘，就能保有大體的善。
耳目和本心都是天賦存在，只要我們堅守本心的善，耳目感官的小
體，就不會蒙蔽和引誘本心的決定，這就是大人。」

當代意義：孟子有大人、小人之分，大人近似孔子的君子，又
有大體、小體之別。小體是耳目感官的情欲，猶如《禮記·禮運》
所說：「飲食男女，人之大欲存焉。」；大體是仁義禮智之善性。「從
其大體」是心思禮義，擴充善端，以心制欲，寡欲，不動心。「從其
小體」是耳目感官受外物的引誘而縱恣情欲，近似《禮記·樂記》
說：「人生而靜，天之性也；感於物而動，性之欲也……好惡無節於
內，知誘於外，不能反躬，天理滅矣……滅天理而窮人欲者也。」

十六、孟子曰：「有天爵者，有人爵者。仁義忠信，樂
善不倦，此天爵也；公卿大夫，此人爵也。古之

人修其天爵，而人爵從之。今之人修其天爵，以
要人爵；既得人爵，而棄其天爵，則惑之甚者也，
終亦必亡而已矣。」

白話：孟子說：「有上天授予的爵位，有人授予的爵位。一個人
具有仁義忠信的美德，樂於行善而不厭倦，這是天授的爵位；公卿
大夫，是人授予的爵位。古代的人，修養仁義忠信的天爵，而公卿
大夫的人爵很容易就得到了。當今的人，修養自己的天爵（仁義忠
信），為的是爭取人爵。得到人爵後，就放棄天爵（仁義忠信），真
是不明事理！如果沒有天爵，最終人爵也會丟失。」

當代意義：天爵是人內在的善性與道德人格，人爵是公卿大夫
的官位。如果只有人爵而無天爵，所謂德不配位，必有災殃。

十七、孟子曰：「欲貴者，人之同心也。人人有貴於己
者，弗思耳。人之所貴者，非良貴也。趙孟之所
貴，趙孟能賤之。《詩》云：『既醉以酒，既飽以
德。』言飽乎仁義也，所以不願人之膏粱之味也；
令聞廣譽施於身，所以不願人之文繡也。」

白話：孟子說：「人人希望得到富貴，這是大家共同的心願；其
實人人都有尊貴的天爵（仁義忠信），只是不重視罷了。別人給的人
爵（公卿大夫），不是天然的尊貴。例如趙盾（趙孟，晉國正卿）授
予的人爵尊貴，趙盾也能收回人爵，使他貧賤。《詩經・大雅・既醉》
說：『既喝足了酒，又飽受恩德。（為客人於宴後向主人道謝的話。）』
這是說在仁義道德方面深得涵養，不再渴望人家豐盛的美食；有良
好的美名和盛大的名譽，所以不再渴望人家華麗的衣服。」

當代意義：孟子強調天爵貴於人爵，天爵是天然永恆的尊貴，

人爵是人為短暫的尊貴。有了尊貴的天爵，就不再渴望美食與華服了。

十八、孟子曰：「仁之勝不仁也，猶水勝火。今之為仁者，猶以一杯水，救一車薪之火也；不熄，則謂之水不勝火，此又與於不仁之甚者也，亦終必亡而已矣。」

　　白話：孟子說：「仁義道德一定勝過不仁不義，猶如水能滅火一樣。當今行仁道的人，猶如拿一杯水去救一台車正在燃燒的木柴；水太少火不熄滅，就說水不能滅火。這種說法，助長不仁的勢力，最終仁道的勢力消失了。」
　　當代意義：這是「杯水車薪」成語典故的由來。孟子強調「仁之勝不仁也，猶水勝火。」是自然的道理，只要興仁、行仁，仁者無敵。

十九、孟子曰：「五穀者，種之美者也；苟為不熟，不如荑稗。夫仁亦在乎熟之而已矣。」

　　白話：孟子說：「五穀是最好的種子，但是，如果五穀不成熟（不能食用），不如荑、稗（兩種草名，似禾，實比穀小，亦可食）成熟可食用。至於行仁，也要具體落實在百姓日用生活上，有好的成果表現。」
　　當代意義：仁的成熟，猶如五穀的成熟，有良好的成果（結果）表現，具體落實在百姓日用生活上。

二十、孟子曰：「羿之教人射，必志於彀；學者亦必志

於彀。大匠誨人，必以規矩；學者亦必以規矩。」

白話：孟子說：「羿（有窮國君，善射）教人射箭，一定要求學生練到拉滿弓；學習射箭的人，也希望練到拉滿弓。做木工的匠師教人，一定要使用圓規和曲尺（畫圓畫方的工具），學習木工的人，也一定使用圓規和曲尺。」

當代意義：孟子強調學習必有方法，老師教人也必有方法，例如木匠教人必定使用圓規和曲尺。

第十二章　告子下

一、任人有問屋廬子曰：「禮與食孰重？」曰：「禮重。」
　　「色與禮孰重？」曰：「禮重。」
　　曰：「以禮食，則飢而死；不以禮食，則得食，必
　　以禮乎？親迎，則不得妻；不親迎，則得妻，必親
　　迎乎！」
　　屋廬子不能對，明日之鄒，以告孟子。孟子曰：「於
　　答是也，何有？不揣其本而齊其末，方寸之木，可
　　使高於岑樓。金重於羽者，豈謂一鉤金與一輿羽之
　　謂哉？取食之重者，與禮之輕者而比之，奚翅食
　　重？取色之重者，與禮之輕者而比之，奚翅色重？
　　往應之曰：『紾兄之臂而奪之食，則得食；不紾，
　　則不得食，則將紾之乎？踰東家牆而摟其處子，則
　　得妻；不摟，則不得妻，則將摟之乎？』」

　　白話：一個任國人問屋廬子（孟子弟子）說：「禮和飲食，何者
重要？」屋廬子說：「禮比飲食重要。」
　　任國人再問：「禮和美色何者重要？」屋廬子說：「禮比美色重
要。」
　　任國人再問：「如果依照禮節飲食，就會餓死；不依照禮節飲食，
就可以得到食物，還要依照禮節嗎？又如依照禮節親自迎娶，就娶

不到妻子；不依照禮節親自迎娶，就能娶到妻子，還要依照禮節，親自迎娶妻子嗎？」屋廬子無法回答，隔天他去鄒國請教孟子。

孟子說：「回答這些問題並不難，不去考慮事情的重要根本，只是比較不重要的枝節，例如一方寸的木頭，可以使木頭升於樓房上，反高於樓房。金子重於羽毛，豈是指一鉤金（比喻金子輕少）和一車羽毛相比較嗎！拿飲食中最重要的，和禮節中最輕微的相比較，飲食當然比較重要；拿美色中最重要的，和禮節中最輕微的相比較，美色當然比較重要。你可以回答他說：『如果扭傷哥哥的手臂而搶奪他的食物，才能得到飲食，不去扭傷哥哥的手臂就得不到飲食；難道要扭傷哥哥的手臂嗎？跳過東家的圍牆，強擄東家的少女就能得到妻子，不去強擄就得不到妻子，難道要強擄東家的少女嗎？』」。

當代意義：孟子強調在不違背禮義精神的情況下，要懂得權宜變通，例如男女授受不親，但是嫂子溺水，要伸手援救，這是權宜之計與變通。

二、曹交問曰：「人皆可以為堯舜，有諸？」

　　孟子曰：「然。」

　　「交聞文王十尺，湯九尺，今交九尺四寸以長，食粟而已，如何則可？」

　　曰：「奚有於是？亦為之而已矣。有人於此，力不能勝一匹雛，則為無力人矣；今日舉百鈞，則為有力人矣。然則舉烏獲之任，是亦為烏獲而已矣。夫人豈以不勝為患哉？弗為耳。徐行後長者，謂之弟，疾行先長者，謂之不弟。夫徐行者，豈人所不能哉？所不為也。堯舜之道，孝弟而已矣。子服堯之服，誦堯之言，行堯之行，是堯而已矣；子服桀

之服，誦桀之言，行桀之行，是桀而已矣。」

曰：「交得見於鄒君，可以假館，願留而受業於門。」

曰：「夫道，若大路然，豈難知哉？人病不求耳。子歸而求之，有餘師。」

白話：曹交（曹君之弟）問孟子：「每一個人都可以成為堯、舜，有這個講法嗎？」

孟子說：「有這個說法。」

曹交說：「我聽說周文王身高十尺（約今 170-180 公分），商湯九尺（約今 153-162 公分）；我也有九尺四寸（約今 159.8-169.2 公分），我只會吃飯，甚麼都不會，如何可以成為堯、舜呢？」

孟子說：「這跟身高沒有關係，只要努力就可以了。例如有一個人，他的力量不能抓一隻小雞，他就是沒有力量的人；有一個人說能抬起三千斤的重量，他就是有強大力量的人。由此可說，只要能夠舉起烏獲（秦國大力士，曾仕秦武王。）能舉起的重量，他就是大力士烏獲了。不用擔心做不到，只擔心要不要做，願不願意做罷了。慢一步跟在長輩的後面，敬重長輩，叫作悌；搶在長輩前面走路，不敬重長輩，叫作不悌。跟在長輩後面走慢一點，難道做不到嗎？只是不願意做。堯、舜做人之道，只是孝悌而已，只要你穿上堯日常穿的衣服，說堯日常說的話，做堯日常做的事，你就是堯了；只要你穿上桀日常穿的衣服，說桀日常說的話，做桀日常做的事，你就是桀了。」

曹交說：「我想見鄒國國君，跟他借一間房子居住，希望在老師的門下受業。」

孟子說：「道理就像道路，不難理解，只怕不求不為，不擔心不能做到。你回去實踐吧！有很多老師可以請教。」

當代意義：人人可以為堯舜，人人可以為聖賢，有為者亦若是，

孝悌而已，易如反掌折枝，人病不求不為耳。

三、公孫丑問曰：「高子曰：『《小弁》，小人之詩也。』」

孟子曰：「何以言之？」

曰：「怨。」

曰：「固哉，高叟之為《詩》也！有人於此，越人
　　關弓而射之，則己談笑而道之；無他，疏之也。其
　　兄關弓而射之，則己垂涕泣而道之；無他，戚之也。
　　小弁之怨，親親也。親親，仁也。固矣夫，高叟之
　　為《詩》也！」

曰：「《凱風》何以不怨？」

曰：「《凱風》，親之過小者也；《小弁》，親之過大
　　者也。親之過大而不怨，是愈疏也；親之過小而怨，
　　是不可磯也。愈疏，不孝也；不可磯，亦不孝也。
　　孔子曰：『舜其至孝矣，五十而慕。』」

白話： 公孫丑問孟子說：「齊國人高子說：『《詩經・小雅・小弁》
這首詩，是小人作的詩。』」

　　孟子說：「為什麼說小人作的詩？」

　　公孫丑說：「因為這首詩有怨恨的意涵。」

　　孟子說：「高先生談論詩，太頑固不通了。例如有一個人看到越
國人張弓要射人，這個人笑著勸他不要射人，為什麼只是笑著勸說
呢？因為和這個越國人不親近。如果是他哥哥張弓要射人，一定會
傷心的規勸，因為兄弟的感情是親密的。〈小弁〉這首詩的怨恨，是
想親愛父親，這是仁的表現。高先生談論詩，太頑固不通了！」

　　公孫丑說：「《詩經・邶風・凱風》這首詩，為什麼沒有怨恨呢？」

　　孟子說：「〈凱風〉這首詩的母親只是犯了小過，而〈小弁〉這首詩的父親犯了大過錯。父母犯的過錯大而不怨恨，是對父母的疏離；父母犯的過錯小而怨恨，是對父母的不順從。疏離父親是不孝，不順從母親也是不孝。所以，孔子說：『大舜是個最孝順的人，到了五十歲還順從父母。』」

　　當代意義：孟子分別《詩經・小雅・小弁》和《詩經・邶風・凱風》的不同意義。〈小弁〉之作，源於周幽王娶申后，生太子宜臼，後又得褒姒而迷惑之，褒姒生伯服，幽王信讒言，廢黜申后，又廢太子宜臼而放逐之，宜臼做此詩以自怨，表示哀痛之情。〈小弁〉說：「君子信讒，如或酬之，君子不惠，不舒究之。」幽王相信讒言，好像吃了美酒，對我（太子）沒有恩惠（廢逐太子），也不仔細究查進讒言的罪人。孟子認為周幽王犯了大過，造成宜臼的怨恨，因為周幽王被褒姒迷惑，相信讒言而廢逐太子。

　　〈凱風〉之作，源於有七個兒子的母親，本有欲嫁之心，后為七子孝心所感，而不再嫁，表示孝子自責之情。〈凱風〉說：「有子七人，母氏勞苦……有子七人，莫慰母心。」有了七個兒子，還不能安慰母親的心，幸好不再嫁人，孟子認為七子之母只是犯了小過。

四、宋牼將之楚，孟子遇於石丘。曰：「先生將何之？」
　　曰：「吾聞秦楚構兵，我將見楚王，說而罷之。楚王不悅，我將見秦王，說而罷之，二王我將有所遇焉。」
　　曰：「軻也請無問其詳，願聞其指。說之將何如？」
　　曰：「我將言其不利也。」
　　曰：「先生之志則大矣，先生之號則不可。先生以利說秦楚之王，秦楚之王悅於利，以罷三軍之師，是三軍之士樂罷而悅於利也。為人臣者，懷利以事

兄。其君，為人子者，懷利以事其父，為人弟者，懷利以事其兄。是君臣、父子、兄弟終去仁義，懷利以相接，然而不亡者，未之有也。先生以仁義說秦楚之王，秦楚之王悅於仁義，而罷三軍之師，是三軍之士樂罷而悅於仁義也。為人臣者，懷仁義以事其君，為人子者，懷仁義以事其父，為人弟者，懷仁義以事其兄，是君臣、父子、兄弟去利，懷仁義以相接也；然而不王者，未之有也。何必曰利？」

白話：宋牼（戰國時期宋國人，反戰思想家）要去楚國，在石丘（宋國地名）遇到孟子，孟子問他：「先生要去哪裡？」

宋牼說：「我聽說秦國和楚國要派兵開戰，我想去楚國勸楚王停戰；楚王如果不願意，我再去秦國勸秦王停戰，兩國應該會有一國之君同意不出兵。」

孟子說：「請問你如何勸說他們不出兵？」

宋牼說：「我想勸他們戰爭對自己非常不利。」

孟子說：「先生的反戰理想很偉大，可是，先生以利為號召行不通。先生以利勸說秦楚兩國之君，兩國之君為了私利而不出兵，於是，兩國將士因為「私利」不出兵而高興。當臣子的人，為了私利去事奉他的君王；當兒子的人，為了私利去孝順父母；當弟弟的人，為了私利去順從他的哥哥。如果大家都以私利為目的，君臣、父子、兄弟之間，都以私利相對待，完全沒有仁義道德，沒有仁義道德的國家，終究會滅亡的。先生要以仁義道德去勸阻秦楚兩國之君，兩國之君為了仁義道德而不出兵，兩國將士因為不出兵而高興，因而喜歡仁義道德。當臣子的人，基於仁義之心去事奉他的君王；當兒子的人，基於仁義之心去孝順父母；當弟弟的人，基於仁義之心去順從他的哥哥。如果大家都以仁義道德為目的，君臣、父子、兄弟

之間，都以仁義之心相對待，如此仁義之君，終究可以成就王道大業，何必口口聲聲為了私利！」

當代意義：孟子以義利之辨，反對宋牼「以利反戰」，源於孔子「君子喻於義，小人喻於利。」（《論語·里仁》）的義利之辨。

五、孟子居鄒，季任為任處守，以幣交，受之而不報。
處於平陸，儲子為相，以幣交，受之而不報。他日
由鄒之任，見季子；由平陸之齊，不見儲子。屋廬
子喜曰：「連得閒矣。」問曰：「夫子之任，見季子，
之齊，不見儲子，為其為相與？」
曰：「非也。《書》曰：『享多儀，儀不及物曰不享，
惟不役志于享。』為其不成享也。」
屋廬子悅。或問之。屋廬子曰：「季子不得之鄒，
儲子得之平陸。」

白話：孟子住在鄒國的時候，季任幫他哥哥任國國君留守，督導國政，派人送金幣給孟子，孟子接受餽贈卻沒有答謝。孟子住在齊國平陸的時候，儲子當齊國的宰相，也派人送金幣給孟子，孟子也沒有答謝。

過了不久，孟子從鄒國到任國，去拜謝季任。後來孟子從平陸到齊國，卻沒有去拜謝儲子。孟子弟子屋廬子高興的說：「我要問老師為什麼有差別？」

屋廬子問孟子：「老師到任國去拜謝季任；到齊國，卻不去拜謝儲子，因為儲子是宰相的原因嗎？」孟子說：「非也。《尚書·周書·洛誥》說：『贈送禮物要以禮儀為重，贈送禮物如果沒有誠意，等於沒有贈送禮物。』我不去拜謝儲子，因為儲子贈送禮物的誠意不足。」

　　屋廬子聽了，非常佩服老師的解說。有人問他原因，屋廬子說：「因為季任留守任國，不能離開任國到鄒國；而儲子是齊國的宰相，可以親自到平陸去見老師（孟子），可是他沒有親自去見老師，表示他的誠意不足。」

　　當代意義：孟子強調贈送禮物，以誠意為重，誠意不足，視同沒有送禮。

六、淳于髡曰：「先名實者，為人也；後名實者，自為也。夫子在三卿之中，名實未加於上下而去之，仁者固如此乎？」

　　孟子曰：「居下位，不以賢事不肖者，伯夷也；五就湯，五就桀者，伊尹也；不惡汙君，不辭小官者，柳下惠也。三子者不同道，其趨一也。一者何也？曰：仁也。君子亦仁而已矣，何必同？」

　　曰：「魯繆公之時，公儀子為政，子柳、子思為臣，魯之削也滋甚。若是乎賢者之無益於國也！」曰：「虞不用百里奚而亡，秦穆公用之而霸。不用賢則亡，削何可得與？」

　　曰：「昔者王豹處於淇，而河西善謳；緜駒處於高唐，而齊右善歌；華周、杞梁之妻善哭其夫，而變國俗。有諸內必形諸外。為其事而無其功者，髡未嘗覩之也。是故無賢者也，有則髡必識之。」

　　曰：「孔子為魯司寇，不用，從而祭，燔肉不至，不稅冕而行。不知者，以為為肉也。其知者，以為為無禮也。乃孔子則欲以微罪行，不欲為苟去。君

子之所為，眾人固不識也。」

白話：淳于髡（齊國人，博聞多辯）說：「以聲譽、事功為重的人，可以服務人群；不以聲譽、事功為重的人，可以獨善其身。孟夫子位列三卿（司徒、司馬、司空）之中，對上不能匡正國君，對下不能濟助百姓，就辭職離去，仁者（有仁德的君子）都是這樣的嗎？」

孟子說：「願意當平民百姓，不願意事奉不賢明的國君的人，是伯夷；五次投靠夏桀，五次投靠商湯的人，是伊尹（建立商朝的重要名臣）；不討厭不賢明的國君，不拒絕當小官的人，是柳下惠。這三個人雖然處境不同，但都是仁者，君子只要有仁德、行仁道就好了，不必言行相同。」

淳于髡說：「魯繆公時，公儀子（魯國博士，奉公守法，百官自正）相繆公，子柳、子思（孔子嫡孫）都是重臣。可是，魯國的國土被敵人侵奪，可知，賢臣對國家無益！」

孟子說：「虞國不重用百里奚（原為虞國大夫）而亡國，秦穆公重用百里奚而稱霸諸侯。不用賢臣就要亡國，何止國土被侵奪！」

淳于髡說：「從前，王豹（衛國善於歌唱者）住在淇水（在今河南省北部）邊，使河西的人都會唱歌；緜駒（齊國人，善於歌唱者）住在齊國高唐（今山東省禹城縣），使齊國西部的人都會唱歌；華周（齊國大夫）和杞梁（齊國大夫）的妻子，因為傷心丈夫殉國而痛哭，因而改變齊國的風俗。所以，一個有才能的人，一定會有傑出的表現；依我看，現在沒有賢人，有賢人的話，我應該會知道。」

孟子說：「以前，孔子當魯國的司寇，沒有受到魯國國君的重用；他跟著魯國國君去祭祀，魯國國君沒有送他祭肉，孔子就倉促離開魯國。不明白內情（不明就裡）的人，以為孔子是為了祭肉而出走；知道內情的人認為魯國國君對他無禮，其實，孔子是要藉著魯國國

君輕微的過失而出走，而不願意無故出走。君子所做所為，一般人無法理解！」

當代意義：齊後莊公四年（西元前 550 年），杞梁與華周都是齊後莊公的部下將領。先伐衛國、晉國，回師襲莒國。與華周率少數甲士夜出隧險，突擊至城郊。莒君以重賂約和，他拒不接受，後在激戰中被俘而死（事見《左傳‧襄公二十三年》）。杞梁的妻子，稱為杞梁妻。「齊侯歸，遇杞梁之妻於郊，使弔之。辭曰：『殖之有罪，何辱命焉？若免於罪，猶有先人之敝廬在，下妾不得與郊弔。』齊侯弔諸其室。」即杞梁之妻要求齊侯在宗室正式弔唁杞梁。

七、孟子曰：「五霸者，三王之罪人也；今之諸侯，五霸之罪人也；今之大夫，今之諸侯之罪人也。天子適諸侯曰巡狩，諸侯朝於天子曰述職。春省耕而補不足，秋省斂而助不給。入其疆，土地辟，田野治，養老尊賢，俊傑在位，則有慶，慶以地。入其疆，土地荒蕪，遺老失賢，掊克在位，則有讓。一不朝，則貶其爵；再不朝，則削其地；三不朝，則六師移之。是故天子討而不伐，諸侯伐而不討。五霸者，摟諸侯以伐諸侯者也，故曰：五霸者，三王之罪人也。

「五霸，桓公為盛。葵丘之會諸侯，束牲、載書而不歃血。初命曰：『誅不孝，無易樹子，無以妾為妻。』再命曰：『尊賢育才，以彰有德。』三命曰：『敬老慈幼，無忘賓旅。』四命曰：『士無世官，官事無攝，取士必得，無專殺大夫。』五命曰：『無曲防，無遏糴，無有封而不告。』曰：『凡我同盟

之人，既盟之後，言歸于好。』今之諸侯，皆犯此
五禁，故曰：今之諸侯，五霸之罪人也。
「長君之惡其罪小，逢君之惡其罪大。今之大夫，
皆逢君之惡，故曰：今之大夫，今之諸侯之罪人也。」

白話：孟子說：「春秋時期的五霸（齊桓公、晉文公、秦穆公、
宋襄公、楚莊王。），都是三代（夏、商、周）帝王的罪人；當今的
諸侯，都是五霸的罪人；當今的大夫，都是當今諸侯的罪人。天子
到諸侯國出巡，稱為巡狩；諸侯朝見天子，陳述職務，稱為述職。

　　春天要省察百姓耕種的情形，補充百姓農耕的不足；秋天要省
察百姓的秋收，補助百姓秋收的不足。天子巡狩諸侯國，看見土地
開墾，農田整修，百姓孝養老人，尊敬賢士，才能傑出的人當官，
就有獎勵，賞賜諸侯土地；如果天子巡狩諸侯國，看見土地荒廢，
百姓棄養老人，不任用賢士，善於搜刮民財的人當官，就要責罰諸
侯。

　　諸侯一次不去朝見天子，就要貶低他的爵位；兩次不去朝見天
子，就要減少他的封地；三次不去朝見天子，天子就要征討他；天
子只是聲討有罪的諸侯，而不親自帶兵攻打諸侯，諸侯只是奉天子
之命，討伐有罪的諸侯。春秋五霸用威力，迫使一些諸侯去攻打其
他的諸侯，所以說：春秋五霸是三代帝王的罪人。

　　五霸以齊桓公最強大，他在葵丘（今河南省民權縣）會盟諸侯，
召集魯、宋、衛、鄭、許、曹等國，頒布天子禁令五條，周襄王派
宰孔參加，賞賜王室祭祀祖先的祭肉給齊桓公，表示周天子承認齊
桓公的霸主地位。諸侯盟誓命令共五條：

　　第一條：誅殺不孝順的人，不得任意撤換已立的世子，不能立
妾為正妻。

　　第二條：尊敬賢士，栽培人才，表彰有德的人。

第三條：敬重長者，慈愛幼小，盡力幫助外來的賓客。

第四條：士的爵位不能世襲，一官專任，不得兼職；真才取士，不得任意誅殺大夫。

第五條：建築堤防，不能侵害鄰國的河川水利；不能拒絕遭逢天災的鄰國購買糧食；諸侯賞賜土地給大夫，要稟告天子。

最後說：參加同盟的諸侯，今後要和平友好。

現在的諸侯，都違反這些盟約，所以說：現在的諸侯，都是五霸的罪人。現今的大夫，迎合國君的私慾，引誘國君作惡，所以說：現今的大夫，都是諸侯的罪人。」

當代意義：孟子認為「春秋無義戰」（〈盡心下〉），戰國更無義戰，所以，春秋戰國的諸侯，都是三代帝王的罪人。

八、魯欲使慎子為將軍。孟子曰：「不教民而用之，謂之殃民。殃民者，不容於堯舜之世。一戰勝齊，遂有南陽，然且不可。」

慎子勃然不悅曰：「此則滑釐所不識也。」

曰：「吾明告子。天子之地方千里；不千里，不足以待諸侯。諸侯之地方百里；不百里，不足以守宗廟之典籍。周公之封於魯，為方百里也；地非不足，而儉於百里。太公之封於齊也，亦為方百里也；地非不足也，而儉於百里。今魯方百里者五，子以為有王者作，則魯在所損乎？在所益乎？徒取諸彼以與此，然且仁者不為，況於殺人以求之乎？君子之事君也，務引其君以當道，志於仁而已。」

白話：魯國國君要任命慎滑釐（魯國臣子，善於用兵）當將軍，

孟子說：「不教百姓禮樂仁義，而徵派他們打仗，稱為禍害百姓。禍害百姓的人，在堯舜的時代是不能寬容的。即使能打敗齊國，得到南陽（齊國之地，今山東鄒縣），也不可以。」

慎滑釐突然不高興的說：「這些話我不能理解！」

孟子說：「我明白告訴你：周朝的制度：天子管轄的土地是一千方里，沒有一千方里，不足以接待諸侯；諸侯的土地是一百方里，沒有一百方里，不足以保有宗廟祭祀和典籍。周公封在魯國，也是一百方里；姜太公封在齊國，也是一百方里。現在魯國的土地有五百方里，是一百方里的五倍，如果有聖王興起，魯國的土地應該要減少？還是要增加？

徒手把南陽奪來送給魯國，有仁心的人尚且不願意做，何況要派兵殺人奪取呢？君子事奉國君，要引領國君行正道，立志於仁，不做壞事才好。」

當代意義：孟子批評慎滑釐好戰而殃民，應當引領國君行正道（王道），立志於行仁，不做禍國殃民的事才好。

九、孟子曰：「今之事君者曰：『我能為君辟土地，充府庫。』今之所謂良臣，古之所謂民賊也。君不鄉道，不志於仁，而求富之，是富桀也。『我能為君約與國，戰必克。』今之所謂良臣，古之所謂民賊也。君不鄉道，不志於仁，而求為之強戰，是輔桀也。由今之道，無變今之俗，雖與之天下，不能一朝居也。」

白話：孟子說：「現在事奉國君的人，都說：『我能為國君開疆闢地，充實府庫財富。』當今所謂良臣，古人所謂民賊。國君不想行王道，不立志於仁政，還想使他富足，這等同於使夏桀富足！又

說：『我能為國君會盟諸侯，打戰一定贏得勝利。』當今所謂良臣，古人所謂民賊。國君不行王道，不立志於實施仁政，還想為他打戰，這等同於輔佐殘暴的夏桀。依照當今臣子的作法，務必要改善當今的社會風氣，使人心志於仁政王道，否則，即使擁有天下，也必爭奪不休，永無寧日。」

當代意義：孟子強調所謂良臣，應使國君心志於仁政王道，否則，兵凶戰危，爭戰不休，人人自危。

十、白圭曰：「吾欲二十而取一，何如？」

　　孟子曰：「子之道，貉道也。萬室之國，一人陶，則可乎？」

　　曰：「不可，器不足用也。」

　　曰：「夫貉，五穀不生，惟黍生之。無城郭、宮室、宗廟、祭祀之禮，無諸侯幣帛饔飧，無百官有司，故二十取一而足也。今居中國，去人倫，無君子，如之何其可也？陶以寡，且不可以為國，況無君子乎？欲輕之於堯舜之道者，大貉、小貉也；欲重之於堯舜之道者，大桀、小桀也。」

　　白話：白圭（戰國魏國人，善於修築堤防，興修水利，為魏惠王所用。）說：「我想把稅率改為二十分之一，可以嗎？」

　　孟子說：「你的方法，是北方夷狄的稅法，例如有一個一萬戶的國家，只有一個工匠燒製陶器，陶器夠用嗎？」白圭說：「陶器一定不夠用。」

　　孟子說：「在夷狄貉國，不生長五穀，只生長黍（去皮後稱黍米，俗稱黃米。）；夷狄貉國沒有城牆、皇宮、宗廟、祭祀等禮制，沒有

諸侯國之間的饋贈，沒有宴請賓客的禮節，也沒有各級政府官員的編制，所以二十分之一的稅就夠用了。

現在居住在中原的國家，燒製陶器的工匠太少，都不能成為一個國家，更何況如果沒有人倫規範，沒有各級官員辦事，沒有宗廟祭祀，沒有城牆皇宮，如何成為一個國家？所以想要比堯舜的稅率還要少，就是北方夷狄貉國的稅率；想要比堯舜的稅率還要多，就是夏桀的暴君。」

當代意義：孟子認為夏商周三代都是徵收「什一稅」，十分之一的稅是最理想的稅，不過，只適用於豐年，凶年就要降低稅率。

十一、白圭曰：「丹之治水也，愈於禹。」

孟子曰：「子過矣。禹之治水，水之道也。是故禹以四海為壑，今吾子以鄰國為壑。水逆行，謂之洚水。洚水者，洪水也，仁人之所惡也。吾子過矣。」

白話：白圭（戰國魏國人，善於修築堤防，興修水利，為魏惠王所用。）說：「我善於治水，勝過夏禹。」孟子說：「你說錯了！夏禹治水，是疏導水流，順著水性，以四海做為聚集水流的坑谷；現在你治水，以鄰國做為聚集水流的坑谷。大水不依水道橫行，就是洪水，洪水人人厭惡，你說錯話了！」

當代意義：白圭「以鄰為壑」，這是成語典故的由來，表示損人利己，嫁禍於人，把困難或禍害轉嫁給別人。

十二、孟子曰：「君子不亮，惡乎執？」

白話：孟子說：「君子如果沒有誠信，做事如何能堅守正道原則

呢？」

當代意義：沒有誠信，凡事苟且，得過且過，馬虎草率，不守禮法。

十三、魯欲使樂正子為政。

　　　　孟子曰：「吾聞之，喜而不寐。」

　　　　公孫丑曰：「樂正子強乎？」曰：「否。」

　　　　「有知慮乎？」曰：「否。」

　　　　「多聞識乎？」曰：「否。」

　　　　「然則奚為喜而不寐？」曰：「其為人也好善。」

　　　　「好善足乎？」曰：「好善優於天下，而況魯國乎？夫苟好善，則四海之內，皆將輕千里而來告之以善。夫苟不好善，則人將曰：『訑訑，予既已知之矣。』訑訑之聲音顏色，距人於千里之外。士止於千里之外，則讒諂面諛之人至矣。與讒諂面諛之人居，國欲治，可得乎？」

　　白話：魯國國君將派樂正子（魯國人，孟子弟子）執掌國政，孟子說：「我聽到這個消息，高興得睡不著覺。」

　　公孫丑說：「是不是樂正子的處事能力強？」孟子說：「不是。」

　　公孫丑說：「是不是樂正子有智慧謀慮？」孟子說：「不是。」

　　公孫丑說：「是不是樂正子的見識廣博？」孟子說：「不是。」

　　公孫丑說：「老師為何高興得睡不著呢？」

　　孟子說：「因為樂正子喜歡行善愛民，又喜歡聽好的建議。」

　　孟子說：「喜歡行善愛民的人，如果讓他治理天下都沒問題，何況只治理魯國呢？執政者如果喜歡行善愛民，天下的百姓，都會不

遠千里來歸順，並把好的意見告訴他。如果執政者不喜歡行善愛民，百姓就會說他自以為聰明，不聽百姓好的建議，只會說：『我早已知道了。』這種自以為聰明，自大傲慢的心態，把好人拒絕於千里之外，就會跟諂媚阿諛的人在一起，在諂媚阿諛的蒙蔽下，如何治理好國家呢？」

當代意義：這是「距人於千里之外」成語典故的由來。孟子強調「為人也好善」的重要，好善會有善的聯結和善的循環，善言、善行、善人、善政，不斷善的聯結與循環，會有善的結果；反之，不好善會有惡的聯結與循環，惡言、惡行、惡人、惡政，不斷惡的循環，會有惡的結果。因此，治理國家，要請「為人也好善」的人主持國政。

十四、陳子曰：「古之君子何如則仕？」

孟子曰：「所就三，所去三。迎之致敬以有禮，言將行其言也，則就之；禮貌未衰，言弗行也，則去之。其次，雖未行其言也，迎之致敬以有禮，則就之；禮貌衰，則去之。其下，朝不食，夕不食，飢餓不能出門戶。君聞之曰：『吾大者不能行其道，又不能從其言也，使飢餓於我土地，吾恥之。』周之，亦可受也，免死而已矣。」

白話：陳臻（孟子弟子）問孟子：「古代的君子，如何可以出仕為官？」

孟子說：「出仕為官有三種情形，辭官也有三種情形。國君以恭敬有禮的態度迎接他，並說要執行他的政見，可以出仕為官；國君雖然恭敬有禮迎接他，但不執行他的政見，就要辭官。其次，雖然不能執行他的政見，但國君以恭敬有禮的態度迎接他，就出仕為官；

如果恭敬有禮的態度減退，就辭官。再其次，早上沒飯吃，晚上也沒飯吃，餓得走不出門，國君知道了，說：『我雖然不能執行他的政見，又不能聽從他的話，但是他在我國境內飢餓，這是我的恥辱。』就去救濟他，也可以接受國君的救濟，不過是為了避免餓死罷了。」

　　當代意義：國君恭敬有禮迎接，君子依禮而仕，不能施展政見就退隱。

十五、孟子曰：「舜發於畎畝之中，傅說舉於版築之閒，膠鬲舉於魚鹽之中，管夷吾舉於士，孫叔敖舉於海，百里奚舉於市。故天將降大任於是人也，必先苦其心志，勞其筋骨，餓其體膚，空乏其身，行拂亂其所為，所以動心忍性，曾益其所不能。人恒過，然後能改；困於心，衡於慮，而後作；徵於色，發於聲，而後喻。入則無法家拂士，出則無敵國外患者，國恒亡。然後知生於憂患而死於安樂也。」

　　白話：孟子說：「舜曾經耕種於歷山，後來成為天子；傅說是在建築工人中被殷武丁舉用為相；膠鬲是從魚販中被周文王舉用為臣；管夷吾（管仲）初事公子糾，後被齊桓公任用為相；孫叔敖是在淮海之濱被楚莊王舉用為相；百里奚是在市場上被秦穆公舉用為相，他們都是經歷憂患而成功。」

　　因此，孟子認為上天要把重責大任賦予一個人時，必先艱苦他的心志，勞動他的筋骨，飢餓他的身體，貧窮他的家庭。不斷地挫折困擾，使他的事業都不順遂，為的是要激勵他的志氣，堅忍他的節操，增進他的能力。人往往有了過錯，挫折失敗，然後知過，改過遷善而成功。國內如果沒有忠臣的輔佐和忠諫的賢士，國外又沒

有敵對的國家，造成外來的憂患，大家沒有憂患意識、危機意識，這個國家往往會滅亡。所以，孟子說：「在憂患的困頓中奮鬥而存活；反之，在安逸的環境中享樂而滅亡。」

當代意義：這是「動心忍性」、「生於憂患，死於安樂」成語典故的由來。「死於安樂」的例子不勝枚舉，唐玄宗是典型的例子，年輕時開創「開元盛世」，到了晚年，任用李林甫與安祿山，寵幸楊貴妃，終致安史之亂，抱憾而終。

至於「生於憂患」，很多開國之君，都是生於憂患，如劉邦、朱元璋等；反之，不少末代帝王，都是死於安樂，如夏桀、商紂、周幽王、隋煬帝等等。

因此，孟子進一步認為夏商周三代能夠統一天下，是由於有仁德，得民心而得天下。後來，不得民心而失去政權，是由於沒有仁德，殘暴百姓。所以，天子沒有仁德，就不能保有天下；個人殘暴不仁，就不能保全他的生命。

十六、孟子曰：「教亦多術矣，予不屑之教誨也者，是亦教誨之而已矣。」

白話：孟子說：「教導人的方法很多，有些人我不願意教導他，希望他自我反省改過，也是一種教導的方法。」

當代意義：人要自省己過、自知己過、自改己過、自修仁義，是自我最好的教誨。

第十三章　盡心上

一、孟子曰：「盡其心者，知其性也。知其性，則知天矣。存其心，養其性，所以事天也。殀壽不貳，修身以俟之，所以立命也。」

　　白話：孟子說：「能夠盡量發展自己本心的善端，就可以知道自己秉受於天的本性；能夠知道自己的本性善端，就可以知道天道了。保存自己靈明不昧的本心，培養自己天賦的本性善端，這是事奉上天的方法。不論長壽或短命，我毫無疑慮，盡力修養品德，等待天命，這是安身立命的不二方法。」

　　當代意義：這是「存心養性」成語典故的由來。孟子認為人雖有不忍人的惻隱之心，卻容易為物欲所蒙蔽，所以，孟子進而主張存心養性，存心為保存心的本體，心的本體是善，心的本體就是性，存心就是保存人性，保存人性的善端，再培養這些善端去發揚，培養善端稱為「養性」，只要日日操而存之，捨去多欲，節制私欲，以心思之官約束感覺的官能，自然能夠漸至寡欲的境界。

　　除了存心寡欲之外，孟子更建立了盡心和養氣的人格精神境界，盡心是盡量發展自己本心的善端，使仁義禮智發揚，成為完美的道德。在此，孟子所謂「盡心」和《中庸》所說「盡性」兩者的意義相近似，盡心則知性，知性則盡性，能盡性的人便成為聖人，聖人不僅認清自己的本性，也認識萬物的天性，因此，在精神生活上和天地萬物相感通，可以參贊天地的化育。

二、孟子曰：「莫非命也，順受其正。是故，知命者，不立乎巖牆之下。盡其道而死者，正命也。桎梏死者，非正命也。」

　　白話：孟子說：「人生的吉凶、禍福、富貴、貧賤、夭壽，都是上天所賦予的天命，只要素位而行，順受正道，就是『知命』。知命的人，不站在危牆之下。只要能夠盡己、修身、養性、平安壽終，就是『正命』：相反的，為非作歹，犯法（罪）而死，都是自己所為，死於非命，就不是正命。」

　　當代意義：孟子提出知命、正命、立命、俟命之說，「盡其道而死者，正命也。」、「莫非命也，順受其正，知命也。」、「君子行法以俟命而已矣」（〈盡心下〉）、「殀壽不貳，修身以俟之，所以立命也。」（〈盡心上〉）

三、孟子曰：「求則得之，舍則失之，是求有益於得也，求在我者也。求之有道，得之有命，是求無益於得也，求在外者也。」

　　白話：孟子說：「人性中所固有的仁義禮智，只要我們努力追求就能得到，我們放棄就會迷失，追求仁義禮智，有助於我們的道德人格的修養，因為仁義禮智是我們本性中所固有的本質。榮華富貴雖然有方法可以去追求，想得到卻要依靠主客觀綜合條件的命運，追求榮華富貴無助於道德人格的成長，因為榮華富貴是身外之物。」

　　當代意義：這是「求之有道，得之有命」成語典故的由來。孟子強調人要追求仁義禮智的修養，不必刻意追求榮華富貴，誠如子夏說：「富貴在天」，何況榮華富貴是身外之物。

四、孟子曰：「萬物皆備於我矣。反身而誠，樂莫大焉。
　　　強恕而行，求仁莫近焉。」

　　白話：孟子說：「萬事萬物的道理，都具備在人的本心本性之中，
時常反身自省，如果所作所為都能真誠不欺，內心就會無比快樂。
努力實踐恕道，推己及人，己立立人，己達達人，這是求仁最好的
方法。」

　　當代意義：有道德人格的君子，反求諸己，推己及人，親親而
仁民，仁民而愛物。以其所愛，及其所不愛，愛己、愛人、愛物，
達到內聖外王、心物一體、天人合一的悅樂，這就是「萬物皆備於
我」的境界，更是「與民同享、與民同樂」，樂以天下的快樂。

五、孟子曰：「行之而不著焉，習矣而不察焉，終身由
　　　之而不知其道者，眾也。」

　　白話：孟子說：「一般人做事，往往不清楚其中的原因，日常很
熟悉的行為，卻不知道為何要這樣做，一輩子照著做，依樣畫葫蘆，
卻不深究其中道理的人，太多人了。」

　　當代意義：這是「習焉不察」成語典故的由來。「習焉不察」意
指習慣於某種事務而覺察不到其中的問題，例如一般人讀書，不求
甚解，人云亦云，抄襲成性。又如我們生活在一個環境，往往依樣
畫葫蘆，久而久之，對一些不良的社會現象，視若無睹，行人過斑
馬線，險象環生，即是一例。

六、孟子曰：「人不可以無恥。無恥之恥，無恥矣。」

白話：孟子說：「每一個人不可以沒有羞恥心，能夠知道沒有羞恥心是可恥的事，就沒有恥辱了。」

當代意義：孟子「人不可以無恥」，源自孔子「行己有恥」，因此《中庸》第二十章說：「知恥近乎勇」，知道羞恥就比較有道德勇氣。誠如東漢末年思想家荀悅說：「有恥者，本也……故君子審乎自恥……德比於上，故知恥……恥而知之，則聖賢其可幾。」（《申鑒・雜言下》）人有羞恥心，是最根本的為人之道。因此，君子要時常自省自己的羞恥心，如果品德不如人，要感到羞恥，知道羞恥，不斷進德修業，可以成為聖賢。

七、孟子曰：「恥之於人大矣。為機變之巧者，無所用恥焉。不恥不若人，何若人有？」

白話：孟子說：「羞恥心對一個人很重要，有一些專門從事巧詐欺騙的人，他們沒有羞恥心，自己不如人還不自覺可恥，真是無恥！」

當代意義：自覺可恥、自知羞恥，是儒家的修養工夫。有一個知恥的故事：王烈，字彥方，太原人，生於東漢順帝漢安元年。東漢末年，王烈避難隱居山西祁縣，多義行，常以德感人，盜賊亦為所化。可見王烈德操之高，威望之大，學問之深，頗負盛名。

王烈最為人所熟知的故事，當屬「王烈遺布」。據史料記載：王烈在祁縣隱居期間，當時鄉里有一個人偷牛被抓住了，偷牛賊說：「我一時糊塗偷牛，今後我一定痛改前非，希望不要讓王烈知道這件事情。」百姓中有人將此事告訴了王烈，王烈就拿出一匹布贈送偷牛人。有人問王烈為什麼送布給偷牛人？王烈說：「春秋時的秦穆公，有人偷去他的駿馬並殺了吃，他卻賞賜偷馬人酒喝。後來偷馬人在戰場上救了秦穆公。現在這個偷牛人怕我知道這件事，這表明他已自覺羞恥，他的向善之心就會產生，所以贈布給他，勸勉他知恥向

善。」又過了一年，路上有一位老者挑著重擔，有一個人見到後主動替他挑著走了幾十里。隔了一年，這位老人再次外出，把佩劍丟在路上，一位路人途中看見這把佩劍，於是就守著這把劍。到了傍晚，佩劍主人返回時遇到了這位守劍人，正是上次代為挑擔的那個人。老人把這事告訴了王烈，後來王烈知道原來就是那位偷牛的人，於是特地派人在他的家鄉表彰他的事跡。

王烈年輕時，曾拜河南潁川陳太丘為師，師徒兩人關係十分融洽。陳太丘便是東漢著名的學者陳寔，與其子陳紀、陳諶並著高名，時號「三君」。

范曄在《後漢書》中曾記載，陳寔在任職期間，有一次，有小偷夜間進入陳寔家裡，躲在屋樑上。陳寔暗中發現了，就起來穿好衣服，讓子孫聚集過來，訓誡子孫說：「人要自覺自省，自我勉勵。不好的行為往往由不注重品德修養而養成，梁上君子（小偷）就是這樣的人！」小偷十分驚慌，從屋梁跳到地上，跪拜在地，真誠認罪。陳寔說：「看你的長相，也不像壞人，應該深自克己，注重品德修養。你這種行為應當是由貧困所致。」結果還贈送二匹絹給小偷，從此鄉里沒有再發生盜竊。

八、孟子曰：「古之賢王，好善而忘勢，古之賢士，何獨不然？樂其道而忘人之勢。故王公不致敬盡禮，則不得亟見之。見且猶不得亟，而況得而臣之乎？」

白話：孟子說：「古代賢明的國君（王公貴族），喜愛賢士的善行，而忘掉自己的無上權勢；古代的賢士，喜歡自己所奉行的正道，而忘掉（輕忽）國君的無上權勢。因此，國君如果不表示最高的敬意禮節，就不能常與賢士見面；國君既不能時常與賢士見面，如何禮聘賢士為臣呢？」

　　當代意義：孟子強調賢明的國君要禮賢下士，據《新唐書・李勉傳》記載：唐朝有一個名叫李勉的人，他是皇親。李勉為官清廉，以善用賢人而聞名。他奉命巡查州縣官吏政績時，發現一個名叫王徹的人很有才華，就讓他代理縣令的職務。

　　不久，王徹遭到權貴的誣陷，唐肅宗頒下詔書，要李勉處死王徹，李勉沒有馬上逮捕王徹，而是連夜上奏章，請求朝廷赦免他。肅宗接到奏章後，免去王徹死罪。但是，李勉也因執行聖旨不力而被召回京師受罰。

　　李勉進京後，向肅宗面奏王徹是無罪的，現在要任用的，就是像王徹這樣正直能幹的人。肅宗了解情況後，對李勉堅持正義、保護賢才的做法予以肯定，授他為掌管宗廟禮儀的太常少卿之職，並任命王徹為縣令。王徹到任後，為官清正，深受百姓愛戴。

　　後來，李勉擔任節度使，聽人說李巡、張參這兩個人相當有才學，便請兩人來輔佐自己辦理公務。李勉並不因為這兩位名士是自己的屬下而擺官架子，而是始終以禮相待。

　　不幸的是，李巡、張參兩人不久先後去世。李勉非常懷念他們，每逢宴請賓客時，總要設兩個空位，照常擺著酒菜，就像他倆還活著似的。不僅是對李巡、張參那樣的賢才，就是對普通士兵，李勉也是以禮相待，愛護備至，所以在他手下當差的人，都願意為他盡力。

九、孟子謂宋句踐曰：「子好遊乎？吾語子遊。人知之，亦囂囂；人不知，亦囂囂。」

　　曰：「何如斯可以囂囂矣？」

　　曰：「尊德樂義，則可以囂囂矣。故士窮不失義，達不離道。窮不失義，故士得己焉；達不離道，故民不失望焉。古之人，得志，澤加於民；不得志，

脩身見於世。窮則獨善其身，達則兼善天下。」

白話：孟子對宋句踐說：「你喜好遊說諸侯嗎？我告訴你遊說之道。別人知道你，你可以表現閒適自得的樣子；別人不知道你，你也要表現閒適自得、無欲無求的樣子。」

宋句踐說：「如何可以表現閒適自得、無欲無求的樣子？」

孟子說：「尊敬有德行的人，喜歡有道義的人，你就可以閒適自得、無欲無求了。所以，士人（讀書人）在窮困的時候，不做沒有道義的事，就能保有自己的善良本性；顯耀通達的時候，不違背正道，就能得到百姓的愛戴。古代的人，顯達得志的時候，廣施恩惠給百姓；窮困不得志的時候，獨自修養自己的道德人格；顯達的時候可以廣施恩澤，使天下百姓蒙受恩惠。」

當代意義：這是「獨善其身」、「兼善天下」成語典故的由來。「窮則獨善其身，達則兼善天下。」成為讀書人的座右銘。當我們處在人生逆境時，要安分守己，修養品德；當我們處於人生順境時，就要多做有益社會的善事。

十、孟子曰：「待文王而後興者，凡民也。若夫豪傑之士，雖無文王猶興。」

白話：孟子說：「等待周文王的禮樂教化，才振作起來的人，是一般的百姓；有一些傑出的才俊，雖然沒有文王的教化，也能自覺努力奮發。」

當代意義：孟子鼓勵人要主動自覺，自省自悟，自強不息，永不放棄。

十一、孟子曰：「附之以韓魏之家，如其自視欿然，則

過人遠矣。」

白話：孟子說：「一個富貴的人，如果再加上晉國韓魏兩大家族的權勢富貴，還能不自滿，自己感到道德有所欠缺，他的品德就比別人高超很多了。」

當代意義：所謂韓魏之家，是指三家分晉的兩家，三家分晉是在東周時期，韓、趙、魏等氏族獨立建國、致使晉國解體。周威烈王二十三年（戰國元年），周天子始封三家為諸侯國。司馬光《資治通鑑》記載：「周威烈王二十三年，初命晉大夫魏斯、趙籍、韓虔為諸侯……」，作為春秋與戰國的分界。

十二、孟子曰：「以佚道使民，雖勞不怨；以生道殺民，雖死不怨殺者。」

白話：孟子說：「依照安定百姓生活的政策而差遣百姓，百姓雖然勞動，也不會怨恨；依照保護百姓生命政策而誅殺罪人，罪犯雖然死了也不會怨恨。」

當代意義：孟子主張差遣百姓以不干擾多數百姓生活為原則，誅殺罪人以保護多數善良百姓為前提。

十三、孟子曰：「霸者之民，驩虞如也；王者之民，皞皞如也。殺之而不怨，利之而不庸，民日遷善而不知為之者。夫君子所過者化，所存者神，上下與天地同流，豈曰小補之哉？」

白話：孟子說：「霸王統治下的百姓，生活好像很歡樂的樣子；聖王統治下的百姓，怡然自得的樣子，殺罪人而不怨，給百姓利益

也似無功德，百姓日日遷善而不知是誰的教化。一個有德的君子，他所經歷過的地方，百姓都受感化；君子的存心良善，德配天地，神妙不測，與天地合德，參贊天地之化育，豈是霸王只施小惠可以比擬（相比）呢？」

當代意義：霸王與聖王，也就是孟子的王霸之辨，王霸的區別，在於義、利的價值觀，出於功利之心，就是霸王；發自仁義之心，就是聖王。

十四、孟子曰：「仁言，不如仁聲之入人深也。善政，不如善教之得民也。善政民畏之，善教民愛之；善政得民財，善教得民心。」

白話：孟子說：「仁善的言論，不如仁善的聲望感人深刻；良善的政令，不如良善的教化得到民心。良善的政令，使百姓敬畏服從；良善的教化，使百姓愛戴。良善的政令，可以得到百姓的財富；良善的教化，可以得到百姓歸順的心。」

當代意義：仁善的國君，以仁善的教化為先，以得民心、得百姓愛戴為上。

十五、孟子曰：「人之所不學而能者，其良能也；所不慮而知者，其良知也。孩提之童，無不知愛其親者；及其長也，無不知敬其兄也。親親，仁也；敬長，義也。無他，達之天下也。」

白話：孟子說：「每一個人不必學習自然就會的，是人的良能；每一個人不必考慮自然就知道的，是人的良知。每一個小孩子都知道親愛他的父母；長大以後，都知道尊敬他的兄長。親愛父母就是

仁，尊敬兄長就是義。可知，每一個人都具有良知良能的仁義本性。」

當代意義：這是「良知良能」成語典故的由來。孟子良知良能的思想，影響後世深遠，尤其對王陽明的影響最大，王陽明在《傳習錄》上說：「若鄙人所謂致知格物者，致吾心之良知於事事物物也，吾心之良知，即所謂天理也，致吾心良知之天理於事事物物，則事事物物皆得其理者，格物也，是合心與理而為一者也。」

值得注意的是，王陽明把「致知」解釋為「致吾心之良知」，顯然與朱熹的思想不同。陽明強調良知是個大頭腦，因為良知在人心，恆萬古，塞宇宙，而無不同，不但聖賢，雖常人亦無不如此，只是常人多為物欲蒙蔽，不能循得良知而已。所以，陽明說：「千聖皆過影，良知乃吾師。」

陽明這種以良知為師的說法，不是隨便說說而已，而是從百死千難中得來。因為陽明自從經過宸濠之亂以及張忠、許泰之變以後，更相信良知足以忘患難、出生死，只要信得良知，就自己良知上真切體認，外物就不能擾亂這不昧的心之本體，就是良知。

十六、孟子曰：「舜之居深山之中，與木石居，與鹿豕遊，其所以異於深山之野人者幾希。及其聞一善言，見一善行，若決江河，沛然莫之能禦也。」

白話：孟子說：「早期舜住在深山，與樹木、石頭為鄰，與鹿、野豬為友同遊，如同深山的野人；然而當他聽到一句好話，看到一件善行，他就馬上行動，就像江河決口，水流湍急，誰也不能阻擋！」

當代意義：傳說舜在接替堯擔任部落聯盟首領之前，接受堯考察時，曾在麗山（中條山，或說濟南千佛山）耕田，他嚴以律己，寬以待人，一心向善，勤政愛民，不斷說好話、行善事，不斷善的循環，終成聖王。

十七、孟子曰：「無為其所不為，無欲其所不欲，如此而已矣。」

白話：孟子說：「做人的道理就是不做自己不願意做的事，不要自己不想要的東西，為人之道，如此而已。」

當代意義：孟子強調為人之道，言行一致，真誠而已。不要言行不一，說一套做一套，甚至言不由衷，口蜜腹劍。

十八、孟子曰：「人之有德慧術知者，恒存乎疢疾。獨孤臣孽子，其操心也危，其慮患也深，故達。」

白話：孟子說：「有美德、智慧、技能、才智的人，往往成長在患難之中，被疏遠、孤立無援的臣子，失寵低微的庶子，他們常懷戒慎恐懼之心，他們的憂慮比別人深遠，所以為人處事能夠通達。」

當代意義：這是「孤臣孽子」成語典故的由來。孤臣孽子的憂患意識比別人強烈，在苦難中成長，成就通達的功業。

十九、孟子曰：「有事君人者，事是君則為容悅者也。有安社稷臣者，以安社稷為悅者也。有天民者，達可行於天下而後行之者也。有大人者，正己而物正者也。」

白話：孟子說：「有一種臣子，逢迎諂媚國君，討好國君的歡心；又有一種臣子，以安定國家為快樂；又有一種人，等待天命而行，可行則行，應止則止，有機會行王道（仁政）於天下，就出仕為官，行王道；還有一種參贊天地化育的大人（大丈夫不為利誘而移志），

嚴以律己，端正身心，而使萬事萬物隨之端正而國家平治。」

　　當代意義：孟子提出四種人：事君人者，安社稷臣者，天民者，大人者。孟子說的「大人」，就是《大學》經一章的「大學」（大人之學）中的「大人」，是能夠「平天下」的大人。大人以修身為本，平天下而止於至善。

二十、孟子曰：「君子有三樂，而王天下不與存焉。父母俱存，兄弟無故，一樂也。仰不愧於天，俯不怍於人，二樂也。得天下英才而教育之，三樂也。君子有三樂，而王天下不與存焉。」

　　白話：孟子說：「有德的君子有三種快樂，不包括當帝王。第一種快樂是父母都健在，兄弟姊妹相親相愛；第二種快樂是光明磊落，胸懷坦蕩，上不愧對於天，下不愧對於人；第三種快樂是作育英才，學生各個才華出眾。君子有這三種快樂，是人生的真樂，精神的悅樂，不包括當帝王的甘苦。」

　　當代意義：這是「不愧於天」、「俯仰無愧」、「不愧不怍」成語典故的由來。孟子追求人倫親情的快樂，心安理得、不憂不懼的快樂，當老師作育英才的精神快樂，這三種快樂都是盡心養性的精神悅樂，孟子說：「萬物皆備於我，反身而誠，樂莫大焉。」

二十一、孟子曰：「廣土眾民，君子欲之，所樂不存焉。中天下而立，定四海之民，君子樂之，所性不存焉。君子所性，雖大行不加焉，雖窮居不損焉，分定故也。君子所性，仁義禮智根於心。其生色也，睟然見於面，盎於背，施於四

體，四體不言而喻。」

　　白話：孟子說：「擁有廣大土地、眾多百姓的諸侯大國，是君子想要的，但是，這不是他的志趣。君子的志趣是平治天下（王天下），這是君子想要的樂趣，但是君子稟受的天性，卻不是平治天下的樂趣。君子稟受的天性，不因平治天下而增加，不因窮困而減少，因為稟受的天性是先天固有的。

　　君子稟受的天性，是仁義禮智四個善端之心，人人都具有仁義禮智四個善端之心。

　　仁義禮智四個善端表現出來的氣度，很溫潤的顯現在臉上，言行舉止無不中節，君子寬廣的氣度自然流露，不待肢體語言，我們一目了然君子天性的善端。深植於內心。」

　　當代意義：這是「不言而喻」成語典故的由來。孟子主張人有四端之心，「四端之心」是道德心，統攝仁、義、禮、智，而仁、義、禮、智根源於四端，就是惻隱之心、羞惡之心、辭讓之心、是非之心。具有憐憫同情的心，是仁的善端；具有羞恥厭惡的心，是義的善端；具有謙讓的心，是禮的善端；具有分辨是非善惡的心，是智的善端，人人都有仁義禮智四個善端。

　　因為人有四端之心，人的天性也是善的，此善根源於心，因為人有四端之心，人與禽獸才有所分別。

二十二、孟子曰：「伯夷辟紂，居北海之濱，聞文王作興，曰：『盍歸乎來！吾聞西伯善養老者。』太公辟紂，居東海之濱，聞文王作興，曰：『盍歸乎來！吾聞西伯善養老者。』天下有善養老，則仁人以為己歸矣。五畝之宅，樹牆下以桑，匹婦蠶之，則老者足以衣帛矣。五母雞，

二母彘，無失其時，老者足以無失肉矣。百畝
之田，匹夫耕之，八口之家足以無飢矣。所謂
西伯善養老者，制其田里，教之樹畜，導其妻
子，使養其老。五十非帛不煖，七十非肉不飽。
不煖不飽，謂之凍餒。文王之民，無凍餒之老
者，此之謂也。」

白話：孟子說：「從前伯夷躲避紂王，居住在北海的海邊，聽說西伯姬昌（周文王）善待賢達老人，遂前去投靠，說：「我聽說文王善待老人，為何不去歸順他呢？」姜太公（周文王周武王的軍師，別稱太公望等）躲避紂王，居住在東海的海邊，聽說文王興起，善待老人，遂前去投靠，說：「我聽說文王善待老人，為何不去歸順他呢？」天下有善待老人的國君，天下有仁德的人，都來投靠他。住宅的五畝地，在牆角下種植桑樹，婦女可以養蠶，老年人就可以穿絲綢的衣服。

飼養五隻母雞，兩隻母豬，讓牠們好好繁殖，老年人就有肉可吃。一個男性耕種一百畝的土地，八口之家就有飯可吃，不會挨餓。所謂文王善待老人，是指他規定百姓的土地住宅，教導百姓農牧，教導婦女孝順家裡的老人。

一個五十歲的（老）人，沒有絲綢穿就不保暖，一個七十歲的老人沒有吃肉就不夠營養；吃不好，穿不暖，就叫挨餓受凍。周文王的百姓，沒有挨餓受凍的老人，所以說周文王最會善待老人。」

當代意義：周文王最會善待老人，沒有挨餓受凍的老人，因為周文王是最有仁德的聖王，天下百姓歸心順從。

二十三、孟子曰：「易其田疇，薄其稅斂，民可使富也。
　　　　食之以時，用之以禮，財不可勝用也。民非水

火不生活，昏暮叩人之門戶，求水火，無弗與
者，至足矣。聖人治天下，使有菽粟如水火。
菽粟如水火，而民焉有不仁者乎？」

白話：孟子說：「聖人治理天下，要使百姓樂於耕種他們的田
地，再減少百姓的賦稅，就可以使百姓富足。教百姓多食用當季的
食物，生活開銷節約用度，就可以不缺錢了。百姓沒有水火不能生
活，到了傍晚有人敲門，請求救濟水火（清水和木柴），沒有人不救
濟水火的，因為水火充足的緣故。聖人治理天下，要使百姓的糧食
像水火一樣的充足；能夠使百姓的糧食充足，百姓就不會有不仁德
的行為了！」

當代意義：《管子‧牧民》說：「倉稟實則知禮節，衣食足則知
榮辱。」有趣的是，美國社會心理學家馬斯洛（Abraham Maslow）
主張人類需求可分為五個層次，依序為生理需求、安全需求、社會
需求、自尊需求與自我實現需求。

馬斯洛這個理論正好跟「倉廩實則知禮節，衣食足則知榮辱」
的涵義不謀而合，糧倉充足了，百姓才會懂得做人的禮節；衣食豐
足了，百姓才能顧及榮譽和恥辱。

二十四、孟子曰：「孔子登東山而小魯，登泰山而小天
　　　　下。故觀於海者難為水，遊於聖人之門者難為
　　　　言。觀水有術，必觀其瀾。日月有明，容光必
　　　　照焉。流水之為物也，不盈科不行；君子之志
　　　　於道也，不成章不達。」

白話：孟子說：「孔子登上東山（魯國城東之高山），就覺得魯
國不大；孔子登上泰山，就覺得天下也不大。所以看過大海大浪的

人，就覺得所有的江河，都不能跟大海相比了。在聖人門下學習的人，就覺得任何的學派都不能跟聖人相比了。觀看水流是否充沛有方法，注意看水流的波浪是否壯大？日月的光輝可以照到每一個角落；水流要注滿坑洞再向前流；君子立志追求正道，臻於文采斐然成章的程度，就能通達聖人之道。」

當代意義：這是「登泰山而小天下」成語典故的由來。「登泰山而小天下」是千古名言，比喻學問愈高深，境界愈寬廣。因此，我們要多方面吸收知識，增廣見聞，提升境界，以免成為井底之蛙。

二十五、孟子曰：「雞鳴而起，孳孳為善者，舜之徒也。雞鳴而起，孳孳為利者，蹠之徒也。欲知舜與蹠之分，無他，利與善之閒也。」

白話：孟子說：「雞鳴早起，勤勉於行善愛人的，是舜這一種人；雞鳴早起，勤勉於盜取私利的，是盜蹠（傳為春秋魯國人，柳下惠的弟弟，是橫行天下的大盜。）這一類的人。大舜與盜蹠的區別，就在行善愛人和盜取私利的差別罷了！」

當代意義：這是「雞鳴而起」成語典故的由來。舜與盜蹠的區別，就是義利之分，公義與私利的差別。義利之別，不僅是個人的人生價值觀的不同，也是治國的政治觀、更是倫理道德觀的差異。

二十六、孟子曰：「楊子取為我，拔一毛而利天下，不為也。墨子兼愛，摩頂放踵利天下，為之。子莫執中，執中為近之，執中無權，猶執一也。所惡執一者，為其賊道也，舉一而廢百也。」

白話：孟子說：「楊子（楊朱，戰國人，晚於墨子，曾與墨子弟

子禽滑釐辯論。）主張愛自己（為我），拔一根毛而有利於天下，他也不願意做；墨子（戰國魯國人，名翟，為墨家創始人。）主張兼愛，無所不愛，平等的愛，即使磨光頭髮，走破腳後跟，也不辭勞苦，捨己救世；魯國賢人子莫執守中道。執守中道要懂得通權達變，不墨守常規，根據實際情況作適當變通，不要固執一己之見。一般人不喜歡堅持己見，不肯變通的人，是因為固執傷害了中正之道，主觀而武斷，專注於一事而不能周全。」

當代意義：這是「一毛不拔」、「摩頂放踵」成語典故的由來。楊朱為我，墨子兼愛，朱熹以為為我害仁，兼愛害義。孟子主張執守中正之道，又能通權達變，可以事事周全。

二十七、孟子曰：「飢者甘食，渴者甘飲，是未得飲食之正也，飢渴害之也。豈惟口腹有飢渴之害？人心亦皆有害。人能無以飢渴之害為心害，則不及人不為憂矣。」

　　白話：孟子說：「飢餓的人，吃什麼食物都覺得好吃；口渴的人，喝什麼飲料都覺得好喝，這是因為飢渴造成的傷害，沒有得到正常飲食的結果；人心也會受到貧賤所傷害，所謂『飢寒起盜心』，一個人在飢寒交迫的情況下，為了生命的存活，可能無奈地偷或乞討一些食物充飢，偷或乞討一些衣服保暖。一個人如果人品高尚，不會『飽暖思淫慾，飢寒起盜心』，他就是真正的大丈夫：富貴不能淫，貧賤不能移，威武不能屈。（〈滕文公下〉）。」

　　當代意義：有德的君子，縱使生活貧賤，也安於貧賤的生活；處於患難之中，也安於患難，即使榮華富貴不如別人，也能素位而行，安分守己，不會憂愁了。

二十八、孟子曰：「柳下惠不以三公易其介。」

白話：孟子說：「柳下惠不會因為當了高官，就改變他的道德人格與操守。」

當代意義：孟子非常推崇柳下惠的道德操守，他把柳下惠、伯夷、伊尹、孔子並稱四大聖人，柳下惠是「聖之和者也」，可以成為「百世之師」。

二十九、孟子曰：「有為者辟若掘井，掘井九軔而不及泉，猶為棄井也。」

白話：孟子說：「一個立志有為的人，立定志向就像挖井一樣，雖然挖到九軔深（一軔等於八尺），還沒有挖到地下水就放棄，仍然是一口沒水的井。」

當代意義：孟子鼓勵立志有為的人，要持之以恆，再接再厲，全力以赴，不可半途而廢，功虧一簣。

三十、孟子曰：「堯舜，性之也；湯武，身之也；五霸，假之也。久假而不歸，惡知其非有也。」

白話：孟子說：「堯、舜行王道，是出於本性的仁義；商湯、周武王以仁義修身，力行王道；春秋五霸假借仁義，號令諸侯。五霸長久假借仁義，其實，他們沒有仁義之心，也不是真心要行仁義。」

當代意義：這是「久假不歸」成語典故的由來。孟子認為堯舜本性自然行仁義；商湯周武王努力修身，勉力行仁義；五霸假借仁義，他們不自知沒有行仁義。

三十一、公孫丑曰：「伊尹曰：『予不狎于不順。』放太甲于桐，民大悅。太甲賢。又反之，民大悅。賢者之為人臣也，其君不賢，則固可放與？」

孟子曰：「有伊尹之志，則可；無伊尹之志，則簒也。」

白話：公孫丑說：「伊尹說：『我不想時常看見不順從教導的人。』於是把太甲放逐到桐邑，百姓大為歡喜；過了三年，太甲改過了，伊尹迎接太甲回京城，百姓又大為歡喜。有德的君子當臣子，他的國君不賢，可以放逐國君嗎？」

孟子說：「伊尹忠心耿耿，沒有私心就可以；沒有伊尹的忠心耿耿，就是簒位了。」

當代意義：《尚書·商書·太甲上》：「予弗狎於弗順，營於桐宮，密邇先王其訓，無俾世迷。王徂桐宮居憂，克終允德。」太甲不順從伊尹的教導，伊尹作書給太甲說：「嗣王（太甲）要警戒呀！應當順從你當君主的禮法，當君主而不盡君道，將會羞辱自己的祖先。」太甲不能改過。伊尹對群臣說：「我不能輕視不順從教導的人。要在桐營造宮室，使他親近先王的教訓，莫讓他終身迷誤。」太甲居桐宮，處在憂傷的環境，終於成就誠信的美德。

三十二、公孫丑曰：「《詩》曰：『不素餐兮』，君子之不耕而食，何也？」

孟子曰：「君子居是國也，其君用之，則安富尊榮；其子弟從之，則孝弟忠信。『不素餐兮』，孰大於是？」

　　白話：公孫丑說：「《詩經・魏風・伐檀》說：『不要無功而食祿。』」可是，現代的君子不耕種而食祿，為什麼？」

　　孟子說：「君子居住在這個國家，深得國君的重用，就可以安康尊榮，弟子們跟隨他學習，就有孝弟忠信的品德，這是君子的最大功勞，沒有其他功勞比得上！」

　　當代意義：孟子強調君子不會「尸位素餐」，不會高居官位，享受俸祿而不盡職守，無所作為。

三十三、王子墊問曰：「士何事？」

　　　　孟子曰：「尚志。」

　　　　曰：「何謂尚志？」

　　　　曰：「仁義而已矣。殺一無罪，非仁也；非其有而取之，非義也。居惡在？仁是也；路惡在？義是也。居仁由義，大人之事備矣。」

　　白話：王子墊（齊國王子）問孟子：「士做什麼事？」孟子說：「修養自己的高尚品德。」

　　王子墊說：「何謂修養自己的高尚品德？」

　　孟子說：「以力行仁義為心志。任意殺害一個無罪的人，就是不仁；非份佔有別人的東西，就是不義。士要不斷修養仁心，不斷行義，使行事合宜，這樣就合乎當官（大夫）的條件了。」

　　當代意義：這是「居仁由義」成語典故的由來。讀書人（士人）想當官，先修養仁義之德，術德兼備，可以為官。

三十四、孟子曰：「仲子，不義與之齊國而弗受，人皆信之，是舍簞食豆羹之義也。人莫大焉亡親戚、君臣、上下。以其小者，信其大者，奚可

哉？」

白話：孟子說：「陳仲子是廉潔之士，如果不合義理，即使把整個齊國都送給他，他也不會接受，這是人人都相信的。但是跟人倫親情相比，這種廉潔只像是放棄一籃子的飯菜羹湯。人的最大罪過，莫過於心中沒有人倫親情、君臣父子。不可因為他的清廉，而認同他棄人倫親情而不顧，這是不可以的。換言之，人倫親情為大節，清廉為小節。」

當代意義：這是「簞食豆羹」成語典故的由來。陳仲子戰國齊國人，出身田齊世家，曾講學於稷下學宮。陳仲子之兄陳戴在齊國為卿，有萬鍾俸祿，但是，陳仲子認為這是不義之祿，因此與妻子隱居於陵。

陳仲子為了不食不義之祿，不住不義的房子，離開母親，躲避哥哥，一個人與妻子隱居於陵，棄人倫親情而不顧，天下豈有無君臣父子等人倫親情，而可以為清廉之士？

三十五、桃應問曰：「舜為天子，皋陶為士，瞽瞍殺人，
　　　　則如之何？」
　　　　孟子曰：「執之而已矣。」
　　　　「然則舜不禁與？」
　　　　曰：「夫舜惡得而禁之？夫有所受之也。」「然
　　　　則舜如之何？」
　　　　曰：「舜視棄天下，猶棄敝蹝也。竊負而逃，
　　　　遵海濱而處，終身訢然，樂而忘天下。」

白話：桃應（孟子弟子）問孟子：「舜當天子，皋陶當獄官之長，如果瞽瞍（舜的父親）殺了人，皋陶怎麼辦？」

　　孟子說：「把瞽瞍關押起來。」桃應問：「舜不會反對關押瞽瞍嗎？」

　　孟子說：「皋陶依法關押瞽瞍，舜不能反對。」桃應問：「舜該怎麼做？」

　　孟子說：「舜不看重擁有天下的權勢，他可以放棄天下，就像拋棄破草鞋一樣。舜只好偷偷地背起他的父親瞽瞍逃走，逃到海邊住下來，終身欣然孝順他的父親，高興地忘了天下。」

　　當代意義：孟子強調舜以人倫親情為重，雖然瞽瞍和象（同父異母弟）對舜不好，舜仍然孝順他的父親，友愛他的弟弟象。

三十六、孟子自范之齊，望見齊王之子。喟然歎曰：「居
　　　　移氣，養移體，大哉居乎！夫非盡人之子與？」
　　　　孟子曰：「王子宮室、車馬、衣服多與人同，
　　　　而王子若彼者，其居使之然也；況居天下之廣
　　　　居者乎？魯君之宋，呼於垤澤之門。守者曰：
　　　　『此非吾君也，何其聲之似我君也？』此無
　　　　他，居相似也。」

　　白話：孟子從范邑到齊國的都城，見到齊王的兒子，感嘆說：「居住的環境可以改變一個人的氣質，日常飲食可以改變一個人的形體，居住的環境對人的影響很大！王子不也是人之子嗎？王子的宮室、車馬、衣服，與人相同，但王子卻與眾不同，因為他處於地位高貴的環境；何況居住在天下最廣大、高貴的居處的仁人呢！從前魯君到宋國去，呼叫垤澤城門上守門的人，守門的人說：『這不是我們的國君，怎麼他的聲音很像我們的國君呢？』這沒有別的原因，因為所處的環境相似的緣故啊！」

　　當代意義：居住環境對一個人的影響很大，孟母三遷的故事，

就是在強調環境品質的重要。

三十七、孟子曰：「食而弗愛，豕交之也；愛而不敬，
　　　　獸畜之也。恭敬者，幣之未將者也。恭敬而無
　　　　實，君子不可虛拘。」

　　白話：孟子說：「國君供養賢士，只給食物而不愛他，就像把賢士當豬養；愛賢士而對他不恭敬，就像把賢士當牛馬養。所謂恭敬的心，是出於內心的真誠；如果只是表面的恭敬，而無內心的真誠，君子不會被表面的恭敬所拘限。」

　　當代意義：國君對待賢士，必須表現內心的真誠，否則，君子可能揮手而去。

三十八、孟子曰：「形色，天性也；惟聖人，然後可以
　　　　踐形。」

　　白話：孟子說：「人的形體容貌是天生的；但是，只有聖人盡人之性，可以『德潤身』，聖人美好的品德，可以潤澤身心，使身心靈悠然安泰，成就道德人格。」

　　當代意義：《大學》第六章所謂「誠於中，形於外」及「德潤身」，就是孟子「惟聖人，然後可以踐形。」，真誠之德的表現，近似宋明儒學的「聖賢氣象」。誠如劉安禮云：「明道先生德性充完，粹和之氣，盎于面背，樂易多恕，終日怡悅。立之從先生三十年，未見其忿厲之容。」《二程遺書》附錄〈門人朋友叙述〉，劉安禮說：「程顥（北宋儒者程明道先生）先生德性充實完美，純和之氣，充滿身體與容貌，和樂平易寬大，每天都是愉悅的。我跟隨先生三十年，從未見過他有憤怒嚴厲的神情。」

黃庭堅《豫章集·濂溪詩序》：「舂陵周茂叔，人品甚高，胸懷灑落，如光風霽月。」北宋儒者周敦頤人品高潔，光明磊落，胸襟開闊，有聖賢氣象。

三十九、齊宣王欲短喪。公孫丑曰：「為朞之喪，猶愈於已乎？」

孟子曰：「是猶或紾其兄之臂，子謂之姑徐徐云爾，亦教之孝弟而已矣。」

王子有其母死者，其傅為之請數月之喪。公孫丑曰：「若此者，何如也？」

曰：「是欲終之而不可得也。雖加一日愈於已，謂夫莫之禁而弗為者也。」

白話：齊宣王想縮短三年的喪期，公孫丑說：「縮短為一年的喪期，比不穿孝服好吧！」孟子說：「好比一個人，要扭傷他哥哥的手臂，你告訴他慢慢地扭轉，可能會傷到他哥哥的手臂。依我看，你應該教他孝悌之道，讓他知道兄弟不可暴力相向。」

此外，齊王有個庶子，他的生母死了，因為還有嫡母在，不能服三年喪，他的老師替他請求幾個月的喪服，公孫丑問孟子：「像這件事該如何呢？」

孟子說：「他原本想服三年之喪，卻不可能辦到，多服一天，總比不穿孝服好。我剛才所說的孝悌之道，是針對那些沒有人禁止他，而他自己不肯服三年喪期的人說的，意思是說三年之喪是應有的孝道。」

當代意義：孟子也主張為父母守三年喪期，是天經地義的事，父母至親，孝子至情，豈可短喪！

四十、孟子曰：「君子之所以教者五：有如時雨化之者，有成德者，有達財者，有答問者，有私淑艾者。此五者，君子之所以教也。」

白話：孟子說：「君子教化人的方法有五種：一種是像及時雨，及時的教化人；一種教化是使受教者的品德有所成就；一種教化是使受教者的才能通達而有用；一種教化是詳細解答受教者所提的問題；一種教化是受教者不是授業弟子，只是私自學習施教者的嘉言善行，修養自己品德。這是君子教化人的五種方法。」

當代意義：孟子五種施教方法，近似孔子「因材施教」的方法。孔子「因材施教」的方法對後世影響深遠。例如《論語‧為政》記載子游、子夏分別向孔子請教孝道，孔子回答兩人不同的答案。子游雖能奉養父母，但少了「敬」，所以孔子回答時，強調對父母「敬愛」的重要；子夏侍親少了和藹可親的態度，所以孔子強調和顏悅色的重要，這就是因材施教的方法。另外，在〈雍也〉篇中孔子提出「中人以上，可以語上也；中人以下，不可以語上也」，這也說明了應依學生不同資質予以施教。孔門弟子三千，七十二賢弟子，分列於德行、言語、政事、文學等四科，這也是因材施教而分科。

四十一、公孫丑曰：「道則高矣，美矣，宜若登天然，似不可及也。何不使彼為可幾及而日孳孳也？」

孟子曰：「大匠不為拙工改廢繩墨，羿不為拙射變其彀率。君子引而不發，躍如也。中道而立，能者從之。」

白話：公孫丑說：「老師的學問偉大極了，華麗極了，如同登天

一樣，弟子永遠做不到，老師為什麼不降低標準，讓我們可以做到，讓我們每天勤奮學習，達到老師的標準！」

孟子說：「偉大的工匠，不會因為愚笨的徒弟，而改變或放棄使用繩墨（木匠取直的工具）的方法；后羿（有窮氏首領，善於射箭。）也不會因為學習射箭的人愚笨而改變他張弓的強度。君子教導人，猶如教人射箭一樣，只是張滿弓而不射箭，但是，射箭的姿勢已經活潑的表現出來。所以君子教人，先立一個中等標準，不會太難也不會太簡單，使能夠學習的人勤奮學習。」

當代意義：這是「引而不發」成語典故的由來。任何學習都不是容易的事，都要不斷的勤奮學習，不可以中斷學習，不可以一暴十寒。

四十二、孟子曰：「天下有道，以道殉身；天下無道，以身殉道。未聞以道殉乎人者也。」

白話：孟子說：「王道行於天下的時候，王道就隨著君子而施行於天下；天下不行王道的時候，君子就隨著王道衰微而退隱；我沒聽過以王道屈就世俗的。」

當代意義：這是「以身殉道」成語典故的由來。孟子的話，近似孔子說：「邦有道，則仕；邦無道，則可卷而懷之。」（《論語‧衛靈公》）孔子又說：「天下有道則見，無道則隱。」（《論語‧泰伯》）

四十三、公都子曰：「滕更之在門也，若在所禮。而不答，何也？」
孟子曰：「挾貴而問，挾賢而問，挾長而問，挾有勳勞而問，挾故而問，皆所不答也。滕更有二焉。」

白話：公都子問孟子：「滕更（滕文公之弟）在老師門下學習，老師應該待之以禮，但是，老師卻不回答他的提問，為什麼呢？」

孟子說：「凡是自視尊貴身分來提問的，自視賢明來提問的，自視年長來提問的，自視對國家有功勳來提問的，自視舊交情來提問的，我都不回答。滕更自視尊貴和賢明來提問，因此，我不回答他的提問。」

當代意義：孟子強調學生不能自滿，應該虛懷若谷，虛心學習。

四十四、孟子曰：「於不可已而已者，無所不已；於所厚者薄，無所不薄也。其進銳者，其退速。」

白話：孟子說：「對於進行中不可以中斷的事突然終止，就沒有任何事不可以終止了；對於應該寬厚對待的人而輕薄對待，就沒有任何人不可以輕薄對待了。做任何事太過急躁激進的人，後繼無力，半途而衰也最快。」

當代意義：孟子認為過與不及都不好，中庸之道最理想，中道而行，可長可久。

四十五、孟子曰：「君子之於物也，愛之而弗仁；於民也，仁之而弗親。親親而仁民，仁民而愛物。」

白話：孟子說：「君子對待草木禽獸，應當只是愛護，不應該以待人的仁愛之心對待草木禽獸；對於一般人，應當以仁愛待人，不應該以對待親人的親情對待一般人。君子以親情對待親人，由親愛自己的親人，推己及人，推恩到仁愛一般人；再由仁愛一般人，推恩到愛護草木禽獸。」

當代意義：這是「仁民愛物」成語典故的由來。孟子強調推恩的重要，愛由近而遠，由親而疏，有差等的愛，這是天理人情之自然。

四十六、孟子曰：「知者無不知也，當務之為急；仁者無不愛也，急親賢之為務。堯舜之知而不遍物，急先務也；堯舜之仁不遍愛人，急親賢也。不能三年之喪，而緦小功之察；放飯流歠，而問無齒決，是之謂不知務。」

白話：孟子說：「聰明的人無所不知，但以當前應該做的事為優先處理；有仁愛之德的人，普遍愛護百姓，但以親近賢能的人為優先。以堯舜的智慧，也不能完全知道萬事萬物之理，因為要急於知道當前應該優先辦理的事；以堯舜的仁愛之德，也無法愛護每一個人，因為要急於親近賢士。因此，不能堅守三年之喪的人，卻明察三個月的孝服，和五個月的孝服的差別；飲食大吃大喝，放肆無禮的人，卻講究溼肉用牙齒咬斷吃、乾肉用手撕開一小片吃，這就是不分輕重緩急了。」

當代意義：這是「當務之急」成語典故的由來。各種事情都有主要、次要、緊急、緩慢等狀況的差別，我們必須斟酌輕重緩急，知所先後。

第十四章　盡心下

一、孟子曰：「不仁哉，梁惠王也！仁者以其所愛，及其所不愛，不仁者以其所不愛及其所愛。」

公孫丑問曰：「何謂也？」

「梁惠王以土地之故，糜爛其民而戰之，大敗，將復之，恐不能勝，故驅其所愛子弟以殉之，是之謂以其所不愛及其所愛也。」

白話：孟子說：「梁惠王真是不仁啊！有仁德的人，把他的仁愛之心，由他所愛的人，不斷推恩擴大到他所不愛的人；沒有仁德的人，把災禍由他所不愛的人，擴大到他所愛的人。」

公孫丑問：「老師說的意思是甚麼？」

孟子說：「梁惠王為了爭奪土地，忍心驅使他的百姓上戰場，結果打敗戰，史稱桂陵之戰。梁惠王為了報復，忍心派太子申為上將軍，不幸被俘處死，這就是由他所不愛的人（百姓），擴大到他所愛的人（太子申），梁惠王真是不仁啊！」

當代意義：桂陵之戰，是戰國時期齊國攻擊魏國以援救趙國（即圍魏救趙）的戰役。西元前 354 年，魏國圍攻趙都邯鄲城，次年趙向齊求救。齊王命田忌、孫臏率軍援救。孫臏認為魏以精銳攻趙，國內空虛，遂引兵攻魏都大梁（今河南開封）。果然誘使魏將龐涓趕回應戰。孫臏又在桂陵（今河南長垣，一說今山東荷澤）伏襲，大敗魏軍，並生擒龐涓。

另據《史記·魏世家》記載：梁惠王（即戰國魏惠王）三十年：魏國為了補償在桂陵之戰時損失，進攻弱小韓國，使其向齊國求救。是齊軍在馬陵（今河南范縣西南）殲滅魏軍的著名伏擊戰，史稱馬陵之戰。上將軍太子申被虜後被處死，次將龐涓陣亡，從此魏國不再有能力與齊秦兩國爭霸，淪為弱小國家。

二、孟子曰：「春秋無義戰。彼善於此，則有之矣。征者，上伐下也，敵國不相征也。」

白話：孟子說：「春秋時代，沒有為正義而戰的戰爭，不過也有不傷一兵一卒，完成召陵之盟的創舉。所謂「征」，是指周天子討伐有罪的諸侯；如果都是諸侯的國家，是不應該互相討伐的。」

當代意義：所謂「召陵之盟」，是指春秋初期，楚國向中原挺進。西元前 656 年，齊桓公借自己的妾室蔡姬被蔡國嫁到楚國的事，率領中原諸侯齊及宋、陳、衛、鄭、許、魯、曹、邾八國，討伐蔡國。楚成王援救蔡國，齊楚兩國在召陵（今河南省漯河市召陵區）會盟。楚國屈完說齊楚風馬牛不相及，齊國為什麼進犯楚國。管仲責備楚國不能按時向周王室進貢苞茅（成束捆綁的菁茅草。古代祭祀時，用來濾酒去滓，為春秋時楚國進貢周王室的貢物。），並質問楚使為何當年周昭王征楚不回，迫楚國就範，使其向周王室進貢苞茅。齊桓公並沒有以武力壓服楚國，但是抑制了楚國的北擴，使齊桓公的霸主地位更加穩固，史稱召陵之盟，又稱召陵之會。

有關「周昭王征楚不回」事件，是指周天子周昭王三次南征楚國的戰爭。第一次在昭王十六年（西元前 985 年），第二次在昭王十九年（西元前 982 年），第三次在昭王二十四年（西元前 977 年，應為昭王末年），周昭王第三次親率六師南征楚國。漢水流域的船夫痛恨周人的騷擾，暗中進行破壞，徵集的渡江的船隻是用膠粘接船板

而成的。因乘坐的渡船在漢水中流時，膠溶船散，周昭王和隨從貴族等人葬身漢水，車右辛游靡游近昭王時，昭王已經淹死了，辛游靡只救到了昭王的屍體。後來周人對這件事情，態度上都非常隱諱，不願意多說。周人喪失六師於漢水中，遭到全軍覆沒的慘敗。

三、孟子曰：「盡信《書》，則不如無《書》。吾於《武成》，取二三策而已矣。仁人無敵於天下。以至仁伐至不仁，而何其血之流杵也？」

白話：孟子說：「完全相信一本書的內容，不如不看這本書。我對於《尚書・周書・武成》的內容，只相信部分內容，其餘不完全相信，據〈武成〉記載：兩軍戰於牧野，死傷慘重，血流成河，血流漂杵。因為有仁德的王者，天下無敵，周武王是天下最有仁德的王者，他討伐天下最沒有仁德的紂王，怎麼會血流漂杵呢？」

當代意義：這是「盡信書不如無書」成語典故的由來。孟子「盡信書不如無書」，影響後世深遠，《中庸》第二十章說：「博學之，審問之，慎思之，明辨之，篤行之。」就是最好的詮釋；明儒陳獻章說：「前輩謂學貴有疑，小疑則小進，大疑則大進。」；著名的思想家胡適先生說：「做學問要在不疑處有疑。」、「做學問要有打破沙鍋問到底的求真精神。」、「大膽假設，小心求證。」、「有幾分證據，說幾分話。」我們讀書學習做學問，不要完全盲從相信，運用分析、比較、綜合、歸納等方法，合理的懷疑，多找資料，多實證，做出原創性的完整論述。

四、孟子曰：「有人曰：『我善為陳，我善為戰。』大罪也。國君好仁，天下無敵焉。南面而征北狄怨，東面而征西夷怨。曰：『奚為後我？』武王之伐殷也，

革車三百兩，虎賁三千人。王曰：『無畏！寧爾也，非敵百姓也。』若崩厥角稽首。征之為言正也，各欲正己也，焉用戰？」

白話：孟子說：「有人說：『我善於軍隊佈陣，我善於帶兵打戰。』這是最大的罪過。國君喜好行仁道，天下就沒有敵人。以前商湯征伐南蠻，北方狄族的百姓就抱怨；討伐東方，西夷的百姓就抱怨說：『為什麼不趕快來解救我們呢？』

當初，周武王征討商紂的時候，僅有兵車三百輛，勇敢戰士三千人。周武王說：『百姓不要害怕，我是來安定你們的生活，不與百姓為敵，不是來殺百姓的。』於是，百姓感恩不已，叩頭致謝，周武王勢如破竹，滅商紂。

征的原意是匡正，暴君統治下的百姓，都希望仁君來匡正自己的國家，百姓歡迎仁道之師，無需打仗！」

當代意義：孟子強調仁者無敵，仁者以德服人而得民心，得民心者得天下；不仁者以力服人而失民心，失民心者失天下。

五、孟子曰：「梓匠輪輿，能與人規矩，不能使人巧。」

白話：孟子說：「各種木匠和製造車輛的工匠，只能教人規矩（畫圓畫方的工具，意指規則、法則）方法，不能教人靈巧的思維。」

當代意義：學習到精巧神妙的境界，全在內心的體悟。

六、孟子曰：「舜之飯糗茹草也，若將終身焉；及其為天子也，被袗衣，鼓琴，二女果，若固有之。」

白話：孟子說：「舜當百姓的時候，粗茶淡飯，簡單的飲食，平

淡的生活；後來他當了天子，穿著華美的絲綢，彈著琴，還有堯的
兩個女兒當太太，生活也很淡定平靜，沒有改變他的心態。」

當代意義：舜是聖王，素其位而行，素貧賤，行乎貧賤；素富
貴，行乎富貴，平常心而已。舜安于當時所處的職位（身分）去做
應做的事，沒有非分之想。身處天子，就做天子應做的事；身處貧
賤，就做貧賤人家應做的事。

七、孟子曰：「吾今而後知殺人親之重也：殺人之父，
　　人亦殺其父；殺人之兄，人亦殺其兄。然則非自殺
　　之也，一間耳。」

白話：孟子說：「我今天明白殺害人家親人的嚴重性。假如你殺
害別人的父親，別人也會殺害你的父親；你殺害別人的兄長，別人
也會殺害你的兄長。雖然不是自己殺害自己的父兄，事實上與自害
自己的父兄無異。」

當代意義：君子忠恕以行仁，好生而惡殺，可以避禍，親人保
平安。

八、孟子曰：「古之為關也，將以禦暴。今之為關也，
　　將以為暴。」

白話：孟子說：「古代在邊界上設置要塞隘口，是為了防禦敵兵
或盜賊對百姓的殘暴；現在在邊界上設置要塞隘口，是為了課徵關
稅，重重關卡，阻難通行。」

當代意義：關稅輕重，影響經濟發展，不過，對進口商品，徵
收一定的稅款，通過稅收抬高進口商品的價格，降低市場競爭力，
減少在市場上對本國產品的不良影響。

九、孟子曰：「身不行道，不行於妻子；使人不以道，
　　不能行於妻子。」

　　白話：孟子說：「自己不能行正道（仁道），即使自己的妻子也
不願意行正道（仁道）；不以正道（仁道）指揮別人，即使自己的妻
子也不會聽從先生的指揮。」
　　當代意義：孔子對季康子說：「政者，正也，子帥以正，孰敢不
正？」（《論語・顏淵》）孔子所謂「政者正也」，就是先修己、正己、
而後治人之道。如果不正己，身不行道，道也不行於妻子。

十、孟子曰：「周于利者，凶年不能殺；周于德者，邪
　　世不能亂。」

　　白話：孟子說：「累積很多財富的人，雖遇飢荒之年，他也不會
餓死；有良好人品道德的人，雖遇亂世，他的心智也不會迷惑。」
　　當代意義：孟子強調人品道德的重要，處亂世可以獨善其身，
靜待天命，明哲保身。

十一、孟子曰：「好名之人，能讓千乘之國；苟非其人，
　　　簞食豆羹見於色。」

　　白話：孟子說：「喜歡名譽的人，雖然說能將擁有千輛兵車的大
國讓給別人；但如果不是真能看輕榮華富貴的人，雖是一籃飯菜一
碗湯的讓人，也會表現不捨的臉色。」
　　當代意義：好名之人，是否矯情干譽？真能看輕榮華富貴嗎？
或是欺世盜名的偽君子！

十二、孟子曰：「不信仁賢，則國空虛。無禮義，則上下亂。無政事，則財用不足。」

白話：孟子說：「國君不信任、不重用有仁德的賢臣，沒有賢臣輔政，國政就會空虛；國家沒有禮節道義，君臣上下無禮無義，社會就會混亂；沒有好的政策教導農工商努力生產，政府的財政就會不足。」

當代意義：仁賢之人是國家的根本，沒有仁賢之人，何以治國？

十三、孟子曰：「不仁而得國者，有之矣；不仁而得天下，未之有也。」

白話：孟子說：「沒有仁德的人，而能得到諸侯國家的，是有這種人；沒有仁德的人，而能得到天下，成為天子的，是從來沒有這種人。」

當代意義：不仁的人不能得民心，也不能得天下，即使短暫得天下，也會很快失天下，秦始皇就是最好的例子。

十四、孟子曰：「民為貴，社稷次之，君為輕。是故得乎丘民而為天子，得乎天子為諸侯，得乎諸侯為大夫。諸侯危社稷，則變置。犧牲既成，粢盛既潔，祭祀以時，然而旱乾水溢，則變置社稷。」

白話：孟子說：「百姓是最重要的，國家是次一等重要的，國君是最不重要的。因此，得到百姓愛戴的人，可以成為天子；得到天子任命的人，可以成為諸侯；得到諸侯任命的人，可以成為大夫。

如果諸侯無道，危害社稷，就要更立賢君；如果祭品豐盛，祭器潔淨，按時舉行祭祀，卻仍然遭受旱災水災，就要改立社稷（土地之神和五穀之神）。」

當代意義：這是「民貴君輕」成語典故的由來。「民為貴，社稷次之，君為輕」是孟子最偉大的民本思想，「民貴君輕」影響後世非常深遠，近似《尚書‧夏書‧五子之歌》：「民惟邦本，本固安寧。」，人民是國家的根本，根本堅固了，國家才能安定，與當今的民主思想不謀而合。

十五、孟子曰：「聖人，百世之師也，伯夷、柳下惠是也。故聞伯夷之風者，頑夫廉，懦夫有立志；聞柳下惠之風者，薄夫敦，鄙夫寬。奮乎百世之上。百世之下，聞者莫不興起也。非聖人而能若是乎，而況於親炙之者乎？」

白話：孟子說：「聖人可以當百世（三十年為一世）的師表（表率），如伯夷、柳下惠就是。所以聽到伯夷高風亮節的人，固執貪心的人，也會變得清廉，懦弱的人，也會堅強立志；聽到柳下惠高風亮節的人，刻薄的人也會變得厚道，心胸狹隘的人，也會變得寬宏大量。他們在百代以前，發揚光大清純的美德，百代之後，聽到的人沒有不受感化而振作起來的。唯有聖人，能夠以德化人，何況親身受到聖人教誨的人！」

當代意義：孟子在〈萬章〉說：伯夷是聖人中最清高廉潔的，柳下惠是聖人中最隨和的，稱為「和聖」。

十六、孟子曰：「仁也者，人也。合而言之，道也。」

白話：孟子說：「所謂仁，就是人之所以為人的本質。把仁和人合起來說，就是人行仁道。」

當代意義：《中庸》第二十章說：「仁者，人也。」，孟子也說：「仁也者，人也。」，仁是人之所以為人的道德本質，因此，仁與人合而為一，就是人人應行的仁道。

十七、孟子曰：「君子之戹於陳蔡之閒，無上下之交也。」

白話：孟子說：「孔子一行人被困在陳、蔡兩國邊境，是因為與陳、蔡兩國的君、臣、大夫都沒有交情的緣故。」

當代意義：孔子一行人，走到陳、蔡兩國邊境，遇上吳國攻打陳國，楚國援救陳國的戰事，又與陳、蔡兩國的君、臣、大夫都沒有交情，得不到兩國或國際的協助，困在邊境，進退不得，斷糧七天，孔子淡定的告訴子路：「君子固窮」。

十八、貉稽曰：「稽大不理於口。」

孟子曰：「無傷也。士憎茲多口。《詩》云：『憂心悄悄，慍于群小。』孔子也。『肆不殄厥慍，亦不隕厥問。』文王也。」

白話：貉稽（北方人）說：「我這個人時常被人嘲笑和輕視。」孟子說：「無傷大雅，士人（讀書人）更會被人嘲諷譏笑，《詩經·邶風·柏舟》說：『我內心悲傷，被許多小人嫉恨，受盡他們的侮辱和輕視。』指的就是孔子。《詩經·大雅·文王之什·綿》說：『雖然不能消除小人的嫉恨，也不會損傷自己的名譽。』指的就是周文王。」

當代意義：聖賢對於別人的非議，都是自省、自查、自問其過，

改過遷善，「有則改之，無則加勉。」，才能成就偉大的人格與事功，否則不能精進，成就其偉大。

十九、孟子曰：「賢者以其昭昭，使人昭昭；今以其昏昏，使人昭昭。」

白話：孟子說：「古代賢者治國，修身讀書，先充實自己，使自己明白為人處世的道理，再教導別人，使別人也明白為人處世的道理；當今治理國家的人，不讀書，不修身，自己不明白為人處世的道理，卻要人明白為人處世的道理。」

當代意義：《大學・經一章・大學之道》所謂「格物、致知、誠意、正心、修身、齊家、治國、平天下。」是一貫之道，治國皆以修身為本。

二十、孟子謂高子曰：「山徑之蹊閒，介然用之而成路。為閒不用，則茅塞之矣。今茅塞子之心矣。」

白話：孟子對高子（齊國人，曾學於孟子）說：「山上的一條小路，行人不斷的走動，就會走出一條道路；但是，隔一陣子沒有人走動，就會長滿茅草掩蓋道路，現在茅草已經把你的內心塞滿了。」

當代意義：這是「茅塞頓開」成語典故的由來。「茅塞頓開」比喻閉塞的心思，頓時豁然明白。「茅塞子之心」意指學習要不斷努力，學而時習之，專心有恆；如果一曝十寒，很久沒有專心學習，雜亂的思維會塞滿內心。

二十一、高子曰：「禹之聲，尚文王之聲。」
　　　　孟子曰：「何以言之？」

日：「以追蠡。」

日：「是奚足哉？城門之軌，兩馬之力與？」

白話：高子說：「大禹時期的音樂，勝過周文王時期的音樂。」

孟子說：「你有何依據？」

高子說：「因為大禹時期銅鈕鐘的鈕，像是被蟲咬過，鈕快斷了，表示銅鈕鐘時常使用的緣故。」

孟子說：「不能如此推論吧！例如城門的車道軌跡特別深，是因為日子長久，車子進出得多的原因。大禹銅鈕鐘的鈕快斷了，也是歷史久遠的緣故！」

當代意義：大禹逝世約在西元前 2025 年，周文王逝世約在西元前 1056 年，兩者相差約 969 年。孟子逝世在西元前 289 年，孟子與大禹相差約 1736 年，年代久遠矣。

二十二、齊饑。陳臻曰：「國人皆以夫子將復為發棠，殆不可復。」

孟子曰：「是為馮婦也。晉人有馮婦者，善搏虎，卒為善，士則之。野有眾逐虎。虎負嵎，莫之敢攖。望見馮婦，趨而迎之。馮婦攘臂下車。眾皆悅之，其為士者笑之。」

白話：齊國鬧飢荒，陳臻說：「齊國的百姓期待老師會勸齊王打開棠邑的倉庫來救濟災民，老師還會勸齊王嗎？」

孟子說：「我不能再勸齊王了，再勸齊王就變成馮婦了。以前，晉國有一名勇士，叫馮婦，他很會打老虎，後來他不打老虎了，成為行善之人，讀書人都效法他行善。有一天，許多鄉民在郊外追逐老虎；老虎蹲在山上彎曲險阻的凹洞，虎背靠山，面向鄉民，沒人

敢向前抓老虎。突然看到馮婦經過，大家向前迎接，請他打虎。於是，馮婦振臂高呼，鄉民都非常高興，但是，一些讀書的士人卻嘲笑他。」

當代意義：孟子講馮婦的故事，後來出現兩個成語典故：「重作馮婦」及「負隅頑抗」。「重作馮婦」有貶義，笑他出爾反爾，言而無信，說不再打老虎，現在又打老虎，比喻重操舊業；「負隅頑抗」表示依靠險要的地勢，做頑強的抵抗。

二十三、孟子曰：「口之於味也，目之於色也，耳之於聲也，鼻之於臭也，四肢之於安佚也，性也，有命焉，君子不謂性也。仁之於父子也，義之於君臣也，禮之於賓主也，智之於賢者也，聖人之於天道也，命也，有性焉，君子不謂命也。」

白話：孟子說：「嘴巴喜歡吃美食，眼睛喜歡看美色，耳朵喜歡聽美聲，鼻子喜歡聞芳香的氣味，四肢喜歡安逸不勞累，這些喜好都是人類感官的本能，但是能不能得到感官的滿足，卻是因人而異，個人的主客觀條件有所不同，有所命定；因此，君子不把這些感官的本能當作天性（本性）。至於父子之間的仁愛，君臣之間的道義，賓主之間的禮節，賢人的智慧，聖人契合天道，一般人以為是命定（以為賢人聖人是命定），君子不以為是命定，而是本性中所固有。」

當代意義：值得注意的是，這是孟子的「性命之辨」，「口之於味」等五項，是本能欲望；「仁之於父子」等五項，是道德修養；人所固有的是性（本性）；天所賦予的是命。常人視本能欲望為性，視道德為命；君子卻視本能欲望為命，視道德為性（本性所固有）。

二十四、浩生不害問曰：「樂正子，何人也？」曰：「善

人也，信人也。」

「何謂善？何謂信？」曰：「可欲之謂善，有
諸己之謂信，充實之謂美，充實而有光輝之謂
大，大而化之之謂聖，聖而不可知之之謂神。
樂正子，二之中，四之下也。」

白話：齊國人浩生不害問孟子：「樂正子（春秋鄒國人，孟子弟
子，在魯國當大夫）的為人如何？」

孟子說：「樂正子是個善人，也是個有信譽的人。」浩生不害問：
「何謂善？何謂信？」

孟子說：「大家都喜歡的人，想跟他為友的人，稱為善；品德高
尚、自律嚴謹的人，稱為信；不斷精進，德行圓滿，稱為美；能夠
推己及人，發揚光大，稱為大；能夠推恩愛人，以德化人，稱為聖；
能夠天人合一，德配天地，稱為神。樂正子有善和信的美德，不及
美、大、聖、神的境界。」

當代意義：這是「大而化之」成語典故的由來。孟子區分道德
人格境界為：善、信、美、大、聖、神，樂正子的人格境界，有善
和信的美德，不及美、大、聖、神的境界。

二十五、孟子曰：「逃墨必歸於楊，逃楊必歸於儒。歸，
　　　　　斯受之而已矣。今之與楊墨辯者，如追放豚，
　　　　　既入其苙，又從而招之。」

白話：孟子說：「離開墨家學派的人，一定會喜歡楊朱學派；離
開楊朱學派的人，一定會喜歡儒家學派。既然已經加入儒家學派，
就應該歡迎歸順儒家的人。然而，一些儒家學者與楊朱、墨家兩派
辯論的人，如同追逐逃走的豬一樣，不僅把豬抓回豬圈，還把豬的

腳綁起來。」

　　當代意義：孟子主張儒家學者應以寬恕待人，尤其是從楊朱、墨家來歸的人，不要再批評他們過去的思想，避免造成學派的衝突。

二十六、孟子曰：「有布縷之征，粟米之征，力役之征。君子用其一，緩其二。用其二而民有殍，用其三而父子離。」

　　白話：孟子說：「古代徵稅有三種：一是課徵布帛的稅，二是課徵米糧的稅，三是徵用民力服勞役。有德者治理國家，只課徵其中的一項，緩徵其他兩項。如果課徵兩項，百姓會有人餓死；如果課徵三項，百姓就要家破人亡，父子離散了。」

　　當代意義：孟子主張仁政愛民，輕徭薄賦，減輕勞役，降低賦稅。

二十七、孟子曰：「諸侯之寶三：土地，人民，政事。寶珠玉者，殃必及身。」

　　白話：孟子說：「諸侯的三種國寶是：土地，百姓，政務。如果把珠寶當作國寶，災禍一定發生在自己的身上。」

　　當代意義：以現代國家定義而言，國家的構成要素為人民（人口）、領土、主權政府及外交之能力，近似孟子的諸侯三寶。

二十八、盆成括仕於齊。孟子曰：「死矣盆成括！」盆成括見殺。門人問曰：「夫子何以知其將見殺？」曰：「其為人也小有才，未聞君子之大道也，

則足以殺其軀而已矣。」

白話：孟子聽說弟子盆成括在齊國為官，感嘆說：「盆成括可能會有不幸的遭遇。」果然盆成括被殺害。弟子問：「老師如何知道他會被殺？」孟子說：「盆成括稍有才華，但是不知要修養品德，盆成括有才無德，遭致殺身之禍。」

當代意義：孟子預知盆成括會有不幸的遭遇，近似孔子預知子路不得善終，子路剛強勇武，孔子十分擔心，果然，衛國發生政變，子路不幸遇害。可知。孔孟強調才德兼備、修養品德的重要。

二十九、孟子之滕，館於上宮。有業屨於牖上，館人求
　　　　之弗得。或問之曰：「若是乎，從者之廋也？」
　　　　曰：「子以是為竊屨來與？」
　　　　曰：「殆非也。夫子之設科也，往者不追，來
　　　　者不拒。苟以是心至，斯受之而已矣。」

白話：滕文公禮聘孟子，孟子到了滕國，住在文公的賓館，賓館管理員有一雙還沒織好的麻鞋放在陽台上，遺失了。有人問孟子說：「跟隨你的人喜歡藏匿別人的東西嗎？」

孟子說：「你以為跟隨我的人是來偷麻鞋的嗎？」問話的人說：「應該不是。」

孟子說：「我開班授課，一向來者不拒，只要有心向學，就是我的學生，或許良莠不齊，可能也有故意惡作劇的學生吧！」

當代意義：這是「來者不拒」成語典故的由來。孟子開班授課，一向來者不拒，近似孔子所說：「自行束脩以上，吾未嘗無誨焉。」（《論語・述而》）孔子和孟子都是偉大的教育家，有教無類，不分貴賤，一視同仁。

三十、孟子曰：「人皆有所不忍，達之於其所忍，仁也；人皆有所不為，達之於其所為，義也。人能充無欲害人之心，而仁不可勝用也；人能充無穿踰之心，而義不可勝用也。人能充無受爾汝之實，無所往而不為義也。士未可以言而言，是以言餂之也；可以言而不言，是以不言餂之也，是皆穿踰之類也。」

白話：孟子說：「每一個人都有惻隱（同情憐憫）之心，也都有不忍心做的事，把這不忍之心推己及人到所忍心做的事，就是仁；每一個人都有羞惡（自己有過錯而覺得羞恥）之心，也都有不願意做錯事的心，就是義。一個人能夠擴大不想害人的心，這個仁就應用不盡了；一個人能夠擴大不願偷盜的心，這個義就應用不盡了。

一個人能夠加強品德的修養，可以避免遭受別人的輕視，有了羞恥心，就不會做出不合仁義的事了。讀書人在不可以（不應該）說話的時候說話，是想說好話討好別人的歡心；在可以（應該）說話的時候不說話，是想保持沉默討好別人的歡心，無論不該說而說，或該說而不說，為了討好別人的歡心，都像是偷盜一樣的行為。」

當代意義：孟子強調良知良能，人人皆有，所以，能夠有所不忍，有所不為，時時存養，就可以親其親，可以敬其長。親親是仁，敬長是義，再不斷擴大仁義之心，就可以親親而仁民，仁民而愛物；能夠以其所愛，及其所不愛，也就是擴大不害人之心，擴大不偷盜之心，仁義就可以用之不盡了。

三十一、孟子曰：「言近而指遠者，善言也；守約而施博者，善道也。君子之言也，不下帶而道存焉。

君子之守，修其身而天下平。人病舍其田而芸
人之田，所求於人者重，而所以自任者輕。」

白話：孟子說：「說話淺顯易懂，卻有深遠的意涵，是最理想的
語言表達；遵守簡單的道德規範，而能廣大施惠於百姓，是最理想
的美德。君子（上位者）說話，雖然簡單而容易使人明白，卻有深
切的意義；君子的操守，由修身齊家做起，最後完成治國平天下。
一個人最大的毛病，是放任自己的田地荒蕪，卻去割除別人田地的
野草；嚴以律人，寬以待己。」

當代意義：這是「守約施博」成語典故的由來。值得注意的是，
孟子說：「一個人最大的毛病是放任自己的田地荒蕪，卻去割除別人
田地的野草。」近似《聖經・新約・馬太福音第七章》說：「你為甚
麼只看見你弟兄眼中的木屑，卻不管自己眼中的大樑呢？你眼中有
大樑，怎能對你的弟兄說『讓我來取出你眼中的木屑呢？』你這偽
善的人，先把你眼中的大樑移除，才能看得清楚怎樣把你弟兄眼中
的木屑挑出來。」

「木屑」表示別人的小過失，「大樑」表示自己的大過錯；「別
人田地的野草」表示別人的小過失，「自己的田地荒蕪」表示自己不
修養品德，品德很差，大過錯很多。君子（上位者）不修養品德，
不修身，很多過錯，如何治國平天下呢？

三十二、孟子曰：「堯舜，性者也；湯武，反之也。動
　　　　容周旋中禮者，盛德之至也；哭死而哀，非為
　　　　生者也；經德不回，非以干祿也；言語必信，
　　　　非以正行也。君子行法，以俟命而已矣。」

白話：孟子說：「堯、舜行仁政，是出於本性的善；商湯、周武

王行王道，是修養品德的結果。一切言行舉止、儀容態度，以及應對進退的禮節，都合於禮法的人，是道德人格的典範。痛哭死者非常悲傷，不是為了給親友看的，而是真情的流露。遵守禮法而不違背道德，不是為了求取官位俸祿。說話一定要誠信，不是為了表示自己的人品道德，只是不忍欺騙別人。君子只是遵行禮法而等待（順從）天命而已。」

當代意義：這是「動容周旋」成語典故的由來。孟子說：「君子行法，以俟命而已矣。」，源於《中庸》第十四章說：「君子居易以俟命」。所謂「居易」，就是素位而行，一個有道德修養的人，應該就當前所處的環境去做他該做的事，安分守己，無論處在富貴的地位，處在貧賤的環境，或處在患難的時候，總是端正自己的行為，對待別人無所奢求，不怨天不尤人，自然沒有什麼怨恨和危險了。

三十三、孟子曰：「說大人，則藐之，勿視其巍巍然。堂高數仞，榱題數尺，我得志弗為也；食前方丈，侍妾數百人，我得志弗為也；般樂飲酒，驅騁田獵，後車千乘，我得志弗為也。在彼者，皆我所不為也；在我者，皆古之制也，吾何畏彼哉？」

白話：孟子說：「遊說當權尊貴的人，不要太看重他們，達官顯貴的廳堂豪華宏大，高達數丈，我得志當權時，絕對不住如此豪宅；吃飯時佳餚擺滿大餐桌，姬妾幾百人，我得志當權時，絕對不會沉迷美食與美色；經常飲酒享樂，騎馬打獵，跟隨的車子上千輛，我得志當權時，絕對不會飲酒打獵。他們追求物慾的享樂，都是我不要做的；對我來說，我所遵守的道德，都是古代聖賢的禮法，我完全不怕達官顯貴。」

當代意義：孟子說他不怕達官顯貴，因為他善於培養浩然正氣，這是平時涵養仁義與德性所產生的道德勇氣。

三十四、孟子曰：「養心莫善於寡欲。其為人也寡欲，
　　　　雖有不存焉者，寡矣；其為人也多欲，雖有存
　　　　焉者，寡矣。」

　　白話：孟子說：「一個人修養心性，最好的方法是減少欲望。一個人如果欲望很少，即使心性的善端有所迷失，也是很少的；一個人如果欲望多，他所保有的善端也不會太多。」

　　當代意義：以個人養生而言，孟子強調養心的重要。養心的要訣在寡欲，誠如清代尤乘《壽世青編・養腎說》言：「養生之要，首先寡欲。」

三十五、曾晳嗜羊棗，而曾子不忍食羊棗。公孫丑問
　　　　曰：「膾炙與羊棗孰美？」
　　　　孟子曰：「膾炙哉！」
　　　　公孫丑曰：「然則曾子何為食膾炙而不食羊
　　　　棗？」
　　　　曰：「膾炙所同也，羊棗所獨也。諱名不諱姓，
　　　　姓所同也，名所獨也。」

　　白話：曾晳（曾點，孔門七十二賢弟子之一），生前喜歡吃羊棗（黑棗的果實，味道像是櫻桃和棗的混合），曾子在父親（曾晳）死後，就不忍再吃羊棗了。

　　公孫丑問孟子：「切細的烤肉和羊棗，哪一種比較好吃？」

孟子說：「切細的烤肉比較好吃。」

公孫丑說：「曾子為甚麼喜歡吃肉而不吃羊棗呢？」

孟子說：「大家都喜歡吃肉；喜歡吃羊棗，是曾皙自己的嗜好。因為曾皙喜歡吃羊棗，曾皙死後，曾子不忍再吃羊棗，因為，吃羊棗必定想念父親。」

當代意義：曾皙教子嚴格，曾子（曾參）是《二十四孝》中的孝子，著名的典故有：曾子受仗、齧指痛心、曾參殺人（三人成虎）、曾子殺彘等。

三十六、萬章問曰：「孔子在陳曰：『盍歸乎來！吾黨之士狂簡，進取，不忘其初。』孔子在陳，何思魯之狂士？」

孟子曰：「孔子不得中道而與之，必也狂獧乎！狂者進取，獧者有所不為也。孔子豈不欲中道哉？不可必得，故思其次也。」

「敢問何如斯可謂狂矣？」

曰：「如琴張、曾皙、牧皮者，孔子之所謂狂矣。」

「何以謂之狂也？」

曰：「其志嘐嘐然，曰：『古之人，古之人。』夷考其行而不掩焉者也。狂者又不可得，欲得不屑不潔之士而與之，是獧也，是又其次也。孔子曰：『過我門而不入我室，我不憾焉者，其惟鄉原乎！鄉原，德之賊也。』」

曰：「何如斯可謂之鄉原矣？」

曰：「『何以是嘐嘐也？言不顧行，行不顧言，

則曰：古之人，古之人。行何為踽踽涼涼？生
斯世也，為斯世也，善斯可矣。』閹然媚於世
也者，是鄉原也。」

萬章曰：「一鄉皆稱原人焉，無所往而不為原
人，孔子以為德之賊，何哉？」

曰：「非之無舉也，刺之無刺也；同乎流俗，
合乎汙世；居之似忠信，行之似廉潔；眾皆悅
之，自以為是，而不可與入堯舜之道，故曰德
之賊也。孔子曰：『惡似而非者：惡莠，恐其
亂苗也；惡佞，恐其亂義也；惡利口，恐其亂
信也；惡鄭聲，恐其亂樂也；惡紫，恐其亂朱
也；惡鄉原，恐其亂德也。』君子反經而已矣。
經正，則庶民興；庶民興，斯無邪慝矣。」

白話：萬章問孟子：「孔子在陳國，感嘆說：『回去魯國吧！在
魯國家鄉的一些弟子們，有理想、有進取心、有抱負，志向遠大，
不忘初衷。』孔子在陳國（周初封舜的後人胡公於陳，今河南開封
到安徽豪縣，建立陳國，春秋時滅於楚。），為何想念在魯國家鄉的
一些弟子們？」

孟子說：「孔子已經沒有機會與力行中庸之道的人來往了，祇能
與進取或拘謹的人交往。狂者志向高遠，有進取心，精進不已；獧
者（拘謹的人）遵禮守節，潔身自愛，不為不仁不義之事。孔子也
想教導力行中庸之道的弟子，只是很少有持守中庸之道的人，祇能
教導進取或拘謹的弟子了。」

萬章說：「如何稱為狂者（進取的人）？」

孟子說：「像孔子的弟子子張（春秋衛國人）、曾皙（孔門七十

二賢弟子之一，教子嚴格。）、牧皮（孔子弟子，春秋魯國人，《史記·仲尼弟子列傳》沒有記載。），就是孔子所說的狂者。」

萬章問：「為甚麼說他們是狂者？」

孟子說：「狂者進取，志向遠大，他們時常開口就說：『古人如何！古人如何！』好像他們效法古代聖賢，可是考察他們的一言一行，言行不一。除了狂者，還有獧者（拘謹的人）可以教導，獧者遵守禮節，不肯為惡，潔身自律。孔子說：『有一些人，從我門口經過而不進來學習，我也不感到遺珠之憾的人，就是那些鄉愿，鄉愿是傷害道德的賊！』」

萬章說：「何謂鄉愿？」

孟子說：「鄉愿批評狂者言行不一，也批評獧者孤獨，不與人親近。鄉愿媚俗，屈意奉承長官，取悅長輩，討好世人，迎合於世俗。」

萬章說：「全鄉的多數人都稱讚鄉愿是謹慎忠厚的人，為何孔子說鄉愿是傷害道德的賊？」

孟子說：「鄉愿圓滑，待人處事面面周到，不得罪人，同流合汙，形似廉潔，媚俗屈意討好，貌似忠信，卻不合堯舜之正道，所以說是道德的賊。孔子說：『我討厭似是而非的言論；討厭狗尾草（看似稻苗的草），擾亂稻苗的生長；討厭巧言善辯的人，擾亂公理正義；厭惡紫色（雜色）奪走紅色（正色）的光彩；厭惡鄭國的靡靡之音，擾亂先王雅正的樂曲；厭惡自以為是的鄉愿，擾亂純真的道德、顛倒是非善惡而敗壞國家。』因此，君子（上位者）只要回歸正道，端正品德，百姓自然樂於行善，社會就沒有邪惡的罪行了。」

當代意義：這是「同流合汙」、「自以為是」、「言不顧行，行不顧言」、「踽踽涼涼」成語典故的由來。鄉愿是外貌看似忠厚老實而內心巧詐、討人喜歡、同流合汙、巧言善辯、自以為是、不辨是非的偽善者，孔子和孟子都討厭鄉愿的為人。因此，君子（上位者）只要修養品德，以德化民，百姓自然和睦相處，樂於行善，社會就沒有邪惡之人了。

三十七、孟子曰：「由堯舜至於湯，五百有餘歲，若禹、
　　　　皋陶，則見而知之；若湯，則聞而知之。由湯
　　　　至於文王，五百有餘歲，若伊尹、萊朱則見而
　　　　知之；若文王，則聞而知之。由文王至於孔子，
　　　　五百有餘歲，若太公望、散宜生，則見而知之；
　　　　若孔子，則聞而知之。由孔子而來至於今，百
　　　　有餘歲，去聖人之世，若此其未遠也；近聖人
　　　　之居，若此其甚也，然而無有乎爾，則亦無有
　　　　乎爾。」

　　白話：孟子說：「從堯、舜到商湯，有五百多年的歷史，像大禹
（治水有功）、皋陶（夏朝初期的賢臣，掌管刑法。），是親眼看
見堯舜之道而繼承的賢能之臣；像商湯是耳聞堯舜之道而繼承的聖
王。從商湯到周文王，也有五百多年的歷史，像伊尹、萊朱（商湯
賢臣，為左相。），是親眼看見商湯之道而繼承的賢臣；像周文王，
就是耳聞商湯之道而繼承的聖王。
　　從周文王到孔子，也有五百多年的歷史，像太公望（呂尚，是
周文王和周武王的軍師，兵家之聖。）、散宜生（周文王賢臣，有文
德而為相。），是親眼看見周文王之道而繼承的賢臣；像孔子，就是
耳聞周文王之道而繼承的聖人。從孔子到現在，只有一百多年，孔
子和我（孟子）相差 179 年，我家距離孔子的故居也很近（孟子鄒
國人，今山東省鄒城市，孔子生於魯國陬邑，鄒魯兩國很近。）；
但是已經沒有親眼看見聖人之道而繼承的人了，以後或許也沒有聽
說聖人之道而繼承的人了吧！」
　　當代意義：孟子以繼承堯、舜、禹、湯、文王、武王、周公、
孔子的道統為己任，孟子之後，中唐的韓愈也以繼承儒家道統為己

任，他正式提出「道統說」，韓愈〈原道〉說：「斯吾所謂道也，非向所謂老與佛之道也。堯以是傳之舜，舜以是傳之禹，禹以是傳之湯，湯以是傳之文、武、周公，文、武、周公傳之孔子，孔子傳之孟軻。軻之死，不得其傳焉。」為了捍衛儒家道統，他反對佛教和道教，反對迎佛骨。

　　到了北宋五子（程頤、程顥、周敦頤、張載、朱熹），「道統說」有了進一步的發展，又以朱熹集大成，他結合各家思想，建立新的道統論。

註　釋

註　一　預防疾病，古人稱為「治未病」，《黃帝內經・四氣調神大論》說：「不治已病治未病」，就是在未發病之前加以預防，現代所謂預防醫學。

註　二　據內政部戶政司 109 年人口統計資料，台灣 30 至 39 歲人口約 45％未婚，台灣當代社會，未婚、不婚、少子問題嚴重，令人憂心。

註　三　據《呂氏春秋・當務》說：商紂同母兄弟有三人，長兄叫微子啟，老二叫中衍（仲衍），老三就是紂王。紂的母親生老大老二時，還是小妾，後來成為正妻而生商紂。原本紂的父親想立微子啟為太子，但是太史認為應該立正妻生的兒子為太子，因此，商紂就成為王位的繼承人。

註　四　孟賁，戰國時期衛國人，力大無窮的勇士，不畏猛獸，不以生命、富貴挫其勇。

註　五　三監之亂，又稱管蔡之亂或武庚之亂。周武王滅商後，聽取周公旦意見，採取「以殷治殷」的政策，分封紂王之子武庚於殷，利用他統治殷民。同時武王分派其兄弟管叔、蔡叔、霍叔在殷都附近建立邶、鄘、衛三國，以監視武庚，

史稱「三監」。武王滅商後不久即病逝，周公旦攝政，引起管叔、蔡叔的疑忌，武庚見機拉攏發動叛亂。周公東征，誅武庚，殺管叔而放蔡叔，廢霍叔為庶民，平定了三監之亂。

註　六　姜太公輔佐周武王消滅商朝之後，武王將齊國加封給了太公。當時齊國有一位不肯輔佐天子、私自結交諸侯的名士，叫華仕，被視作聖賢。太公到齊國後，派人再三召請他，但都遭到了拒絕。太公遂將華仕處死。武王得知後，大惑不解，於是召見太公詢問道：「華仕是齊國的高士，為何要他殺呢？」太公答道：「華仕執意不肯輔佐天子，私自結交諸侯，我既不能使他稱臣，又不能與他結交，他算是一個應該捨棄的臣民。此外，我曾多次派人前去召請他，但都遭到了他的拒絕，這樣執迷的人可以算是一個叛逆的臣民。而這樣的人如果得到了推崇並成為百姓的榜樣，百姓紛紛效仿他，那麼我還給誰當君主呢？」

丙篇　《大學》暨《中庸》白話與當代意義

第一章　《大學》白話與當代意義

一、經一章 大學之道

大學之道，在明明德，在親民，在止於至善。知止而后有定，定而后能靜，靜而后能安，安而后能慮，慮而后能得。物有本末，事有終始，知所先後，則近道矣。

古之欲明明德於天下者，先治其國；欲治其國者，先齊其家；欲齊其家者，先脩其身；欲脩其身者，先正其心；欲正其心者，先誠其意；欲誠其意者，先致其知；致知在格物。

物格而后知至，知至而后意誠，意誠而后心正，心正而后身脩，身脩而后家齊，家齊而后國治，國治而后天下平。自天子以至於庶人，壹是皆以脩身為本。其本亂而末治者否矣，其所厚者薄，而其所薄者厚，未之有也！

白話：大學之道：《大學》所講述的人生道理，在於彰顯自身所具有的靈明德性，在於親愛百姓，使百姓能夠日新又新、精進不已，使人人達到完美至善的境界。知道人生要達到完美至善的境界，才能立定志向；能夠立定志向，內心才能安靜，內心安靜與安定，思慮才能縝密，才能達到完美至善的境界。任何一件事物，都有根本和細微末節、開始與終了，知道做事的先後順序，就幾乎知道《大學》所講述的修齊治平的方法了。

古人想使天下人彰顯自身所具有的靈明德性，先要治理好自己的國；要想治理好自己的國，先要治理好自己的家；要想治理好自己的家，先要修養自己的品德；要想修好自己的品德，先要使自己的內心平靜中正；要使自己的內心平靜中正，先要使自己的意念真誠不欺；要使自己的意念真誠不欺，先要充實自己的知識；要想充實自己的知識，要窮究萬事萬物的道理。

能夠窮究事物的道理，知識就可應用不盡；知識能夠應用不盡，意念就可以真誠不欺了；意念能夠真誠不欺，內心就可以平靜中正了；內心能夠平靜中正，自己的品德也就端正了；自己的品德能夠端正，自己的家庭也就和睦了；家庭能夠和睦，國家就能安定了；國家的治理能夠安定，天下也就太平了。

上自天子，下至百姓，都是以修身為根本；修身的先後程序是：格物、致知、誠意、正心、修身、齊家、治國、平天下，稱為八條目，八條目的本末先後的程序不可混亂；八條目的本末先後的程序如果混亂，就不能平治天下，止於至善了。

當代意義：《大學》是儒家人生和政治哲學的大綱要，開宗明義的四句話最為重要，曰：「大學之道，在明明德，在親民，在止於至善。」

所謂「大學」是大人之學，大人是指孟子所說能守人之大體者而言，人的大體是心思之官，守心的規範者，即成大人，所以說，

大人近似於君子，大學就是大人之學，也是君子之學，大學有別於小學（註一）。

二、釋明明德

康誥曰：「克明德。」大甲曰：「顧諟天之明命。」帝典曰：「克明峻德。」皆自明也。

白話：詮釋明明德：《尚書・康誥》說：「能夠彰顯與生俱來的靈明德性。」，《尚書・大甲》說：「要時常審視上天所賦予我們的靈明德性。」，《尚書・堯典》說：「能夠彰顯天賦的光明德性。」，這都是教人自己去體悟、並且發揚光大自己天賦的靈明德性。

當代意義：〈康誥〉記述周公訓勉其幼弟康叔的話。說明要能夠時常彰顯與生俱來的靈明德性，就要修養自己的品德。〈大甲〉是商朝賢相伊尹告誡大甲（太甲）的話，據《史記》記載：大甲是商湯的長孫，廟號為太宗。大甲在位初年，任用伊尹為相，商朝比較強盛。〈堯典〉是史臣稱讚堯帝的話，讚美堯帝能夠承受上天所賦的使命，發揚光大天賦的偉大德性。

三.釋新民

湯之盤銘曰：「苟日新，日日新，又日新。」康誥曰：「作新民。」。詩曰：「周雖舊邦，其命維新。」是故君子無所不用其極。

白話：詮釋新民：商朝的開國之君成湯，為了要勉勵自己，在他日常使用的盥洗盤上，刻入自我警惕的九個字：「苟日新、日日新、又日新」。如果能夠確實的清除自己舊有的惡習污染，不斷的革新，

每天時時刻刻的改過遷善，不間斷的洗盡惡習污染，使自己的身心完美至善，圓融靈明。

《尚書‧康誥》記載周公告誡康叔，一國之君要以身作則，自我警惕，不斷革新，更要教化天下百姓，時時刻刻改過遷善。《詩經‧大雅‧文王》說：「周朝雖然是一個古老的邦國，到了周文王的時候，能夠承受天命，不斷革新精進，到了周武王的時候，消滅商朝，建立周朝。」因此，才德兼備的君子，應當盡心盡力的改革弊端而推行新政。

當代意義：這是「日新月異」、「無所不用其極」成語典故的由來。本段是曾子舉出《尚書》三個實例，解釋「新民」的意旨，目的在勉勵才德兼備的君子，要時時刻刻反省自己，不斷革新，修養品德，改過遷善，去除舊習汙染而盡力為善，才能彰顯與生俱來的靈明德性，進一步教化百姓，使百姓皆能不斷自新、不斷精進。

四、釋止於至善

詩云：「邦畿千里，惟民所止。」詩云：「緡蠻黃鳥，止於丘隅。」子曰：「於止，知其所止，可以人而不如鳥乎？」

詩云：「穆穆文王，於緝熙敬止。」為人君，止於仁；為人臣，止於敬；為人子，止於孝；為人父，止於慈；與國人交，止於信。

詩云：「瞻彼淇澳，菉竹猗猗；有斐君子，如切如磋，如琢如磨；瑟兮僩兮，赫兮喧兮；有斐君子，終不可諠兮。」如切如磋者，道學也；如琢如磨者，自修也；瑟兮僩兮者，恂慄也；赫兮喧兮者，威儀也；有斐君子，終不可諠兮者，道盛德至善，民之

不能忘也。

詩云：「於戲！前王不忘。」君子賢其賢而親其親，
小人樂其樂而利其利，此以沒世不忘也。

白話：詮釋止於至善：《詩經・商頌、玄鳥》說：「首都京畿方
圓千里，是百姓聚集居住的首善之地。」

《詩經・小雅・緡蠻》說：「叫聲悅耳動聽的黃鳥，牠棲息在草
木茂盛的山坡上。」孔子讀到這一首詩，感嘆地說：「黃鳥都知道棲
息在隱蔽性高又安全的最適當的地方；而人類卻不知道言行應當止
於至善，反而不如這些鳥呢！」

《詩經・大雅・文王》說：「多美好的周文王，不斷地彰顯光輝
的美德，為人謹慎恭敬，使自己處於完美至善的道德境界。」由於
文王偉大德性的感召，所以為人國君的，要以仁愛照顧百姓；做人
臣子的，要以恭敬的心效忠國君；做人子女的，要以孝順的心奉養
雙親；為人父母的，要以慈愛的心養育兒女；與朋友交往，要以誠
實信用待人。」

《詩經・衛風・淇奧》記載一段讚美衛武公說：「看那淇水彎曲
的岸邊，綠竹長得很茂盛，猶如文質彬彬的君子，他不斷的修養自
己的品德，精益求精，像雕刻玉石般的切磋琢磨。這比喻他在個人
的進德修業上，戒慎又堅毅，像這樣有道德、學問的彬彬君子，真
教人難忘，百姓永遠懷念他。」

《詩經・周頌・烈文》說：「從前周文王周武王的美德，使後世
百姓永遠懷念，無法忘懷。」後代的賢君，尊敬賢能之士，愛護百
姓，百姓過著安和樂利的生活，使後代百姓仍然受其恩惠，雖然賢
君已經逝世，但後代百姓仍然懷念他。

當代意義：這是「沒世不忘」成語典故的由來。本文是曾子引
用《詩經》的四段文章，來詮釋「止於至善」的意旨。

　　第一段說明「邦畿」是一國的首都，是國家最重要的京城；還有黃鳥尚且知道棲息在最好的草木茂盛的山坡上，因此，人的道德人格也應當止於至善。

　　第二段引用《詩經·文王》讚美周文王的美德，並以仁、敬、孝、慈、信諸德教化國人。

　　第三段引用《詩經》讚美康叔八世孫衛武公的功績，衛武公自即位後，不但幫助周王朝平定犬戎之亂，還修明政治，處事深謀遠慮，內心縝密，外表敬重，有威儀的氣度，以切磋琢磨的功夫，修養品德，留給後人懷念。

　　最後一段，是對周文王、周武王的懷念，讚美文王武王奉承天命行道愛民，德澤百姓，永垂不朽，臻於止於至善的境界。

五、釋本末

　　子曰：「聽訟，吾猶人也。必也使無訟乎！」無情者不得盡其辭，大畏民志：此謂知本。

　　白話：詮釋本末：孔子曾在《論語·顏淵》說：「司法審判案件，我也跟別人一樣，讓天下人以和為貴，最好使百姓不要打官司。」

　　在審理訴訟案時，要使那些不誠實的人，不敢顛倒是非，說謊話去控告無辜者。更重要的是，要教化百姓，以德為本，使天下百姓都能明禮義，而無訴訟案件發生，這叫做知道根本。

　　當代意義：本段是曾子引用孔子「聽訟」的話，來解釋「本末」的意義，因為「本」是根本，」「末」是枝葉末節，以孔子聽訟而言，無訟為「本」，善聽訟為「末」。

　　如何達到無訟之本？唯有以德服人，教化百姓，使人人不敢做出違背禮法的事，社會自然祥和安定，這是知本、務本之道。

六、釋格物致知

此謂知本，此謂知之至也。

右傳之五章，蓋釋格物、致知之義，而今亡矣。閒嘗竊取程子之意以補之曰：「所謂致知在格物者，言欲致吾之知，在即物而窮其理也。蓋人心之靈，莫不有知，而天下之物，莫不有理，惟於理有未窮，故其知有不盡也。是以大學始教，必使學者即凡天下之物，莫不因其已知之理而益窮之，以求至乎其極。至於用力之久，而一旦豁然貫通焉，則眾物之表裏精粗無不到，而吾心之全體大用無不明矣。此謂物格，此謂知之至也。」

白話：詮釋格物致知：所謂知道根本，就是知道天下萬事萬物的道理。

朱熹認為《大學》解釋格物致知的內容遺失了，他參考程伊川的意見，增補內容如下：所謂致知在格物的意思，是說要想增進我們的知識，要窮究天下萬事萬物的道理。因為我們內在的心靈，都有天賦的靈明知覺，而天下的萬事萬物，都具有自然的原理原則。由於我們對萬事萬物的原理沒有窮究，所以我們的知識不能博大精深。因此《大學》教導我們，做學問或處理問題，要以自己所學的知識，更深入的研究，達到最高深的學問。只要不間斷的深入研究，必能豁然領悟新知，同時，我們天賦的靈明知覺，必能融會貫通萬事萬物的道理。

當代意義：這是「豁然貫通」成語典故的由來。朱熹在重訂《大學》版本時，發現右傳第五章的格物致知篇的原文已經遺失，所以採取程伊川的意思，把格物、致知二章失傳的缺文義理，大略

補充說明。朱熹大意是說：《大學》所說的「致知在格物」，就是我們做學問或遇到每一件事物，都要徹底深入研究，了解萬事萬物的事理和物理，對於知識才能融會貫通。

值得注意的是，《朱子語類‧大學五或問下》云：問：「伊川說：『今日格一件，明日格一件。』工夫如何？」曰：「如讀書，今日看一段，明日看一段。又如今日理會一事，明日理會一事，積習多後，自然通貫。」程伊川所謂「今日格一件，明日格一件。」，就是朱熹「今日理會一事，明日理會一事」，不斷的窮究，即物而窮其理，積習既多，自然通貫。

不過，明代王陽明在〈大學問〉說：「致知云者，非若後儒所謂充擴其知識之謂也，致吾心之良知焉耳。良知者，孟子所謂『是非之心，人皆有之者也』。是非之心，不待慮而知，不待學而能，是故謂之良知。」。王陽明所謂「致知」，是「致吾心之良知」；朱熹的「致知」，在即物而窮其理。這是朱熹理學與王陽明心學的差異。

七、釋誠意

所謂誠其意者：毋自欺也，如惡惡臭，如好好色，此之謂自謙，故君子必慎其獨也。小人閒居為不善，無所不至，見君子而后厭然，揜其不善，而著其善。人之視己，如見其肺肝然，則何益矣。此謂誠於中，形於外，故君子必慎其獨也。曾子曰：「十目所視，十手所指，其嚴乎！」富潤屋，德潤身，心廣體胖，故君子必誠其意。

白話：所謂誠意，就是不要欺騙自己，這是「誠意」最重要的功夫。就像人人都厭惡氣味很臭的東西，人人都喜歡非常好看的事物，這是自然反應，毫不造作的誠意。因此，君子獨處的時候，一

定要「謹慎」。越是人所不知而己所獨知的時候，越要不敢苟且，光明磊落，問心無愧，所謂「獨行不愧影，獨寢不愧衾。」（《宋史·蔡元定傳》）。一般人認為，自己在家裡，把門窗關起來，我心裡想什麼，我做什麼壞事，誰也不知道。就在這個時候，不善的妄念最容易萌生。此時小人萌生不善的妄念，無惡不作；見到君子，就掩藏自己的過錯，表現自己的優點。可是，小人的罪過，是無法遮掩的，內心不善，就會表現不善的言行舉止，所以，君子要慎獨自律，不欺暗室，不愧屋漏。

曾子說：「君子慎獨自律，戒慎恐懼，好像十個眼睛看著你，十隻手指著你，多麼敬畏呀！」

人有了財富可以把房子裝飾得華麗；人有了道德人格，心無愧怍，可以使內心平靜、身體安泰。所以，君子一定要使內心的意念都能真誠不欺。

當代意義：這是「心廣體胖」成語典故的由來。「君子慎獨」影響後世深遠，值得注意的是，晚明大儒劉宗周創新詮釋慎獨為「凜閒居以體獨」，體獨的獨，是獨體，是形而上的本體，就是天命之性、心體、性體，是渾然至善的境界。茲舉著名的慎獨典範如下：

1.楊震，字伯起，東漢人，博覽群經，時人尊稱「關西孔子」。他任荊州刺史時，發現一個叫王密的人才華出眾，就向朝廷舉薦。朝廷接受了楊震的舉薦，委任王密為昌邑（今山東金鄉縣）令，王密對楊震十分感激。楊震遷任東萊太守（郡守、知州）時，路過昌邑，昌邑縣令王密求見，私下贈送黃金十斤，楊震拒收，王密說：「夜晚無人知道。」楊震答說：「天知、地知、你知、我知，怎麼說無人知道。」王密羞愧離開。

2.隋代趙軌，河南洛陽人，言行檢點，有操守。鄰居桑樹的桑椹落到趙家，趙軌叫人撿拾桑椹，還給桑樹主人。並且告誡兒子們說：「我不是以此求名，想到不是自己的東西，不願欺負人，如等應該以此為誡。」。任齊州別駕（州刺史佐官）時，朝廷徵召，百姓知

其清廉，僅以一杯水餞行，沒有厚禮贈送，趙軌欣然接受。有一次，夜晚趕路，身邊部屬的馬跑到田裏，踐踏農作物。趙軌停止前進，等待到天明，找到農田主人，賠償農作物損失後再出發。

3.衛靈公與夫人夜晚閒坐，聽到馬車行走的聲音，到國君門口停止，過了王宮門口又有馬車聲。衛靈公問說：「是誰？」夫人說：「是蘧伯玉，他是衛國的賢大夫，也是忠臣孝子，有美德，不因為夜晚而廢禮，不因為沒有人看見而無禮。」據《禮記·曲禮上》說：「大夫、士經過國君（王宮）的門口，必須下車；看到禮車用的馬，必須憑軾俯身行禮。」衛靈公派人查看，果然是蘧伯玉。孔子也稱讚蘧伯玉是有德的君子。（《論語·衛靈公》）

4.趙抃，字閱道，號知非子，時稱鐵面御史，累官參知政事，諡清獻。據《宋史》卷316記載：「日所為事，入夜必衣冠露香以告於天，不可告則不敢為也。」這是著名的「清獻告天」的典故，劉宗周認為「告天」是體獨工夫。

5.許衡，字仲平，元朝著名理學家，曾任集賢大學士，國子祭酒，諡文正，封魏國公。許衡曾經在酷暑天路過河陽，口渴難耐，道旁邊有棵梨樹，大家都爭著摘梨吃，唯獨許衡在樹下正身獨坐，神情自若。有人問他為什麼不摘梨吃，他回答說：「梨子不是自己的而摘來吃，是不可以的。」那人說：「世道混亂，這棵樹是沒有主人的。」許衡回答：「梨樹沒有主人，我的內心難道也沒有主人嗎？」

八、釋正心修身

> 所謂脩身在正其心者，身有所忿懥，則不得其正；有所恐懼，則不得其正；有所好樂，則不得其正；有所憂患，則不得其正。心不在焉，視而不見，聽而不聞，食而不知其味。此謂脩身在正其心。

白話：所謂修身在於端正心思，使內心平正的意思，是說心中有所憤怒，心思就不能端正；心中有所恐懼，心思就不能端正；心中有所喜好，心思就不能端正；心中有所憂慮，心思就不能端正。如果一個人心不在焉，三心二意，不專心，眼睛看東西會看不清楚，耳朵聽聲音會聽不清楚，嘴巴吃東西會不知道滋味。所以說修養品德，要先端正自己的心思，使內心平正。

當代意義：這是「心不在焉」、「視而不見，聽而不聞」、「食不知味」成語典故的由來。為何修身在於正心？因為我們平正的內心，容易受到七情六欲的影響和蒙蔽（註一），因此，要端正我們的心思，使我們的內心平和、思想純正，這也是修養品德的工夫。

九、釋修身齊家

所謂齊其家在脩其身者：人之其所親愛而辟焉，之其所賤惡而辟焉，之其所畏敬而辟焉，之其所哀矜而辟焉，之其所敖惰而辟焉。故好而知其惡，惡而知其美者，天下鮮矣！故諺有之曰：「人莫知其子之惡，莫知其苗之碩。」此謂身不脩，不可以齊其家。

白話：所謂齊家在修養自身品德的意思，是說我們對自己親愛的人，都有偏袒；對自己厭惡的人，都有偏見；對自己敬畏的人，都有偏愛；對自己憐憫的人，都有偏私；對傲慢、懶惰的人，都有偏見。因此，對自己喜愛的人，能知道他的缺點；對自己討厭的人，能知道他的優點，這種人天下少有。所以，有一句諺語說：「沒有人知道自己子女的缺點，沒有人知道自己禾苗的壯碩。」這就是說自身的品德不端正，就不能管好自己的家。

　　當代意義：《大學・釋修身齊家》提出修身齊家五大迷思與障礙：
1.對自己親近的人，都有偏袒；2.對自己厭惡、鄙視的人，都有偏見；
3.對自己敬重的人，都有偏愛；4.對自己可憐的人，都有偏私；5.
對傲慢、懈怠的人，都有偏見。

　　所以，諺語說：「人莫知其子之惡」，因為自己總覺得孩子是自
己的好，自己的孩子做壞事，認為只是比較調皮，或是交到壞朋友；
自己的孩子懶惰，認為只是比較不懂事；自己的孩子愚蠢，認為只
是比較天真；自己的孩子醜一點，認為比較可愛。為何說「莫知其
苗之碩」，因為一般人都比較貪心，不知足，自己的禾苗長得壯碩，
還是覺得不夠好，比上不足，就更不滿足了。所以說：齊家在修養
自身品德，端正自身的品德。

十、釋齊家治國

　　所謂治國必先齊其家者，其家不可教而能教人者，
無之。故君子不出家而成教於國：孝者，所以事君
也；弟者，所以事長也；慈者，所以使眾也。康誥
曰：「如保赤子」，心誠求之，雖不中不遠矣。未有
學養子而后嫁者也！一家仁，一國興仁；一家讓，
一國興讓；一人貪戾，一國作亂；其機如此。此謂
一言僨事，一人定國。堯舜帥天下以仁，而民從之；
桀紂帥天下以暴，而民從之；其所令反其所好，而
民不從。是故君子有諸己，而后求諸人，無諸己，
而后非諸人。所藏乎身不恕，而能喻諸人者，未之
有也。故治國在齊其家。詩云：「桃之夭夭，其葉
蓁蓁；之子于歸，宜其家人。」宜其家人，而后可
以教國人。詩云：「宜兄宜弟。」宜兄宜弟，而后

可以教國人。詩云:「其儀不忒,正是四國。」其
為父子兄弟足法,而后民法之也。此謂治國在齊其
家。

白話:國君要治理好國家,必先管理好自己的家,使家庭和睦。
如果自己的家人都不能教導好,自己不能以身作則,如何教化百姓?
所以,有德的國君可以不出門,也能把好的品德教化國人。一個人
在家孝順父母,就能夠以順從之心事奉國君(主管);在家尊敬兄長,
出了社會,就能夠尊敬長上;在家慈愛子女,當官就能夠愛民如子。
《尚書·康誥》說:「愛民如愛自己的孩子。」只要秉持真誠的心,
盡力而為,雖然不能盡善盡美,做的也不差。因為沒有女子先學會
養育孩子,再出嫁的呀!

國君一家人都仁愛,以仁愛治國,使全國人都仁愛;國君一家
人都懂得禮讓,以禮讓治國,全國人都懂得禮讓;國君以貪婪暴戾
治國,全國人也跟著貪婪暴戾;可知,國君對全國人的影響非常重
大,誠如古人所說:「一句話壞了大事,國君一個人可以安定國家。」

堯、舜以仁愛治理天下,天下百姓也跟著仁愛;桀、紂以暴戾
治理天下,天下百姓也跟著暴戾。如果國君的政令和他的愛好相反,
百姓是不會聽從政令的。

所以,有德的國君,必須先修養自己的品德,行善事,再要求
百姓修養品德,行善事;自己已經改過遷善了,再指責別人的過錯;
國君如果沒有修養恕道,不能推己及人,卻要求百姓行恕道,是從
來行不通的要求。所以,治國先齊家。

《詩經·周南·桃夭》說:「桃花多麼鮮豔,桃葉多麼茂盛。才
貌雙全的新娘,嫁到夫家,一定可以使夫家和睦美滿。」有德的國
君,能夠使全家人和樂,才能教化國人,使全國人和樂。《詩經·小
雅·蓼蕭》說:「使兄弟和睦」使自己的兄弟和睦,才能教化國人,

使全國人和睦。《詩經・曹風・鳲鳩》說：「天子的言行沒有過錯，儀態端正，可為風範，才可以匡正四方的諸侯國。」國君的品德，在家足以被家人所效法，影響所及，百姓也會效法他，這就是治國先齊家的道理。

當代意義：齊家與治國關係密切，家不齊則國不治，以隋煬帝為例，煬帝不修身不齊家，殺兄殺侄，甚至可能毒殺父親（隋文帝），非禮庶母（宣華夫人、容華夫人），敗壞人倫綱常，終成亡國之君。再舉東漢末年陳蕃為例，陳蕃，字仲舉，汝南平輿（今安徽省臨泉縣古城子）人。東漢末年著名大臣，漢桓帝時為太尉，漢靈帝時為太傅。後與外戚竇武等人合謀盡誅宦官失敗被殺，與竇武、劉淑合稱「三君」。

陳蕃從小心懷大志，時常獨處苦讀，有一天，父親的朋友薛勤來訪，見庭院雜亂，就問陳蕃為甚麼不打掃一下，陳蕃回答說：「大丈夫當掃天下，安掃一屋乎！」薛勤笑著說：「一屋不掃，何以掃天下？」陳蕃有所悟，從此克己修身，終成一代名臣。

十一、釋治國平天下

> 所謂平天下在治其國者：上老老而民興孝，上長長而民興弟，上恤孤而民不倍，是以君子有絜矩之道也。所惡於上，毋以使下；所惡於下，毋以事上；所惡於前，毋以先後；所惡於後，毋以從前；所惡於右，毋以交於左；所惡於左，毋以交於右：此之謂絜矩之道。
>
> 詩云：「樂只君子，民之父母。」民之所好好之，民之所惡惡之，此之謂民之父母。詩云：「節彼南山，維石巖巖，赫赫師尹，民具爾瞻。」有國

者不可以不慎，辟則為天下僇矣。詩云：「殷之未喪師，克配上帝；儀監于殷，峻命不易。」道得眾則得國，失眾則失國。是故君子先慎乎德。有德此有人，有人此有土，有土此有財，有財此有用。德者本也，財者末也，外本內末，爭民施奪。是故財聚則民散，財散則民聚。是故言悖而出者，亦悖而入；貨悖而入者，亦悖而出。康誥曰：「惟命不于常！」道善則得之，不善則失之矣。

楚書曰：「楚國無以為寶，惟善以為寶。」舅犯曰：「亡人無以為寶，仁親以為寶。」

秦誓曰：「若有一个臣，斷斷兮無他技，其心休休焉，其如有容焉。人之有技，若己有之，人之彥聖，其心好之，不啻若自其口出，實能容之，以能保我子孫黎民，尚亦有利哉。人之有技，媢疾以惡之，人之彥聖，而違之俾不通，實不能容，以不能保我子孫黎民，亦曰殆哉。」

唯仁人放流之，迸諸四夷，不與同中國。此謂唯仁人為能愛人，能惡人。見賢而不能舉，舉而不能先，命也；見不善而不能退，退而不能遠，過也。好人之所惡，惡人之所好，是謂拂人之性，菑必逮夫身。是故君子有大道，必忠信以得之，驕泰以失之。生財有大道，生之者眾，食之者寡，為之者疾，用之者舒，則財恒足矣。仁者以財發身，不仁者以身發財。未有上好仁，而下不好義

者也，未有好義，其事不終者也，未有府庫財非
其財者也。

孟獻子曰：「畜馬乘，不察於雞豚，伐冰之家，
不畜牛羊，百乘之家，不畜聚斂之臣，與其有聚
斂之臣，寧有盜臣。」此謂國不以利為利，以義
為利也。長國家而務財用者，必自小人矣。彼為
善之，小人之使為國家，菑害並至。雖有善者，
亦無如之何矣！此謂國不以利為利，以義為利
也。

白話：所謂「平天下在於治國」的意思，是說國君能尊敬長老，
百姓自然跟著孝順父母；國君能尊重長輩，百姓也自然跟著尊敬兄
長；國君能憐憫孤兒，百姓自然也不會拋棄幼小了。所以，執政的
君子應該修養推己及人的恕道人格，也就是絜矩之道。

我厭惡在上位的人，以不合情理法的態度對待我，我也不會以
不合情理法的態度對待部屬；我厭惡部屬以不合情理法的態度對待
我，我也不會以不合情理法的態度，事奉在上位的長官；我厭惡在
前面的人，以不合情理法的態度對待我，我也不會以不合情理法的
態度對待在後的人；我厭惡在後面的人，以不合情理法的態度對待
我，我也不會以不合情理法的態度對待在前面的人；我厭惡在右邊
的人，以不合情理法的態度對待我，我也不會以不合情理法的態度
對待在左邊的人；我厭惡在左邊的人，以不合情理法的態度對待我，
我也不會以不合情理法的態度對待在右邊的人，這就叫做「絜矩」
的道理了。

《詩經・小雅・南山》說：「快樂的君子，是百姓的父母。」能
夠施行百姓所喜歡的政務，如興利；能夠革除百姓所厭惡的弊端，
如除弊。勤政愛民、興利除弊，這才能稱得上是百姓的父母。

　　《詩經‧小雅‧節南山》說：「高大的南山，巍峨的巖石，顯赫的周太師尹吉甫就像南山一樣，百姓都仰望著他。」擁有國家的君王，不可不謹慎，要是內心偏邪不正，就要遭百姓反抗的啊！

　　《詩經‧大雅‧文王》說：「殷商還沒有喪失民心的時候，君王的德望可與上天（上帝）相匹配。後世當國君的人，應該以商紂為殷鑑，因為天子不能永遠保有天命。」這說明能得民心，得到百姓擁戴，就能保有國家；失民心，不得百姓支持，就要失去國家。

　　所以君子必先修養品德，有品德才能得民心；有百姓，纔有國土；有國土，纔有財貨；有了財貨，纔有國家財政。

　　品德是立國的根本，財貨只是立國的末節。如果看輕品德的修養而重視財貨的取得，那是與民爭利。所以，國君不斷累積財貨，民心反而背離，百姓會流離失所；國君不斷興利於民，百姓生活充裕而民心歸順。所以，對人說出不合情理的話，別人也對你說出不合情理的話；財貨不依法取得，同樣也會不依法散失。

　　《尚書‧周書‧康誥》說：「天命不是永遠固定不變的。」就是說國君有善行，就能得天命；國君不行善，就要失去天命。楚昭王時的史書說：「楚國沒有寶貴的財貨，只有行善最寶貴。（註二）」又如晉文公的母舅狐偃說：「在國外逃亡的人沒有寶貴的東西，只有慈愛親人最寶貴。（註三）」

　　《尚書‧秦誓》說：「如果有一個臣子，內心忠誠專一，沒有別的技能；但是他的心地善良，有寬容人的度量；別人有好的技能，好比是自己的一樣，不會妒忌；別人有美德，內心就喜歡他們，不會厭惡；別人的善言像他親口說出的一樣；他實在有寬容人雅量，這樣的人，一定能保護我們的子孫和百姓，對國家有很多利益呢！假如有一個臣子，別人有技能，就生妒忌心而厭惡他；別人有美德，就疏離他；這種臣子實在沒有寬容的雅量，這樣的人，一定不能保護我們的子孫和百姓，對國家有很多危險。」

　　只有仁君在位執政，能夠流放壞人奸臣，把壞人奸臣驅逐出境，不讓他們同住在國內，這叫做「唯有仁者纔能親愛好人，厭惡壞人。」

　　如果發現賢人而不能推舉，或是推舉而不能任用，這是怠慢；發現奸臣而不能夠罷黜，或是罷黜了卻不能疏遠奸臣，這是過錯。

　　喜歡民眾所厭惡的，厭惡民眾所喜歡的，這是違反一般的人性，災禍一定會降臨到自己的身上。所以君子治理國家，有重要的法則：一定要忠誠信實，纔能得民心；驕傲放縱，必然失去民心。

　　增加財富有一個重要的法則：生產的人多，享用俸祿的人少；生產製造的人做得快，財富用得慢，這樣，國家的財富就不會匱乏、經常富足了。有仁德的國君不斷興利，使百姓富足；沒有仁德的國君搜刮財富，使百姓貧窮。

　　從來沒有國君喜好仁愛之道，而百姓不愛好道義的；也從來沒有喜好道義的人民，會中途而廢、不盡責任的；更沒有聽說府庫裏的財貨，不屬於國君所有的。

　　魯國賢大夫孟獻子說：「家有車馬的士大夫，不應再計較養雞養豬的小利；家有冰窖的卿大夫之家，不應再畜養牛羊來賺錢；擁有百輛兵車而有封地的卿大夫之家，不應任用搜刮百姓財富的家臣。」這是說治理國家不應把財貨當做利益，應該以道義做為國家的利益啊！

　　掌管國家政務而專想搜刮財貨的奸臣，一定會任用小人，因為這些小人善於斂財。

　　讓奸臣小人治理國家，災禍一定發生，雖有賢能的人出來救亡圖存，也沒有辦法挽救了。這就是說治理國家不應該把財貨當做利益，應該以道義做為國家的利益啊。

　　當代意義：這是「財聚則民散，財散則民聚」成語典故的由來。「釋治國平天下」是曾子解釋治國平天下的道理，重在君子絜矩之道。絜矩之道就是忠恕之道，「己所不欲，勿施於人」（《論語・衛靈公》），近似子貢說：「我不欲人之加諸於我也，吾亦欲無加諸人。」

（《論語・公冶長》）。值得注意的是，《聖經》也有絜矩之道，《聖經・新約・馬太福音》說：「無論如何，你們願意人怎樣待你們，你們也要怎樣待人。」《聖經・新約・路加福音》也說：「你們希望別人怎樣待你們，你們也應當怎樣對待別人。」我們為人處世，應當秉持同理心，推己及人。

註　釋

註　一　《禮記・禮運》七情：喜、怒、哀、懼、愛、惡、欲七者，弗學而能。佛教七情：喜、怒、憂、懼、愛、憎、欲。中醫七情：喜、怒、憂、思、悲、恐、驚。六欲：見欲（視覺）、聽欲（聽覺）、香欲（嗅覺）、味欲（味覺）、觸欲（觸覺）、意欲。

註　二　楚昭王派王孫圉出使晉國，晉國趙簡子問王孫圉：楚國珍貴寶玉現在怎麼樣了。王孫圉答道：楚國從來沒有把珍貴寶玉當作珍寶，只有把善人如觀射父這樣的賢臣看作珍寶。事見《國語・楚語》。

註　三　舅犯是晉文公重耳的舅舅狐偃，字子犯。晉僖公四年十二月，晉獻公因受驪姬的讒言，逼迫太子申生自縊而死。重耳避難，逃亡在狄國時，晉獻公逝世。秦穆公派人勸重耳歸國掌政，秦穆公願意助一臂之力。重耳將此事告知子犯，子犯以為不可，對重耳說：「你還是辭謝秦穆公的一番好意，逃亡在外的人，沒有寶貴的東西，只有慈愛親人最寶貴。父親死了，是何等悲傷的事，怎可利用國殤來圖謀歸國掌政的事！如何向天下人解說清白？」，事見《禮記・檀弓下》。

第二章　《中庸》白話與當代意義

一、天命之謂性，率性之謂道，修道之謂教。道也者，
　　不可須臾離也，可離非道也。是故君子戒慎乎其所
　　不睹，恐懼乎其所不聞。莫見乎隱，莫顯乎微。故
　　君子慎其獨也。喜怒哀樂之未發，謂之中；發而皆
　　中節，謂之和；中也者，天下之大本也；和也者，
　　天下之達道也。致中和，天地位焉，萬物育焉。

　　白話：人的本性是上天所賦予的，只要依循本性的自然發展，在日用事物之間，形成各種人生規範，就是人生的大道，修明各種人生規範，叫做教。這個大道是不能一刻離開人的，可以離開人的，就不是人生大道了。

　　所以，君子在沒有人看到的地方要特別謹慎，在沒有人聽到的地方，也要特別恐懼慎重，大家要知道最隱暗的地方，其實也是最容易被發現的，最細微的東西也是最容易顯現的。因此，有德的君子，要特別謹慎一個人獨處的時候。

　　人的喜怒哀樂在內心沒有產生情緒反應前，稱為「中」，喜怒哀樂的情緒反應以後都合乎禮節，稱為「和」。「中」是天下事物的本然天性；「和」是天下事物共同遵守的大道。能夠達到中和的境界，天地可以安定，萬物可以順利生長。

　　當代意義：《中庸》共有三十三章，分上下兩篇，從第一章到二十章前段「行前定，則不疚；道前定，則不窮。」止，是為上篇；

從第二十章後半段到第三十三章是《中庸》的下篇。

宋儒程伊川認為不偏於道理的某一方面叫做中，恆久不改變的常道叫做庸，中是天下的正道，庸是天下的定理。《中庸》是孔門師生傳授心法(心性的教化) 的重要經典，子思(孔子孫)擔心傳授有所錯誤，因此寫成冊子，再傳授給孟子。

二、仲尼曰：「君子中庸，小人反中庸。君子之中庸也，君子而時中；小人之反中庸也，小人而無忌憚也。」

白話：孔子說：「有道德修養的君子不偏不倚，言行合乎禮節規範；小人違背中庸。君子之所以中庸，是因為君子溫和理性，隨時做到適中，無過無不及；小人之所以違背中庸，是因為小人肆無忌憚，無所不為，比較極端，偏執不理性。」

當代意義：《論語·季氏》也有近似的話，孔子說：「小人不知天命而不畏也，狎大人，侮聖人之言。」小人因為不知天命、不畏天命而肆無忌憚，無所不為。

三、子曰：「中庸其至矣乎！民鮮能久矣！」

白話：孔子說：「中庸是道德人格的最高境界，一般人很少能夠做到，也很少有人奉行中庸之道了。」

當代意義：《論語·雍也》也有近似的話，孔子說：「中庸之為德也，其至矣乎！民鮮久矣。」中庸這種善德，真是太好了，一般人缺少中庸之德已經很久了。

四、子曰：「道之不行也，我知之矣：知者過之，愚者不及也。道之不明也，我知之矣：賢者過之，不肖

者不及也。人莫不飲食也，鮮能知味也。」

白話：孔子說：「一般人不能奉行中庸之道，我已經知道其中的原因了：聰明的人做得太多，不聰明的人又做不到。中庸之道不能發揚光大，我也知道其中的原因了：賢能的人做得太多，不賢明的人又做不到。這就好像人都要飲食吃飯，但很少人能夠真正品嚐食物的各種滋味。」

當代意義：《中庸》認為道德的行為必須符合中庸（Mean），過（Excess）與不及（Deficiency）都不算道德行為。但是，我們的日常行為經常不符合中庸的標準。例如一般人追求飲食健康，如果飽食過量（Excess）或營養不足（Deficiency），身體都會受到傷害，必須飲食的質和量恰當正常，才能保持身體健康。

五、子曰：「道其不行矣夫。」

白話：孔子說：「一般人恐怕不能力行中庸之道吧！」

當代意義：為什麼一般人不能力行中庸之道？因為人有七情（喜、怒、哀、懼、愛、惡、欲）的驅使，更有飲食、男女的最大欲望，《禮記・禮運》說：「飲食男女，人之大欲存焉；死亡貧苦，人之大惡存焉。故欲惡者，心之大端也。」飲食、男女是人類最大的欲求，死亡、貧苦是人類最大的厭惡。可知，欲求與厭惡是人類內心日夜思慮的大事，也是一般人不能力行中庸之道的原因吧！

六、子曰：「舜其大知也與！舜好問而好察邇言，隱惡而揚善，執其兩端，用其中於民，其斯以為舜乎！」

白話：孔子說：「舜帝是個有智慧的人，他喜歡問人，又喜歡進

一步省察別人說的話。他隱藏別人的惡行，讚揚別人的善行，他實行中庸之道，施惠於民，這是舜之所以偉大的原因。」

當代意義：這是「隱惡揚善」、「執兩用中」成語典故的由來。孔子讚美舜說：「舜之為君也，其政好生而惡殺，其任授賢而替不肖，德若天地而靜虛，化若四時而變物，是以四海承風，暢於異類，異類四方之夷狄也鳳翔麟至，鳥獸馴德，馴順無他也，好生故也。」（《孔子家語‧好生》）

孔子稱讚舜帝愛惜生命而厭惡殺戮，他任命賢能的人來代替沒有才能的人，他的美德就像天地一樣清淨，教化百姓就像四季而使萬物生生不息，四海之內接受舜帝的教化，在少數民族中也暢行無阻。於是，鳳凰和麒麟等瑞獸也出現在國內，鳥獸也馴服於他的德威，因為他有好生之德，愛惜生靈啊！

七、子曰：「人皆曰『予知』，驅而納諸罟、攫、陷阱之中，而莫之知辟也。人皆曰『予知』，擇乎中庸，而不能期月守也。」

白話：孔子說：「人人都認為自己很聰明，但是在受到驅使後，就掉進別人的陷阱，都還不知道躲避。人人都說自己很聰明，然而遵行中庸之道，連一個月也不能堅守。」

當代意義：為甚麼一般人受到驅使後便容易掉進別人的陷阱？為什麼一般人不能堅守中庸之道？主要原因是我們容易受到名、利、美色的驅使，對名、利、美色的過度貪求，使我們掉入陷阱而不知躲避，哀哉！

八、子曰：「回之為人也，擇乎中庸，得一善，則拳拳服膺而弗失之矣。」

白話：孔子說：「顏回平日為人處世，安貧樂道，能夠奉行中庸之善道，他學得一個善言或善行，就時時奉行而不放棄。」

當代意義：這是「拳拳服膺」成語典故的由來。顏回好學，安貧樂道，一簞食，一瓢飲，不遷怒，不貳過，不受名利美色的引誘驅使，當然可以奉行中庸之善道，拳拳服膺而不失。

九、子曰：「天下國家可均也，爵祿可辭也，白刃可蹈也，中庸不可能也。」

白話：孔子說：「要平治天下雖然不易，但還是可以做到；高官厚祿雖然可貴，還是有人願意放棄；銳利的刀刃，人人害怕，避之惟恐不及，為了理想，還是有人願意面對傷亡。但是要堅守中庸之道，看似不難，卻不能做到。」

當代意義：「中庸不可能」近似子曰：「回也，其心三月不違仁，其餘，則日月至焉而已矣。」（《論語·雍也》）一般人很難長久堅守中庸之道，同理，一般人很難長久堅守仁道。《中庸》的中庸之道，近似《論語》的仁道，都是道德人格的最高境界。

十、子路問強。子曰：「南方之強與？北方之強與？抑而強與？寬柔以教，不報無道，南方之強也，君子居之。衽金革，死而不厭，北方之強也，而強者居之。故君子和而不流，強哉矯！中立而不倚，強哉矯！國有道，不變塞焉，強哉矯！國無道，至死不變，強哉矯！」

白話：孔門十哲之一的子路，問孔子何謂「強」？孔子說：「你

要問南方人的堅強呢？還是北方人的堅強呢？還是你認為的堅強呢？能夠用寬容柔和的態度來教誨人，別人對我蠻橫無禮，我也不報復，這是南方人的堅強，品德高尚的君子具有這種堅強性格。至於用兵器甲盾當枕席，戰鬥到死也不後悔，這是北方人的堅強，勇武的人具有這種堅強性格。所以，品德高尚的君子，以和為貴，和順待人而不同流合汙，不隨波逐流，這才是真正的堅強！堅守中庸之道而不偏不倚，這才是真正的堅強！國家有道，政治清明時，不忘初衷，不改變操守，這才是真正的堅強！國家無道，政治黑暗時，堅定道德操守，寧死不屈，這才是真正的堅強！」

當代意義：這是「南方之強」、「北方之強」、「和而不流」、「至死不變」、「中立不倚」成語典故的由來。子路事親至孝，但是，性情魯莽，剛強勇敢，信守承諾，忠於職守，孔子因為子路的這種個性，非常替他擔心。所以孔子教導他：真正的堅強是堅定道德操守，以和為貴，和氣待人而不同流合汙，堅守中庸之道而不偏不倚。換言之，真正的堅強，是道德力量的堅強，不是匹夫之勇。不幸，子路後來追隨衛國大夫孔悝，在衛後莊公發動的兵變中，子路為了救孔悝而殉職，其遺體被衛後莊公施以醢刑（剁成肉醬）。孔子聽聞死訊，非常傷心，從此不吃肉醬。

十一、子曰：「素隱行怪，後世有述焉，吾弗為之矣。君子遵道而行，半途而廢，吾弗能已矣。君子依乎中庸，遁世不見知而不悔，唯聖者能之。」

白話：孔子說：「有些人隱居山林，與世隔絕；有些人言行怪誕，標新立異，後世雖然有人傳述，我不會這樣做的。有些君子遵循中庸之道，但半途而廢，我堅守中庸之道，不會半途而廢。有德的君子堅守中庸之道而行，即使隱居山林，不被世人知道，也不會後悔，

這只有聖人能夠做得到吧。」

　　當代意義：這是「半途而廢」成語典故的由來。孔子強調他不是沽名釣譽、標新立異的人，他堅守中庸之道，即使不被世人知道，也不會後悔。

十二、君子之道費而隱。夫婦之愚，可以與知焉，及其
　　　　至也，雖聖人亦有所不知焉；夫婦之不肖，可以
　　　　能行焉，及其至也，雖聖人亦有所不能焉。天地
　　　　之大也，人猶有所憾，故君子語大，天下莫能載
　　　　焉；語小，天下莫能破焉。《詩》云：『鳶飛戾天，
　　　　魚躍于淵。』言其上下察也。君子之道，造端乎
　　　　夫婦，及其至也，察乎天地。」

　　白話：君子奉行的中庸之道，功用很廣大，本體很精微。中庸的道理有深有淺，淺顯的道理，比較沒有知識的人也容易懂；至於精深細微的道理，聖人也有所不知。

　　在簡單的日常生活中，一般人也能實踐一些中庸之道；但要達到最精細微妙的境界，聖人也做不到。

　　天地雖然大公無私，還是有人對天地有所怨恨。說到中庸之道，也在天地之間，無所不在，大而言之，中庸比天地還要大；小而言之，中庸無所不入，沒有比中庸更細微的了。

　　《詩經‧大雅‧旱麓》說：「鶹鷹在天空飛翔，魚兒在水中悠游，天地萬物各得其所，自得其樂。」這是說：中庸之道，無所不在，上至於天，下至於地，日常生活，從夫婦關係開始，到了最高境界，中庸之道遍於天地之間。

　　當代意義：中庸之道在每一個人的日常生活之中，遠離相反中庸的兩個極端，就是過與不及。中庸使情緒和行為達到適中的境界，

我們舉六種品德，說明中庸之德：

1.勇敢（Courage）：勇敢是在危險環境中應付困難的性格，勇敢的人，面對困難，毫無畏懼，而且表現優越。勇敢的兩個極端是魯莽（Rash）和懦弱（Coward）。

2.節制（Temperance）：節制是針對感官知覺而言，節制是快樂的感官經驗的中庸之道，相反的，無節制是不知滿足的人，它的過是縱慾，故意尋求快樂，它的不及是柔弱，躲避痛苦。

3.大方（Liberality）：大方是慷慨好施，它的表現是在錢財的獲得和分配能夠中庸之道，它的過是浪費，不及是吝嗇。大方的人，取財有道，施恩於人，而不求人回報或施恩，大方的人不取不義之財。

4.誠實（Honest）：誠實是一個人在言行上的真實表現，它的太過是自誇（Boastfulness），不及是自貶（Irony）。

5.幽默（Humor）：幽默是人際交往言談的中庸，以詼諧、有趣的口吻說笑話，有幽默感的人與人同樂，不失高雅，它的過是滑稽丑角（Buffoon），它的不及是粗野無趣（Boor）。

6.正義（Justice）：正義的人，不犯法，不貪財，處事公平，善待別人，正義是做人處事的中庸，給予每一個人相稱而且平均的分配，它的過是做不義的事，取得比自己應得的多，它的不及是忍受不義的事，取得比自己應得的少。

十三、子曰：「道不遠人。人之為道而遠人，不可以為道。《詩》云：『伐柯伐柯，其則不遠。』執柯以伐柯，睨而視之，猶以為遠。故君子以人治人，改而止。忠恕違道不遠，施諸己而不願，亦勿施於人。君子之道四，丘未能一焉：所求乎子以事父，未能也；所求乎臣以事君，未能也；所求乎

弟以事兄，未能也；所求乎朋友先施之，未能也。
庸德之行，庸言之謹，有所不足，不敢不勉，有
餘不敢盡；言顧行，行顧言，君子胡不慥慥爾！

白話：孔子說：「中庸之道在日常生活中實踐，如果有人不在日常生活中實踐中庸之道，那就不能稱為中庸之道了。《詩經・豳風・伐柯》說：『砍斷木頭做斧柄，砍斷木頭做斧柄，斧柄的樣子就在眼前。』握著舊的斧柄做新的斧柄，應該不會有什麼差異，但如果仔細察看，還是會發現差異不少。

所以，君子治理百姓，總是根據各人不同的情況，採取不同的辦法，只要百姓能夠改過遷善，實行中庸之道就可以了。一個人做到忠恕，離中庸之道也就不遠了。何謂忠恕？自己不願意做的事，也不要施加給別人。

君子為人處世的道德準則有四項，我孔丘一項也沒能做好：作為一個兒子應該對父親做到的孝，我沒能做到；作為一個臣子應該對君王做到的忠，我沒能做到；作為一個弟弟應該對哥哥做到的悌（敬愛兄長），我沒能做到；作為一個朋友應該做到的誠信，我沒能做到。平常努力修養善的德行，平常的言談小心謹慎。實踐善行有所不足的地方，不敢不勉勵自己，力行中庸之道；說話不敢放肆，也不敢多說話，說話要顧到能否做到，行為也要顧到所說過的話，這些日常生活的品德修養，君子精思力踐中庸之道。

當代意義：忠恕之道是自己不願意他人加之於自己的事，自己也不要加之於他人身上。朱子認為忠是盡己之心，恕是推己及人，盡己之心就是盡自己的本份和能力，誠心誠意的待人處事；推己及人就是己立立人，己達達人，不斷推恩助人。換句話說，忠恕之道在於日常生活中實踐道德，日常言行多謹慎，如有不周全的地方，不敢勉強而為，說話時要顧慮能做到的事，做事也要顧慮所說過的

話，言行一致，反身而誠矣。

十四、君子素其位而行，不願乎其外。素富貴，行乎富
　　　貴；素貧賤，行乎貧賤；素夷狄，行乎夷狄；素
　　　患難，行乎患難：君子無入而不自得焉。在上位
　　　不陵下，在下位不援上，正己而不求於人，則無
　　　怨。上不怨天，下不尤人。故君子居易以俟命，
　　　小人行險以徼幸。子曰：「射有似乎君子，失諸
　　　正鵠，反求諸其身。」

　　白話：君子安于現在所處的職位，去做應做的事，沒有非分之
想。身處富貴，就做富貴人家應做的事；身處貧賤，就做貧賤人家
應做的事；處於偏遠少數民族的地區，就做偏遠地區應做的事；處
於患難困境之中，就做患難之中應做的事。有德的君子，無論處在
什麼地方，都能心安理得，自得其樂。

　　君子處於上位，不欺侮在下位的人；處於下位，不攀緣在上位
的人。只要端正自己而不奢求依靠別人，這樣就不會有什麼抱怨了。
上不抱怨天，下不抱怨人。

　　所以，君子坦蕩蕩，心安理得，安於現狀，等待上天的使命；
小人卻鋌而走險，不守本分，心存僥倖，妄圖非分之想。孔子說：「君
子立身處世就像射箭一樣，射不中靶心，要反躬自省，檢討改進自
己的缺點和弊端。」

　　當代意義：這是「居易俟命」成語典故的由來。「反求諸其身」
近似「君子求諸己」（《論語・衛靈公》），就是反求諸己。

　　有一則伯啟反求諸己的故事：夏朝時候，一個叛變的諸侯有扈
氏，率兵入侵，夏禹派他的兒子伯啟帶兵圍剿，結果伯啟被打敗了，
他的部將很不服氣，要求繼續作戰，但是伯啟說：「不必了。我的兵

比他多，地也比他大，卻被他打敗了，這一定是我的德行不善，帶兵的方法不對，我一定要反求諸己，反躬自省，努力改過遷善才是。」從此以後，伯啟每天早起操練，生活簡樸，愛護百姓，任用有品德和才能的人，尊敬賢能的人，經過一年，有扈氏不但不敢再犯，反而自動歸順降服了。

十五、君子之道，辟如行遠必自邇，辟如登高必自卑。《詩》曰：「妻子好合，如鼓瑟琴；兄弟既翕，和樂且耽。宜爾室家，樂爾妻帑。」子曰：「父母其順矣乎！」

　　白話：君子在日常生活中實踐中庸之道，就像走遠路一樣，一定要從第一步開始走；就像登高山一樣，一定要從最低處起步走。《詩經・小雅・常棣》說：「夫妻感情和睦，歡樂和好，就像彈琴鼓瑟一樣的和諧；兄弟關係融和，使你的家庭和順快樂，妻兒子女幸福美滿。」孔子贊歎說：「這樣幸福美滿，父母也就稱心滿意了吧！」

　　當代意義：這是「行遠自邇」、「登高自卑」成語典故的由來。子思說明君子修持中庸之道的次序，必須先從家庭夫妻做起。第一段引例說明修持中庸之道，就像走遠路及登高山，必須要從最近及最低處開始。第二段引《詩經》的話，說明家庭和樂，是快樂的泉源。最後一段，孔子強調家庭幸福圓滿，是使父母稱心滿意的本源。

　　老子《道德經》第 64 章說：「千里之行，始於足下。」《荀子・勸學》說：「不積跬步，無以至千里；不積小流，無以成江海。」，都是「行遠必自邇，登高必自卑」的意思。

　　萬事總須循序漸進，一切從自己做起，一步一腳印，不可操之過急。否則，欲速則不達，效果適得其反。

十六、子曰：「鬼神之為德，其盛矣乎！視之而弗見，
　　　聽之而弗聞，體物而不可遺。使天下之人齊明盛
　　　服，以承祭祀，洋洋乎如在其上，如在其左右。
　　　《詩》曰：『神之格思，不可度思！矧可射思！』
　　　夫微之顯，誠之不可揜如此夫。」

　　白話：孔子說：「鬼神的盛德，真是很大！雖然看不到也聽不見，
卻是萬物的主體，為萬物不可缺少的功用。鬼神能使天下人都齋戒
潔淨，穿著整齊衣服來祭祀，以表達最高的敬意。當我們祭祀鬼神
的時候，好像鬼神就在自己的頭上，又好像就在自己的左右身旁。《詩
經·大雅·抑》說：『神的降臨，不可以懷疑揣測，怎麼可以厭惡不
敬呢？』鬼神雖然看不到，聽不見，卻是真實無妄的存在，只要心
誠則靈，可以感受到鬼神的盛德如此顯著。」

　　當代意義：這是「視而弗見，聽而弗聞」成語典故的由來。鬼
神的內涵是什麼？《禮記·祭法》認為人死了以後，就稱為「鬼」；
《列子·天瑞》認為人死後精神離形，各歸其真，所以稱為「鬼」。
何謂神？《禮記·祭法》以為凡是山林、河谷、丘陵地帶，有雲氣
風雨，出現不尋常的現象或東西，都稱為「神」；《周易·繫辭上傳》
說：陰陽不測之謂「神」；《孟子·盡心》說：聖而不可知之謂「神」。
　　古書中常見鬼神合稱，《管子·內業》認為萬物的精氣，結合起
來就有生命，在地上生成五穀，在天上化為日月星辰，流佈在天地
之間，稱為「鬼神」。《禮記·祭義》認為鬼神的思想，是神道設教
的極則，有生必有死，死後歸土，謂之鬼。換言之，人死之後，魂
氣歸於天，形魄歸於地，所以說：鬼者，歸也。因為中國自古以來，
即以宗法立國，祭祀鬼神源於對祖先的孝敬，由人鬼而尊崇天地神
祇，再由天地神祇而崇拜最高的尊神，《尚書》稱為上帝，或稱帝，
又稱天。

　　先民的宗教觀，認為鬼神是決定人生吉凶禍福的權威主宰，所以要不斷的祭拜和祈福。但是，我們從孔子的言論中，可以發現孔子淡化人們對鬼神的依賴，以人文精神淨化鬼神，並且把以鬼神為主宰的世間，轉化為以人為本的人間世界。《論語・先進》：季路問事鬼神，子曰：未能事人，焉能事鬼？

　　孔子回答子路的問話，沒有說不可以事鬼神，只是表示應該以事人為先，以活生生的人道為本。一個人如果不能誠敬忠信事人或務民，不能以孝道事父母，又何能以虔誠之心祭祀鬼神（祖先），父母在世不能盡孝，父母死後祭拜何益？《論語・雍也》：樊遲問知，子曰：務民之義，敬鬼神而遠之，可謂知矣。

　　一般人都相信鬼神，孔子不依賴鬼神，他對鬼神雖然尊敬，但不親近，為什麼要尊敬鬼神？因為從生命源流而言，鬼神是祖先的神靈，我們的生命從祖先而來，當然不能忘本，更不能背祖，應該以感恩的心定期祭祀。

　　《論語・為政》孔子說：「非其鬼而祭之，諂也。」自己的祖先應當祭祀，表示「慎終追遠」及「報本返始」之義。「非其鬼」是指自己祖先以外的天地神祇，祭祀天地神祇，無非是祈福求財、消災避禍的心理，當然是一種媚求的行為。

　　《論語・述而》記載：孔子生病了，病得很嚴重，子路請孔子祈禱求福。孔子說：有這一回事嗎？子路說：有的，祈禱詞說：向你上下的天神地祇祈求。孔子說：那我的祈禱已經很久了。

　　孔子自認生平修養道德，五十知天命，六十耳順，七十從心所欲不逾矩，仰不愧，俯不怍，沒有什麼要祈求的。所以，孔子以為一個人的言行，如果違背天理仁義，在什麼地方祈禱都沒有意義，可知，孔子對鬼神的態度是相當理性的。《論語・述而》：「子不語：怪、力、亂、神。」

　　孔子以為鬼神是一種崇拜、祭祀和信仰的對象，不是人類知識所能論究。此一觀點近似康德的思想。康德認為上帝存在和靈魂不

滅在思辯理性的範疇之內而言，是一個假定，作為一種說明的原則。不過，假定上帝存在是主觀的道德需要，而不是客觀的知識，這種實踐上的主觀需要，可以稱為「信仰」（faith），就是道德實踐的信仰。

可知，儒家對鬼神存而不論，但是，重視祭祀祖先，祭祀祖先是孝道的表現，祭祀祖先是教化人心之道，而非純粹的宗教行為，表示不忘本和感恩之情。

十七、子曰：「舜其大孝也與！德為聖人，尊為天子，富有四海之內。宗廟饗之，子孫保之。故大德必得其位，必得其祿，必得其名，必得其壽。故天之生物，必因其材而篤焉。故栽者培之，傾者覆之。《詩》曰：『嘉樂君子，憲憲令德！宜民宜人，受祿于天。保佑命之，自天申之！』故大德者必受命。」

白話：孔子說：「舜帝真是個大孝的人啊！論他的品德，是個有德行的聖人；論他的尊貴，是最尊貴的天子；論他的財富，他統治整個天下；死後還享有宗廟的祭祀，由子孫保有這個祭禮（註二）。所以有盛大品德的人，必定得到最尊貴的爵位；必定得到最豐盛的福祿；必定得到最好的聲望；必定得到最長的壽命。上天生長萬物，對資質好的加以栽培（上天厚待才德兼備的君子），對資質不好的就讓他早日滅亡（上天懲罰殘酷暴君）。《詩經・大雅・假樂》說：『善良和樂的君子，有偉大的美德。適合撫養萬民，適合任用百官。他得到上天賜予的福祿，上天保佑他、命他為天子，一再的賜福給他。』所以，有大德的人，一定會得到天命，成為天子。」

當代意義：舜是大孝子，《二十四孝》名列首位。虞朝皇帝舜，

是瞽瞍之子，天性至孝。父親是一位不懂禮義的人，母親常出惡言，同父異母弟名象，傲慢不遜，舜並不怨恨，仍然孝敬父母，友愛兄弟，舜常在歷山卜耕田，因孝感動天，有象幫助耕田，也有鳥幫助鋤草。當時的皇帝唐堯聽聞舜是大孝子，指派九位男子服侍，並將女兒娥皇及女英賜婚給舜為妻，後來並將天下禪讓給舜，舜以一介平民，躍居成為虞朝的皇帝，純因舜有大德。

十八、子曰：「無憂者，其惟文王乎！以王季為父，以武王為子，父作之，子述之。武王纘大王、王季、文王之緒，壹戎衣而有天下，身不失天下之顯名；尊為天子，富有四海之內。宗廟饗之，子孫保之。武王末受命，周公成文、武之德，追王大王、王季，上祀先公以天子之禮。斯禮也，達乎諸侯、大夫及士、庶人。父為大夫，子為士，葬以大夫，祭以士。父為士，子為大夫，葬以士，祭以大夫。期之喪，達乎大夫；三年之喪，達乎天子；父母之喪，無貴賤，一也。」

白話：孔子說：「最沒有憂慮的人，只有周文王吧！因他的父親是王季（註三），而他的兒子又是創建周朝的周武王。周武王繼承了曾祖父（周太王）、祖父（王季）、父親（文王）的王業，親自征討暴虐無道的商紂王，推翻暴政、建立周王朝，聲名顯揚天下；貴為天子，百姓擁戴，富有天下；死後享有宗廟的祭祀，子孫永保宗廟的祭祀。周武王到了晚年才成為天子，周公繼續完成文王、武王尚未完成的大業，追封曾祖父、祖父為王，並用天子的禮儀來祭祀祖先。

這種祭祀祖先的禮儀，自天子、諸侯、大夫、士人，到一般的百姓，都是相同的：如果父親當過大夫，兒子只是士人，當父親過世時，則葬禮就用大夫的禮儀，祭禮就用士的禮儀。相反的，如果父親是個士，兒子是大夫，那麼父親的葬禮就用士人的禮儀，祭禮就用大夫的禮儀。旁系親屬的一年喪期，只通行於百姓、士人及大夫。對於父母的三年喪期，不論天子、諸侯或百姓都沒有貴賤的差別，禮儀都相同。」

當代意義：周文王，姬昌，本為商紂的諸侯，封為西伯（西方諸侯之長），立國於岐山之下，受到崇侯虎（有崇氏的國君，侯爵，是商紂王重要的支持者。）的讒言，被囚於羑里（今河南湯陰）九年，釋放後力行仁政，勤政愛民，擁護的諸侯有三分之二。

周文王的家世，先祖是后稷，為夏禹的農業官，傳至十二世，傳給古公亶父（周太公，文王祖父），再傳給王季（季歷），再傳給文王（姬昌），再傳給武王（姬發），再傳給周公（姬旦）。

文、武、周公，傳承禮樂文化，孔子發揚光大，成為道統。

十九、子曰：「武王、周公，其達孝矣乎！夫孝者：善繼人之志，善述人之事者也。春、秋修其祖廟，陳其宗器，設其裳衣，薦其時食。宗廟之禮，所以序昭穆也；序爵，所以辨貴賤也；序事，所以辨賢也；旅酬下為上，所以逮賤也；燕毛，所以序齒也。踐其位，行其禮，奏其樂，敬其所尊，愛其所親，事死如事生，事亡如事存，孝之至也。郊社之禮，所以事上帝也；宗廟之禮，所以祀乎其先也。明乎郊社之禮、禘嘗之義，治國其如示諸掌乎！」

　　白話：孔子說：「周武王、周公旦，真是天下共同稱讚的孝子，因為周武王繼承文王的遺志，周公旦制禮作樂，安邦定國。所謂「孝」，就是善於繼承先人的志向，善於完成先人的志業。

　　每逢春秋祭祀的時候，先修護好祖廟，陳列好祭器，擺設祖宗穿過的衣裳，誠敬供奉當季的新鮮蔬果和食物。

　　宗廟的祭祀禮儀，在排列順序上，以左昭右穆為次序，並按官位的大小排列位置，用以分別官位等第。分配祭拜時的工作人員，按其所擔任職務大小來分配，以分辨才能的高低。

　　飲酒的時候，由晚輩（卑者）向長輩（尊者）敬酒，晚輩先飲酒，長輩再飲酒；宴會的時候，按頭髮的顏色排定坐位，用來分別長幼，敬老尊賢。

　　當祭禮進行時，要恭敬地走到祖先神位面前，遵行祖先所傳的祭祀禮儀，演奏祖先所留傳的祭祀音樂，尊敬祖先所尊敬的人，親愛祖先所親愛的人。

　　事奉逝世的親人如同生前一樣，事奉過世的祖先，如同事奉祖先活著時一樣。能夠這樣，可說是孝敬祖先的極致了。

　　祭祀天地的禮儀，是用來禮敬上帝的，藉以報答上帝養育萬物之恩；宗廟的禮儀，是祭祀祖先，用以報答祖先父母養育之恩。

　　如果能夠明白祭祀天地的禮儀，以及禘祭、秋祭的意義，治理國家就很容易了。」

　　當代意義：這是「事死如事生」成語典故的由來。《中庸》第十七章孔子讚美舜帝之孝是「大孝」，而於《中庸》第十九章孔子稱讚周武王、周公是「達孝」，。因為舜是偉大的孝子，故稱為「大」；武王、周公的孝，天下後代之人皆無異議者，故稱為「達」。

　　值得注意的是，所謂「事死如事生，事亡如事存」，表示祭祀是孝道的行為，《禮記・祭統》說：「祭者，所以追養繼孝也。孝者畜也，順於道不逆於倫，是之謂畜。」。

　　祭祀的首要意義是孝道的表現。《禮記・祭統》說：祭祀祖先是

補充生前未盡孝的奉養，而延續孝敬父母的行為。所以，孝子事親有三原則：生前敬養，亡則喪葬及服喪，喪畢則祭祀。奉養時要順從，喪禮要哀傷，祭祀要誠敬和按時，力行這三個原則，就是孝道的表現。

祭祀是孝道的表現，在儒家典籍中多處可見。《中庸》認為周武王和周公是天下最盡孝的人。所謂孝道，是能善於繼承先人的遺志，完成先人的志業。

《荀子‧禮論》也說：祭祀的禮節，是一種孝道的表現，對祖先忠信愛敬，不忘本，不背祖，思慕祖先的恩情，發揚光大祖先的德澤。只有聖人才知道祭祀的人文精義，君子安而行之祭祀的禮儀，政府官吏持守祭祀的職掌，百姓民眾以祭祀為風俗習慣。

值得一提的是，荀子分別祭祀的兩個社會層面。對知識份子而言，祭祀是人文精神和孝道的行為，是理所當然的人道表現；對一般百姓而言，祭祀是祭拜鬼神的宗教行為。

《荀子‧禮論》說：「祭者，志意思慕之情也……其在君子，以為人道；其在百姓，以為鬼事也。」子孫對祖先的祭祀，出於真誠的孝思。所以，事死如事生，事亡如事存，誠敬的祭拜，雖然不能看見祖先的形影，雖然不能使祖先復活，然而，祭祀正是人文禮義的孝道。

二十、哀公問政。子曰：「文、武之政，布在方策，其人存，則其政舉；其人亡，則其政息。人道敏政，地道敏樹。夫政也者，蒲盧也。故為政在人，取人以身，修身以道，修道以仁。仁者人也，親親為大；義者宜也，尊賢為大。親親之殺，尊賢之等，禮所生也。在下位不獲乎上，民不可得而治矣！故君子不可以不修身；思修身，不可以不事

親;思事親,不可以不知人;思知人,不可以不知天。天下之達道五,所以行之者三,曰:君臣也,父子也,夫婦也,昆弟也,朋友之交也,五者,天下之達道也。知仁勇,三者,天下之達德也,所以行之者一也。或生而知之,或學而知之,或困而知之,及其知之,一也;或安而行之,或利而行之,或勉強而行之,及其成功,一也。」

子曰:「好學近乎知,力行近乎仁,知恥近乎勇。知斯三者,則知所以修身;知所以修身,則知所以治人;知所以治人,則知所以治天下國家矣。凡為天下國家有九經,曰:修身也,尊賢也,親親也,敬大臣也,體群臣也,子庶民也,來百工也,柔遠人也,懷諸侯也。修身則道立,尊賢則不惑,親親則諸父昆弟不怨,敬大臣則不眩,體群臣則士之報禮重,子庶民則百姓勸,來百工則財用足,柔遠人則四方歸之,懷諸侯則天下畏之。齊明盛服,非禮不動,所以修身也;去讒遠色,賤貨而貴德,所以勸賢也;尊其位,重其祿,同其好惡,所以勸親親也;官盛任使,所以勸大臣也;忠信重祿,所以勸士也;時使薄斂,所以勸百姓也;日省月試,既廩稱事,所以勸百工也;送往迎來,嘉善而矜不能,所以柔遠人也;繼絕世,舉廢國,治亂持危,朝聘以時,厚往而薄來,所以懷諸侯也。凡為天下國家有九經,所以行之者一也。」

「凡事豫則立，不豫則廢。言前定則不跲，事前
定則不困，行前定則不疚，道前定則不窮。在下
位不獲乎上，民不可得而治矣；獲乎上有道：不
信乎朋友，不獲乎上矣；信乎朋友有道：不順乎
親，不信乎朋友矣；順乎親有道：反諸身不誠，
不順乎親矣；誠身有道：不明乎善，不誠乎身矣。
誠者，天之道也；誠之者，人之道也。誠者不勉
而中，不思而得，從容中道，聖人也。誠之者，
擇善而固執之者也。博學之，審問之，慎思之，
明辨之，篤行之。有弗學，學之弗能，弗措也；
有弗問，問之弗知，弗措也；有弗思，思之弗得，
弗措也；有弗辨，辨之弗明，弗措也，有弗行，
行之弗篤，弗措也。人一能之己百之，人十能之
己千之。果能此道矣，雖愚必明，雖柔必強。」

白話：魯哀公問孔子治理國家的方法，孔子說：「周文王、周武
王治理國家的方法，都記錄在典籍上，他們在位期間，實行勤政愛
民的施政，可惜他們逝世了，文武的德政就廢棄了。國君治理國家，
要勤政愛民，要勤於農耕種植。治理國家猶如蒲葦一樣，容易生長
茁壯。因此，治國在於能夠得到英才；挑選英才，要先修養品德；
修養品德，要先修養仁愛之德；仁愛之德，就是愛人，愛人以親愛
自己的親人最重要；所謂義，就是公正合宜的道德，以尊敬賢能人
才最重要。親愛自己的親人，有親疏的差別，尊敬賢能人才，也有
等級的高低，禮節就由此形成。所以，君子不可以不修養品德，要
修養品德，不可以不孝順父母；要孝順父母，不可以不知為人之道
（人道）；要想知道為人之道，不可以不知天道。

　　天下人共同遵行的倫理關係有五種：君臣關係、父子關係、夫婦關係、兄弟關係、朋友關係；天下人共同遵守的道德有三種：智、仁、勇，以「誠」力行智、仁、勇。

　　人的資質各有不同，約可分為三等：天生聰明，先知先覺，不學而能者，是上等資質的人；要努力學習纔知道義理，是次一等資質的人；再其次是資質中下，不通道理，卻肯苦讀學習，也能通達義理，這是第三等資質的人，這三種人都能通達義理。有的人心安理得去力行智、仁、勇三達德，有的人為了名利力行三達德，有的人很勉強的力行三達德，這三種人都能成功的成就三達德。

　　孔子說：「喜歡學習的人，比較接近『智』的程度；喜歡行善的人，比較接近『仁』的境界；知道羞恥的人，比較接近『勇』的表現。知道智仁勇的意涵，就知道如何修養品德；知道如何修養品德，就知道如何治理百姓；知道如何治理百姓，就知道如何治理天下國家了。」

　　凡是治理天下國家，有九種重要的方法：就是修養品德、尊敬賢能的人、親愛家族的人、禮敬大臣、體恤眾臣、愛護百姓、招徠各種行業的人、寬待遠方來歸的人、懷柔各國的諸侯。修養品德就可以樹立為人處世的準則；尊敬賢能的人，有賢人的輔佐，為人處世不迷惑；親愛家族的人，家族的親人就不會怨恨；禮敬大臣，面對國家大事就不會著急迷亂；體恤眾臣，眾臣的回饋之禮就會更大；愛護百姓，百姓就會群起效忠；招徠各種行業的人，財富就會充足；寬待遠方來歸的人，四面八方的百姓就會聞風歸附；懷柔各國的諸侯，天下的百姓都敬畏順從了。

　　清潔齋戒，穿著整齊乾淨，不合禮法的事不要做，這是修養品德的方法；不信讒言（毀謗他人的話），不近美色，不貪財富，重視道德，這是敬勉賢人的方法；升官進爵，增加俸祿，與家族的人同好惡，這是親愛族人的方法；臣屬眾多，足以讓大臣指派，這是勸勉大臣的方法；以忠信對待，增加俸祿，這是體恤眾臣的方法；定

時服勞役，少收賦稅，這是愛護百姓的方法；定時考查，給予應得的工資報酬，這是招徠各種行業的方法；送往迎來，鼓勵優秀人才，體恤弱勢族群，這是寬待遠方來歸的方法；扶持已滅國的諸侯，平定諸侯內亂，天子送給諸侯的禮物要豐厚，收受諸侯的貢品要少量，這是天子懷柔各國諸侯的方法。雖然治理天下國家有九個方法，真正可行的只有一個「誠」。

做任何事情，事先準備充足就比較容易成功，事先沒有準備就比較容易失敗。說話事先有充分準備，就不會辭不達意；事先做好準備，做事就不會突然發生意想不到的難題；事前妥當規劃，事後就不會悔恨。

職位低的官員，得不到長官的信任授權，就不能好好管理百姓；要得到長官的信任，要先得到朋友的信任；要得到朋友的信任，要先孝順父母；孝順父母有一個好的方法，就是要反省自己有沒有誠意？有沒有誠心誠意孝順父母？誠意功夫有一個方法，就是明白本心本性的善；能夠明白本心本性的善，內心就有誠意了。

「誠」是自然的天道；「信守誠意」是應該力行的「人道」。只有聖人能夠從容地做到誠實不欺，自然的合乎天道；至於努力做到誠實不欺的人，要固守善道，信守誠意，永不放棄。

要做到「誠」的境界，一定要廣泛閱讀、廣博的學習各種知識，仔細的多多求教學者專家，謹慎的思考推論，明白的分辨、比較研究，認真實際的執行。學習各種知識，不可中途而廢；求教學者專家，要追根究底的問清楚；謹慎的思考，要再三斟酌，思慮周詳；明白的分辨，要深入的論述，比較異同，創新見解；認真執行，要腳踏實地，一步一腳印，務實力行，永不放棄。

別人學一遍就會，我學一百遍也會；別人學十遍就會，我學一千遍也會。能夠不斷博學、審問、慎思、明辨、篤行，勤能補拙，笨的人也會變成學有專長的聰明人；柔弱的人也會變成剛強的人。

當代意義：這是「生而知之」、「困知勉行」、「知恥近乎勇」、「去

讒遠色」、」「凡事豫則立，不豫則廢」、「擇善固執」等成語典故的由來。所謂博學、審問、慎思、明辨、篤行，五者是「誠之」的方法，都是致曲工夫，所謂「致曲」是用力推擴局部的善，因為人有偏蔽之患，所以要致曲，使不善成為善，而能不偏不蔽，這是一種明善的工夫。明善的工夫能致曲則有誠，有了誠之後，必有形於外的表現，使自己的心顯明于外，能夠通達天地，感動其他人物，使其他人物之性，皆得盡之，這一個歷程要無限的努力，力求道德人格與學問的完成，才能達到誠的境界。

二十一、自誠明，謂之性；自明誠，謂之教。誠則明矣，明則誠矣。

白話： 由真誠不欺的至誠之心而明白至善之道，這是發揮先天真實不妄的本性，自己成就道德；由明白至善之道，進而臻於至誠之心，這是後天人為的教化。無論先天或後天，真誠之心，皆能成就至誠之善。

當代意義： 不論是以先天的至誠之心，自省、自覺、自律，自我完成而達到至善之道；或是經由後天人為的教化，而明白至善之道，兩者都能成就至誠之善。

二十二、唯天下至誠，為能盡其性；能盡其性，則能盡人之性；能盡人之性，則能盡物之性；能盡物之性，則可以贊天地之化育；可以贊天地之化育，則可以與天地參矣。

白話： 只有天下至誠的人，可以充分發揮天所賦於人的本性，自己成就道德；能夠充分發揮自己愛人的本性，就能夠充分發揮人

的本性；能夠充分發揮人的愛物本性，就能夠發揮萬物的本性；能夠充分發揮萬物的本性，就可以幫助天地、化育萬物，也就可以天地人並立為三，並與天地萬物為一體。

當代意義：《中庸》以「誠」契合性與天道，這個契合是內在的契合，就是一方面把天命作為自己內在的本性，另一方面又把天命化為形上的實體，誠的作用何以能夠如此呢？它的方法又是如何呢？《中庸》第廿二章說：「唯天下至誠，為能盡其性……能盡人之性，……能盡物之性……可以贊天地之化育……可以與天地參矣。」

「至誠」是本性之德的全部朗現，這個性由天所命，一切人物的性，皆由天所命而存在，物我同此一性，「至誠」就是「盡其性」，能夠充分發揮天所命於人的本性，所以至誠的人，以誠行道，則能盡其性，自己成就道德，同時，自我要求盡人之性，以通于天下人，再盡物之性，以達萬物，因此，能盡性之人，便能盡人之性，亦可盡物之性。

但是，我們必須明白盡性不是至誠的工夫，盡性是至誠的結果，人能至誠，反身而誠，自然能盡性，可以不勉而中，從容中道，到了這個境界，即可以參贊天地的化育。換句話說，誠可以無窮無限的向外感通，盡一切人物之性，與天地相契合，與天地打成一片，此一契合天地之道，是以人性的內在誠德為主，所以說「內在的契合」。

二十三、其次致曲。曲能有誠，誠則形，形則著，著則明，明則動，動則變，變則化。唯天下至誠為能化。

白話：一般人的思想見解都偏於一端，有所蒙蔽，所以要致曲，能致曲則有誠，有了至誠之心之後，必有形於外的表現，使自

己的至誠之心顯明于外，能夠通達天地，感動天地萬物，與天地萬物為一體，這一個歷程要無限的努力，自我要求道德人格的完成，才能達到至誠的境界，才能參贊天地、化育萬物。

當代意義：所謂「致曲」，是用力推展局部的善，因為人有偏蔽之患，思想見解不能通達周遍，如莊子所謂「一曲之士」（《莊子・天下》），使不善成為善，而能不偏不蔽，這是一種明善的工夫。《中庸》第二十章說：「博學之，審問之，慎思之，明辨之，篤行之。」，五者都是致曲（明善）的工夫。

二十四、至誠之道，可以前知。國家將興，必有禎祥；
　　　　國家將亡，必有妖孽。見乎蓍龜，動乎四體。
　　　　禍福將至：善，必先知之；不善，必先知之。
　　　　故至誠如神。

白話：聖人至誠之心，可以預知未來的吉凶：國家將要興盛時，一定會有吉祥的徵兆；國家將要滅亡時，也一定會有不祥妖孽出現；這些徵兆會顯現在卜卦的卦象上，也會表現在人的言行舉止儀容上。

吉凶禍福將要來臨時，吉祥之福有徵兆，可以預先知道；不祥之禍也有徵兆，也一定可以預先知道。所以說至誠的聖人就如同神明一樣，從一些徵兆可以預知未來的吉凶禍福。

例如齊國送一批女樂給魯國，魯君三日不朝，孔子預知魯國將有不祥之禍。

當代意義：這是「國家將興，必有禎祥」、「國家將亡，必有妖孽」、「至誠如神」成語典故的由來。《論語・微子》：「齊人歸女樂，季桓子受之。三日不朝，孔子行。」魯定公十四年，孔子在魯國做司寇，兼攝宰相之職，為政三月，魯國大治，齊景公唯恐魯國就此

強大起來，對齊國不利，就送了一批能歌善舞的美女給魯國。魯國上卿季桓子竟勸魯君收下來，君臣一同觀賞，一連三天魯君不上朝，孔子視「女樂」為國之將亡的不祥妖孽，見魯國君臣如此淫亂，毅然辭官，離開了魯國。

二十五、誠者自成也，而道自道也。誠者，物之終始，
　　　　不誠無物。是故君子誠之為貴。誠者非自成己
　　　　而已也，所以成物也。成己，仁也；成物，知
　　　　也。性之德也，合外內之道也，故時措之宜也。

　　白話：「誠」是自己完成自己，表現完善的美德；「道」是引導自己言行應行的道路。「誠」是萬事萬物的開始與終了；「誠」是萬事萬物的真實存在的本質，不誠，萬物就不存在了。所以，君子以誠為貴，「誠」不僅要成就自己的道德人格，還要成就萬物的完美。能夠成就自己的道德人格，就是仁德的表現；能夠成就萬物的完美，就是智慧的表現。仁和智都是本性的美德，既成己又成物，成己是內，成物是外。可知，「誠」是合內外為一之道，時時行「誠」，無不適宜。

　　當代意義：這是「不誠無物」、「成己成物」成語典故的由來。《中庸》所謂「自成」，是自己成就自己的道德人格，即自己完成自己。誠不僅能成己之德，誠也可以成物，因為誠是天道，天道生生，使萬物生長；「誠」也是人道，使事物和諧發展，人人安居樂業。成己是內，成物是外，成己成物表示誠道由內通達於外，合內外為一貫，即成己所以成物，成物所以成己，因此，己與物，內與外合而為一。

二十六、故至誠無息。不息則久，久則徵，徵則悠遠，
　　　　悠遠則博厚，博厚則高明。博厚，所以載物也；

高明，所以覆物也；悠久，所以成物也。博厚
配地，高明配天，悠久無疆。如此者，不見而
章，不動而變，無為而成。

天地之道，可壹言而盡也。其為物不貳，則其
生物不測。天地之道，博也，厚也，高也，明
也，悠也，久也。今夫天，斯昭昭之多，及其
無窮也，日月星辰繫焉，萬物覆焉。今夫地，
一撮土之多，及其廣厚，載華岳而不重，振河
海而不泄，萬物載焉。今夫山，一拳石之多，
及其廣大，草木生之，禽獸居之，寶藏興焉。
今夫水，一勺之多，及其不測，黿鼉、蛟龍、
魚鱉生焉，貨財殖焉。《詩》云：「維天之命，
於穆不已！」蓋曰天之所以為天也。「於乎不
顯！文王之德之純！」蓋曰文王之所以為文
也，純亦不已。

白話：聖人的至誠修養，是不間斷的，能夠常存內心。內心至
誠，就能表現於外，就能悠久遠大，廣博高明。廣博之德，可以承
載萬物；高明之德，可以撫育萬物；悠久遠大，可以成就萬物的完
美。廣博之德，如地之深厚；高明之德，如天之光明；悠久遠大，
超越時空界限。可知，內心能夠至誠，自己自然彰顯明德，自己自
然適時變化，自己自然無為，就能成就遠大。

天地之間的道理，可用一句話包括：「天地至誠之德永不改變，
因此，化生萬物，妙不可測。」

天地之間的現象，就是廣博、深厚、高大、光明、悠久。以天
而言，天體繁星，日月星辰，天體之下，人與萬物生生不息；以地

而言，山河大地，大海大河，養育人與萬物；以山而言，群山峻嶺，生長草木，禽獸昆蟲，棲息繁殖，蘊藏礦產；以水而言，海洋河川，生長魚蝦貝類鱉等海鮮，貨物買賣，生意興隆，財富不斷累積。

《詩經·周頌·維天之命》說：「上天的天命，深遠無窮！周文王的道德人格純正無比，非常顯耀。」這是文王的諡號為「文」的理由，可知，文王德配天地，至誠不息。

當代意義：聖人至誠，如同天地至誠，深遠無窮，化生萬物，生生不息，文王至誠，德配天地。可知，至誠是天人合一之道。

二十七、大哉，聖人之道！洋洋乎發育萬物，峻極于天。優優大哉！禮儀三百，威儀三千，待其人然後行。故曰：「苟不至德，至道不凝焉。」故君子尊德性而道問學，致廣大而盡精微，極高明而中庸。溫故而知新，敦厚以崇禮。是故居上不驕，為下不倍；國有道，其言足以興，國無道，其默足以容。《詩》曰：「既明且哲，以保其身。」其此之謂與！

白話：聖人的大道，多偉大啊！浩瀚無邊，發育萬物，與天一樣崇高；充足有餘，大的禮節三百條，如冠、婚、喪、祭之禮節；小的威儀有三千條，如動作周旋之儀容。這些都有待聖人來實行。所以說：「如果沒有崇高德行的人，就不能成就崇高的聖人之道。」因此，君子要恭謹的修養道德，而且還要學習知識學問，臻於博大精深的境界，雖然達到最高境界，仍要奉行中庸之道；溫習已知的知識，從而獲得新的見解；為人敦厚，尊崇禮節。所以身居上位不驕傲，身居下位不作亂。國家政治清明時，他的建言可以興盛國家；國家政治黑暗時，他的沈默不語，可以保全自己的性命。《詩經·大

雅・蒸民》說：「既明智又通達人情事理，可以保全自身的安全。」，大概就是這個意思吧！

當代意義：所謂「國有道其言足以興，國無道其默足以容」，就是孟子所說的「窮則獨善其身，達則兼善天下」（《孟子・盡心上》），也就是「既明且哲，以保其身。」的安身立命之道。不過，在國家無道的時候，要做到明哲保身，並不容易。所以唐代大詩人白居易說：「盡悴事君，明哲保身，進退始終，不失其道，自非賢達，孰能兼之？」（《杜佑致仕制》），南宋愛國詩人陸游更感嘆說：「信乎明哲保身之難也！」（《跋范文正公書》）

值得一提的是，《中庸》「尊德性而道問學」一語，後來成為儒家的思想要義，清儒龔自珍說：「孔門之道，尊德性、道問學二大端而已矣。」

南宋淳熙二年，呂祖謙邀陸九淵到江右鉛山鵝湖寺，會見朱子，希望調停理學與心學的分歧，世稱「鵝湖之辯」（鵝湖之會）。陸象山主張尊德性，發明本心，朱熹以為「太簡」；朱熹主張道問學，重視格物致知，講學讀書，而陸象山以為「支離」，兩者相爭不下，成為理學（朱熹）與心學（陸象山）的分歧。

二十八、子曰：「愚而好自用，賤而好自專，生乎今之世，反古之道。如此者，災及其身者也。」非天子，不議禮，不制度，不考文。今天下，車同軌，書同文，行同倫。雖有其位，苟無其德，不敢作禮樂焉；雖有其德，苟無其位，亦不敢作禮樂焉。

子曰：「吾說夏禮，杞不足徵也。吾學殷禮，有宋存焉；吾學周禮，今用之，吾從周。」

白話：孔子說：「愚蠢的人喜歡自恃聰明，自以為是：卑賤的人喜歡獨斷專行，不考慮別人的意見。有的人生於當今的時代，一心想回復到古代的社會，這樣的人一定會有災禍。」

不是天子，就不能議論禮樂，不能制作禮法，不能校訂文字規範。現在天下的車子大小一致，文字統一，倫理規範相同。雖有天子的地位，如果沒有聖人的德行，不敢制作禮樂制度；雖有聖人的德行，如果沒有天子的地位，也是不敢制作禮樂制度。

孔子說：「夏朝的禮樂制度，我可以大略論述，但是夏朝的後裔杞國（周武王所封，故城在今河南省杞縣），已經沒有足夠的典籍資料可供驗證；我學習殷朝的禮樂制度，殷商的後裔宋國（周武王所封，故城在今河南省商丘縣南），還存有典籍資料，可供參閱；我學習周朝的禮樂制度，正是現在實行的禮樂制度，所以我遵從周朝的禮樂制度。」

當代意義：這是「車同軌，書同文」成語典故的由來。孔子說：「周監於二代，郁郁乎文哉，吾從周。」（《論語·八佾》）孔子說：夏、商兩代的禮樂制度，傳至周朝文王、武王、周公而完備。他認為夏商兩代的典章資料已不完備，因此，他遵從周朝的禮樂制度，繼往開來文王、武王、周公的傳承，遂成為歷史文化的道統。

二十九、王天下有三重焉，其寡過矣乎！上焉者，雖善無徵，無徵不信，不信民弗從；下焉者，雖善不尊，不尊不信，不信民弗從。

故君子之道，本諸身，徵諸庶民，考諸三王而不繆，建諸天地而不悖，質諸鬼神而無疑，百世以俟聖人而不惑。質諸鬼神而無疑，知天也；百世以俟聖人而不惑，知人也。是故君子動而世為天下道，行而世為天下法，言而世為

天下則。遠之則有望，近之則不厭。

《詩》曰：「在彼無惡，在此無射；庶幾夙夜，以永終譽！」君子未有不如此而蚤有譽於天下者也。

白話：治理天下有三項重要的政務：議論禮樂，制作禮法，校訂文字規範。如果能夠做好三項重大政務，就少有過錯了。雖然古代的禮法制度很完備，但現在已經無從考證，很難使人相信，百姓就不會遵守。至於聖人如孔子，雖然對禮樂文化有精深的研究，但他不是天子，不能制作禮法，也不能使人相信，百姓也不會遵守。

因此，天子對於議論禮樂、制作禮法、校訂文字規範等三件政務，要先修養自身的品德，再以百姓是否遵守加以驗證，再考察三代（夏商周）王者的禮法而沒有錯誤，能夠立於天地之間，與天地之德沒有違背，諮詢於神明與祖先而沒有疑問，這是知道天道；百世以後等到聖人出現也沒有什麼疑惑，這是知道人道。

因此，治理天下的王者，他的舉動能世世代代成為天下人的規矩，他的行為能世世代代成為天下人的典範，他的言語能世世代代成為天下人的準則。王者在遠處有威望，接近他也不感到厭惡。

《詩經‧周頌‧振鷺》說，「在那裡沒有人厭惡他，在這裡也沒有人厭惡他，日日夜夜努力不懈，為了永保美好的聲望。」王者都這樣做而希望能夠早日享有天下的聲譽。

當代意義：這是「無徵不信」成語典故的由來。君子王天下，要依據六項條件，做好三大政務：議論禮樂、制作禮法、校訂文字規範，可以永保良好的聲譽。

三十、仲尼祖述堯、舜，憲章文、武；上律天時，下襲水土。辟如天地之無不持載，無不覆幬，辟如四

　　　　時之錯行，如日月之代明。萬物并育而不相害，
　　　　道并行而不相悖，小德川流，大德敦化，此天地
　　　　之所以為大也。

　　白話：孔子所傳承的道統，源自堯舜禹湯文武周公；他效法天
地的自然運行，順應四時寒暑的變化；孔子至誠至聖的光輝，猶如
天地無不承載，四時無不更替，與日月相互輝映。萬物生生不息，
彼此之間互不傷害，人與萬物共生，社會和諧。孔子的教化，影響
深遠，可大可小，小如涓涓細流，細水流長，滋生萬物；大如天地，
天覆地載，敦化流行，化育萬物。孔子德配天地，何其偉大！

　　當代意義：這是「並行不悖」、「大德敦化」成語典故的由來。
孔子繼往開來堯、舜、禹、湯、周文王、周武王、周公的禮樂文化，
成為歷史文化的道統，影響後世非常深遠，至誠至聖，德配天地。

三十一、唯天下至聖，為能聰明睿知，足以有臨也；寬
　　　　裕溫柔，足以有容也；發強剛毅，足以有執也；
　　　　齊莊中正，足以有敬也；文理密察，足以有別
　　　　也。溥博淵泉，而時出之。溥博如天，淵泉如
　　　　淵。見而民莫不敬，言而民莫不信，行而民莫
　　　　不說。是以聲名洋溢乎中國，施及蠻貊；舟車
　　　　所至，人力所通，天之所覆，地之所載，日月
　　　　所照，霜露所隊；凡有血氣者，莫不尊親，故
　　　　曰配天。

　　白話：只有天下至聖的人，耳聰目明，無不通達，能夠居高臨
下，教化百姓；心胸寬宏，溫柔和順，能夠包容萬民；奮發圖強，

剛毅勇敢,能夠擔當大任,決事果斷;恭謹莊敬,立身中正,能夠使人恭敬;文章條理分明,思維縝密,能夠明辨是非。

聖人有這五種美德,博大而精深,聖人的儀表禮節,百姓無不恭敬;聖人的言教,百姓無不相信;聖人的行為舉止,百姓無不喜歡。所以,聖人的聲望,名滿中原,再傳揚到中原以外地區。只要交通能到達,天地之內,日月光輝所到之處,只要有血氣生命的人,無不尊敬、親愛聖人,所以說聖人的至誠美德,可以配天,與上天之德相配。

當代意義:這是「聰明睿智」成語典故的由來。子思以孔子為至誠至聖之人,博大精深,無不通達,深得天下人的愛戴,至誠光輝。可以配天。

三十二、唯天下至誠,為能經綸天下之大經,立天下之大本,知天地之化育。夫焉有所倚?肫肫其仁!淵淵其淵!浩浩其天!苟不固聰明聖知達天德者,其孰能知之?

白話:只有天下至誠的聖人,能夠統理天下五倫的綱常,樹立天下人共同遵守的中庸之道,深切體悟天地化生萬物的生生之道。聖人至誠,是仁心的表現,至誠的深邃,如同深淵一樣;至誠的廣大,就像天地一樣。只有聰明睿智而通達天道的聖人,能夠明白至誠的廣大與深邃。

當代意義:《中庸》以為唯有至誠的人,能經綸五倫之事,立中庸之大本,沒有私欲的偏曲,可以證知天地的化育,默契天道。此種至誠無妄之人,誠懇篤實,渾然仁體,其內在的道德同于天德,如淵泉之無盡,天地之寬大高明,他的生命悠久無疆。

三十三、《詩》曰：「衣錦尚絅」，惡其文之著也。故君
子之道，闇然而日章；小人之道，的然而日亡。
君子之道：淡而不厭，簡而文，溫而理，知遠
之近，知風之自，知微之顯，可與入德矣。
《詩》云：「潛雖伏矣，亦孔之昭！」故君子
內省不疚，無惡於志。君子所不可及者，其唯
人之所不見乎！
《詩》云：「相在爾室，尚不愧于屋漏。」故
君子不動而敬，不言而信。
《詩》曰：「奏假無言，時靡有爭。」是故君
子不賞而民勸，不怒而民威於鈇鉞。
《詩》曰：「不顯惟德！百辟其刑之。」是故
君子篤恭而天下平。
《詩》曰：「予懷明德，不大聲以色。」子曰：
「聲色之於以化民，末也。」《詩》曰：「德輶
如毛」，毛猶有倫；「上天之載，無聲無臭」，
至矣！

　　白話：《詩經，衛風・碩人》說：「裏面穿著色彩鮮艷的綢衣，
外面加穿一件單衫。」這是不希望讓綢衣的文彩太過顯著。所以君
子為人處事之道，是外表不要顯露鋒芒，只是美在其中，日子久了，
自然一天天的傳揚美好聲響；而小人的為人，剛好相反，外表雖然
鮮艷好看，卻沒有內在的美，時間久了，美譽自然一天天的消失。
君子待人處世之道，雖然平淡無奇，卻不會令人厭惡。以君子的本
質而言，雖然簡單平凡，但是文彩華麗；雖然溫和，卻能條理分明。
知道遠處從近處著手，知道風俗教化的起源，知道細微的現象，結

果也會顯明，能夠明白以上的道理，就可以進入道德修養之門了。

《詩經‧小雅‧正月》說：「魚兒潛伏在深水的地方，還可以看得明顯。」，所以有道德修養的君子，要時常自我反省，內心沒有愧疚悔恨，君子所以成為君子，就在於別人看不到的地方恭謹慎獨。

《詩經‧大雅‧抑之》說：「當你一個人獨自在屋子西北角最深暗的地方，也要光明磊落，不愧於心。」所以君子不需要有什麼行為舉動，人人都尊敬他；不需要說什麼話，人人都相信他。

《詩經‧商頌、烈祖》說：「主祭者誠心誠意的祭拜上帝時，至誠感動神明降臨，無聲無息，百姓受到感化，都能肅靜而沒有紛爭。」所以有德的君子立身處世，感化百姓，不需要獎賞與利誘，百姓都能勤勉向善；也不需要動怒，而能使百姓不敢為非作歹，比遭受刑罰還要畏懼。

《詩經‧周頌、烈文》說：「天子顯現美好的品德，所有的諸侯都效法他。」因此，有修養的君子，為人處世只要至誠恭敬，天下自然太平，沒有紛爭。

《詩經‧大雅‧皇矣》說：「我時常秉持德性來教化百姓，不用大聲疾言與嚴厲臉色。」孔子說：「如果用大聲疾言與嚴厲臉色來教化百姓，那是最末流的方法。」

《詩經‧大雅‧蒸民》說：「以德化人，不著痕跡，輕如毛髮。」以輕如毛髮拿來比擬，還不能形容德性的教化之妙。

《詩經‧大雅‧文王》說：「上天化生萬物、養育萬物，既沒有聲音，也沒有氣味。」只有「無聲無臭」這句話，足以表達至誠之德與以德化人的最高境界。

當代意義：子思引用《詩經》的話，說明道德修養的次第，作為《中庸》的結論。

第一段子思引用《詩經，衛風‧碩人》的話，說明君子的道德修養，注重內在的修持，外表不要顯露鋒芒，這是進入道德修養之門的第一階段。

　　第二段子思引用《詩經・小雅・正月》的話，說明君子能時常自身反省，無愧於心，在別人看不到的地方恭謹慎獨，這是道德修養的第二階段。

　　第三段子思引用《詩經・大雅・抑之》的話，衛武公所作，告誡子孫日日誦念，以自我警惕。指出君子不愧於屋漏，自然會受到別人的尊敬與信任。

　　第四段子思引用《詩經・商頌、烈祖》的話，是祭成湯之詩文，說明以德化人的功效。

　　第五段子思引用《詩經・周頌、烈文》的話，是祭周文王的詩文，歌誦文王的聖德，文王表現美好的品德，所有的諸侯都效法他。

　　第六段子思引用《詩經・大雅・皇矣》的話，說明周文王以德服人的聖德，不用大聲疾言與嚴厲臉色。

　　最後子思引用《詩經・大雅・文王》所說：「無聲無臭」這句話，表達至誠之德與以德化人的最高境界。

註　釋

註　一　「小學」包括音韻學（釋音）、文字學（釋形）、訓詁學（釋義）三種學問。

註　二　宗廟是古時候天子或諸侯祭祀祖先的廟堂。每位天子或國君都會以豐盛的祭品、隆重的祭禮，祭祀歷代祖先。周武王時以公主許配舜的後代虞胡公（胡公滿，或稱陳胡公），並封於陳，建立「陳國」，以祭祀舜帝。

註　三　周王季（西元前 12 世紀—？），姬姓，周氏，名歷，又名季歷，是周太王的第三子，周文王昌的生父。周太王（古公亶父）有三個兒子，長子太伯、次子仲雍、三子季歷。周太王希望季歷與昌（周文王）能繼承自己的王位，光大周部落。太伯和仲雍為了讓季歷和昌能當上周部落的君

主，逃往荊地，讓位給季歷，隨後兩人建立吳國。季歷與殷商王室聯婚，娶摯仲氏，名任，生下周文王。

註　四　古代宗廟制度，天子七廟，諸侯五廟，大夫三廟。以天子而言，太祖廟居中；二、四、六世居左，稱為「昭」；三、五、七世居右，稱為「穆」。見《禮記‧王制》。祭祀時，子孫也按此規定排列行禮。《禮記‧祭統》:「夫祭有昭穆。昭穆者，所以別父子、遠近、長幼、親疏之序而無亂也。」

結　論　《四書》的現代啟示

第一節　《論語》的現代啟示

一、快樂學習

我們讀《論語》，深刻感受到孔子好學的快樂，他是快樂學習、不斷學習，終身學習的典範。孔子十五歲就立志向學，勤敏好學，不恥下問，學思並進，他不迷惑，不憂愁，唯一擔心的是道德不修明，學業不講習，不能吸取別人的優點，不能改進自己的缺點。換言之，不能改過遷善，是孔子唯一的憂患意識。

孔子好學，學禮（五種禮儀：吉禮、凶禮、軍禮、賓禮、嘉禮，包含祭祀、喪葬、軍旅、賓客、冠婚之事）、學詩（詩經）、學樂（音樂）、學易（易經）、學射（射箭）、學御（駕車）等。在日常生活中，修德、講學、涵養道德人格，言行自然老實，悠閒從容，精神悅樂。

這種樂學精神，明代王艮〈樂學歌〉最為傳神，他說：

人心本自樂，自將私欲縛，私欲一萌時，良知還自覺，一覺便消除，人心依舊樂，樂是樂此學，學是學此樂，不樂不是學，不學不是樂，樂便然後學，學便然後樂，樂是學，學是樂。嗚呼！天下之樂，何如此學，天下之學，何如此樂。（《明儒學案‧泰州學案》）

最足以表達孔子悅樂精神的一首詩，是宋儒程明道的〈秋日偶成〉：閒來無事不從容，睡覺東窗日已紅。萬物靜觀皆自得，四時佳興與人同。道通天地有形外，思入風雲變態中。富貴不淫貧賤樂，

男兒到此是豪雄。

宋儒程頤說：「昔受學於周茂叔，每令尋顏子、仲尼樂處，所樂何事？」（《近思錄卷二・為學》）孔子、顏回以樂學、樂道為樂。晉・陶淵明《五柳先生傳》說：「好讀書，不求甚解，每有會意，便欣然忘食。」陶淵明也有孔子快樂學習的精神和體會。

當今社會，科技一日千里，我們要效法孔子好學、樂學，進德修業，增進專業知識與技能，貢獻社會，安身立命。

二、注重養生

孔子注重養生，生活有規律，飲食有節制，溫和理性，克己復禮，不違禮法，不憂不懼，精神悅樂，享年七十三歲（孔子生於魯襄公二十二年，逝世於魯哀公十六年；西元前 551 年 9 月 28 日～西元前 479 年 3 月 4 日）

（一）九不食，飲食衛生

《論語・鄉黨》記載孔子「九不食」，他非常注重飲食衛生，從市場買回來的酒和肉乾，都不吃。飲食是人的命脈，可是，飲食不節，病從口入，遂生百病。因此，孔子除了注重食物衛生新鮮外，他也強調「食無求飽」（《論語・學而》），飲食不可太飽，太飽傷神，俗話說：吃飯留一口，飯後百步走，活到九十九。《黃帝內經・素問・痺論》說：「飲食自倍，腸胃乃傷」。然而，也不可飢餓過度，飢則敗氣，營養不良，也容易生病。

誠如西洋諺語說：「You are what you eat」，人如其食，飲食對人的健康有極大的影響，不當的飲食習慣是重要的致癌因子，至少有百分之 35 的癌症是因為飲食不當所引起，多吃新鮮的蔬菜水果，少吃動物性（紅肉）脂肪，對防癌有很大的功效。

孔子強調「不為酒困」（《論語・子罕》），喝酒以少量為宜，不

可喝醉，醉之危害不可勝言，因為，酒喝多血氣皆亂，酒食貪多折人壽，元代忽思慧《飲膳正要》說：「醉飲過度，喪生之源」。

孔子的飲食觀，是健康的養生之道。因為，從現代醫學的動物實驗，只吃七分飽的動物平均壽命，比吃十分飽的動物多三成壽命。實驗證明節食能夠延年益壽。其醫學理論是：減少熱量的攝取，可以降低新陳代謝的速率，當新陳代謝下降時，自由基的產量就減少，也就減少氧化壓力，比較不會生病。不過，要注重營養均衡。

換言之，限制熱量攝取，能夠降低糖尿病、高血壓、心臟血管疾病和癌症等重大疾病的危險因子，所以說「食無求飽」，可以預防疾病，維護身體健康。根據《美國科學院期刊》（PNAS 101：6659，2004）的報導：長期限制飲食的攝取熱量，能夠降低心臟病、腦中風、糖尿病、癌症等的罹患率，有延年益壽的功效。

（二）音樂養心

墨子主張「非樂」，儒家反對墨子的「非樂」，認為音樂是人情所不能免，儒家的理想是以「禮樂」建立祥和快樂的社會。

音樂表達人的情感，當內心有了歡樂，自然發抒喜悅的聲音，手舞足蹈，言行舉止表露無遺，如果不以中正和平的音樂，導之以正，合乎禮義，則難免流於放蕩而亂，聖人惡其亂，所以制定雅頌正音。

《論語‧子罕》孔子說：他從衛國返回魯國，修訂不合宜的音樂，使雅、頌的詩樂，都能恢復合宜適當的地位。值得注意的是，《詩經》有三種體裁，一是風，二是雅，三是頌。「風」是百姓唱的歌謠，《詩經》的〈國風〉收錄十五國的詩歌。《詩經》有〈小雅〉和〈大雅〉之分，〈小雅〉是私人的樂歌，〈大雅〉是用在朝廷上的樂歌。

「雅頌」是優雅的正樂，《荀子‧樂論》以為雅頌之樂，足以感動人的善心，去除邪惡之氣，使人樂而不淫，可以融和人倫親情，因為優美的正樂可以感人肺腑，教化人心。

換言之，好的音樂，例如雅頌之樂，可以善導民心，移風易俗，使人心莊敬；不好的音樂，像鄭、衛之音，使人心淫亂。所以，君子不聽淫聲，常聽韶歌武樂的雅音，使性情平和，心志清明，誠心向善，以心制欲，道德高尚，人格完美。

易言之，欣賞、聆聽好的音樂，可以重建、維持及促進心理和生理的健康，可以使人放鬆、紓壓，修養品格性靈。

據《史記・孔子世家》記載：孔子到齊國，與齊國太師談論音樂，聽到韶音，學了三個月，非常快樂，吃飯時肉的味道都沒有感覺，孔子說他沒有想到學韶音會使人著迷到這個程度。另據《說苑・雜言》記載：孔子在陳、蔡兩國之間斷糧，到了第七天，孔子仍然彈琴唱歌不止。

值得一提的是，《禮記・樂記》主張「致樂以治心」，音樂可以養心，好的音樂使人平易、正直、善良，調理精神生活，增進人倫關係的和敬、和順、和親，使社會安樂。

值得注意的是，當今的大學音樂研究所，有音樂治療組，音樂治療可以改善以下症狀：減低焦慮，穩定情緒，減輕壓力，減緩腦部退化，改善身體機能等功效。可知，我們應該多聽好的音樂。

三、體能鍛鍊，多能鄙事

《論語・子罕》大宰稱讚孔子才能出眾，是一位聖人。孔子聽到這件事，說：「我因為年輕時貧賤，所以會做許多粗重的事。」「多能鄙事」，意指魯昭公十年（西元前 532 年），孔子二十歲時，擔任季孫氏管理倉庫的小吏，做到倉庫充盈，帳目清楚；隔年，改任季孫氏管理牛羊的小吏。

孔子從小學會許多生活技能，駕車是他的技能之一，《論語・子罕》記載：達巷黨的人說：「孔子真是了不起，雖然博學，卻沒有專業技能。」孔子聽到有人批評他沒有生活技能，對弟子們說：「我有

什麼技能呢？駕車嗎？還是射箭？我專於駕車吧！」

其實，孔子不僅專於駕車，更專於射箭，根據《禮記‧射義》記載：孔子在矍相的序宮堂下射箭，參觀的人多得像圍牆般的環繞。可見他經常從事射箭鍛鍊，而且射得很準，並且傳授其弟子射箭技術。

射箭是一項很好的健身運動，可以增強手臂的力量，強化心肺功能，從雙腿的站立、身體的姿勢、眼睛到神經系統的專注，全身都得到充分的活動。

射箭不僅是有益身心的養生運動，更是一種禮儀，所以，射箭的人，無論進退、左右轉身，都要符合禮節。內心專一，意志堅定，身體挺直，拿穩弓箭，瞄準目標，才能射中目標，從這些過程，可以看出射者的品德修養。因為射的意義是釋放，表示自己的心志。

如果內心公平，身體正直，穩重專注，就可以射中。所以說，射箭包含仁的道理，《論語‧八佾》孔子說：君子不與人爭，如果有所爭，是在行射禮的時候，依禮而射，以禮相讓，勝者請敗者飲酒，這是射禮的君子之爭。

以上簡述孔子的養生之道，他的養生是在現實生活中確實可行，且行之有效的生活哲學，足以代表儒家的養生觀。儒家注重養心、養德、養性，涵養天理道心之正，去人心私欲之蔽，而非養體，例如有人問宋儒程明道是否有導氣之術？明道說：「吾嘗夏葛而冬裘，飢食而渴飲，節嗜欲，定心氣，如斯而已。」(〈人譜雜記二〉)。

四、五十知天命

《論語》有二處談到天命，〈為政〉孔子說：「五十而知天命。」、〈季氏〉孔子說：「君子有三畏：畏天命、畏大人、畏聖人之言。」。

孔子說他五十歲時，體認天命並非超越人心之外，這是孔子一生求學經過與生命歷程的重要關鍵。五十知天命是下學上達的踐仁

工夫所達到的境界。孔子五十知天命，證知天命即是仁體（或言仁道），他的內心親切感受上天的召呼，自信「知我者其天乎！」（《論語・憲問》），負有上天的無上使命，對人有無限的責任感和道德感，並且感受到自己與天地合其德。

所以，孔子五十歲所證知的天命，是道德性的天命，並非宗教性的天命，是普遍和永恆的道德天。他的知天命，是對自己的道德完全的自覺、自證和自命。因此，我們說孔子的天命觀，是義命合一的「即命顯義」，義之所在，就是事情（人情事理）之當然者，即是天命的所在。人當以仁自命，應自踐其仁，應自盡其義。人只要行仁，天命自然對人有所召呼，或有艱難困厄的時候，總是不怨天，不尤人，終而無悔，如孔子畏於匡，除了有所慨嘆外，仍以斯文自任，對天命存念敬畏之心。

易言之，孔子畏天命，是內心要求實現道德而來的敬畏，孔子畏於匡，自覺天命暫隱，因此而畏之、俟之，雖處困厄，仍不行非義之事。道之行或不行，都是義之當然，這是孔子「義命不二」的精神。所以，人應該行義俟命，並對個人的吉凶、禍福、夭壽、貴賤等，非一己之力所能完全主宰、決定者，坦然面對，不怨不尤，行義之所當然，是為知天命、畏天命、俟天命的真諦。（註一）

五、力行仁道

孔子最偉大的成就，是創建仁道以垂萬世，他以仁為思想核心，成一貫之道，稱為「仁道」，仁道是實踐道德人格的最高準則，而以忠、恕、孝、弟、信、義等為踐仁的德目，仁道思想的有三大意義：

（一）仁的實踐精神

孔子的仁道以生命為中心，最重視實踐精神，整部《論語》教人行仁，成就道德人格，所謂「君子欲訥於言而敏於行」，正是仁的

實踐精神，孔子說：「知之者，不如好之者，好之者，不如樂之者。」（《論語‧雍也》），即表明了樂道踐仁的真精神。

須知，仁非但俱屬於人的內在精神與人格世界，更是人之所以為人的本質，也是道德的總歸結點，孔子實踐仁道的方法是克己復禮，行「四勿之教」，再以禮樂的陶冶、孝、弟、忠、信、義、恭、寬、敏、惠等德目的提倡，力行仁道。

（二）、仁有內聖外王之義

《論語》言仁的本意，大抵可以內聖外王為依歸，此種內聖外王之道，即是《論語》所謂「一貫之道」。子曰：「參乎，吾道一以貫之⋯⋯曾子曰：夫子之道，忠恕而已矣。」（〈里仁〉）

曾子最能體會孔子的一貫之旨，〈衛靈公〉曰：「子貢問曰：有一言而可以終生行之者乎？子曰：其恕乎，己所不欲，勿施於人。」己所不欲，勿施於人，僅是忠恕之道的消極面，更積極的說是己立立人，己達達人。

值得注意的是，「己所不欲，勿施於人。」近似《聖經‧新約‧馬太福音》說：「你們要別人怎樣對待你們，你們就要怎樣對待別人。」換言之，我們不願意別人怎樣對待我們，我們也不要怎樣對待別人。

孔子的外王大業，以「天下為公」的大同之治為理想，孔子曰：「大道之行也，天下為公⋯⋯故人不獨親其親，不獨子其子；使老有所終，壯有所用，幼有所長，矜、寡、孤、獨、廢疾者皆有所養⋯⋯是謂大同。」（《禮記‧禮運》），這種大同之治，就是外王的規模，孔子欲以德治實現之，以仁教民，行仁道于天下，這是道德與政治的融合，亦為內聖與外王始終一貫的忠恕之道。

（三）、仁有愛人惜物、天人合一之義

孔子以愛為仁的根本義，仁者不僅愛人，更能愛物，樊遲問仁，

子曰：愛人。（〈顏淵〉）愛人是仁之用，當然成人之美，不成人之惡，愛人者，人恒愛之，則遠怨矣。

《論語‧學而》孔子說：「弟子入則孝，出則弟，謹而信，汎愛眾，而親仁。」孔子認為弟子以孝弟為先，能孝弟而後汎愛眾。孝弟以孝順自己的父母，友愛兄弟姊妹為修身齊家之道，所謂「仁者人也，親親為大。」、「親親而仁民，仁民而愛物。」這是有差等的愛，以孝順父母為先，其次是友愛兄弟姊妹，再其次是汎愛眾，推恩及于天下人，最後是愛物。

此種順乎人類自然的愛，可以擴充發展，不僅「老吾老以及人之老，幼吾幼以及人之幼」，更使人不忘生命的本源，即是「不忘本」。所謂「不忘本」，不但愛自己的生命，同時也敬愛祖先及民族的生命，所謂「正德利用厚生」。使萬物生生不息，使大自然處處鳥語花香，一片和諧，物物均調，人處其境，物我無間，人與萬物為一體，人我兩忘，己物一貫，人生和自然打成一片，此乃「天人合一」的境界。

所以，仁有天人合一的最高意義。這種天人合一大義，非常契合當代環境保護、生態保育的環境倫理學，宇宙是大生命，個體是小生命，人的生命和自然萬物同體共氣，人的生活不但充實自己的生命，同時增進宇宙萬物的生命，彼此互相感通，和諧一致。易言之，從小我的生命體驗，進而同情於他人的生命，中和於人人的生命，旁通於萬物的生命，體悟到無一人無一物的生命本性，不與我的生命善性大化流行，這就是天人合一，也就是人與宇宙萬物和諧關係的第七倫：尊重萬物、保育生態、愛護環境。

總持而言，孔子立仁道以繼天道，仁是人道，也是天道，更是常道，仁是覆蓋天下的普遍道德法則。在這個危機的時代，吾人深信仁的敦化流行，是世界的新希望。

第二節　《孟子》的現代啟示

一、養心莫善於寡欲

孟子生於周烈王四年(西元前 372 年)，卒於周赧王二十六年(西元前 289 年)。以個人養生而言，孟子強調養心的重要。養心的要訣在減少欲望。雖然，人有耳目之欲，有口腹之欲，有各種無窮的欲望和嗜好，嗜欲愈多，內心愈為外物所誘。因此，減少我們的嗜欲，內心則不為外物所誘。誠如清代尤乘《壽世青編・養腎說》言：「養生之要，首先寡欲。」尤乘更說：「欲熾則身亡。」

孟子自述四十不動心，近似孔子四十而不惑，不動心的人叫做大丈夫。大丈夫可以制嗜欲，保性命。至於如何養心？除了寡欲之外，積極修養有三：

（一）養浩然之氣

孟子說他善於培養浩然之氣。這種浩然之氣至大至剛，不可屈撓，要用正直善道不斷培養，不以邪惡加以傷害，就可以充塞於內心以及天地之間，這是平時涵養仁義與德性所產生的，並不是從外面襲取而來。

（二）存養平旦夜氣

《孟子・告子》說：每天以嗜欲侵襲原有仁義的良知，良知被私欲蒙蔽了。每一個人在天亮時，尚未和外物接觸前，人的良知清明不昧，到了白天，所作所為被私欲擾亂了清明的本心，迷失了良知，就和禽獸相差不遠了。一旦言行近於禽獸，甚至禽獸不如，災禍油然而生。

（三）養性立命

性善與性惡是孟、荀的分野。孟子主張性善，人性本有善端，只要順著本性的善端，就可以為善，這是性善的原義。然而，人為何會有過錯？是因為嗜欲陷溺了本性的善端。

至於本性的善端為何？孟子強調惻隱、羞惡、恭敬、是非之心，人人都有，惻隱之心就是仁，羞惡之心就是義，恭敬之心就是禮，是非之心就是智。可知，仁義禮智是人人本來就有的，不是外在環境的道德規範，只要順著惻隱、羞惡、恭敬、是非的本心本性而不斷涵養，就可以成為有道德人格的善人，這就是存心養性，修身立命的修養工夫，也是養生的最高精神境界。

值得注意的是，孟子的養性論，對後世的養生思想影響深遠，《淮南子・原道訓》說：「以恬養性」，《壽世青編・療心法言》說：「去嗔怒以養性」，陸賈《新語・道基》說：「調氣養性」，荀悅《申鑒・俗嫌》說：「夫善養性者無常術，得其和而已矣。」，《老老恆言・省心》曹庭棟說：「當以一『耐』字處之……可養身兼養性。」，《新唐書・孫思邈傳》說：「養性必先知自慎也」，《備急千金要方・養性序》說：「生不再來，逝不可追，何不抑情養性以自保。」

孫思邈說：「夫養性者，欲所習以成性，性自為善，不習無不利也。性既自善，內外百病，自然不生，禍亂災害，亦無由作，此養性之大經也。」（《備急千金要方・卷二十七養性序》）

孫思邈提出「養性之大經」，就是修養心性是養生的根本大要，其目的是使心性自然為善，心性既善，內外各種疾病自然不生，各種禍害也能避免，這是養生大法，顯然深受孟子養性立命的影響。

此外，值得一提的是，孟子善養「浩然之氣」。儒家所謂「氣」，意指人和萬物的生命元素，尤其人秉受天地最靈秀之氣，這種氣排除外界的誘惑，使自己的心清明空靈，而可以守正道，發揚人心的善端，人就能夠和天地萬物相互感通，相互往來，貫通不滯，自己

的氣乃能塞於天地之間，臻於浩然之氣的境界。

　　孟子存養的浩然之氣，和《中庸》至誠的境界相近似，孟子說：
「萬物皆備於我，反身而誠，樂莫大焉，強恕而行，求仁莫近焉。」
（〈盡心上〉）這是集推己及人、民胞物與、天人合一之大丈夫的氣
象，大夫夫惟義是從，不動心更不失赤子之心，這正是孟子所彰顯
的人格典範，孟子的道德人格誠然偉大，影響後世深遠，其中以文
天祥感人最深，〈正氣歌〉云：「天地有正氣，雜然賦流形。下則為
河獄，上則為日星；於人曰浩然，沛乎塞蒼冥。」這種至大至剛、
正義凜然的浩氣，救亡圖存，置個人死生於度外，可歌可泣者，如
秋瑾、黃花崗七十二烈士等英烈。

二、三　辨

（一）人禽之辨

　　「人禽之辨」的核心思想是：人有道德的自覺心，禽獸只有本
能，沒有道德的自覺心。孟子強調舜是「由仁義行，非行仁義」，此
說近似德國哲學家康德所謂「發自本務（duty，義務）而行，而非
合乎本務而行。」康德認為我們的行為大致上可分為三類：一是違
反本務（duty，義務）；二是合乎本務；三是發自本務（from duty）。
有時候要分辨合乎本務或發自本務的行為卻不容易。例如商人童叟
無欺、誠實買賣，這永遠是道德的本務（商人永遠應該童叟無欺），
如果一個商人童叟無欺，買賣是發自本務（發自內心的誠實、依於
誠實原則）的行為，他的行為就有道德價值；反之，一個商人雖然
童叟無欺，他的行為合乎本務，合乎商業倫理，但是，他的買賣只
是依於賺錢的目的，不是發自本務的行為，他的行為就沒有道德
價值。（註二）換言之，行為要有道德價值，必須是從本務而行，「由
仁義行」是發自本務的道德行為，具有道德價值。

（二）義利之辨

孟子的義利之辨，源自孔子的：「君子喻於義，小人喻於利。」（《論語・里仁》）。值得注意的是，孟子的「交征利」，有別於墨子的「交相利」。墨子以利人為義，義是利的根本，能夠對別人有利，對自己也有利，成為「交相利」。孟子的「交征利」是只求私利，不講道義。不過，孟子以義利之辨，反對墨子的兼愛交相利。兼愛是愛無差等、親疏無別，孟子是「親親而仁民，仁民而愛物」之仁愛，愛有差等、親疏有別，因此要推恩擴充。

孟子的義利之辨，也是一種公私之分，公私分明，以公為先，以私為後，也就是先義而後利。此外，孟子以義利之辨，反對宋牼「以利反戰」，孟子認為如果大家都以仁義道德為目的，都以仁義之心相對待，如此仁義之君，可以成就王道大業，何必口口聲聲為了私利！

（三）王霸之辨

孟子推崇王道，反對霸道。以德行仁者王（以德服人者王），以力假仁者霸（以力服人者霸）。孟子強調管仲輔佐齊桓公成就霸業，使齊桓公成為諸侯霸主，是霸道而非王道。因此，孟子主張以當今齊國繁榮興盛之大國，只要推行王道仁政，就可以稱王於天下。

值得注意的是，孟子強調「時機」的重要，「當今之時，萬乘之國行仁政，民之悅之，猶解倒懸也。」，誠如《周易》講「時中」，有趣的是，呂蒙正〈破窯賦〉說：「天不得時，日月無光；地不得時，萬物不生；水不得時，風浪不平；人不得時，利運不通。」誠哉斯言。

孟子除了以上三辨之外，尚有「儒墨之辨」、「儒農之辨」（〈滕文公上〉），「生之謂性之辨」、「仁義內在與仁內義外之辨」、「性善

與性不善之辨」、「耳目之官與心之官之辨」、「大人與小人之辨」、「大體與小體之辨」、「天爵與人爵之辨」（〈告子上〉），「大舜與盜蹠之辨」、「楊墨與執中之辨」（〈盡心上〉），「民貴君輕之辨」、「中道與狂狷、鄉愿之辨」、「性命之辨」（〈盡心下〉）等思想論證。

第三節　《大學》的現代啟示

一、三綱領

　　《大學》為講求道德人格的建立以及治國平天下的一貫大道理，是儒家人生哲學和政治思想的大綱要，開宗明義的四句話最為重要，第一章說：「大學之道，在明明德，在親民，在止於至善。」

　　大學之道在明明德，第一個「明」是動詞，作彰明解，第二個「明」是形容詞，明德是自身所本有的靈明德性，沒有私慾的蒙蔽，朱子註解《大學》的明明德說：「明德者，人之所得乎天，而虛靈不昧，以具眾理而應萬事者也，但為氣稟所拘，人欲所蔽，則有時而昏，然其本體之明，則有未嘗息者，故學者當因其所發而遂明之，以復其初也。」（《四書集注》）。換言之，明明德就是彰明自己本身所具有的靈明德性。

　　本來，人生之初，就有天賦靈明的德性，但是成年以後，有時難免為私欲所蔽，漸漸染上驕奢淫佚的惡習，《大學》之道首先就是要修明「明德」，保有天性，除物慾，存天理，去私欲，使明德保持天性之純潔光明，不為物欲所誘，建立起自己的道德人格，並且日益發揚道德的光輝，充實人格的偉大，這就是明其明德，有了完善的道德人格以後，向外推恩，行天地好生之德，其目標在於親民。

　　「親民」有兩種解釋，朱熹作「新民」解，所謂新民是使民眾能夠日新又新、進步不已的意思，而王陽明認為親民是親愛人民，教化人民，革新社會國家的意思，兩者的解釋都有深邃的意義，因為新民必自親民開始，但是講新民可以包括親民。

　　「止於至善」的意思是說無論明明德（修己）和親民（治人）都應當不斷精進，達到盡美至善的境界，所以我們為人處世，求學立業，要精益求精，擇善固執，以求至乎其極，把握住至善之道，就不會輕浮妄想，見異思遷了。

二、八條目

　　以上說明了三綱領的意義，《大學》接著陳述八條目的先後程序是：格物、致知、誠意、正心、修身、齊家、治國、平天下；自天子以至於平民百姓，都是以修身為根本。

　　《大學・經一章》詳言明明德的始終，首先應該格物，窮究一切事物的真理；其次致知，至其極處無所不知；再次誠意，本心真誠，無自欺：接著正心，端正心思；然後修身，修明德性；之後齊家，整治其家；齊家而后治國，治國而后平天下。

　　從格物致知誠意正心到修身的過程，其目的主要在於建立完美的道德人格，因為一切的外王事業，須以修身為根本，如果不先修養完善的道德人格，而致亂了根本，要想齊家治國平天下，那是不可能的。

三、誠意慎獨

　　《大學》從三綱領到八條目，前後相成，始終一貫，它的歷程，以彰明自己的明德開始，至平天下止，就是明明德于天下的過程，明明德是內聖之道，主要的工夫在於誠意慎獨，《大學》說：「所謂

誠其意者，毋自欺也，如惡惡臭，如好好色，此之謂自謙，故君子必慎其獨也。」（《大學》第六章），這一章說明君子致力於道德人格的修養，要特別注重個人獨處，而所行所為沒有別人知道的時候，不要自己欺騙自己，誠如曾子所說：在一個人獨處的時候，好像有十隻眼睛在注視著你，十隻手在指著你，這是多麼嚴格而可敬畏啊！

　　《中庸》也強調慎獨的重要，《中庸》第一章說：「君子戒慎乎其所不睹，恐懼乎其所不聞。莫見乎隱，莫顯乎微。故君子慎其獨也。」

　　「戒慎乎其所不睹，恐懼乎其所不聞」是一種深刻的幽暗意識，君子在沒有人看到的地方要特別謹慎，在沒有人聽到的地方也要特別恐懼慎重，有德的君子，要特別謹慎一個人獨處的時候。

　　值得注意的是，晚明大儒劉宗周創新詮釋「慎獨」為「凜閒居以體獨」（《人譜‧證人要旨》），體獨的獨，是獨體，是形而上的本體，即天命之性，亦即心體、性體，是渾然至善的境界。換言之，「凜閒居以體獨」的慎獨，已非《大學》、《中庸》的本意，而是宗周證成了人之所以為人的最根本與最重要的道德實踐，也是人之所以為人的本務(duty)，否則，人成為禽獸而不知矣。

　　宗周說：「不睹不聞之地，無所容吾自欺也，吾亦與之毋自欺而已。」，「毋自欺」源自《大學》第六章，宗周認為《大學》之道，誠意而已，誠意之功，慎獨而已。（註三）

第四節　《中庸》的現代啟示

　　孔子非常重視中庸之道，他的中庸思想，在《中庸》一書中詮釋五個意義：時中、位中、中和、內聖外王、天人合一。

一、時　中

　　《中庸》第二章說：「君子而時中，小人之反中庸也，小人而無忌憚也。」。時是指時間，我們日常行事要考慮時間的因素，在適當的時間（good timing），用適當的方式表現出來，避免極端，過與不及都不恰當。有的時候，聰明的人做過份了，而沒有才智的人又做不到，只有高尚道德人格的君子，他的作為不偏不倚，隨時合乎中庸的道理，相反的，小人無所忌憚，無所不為，當然不能隨時處中。

二位　中

　　《中庸》第十四章說：「君子素其位而行……在上位不陵下，在下位不援上。」《中庸》第十章說：「中立而不倚」。位指空間、人際關係或職務地位等義，位中是指一個人所處的地位（職位），他的言行和權責表裏一致，在上位，不驕傲，不侮下；在下位，不妄求攀附，不反叛作亂，安份守己，素位而行，無怨不尤。

三、中和

　　《中庸》第一章說：「喜怒哀樂之未發，謂之中；發而皆中節，謂之和。」《中庸》以為喜怒哀樂的情緒還沒有反應的時候，心是寧靜、不偏不倚的，就叫做「中」，如果情感發動和情緒反應都能合乎禮節規範，沒有過與不及，就叫做「和」，中是天下萬事萬物的大根本，和是天下共行的大道，我們如果能夠把中和的道理推廣極致，圓滿無缺，那麼，天地一切事物都各得其所，萬物生生不息了。

四、內聖外王

《中庸》第二十章說：「凡為天下國家有九經，曰：修身也，尊賢也，親親也，敬大臣也，體群臣也，子庶民也，來百工也，柔遠人也，懷諸侯也。」《中庸》詳述力行五倫到九經的達道，就是由修身齊家而懷諸侯的內聖外王之道，修身是內聖之事，為建立道德人格的階段，由修身到齊家是尊賢、親親于父子夫婦昆弟朋友之人倫之中；敬大臣，體群臣，子庶民，來百工，柔遠人，懷諸侯，則是治國平天下的外王事業，無論道德人格的建立或外王事業的開創，皆以「誠」為本，以誠行之，所以說：誠為內聖外王之道。

五、天人合一

《中庸》第二十二章說：「唯天下至誠，為能盡其性……則能盡人之性……則能盡物之性……則可以贊天地之化育……則可以與天地參矣。」天人合一是中國哲學的最高勝境，《中庸》以「誠」貫通天人，並且以至誠配至聖，聖人至誠，至誠如神，德配天地，可以立天下之大本，經綸天下之大經，不僅能盡性，還可以參贊天地的化育。換句話說，只要我們內心真誠不欺，就能盡自己的本性，也能發揮人性，還能旁通物理，如此就可以參贊天地萬物的變化和生育，這就是天人合一（註四）。

值得注意的是，「誠」本是道德實踐的德目，《中庸》把「誠」形而上化，使道德的實踐有形上的依據，使「誠」成為無息的天道。所以說，「誠」是天人合一之道，此道貫通天命與人性，契合性與天道。此一契合是內在的契合，就是一方面把天命作為自己內在的本性，另一方面又把「誠」化為形上的實體。其工夫有五：博學、審問、慎思、明辨、篤行，這也是明善「致曲」之道。

總之，為人處事要真誠，不誠無物。

註　釋

註　一　參閱拙著《生死鬼神與善惡報應的思想論證》乙篇第一章
　　　　第三節

註　二　參閱拙著《王陽明與康德道德哲學的比較研究》第三章第
　　　　一節

註　三　參閱拙著《晚明改過思想之研究》第三章第二節

註　四　參閱拙著《孔子仁道哲學的研究》附錄三

參考書目

胡適著《中國古代哲學史》：台北市，五南書局初版，2013 年。

馮友蘭著《中國哲學史新編》：台北市，藍燈文化公司，1991 年 12 月。

牟宗三著《心體與性體》：台北市，正中書局，1973 年 10 月臺二版。

徐復觀著《中國人性論史先秦篇》：台北市，台灣商務印書館，民國六十四年一月。

唐君毅著《中國人文精神之發展》：台北市，學生書局印行，校訂一版 2000 年。

唐君毅著《中國文化之精神價值》：台北市，正中書局印行，1979 年 3 月臺八版。

吳怡著《中國哲學發展史》：台北市，三民書局，四版，2009 年。

羅光著《中國哲學思想史‧先秦篇》：台北市，台灣學生書局，1982 年。

朱熹撰《四書集注》：台北市，中華書局，民國 78 年。

黃宗羲編著《明儒學案》：台北市，世界書局，民國 81 年 5 月 5 版。

黃宗羲編著《宋元學案》：台北市，世界書局，民國 98 年 7 月 6 刷。

勞思光著《中國哲學史》：台北市，三民書局，民 70 年 1 月，初版。

謝冰瑩等編譯《新譯四書讀本》：台北市，三民書局，八版，民國 86 年 8 月。

鄭基良著《孔子仁道哲學的研究》：台北市，文史哲出版社，民國 103 年 6 月。

鄭基良著《生死鬼神與善惡報應的思想論證》：台北市，文史哲出版

社，民國 99 年。

鄭基良著《先秦兩漢改過思想之研究》：台北市，文津出版社，民國 99 年 6 月。

鄭基良著《晚明改過思想之研究》：台北市，文史哲出版社，民國 101 年 8 月。

鄭基良著《儒、釋、道、醫論養生》：台北市，文史哲出版社，民國 101 年 8 月。

鄭基良著《魏晉南北朝形盡神滅或形盡神不滅的思想論證》：台北市，文史哲出版社，2002 年。

鄭基良著《王陽明與康德道德哲學的比較研究》：台北市，文史哲出版社，民國 102 年 8 月。

司馬遷著《史記》：台北市，台灣商務印書館，臺二版，2010 年。

朱熹編著《近思錄》：台北市，台灣商務印書館，臺四版，民國 60 年 9 月。

（清）金漢撰《四書味根錄》：台北市，大聖書局，民國 60 年 3 月。

王夢鷗註譯《禮記今註今譯》：台北市，台灣商務印書館，七版，民國 69 年 3 月。

易中天注譯《新譯國語讀本》：台北市，三民書局，民國 84 年 11 月。

熊公哲註譯《荀子今註今譯》：台北市，台灣商務印書館，三版，民國 69 年 6 月。

李宗侗註譯《春秋左傳今註今譯》：台北市，台灣商務印書館，民國 82 年 4 月。

南懷瑾、徐芹庭註譯《周易今註今譯》：台北市，台灣商務印書館，三版，民國 106 年 8 月。

孫思邈著《備急千金要方》：台北市，大展出版社，2014 年 7 月。

余培林著《詩經正詁》：台北市，三民書局，2021 年 9 月。

屈萬里註譯《尚書今註今譯》：新北市，台灣商務印書館，三版，2021

年 6 月。

陳廣忠注譯《淮南子譯注》：新北市，建宏出版社，民國 85 年

朱永嘉　蕭木注譯《新譯呂氏春秋》：台北市，三民書局，民國 84 年 8 月。

陳九如原作《黃帝內經今義》：新北市，正中書局，2020 年 7 月

黃得時註譯《孝經今註今譯》：台北市，台灣商務印書館，民國 69 年 5 月七版。

《聖經》：香港聖經公會，1979 年。

附錄一　幽暗意識與道德人格的涵養

前　言

　　儒家的幽暗意識，源自孔子的憂患意識，孔子說：「德之不修，學之不講，不善不能改，是吾憂也。」(《論語・述而》) 孔子強調君子所憂慮的，不是財富、榮譽、地位、俸祿的獲得，亦非吉凶禍福的遭遇，而是道德的修養與改過遷善。孔子深切體悟「不是君子，就是小人。」君子代表道德人格的高尚；小人是個人內在人格的幽暗。此一思想影響後儒非常深遠，孟子主張「人之異於禽獸者幾希」，王夫之認為君子禽獸，只爭一線；曾國藩說：「不為聖賢，便為禽獸。」、孟子認為「從其小體為小人」，荀子提出性惡論，《禮記》認為「物之感人無窮，人之好惡無節，滅天理而窮人欲。」最能彰顯儒家幽暗意識的儒者是劉宗周，他的晚年定論《人譜》，強調人有妄根，通身都是罪過。

　　此外，基督宗教有原罪說，「原罪」是基督宗教幽暗意識的總源頭；以佛家思想而言，「無明」是佛家幽闇意識的總根源。因此，儒、釋、耶等各家思想，無不強調修養道德的重要性，誠如張灝認為幽暗意識可以說是與成德意識，同時存在，相為表裡。

一、幽暗意識的意涵

張灝在《幽暗意識與民主傳統》一書中說：「所謂幽暗意識是發自對人性中或宇宙中與始俱來的種種黑暗勢力的正視和省悟：因為這些黑暗勢力根深柢固，這個世界才有缺陷，才不能圓滿，而人的生命才有種種的醜惡，種種的遺憾。」

易言之，人的幽暗意識造成生命的各種罪惡與遺憾。誠如宋儒程明道先生曰：「天地生物，各無不足之理。常思天下君臣、父子、兄弟、夫婦，有多少不盡分處。」（《近思錄・道體》卷一，出自《程氏遺書》）明道認為天地生長萬物，萬物各盡其生生之理；反觀人倫關係，有多少人沒有盡責、盡己，沒有盡人倫之義（duty 本務）。明儒羅近溪說：「真正仲尼，臨終未免歎口氣。」

為何人沒有盡己之責？由於人的幽暗意識，基督宗教的幽暗意識是原罪說，使人一生下來容易犯下宗教與道德的罪過；以佛家思想而言，一闡提可以成佛，佛可以成一闡提（意指斷滅善根的人，但仍然具有佛性，可以成佛。）；人的幽暗意識是「無明」，「無明」是佛家幽黯意識的總根源。「無明」易生十惡（殺生、偷盜、邪婬、妄語、兩舌、惡口、綺語、貪欲、瞋恚、邪見）與八邪（邪見、邪志、邪語、邪業、邪命、邪方便、邪念、邪定）。

因此，晚明大儒劉宗周主張：吾人要檢點日常生活的言行，圓滿五倫關係，再不斷推恩擴充，盡仁（對萬物都有愛心，無所不愛，不僅父子有親。），盡義（處事無所不宜，不僅君臣有義。），盡別（凡事分辨是非善惡，不僅夫婦有別。），盡序（凡事謙讓，不僅長幼有序。），盡信（為人真誠信實，不僅朋友有信。），這就是盡人倫本務的「盡性之學」。

宗周強調：要實踐人倫道義，內心必須常懷應盡的責任和義務而未盡（不盡）的愧疚，使盡性工夫臻於圓滿而無憾。何謂人倫道

義？即是《孟子・滕文公》說：「父子有親，君臣有義，夫婦有別，長幼有序，朋友有信。」，以及《禮記・禮運》說：「父慈、子孝、兄良、弟弟、夫義、婦聽、長惠、幼順、君仁、臣忠，十者謂之人義。」

以《孟子》和《禮記》的人倫道義而言，確實有不少人犯了不盡分的罪過。為何有此罪過？主因是受了私欲、習染蒙蔽所造成的幽暗意識，程明道說：「人心莫不有知，惟蔽於人欲，則忘天理。」（《明道語錄》）本心其實知道人倫如何盡分，盡人倫之天理，只因私欲所蔽，而犯了人倫之罪過，即父不父、子不子、兄不兄、弟不弟、夫不夫、婦不婦。

李翱〈復性書〉所謂「情者，妄也，邪也。」也含有濃厚的幽暗意識。宋明儒者的「存天理，去人欲」及變化氣質的復性工夫，更具有深切的幽暗意識，誠如朱熹說：「以理言，則正之勝邪，天理之勝人欲，甚易；而邪之勝正，人欲之勝天理，若甚難。以事言，則正之勝邪，天理之勝人欲，甚難；而邪之勝正，人欲之勝天理，卻甚易。」（《朱子語類》卷五十九）這是朱子在現實生活中深刻體會的幽暗意識。

王陽明說：「破山中賊易，破心中賊難。」（《王陽明全集・與楊仕德薛尙謙書》，「心中之賊」）表示人的幽暗意識；明儒王畿說：「吾人一身學問，只在改過，須常立於無過之地，方是改過真功夫。所謂復者，復於無過者也。」（《明儒學案》卷十二），王畿強調改過，表示「心中有過」，正是幽暗意識的彰顯。

明儒王棟（號一庵）提出「耳目口鼻四肢之欲，人所不能無」的主張；顏鈞（字子和，號山農）則說「心所欲性也，人之貪財好色皆自性生，其一時之所為，實天機之發，不可壅閼之。」；何心隱則認為：「性而味，性而色，性而安逸，性也。」；李贄則提出「穿衣吃飯即是人倫物理」的看法。李贄認為人的趨利避害、富貴利達、好貨好色等是「吾人稟賦之自然。」，認為「夫私者，人之心也，人

必有私，而后其心乃見，若無私則無心矣。」遂提出「千萬其心者，各遂其千萬人之欲」的主張。泰州學派這些「人欲就是天理」、「人必有私」的思想，也有現實生活深刻的幽暗意識。

二、幽暗意識的由來

人為何會有幽暗意識？茲舉孔子、孟子、荀子、劉宗周等思想，論述幽暗意識的由來。

（一）孔子

1.君子與小人的對比

儒家的幽暗意識，源自於孔子對比君子與小人的人格差異。君子代表道德人格的典範；小人代表道德人格的過失，小人是個人內在人格的昏闇。其實，君子小人是「性相近、習相遠。」（《論語·陽貨》），君子與小人的本性是相近的，由於個人的學習、環境、習染不同，習於善則善，習於惡則惡。

《論語》一書有十六則孔子對比君子與小人的道德差異：

《論語·為政》子曰：「君子周而不比，小人比而不周。」

《論語·里仁》子曰：「君子懷德，小人懷土；君子懷刑，小人懷惠。」

《論語·里仁》子曰：「君子喻於義，小人喻於利。」

《論語·述而》子曰：「君子坦蕩蕩，小人長戚戚。」

《論語·顏淵》子曰：「君子成人之美，不成人之惡；小人反是。」

《論語·子路》子曰：「君子和而不同，小人同而不和。」

《論語·子路》子曰：「君子泰而不驕；小人驕而不泰。」

《論語·憲問》子曰：「君子上達，小人下達。」

《論語·衛靈公》子曰：「君子求諸己，小人求諸人。」

《論語·衛靈公》子曰：「君子不可小知，而可大受也；小人不

可大受，而可小知也。」

《論語・陽貨》：子曰：「君子義以為上，君子有勇而無義為亂；小人有勇而無義為盜。」《論語・陽貨》子曰：「君子學道則愛人，小人學道則易使。」

《論語・子路》子曰：「君子易事而難說也，說之不以道，不說也，及其使人也，器之；小人難事而易說也，說之雖不以道，說也，及其使人也，求備焉。」

《論語・季氏》子曰：「君子有三畏：畏天命，畏大人，畏聖人之言；小人不知天命而不畏也，狎大人，侮聖人之言。」

《論語・衛靈公》子曰：「君子固窮，小人窮斯濫矣。」。

2.四　憂

孔子憂慮地說：「德之不修，學之不講，聞義不能徙，不善不能改，是吾憂也。」（《論語・述而》）

孔子說：「一個人如果不修養品德，不能進德修業，不學習知識，不能改過遷善，是我所憂慮的。」

孔子以不能進德修業為憂慮，這是出於孔子強烈的幽暗意識。孔子所憂慮的，不是財富、榮譽、官位、俸祿的獲得，也不是吉凶禍福的遭遇，而是道德的修養與改過遷善，尤其是內心是否潛藏不善的意念或害人的惡念。因此，基於道德的幽暗意識，孔子強調「君子求諸己」（〈衛靈公〉），君子先責己，小人先責人。又強調「躬自厚而薄責於人」（〈衛靈公〉），君子修德，嚴以律己，寬以待人，少指責別人的過失。

基於憂患與幽暗意識，孔子終其一生，一方面知過、改過，一方面修德與快樂學習，他自述其歷程是：十五志於學，三十而立，四十不惑，五十知天命，六十耳順，七十從心所欲不踰矩。（〈為政〉）孔子謙稱他到了七十歲，能夠隨心所欲，不會有違背禮法的言行，臻於無過的精神境界。因此，孟子讚美孔子是「聖之時者也，孔子之謂集大成。」（《孟子・萬章下》）

3.六言六蔽

子曰：「由也，女聞六言六蔽矣乎？」對曰：「未也。」「居！吾語女：好仁不好學，其蔽也愚；好知不好學，其蔽也蕩；好信不好學，其蔽也賊；好直不好學，其蔽也絞；好勇不好學，其蔽也亂；好剛不好學，其蔽也狂。」（《論語‧陽貨》）

孔子說：「仲由呀！你聽過六言六蔽嗎？」子路說：「沒聽過。」孔子說：「你坐下，我告訴你：徒然喜好仁德而不好學，會有愚昧之蔽；喜好智謀而不好學，會有放蕩不拘之蔽；喜好誠信而不好學，會有違逆道義之蔽；喜好正直而不好學，會有急迫之蔽；喜好勇敢而不好學，會有災禍之蔽；喜好剛毅而不好學，會有躁進之敝。」

六言即六字美德：仁、知、信、直、勇、剛；六蔽：愚、蕩、賊、絞、亂、狂，即六種對美德的蒙蔽。值得注意的是，「好學去蔽」本是儒家孔、孟、荀的幽暗意識與成德之教。孔子強調好學的重要，學以明理，去其所蔽。換言之，好學又好仁、好知、好信、好直、好勇、好剛，可以消除各種蒙蔽之過。

孟子也主張聽其言而知其所蔽，《孟子‧公孫丑上》說：「詖辭，知其所蔽；淫辭，知其所陷；邪辭，知其所離；遁辭，知其所窮。」聽到偏執的言論，知道說話者的心被蒙蔽而不明道理；聽到放蕩的不雅言語，知道說話者的心沉迷陷溺；聽到混淆是非的言辭，知道說話者的心叛離正道，聽到支吾閃爍的話，知道說話者自知理虧而窮於應付。能知言的人，不被各種不正邪說所蒙蔽。這是孟子詮釋孔子所謂：「不知言，無以知人也。」（《論語‧堯曰》）的思想。

4.內自訟、內自省

子曰：「已矣乎！吾未見能見其過，而內自訟者也。」（《論語‧公冶長》）

孔子感嘆說：「算了吧！我還沒見到能夠自覺自己的過失，而內心自我反省咎責的人。」

孔子的感嘆，具有深切的幽暗意識。「內自訟」近似「罪己」，《左

傳‧莊公十一年》說：「禹湯罪己，其興也悖焉！桀紂罪人，其亡也忽焉！」大禹、商湯把罪過歸於自己，自覺自己有過錯，真心改過，他們很快興盛起來！夏桀、商紂把罪過歸於別人，自覺沒有過錯，他們的滅亡很快速。

「內自訟」是孔子修養道德的自律工夫，就是內自省，最能力行內自省的人是曾子，曾子說：「吾日三省吾身：為人謀而不忠乎？與朋友交而不信乎？傳不習乎？」（《論語‧學而》）。曾子每天多次自我反省，表示他的幽暗意識非常深切，成就他的德行與孝行。

孔子說：「見賢思齊焉，見不賢而內自省也。」（《論語‧里仁》），這種基於幽暗意識的自訟、內自省、自反、慎獨、毋自欺的道德實踐，值得我們精思力踐之。

（二）《孟子》

1、從其大體為君子，從其小體為小人

孟子說：「從其大體為君子，從其小體為小人……耳目之官不思，而蔽於物，物交物，則引之而已矣。心之官則思，思則得之，不思則不得也。此天之所與我者，先立乎其大者，則其小者弗能奪也。此為大人而已矣。」（《孟子‧告子上》）

孟子有大人小人之分，大人近似孔子的君子，又有大體、小體之別。小體是耳目感官之情欲，猶如《禮記‧禮運》所說：「飲食男女，人之大欲存焉。」大體是仁義禮智之善性，「從其大體」是心思禮義，擴充善端，以心制欲，寡欲，不動心。「從其小體」是耳目感官受外物的引誘而縱恣情欲，近似《禮記‧樂記》說：「人生而靜，天之性也；感於物而動，性之欲也。物至知知，然後好惡形焉。好惡無節於內，知誘於外，不能反躬，天理滅矣……人化物也者，滅天理而窮人欲者也。」因此，孟子主張「寡欲」，養心莫善於寡欲，因為太多情欲，蒙蔽人人皆有的惻隱之心、羞惡之心、恭敬之心、是非之心。清明不昧的良知良能被耳目私欲蔽塞，嗜欲陷溺本性的

善端，不能以大體制約小體，使人犯過而成為無理性的禽獸。

易言之，「從其大體」是君子，「從其小體」是小人。所以，孟子強調「先立乎其大者，則其小者不能奪也。」值得一提的是，大體小體之分，近似西哲認為人類雖有理性，但是還有情感和慾望的衝動，如果情欲泛濫，主宰行為，人類如何為善？所以，必須理性作主，宰制情欲，人類的言行才能合乎中道，表現美善。

孟子又強調「人之異於禽獸者幾希！」（〈離婁下〉），事實上，禽獸不如的人是有的，他們犯下大罪大惡，國法不容。所以，劉宗周嚴辨人禽異路，不與禽獸為伍，強調「非人即獸」；王夫之說：「君子禽獸，只爭一線。」（〈俟解〉）；曾國藩也說「不為聖賢，便為禽獸。」（此句源自其師唐鑒：不為聖賢，則為禽獸。）的警人之語，真是苦口婆心。

2、若乎為不善，非才之罪

《孟子・離婁上》孟子曰：「自暴者，不可與有言也；自棄者，不可與有為也。言非禮義，謂之自暴也；吾身不能居仁由義，謂之自棄也。」

孟子強調人禽之辨，人有不忍他人受害之心，譬如常人突然看到一個小孩要掉入水井時，都有憐憫心油然而生，想要救他，不計安危或利益，這種救人的義舉，時有所聞，甚至犧牲自己性命，例如健康幼稚園火燒車林靖娟老師英勇救童而殞命，即是道德人格的典範。

因此，孟子說：「無惻隱之心，非人也；無羞惡之心，非人也；無辭讓之心，非人也；無是非之心，非人也。惻隱之心，仁之端也；羞惡之心，義之端也；辭讓之心，禮之端也；是非之心，智之端也。」（〈公孫丑上〉）「非人」即是禽獸，人天生具有四個善端，猶如四肢一樣，這是上天賦給人類最珍貴的善性。往往因為個人的疏忽，有意或無意放棄自己的善性，自暴自棄，沒有擴充天生行善的潛能，私欲作祟，造成人欲橫流的幽暗意識。

因此，孟子說：「若乎為不善，非才之罪也。」(〈告子上〉) 所以，為人之道無他，求其放心而已，由仁義行，非行仁義，不可自暴自棄。

3.生於憂患，死於安樂

《孟子‧告子下》孟子曰：「天將降大任於是人也，必先苦其心志，勞其筋骨，餓其體膚，空乏其身，行拂亂其所為，所以動心忍性，曾益其所不能……然後知生於憂患而死於安樂也。」

孟子認為上天要把重責大任賦予一個人時，必先艱苦他的心志，勞動他的筋骨，飢餓他的身體，貧窮他的家庭。不斷地挫折困擾，使他的事業都不順遂，為的是要激勵他的志氣，堅忍他的節操，增進他的能力。人往往有了過錯，挫折失敗，然後知過，改過遷善而成功。國內如果沒有忠臣的輔佐和忠諫的賢士，國外又沒有敵對的國家，造成外來的憂患，大家沒有憂患意識、危機意識，這個國家往往會滅亡。所以孟子說：「在憂患的困頓中奮鬥而存活；反之，在安逸的環境中享樂而滅亡。」

「死於安樂」的例子不勝枚舉，不少末代帝王，都是死於安樂，如夏桀、商紂、周幽王、隋煬帝等等。至於「生於憂患」，很多開國之君，都是生於憂患，如劉邦、朱元璋等。

孟子又說：「人之有德慧術知者，恒存乎疢疾。獨孤臣孽子，其操心也危，其慮患也深，故達。」(《孟子‧盡心上》)

孟子認為有美德、智慧、技能、才智的人，往往成長在患難之中，被疏遠、孤立無援的臣子，失寵低微的庶子，他們常懷戒慎恐懼之心，他們的憂慮比別人深遠，所以為人處事能夠通達。換言之，孤臣孽子的幽黯意識比別人強烈，在苦難憂患中成長，成就通達的功業。

（三）荀　子

1、人有「五綦之性」，人心易受本能欲望蒙蔽

　　孟子有人禽之辨，荀子也有人禽之別。人和禽獸有何差異？這是每一個人應該慎思明辨的重要課題。人和其他生物有何不同呢？生物之間又有何差異呢？《荀子·王制》認為禽獸有本能欲望、感官知覺而沒有道德禮義，人類有本能欲望，又有道德禮義（善性），所以人性最靈。人雖有道德善性，卻易受本能情欲所蒙蔽，犯下禽獸不如的罪過。換言之，人心之善若被幽暗的本能欲望所蒙蔽，將淪為禽獸而不自知。

　　荀子所謂本能欲望，意指人生而有好利之性，有耳目之欲，更有「五綦之性」：目極色、耳極聲、口極味、鼻極嗅、形極佚，也就是耳好美聲（包括讚美之詞），口好美味，心好大利，身體好安逸。順此欲望，必生邪淫、爭奪、暴亂之罪惡。可知，人性充滿幽暗意識，容易使人淪為禽獸。

　　2.人有惡者五

　　《荀子·宥坐》荀子說：「人有惡者五，而盜竊不與焉：一曰心達而險，二曰行僻而堅，三曰言偽而辯，四曰記醜而博，五曰順非而澤。」

　　荀子認為人有五大惡行，不包括盜賊：一是心智聰明而陰險，二是行為怪癖而頑強，三是說話虛偽、巧言強辯，四是常識怪異而廣博，五是文過飾非，順從錯誤言行加以潤飾。這五大惡行，是內心的幽闇意識所造成。

　　3、蔽於一曲

　　《荀子·解蔽》荀子說：「凡人之患，蔽於一曲，而闇於大理。」

　　荀子認為人的情意常有偏私、偏好，久而久之，積習成性，偏執所愛，自以為是。一般人的幽暗意識，即蒙蔽於偏隅的一曲之說，而不明白天下的大道理。例如：夏桀被妹喜（又稱末喜）等佞人所蒙蔽，而不知道關龍逢之忠賢；商紂被妲己與飛廉、惡來等佞人所蒙蔽，而不知道微子啟的賢能。桀、紂蔽於佞人之諂諛，忠臣被殺，賢良隱退，喪失天下，這是帝王幽暗蔽塞之罪惡。

　　荀子進一步指出造成蒙蔽的十大原因：蔽於情意之所喜好，蔽於情意之所厭惡，蔽於先入為主的主觀印象，蔽於最後得到的結果（只求結果好壞，不論動機善惡，不擇手段得之），蔽於疏遠的人、事、物，蔽於親近的人、事、物，蔽於廣博而不專精，蔽於膚淺之見，蔽於知古而不知今，蔽於知今而不知古。萬事萬物各有不同的道理，大千世界，凡人僅見其中之一，不知全體大道，猶如瞎子摸象，這是人類思想方法上一個普遍的缺失，造成人心幽暗與蒙蔽。值得注意的是，荀子所謂「凡人之患，蔽於一曲，而闇於大理。」的思想，近似莊子的「一曲之士」（曲士），《莊子・秋水》說：「夏蟲不可以語於冰者，篤於時也；曲士不可以語於道者，束於教也。」

　　莊子也認為一般人都有偏好、偏惡、偏私、偏見、偏知，猶如井底之蛙，我們都是「一曲之士」，只知道部份的真理，不知道全部的真理，造成「小行」和「小識」的蒙蔽，一般人都固執一端以自誇，自以為是。因此，執著相對是非、相對善惡、相對價值，不能通達大道之理。

　　值得一提的是，莊子「一曲之士」和荀子「蔽於一曲，而闇於大理。」的思想，近似德國哲學家黑格爾（G. W. F. Hegal，1770～1831）的名言「真理即是全體」（The truth is the whole）的哲學。黑格爾認為人類歷史充滿諸子百家的一偏之見，科學和宗教的偏見與矛盾，道德與藝術的偏見與衝突，各家學說充滿各種形式的偏見與愚蠢，這是一切衝突與戰爭的主因，也是人類的悲劇。因為每一偏見都自以為真理，然而，每一偏見都不是完全的真理；每一曲士之見，只是部份的真理，卻自以為是完全的真理，豈不可笑？又豈不可悲？又豈能無過？

　　4、人之性惡，善者偽也

　　荀子主張性惡論，何謂性？〈性惡論〉荀子說：「不可學，不可事之在天者，謂之性；可學而能，可事而成之在人者，謂之偽；是性偽之分。」

　　「性」是天生自然就會的情感欲望本能；「偽」是出於人為努力學習的成果。荀子認為如果弟弟美食當前，雖然飢餓而讓給兄長先吃，兒子工作勞累不休息而讓勞累的父親先休息，這種辭讓的美德，是道德教化的結果，不是人性之常，因為人性之常是餓了想吃飽，勞累了想休息。人為了保全自己的生命，不可能不顧自己的安危，因此，個人總是追求自我的存活與滿足。可知，人的欲望本能，相反倫理規範，如果沒有道德教化，必將犯過為惡矣。此說近似英國政治哲學家霍布士（Thomas Hobbes 1588-1679）的思想，霍氏認為在自然狀態的人類生活，是依據「自我保存」的慾望衝動展開的生存鬥爭，人與人之間時常造成敵對關係，人類沒有純粹的利他心，一切看起來好像是利他的行為，其實都是以利己為動機。他對人性和群己關係的看法相當特殊，認為人和人之間，好像是豺狼一樣，相互利用，初生的嬰兒，並沒有道德的同情心，只有利己的動機。

（四）《禮記》：飲食男女，人之大欲存焉

　　《禮記・禮運》說：「何謂人情？喜怒哀懼愛惡欲，七者，弗學而能……飲食男女，人之大欲存焉。」

　　《禮記》認為人有喜歡、生氣、哀傷、恐懼、愛好、厭惡、欲想等七種「人情」，簡稱「七情」，或稱情志，就是人的各種情感反應；人還有飲食和男女兩種最根本的欲望，聖人以禮、樂教化，調和人的情感欲望，避免彼此爭奪殘殺，有利於人際和諧，稱為「人利」；反之，稱為「人患」，「人患」即是情感欲望所造成的罪過。

　　《禮記》強調如果七情沒有節制，而外物又不斷引誘刺激，人又不能自我反省、自律自禁，則人的道德天性就會消失而人欲橫流，所謂「滅天理而窮人欲」，這是幽暗意識的主要由來。易言之，如果只追求「人欲」的滿足，則天理滅亡，人淪為禽獸矣。

（五）、劉宗周《人譜》「通身都是罪過」

最能彰顯儒家幽暗意識的儒者是晚明的劉宗周，他的晚年定論《人譜》強調「通身都是罪過」，宗周說：「妄字最難解，直是無病痛可指，如人元氣偶虛耳。然百邪從此易入，人犯此者，便一生受虧，無藥可療，最可畏也……妄無面目，只一點浮氣所中……妄根所中曰惑，為利、為名、為生死，其粗者為酒、色、財、氣。」（《人譜・微過獨知主之》）

妄與無妄相對相反，《周易・無妄卦》認為不守正道，則有災禍，持守中正是上天之命，無妄而吉。宋儒程伊川《程氏易傳》卷二詮釋《易傳・无妄卦・象辭》說：「動以天理為無妄，動以人欲則妄矣。無妄之意大矣哉！雖無邪心，苟不合正理，則妄也，乃邪心也。」伊川提出「無妄」是儒學修身成德的一個重要思想，無妄的內涵是「動以天理」；相反地，妄則是「動以私欲」。

易言之，有妄由於有私欲，天理本無妄，可知，無妄的道德意義非常重大，雖然沒有邪心，如果不合正理，即是妄，就是仍有邪念。此說近似宋儒周敦頤《通書・家人睽復無妄第三十二》說：「不善之動，妄也。妄復則无妄矣，无妄則誠焉。」周敦頤以不善的動念為妄，如不良習染、私欲等。又以誠詮釋無妄，《通書》以誠為聖人之本。

宗周說：「妄者，真之似也……道心惟微，妄即依焉……是人非人之間，不可方物，強名之曰妄，有妄心斯有妄形，因有妄解釋，妄名理，妄言說，妄事功，以此造成妄世界，一切妄也，則亦謂之妄人已矣。」（〈證學雜解・解二〉）妄心是人心之私欲邪念，因為有妄心而造成不誠的妄世界，活在妄世界的人，稱為妄人。

值得注意的是，「妄人」源自《孟子・離婁下》，孟子認為如果有人蠻橫無理的對待我，君子一定自我反省：我可能不仁、無禮；內省以後，確知自己沒有不仁、無禮，那個人蠻橫無理依舊，君子

又自省一番：我可能不忠於他；反省以後，確知自己沒有不忠。可是，蠻橫無理依然如故，只能感嘆說：「他是妄人，無知妄作，不明事理，妄人與禽獸有什麼差別呢？對於禽獸般的妄人，沒什麼好責備的！」

《明儒學案卷六十二‧證學雜解‧解三》說：「人心自妄根受病以來，自微而著……遂授之以欺。」宗周認為人有各種的過惡，源自於妄，妄乃生於人心囿於形體之蔽，猶如明儒董澐（字復宗，號蘿石）說：「千病萬痛，從妄想生，故善學者，常念此心在無物處。」（《明儒學案》卷十四，〈浙中王門學案四〉），明儒羅洪先說：「妄意於此二十餘年矣……自欺二字，或者不至如人之甚。」（《念庵集‧別蔡督學》），王龍溪也認為過是妄生，沒有安頓處，只要良知時時發用流行，便能無妄，一生為學，只在改過而無妄。

宋明儒常以妄念、妄心、妄想、妄情為造成過惡的原因，宗周獨特提出「妄根」思想，這是人生而有一己之身所具有的人欲、物欲之累，常人總為名、為利、為了生死而迷惑，沉溺於酒、色、財、氣之中，陷於過惡而不自知。因此，他為門生作〈學戒四箴〉（《劉宗周全集》第三冊下），強調酒、色、財、氣是人生的大戒，必須戒除酒色財氣的習染，這也是遷善改過的大要，《人譜》的改過之學，吾人應當精思力踐之。

三、道德涵養

（一）孔子的修養工夫

1.絕四

子絕四：毋意、毋必、毋固、毋我。（《論語‧子罕》）

意、必、固、我，都是幽暗意識，孔子用心戒除四種幽暗意識：不主觀憑空猜測，避免絕對的論斷，不固執己見，避免唯我獨尊、

不自恃而自以為是。

須知，孔子絕「四毋」，是一種克己工夫，也是一種去蔽的工夫。自訟自責，自我批判（self criticism），自行檢討過失，以求精進德業。

2.克己復禮，四勿之教

顏淵問仁。子曰：「克己復禮為仁。一日克己復禮，天下歸仁焉……」顏淵曰：「請問其目？」子曰：「非禮勿視，非禮勿聽，非禮勿言，非禮勿動。」（《論語・顏淵》）

顏回問孔子實踐仁道的方法。孔子說：「克己是道德的自律（autonomy），自我約束，修省己過，克制自己的私欲；復禮是使言行都合於禮節。使每一件事都能符合於禮，就是行仁之道。如果每一個人都能克己復禮，天下的人就都能行仁道。行仁是從自己本身下功夫，和別人沒有關係。」顏回又問：「請問踐仁的工夫條目？」孔子說：「不合於禮節的事不要看，不合於禮節的話不要聽，不合於禮節的話不要說，不合於禮節的事不要動心、更不要做。」顏回說：「我雖然不聰明，願意盡力奉行「四勿」的教化！」

可知，克己是孔子非常重要的修養工夫，並以「四勿之教」克己復禮。

3.崇德、脩慝、辨惑

樊遲從遊於舞雩之下，曰：「敢問崇德、脩慝、辨惑？」子曰：「善哉問！先事後得，非崇德與？攻其惡，無攻人之惡，非脩慝與？一朝之忿，忘其身以及其親，非惑與？」（《論語・顏淵》）樊遲問孔子：「如何提升品德、消除惡念、明辨是非不迷惑？」孔子說：「問的好！一個人以義為先，做應做的事，盡自己的義務與責任，不計較利益，可以提升自己的品德，就是崇德。內省自己的過失，不惡意批評別人的過失，可以消除自己內心的惡念，亦即君子慎獨，省察己過，消除內心不善的意念，即是脩慝。自己一旦發怒，情緒失控，忘了自身的安危，甚至危及父母家人的安全，是迷惑的人；要

分辨是非，見利思義，預知危險，智慮慎微，可以明白善惡禍福的道理，就是辨惑。」

崇德、脩慝、辨惑三者，是很重要的修養工夫，尤其是「攻其惡，無攻人之惡」（內省己過，不惡意批評別人的過失。）的「脩慝」，可以消除自己內心不善的惡念，這是君子慎獨的工夫。

4.君子三戒

孔子曰：「君子有三戒：少之時，血氣未定，戒之在色；及其壯也，血氣方剛，戒之在鬥；及其老也，血氣既衰，戒之在得。」（《論語・季氏》）

孔子說：「君子有三件事要戒除：年輕時，血氣未定，要戒除的是放縱美色；到了壯年，血氣旺盛，要戒除的是好勇鬥狠；到了老年，血氣衰弱，要戒除的是貪得好利。」

5.君子九思

子曰：「君子有九思：視思明，聽思聰，色思溫，貌思恭，言思忠，事思敬，疑思問，忿思難，見得思義。」（《論語・季氏》）

孔子說：「君子有九件應當用心思考、自我省察的事：觀察事物的時候，要仔細思考是否看得明白；聽人說話的時候，要用心思考是否聽得清楚；認真想想自己的神色是否溫和；待人接物時，仔細想想容貌是否謙恭有禮；與人談話時，用心想想是否忠誠；處事時，要仔細思考是否認真做事；心裡有疑問時，要認真想想是否問得詳細；生氣時，要用心考慮是否會招來禍患；遇到利益時，要仔細思考是否合於義理，見利思義，應不應得。」

「君子九思」是基於幽暗意識的自我省察、反思內省、自戒、自慮、自律的九件事，前四者是自我的表現，後五者是與人交往要注意的要點。因此，曾子說：「吾日三省吾身」。

6.君子三畏

子曰：「君子有三畏：畏天命，畏大人，畏聖人之言；小人不知天命而不畏也，狎大人，侮聖人之言。」（《論語・季氏》）

孔子說：君子有三項敬畏：敬畏上天所賦予人的善性，尊敬為人民謀福利的執政者，敬畏聖人的教化；小人反之，小人不知上天所賦予人的善性而不敬畏天命，輕慢為民謀福利的執政者，輕忽聖人的教化。

孔子的三種敬畏，是出於君子的幽暗意識而敬畏，敬畏天命，敬畏聖人之言。

7. 恭、寬、信、敏、惠以行仁

子張問仁於孔子。孔子曰：「能行五者於天下，為仁矣。」請問之。曰：「恭、寬、信、敏、惠。恭則不侮，寬則得眾，信則人任焉；敏則有功，惠則足以使人。」

《論語·陽貨》子張問孔子行仁的方法。孔子說：「能夠力行五種美德，就是行仁了。」子張問孔子哪五種美德？孔子說：「恭敬、寬厚、誠信、敏捷、恩惠。對人恭敬，就不會受人侮辱；對人寬厚，就可以得到大家的支持；對人誠信，就可以得到大家的信任；做事敏捷，容易得到成功；能夠對人廣施恩惠，就能使人心悅誠服地為你效勞。」

在位執政的人能夠恭、寬、信、敏、惠，一定可以得到百姓的信任、支持，並能心悅誠服地為你效勞。

（二）《大學》、《中庸》的修養工夫

1.《大學》的誠意慎獨

《大學·釋誠意》：所謂誠其意者：毋自欺也，如惡惡臭，如好好色，此之謂自謙，故君子必慎其獨也……曾子曰：「十目所視，十手所指，其嚴乎！」……故君子必誠其意。

所謂誠意，就是不要欺騙自己，這是「誠意」最重要的工夫。就像人人都厭惡氣味很臭的東西，人人都喜歡非常好看的事物，這是自然反應，毫不造作的誠意。因此，君子獨處的時候，一定要「謹慎」。越是人所不知而己所獨知的時候，越要不敢苟且，光明磊落，

問心無愧，所謂「獨行不愧影，獨寢不愧衾。」（《宋史・蔡元定傳》）。一般人認為，自己在家裡，把門窗關起來，我心裡想什麼，我做什麼壞事，誰也不知道。就在這個時候，不善的妄念最容易萌生。此時小人萌生不善的妄念，無惡不作；見到君子，就掩藏自己的過錯，表現自己的優點。可是，小人的罪過，是無法遮掩的，內心不善，就會表現不善的言行舉止，所以，君子要慎獨自律，不欺暗室，不愧屋漏。

因此，曾子說：「君子慎獨自律，戒慎恐懼，好像十個眼睛看著你，十隻手指著你，多麼敬畏呀！」

人有了財富可以把房子裝飾得華麗；人有了道德人格，心無愧怍，可以使內心平靜、身體安泰。所以，君子一定要使內心的意念都能真誠不欺。

2.《中庸》的慎獨

《中庸》也強調慎獨的重要，《中庸》第一章說：「君子戒慎乎其所不睹，恐懼乎其所不聞。莫見乎隱，莫顯乎微。故君子慎其獨也。」

「戒慎乎其所不睹，恐懼乎其所不聞」是一種深刻的幽暗意識，君子在沒有人看到的地方要特別謹慎，在沒有人聽到的地方也要特別恐懼慎重，大家要知道最隱暗的地方，其實也是最容易被發現的，最細微的東西也是最容易顯現的。因此，有德的君子，要特別謹慎一個人獨處的時候。

（三）孟子的修養工夫

1.擴充善端，推恩愛人：孟子主張人有四個善端，惻隱之心是仁之端，羞惡之心是義之端，辭讓之心是禮之端，是非之心是智之端，人有四端，猶有四體。換言之，人有善端的自覺，即有應該不應該的道德自覺。不過，四端待擴充，要不斷的推恩愛人，自覺為善，否則，容易蔽於物、溺於私而為不善，淪為禽獸而不自知。

2.存心養性：人雖有不忍人的惻隱之心，卻容易為物欲所蒙蔽，所以，孟子進而主張存心養性，他說：「存其心，養其性，所以事天也。」（〈盡心上〉）存心為保存心的本體，心的本體是善，心的本體就是性，存心就是保存人性的善端，再培養這些善端去發揚，培養善端稱為「養性」，只要日日操而存之，捨去多欲，節制私欲，以心思之官約束感覺的官能，自然能夠漸至寡欲的境界，誠如孟子所說：「養心莫善於寡欲，其為人也寡欲，雖有不存焉者寡矣，其為人也多欲，雖有存焉者寡矣。」（〈盡心下〉）

3.盡心養氣：除了存心寡欲之外，孟子更建立了盡心和養氣的道德涵養和人格精神境界，他說：「盡其心者，知其性也，知其性則知天矣。」（〈盡心上〉）盡心是盡量發展自己本心的善端，使仁義禮智發揚，成為完美的道德。孟子為了達到這種完美的境界，進一步做養氣的工夫，〈公孫丑上〉云：「敢問夫子惡乎長？曰：我知言，我善養吾浩然之氣。敢問何為浩然之氣？曰：難言也，其為氣也，至大至剛，以直養而無害，則塞於天地之間，其為氣也，配義與道，無是餒也，是集義所生者，非義襲而取之也。」以道義養氣，使自己的心清明空靈，而可以守正道，剛毅不阿，發揚人心的善端，人就能夠和天地萬物相互感通，相互往來，貫通不滯，自己的氣乃能塞於天地之間，臻至浩然之氣的大丈夫境界。大丈夫位居富貴不能淫蕩其心，處於貧賤不能移變其節，威武脅迫不能屈服其志，大丈夫惟義是從，不動心更不失赤子之心，這正是孟子所彰顯出的人格典範。

（四）荀子的修養工夫

1.化性起偽：荀子雖然主張性惡，卻強調人性可化，積善成德，積禮義而為君子，全近於善，成為聖人，所以，「塗之人可以為禹」（《荀子‧性惡》），人人都可以成為君子聖人。荀子以為弓弩必經矯正始能精良，良劍必加砥礪磨練才能銳利，所謂「玉不琢不成器」，

人要得良師的道德教化，擇良友而相交，可以化性為善。

2.解蔽治心：荀子認為人有心、性、情、欲，而以心統攝性情欲，心是身體的總樞紐，心有自主的能力，可以自禁、自使、自見、自律。心有道德的判斷能力，是則受之，非則辭之，只要「虛壹而靜」，即能知禮義之道。虛是虛心，不自以為是，不執著；壹是專心；靜是寧靜，心中沒有雜念，心不放縱，唯靜故能通。涵養「虛壹而靜」的心，稱為「大清明」，足以定是非，斷善惡，決嫌疑。常保「大清明」的心，自知蔽於一曲而解蔽之。值得注意的是，荀子的解蔽治心，近似《中庸》致曲明善的誠之工夫，致曲是用力推擴局部的善，《中庸》第20章曰：「博學之，審問之，慎思之，明辨之，篤行之……果能此道矣，雖愚必明，雖柔必強。」

3.勤學修禮：荀子強調人要用心專一，不斷學習，積善成德，所謂「鍥而捨之，朽木不折；鍥而不捨，金石可鏤。」（《荀子‧勸學》）學者要勤於學禮，禮是一切道德的總綱，禮是修己治人的大經大法，禮是應對進退之節，禮是尊卑、長幼、親疏之分際，禮是一切價值判斷的標準，禮是「人道之極也」（〈禮論〉）。

4.音樂之樂：荀子反對墨子的「非樂」，他認為音樂是人情所不能免，安祥平和的音樂，可以融合人倫親情，可以感人肺腑，教化人心，使人和睦、恭敬，因此，必須禁淫聲、賤邪音，貴禮樂，他的理想要以「禮樂」建立人類祥和快樂的社會。誠如《禮記‧樂記》說：「禮樂刑政，四達而不悖，則王道備矣。」

（五）劉宗周的修養工夫

宗周思想蘊含極深切的幽暗意識，他說：「人生而有身，即有物欲之累。」（〈證人會約〉），此說近似《禮記‧禮運》所謂：「飲食男女，人之大欲存焉。」他深切體認過由妄生，私欲之蔽，習染之害。宗周說：「舊習困人，如油入麵，如水和泥。」（〈會講申言〉），更有「人生千病萬病都從習染而來」的感慨，習染、舊習、習心、習性，

積習難改，如飲食習慣，從小養成，不易改變，所以，有通身都是罪過的罪惡感，即使經歷各種修養工夫，通身仍是罪過，蓋靈明本心自覺己過，自覺仍有諸多過失有待改正，且尚未成聖。因此，一生力踐主敬（修己以敬，修身以禮）、慎獨、誠意、靜坐、知幾、慎動、小心窮理、克己、自省、毋自欺、內自訟、訟過、存天理遏人欲、勤學去蔽、克治妄念、化念歸心、證人盡性、改過遷善等修養工夫。宗周強調改過遷善是為學之道的喫緊工夫，更是成德成聖的終極涵養，依於道德本心的自覺、自律。

　　以上簡述幽暗意識與道德涵養之大略，深悟人有小體（耳目感官之情感慾望）、飲食男女之大欲，人心理性易受本能慾望的蒙蔽，不自覺而有妄念、妄心、妄形、妄說、妄作、妄理、妄人間、妄世界，人已淪為禽獸矣。因此，古聖先賢要我們涵養道德，內省克己、寡欲養心、盡心、盡性、去人欲（私慾、習染），存天理，改過遷善，自覺自律、推恩、復性、成人、成德，臻於成聖的境界。

鄭基良撰　2014 空大全方位成功國際學術研討會論文集
時任國立空中大學人文學系教授兼系主任
2023 年 9 月修訂

參考文獻

王守仁著《王陽明全書》：台北市，正中書局，民國 42 年初版。

朱熹撰《四書集注》：台北市，中華書局，民國 78 年。

周敦頤著《周子全書》：台北市，武陵書局，民國 79 年。

黃敏浩著《劉宗周及其慎獨哲學》：台北市，學生書局，民國 90 年。

程顥、程頤著《二程全書》：台北市，中華書局，民國 54 年。

張載著《張載集》：新北市，漢京文化，民國 93 年。

黃宗羲編著《明儒學案》：台北市，世界書局，民國 81 年 5 月 5 版。

黃宗羲編著《宋元學案》：台北市，世界書局，民國 98 年 7 月 6 刷。

熊公哲注譯《荀子今註今譯》：台北市，台灣商務，民國 69 年 3 版。

勞思光著《中國哲學史》：台北市，三民書局，民國 70 年 1 月，初版。

鍾銑輯《顏習齋先生言行錄》：新北市，藝文，民國 56 年。

鄭基良著《先秦兩漢改過思想之研究》：台北市，文津出版社，民國 99 年。

鄭基良著《晚明改過思想之研究》：台北市，文史哲出版社，民國 101 年。

附錄二

全方位成功：人文關懷的和諧人生

摘　要

　　如何臻於全方位成功的全人境界？僅就〈人文關懷的和諧人生〉簡述五項如下：

一、個人與自己的和諧關係

　　為什麼要追求個人與自己的和諧關係呢？有五點原因：（一）孟子：人有大體、小體之別。（二）荀子：人之性惡，善者偽也。（三）《禮記》：飲食男女，人之大欲存焉。（四）天主教原罪（original sin）與七罪宗（seven deadly sins）。（五）　佛家：眾生無明。

二、個人與五倫的和諧關係

　　宋儒程明道先生認為人倫關係各有應盡的本務（duty），缺陷不得。

三、個人與大眾人群的和諧關係

民國 70 年 3 月 15 日，李國鼎先生提出群己關係的第六倫。

四、個人與自然萬物的和諧關係

儒釋道所體認的宇宙自然，處處都是相互感通、感應、和諧一致、毫無間隔的。這種自然和人生打成一片的思想，稱為天人合一。

五、個人與天道天命天理的和諧關係

孔孟儒家所成就的儒學義理，是「即心即性即天道即天命即天理」，臻於心體、性體、天道、天命、天理貫通為一的最高和諧境界。

以上簡述「人文關懷的和諧人生」，此一恢弘遠大的全人境界，其工夫進路，一言以蔽之，一生惟在切己自省、改過遷善而已，願與大家共勉之。*

前　言

全方位成功，意指有圓融美滿、快樂幸福的人生，身心靈和諧，更有良善的道德人格，尊重天地自然、萬物、他人，關懷生命，各種關係的和諧。這種全方位成功的人，筆者稱為「全人」，「全人」的境界，臻於美國心理學家馬斯洛（Abraham Maslow）所謂生理的、安全的、情感的、尊重的、自我實現的當下俱足。

如何實現全方位成功的全人境界？僅就〈人文關懷的和諧人生〉簡述五項如下：

一、個人與自己的和諧關係

個人與自己的和諧關係，意指認知自己及提升自己的道德人格。為什麼要認知自己及提升自己的道德人格呢？有五點原因：

（一）孟子：人有大體小體之別

孟子將人分為大人、小人，大人近似孔子的君子，又有大體小體之別。「小體」是指耳目感官的情欲，「大體」是指仁義禮智的善性。孟子主張人要「從其大體」，意指心思禮義，擴充善端，以心制欲，寡欲，不動心；不要「從其小體」。「從其小體」意指耳目感官受外物的引誘而縱恣情欲，是自作孽之過。

因此，孟子強調「寡欲」，養心莫善於寡欲，因為太多情欲蒙蔽人人皆有的惻隱之心、羞惡之心、恭敬之心、是非之心。清明不昧的良知良能被耳目私欲蔽塞，使人近於禽獸。所以，孟子說：「先立乎其大者，則其小者不能奪也。」（《孟子・告子上》）

（二）荀子：人之性惡，善者偽也

《荀子・性惡論》說：「不可學，不可事之在天者，謂之性；可學而能，可事而成之在人者，謂之偽；是性偽之分。」「性」是天生自然就有的情感欲望、生理本能；「偽」是出於人為努力學習的成果。荀子認為如果弟弟美食當前，雖然飢餓而讓給兄長先吃，兒子工作疲勞不休息而讓勞累的父親先休息，這種辭讓孝悌的美德，是道德教化的結果，不是人性之常。因為人性之常是餓了想吃飽，累了想休息。人為了保全自己的生命，不可能不顧自己的安危，因此，個人總是追求自我的滿足。

可知，人的欲望本能，相反倫理規範，如果沒有禮義的道德教化，必將淪為禽獸矣。

（三）《禮記》：飲食男女，人之大欲存焉

《禮記‧禮運》說：「何謂人情？喜怒哀懼愛惡欲，七者，弗學而能……飲食男女，人之大欲存焉。」《禮記》認為人有喜歡、生氣、哀傷、恐懼、愛好、厭惡、欲想等七種「人情」，簡稱「七情」，或稱情志，就是人的各種情感反應；人還有飲食和男女兩種最根本的欲望，聖人以禮、樂教化，調和人的情感欲望，避免彼此爭奪殘殺，有利於人際和諧，稱為「人利」；反之，稱為「人患」，「人患」即是情感欲望所造成的罪過。

《禮記》強調如果七情沒有節制，而外物又不斷引誘刺激，人又不能自我反省、自律自禁，則人的道德天性就會消失而人欲橫流，所謂「滅天理而窮人欲」，這是罪過的主要由來。易言之，如果只追求「人欲」的滿足，則天理滅亡，人淪為禽獸矣。

（四）天主教原罪（original sin）與
七罪宗（seven deadly sins）

所謂七罪宗，意指七種根本的罪惡：傲慢、嫉妒、忿怒、懶惰、貪婪、貪吃、好色。在教宗的影響下，消除七罪宗成為一般教徒的道德修養。中世紀，因但丁的《神曲》而廣為流傳。

須知，所謂罪宗，意指足以引生其他罪過的罪因和惡習，不僅是其他罪惡的根本，也是它們的領導者和推動者，七罪宗足以使人的靈魂死亡。七罪宗源於人類的原罪（original sin），原罪是與生俱來的宿罪和罪性，因人類始祖亞當犯罪，傳至後代子孫。因此，吾人生來即有犯宗教與道德之罪咎的傾向，英文稱 transgression（是指故意或惡意違犯上帝的旨意、律法。），可歸納為七罪宗。 不過，值得注意的是，原罪使人有羞恥心和分別善惡的能力，只要能夠反省和懺悔，遵守摩西十誡和信、望、愛，力行四樞德（明智、正義、

節制、勇敢）及七美德（謙虛、寬容、忍耐、勤奮、慷慨、節制、貞潔），以善行贖罪，使靈魂戰勝肉體的各種欲望及其七罪宗，即可贖罪及成為有道德的善人。

（五）佛家：眾生無明

以佛家思想而言，眾生常有「無明」，無明就是愚痴、無知、闇昧事理，不了解佛教義理的世俗見識，不明白緣起性空、無常、無我的佛理。眾生因無明而起妄心，妄心分別而有種種差別相，故有諸多煩惱。眾生因無明而有「我」的執著，以及對五欲（色聲香味觸）的奢求享樂而不知節制，又對外境的溺愛，而有貪、瞋、痴等三毒，以及身、口、意等各種罪過。因此，佛家主張眾生要受持五戒（不殺生、不偷盜、不邪淫、不妄語、不飲酒），力行十善（不殺生、不偷盜、不邪淫、不妄語、不兩舌、不綺語、不惡口、不貪、不瞋、不癡），不斷的修善去惡，臻於解脫。

二、個人與五倫的和諧關係

《中庸》第 20 章說：「天下之達道五，所以行之者三。曰：君臣也，父子也，夫婦也，昆弟也，朋友之交也。五者，天下之達道也；知、仁、勇，三者，天下之達德也；所以行之者一也。」五倫是古今天下人人共同遵守的倫理關係，知仁勇是古今天下人人應有的德性。能夠以三達德實踐五倫之道的關鍵，只有一個「誠」而已。

《近思錄卷一‧道體》明道先生曰：「天地生物，各無不足之理。嘗（常）思天下君臣、父子、兄弟、夫婦，有多少不盡分處。」程明道先生感慨地認為天地生成萬事萬物，都有充足的存在理由，尤其是人倫關係，各有應盡的職責（本務 duty），缺陷不得。可是，卻有很多人沒有盡到自己的本務，沒有安分守己、沒有真誠盡己。

出現父不父、子不子，君不君、臣不臣，夫不夫、婦不婦，兄不兄、弟不弟的人倫缺陷。各種人倫遺憾與悲劇，在當今社會，更是層出不窮，令人悲痛。

因此，《孟子·滕文公上》說：「飽食、煖衣、逸居而無教，則近於禽獸。聖人有憂之，使契為司徒，教以人倫：父子有親，君臣有義，夫婦有別，長幼有序，朋友有信。」孟子強調人禽之辨，人沒有禮義教化，就和禽獸相近了，甚至禽獸不如。要有人倫道德（父子有親、君臣有義、夫婦有別、長幼有序、朋友有信。）才有人禽之別。

《禮記·禮運》說：「何謂人義？父慈、子孝、兄良、弟弟、夫義、婦聽、長惠、幼順、君仁、臣忠，十者，謂之人義。」十種人義，正是人倫之道。人倫義理，就是能夠設身處地為別人著想，有同理心，忠恕一以貫之而已。《論語·里仁》子曰：「參乎！吾道一以貫之。」曾子曰：「唯。」子出。門人問曰：「何謂也？」曾子曰：「夫子之道，忠恕而已矣。」忠恕有消極和積極兩種意義，消極而言是己所不欲，勿施於人；積極而言是己利利人，己達達人。

三、個人與大眾人群的和諧關係

民國 70 年 3 月 15 日，被譽為推動台灣經濟奇蹟的重要推手、曾任財政部長和經濟部長的李國鼎先生，提出群己關係的第六倫，他認為以五倫為特色的人際關係，所表現的優點是親切、關懷，缺點則是偏私；以群己關係為特色的人際關係的優點是公正、秩序，缺點則是冷淡、疏遠。五倫屬於私德的範疇，群己關係屬於公德的領域。五倫的社會文化背景是經濟活動和社會結構簡單的傳統社會；第六倫的社會文化背景則是經濟活動和社會結構複雜的現代社會。

值得一提的是，民國 52 年 5 月 18 日，台灣大學歷史系有一位美籍華人學生狄仁華在《中央日報》發表了一篇名為〈人情味與公德心〉的文章，讚揚台灣充滿人情味，卻缺少公德心。在台灣社會

引發了巨大迴響，隨即許多大專院校的學生陸續展開了所謂的「自覺運動」，並提出「我們不是自私頹廢的一代」的口號作為運動宗旨。幾十年過去了，我們的公德心、守法心仍有進步的空間，這是值得大家內省的重要課題。

易言之，第六倫是現代社會個人與陌生人的關係、個人與大眾團體的關係，每一個人都要發揮公德心、同理心、仁慈心、守法心，將心比心、設身處地替別人著想，遵守法律規範，主動關懷弱勢團體、老弱婦孺，人與人相互尊重、包容，實踐推己及人的推恩愛心。

四、個人與自然萬物的和諧關係

1962 年，美國女作家契爾卡遜著有《寂寞的春天》（Silent Spring）一書，披露人們因使用大量化學藥品防治病蟲害，結果造成生態和人類的災難，該書在 1960 年代發生影響，促使美國政府及人民重視環保生態。

先進國家的環保問題，也在台灣發生，過去幾十年來，我國政府及人民為了追求經濟成長，工廠林立，產生公害污染已經超過自然界所能忍受的程度，環境品質日益惡化，自然生態日漸失常，年長的人應該都有到小溪或圳渠抓魚蝦或釣青蛙的童年經驗，如今，溪流變色，田野已無蛙鳴。

更可怕的是土石流的災害，屢見不鮮，尤其是高雄小林村的滅村慘案（2009 年因莫拉克颱風導致 9 至 18 鄰的小林聚落全毀），最令人痛心。其實，什麼是環保生態，知者甚少，簡言之，環境是指自然界空氣、水、土地、生物、非生物之間的互存關係，人類也是自然的一份子，自然萬物的正常關係，就是生態系的平衡，動物和植物的相互依存，食物鏈正常消長，但因為長期的人為因素，污染環境，改變生態，威脅萬物的生存和人類的健康。

目前，嚴重的污染現象，有酸雨、溫室效應和臭氧層的破壞，

酸雨致使森林死亡，溫室效應使全球氣溫上升，海水上漲，臭氧層的破裂，造成生物的嚴重損傷，地球遭受空前浩劫。當務之急，要全面推廣環保教育，培養民眾對環境的正確認知，養成環保意識，使人人了解人類與自然的密切關係。

事實上，儒釋道所體認的宇宙自然，處處都是相互感通、感應、和諧一致、毫無間隔的。這種自然和人生打成一片的思想，稱為天人合一，天人合一是中國哲學的一貫精神，宇宙是大生命，個體是小生命，人的精神生命和自然萬物同體共氣，人的生活不但充實自己的生命，同時增進宇宙萬物的生命。

換言之，從小我的生命體驗，進而感通於他人的生命，旁通於萬物的生命，體悟到無一人無一物的生命本性，不與我的生命善性大化流行，這就是天人合一。茲簡述先哲對此之體認如下：

（一）老子無為，道法自然

老子以為宇宙有四大：道、天、地、人，其中的自然法則是人效法地、地效法天、天效法道、道效法自然。易言之，人的日用生活要效法地，地要效法天，天要效法道，而道是純任自然而已。

（二）莊子天地與我並生，萬物與我為一

《莊子·秋水》最後一段描寫說：莊子與惠子在濠水的橋上悠哉的閒遊。莊子說：魚兒從容自在的游水，是魚兒的快樂。惠子說：你又不是魚，如何知道魚兒的快樂呢？莊子回答說：你又不是我，如何了解我不知道魚兒的快樂？惠子說：我不是你，所以不了解你；你不是魚，所以也不知道魚兒的快樂，已經很明白了。莊子回答說：我在濠水的橋上直覺的知道魚兒的快樂。從莊子與惠子的對話中，我們知道惠子運用邏輯的思辯，而莊子是有深切體悟「天地與我並生，萬物與我為一。」（《莊子·齊物論》）的自得之樂，也就是「齊物」的境界。人與萬物沒有差等，沒有貴賤的分別，我們不要以為

人貴而物賤，不要以人為主宰，不要任意宰制萬物。只要我們與萬物和諧相處，自然能夠體認天地生生不息的美麗與快樂。

値得注意的是，「天地與我並生，萬物與我為一」是現代環境保護與生態保育的最高境界。人和自然最好的關係是人與大自然打成一片，並且儘可能的保持自然原有的風貌，不要任意加以人工的破壞、建築或裝飾。科學家發現熱帶雨林或原始森林，所有的生命彼此是一種「共生」的存在，有充足平衡的食物鏈，所有的生命是一個大和諧，這就是天地與我並生，萬物與我為一。

（三）張載〈西銘〉大義

〈西銘〉一文總持北宋大儒張橫渠的思想大義，〈西銘〉開宗明義表示人與萬物皆受天地而生，天地相當於萬物的父母，萬物既同一父母，所以，人與萬物渾然為一體，人處天地之中，雖然渺小，卻與萬物無間，息息相通，因此，人人都是同胞，天地的子女，故凡天下鰥寡孤獨廢疾者，皆吾兄弟姊妹之顛沛困頓而無門投告者，至於萬物、花草、木石，亦為天地所化生，理應愛之如己輩。

（四）程明道〈識仁篇〉大義

北宋大儒程明道的思想，以識仁為主，〈識仁篇〉要初學者須先識仁，識得仁理，以誠敬存之，不須防檢，不須窮索。明道以為吾人識仁的目的，在消除物我的疏離，返歸於萬物一體的境界，他的書窗前茂草不除，乃欲常見造物生意，又置盆畜養小魚，欲觀萬物自得意，他的一首七律詩描寫其心境：「閒來無時不從容，睡覺東窗日已紅，萬物靜觀皆自得，四時佳興與人同，道通天地有形外，思入風雲變態中，富貴不淫貧賤樂，男兒到此是豪雄。」

（五）王陽明〈大學問〉一體之仁

〈大學問〉一篇為明代大儒王陽明一生之定論，要人著實躬行，

事上磨練，不可作文字之習，一場話說。陽明以為大人能夠以天地萬物為一體，非刻意求之也，其心本若是，所以，見小孩入井，必有惻隱之心，這表示他的仁心與小孩為一體。故為大人之學者，去人欲，存天理，除去私慾之蔽，以自明其明德，恢復其天地萬物一體的本性，親愛吾人之父、他人之父、天下人之父，然後吾心之仁，必與天下人之父而為一體，至於山川、鬼神、鳥獸、草木、皆親愛之，以達吾一體之仁，而與天地萬物為一體。

易言之，陽明的一體之仁，就是人與萬物為一體的和諧，所以，我們要富有同情心，尊重生命，愛護動植物，保護自然的景觀與生態，不要因為一時的喜好而殘害飛禽走獸。也不能因為經濟的發展，工業的進步，資源的開發，而任意造成環境的污染、景觀的破壞與生態的改變，這對整個自然和人類的未來，都將產生無窮的禍害。

（六）佛家戒殺生、慈悲與眾生平等

1.戒殺生

戒殺生是五戒之首，梁武帝說：「常懷殺心，斷大慈種。」（〈斷酒肉文四首〉）一切眾生都有不願被殺害的心理。所謂不殺生，是不得親自殺生，不得勸他人和教他人殺生，所以，自己不得宰殺雞鴨家畜。其實，購買已經殺好的家畜肉品，並不在五戒的禁律之列，依照五戒和比丘戒的內容而言，並沒有素食的要求，素食是中國大乘佛教的美德之一，素食是為了培養人的慈悲心，以慈悲心善待眾生。

2.眾生平等

佛家主張眾生平等，尤其在佛性上更是平等，都有生命的尊嚴，都有被尊重的權利。《華嚴經・普賢行願品》強調菩薩應該平等饒益一切眾生。「無緣大慈，同體大悲」是佛家主張眾生平等的最佳詮釋，無緣意指沒有任何條件，同體是指眾生等同一體。佛家認為無始以來，有情眾生都互為父母兄弟姊妹，如果能夠把眾生視為父母兄弟

姊妹，就可以消除分別心、貴賤心，真正關懷和愛護眾生。

3.慈　悲

慈悲是佛法的根本，也是佛家德行的根本，源於佛陀體會「眾生皆苦」的同情，「同情」意指相同的情感，相同的心理，對「眾生皆苦」感同身受，因為佛陀自己也是眾生之一，雖然現在未受痛苦，未來可能受苦，以同理心對待眾生，解除眾生痛苦，使眾生得到快樂。《大乘義章》十一說：「愛憐名慈，惻愴曰悲」又說：「慈能與樂，悲能拔苦。」菩薩以慈心善待眾生，希望眾生普遍得到樂利；以悲心善待眾生，寄望眾生免除苦難，佛家常說大慈大悲，《大智度論》說：「大慈與一切眾生樂，大悲拔一切眾生苦；大慈以喜樂因緣與眾生，大悲以離苦因緣與眾生。」

最究竟的慈悲是無緣慈悲，無緣慈悲是沒有因緣條件的慈悲，沒有布施者、受布施者、所布施財物的分別意識而行的慈悲，因此，沒有布施者的驕傲心態、沒有受布施者的親疏差別對待，也不吝惜所布施的財物，稱為三輪體空的慈悲，也是一種緣起性空的無我慈悲，更是一種悲智雙運的慈悲。易言之，無緣慈悲是究竟慈悲。

因此，我們要效法《維摩詰所說經》所說：「以一眾生病，是故我病」的悲智雙運精神，發揚光大地藏王菩薩所說：「地獄不空，誓不成佛」的無緣大慈、同體大悲，淨化自然環境，保育生態，愛護有情及無情眾生的生命，包括一花一草、一木一石的山河大地，使天地萬物生生不息、和諧共生（symbiosis）、永續發展，這是佛家環境倫理及生態保育的精神體現。

從上得知，為了增進個人與自然萬物的和諧關係，我們應有五項作為：

第一：改變天人敵對關係

近代科學發展的偏鋒，相信科學萬能，造成人類與自然的敵對關係，人類以征服者自居，妄想征服自然，以人為自然界的主宰，任意宰制萬物，其實，人類只是自然的一部份，自然非我所獨占，

我乃自然之一而已。

第二：培養環境倫理

環境倫理是物我的倫理關係，培養民眾對環保的正確認知，了解到彼此依存及平衡關係，進而尊重自然萬物的生存權利，人類對萬物不可妄圖操控生死大權，要愛護動物，不可濫殺、殘害或虐待，對稀有動物更要設法保護。易言之，吾人急需建立人與自然關係的和諧，尊重自然，愛護萬物，以欣賞代替占有，改變人類對萬物強烈的占有慾，對自然美景，鳥語花香奇石，不要占為己有，留供大家欣賞，因此要保育山林樹林，廣植森林，不可濫砍林木，做好水土保持，稀有動植物也要立法嚴予保護。

第三：培養愛人惜物的公德心

從小培養愛人、愛家、愛鄉、惜物、愛物之心，要有公德心，保持社區環境整潔，不亂丟垃圾，環境保護從本身日常生活做起。

第四：環保應優於經濟開發

經濟發展要有嚴格的環保評估，如果經濟建設造成嚴重公害污染，則環保應優於經濟，這是為後代子孫著想，不要只顧近利，廠商要有改善污染的誠意，切勿只顧賺錢，政府環保單位必須嚴加督導。

第五：珍惜天然資源

珍惜空氣、土壤、水、石油、礦物等天然資源，不可浪費，如垃圾分類，有效回收，節約用水用電，當思能源取之不易，資源並非無窮，應有效利用和珍惜。

總之，環境保護包括公害防治和自然保育，兩者皆為全體人類當務之急，因為地球只有一個，我們要為後代子孫留下青山綠水，效法中國先哲天人合一的生命精神，正是當前增進個人與自然萬物和諧關係的不二法門。

五、個人與天道天命天理的和諧關係

孔子自述他的生平，年少志學，三十而立，學有所成，四十不惑，五十知天命。這是孔子一生好學和生命歷程的重要關鍵。五十歲知天命是下學上達的踐仁工夫所達到的境界。他的內心親切感受上天的召喚，自信「知我者其天乎!」(《論語・憲問》)，負有上天的無上使命，對人有無限的責任感和道德感。

可知，孔子五十歲所體證的天命，是道德性的天命，不是宗教性的天命（上帝），是普遍性和永恆性的道德天。他的知天命，是對自己的道德完全的自覺、自知、自律、自證和自命。人當以仁自命，應自踐其義。人只要行仁，天命自然對人有所召喚，或有艱難困厄的時候，總是不怨天，不尤人，不憂不惑不懼，終究樂天知命，臻於「隨心所欲不逾己」(《論語・為政》)的境界，影響後儒非常深遠。

宋儒程明道先生說：「吾學雖有所受，天理二字卻是自家體貼出來。」《二程遺書》，「體貼」有深切感受、細心體會、證悟契合的意思。「天理」成了宋明儒學的核心思想，《禮記・樂記》已有天理人欲之說，「存天理、去人欲」成了宋明儒家道德實踐的核心工夫。從客觀超越的形上意義而言，「天理」意指天道本體；從主觀內在的心性而言，「天理」意指仁心與心體、性體。

在儒家的內聖成德之學中，主觀內在與客觀超越是融貫而為一的。《中庸》第一章說：「天命之謂性」，是天道天命天理下貫而為人的本性，這是由超越而內在；「下學而上達」《論語・憲問》、「與天地合其德」《周易・文言傳》，以及「盡心知性知天」《孟子・盡心上》，是表示人秉持自覺、自律的道德實踐，可以體現天道、天命、天理，與天合德，這是由內在而超越。宋明儒者體證孔孟儒學而完成的儒學義理，是「即心即性即天道即天命即天理」，臻於心體、性體、天道、天命、天理貫通為一的最高和諧境界。

結　語

　　以上簡述〈人文關懷的和諧人生〉，此一恢弘遠大的全人境界，其工夫進路，一言以蔽之，一生惟在切己自訟、自省、自修、自律、知過、改過、行善而已。蓋人有諸多幽暗意識，有耳目感官的情感欲望、飲食男女、七罪宗、無明、貪 嗔、癡等小體的蒙蔽。如何去蔽？唯有改過遷善而已。誠如王陽明說：「吾輩今日用功，只是要為善之心真切，此心真切，見善即遷，有過即改，方是真切工夫。」陽明高足王龍溪也說：「吾人一生學問，只在改過。」又如明儒吳康齋說：「日夜痛自點檢且不暇，豈有工夫點檢他人耶！以責人之心責己，則盡道也。」共勉之。

鄭基良撰 2013 空大全方位成功國際學術研討會論文集
時任國立空中大學人文學系教授兼系主任

參考文獻

王守仁著《王陽明全書》：台北市，正中書局，民國 42 年初版。

朱熹撰《四書集注》：台北市，中華書局，民國 78 年。

周敦頤著《周子全書》：台北市，武陵書局，民國 79 年。

陳確著《陳確集》：北京市，中華書局，1979 年。

程顥、程頤著《二程全書》：台北市，中華書局，民國 54 年。

張載著《張載集》：新北市，漢京文化，民國 93 年。

黃宗羲編著《明儒學案》：台北市，世界書局，民國 81 年 5 月 5 版。

黃宗羲編著《宋元學案》：台北市，世界書局，民國 98 年 7 月 6 刷。

惠能著《六祖壇經》：瀋陽市，遼寧出版社，2005 年。

勞思光著《中國哲學史》：台北市，三民書局，民國 70 年 1 月，初版。

鍾銑輯《顏習齋先生言行錄》：新北市，藝文，民國 56 年。

鄭基良著《先秦兩漢改過思想之研究》：台北市，文津出版社，民國 99 年。

鄭基良著《晚明改過思想之研究》：台北市，文史哲出版社，民國 101 年。